呂思勉全集

高中複習叢書 本國史

初中標準教本 本國史

初級中學適用 本國史補充讀本

更新初級中學教科書 本國史

21

本 册 總 目

高中複習叢書　本國史

前　言

　　《高中複習叢書　本國史》系吕思勉先生根據教育部頒佈的高級中學課程標準編寫的一本歷史複習參考書,列爲商務印書館出版的高中複習教科書分科編輯的複習叢書之一種。本書將自古至今(下及二十世紀三十年代的收回租界、日本佔領東北、中俄交涉等問題)的中國史要點,分爲三百四十八問,以答問的形式,簡明扼要、提綱挈領地做了解答。爲便於學生的會考複習,凡與歷年來全國各省市高中歷史會考相似的試題,都在有關問題欄下標出。①《高中複習叢書　本國史》於一九三五年五月由上海商務印書館初版,一九四三年六月重印了訂正蓉一版。一九九七年,《高中複習叢書　本國史》曾改名爲《本國史答問》,收入華東師範大學出版社出版的《吕思勉遺文集》(一九九七年九月出版);后又收入上海古籍出版社出版的"吕思勉文集"《吕著中小學教科書五種》②(二〇一一年六月出版)。此次編輯整理《吕思勉全集》,我們將《高中複習叢書本國史》編入本册重印出版,按一九四三年六月訂正蓉一版重新作了整理校對,除訂正刊誤、錯字外,其他未作改動。

李永圻　張耕華

二〇一四年八月

---

　　①　如二四一"問鄭和使西洋之事如何"題后的注有"贛二十三年、浙二十一年",即表示一九三四年江西歷史考試和一九三二年浙江歷史考試用此題。

　　②　收入吕先生的《新式高等小學　國文教科書》、《新學制高級中學教科書　本國史》、《復興高級中學教科書　本國史》、《高中複習叢書　本國史》、《初中標準教本　本國史》及附錄中國通史教學提綱六種。

目　　録

高中複習叢書編輯大意

　　一、本叢書係根據最近教育部頒佈之高級中學課程標準，及本館高中復興教科書分科編輯而成。

　　二、本叢書編著綱要，表解與圖解並用，務使讀者對於每一科的基本知識，有具體的了解。

　　三、本叢書搜集近年來全國各省市高中會考試題，按題作答，分析清楚，更可幫助讀者對升學會考作相當的準備。

　　四、本叢書除參考各教科書編纂外，更於東西文參考書中搜求新穎的解題方法，故益完備。

　　五、本叢書爲供讀者需要，忽促出版，內容或有忽略脫漏之處，如蒙讀者來函更正，尤所歡迎。

一 緒 論

一、問歷史之定義及其價值如何

答：歷史者，所以說明社會進化之過程者也。普通所謂歷史，乃指人類之歷史。人不能單獨生活，有人類即有社會，故人類之進化，即社會之進化。欲知現在，必溯原於既往。明乎既往，即知現在之所以然。現在之所以然明，即事物之真相得。事物之真相得，則應付之術，不待求而自出。故歷史之定義明，其價值即因之而見。

二、問我國民族如何形成

答：民族之同異，視其文化之同異。我國民族，以漢族爲主。漢族而外，重要之民族，有如下圖所示。皆逐漸與漢族同化。現在境內，除漢、滿、蒙、回、藏五大民族外，益以西南諸族，則共爲六族。雖尚未完全融化，然終必有完全同化之一日也。

```
                    ┌ 匈奴
                    │            ┌ 室韋─蒙古（元）
                    │       ┌ 鮮卑 ┤
                    │       │    └ 契丹（遼）
                    │    東胡 ┤
                    │       └ 烏丸
                    │                    ┌ 白山（清）
                    │    肅慎─挹婁─靺鞨─女真 ┤
漢族以外諸大民族 ┤                    └ 黑水（金）
                    │       ┌ 突厥
                    │    丁令 ┤
                    │       └ 回紇
                    │    吐蕃─西藏
                    │    氐羌
                    │    苗
                    │    越（馬來人）
                    └ 濮（倮儸）
```

三、問中國疆域沿革大略

答：中國疆域，依自然地理形勢，可分爲四區：即（一）中國本部，（二）關東三省，（三）蒙古、新疆，（四）青海、西藏。中國民族，起於本部之黄河流域，逐漸向長江、粤江兩流域發展。關東三省中之遼寧，亦久爲中國郡縣。此外地方，則因政治勢力之盛衰而時有贏縮。觀下表可知其大略。

遼西之地，一説《禹貢》屬青州；舜分十二州，以其地越海，別爲營州。外蒙之地，元時嘗立嶺北行省。新疆、吉、黑均至清末乃建省。熱、察、綏、寧夏、青海、西康爲國民政府新建之六省，然其地在前代盛時，亦有一部分，或大部分曾建爲郡縣。其前世爲郡縣，而後來喪失者，則有安南及朝鮮。

禹　貢	漢	唐	元	明	清	民　國
冀　州	幽　州	河　北	遼　陽		奉　天	遼　寧
冀　州	冀　州	河　北	中　書	北直隸	直　隸	河　北
冀　州	并　州	河　東	中　書	山　西	山　西	山　西
青　州	青　州	河　南	中　書	山　東	山　東	山　東
兗　州	兗　州	河　南	中　書	山　東	山　東	山　東
豫　州	豫　州	河　南	河　南	河　南	河　南	河　南
徐　州	徐　州	淮　南	河　南	南直隸	江　蘇	江　蘇
徐　州	徐　州	淮　南	河　南	南直隸	安　徽	安　徽
荊　州	荊　州	山　南	河　南	湖　廣	湖　北	湖　北
荊　州	荊　州	江　南	湖　廣	湖　廣	湖　南	湖　南
	交　州	嶺　南	湖　廣	廣　西	廣　西	廣　西
	交　州	嶺　南	江　西	廣　東	廣　東	廣　東
	交　州	嶺　南	江　西	江　西	江　西	江　西
揚　州	揚　州	江　南	江　浙	南直隸	江　蘇	江　蘇
揚　州	揚　州	江　南	江　浙	南直隸	安　徽	安　徽
揚　州	揚　州	江　南	江　浙	浙　江	浙　江	浙　江
揚　州	揚　州	江　南	江　浙	福　建	福　建	福　建
雍　州	司　隸	關　内	陝　西	陝　西	陝　西	陝　西
雍　州	涼　州	隴　右	陝　西	陝　西	甘　肅	甘　肅
雍　州	涼　州	甘　肅	甘　肅	陝　西	甘　肅	寧　夏
梁　州	益　州	劍　南	四　川	四　川	四　川	四　川
	益　州		四　川	貴　州	貴　州	貴　州
	益　州		雲　南	雲　南	雲　南	雲　南

四、問中國史之時期如何畫分

答：可大別爲四期。上古爲從分立之部落，進至封建，從封建進至統一之期。政治及社會，均有劇烈之進展。所同化之異族極多。中古時代，政治及社會，無甚根本變動。惟各民族之競爭，甚爲劇烈。其中有漢唐之盛世；三國、南北朝、五代之分裂；五胡、沙陀、遼、金、元之侵入。清代侵入，其性質與前此異族侵入無異；國内治化，亦因襲前朝；惟西力於此時東侵，故發生一種新局面。現代爲中國受外力之刺激，而發生反應之時代。

中國歷史
- 上古　秦以前
- 中古　漢至明
- 近代　清代
- 現代　革命起至現在

二 上 古 史

五、問我國民族之起原

答：我國民族，以漢族爲主。論我國民族之起原，自亦係指漢族言之。昔人揣測之辭不一。（一）有以爲來自中央亞細亞者。（二）有以爲來自印度或南洋羣島者。（三）並有謂自北美洲越海而來者。西來説較爲有力，亦無確據。近歲發掘所得，中自河南澠池縣之仰韶村，東至遼寧錦西縣之沙鍋屯，西至甘肅、青海一帶，所得器物，均無外來確據；而沙鍋屯人骨，研究結果，認爲與現代華北人體格一致。則中國民族，究係外來，抑土著，雖難遽定，而其居於中國，已極悠久，則可斷言矣。

六、問漢族在中國本部發展之跡如何（閩）

答：漢族起於黄河流域，而其文化之發展，下流似又早於上流。古代帝皇：如有巢氏，治石樓山南；今山東諸城縣。燧人氏起於暘谷、九河；伏羲氏都陳；今河南淮寧縣。神農氏都陳、徙魯；今山東曲阜縣。皆在黄河下流。堯、舜、禹皆都晉陽；今山西陽曲縣。桀都陽城；今河南登封縣。殷周先世，皆起陝西境内，則漸拓而東。其向長江流域發展，遠在炎黄之際。三苗之國，左洞庭，右彭蠡，而姜姓之蚩尤爲之君是也。漢南諸侯歸湯者四十國。文王化行江漢。所謂周南者，地在南郡、今湖北江陵縣。南陽今河南南陽縣。之間，皆其逐漸發展之跡。至春秋時，楚與吳、越相繼強盛；戰國時，巴、蜀爲秦所併。而江域完全開化矣。粤江流域之展拓，事起戰國之世，吳起爲楚相，南有洞庭、蒼梧，今湖南、廣西地也。莊蹻循牂牁江至滇，今雲南、貴州地也。越爲楚滅，遺族濱於江南海上，服朝於楚，今廣東、福建地也。至秦併天下，開桂林、南海、象三郡及閩中郡。又漢時所謂西南夷，秦世已頗置吏。而中國本部，全屬中國版圖之局開始。至漢滅南越、閩越，開西南夷，而其事大定。

七、問太古之文化如何

答：區別文化之階段，或以取得食物之方法爲準，如（一）拾取，（二）漁獵，（三）農牧；或以所用器具爲準，如（一）石器，（二）銅器，（三）鐵器。我國拾取之世，已無信史可徵。伏羲作網罟，以佃以漁，似在漁獵時代。河南之神農氏，斲木爲耜，揉木爲耒，似自漁獵進入農耕。河北之黃帝，遷徙往來無常處，以師兵爲營衛，似在畜牧時代。其後堯命羲和四子，曆象日月星辰，敬授民時，則黃帝之後，亦進入農業矣。古兵器皆以銅爲之，而古書多稱蚩尤造兵，蓋爲用銅之始。自此以前，當爲石器時代。春秋戰國時，兵器猶多用銅，農器則皆用鐵，讀《管子》、《鹽鐵論》可知。三國以後，兵器亦皆用鐵，見《日知錄》。

八、問太古之社會如何

答：社會組織，大抵起於氏族。從氏族析爲家族，一方面又聯結而成部落。古代之姓，大約係女系氏族。其後姓改而從男，則自女系入於男系矣。老子言郅治之世，鄰國相望，鷄犬之聲相聞，民至老死不相往來，蓋古代各部落分立時之情形。此等部落，內部既無階級，對外又極平和，蓋即孔子所謂大同之世。其後各部落互相接觸，兵爭漸起，發生征服與被征服之關係。而各部落之內部，執掌政權及富有財產者，權力漸顯，地位亦漸高。則漸降而入小康之世矣。

九、問何謂三皇五帝（滇二十二年）

答：據《尚書大傳》，其說如下。《白虎通》說三皇同《大傳》。惟又列或說，以伏羲、神農、祝融爲三皇。鄭康成注《中侯敕省圖》，引《運斗樞》，以伏羲、神農、女媧爲三皇。女媧即祝融。司馬貞《補三皇本紀》，引《河圖》、《三五曆》，以天皇氏、地皇氏、人皇氏爲三皇，說近荒怪。《史記·秦本紀》，博士議帝號時，謂古有天皇，有地皇，有泰皇，則即《尚書大傳》之說。五帝異說，惟鄭康成以德合五帝座星者爲帝，於黃帝、顓頊間，增入少昊一人，見《禮記·曲禮正義》。

一〇、問唐虞之政治如何

答：官制見於《堯典》者，有司空、后稷、司徒、士、共工、朕虞、秩宗、典樂、納言、四岳、十二牧。天子五年一巡守。其間四年，四方諸侯，分班來朝。王位承襲，似世次無定，而以同族爲限。由前任君主，咨詢衆庶，薦之於天，而以朝覲訟獄、謳歌之歸向與否定從違。此制儒家謂之"禪讓"，亦稱爲"官天下"。

一一、問禹治水之事如何

答：禹治水之事，詳見《尚書·禹貢》。《史記·夏本紀》亦本之。惟(一)《禹貢》是否禹時書？(二) 其所述是否禹時事？近人頗有疑義。論其大體：則當時江、河兩流域，皆有水患。其情形爲"五穀不登，禽獸逼人"、"民無所定，上者爲巢，下者爲營窟"。禹治水之法，以疏浚爲主。使小水入大水，大水入海。以江、淮、河、濟爲諸水之綱領，是爲四瀆。水患既定，則民得平土而居之。益、稷爲禹之佐，益烈山澤而焚之，后稷教民稼穡。當大致不謬也。

一二、問夏代之興亡如何

答：夏凡十七主，四百餘年。其事蹟，惟太康失國、少康中興爲較著，此外皆無可考。太康失國，《僞古文尚書》謂其由於好畋，殊不足信。據《墨子》、《楚辭》，實因貪於飲食，溺於音樂之故。羿篡夏後，又爲其臣寒浞所篡，並滅太康弟仲康之子相。相后緡，逃歸母家有仍，生少康。后奔虞，虞君邑之於綸。有田一成，有衆一旅，以成中興之業。其事略見《左氏》。堯、舜、禹三代，皆都晉陽。少康中興後，似居河南，故桀之亡在陽城也。

一三、問夏代政教如何

答:禹有天下,不傳賢而傳子,於是"禪"易爲"繼",成爲"家天下"之局。據《孟子》:夏代之稅用貢法,校數歲之中以爲常,龍子議其不善。據《尚書·洪範》,五行之説始於夏。《墨子》背周道用夏政,見於《淮南子要略》。今其書有《天志》、《明鬼》、《尚同》諸篇,可見夏代迷信之深,專制之甚。其主張《節用》、《節葬》,可見夏代生活程度尚低。其主張兼愛,則又儒家所稱"夏尚忠"之注脚也。

一四、問商代之興亡如何

答:商之先曰契,爲堯司徒,封於商。今陝西商縣。十四世至湯,滅桀而王天下。傳三十世,六百餘年。商代事蹟,可考者亦鮮。據《史記·殷本紀》觀之,但知(一) 其時有盛衰,盛則諸侯來朝,衰則諸侯莫至;(二) 又其都邑,曾屢次遷徙而已。

一五、問商代都邑屢遷,其地可得而考歟

答:《史記·殷本紀》言自契至於成湯八遷,其地不盡可考。湯始居亳,從先王居,當在商縣。《孟子》言湯居亳與葛爲鄰,則似在商邱。滅夏後都偃師,亦稱亳,見《書序疏》引鄭《注》。其後則仲丁遷於隞,《書序》作囂。河亶甲居相,祖乙遷邢,《書序》作耿。盤庚仍居偃師,武乙遷於河北,似即《史記·項羽本紀》之殷墟。

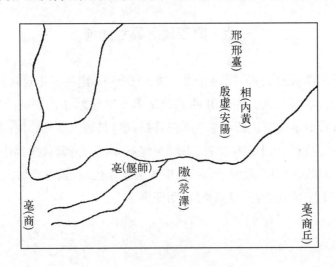

23

一六、問商代之政教如何

答：商代繼承之法特異，王位傳諸同母弟，同母弟盡，則還立長兄之子，頗似春秋時之吳。又君薨，百官總己，以聽於冢宰三年，似其時相權頗重。其田賦用助法，較夏之貢法爲善，亦見《孟子》。古書屢言殷質周文，亦可見其時之風俗，尚較周代爲質樸也。

一七、問商代事蹟，書籍而外尚有可考者否

答：公元一八九八、九九年間，河南安陽縣北小屯，曾掘得龜甲、獸骨，間有文字者。說者謂其地即殷墟，據以研究殷代史事者頗多。

一八、問周之興起如何

答：周之先曰棄，封於邰。今陝西武功縣。至不窋失官，竄於戎狄。再傳至公劉復興，居於豳。今陝西邠縣。又十傳至大王，避狄，居於岐。今陝西岐山縣。大王肇基王跡。傳季歷至文王，三分天下有其二。至武王，遂滅商。仍以其地封紂子武庚，而使弟管叔、蔡叔、霍叔監之。武王崩，三監及武庚叛，周公東征，平之。時淮夷、徐戎並起，周公又使子魯公伯禽平之。又營洛邑爲東都，周在東方之勢力，蓋至此而始完固。

一九、問西周之興亡如何

答：西周當成康之時，稱爲盛世。康王子昭王，南巡狩不返，似係爲楚所敗。子穆王，享國長久。相傳其西巡狩之事。又曾修正刑法，見《尚書・呂刑》篇。國勢似乎復振。又六傳至厲王，因暴虐，爲國人所逐。周、召二公，當國行政，謂之共和，凡十四年。厲王死，子宣王立，側身修行，號爲中興。子幽王，因寵褒姒故，廢申后及太子宜臼。申侯與犬戎伐周，弒王於驪山下。今陝西臨潼縣。宜臼立，東遷於洛，是爲東周，而西周亡。

二〇、問穆王西巡狩之事真相若何

答：其見於《史記・秦本紀》、《趙世家》者，但云造父爲穆王御，西巡狩，見西王母，樂而忘歸。徐偃王乘之作亂。造父爲穆王御，長驅歸周，一日千里以救亂而已。西王母爲《爾雅》所列四荒之一，雖難確指爲何地，其勢不能甚遠。近來侈陳穆王行跡者，大抵根據《穆天子傳》一書。此書始見於《周書・束晳傳》，亦名《周王遊行》，似後人所作小説。

二一、問共和行政之真相如何

答：古代卿權本強；周、召二公，又世爲王室卿士，故能如此。春秋列國，君出奔而不立新君者甚多，如魯昭公即其一例。謂有共伯和攝行天子之事，説出《魯連子》、《竹書紀年》，不足信。

二二、問東周時治亂之大勢如何

答：自平王東遷後四十九年，而入於春秋之世，凡二百四十二年。春秋以後，爲戰國之世，又二百六十年。當此之時，王室之威靈已替，不復能號令天下，諸侯互爭。當春秋之時，則求爲霸主；戰國之世，更互相吞併。而天下遂卒統於一。

二三、問爭霸及互相吞併之局由何而起

答：西周以前，天下之強國少，有一強者出，能懾服其餘諸國，使承認己爲共主，是之謂王。東周以後，天下之強國多。衆強相遇，僅能懾服二等以下之國，使承認己爲諸侯之長而已，是則所謂霸也。春秋時，尚未達於統一之機運，故列強所務，僅在爭霸。戰國時，則二等以下之國，大抵滅亡。諸大國彼此直接，爭戰益烈，故終至互相吞併，歸於統一也。

二四、問春秋戰國時代國之大小若何

答：此時所謂小國者，多夷滅而爲大國之縣。觀漢世縣名，尚多古國名可

知。《漢書・百官公卿表》，謂縣大率方百里，實即古之大國也，此時則皆爲小國矣。其次等國，如魯、衛、曹、宋、鄭、許、陳、蔡等，大抵當後世一府或數縣之地。大國則地兼數圻，有今一省或數省地，如晉、楚、齊、秦及吳、越是也。特其地亦多蠻夷錯雜，未盡精華所在耳。

二五、問此時代之大國率在沿邊之地，其故何歟

答：（一）因沿邊之地，與異族雜居，以競爭磨礪而強。（二）則沿邊之地，土廣人稀，易於開拓，故其疆域多恢廓也。

二六、問何謂五霸

答：五霸有二說：（一）爲夏昆吾、商大彭、豕韋，周齊桓、晉文；（二）專就春秋時言之，爲齊桓、宋襄、晉文、秦穆、楚莊。

二七、問五霸之事蹟大略如何

答：春秋時，首起稱霸者爲齊桓。嘗伐山戎以救燕；却狄以存邢、衛，南伐楚，爲召陵之盟。齊桓卒後，宋襄繼起圖霸，爲楚人敗於泓，傷股而卒。晉文公出，乃敗楚於城濮。自是晉、楚嘗爭長。而秦穆公亦以其間霸西戎。楚莊王敗晉於邲，稱霸。子共王，爲晉敗於鄢陵。然仍與晉爭鄭。久之，鄭乃服晉，晉悼公復稱霸。悼公以後，晉楚皆衰。宋臣向戌，爲弭兵之盟，請二國之從交相見，自是晉楚之兵爭息，而吳越盛已。

二八、問吳越強盛之事如何

答：吳、越之先，本皆服屬於楚。自楚申公巫臣奔晉，爲之通吳以制楚，而吳始強。世與楚爭，楚多不勝。後闔閭卒伐楚，入郢。闔閭破楚後，伐越，爲所敗，傷而卒。子夫差立，敗越於夫椒，越人請成。夫差自此驕侈，北伐齊、魯，與晉爭長；而越勾踐臥薪嘗膽，以求報吳，吳遂爲越所滅。勾踐北會齊、晉於徐州，稱霸王焉。

二九、問春秋時之形勢何由變成戰國

答：越既滅吳，而不能正江、淮之地，後遂爲楚所滅。長江流域，仍以楚爲獨強。晉分爲趙、韓、魏，較全晉之時稍弱。而河北之燕日強。於是齊、燕、趙、韓、魏、秦、楚，並稱爲七雄。

三〇、問秦併六國之經過如何

答：戰國之初，七國之中，本以秦爲最弱。孝公用商鞅變法，而秦始強。一出而取河西、上郡，全有關中之地。是時當秦東出之路者爲韓、魏，魏既去安邑，遷都大梁；韓之宜陽，復爲秦所拔；則秦出蒲津，函谷之道俱開。後遂克上黨，出井陘以臨趙，下天井關以滅韓。韓亡，遂東滅魏。滅趙之後，東北滅燕，又以其兵還滅齊。其出江域之兵，則先取漢中，次取巴、黔中，破郢。楚東北徙都陳，後又徙壽春，終不支而滅。六國遂盡爲秦所滅。

三一、問秦滅六國之原因何在

答：（一）秦人風氣強悍；（二）又得商君變法，一其力於農戰；（三）而其地勢又易守難攻；（四）六國合縱之謀，既不能堅，且時時互相攻伐，以消耗其國力；（五）及與秦戰敗，則割地媾和，以偷一時之安。皆其原因之大者也。

三二、問春秋戰國時代我國文化
之傳播及疆域之拓展若何

答：古所謂"中原"之地者，實僅泰岱以西，豐、鎬以東，太原、涿鹿以南，陽城以北而已。春秋時代，齊開拓山東半島，晉開拓今之山西，秦東向恢復周之故土，又西兼戎狄，至於隴西。楚則開拓今之湖北，直達長江下流，而吳、越又繼之而起。而江、河兩域，幾於完全開化。戰國時，秦北據上郡，趙有雲中、雁門、代郡，燕開上谷、漁陽、右北平、遼西、遼東五郡，則開拓及今遼寧、熱、察、綏；秦又南併巴、蜀；楚南有洞庭、蒼梧；莊蹻又通滇；越滅後，其子孫仍濱於江南海上，或爲王，或爲君；則長江上流及南嶺以南，亦咸爲聲教所及已。

三三、問當此時代，我國民族滋大之
情形，可得而聞歟

答：漢族而外，古代較大之民族，大略如下：（一）玁狁，亦稱獯鬻。古代北狄，大概多屬此族。春秋時又有赤、白狄之分，大抵滅於晉，惟中山至戰國時滅於趙。在北邊者爲林胡、樓煩、匈奴等，多爲趙所擊破。（二）東胡，在燕之東北。燕襲破東胡，乃開上谷、漁陽、右北平、遼西、遼東等五郡。（三）氐、羌，羌族在秦隴間，氐即巴人。（四）萊夷，在山東半島，滅於齊。（五）淮夷、徐戎，在淮水流域。徐滅於吳。淮泗夷至秦有天下，乃悉散爲人户。（六）黎族，即後世之苗族。古稱爲蠻。地在今湖南境内洞庭流系，多服於楚。（七）越族，即所謂東夷。此族有斷髮文身之俗。徧佈於江、浙、閩、粵沿海之地，因吳越之開化而開化。（八）濮族，今之倮儸。自湖北境内西南延至雲、貴，多楚所開拓。此等民族，在中原之地者，多逐漸與我融合，此即我國民族之滋大也。

三四、問古行封建之制，其理由若何

答：古代本部落林立，又其時交通不便，各地方風氣不同，既不能以同一之法治之，而駕馭之力，亦有所不及。故（一）一部落征服他部落，只能仍其舊君，使盡朝貢之禮，表示服從。（二）進一步，乃改樹我之同姓、外戚、功臣、故舊。（三）又本部落之拓殖於外者，對其宗國，亦得保主從的關係。此封建制度之實質也。

三五、問封建之制，今古文所説不同，孰是孰非

答：今文説見《孟子》、《禮記‧王制》、《白虎通義》等書。謂殷爵三等，合子男從伯，一曰合從子。周爵五等，地則同爲三等。公、侯皆方百里，伯七十里，子男五十里。不能五十里者，不達於天子，附於諸侯，曰附庸。古文説見《周官》。公方五百里，侯、伯、子、男遞減百里。此皆不過定制如此；實行之時，自不能如此整齊劃一。即謂能之，後來亦有開拓，有削弱。大抵愈古國愈多，地愈小；愈後國愈少，地愈大。因實際之情形，而國家定制，學者立説，亦隨之而異，原非必皆實事也。

三六、問封建郡縣二制之遞嬗(陝西、浙二十三)

答：《王制》言："天子之縣内諸侯禄也,外諸侯嗣也。"内諸侯與外諸侯,在爵、禄兩點,全然相同。所異者,一世襲,一不世襲耳。國家之權力日强;所能統治之範圍日廣;滅人之國,不復(一)仍其舊君,(二)改立新君,而皆改設不世襲之令長,此即縣之起原也。至於郡,則初皆設於邊荒之地,(一)地廣,(二)有兵備,後遂以之統縣耳。

三七、問古代之官制如何

答：今文説謂天子有三公、九卿、二十七大夫、八十一元士。三公之名,爲司馬、司徒、司空。九卿以下,分職不詳。諸侯大國三卿,次國二卿,小國一卿。古文家以太師、太傅、太保爲三公,少師、少傅、少保爲三孤。冢宰、司徒、宗伯、司馬、司寇、司空爲六卿,其屬各六十。地方區畫:《周官》以五家爲比,比有長。五比爲閭,閭有胥。四閭爲族,族有師。五族爲黨,黨有正。五黨爲州,州有長。五州爲鄉,鄉有大夫,遂則爲鄰長、里宰、酇長、鄙師、縣正、遂大夫。與軍制相應。今文説以八家爲鄰,三鄰爲朋,三朋爲里,五里爲邑,十邑爲都,十都爲師,州十有二師,與井田之制相合。

三八、問古代學校之制如何

答：古代學校,有國學與鄉學之別。國學之中,又分大學、小學。天子之國,大學在内,小學在外;諸侯之國則反之。鄉學即《孟子》所謂"夏曰校,殷曰序,周曰庠"者,詳見《公羊》宣公十五年《解詁》、《漢書·食貨誌》。

三九、問古代選舉之制如何

答：古代等級森嚴,所謂選舉,惟行於士以下,大夫以上皆世官。選舉之法有二:(一)《禮記·王制》,[一]鄉論秀士,升諸司徒,曰選士;[二]司徒論選士之秀者而升諸學,曰進士;[三]既升於學,則稱造士;大樂正論造士之秀者,以告於王;而由司馬官之。(二)《周官》,司徒三年大比,興其賢者、能者,所謂"鄉舉里選"也。東周以後,等級制度漸壞,國家需才孔亟,遊士或以立談取卿相,而選舉之法又一變。

四〇、問古代之兵制如何

答:軍隊之編制,以五人爲伍,五伍爲兩,四兩爲卒,五卒爲旅,五旅爲師,今古文同。惟今文以師爲一軍,天子六師,方伯二師,諸侯一師。古文家以五師爲軍。王六軍,大國三軍,次國二軍,小國一軍。其出賦之法,今文家謂十井出兵車一乘。公侯封方百里,凡千乘。伯四百九十乘,子男二百五十乘。古文家據《司馬法》,而《司馬法》又有兩説:(一)以井十爲通,每通出戎馬一匹,士一人,徒二人,通十爲成,成十爲終,終十爲同,遞加十倍。(二)以四井爲邑,四邑爲丘,有戎馬一匹,牛三頭。四邱爲甸,戎馬四匹,兵車一乘,牛十二頭,甲士三人,步卒七十二人。一同百里,提封萬井;除山川、沈斥、城池、邑居、園囿、術路,定出賦六千四百井;戎馬四百匹,兵車百乘;比卿大夫採地之大者,諸侯大者一封,天子畿方千里,亦遞加十倍。《左氏》及《周官正義》,皆以(一)爲畿内法,(二)爲邦國法。

四一、問古代兵民是否合一

答:古無專以兵爲職業之人,然亦非全國之人,皆爲正式之軍隊。故齊有士鄉及工商之鄉。楚人亦云:"荆尸而舉,商農工賈,不敗其業。"春秋以前,正式軍隊,皆近國都;余僅用以保衛鄉里。戰國以後,蓋悉使從徵戍,故其兵數驟增也。

四二、問古代法律及司法制度如何

答:吾國之有成文法甚早,如《左傳》載叔向詒子産書,所謂"夏有亂政而作《禹刑》,商有亂政而作《湯刑》,周有亂政而作《九刑》"是也。但皆不公佈。春秋時,鄭作刑書,晉鑄刑鼎,乃公佈法律,非至此始有成文法也。其爲後世所沿用,有改革而無中斷者,則爲李悝之《法經》。墨、劓、剕、宮、大辟五刑,始於苗民,見《書·吕刑》篇。《周官》又有斬、腰斬。脯、磔。焚、辜亦磔。之刑。其五刑之名,則無剕而有刖。此外尚有事實上之酷刑,如車裂等。其圜土、嘉石等，僅限制自由，不傷及身體者，古人不稱爲刑。行政官吏，皆可聽訟，惟附於刑者必歸於士，略有司法獨立之意。

四三、問古代宗族之制如何

答：九族之説有二，今文家説如下圖。古文家以上自高祖，下至玄孫爲九族，實九世之誤也。小宗以別子爲祖；繼別子者爲大宗，繼禰……者爲小宗。大宗百世不遷，小宗五世而遷。小宗均受大宗統轄，無所宗之人亦然。故小宗可絕，大宗不可絕。大宗對國君之關係，亦猶小宗之對大宗，故曰"君之宗之"也。如下圖：

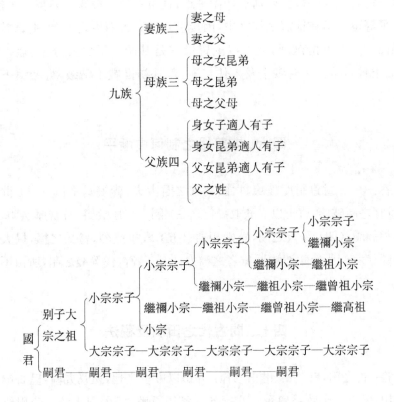

四四、問古代姓氏之別若何

答：姓之始爲女系，故於文"女生爲姓"，如"姬"、"姜"等字是也。其後女系易爲男系，則姓亦用以表示男子之血統。而同出一始祖者，又有氏以表其支派。乃稱姓爲正姓，氏爲庶姓。古人姓氏各別，如齊大公姜姓，呂氏是也。姓百世而不更，氏數傳而可改。三代以前，大抵男子稱氏，女子稱姓。封建制度破壞，貴族譜牒淪亡，莫能審其得姓受氏之由，亦無新創之姓氏，而二者之別遂亡。

四五、問古代社會等級之制若何

答：隆古之世，蕩蕩平平，當無所謂等級。自各部落接觸，爭鬥之餘，不免有征服者與被征服者之別，而等級遂由是而生。觀古者（一）兵皆近國都；（二）田制則野行井田，國中行畦田；似乎征服之族，擇中央山險之地，築城而居；而使被征服之族，居於四圍平地，從事耕農。故國人與野人之權利，頗不平等也。其在征服之族之中，因接近政權與否而生之等級，則爲君大夫與平民。士以下由選舉，大夫以上皆世官是其證。平民又分士、農、工、商者，而士較貴重。士含戰士及入仕二義，蓋其初惟戰士階級，得參與下級之政治也。

四六、問等級之制何由漸平

答：（一）封建制度破壞，亡國喪家之君大夫，皆變爲平民；（二）世變日亟，世官之制破壞，遊士以立談取卿相；（三）國人移居於野，日富厚文明，寢至與國相頡頏；（四）等級之間，婚姻相通；（五）戰爭劇烈，當兵之權，擴大而及於全國；（六）因經濟之變化，富者之權力日大。皆古代等級之制，所由不能維持也。

四七、問古代之田制及税法

答：古之田，有井田、畦田二種：井田以方里之地，畫爲九區，區百畝。中爲公田，又以二十畝爲廬舍。八家各受私田百畝，耕公田十畝。公田所入歸公，私田所入歸私，此爲助法。貢徹二法，不別田之公私，但取所入十分之一，或施諸畦田也。惟貢法取數歲收獲之平均數，以定一年之税額；樂歲不能多，凶年不能減，故爲不善。

四八、問井田之制何由破壞

答：孟子謂由暴君污吏，慢其經界，其原因似專在政治上。然古阡陌、溝洫，皆佔地甚多；人口漸繁，土地漸形不足，遂不免從事開墾；則亦有經濟上之原因矣。商君廢井田，開阡陌，開非建置之意，即開墾之開，詳見朱子《開阡陌辨》。

四九、問田以外之土地古代如何處置

答：田以外之土地，古代總稱山澤，皆屬公有，而使用則須依一定之法則。所謂"名山大澤不以封"、"斧斤以時入山林"，"數罟不入汙池"也。但其後多落入私人之手。如《史記・貨殖列傳》所載：從事（一）種樹，（二）畜牧，（三）開礦，（四）煮鹽之人皆是。其原起，似仍由有土之君，先行封禁，後乃畀諸私人。漢世山澤，自天子至封君，皆各爲私奉養，可見"名山大澤不以封"之法久廢矣。

五〇、問古代工業如何

答：古代簡易之器，人人能自爲之。其較難者，則由國家設官製造。《考工記》謂粵、燕、秦、胡人人能爲鎛、函、廬、弓、車，國家遂不置製造此器之官，是其明證。此乃交通未盛，各部落皆處於自給自足時代之情形。其後商業漸興，社會之舊組織，日行破壞，則工官漸廢，而私家製造之業日盛矣。

五一、問古代商業如何

答：隆古之世，交易只行於部落與部落之間。其後私產之制漸興，團體之內部，乃亦以交易代分配，商業於是日盛。《王制》："市廛而不稅，關譏而不徵。"而《周官》則必"凶荒札喪"，市乃無徵，可見商人獲利，降而愈厚，故國家亦從招徠變爲徵稅也。商人有二種：一在國中，《考工記》所謂"匠人營國，面朝後市"者；一在野外，則《公羊》何《注》所謂"因井田而爲市"者也。

五二、問古代之貨幣若何

答：古代用爲易中之物甚多，其最通行者，似爲皮、畜牧時代。貝、漁獵時代。穀粟、布帛、農業時代。金屬器具如刀，又錢本農器。等物；而珠玉金銀，亦流通於貴族社會。稍進，則側重於金屬及布帛，如《史記·平準書》言：太公爲周立圜法，黄金方寸而重一斤。錢圜函方，輕重以銖；布帛廣二尺二寸爲幅，長四丈爲匹，是也。秦併天下，專用黄金及錢。珠、玉、龜、貝、銀、錫等，國家皆不認爲貨幣。然又云“各隨時而輕重無常”，蓋社會上仍有相當之流通也。

五三、問東周以後社會之變遷如何

答：東周以後，爲封建制度破壞，商業資本興起之時，故貴賤之等級漸平，而貧富之階級隨起。其現象之重要者：爲（一）諸侯大夫，互相兼併，亡國破家者，皆降爲平民；（二）而平民社會中人，亦多漸躋高位，如遊士是也；（三）井田制度破壞；（四）山澤之地，亦爲私人所佔；（五）工業亦入私人之手；（六）商業日益興盛。於是貧富不均，而社會之風氣，亦大變矣。

五四、問古代之學術如何

答：隆古之世，哲學、宗教，恒混而爲一。此時代之著述，業已無存，僅能從東周後人之著述中窺見之。大抵其時之人，以爲天地萬物，皆成於陰陽二力之運行，而稱惟一之原質爲氣。由氣而構成之物質，又分爲水、火、木、金、土五者。其後遂有相生、相勝之説，用以説明萬物之成毀焉。

五行相 { 生　　水—木—火—土—金—水
　　　　勝　　水—火—金—木—土—水

五五、問先秦之學術派别如何（浙二十二年、閩）

答：論先秦諸子之學派者，有《莊子·天下》、《荀子·非十二子》等篇，然皆未能攬其全。其較爲完備者，似應推漢人所論列。《史記》自序，分爲陰陽、儒、墨、名、法、道德六家。《漢書·藝文志》益以縱橫、雜、農、小説四家,是爲諸子十家。其中去小説家,謂之九流。六藝一略,實即儒家之學。兵書、術數、方技,亦皆古代專門之學。其詞賦一略,則古代之文學也。《藝文志》本於劉歆《七略》,《七略》之一爲輯略,乃總論編輯之意者,非書目,故亦不關學術派別。

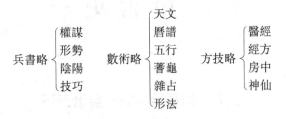

五六、問先秦諸子之學原起如何

答:《漢書·藝文誌》以爲出於王官之守,《淮南子·要略》則以爲起於救時之弊,二説似可並存。蓋古代階級森嚴,平民多無餘暇,從事學問,即有才智之士,既乏師友講習,又鮮徒黨傳播,其成爲一種學術自較難。貴族既有餘閑,而一種官守,又必有其相傳之經驗;其能成爲一家之學,固無足怪。然亦兵爭劇烈,國勢危急;社會組織變動,生民困苦,有以促成其研究之動機也。

五七、問先秦之世學術興盛之原因
（蘇一、桂一、桂二）

答:其重要者:(一)由封建制度破壞,貴族多降爲平民,社會中驟增許多有學識之分子;(二)由社會組織變動,平民之能從事研究者漸多;(三)由時勢艱難,仁人君子,競思藉學術以救世;(四)由人君登用賢才;名卿大夫,亦競於養士;勢位富厚,有以獎進其研究;(五)由學術未定於一尊,諸家互相辯論,益得發皇其思想,而發見真理。

三 中 古 史 一

五八、問秦始皇統一後治天下
之政策如何（蘇二）

答：其重要者有七：（一）稱皇帝，除去謚法；（二）盡廢封建；（三）分天下
爲三十六郡，郡置守、尉、監；（四）收天下兵，聚之咸陽，鑄爲鐘鐻、金人；
（五）焚詩書、百家語，以非博士官所職爲限。所不去者，醫藥、卜筮、種樹之書。欲學法令，
以吏爲師；（六）罷六國文不與秦合者；（七）統一度量衡及行車之軌。

五九、問秦始皇對外政策如何（山西）

答：（一）使蒙恬逐匈奴，收河南地，築長城；（二）略取南越地，置桂林、南
海、象郡；（三）取今福建地，置閩中郡；（四）通滇。

六○、問秦代長城與今日同異如何

答：全與今日不同。其時之長城，西起臨洮。自此迤邐東北，據陰山之
脉，全包黃河在內，當貫今寧夏、綏遠、察哈爾之境。更東，包上谷、漁陽、右北
平、遼西、遼東五郡，當在今熱河、遼寧之北。其東端在樂浪郡遂城縣，見《晉
書・地理志》，則並在今朝鮮境內矣。秦長城乃連屬戰國時秦、趙、燕三國之
長城而成，非一時所造也。

六一、問論史者皆稱秦爲暴虐，其事蹟如何

答：（一）嚴刑峻法；（二）事土木，破六國，寫放其宮室，作之咸陽北阪上，

後又自造阿房宮於渭南；（三）自營驪山葬地，極其奢侈；（四）時出巡遊，發民治馳道；（五）使方士求神仙；（六）因方士、儒生之誹議，坑儒生四百六十人；（七）其對外征伐，雖亦能爲國家開拓疆土，然三邊戍轉，用民力太勞，至於謫發不足，行閭左之戍，此人民之所以怨叛也。

六二、問豪傑亡秦之大略如何

答：公元前二一〇年，始皇東巡，崩於沙丘。長子扶蘇以諫始皇坑儒，謫監蒙恬軍於上郡。宦者趙高，爲始皇少子胡亥，説丞相李斯，矯詔殺扶蘇、蒙恬。秘喪，還至咸陽襲位，是爲二世皇帝。信趙高之譖，殺李斯，秦政益亂。時六國遺民，心本不服；兼之海内愁苦，特畏始皇之威。及是，戍卒陳勝、吳廣起兵於蘄，北取陳，勝自立爲楚王。於是趙後歇、魏公子咎、燕人韓廣、齊王族田儋，俱起自立。秦將章邯出擊。勝、廣皆敗死。咎自殺。儋救魏，亦敗死。時楚將項燕之子梁，及其兄子籍，起兵於吳。沛人劉邦，亦起兵於沛。梁渡江，以居巢人范增説，立楚懷王之後心於盱眙，仍號爲楚懷王。梁北破秦兵，仍爲章邯所襲殺。邯以爲楚地兵不足憂，乃北圍趙王於鉅鹿。楚懷王使籍北救趙，劉邦西入關。籍破秦兵於鉅鹿，章邯降。邦因韓人張良以略韓地，入武關。時趙高弑二世，立公子嬰，嬰復刺殺趙高，邦兵至霸上，嬰降，秦亡。時爲公元前二〇六年。自秦滅齊併天下至此，凡十五年。

六三、問秦亡之後，天下如何復統一

答：劉邦既入關，項籍兵亦至。邦遣將守函谷關，籍攻破之。時籍兵四十萬，在鴻門；邦兵十萬，在霸上。籍欲擊邦，邦以籍臣項伯以謝，乃解。先是楚懷王與諸將約：“先入關者王之。”此時照約，劉邦應王關中，然籍受秦兵降時，已立秦降將章邯、司馬欣、董翳爲三秦王。及是，乃謂巴、蜀、漢中亦關中地，立劉邦爲漢王。尊楚懷王爲義帝，徙之郴，弑之中途。籍自立爲西楚霸王。分封六國之後，及亡秦有功之人爲王。六國之後，有因徙封不服者，亡秦有功之人，又有因不得封不服者，於是齊、趙先起變亂。項籍東擊齊。漢王乘機，以韓信爲大將，北滅三秦。遂出關，以五諸侯之兵入彭城，爲項籍還兵擊破。然漢有蕭何守關中以給軍食，堅守滎陽、成皋，使韓信北定趙、代，東滅齊。而楚後方爲彭越所擾，兵少食盡。乃與漢約，以鴻溝中分天下，解而東歸。漢王背約追楚，圍之垓下。

籍突圍走至烏江,自刎死。時爲公元前二〇二年。楚漢相争凡五年。

六四、問漢初之封建如何

答:秦併天下時,人心尚習於封建,以秦滅六國爲無道之舉,故秦一亡而分封之事復起。然其時之事勢,已不容封建政體之復興,故楚漢相争五年,而天下復併於一。漢初,(一)功臣與漢高,皆故等夷,漢高貴爲天子,而功臣無尺土之封,亦時勢所不許也;(二)又其時衆建親戚,以爲屏藩之觀念未破,乃有漢初之封建。漢代分爵二等,所謂侯者,地小不足數。所謂王,則地跨數郡,實爲一特殊勢力。漢初異姓王者七國,除長沙外,不久皆滅亡。而同姓諸國,終至釀成吳、楚七國之亂。今表示其大略如下:

漢初異姓	漢初同姓	呂后時	文帝時
	齊悼惠王肥（高祖長子）	齊悼惠王肥 哀王襄	齊王將閭
			濟北王志
		魯元公主湯沐邑	濟南王辟光
			菑川王賢
		琅邪王劉澤	膠西王卬
		呂王呂臺	膠東王雄渠
楚王韓信	荆王賈（高祖從父兄）		
	楚元王交（高祖弟）		楚王戊
梁王彭越	淮陽王友（高祖子）		
	梁王恢（高祖子）	呂産	
趙王張敖	趙隱王如意（高祖子）	趙幽王友（即淮陽王）趙共王恢（即梁王）呂禄	趙王遂（如意子）
韓王信			
燕王臧荼 盧綰	燕靈王建（高祖子）	呂通	燕王劉澤（即琅邪王）
淮南王英布	淮南厲王長（高祖子）		淮南王安
	吳王濞（高祖兄子）	吳王濞	吳王濞
長沙王吳芮			
	代王喜（高祖兄） 代王恒（高祖子,即文帝)		

漢初同姓王國，體制甚崇。七國亂後，乃摧抑諸侯，不得自治民補吏。武帝復用主父偃之策，令諸侯得以國邑分封子弟。於是賈生"衆建諸侯而少其力"之策行，漢代之封建，名存而實亡矣。

六五、問何謂呂氏之亂

答：高祖外封建宗室，内委政呂后，任用外戚，皆所以防制功臣也。高祖崩後，惠帝懦弱，政權遂入呂后之手。惠帝崩，呂后立少帝；又廢之，立常山王弘。分封諸呂，使兄子呂禄、呂産將南北軍。呂后崩，齊襄王起兵於外，呂氏使灌嬰擊之。嬰與連和。丞相陳平、太尉周勃等合謀，使人説諸呂就國。事未決，而周勃突入北軍，攻殺諸呂。謂少帝、常山王皆非惠帝子，殺之，而迎立文帝。是爲呂氏之亂。

六六、問漢代休養生息之治如何

答：自東周至西漢，海内實經過五百餘年之長期戰爭。其時之人民，急欲休養生息。故漢初之政治，已有此趨勢。所謂"蕭曹爲相，填以無爲"，蓋受社會心理之影響也。至文帝，益能迎合此潮流。"惜中人十家之産"，"以敦樸爲天下先"。是時吳王濞陰蓄反謀，帝乃賜之几杖以安之。匈奴屢敗和約，亦僅發兵防守。景帝繼世，亦能遵循此政策。除吳楚七國之亂外，海内未見兵革。故其結果，富力增加，刑罪減省，而風俗亦漸淳厚。史稱"其非遇水旱，則民家給人足"；"人人自愛而重犯法"；"斷獄四百，有刑措之風"焉。

六七、問漢武帝之政治如何

答：武帝爲好大喜功之主，昔人所謙讓未遑者，皆能毅然行之。以言乎内治：則立五經博士，令州郡察舉秀材孝廉；以言乎武功，則北伐匈奴，西通西域，東平朝鮮，南併兩粵，開西南夷。二者可謂均有相當成績。然帝亦信方士，興土木，事巡遊，加以用兵太多，財用不足，乃用孔僅、桑弘羊等言利之臣。筦鹽鐵，榷酒酤，算緡錢、舟車，行均輸之法。吏得入谷補官，民得入羊爲郎。更用張湯等酷吏，以嚴刑劫制人民。遂至民愁盜起，幾至於亂焉。

六八、問漢與匈奴之交涉若何

答：秦始皇時，匈奴據河南，即今河套。始皇使蒙恬逐之，以河爲塞。秦末，戍邊者皆去，匈奴復渡河南。漢高祖擊冒頓，被圍於平城。後用婁敬計，與之和親。冒頓後，老上、軍臣二世，均與漢時絕時和親，時當文、景之世，及武帝初年。武帝征伐匈奴，取河南地，置朔方郡。又曾大發兵，使衛青、霍去病擊匈奴。匈奴遁居漠北，遂致衰弱。宣帝時，匈奴内亂，五單于爭立。後併於呼韓邪。而呼韓邪又敗於郅支，以前四十一年入朝。郅支走康居。前三六年爲漢西域副校尉陳湯所攻殺。匈奴至此，乃爲漢所征服。

六九、問漢時所謂西域者範圍如何

答：歷代所謂西域，有廣、狹二義。《漢書》述西域形勢云：“南北有大山；中央有河；東則接漢，阨以玉門、陽關；西則限以葱嶺。”此指今日天山南路言，乃初時狹義之西域也。其後自此以西，交通所至之地，亦概以西域稱之，是爲廣義之西域。其範圍，各隨其交通所至而異，無一定。

七〇、問漢通西域之事如何

答：漢通西域，起於武帝欲招致大月氏，與共攻匈奴。張騫應募往使。目的未得達。然因此頗引起武帝之侈心，欲招西域諸國來朝，以示威德。時通西域須經匈奴，乃發使通西南夷，欲自今雲南、四川西出，亦未得達。後匈奴渾邪王來降，河西四郡開，漢使出西域者遂多。樓蘭、車師當道，苦供給，首叛，爲漢所戡定，漢又破大宛。西域皆震恐願臣。漢時通西域，有南北兩道，即今天山南北路。初於沿道置戍兵，後設都護，並護兩道。元帝又置戊己校尉，屯田車師，以捍匈奴焉。

七一、問漢通西域後中西之交通如何

答：葱嶺以西，自古爲白種人分佈之地，據現在所考，大夏即 Bactia；安息

即 Parthia；條支即 Syria；康居即 Sogdiana；大宛即今之浩罕 Khokand；奄蔡即
Aorsi；閹蘇，又稱阿蘭聊 Alani。烏孫，《漢書》注言其青眼赤須，狀類獼猴，蓋
亦屬白種。葱嶺以東三十六國，其種有塞，有氐、羌，塞即 Semites 族也。月氏
本居祁連山北，爲匈奴所破，西逐塞種。後烏孫又借兵於匈奴，擊破月氏。月
氏乃征服大夏，是爲黃白人種有交涉之始。漢通西域後，諸國貢使及商賈往
來者頗多，其政治關係，則以漢武帝之征大宛，以公主降烏孫，及宣帝助烏孫
攻匈奴爲較大。惟其與歐洲，尚未曾直接交通。

七二、問漢與朝鮮之交通如何

　　答：朝鮮爲箕子之後，相傳建都於平壤，今平壤尚有箕子陵。大約上古
時，由朝鮮以至遼東西河南北山東之境，漢族與東夷諸族當有關係，朝鮮自古
爲中國殖民地，固無怪也。戰國時，朝鮮與燕，以大同江即浿水爲界。秦時，
中國之界，尚在浿水以東，漢初仍守舊界。燕人衛滿亡命出塞，居朝鮮東界。
後遂襲滅箕氏，是爲衛氏朝鮮。傳子至孫右渠，爲漢武帝所滅。以其地爲臨
屯、真番、樂浪、玄菟四郡。其南之韓，亦服屬於漢。

七三、問三韓之名及其中有中國人雜居之說

　　答：三韓之名，爲馬韓、辰韓、弁韓。據《後漢書》《三國志》，辰韓耆老，自
言爲古之亡人，避苦役出塞者。"其名國爲邦，弓爲弧，賊爲寇，行酒爲行觴，
相呼皆爲徒，有似秦人，非但燕、齊之名物。"蓋當時東北，燕齊之人移殖者甚
多，史家特著此語，以見自說爲古之亡人之不誣也。

七四、問漢平南越、閩越之事如何

　　答：秦之亡也，南海尉任囂，使龍川令趙佗行尉事，佗遂擊併桂林、象郡，
自稱南越武王。勾踐後無諸及繇，佐諸侯滅秦有功。漢高帝立無諸爲閩越
王。惠帝又立繇爲東海王，又稱東甌王。武帝時，東甌因爲閩越所攻擊，內徙
江、淮間。南越傳五世，爲中國所滅，並發兵滅閩越。於是福建、兩廣及安南
之地，復入中國版圖。

七五、問漢開西南夷之事若何

答：漢時所謂西南夷者，據《史》，漢武帝時，唐蒙使南越，知夜郎臨牂牁江，可通番禺，始説武帝通夜郎，以其地爲犍爲郡，數歲而罷。及張騫通西域，欲自蜀求身毒，乃復事西南夷。滅南越時，發夜郎兵，夜郎附近且蘭反，漢擊滅之。西南夷皆震恐請置吏。乃皆以其地爲郡縣。其雲南西統之永昌郡，則係後漢明帝時所開。

$$
\text{西南夷}\begin{cases}
\left.\begin{array}{l}\text{夜郎}\\\text{滇}\\\text{邛都}\end{array}\right\}\text{椎結耕田有邑聚}\\
\text{嶲昆明—編髮隨畜移徙}\\
\left.\begin{array}{l}\text{莋筰都}\\\text{冉駹}\\\text{白馬}\end{array}\right\}\text{皆氐類}
\end{cases}
$$

七六、問何謂巫蠱之禍

答：漢武帝好神仙，方士、神巫多集京師。諸女巫往來宮中，教美人埋木人度厄，遂轉相告訐，以爲咒詛上。時水衡都尉江充，與太子據戾太子。有隙。帝使治其事。充因言於皇后衛氏。太子宮得木人尤多。太子欲見上自陳，爲充所持，遂矯詔發兵反。兵敗，自殺。是爲巫蠱之禍。

七七、問霍光廢立之事如何

答：武帝晚年，婕妤趙氏鈎弋夫人。生昭帝，帝恐身後子少，母后專權，殺婕妤，乃立昭帝爲太子。帝崩，昭帝立，霍光與金日磾、上官桀同受遺詔輔政。武帝子燕王旦，女蓋長公主，與上官桀、桑弘羊謀反，爲光所誅。昭帝崩，無子，光迎立武帝孫昌邑王賀，百日，廢之。迎立戾太子孫病己，是爲宣帝。光妻賂女醫，弒皇后許氏，立己女爲后。光死後，宣帝稍奪霍氏權。光子禹，從孫雲、山等有反謀。事覺，伏誅。霍后亦被廢。

七八、問西漢昭宣之治如何

答：霍光秉政，承武帝時海内凋敝之後，頗能以安靜爲治。宣帝生長民間，知民疾苦，即位後，留心於吏治及刑獄。故此時代，海内尚稱小康。

七九、問前漢外戚之禍如何

答：自呂氏之亂以後，文帝母家微弱；景武之世，魏其、武安亦未有大權；昭、宣母皆被殺，且其時權在霍光；元帝母亦微。故外戚專權，起於成帝之世，即元帝后王氏。成帝時，王氏鳳、音、商、根相繼爲相，威柄業已下移。哀帝立，奪王氏之權，然亦任外家丁氏，祖母族傅氏。哀帝崩，無子。元后召王莽立平帝。王莽（一）本係有抱負，欲得政權之人；（二）又負時望；（三）直漢室微弱；（四）諸侯有名無實；篡國之禍遂成。弑平帝，立孺子嬰。莽居攝踐阼，稱假皇帝。旋廢之而自立。國號新。

八〇、問漢代社會情形如何

答：漢承周秦之後，封建勢力尚未鏟除，商業資本又已興起，故社會經濟，甚不平等。當時富豪，可分爲：

$$
\text{富豪}
\begin{cases}
\text{大地主}
\begin{cases}
\text{田連阡陌之家} \\
\text{擅山澤之利者}
\end{cases} \\
\text{商人}
\begin{cases}
\text{純粹商人} \\
\text{兼營工業者（如鹽鐵）}
\end{cases}
\end{cases}
$$

至平民則常"衣牛馬之衣，食犬彘之食"。而奴婢之數尤多。

八一、問漢代救正之法如何

答：對於農田，政府所行者爲減輕田租，至三十而税一。然私家收租，常十取其五。學者議論，爲限民名田。哀帝時，師丹等輔政，擬具其法。然爲貴戚所阻，未能實行。對於商人，則漢世法令，多重農抑商，如高帝令賈人不得衣絲乘車,重其稅租;高后時雖弛商賈之律,然市井子孫,亦不得宦爲吏是。武帝時用兵,有所謂七科謫者,商人居其四,賈人、故有市籍、父母有市籍、大父母有市籍。然於其經濟勢力無損。桑弘羊行均輸之法,亦藉口平準物價,使富商大賈無所牟大利,然徒成爲籌款之策而已。

八二、問新莽所行之法如何

答:(一)田爲王田,奴婢爲私屬,皆不得賣買。男口不盈八,而田過一井者,分餘田與九族鄉黨。(二)立五均、司市、泉府。司市以四時仲月,定物平價。物之周於民用而不讎者,均官以本價買入,物價高過平一錢,則照平價賣出。(三)經營各種事業者,均除本計利,以十分之一爲貢。民欲祭祀、喪紀而無費者,泉府以貢之所入借給之,不取息。其貸以治產業者,歲取息毋過十一。(四)立六筦之法:收(1)鹽,(2)酒,(3)鐵,(4)山澤,(5)賒貸,(6)鐵布銅冶,歸諸官營。(五)廢漢五銖錢,改定幣制,爲五物、六名、二十八品。此外不關經濟之改革尚多,如官制及郡縣名等。

八三、問新莽變法何以無成

答:(一)行之過激。(二)但知注意於立法,而不思法何以行。蓋平均貧富,本係社會事業,不容專恃政治之力也。(三)行政缺乏監督,以致吏緣爲姦。(四)官辦事業,所用者多舊商人,以致弊端百出。(五)官家無大資本,不能控制市場。分配之法未立,而交換反因擾亂。此其所以"元元失業,食貨俱廢"也。

八四、問莽滅漢興之事如何

答:莽末四方兵起。其中較有組織者,爲新市、平林之兵。漢宗室劉玄,亦在軍中,稱更始將軍。後漢光武及其兄縯,亦起兵舂陵,與之合,立更始爲帝,北據宛。莽發大兵四十萬討之,敗於昆陽。漢分兵攻洛陽、武關,長安中兵亦起,莽被殺。更始西都長安,爲諸將所制,光武兄縯亦被殺。光武別爲一軍,出定河北,即帝位。時山東之賊,以赤眉爲最盛,因食盡西入關,更始遂亡。光武遣馮異擊破赤眉,而自勒大兵,降之宜陽。其餘割據者,如漢中延岑、黎邱秦豐、夷陵田戎、睢陽劉永,亦次第平定。惟隴西隗囂、成都公孫述,較有規模,最爲後亡。而河西竇融,則不煩兵力而自歸。天下復定。

八五、問後漢之治世如何

答：光武定天下後,內則減官省事,退功臣,進文吏。外拒西域之朝貢,以免勞費中國。又興起學校,獎勵氣節,在文化上,亦有相當之功績。明、章二代,亦能守其成法。自天下定後,約五十年間,稱爲後漢之治世。

八六、問後漢如何衰亡

答：後漢之患：(一)起於諸帝冲幼,母后臨朝;外戚宦官,乘之專權;又互相屠戮,以致政治不能清明。(二)降羌之亂,元氣大傷。(三)桓、靈昏愚,崇信宦官,激成黨錮之禍。(四)黃巾賊起,雖旋即被平,然自此盜賊徧地,郡縣不能捕治。(五)改刺史爲州牧,加重其權,遂肇分裂之禍。

八七、問後漢外戚宦官之禍如何

答：後漢外戚之禍,起於和帝時。帝年幼,太后竇氏臨朝,后兄憲專權。帝長,與宦官鄭衆謀誅之。是爲後漢人主與宦官謀誅外戚之始。和帝崩,殤帝立。僅百餘日。太后鄧氏立安帝,臨朝凡十五年。鄧太后崩,安帝自用后兄閻顯,並寵乳母王聖,及諸中常侍。閻后無子。後宮生順帝,立爲太子,閻后譖廢之。安帝崩,后與兄顯定策立北鄉侯。未踰年薨。宦者孫程等迎立順帝,殺閻顯,遷太后於離宮。順帝用后父梁商。商卒,子冀繼之,驕侈尤甚。順帝崩,沖帝短祚,質帝爲其所弒。桓帝立,乃與宦者單超謀誅之。桓帝亦崇信宦官,遂至激成黨錮之禍。桓帝崩,靈帝立,太后父竇武爲大將軍,陳蕃爲太傅,謀誅宦官曹節、王甫等,反爲所殺。靈帝崇信宦官尤甚。後何氏生廢帝。美人王氏生獻帝。帝欲廢嫡立庶,未果。以屬宦者蹇碩。帝崩,后兄大將軍進,擁兵不朝,廢帝乃得立。進殺碩。因欲盡誅宦官,而太后不可。進乃召外兵,欲以脅太后。宦者懼,殺進,進官屬因攻殺宦官。是爲後漢外戚宦官相殘最後之一幕。旋董卓入京師,廢廢帝,立獻帝,大權盡歸其手矣。

```
                  ┌──(六)安帝──(八)順帝──(九)沖帝
                  │(四)和帝──(五)殤帝
(三)章帝┤          ├△──(七)北鄉侯
                  │△──△──(十)質帝
                  │    ┌△──(十一)桓帝
                  └△──┤                        ┌(十三)廢帝
                       └△──△──(十二)靈帝┤
                                                └(十四)獻帝
```

八八、問後漢時之羌亂如何

答：羌人散佈甚廣，而其爲漢患者，則爲居河、湟間之一支。當漢武帝時，爲中國所破，去湟水，西依西海、鹽池。王莽末，嘗以其地置西海郡。莽末內侵。光武、明、章之世，屢擊破之。和帝時，復置西海郡，並夾河開列屯田，於是塞外之羌患平。而降羌之處內地者，爲郡縣豪右所侵役，遂起而爲亂。第一次在安帝時，第二次在順帝時，第三次在桓帝時。桓帝任段熲，痛加剿殺，患乃暫平。然中國元氣，自此大傷矣。

八九、問何謂黨錮之禍

答：黨錮之禍，起於後漢士好立名。初則造作名目，互相標榜；繼而誹議公卿，裁量執政。此時遊學極盛，大學諸生至三萬餘人，恰成橫議之大本營。而宦官兄弟姻親，布滿州郡，歷官者盡情懲治，自亦爲立名之一機會。於是宦官與名士，勢成水火，誣以結黨謗議朝政，盡加逮治。後因后父竇武言之，乃放歸田里，禁錮終身。及武爲宦官所殺，黨獄復起，諸名士皆受其害，及因其逃亡追捕，而人民受害者尤多。直到黃巾賊起，而黨禁乃解。

九〇、問後漢黃巾之亂如何

答：黃巾爲藉邪教以創亂者。鉅鹿張角，奉祠黃老道，藉符水治病以惑衆。徒黨徧於青、徐、幽、冀、荊、揚、兗、豫八州。角署置其衆，爲三十六方。謀以公元一八四年舉事。未及期而事洩，角遂馳敕諸方，一時俱起。靈帝使皇甫嵩、朱儁等討平之。然自此所在盜起，均以黃巾爲號，郡縣莫能捕治焉。

九一、問漢末分裂之局若何

答：董卓入京師，廢廢帝，立獻帝。關東州郡，起兵討卓。卓劫獻帝西遷長安。王室之命令，自此不行；山東諸侯，皆據地自專；遂成分裂之局。獻帝西遷後，司徒王允與呂布合謀誅卓。卓將李傕、郭汜陷長安。殺允。布奔山東。傕、汜相攻。獻帝東遷洛陽，召據兗州之曹操入衛。操遷帝都許。大權盡入其手。劉備敗於呂布，奔操。操表爲豫州牧，與共滅呂布。袁術勢弱，欲歸河北，操使備擊滅之。備旋叛操。操擊破之。備奔袁紹。操敗紹於官渡，紹慚憤死。子譚、尚相爭，操滅之。南征荆州，降劉表子琮。而劉備與孫權合兵，敗操於赤壁。備旋西據益州。操雖平張魯，破韓遂、馬超，騰子。然漢中旋爲備所取。操攻吳，亦不克。天下遂成三分之局。

袁紹	據幽、并、青、冀四州。
袁術	據壽春。
劉表	據荆州。
劉焉	據益州。
劉備	據徐州。後爲呂布所奪。
張魯	據漢中。
馬騰、韓遂	據涼州。
公孫度	據遼東。

九二、問後漢之武功如何

答：匈奴降漢後，對漢甚爲恭順。新莽之世，因駕馭失宜，乃復叛。北邊大被其害。幸後漢定天下不久，匈奴即分裂。南單于降漢。北匈奴至和帝初，爲中國及南部合兵所破。其後輾轉西走，遂經西域以入歐洲，不復爲中國之患。西域當莽世亦叛。後漢初，多求遣子入侍，光武拒之，遂多屬匈奴。明帝末，班超以三十六人使西域。因諸國之兵，以攻不服者，西域乃復屬漢。超還後，任尚代爲都護，以峻急失諸國心。和帝初，西域背叛，超子勇復定之。至後漢末乃絕。

九三、問後漢時中西交通如何（浙二十一年）

答：班超既定西域，遣部將甘英使大秦。英至安息西界條支，船人告以海水廣大,入海者皆賫三歲糧;海中善使人思慕戀土,數有死亡者。英乃不渡而還。至一六六年,大秦王安敦,乃使自日南徼外獻象牙、犀角、玳瑁。安敦,或云即生於公元一二一,没於一八〇年之 Marcus Anielius Antoninus。

九四、問當時海道交通情形如何

答:南方海道交通,發達已久,但缺翔實記載。《史記·貨殖列傳》言番禺爲珠璣、玳瑁、果、布之凑,即後世與南洋通商之商品。《漢書·地理志》謂自日南障塞徐聞入海,航路可達黄支。黄支,或云即《大唐西域記》之建誌補羅,今之 Kanchipuia 也。亦有謂在今非洲阿比西尼亞 Abyssinia。者,以漢時黄支貢犀牛,而犀牛自古産其地也。又《山海經》一書,昔時視爲荒唐之言,據近今之研究,則其中所載,實有古航海者之記録。如三神山指日本,白民國指朝鮮等是。詳見馮承鈞譯《中國史乘未詳諸國考證》。

九五、問漢代官制若何

答:漢承秦制,丞相佐天子理萬機;而御史大夫爲丞相之貳;武職之最高者爲大尉。後行今文經説,改爲三公,並稱相職;而擇中央政府分主衆務之官爲九卿,由三公分部。外官分郡縣兩級。縣有令、萬户以上。長,減萬户。郡置守。不遣監御史。丞相遣史分察州,謂之刺史。後漢末,乃改爲州牧。百家爲里,里有魁;十里一亭,亭有長;十亭爲鄉,鄉有三老、嗇夫、遊徼,視之頗尊。

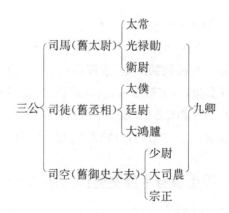

九六、問漢學校之制如何

答：漢武帝時，爲太常屬官博士置弟子，員五十人。平帝時，王莽執政，始營建大學。然未久即亡。後漢則光武之世，即營建大學。司教授者仍稱博士。後漢歷代君主，多極重視學校，故末年遊學之盛，至三萬餘人。然史稱其"章句漸衰，專以浮華相尚，儒者之風蓋衰"焉。此爲京師之大學。其郡國，則惟元帝時嘗設五經百石卒史。故論者多嘆息於庠序 指地方之學言。之未興也。見《漢書·禮志》。

九七、問漢選舉之制若何

答：漢代選舉，其途頗多。有（一）博士；（二）博士弟子；（三）任子；（四）辟舉等；（五）其詔書標明科目，令公卿郡國選舉者，爲後世制科之先聲；（六）州察秀才，郡舉孝廉，則科目之先河也；（七）貲選，初限貲幾算以上得官，意與今保證金相類。武帝時，吏得入粟補官，民得入羊爲郎，則近後世之捐納矣。

九八、問漢代賦稅之制如何

答：（一）田租。漢初十五而稅一。文帝時嘗除民之田租。景帝即位，令民半出租，是爲三十而稅一。後漢初嘗行十一之稅，天下定後，仍復舊制。（二）算賦。亦稱口賦，又稱口錢。民年十五至五十六，歲出錢百二十，爲一算，以治庫兵車馬。七歲至十四歲，歲出錢二十，以食天子。武帝又加三錢，以補車騎馬。又嘗令民生子三歲即出口錢。（三）力役。民年二十三，傅之疇官。景帝令民二十始傅。（四）山川、園地、市肆、租稅之入，自天子至封君湯沐邑，皆爲私奉養。（五）官賣鹽鐵，榷酒酤。皆武帝時桑弘羊所行。酒酤至昭帝時罷之。鹽鐵元帝嘗一罷，即復。桑弘羊又嘗算緡錢舟車。後漢惟章帝嘗筦鹽鐵，和帝即位即罷。

九九、問漢兵制如何

答：漢行民兵之制。民年二十三隸兵籍，至五十六免。郡國有車騎、材官、樓船。由尉佐郡守，於秋後講肄都試。依律，人人當戍邊三日，是爲卒更。當戍者出錢三百入官，由官給已往者，留戍一年，是爲過更。貧者欲得雇更錢，次直者出錢予之，月二千，令其留戍，是爲踐更。守衛宮城京城之兵，曰南北軍，亦自郡國調來。武帝時有八校尉，後人以爲募兵之始。又有羽林、期門，則論者以擬唐之長從。而是時征討亦多用謫發。後漢光武罷郡國都尉，并職太守，無都試。民兵之制，蓋由此而廢。

一〇〇、問漢代法律如何

答：商君相秦，用魏李悝撰次諸國法所成之《法經》。其文集類爲篇，結事爲章，凡六篇。漢高祖入關，與民約法三章，謂六篇之法，惟存三章，其餘之篇悉廢之也。天下既定，復六篇之法。蕭何、叔孫通、張湯、趙禹等，遞有增益，至六十篇。律之外又有令，比及章句。文繁而編次錯亂，姦吏因得上下其手。加以承秦之故，獄吏多主嚴酷，刑獄遂至大紊。自宣帝時，鄭昌即請刪定律令，然迄漢世，其業終未能大成。刑法，漢時有肉刑三：文帝感緹縈之言，以髡鉗代黥，笞三百代劓，笞五百代斬左趾。景帝又減笞數，定箠令。箠用竹，笞臀，毋得更人。

一〇一、問漢代之學術如何（贛二十二年）

答：秦時法家之學盛行。秦漢之際，縱橫家頗爲活躍。漢初，雖用叔孫通等，然自蕭、曹爲相，以至文景之休養生息，所行者實皆道家之學。武帝用董仲舒之説，表章六藝，罷黜百家。立五經博士，爲置弟子。設科射策，勸以官禄，自此儒家之學遂獨盛。

一〇二、問漢代經學有所謂今古
文者，其説如何（湘四）

答：今古文以文字言。漢時通行隸書，古人學問，多由口耳相傳，此時著之竹帛，即用當時通行文字，此本當然之理，毋庸別立名目。其後有自謂得古文字所寫經本者，其學稱爲古文，遂稱前此相傳之學爲今文。然今古文之同異，實不在經文而在經説。古文家謂《書》有逸十六篇，《禮》有《逸禮》三十九篇，今皆無存。惟《春秋》有《穀梁》、《左氏》兩傳而已。今古文本同有之經，文字之異，實多無關意義，如《儀禮》鄭《注》所載今古文異字是也。

一〇三、問又有所謂僞古文者，其説如何

答：《僞古文尚書》及《孔安國傳》，出於東晉之世。其中《尚書》除今文二十八篇皆僞，傳則全體皆僞。隋唐以來皆誤信爲真本，立於學官。宋朱熹、吳棫始疑之。明梅鷟繼加考索，至清閻若璩而其僞始定。丁晏作《尚書餘論》，斷爲王肅所僞造，並謂《孔子家語》、《孔叢子》，亦肅所造，以互相印證。近人又有謂不然者。然以一派學説，與肅説大致符合，則不誣也。

一〇四、問漢代之史學如何

答：史學之獨立頗晚。觀劉歆《七略》，《漢書·藝文志》所本。《太史公書》尚附春秋家可知。然此書網羅天下放失舊聞，匯爲一編，實使古代之國別史，進爲世界史；且創一貫穿古今之通史體焉。班固作《漢書》，又創斷代史之體。荀悅因班書成《漢紀》，則爲編年體。此後編年、紀傳二體，頗有並稱正史之勢焉。見《史通·二體》及《古今正史》篇。

一〇五、問漢代之文學美術如何

答：西漢爲散文發達之世。賈、晁、董、馬、匡、劉等，各有特色。而司馬相如、枚臯、枚乘、東方朔、揚雄等之詞賦，亦負盛名。詩則四言變爲五言。武帝立新聲樂府，集趙、代、秦、楚之謳，使李延年協其律，司馬相如爲之詞，而詩中又生樂府一體。圖畫重人物，多繪故事。傳世者如武梁祠石刻等，可見其概。而書法亦漸成美術。

一〇六、問兩漢之世文字及文具之變遷如何

答：漢時通行隸書，惟册文印章等，仍用篆書。隸之初興，平直無波勢。其後爲求美觀起見，乃有有波勢之作，亦稱挑法，是爲八分書。其無挑法者，施諸實用，漸變爲今之真書，當時謂之章程書。而草書亦興於漢世。東漢之

世,文字漸成美術之一,史所稱"善史書"者是也。文具之變,後漢時蔡倫始造紙,而前此簡策繁重、縑帛價昂之弊始除。

一〇七、問佛教何時輸入中國

答:佛教輸入,據《魏書·釋老志》,可分三期,(一)匈奴渾邪王之降,中國得其金人,爲佛教流通之漸;(二)哀帝元壽元年,公元二年。博士弟子秦景憲,從大月氏使伊存口授浮屠經;(三)後漢明帝夢見金人,遣郎中蔡愔使西域,攜兩僧及經典東來,亦無確據。又有老子西行化胡爲佛之説,見晉王浮之《老子化胡經》,浮乃一妖妄道士,其説更不足據。《漢書·楚王英傳》載明帝永平八年公元六五年。詔稱其"尚浮屠之仁慈",此爲佛教見於正史最早者,度其輸入,必尚在英之前也。特其詳確之歷史,現在尚無所知。

一〇八、問道教之起原如何

答:道教與九流中之道家,絶非同物,乃方士之支流餘裔。方士本依託黃帝;而九流中道家之學,以黃老並稱;大約方士後亦因此牽率老子。《後漢書·襄楷傳》,楷上書桓帝:"宮中立黃老、浮屠之祠。"《皇甫嵩傳》言張角奉祠黃老道。《三國志·張魯傳》注引《典略》,謂張修之法,與張角略同。又謂修以《老子》五千文,使人都習,可以見其大概。兩晉南北朝,信奉其道者仍不絶,然仍未能成爲宗教。至第四紀中,魏太武因崔浩之言,迎寇謙之至洛陽,爲之佈告天下,然後所謂道教,乃真與儒、釋鼎足而立矣。

四 中 古 史 二

一〇九、問何謂五胡十六國(浙二十一年)

答：五胡，謂(一)匈奴，(二)羯，(三)鮮卑，(四)氐，(五)羌。皆兩漢之世，爲中國征服，遷居塞內之異族。當兩晉之世，羣起自立，其時據北方及江域之四川者，共有十六國，故世每以五胡十六國連稱。其實南北朝時之拓跋魏、宇文周，仍係鮮卑。高齊雖號稱漢俗，亦與鮮卑同化。而十六國中，前涼、北燕均係漢族。故十六國非盡五胡，而五胡之亂，亦非以十六國之亡爲止也。

一一〇、問五胡入居中國之始末及其分佈之大略

答：(一)匈奴南單于降漢後，入居西河美稷。其後遂徧於并州，即今山西境內。(二)羯爲匈奴別種，以居上黨武鄉之羯室得名。(三)鮮卑，漢時在遼東西塞外。北匈奴之後，鮮卑據其地而有其人，故其分佈甚廣。自遼東西至今熱、察、綏及甘肅之境均有之。(四)氐，本居武都。魏武帝徙之關中。此時徧於扶風、涇陽。始平、興平。京兆長安。之境。(五)羌，段熲誅夷之餘。在馮翊、大荔。北地、耀縣。新平、邠縣。安定鎮原。一帶。

一一一、問五胡之亂之原因

答：其遠因，由是時入居塞內之異族甚多，漢族同化之力，一時不能奏效。其近因，則由是時政治不良，晉武帝平吳之後，溺於晏安，不爲久遠之計。(一)不聽郭欽、江統輩徙戎之論，而又(二)行封建之制，(三)明知太子昏愚，而不豫爲之計，致令楊、賈爭政，釀成八王之亂，以致授之以隙也。

一一二、問八王之亂之始末

答：惠帝昏愚，即位之初，太后父楊駿輔政。惠帝后賈氏，亦欲專權，於是與楚王瑋合謀，殺楊駿，而使汝南王亮輔政。后又與楚王合謀，殺汝南王。后又殺楚王。趙王倫時總宿衛，乘后弑太后、殺太子遹，非后所生。舉兵弑后，廢惠帝自立。齊王冏、鎮許昌。成都王穎、鎮鄴。河間王顒鎮關中。討倫，倫爲右衛將軍王輿所誅。惠帝復位。齊王入洛專政。河間王使長沙王乂攻殺之。河間、成都二王又合兵攻殺長沙王。東海王越以幽、并二州之兵，擊敗河間、成都二王。弑惠帝，立懷帝。時前後趙之勢已盛。越出兵討石勒，卒於項城，兵爲勒所襲敗。自是官軍不復能征討賊，洛陽、長安先後失陷，懷、愍二帝皆被虜見殺，而西晉遂亡。

一一三、問十六國之始末大略如何

答：十六國事甚繁雜，然可覓一頭緒即駕馭之，即分爲：（一）據中原腹心之地者，爲前後趙、前後燕、前後秦六國。（二）後燕末期，分爲南、北燕兩國，而據後秦北境自立者有夏。（三）涼州一隅，有前涼、後涼、南涼、北涼、西涼、西秦六國。（四）據蜀地自立者有成漢，亦稱蜀。是爲前蜀。桓玄亂後，譙縱嘗據蜀自立，是爲後蜀。不在十六國之列。除《復興教科書》一四三至一四七頁之表外，試再觀下圖，於十六國之興亡，便可了然矣。

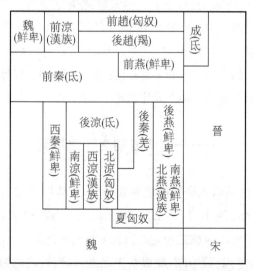

一一四、問晉與十六國之關係如何

答：涼州一隅，始終爲晉室之力所不及。蜀併於晉。其佔據中原之國，則懷、愍二帝，皆爲前趙所虜，而西晉遂亡。後趙勢力雖盛，亦未嘗正式南伐。後趙亡後，河南之地，一時無主，曾來歸晉室。然未幾，又爲前燕所取。及前燕亡後，苻堅盡併北方。曾南伐，欲併晉，以統一中國。爲晉人敗於淝水，北方分裂。其時晉人亦未能進取。至其末葉，劉裕乃東滅南燕，西滅後秦。然後秦之地，未幾仍入於夏。要之東晉之世，始終誤於內外相猜，荊揚相持，故北方雖屢有可乘之機會，而未能乘也。

一一五、問東晉內外相猜之事實如何

答：元帝立國江東，形勢本弱；而荊州之地，自劉弘以後，形勢較強。地居上流，恃以捍禦北方，中央即能暫收其權，而不能削弱其力；不轉瞬，有跋扈者居之，即復成尾大不掉之勢。此東晉時所以內外相持。舉其大者，則爲：（一）王敦之亂，（二）蘇峻之亂，（三）桓溫圖篡。惟庾氏在荊州時，上下流之勢力，暫歸一致。桓溫以後，北府兵勢力漸強，然因劉牢之反覆，仍釀成（四）桓玄之篡。（五）桓玄昏愚，雖篡晉自立，然北府兵之勢力，並未真正消滅，故不久即爲劉裕等所滅。自此荊州系之勢力消滅，北府兵之勢力，偏於全國。內外相持，又成爲劉裕剪除異己之問題。當庾氏據荊州時，曾一出兵北伐，以後趙方盛無成。而桓溫值後趙滅亡，前燕、前秦之勢力，尚未確立之際；劉裕崛起，則正值後燕破壞、後秦積弱、後魏中衰，時機實大可有爲。然桓溫北伐無成；劉裕亦得關中而不能守，則未始非內外相持，晉室不能與溫協力，反用殷浩以掣其肘；而裕亦不能無後顧之憂使然也。

一一六、問當時之五胡文化程度如何

答：當時之五胡，皆久居塞內，漸染中國之文化，非純然獷悍之塞外民族，故頗有慕效華風，能引用中國人士，摹仿中國治法者。然亦有仍極野蠻，露出塞外民族之本性者。五胡諸國之君，荒淫暴虐者，當以前趙之劉聰、後趙之石虎、後燕之慕容熙、夏之赫連勃勃爲最甚。其能摹擬華風，了解中國治法者，當推苻堅及鮮卑慕容氏。石勒雖橫暴,而其人有才,亦頗能了解中國情形,採用中國治法焉。

一一七、問當時五胡與漢族之間民族之界限如何

答:五胡皆久居塞内,頗染華風,故其民族意識,較之後來之遼、金、元、清爲淺。試觀當時之五胡,除後趙之外,無一不自託於古帝王之胄可知,如苻堅自託於有扈氏;後魏自託於黄帝;後周自託於炎帝;前趙則竟改姓爲劉,號其國曰漢。惟民族之界限,總不能絶滅。而其關係最大者,則當時五胡諸國,大抵用其本族或他異族之人爲兵。非實至大戰役,異族不足用時,用漢人頗少,且多視爲次等之軍隊,此漢族所以不易恢復也。

一一八、問南北朝南北强弱之大勢如何

答:宋初,南朝疆域,尚包今河南、山東。宋文帝兩次北伐無功;魏太武自將南伐,直至瓜步;宋僅畫江而守,北强南弱之勢始成。明帝時,失徐、兗、青、冀四州及淮北。齊明帝時,失沔北五郡。東昏侯時,又失淮南。梁武帝復合肥、壽春,而失義陽三關。侯景亂後,因武陵王紀之亡而失蜀。元帝之亡,自江陵至建康,僅畫江爲界而已。陳宣帝曾乘北齊之亡,恢復淮南之地,然不久仍失之。

一一九、問南朝治亂之大略如何

答:宋自武帝死後,子少帝,爲徐羨之、傅亮、謝誨等所廢。文帝立,討誅羨之等。國内頗稱治平。惟北伐不利,而魏太武自將南伐,所過郡邑,赤地無餘,受創太甚,國勢始衰。文帝爲子劭所弑。孝武帝誅劭自立。大殺武帝、文帝子孫。卒,前廢帝立。以荒淫被弑。明帝立,又大殺孝武子孫。末年,召蕭道成入衛,大權遂爲所竊。沈攸之、袁粲討之,不克。道成篡宋,是爲齊。齊高帝、武帝同起艱難,政治稍稱清明。武帝後,郁林、海陵二王,皆爲明帝所篡。明帝子東昏侯,以屠戮功臣故,蕭穎冑挾和帝,與蕭衍聯合,起兵叛之。穎冑旋卒。衍兵東下,東昏侯被弑。衍遂篡位,是爲梁。要之宋、齊兩代,宗室相猜,君臣相夷,强臣或内竊朝權,或外據州郡以叛,實仍一東晉以來之局

面而已。梁武帝在位歲久，稱爲南朝之治世。然晚年迷信佛法，紀綱廢弛，兵力亦不足用。又諸子諸孫，各刺大郡，互相猜忌，情形實至危險。顧思乘北方之喪亂，以復中原，遂召侯景之亂。侯景亂後，元帝陷賊，西梁遂臣附於北。敬帝立於建康，齊人來納貞陽侯，幾至不國。幸陳霸先襲殺王僧辯，復立敬帝，拒退敵兵，南朝乃得自立。陳武帝代梁後，文、宣二帝繼之。因國內尚多反側，又乘喪亂之後，無暇對外。是時南朝之兵力，本非北敵，後主又極荒淫，以此當方興之隋，滅亡自無可逃矣。

一二〇、問北朝治亂之大略如何

答：北魏自道武帝始入中原。晚年以服寒食散故，喜怒無常，不能理事，故僅守河北。明元在位不久。至太武帝乃盡併諸國。又北伐柔然、高車。魏之國勢，於斯爲盛。孝文南遷，鮮卑由此進化而自同於華。然南遷者遂染淫侈之習；留居六鎮者，又以待遇不平，心懷怨望。衰機潛伏矣。胡靈后荒淫無度，中原羣盜如毛。又母子之間，互相猜疑，明帝被弒，遂授爾朱氏以內侵之隙。時北方武力重心，仍在武川一帶。以爾朱榮之威力，本可取魏而代之。然榮太粗暴；而爾朱氏之分佈州郡者，又積失人心。高歡乃乘機而起。時諸將之握兵者甚多，歡亦不能統一。宇文氏據關中，遂成東西對峙之局。以土地甲兵論，東皆較勝於西。然齊文宣、武成皆極淫暴；末主奢縱尤甚；而周武帝能勵精圖治。齊遂爲周所滅。武帝死後，宣帝之荒淫，亦與齊武成等無異，遂又至爲隋所篡焉。

一二一、問魏晉南北朝之世官制之變遷如何

答：此時官制之最大變遷有二：其一，自東漢以後，宰相之實權，漸移於尚書；曹魏後又移於中書；宋文帝以後，侍中之職，又漸親近；而丞相之職，則僅爲人臣篡弒時所歷之階，事成即廢。凡開府稱公者，亦尊而不親。此因天子好任用私人，而宰相獨立之職權，遂爲所侵削也。其二，則是南北分離，疆域寖蹙，而好僑置州郡，州之幅員日小，寖至與郡無異，隋世遂併爲一級焉。

一二二、問魏晉南北朝之世選舉之制如何（成都）

答：九品中正之法，始於魏之陳羣。於州置大中正，郡置中正，令其品評

人物,分爲九等,而吏曹尚書,據以選用。蓋以是時"士流播遷,詳覆無所"也。此制兩晉南北朝皆沿之,至隋文帝時始罷。其弊也,"惟能知其閥閱,非復辨其賢愚",遂至"上品無寒門,下品無世族"。選官之權,操於吏部尚書。其初立法未密,大抵憑選用者之衡鑒。後魏崔亮創停年格,始專以停解年月爲斷,北齊文襄操選權,復廢之。然實唐以後資格用人之先聲也。

一二三、問魏晉南北朝時之兵制如何

答:自後漢之末,州郡握兵,卒成分裂之禍。晉武平吳,詔去州郡之兵。然天下旋亂,州郡之擁兵如故。自此至南北朝,迄未能革。東晉及宋、齊、梁、陳,中央權力始終不甚完全者,皆州郡握兵之故也。五胡亂華,多用其本族或他異族人爲兵,用漢族者甚鮮。拓跋魏亦然。其武力重心之六鎮,實以北族爲之主體也。然至東西魏之世,異族之凋耗漸甚;其同化於漢族者亦日多;而戰爭之規模日大,但用其本族或他異族人,勢不能給;而又財政困難,不得不令其兵耕屯以自養。於是有名之府兵制出焉。

一二四、問魏晉南北朝之刑法如何

答:漢世删定律令之事,迄未能成。魏世,乃命陳羣、劉劭等從事於此,定爲《魏律》。未及行而亡。晉武帝更加删定,於二六八年頒行之,是爲《晉律》。南朝宋、齊、梁、陳皆承其流。北朝刑法,亦大致以《晉律》爲本,特頗雜鮮卑法耳。刑罰:自漢文帝除肉刑後,死刑之外,獨有髡、笞,種類未免太少。北朝漸興徒流之刑,實隋世定五刑之先聲也。

一二五、問晉户調、魏均田令之制(湘四)

答:晉户調式,爲丁男之户,歲輸絹三疋綿三斤,及限民名田,以七十畝爲則。後魏均田令,唐租庸調法,皆由此出,特後出者立法愈密耳。此三法,皆因年齡性別,以定佔田之等差。而魏制田有桑、露之殊;唐人因之,而立永業、口分之名,則所以調和私有制度者。唐制,鄉有寬狹之別,狹鄉授田,減於寬鄉。又鄉有餘田,必以給比連之鄉。州縣亦然。則所以謀授田之實行者也。此三種制度,曾實行至何程度,頗難斷言。大抵初立法時,承大亂之後,土曠人稀，田畝之在官者多，總可實行幾分。至於人口漸繁，土地日辟，則兼併之事，亦隨之而起，其法總不免墮廢於無形耳。

一二六、問魏晉南北朝之學術如何
（贛二十二年、北平、粵）

答：漢崇儒學，（一）泥古太甚；（二）訓詁名物，流於瑣碎；（三）讖緯術數，更涉迷信；其反動，乃爲重原理，研哲學，是爲玄學。其所宗者，爲《易》及《老》、《莊》等書。其風起於魏正始中。曹芳年號。晉初，王衍、樂廣等，風流彌甚。其人率遺棄世務，專事談論，謂之"清談"。迄於梁、陳，此風未泯；惟北朝則無此習。斯時之經學，專門授受之統緒漸亡，徒從事於闡發漢儒之説，是爲義疏之學。北朝經學，頗爲篤實。南朝則雜以玄談。佛法與玄學，思想頗爲接近，故漸臻興盛。詳後。

一二七、問魏晉南北朝之世，文學美術如何

答：西漢爲散文發達時代，至其末葉，風氣漸變。措語漸趨偶儷，選辭務求美麗。東京以降，此風彌甚，遂成漢魏體之駢文。齊、梁以降，藻飾益繁，其文遂不能達意，不切實用。遂有所謂"筆"者，與之並行。然筆特藻飾較少耳。其音調之諧婉，詞句之整齊，亦與文無異也。是時文字，因講究音調故，沈約等始創四聲之説，而詩之律體亦漸萌芽焉。

一二八、問魏晉南北朝之世社會等級若何

答：當此時代，士庶之別甚嚴。至於"昏姻不相通，廕仕不相假，甚至一起居動作之微，而亦不相儕偶"。推其原，仍爲古封建時代之遺。蓋周、秦之際，諸侯卿大夫並兼劇烈，公侯子孫，失其本系。漢初君臣，皆起草莽，其用人，自亦不拘門第。故等級之別，一時似不嚴重。然政治上雖若平夷，而社會觀念，一時不能驟變。東晉以後，士流播遷，向來之世家大族，皆思高標郡望，以自矜異。又得九品中正之制，以助其勢焰。故士庶之別，遂判若鴻溝耳。

一二九、問六朝士庶之等級至何時而平

答：六朝時，士庶等級，雖以因緣際會，盛極一時，然封建勢力已成過去，資本勢力方在抬頭。又是時政治上率多軍人握權，而軍人亦多出庶族，平時能立功立事者亦然。故士族之勢力，實無甚深之根據。當南北朝時，士族即多貪富慕勢，與庶族通譜通昏者。隋唐之士，科舉之制興，起白屋可至公卿，而士族在選舉上之地位亦益失，徒以社會習慣，保有相當之惰力。唐末喪亂，社會失其常態，五代之世，遂至“取士不問家世，婚姻不問閥閱”，宜矣。

五　中古史三

一三○、問隋代之治亂如何

答：隋承南北朝之後，天下久經喪亂，復見統一。文帝之爲人，亦極勤政節儉。論理本可致治，惟帝性頗猜忌，駕馭臣下，好用手段；又其爲治亦失之嚴酷。故鮮與國同休戚之臣，人民亦無感恩之念。又信獨孤后，廢太子勇而立煬帝，驕奢暴虐，爲歷代所罕，遂至二世而亡。

一三一、問文帝勤政節儉之事如何

答：文帝留心民事，勤於聽政。唐代治法，多沿自隋，皆帝之時所製定也。帝於周時酒榷、市稅、鹽池、鹽井之徵，悉皆罷免；徭賦亦極闊略；營繕征伐，初未嘗廢；且於賞賜亦無所吝；而府庫充盈，倉儲尤爲豐足。言國富者古今莫比焉。馬端臨盛稱其爲節以制度之賢君，見《文獻通考·國用考》。

一三二、問隋初之武功如何

答：南北朝末，突厥强盛。周、齊慮其爲敵援，爭結婚姻，厚賂遺以奉之，突厥益驕。文帝用長孫晟計，離間其諸可汗，突厥由是分爲東西。而東突厥之突利可汗，亦入朝於隋。隋處之夏、勝二州之間，賜號爲啓民可汗。啓民後因隋援，盡有東突厥之衆。突厥由是爲隋所綏服。高句麗自慕容氏入中原，乘機佔據遼東，隋世侵擾且及遼西。文帝使子漢王諒征之。以水潦，饋運不繼，無功而還。句麗益驕。遂爲煬帝東征之張本。

一三三、問煬帝之事蹟如何

答：煬帝之荒淫暴虐，爲古今所罕。即位之後，即以洛陽爲東都。開通濟渠，引谷、洛二水入河。又自河入汴，自汴入淮，以接淮南之邗溝。又開江南河，自京口至餘杭，凡八百里。開永濟渠，行沁水，南達河，北通涿郡。又治馳道，自太行抵并州，由榆林以達於薊，帝北巡，幸突厥啓民可汗帳。又乘龍舟，往來於洛陽、江都之間。使裴矩招致西域諸胡入朝。所過州縣，盛營供帳。又諷西突厥獻地，立西海、河源、鄯善、且末四郡，謫罪人以戍之。於是西方先困。又三次親征高句麗，師出無功，而調兵運餉，騷動全國，遂至羣雄蜂起。帝覩中原喪亂，無心北歸，滯留江都。旋又營丹陽宮，欲徙居之。從駕多關中人，思歸，帝遂爲所弒。王世充立越王侗於東都。唐高祖起兵，立西都留守代王侑，皆不久被廢，而隋遂以亡。

一三四、問開運河有益於交通，且能調和南北文化，而論者概以爲虐政，得毋過當（滇二十二年）

答：開運河，治馳道，誠皆有利於交通。然煬帝之開運河，意不在便民而在縱樂。且其經營，非出雇募而由於役使，則民未蒙其利，先受其弊矣。且邗溝及鴻溝，自古有之，南北水路之交通，亦不待隋開運河而始啓。然自煬帝開運河後，南北之轉輸往來，益形便利。唐宋史實可證也。

一三五、問隋末之亂如何

答：隋末首起創亂者爲楊玄感，因不聽李密之謀，頓兵東都之下，事遂無成。其後亂勢益甚。煬帝又滯留江都不歸。中原無主，遂至羣雄並起。除唐起并州，西定關中爲根據外，與大局最有關係者，爲李密、王世充、竇建德三人。密與世充爭河南，爲世充所敗，降唐。復圖叛，被殺。於是世充據河南，建德據河北。唐攻世充，建德來救。秦王世民敗諸虎牢，擒之，世充遂降。先是李軌據河西，薛舉據隴右，劉武周據馬邑，與唐爭并州，皆爲唐所滅。此外北方割據州郡者，尚數十。數年之間，自歸於唐者，居其大半，皆見《新唐書》本紀。蓋皆亂世，聊以自保，非有自立之野心者也。南方蕭銑據江陵，地最大，唐使李靖平之。長江下流，陳稜據江都，李子通據海陵，沈法興據毗陵，杜伏威據丹陽，稜與法興爲子通所併，子通又爲伏威所滅。伏威降唐，天下遂復定。

一三六、問唐代治亂之大略如何

答：唐代之盛衰，當以開元、天寶爲大界。自開元以前，雖有武、韋之亂，然前乎此者，有貞觀、永徽之治；後乎此者，有開元之治；國內乂安，國威遠被，以大體論，固可謂之盛世也。安史亂後，藩鎮徧於內地，形同割據。中央政柄，又爲宦官所把持。吐蕃、回紇迭起侵陵。南詔小夷，亦肆其陵侮。末年流寇肆擾，沙陀因之橫行，唐事遂不可收拾矣。

一三七、問貞觀、永徽之治如何

答：貞觀爲太宗年號，公元六二七至六四九年。永徽爲高宗初年年號，公元六五〇至六五五年。其間凡二十九年。太宗爲三代下令主。勤於從政，明於任人，勇於從諫。任房玄齡、杜如晦爲相，王珪、魏徵等爲諫臣。所任武將，亦多得人。史稱其時“行千里者不齎糧”，“斷死刑僅三十九人”。雖或不免粉飾，然海內治平，百姓安樂，則係事實也。高宗初年，亦能任用舊人，謹守成法。故此三十年間，稱爲歷史上之治世焉。

一三八、問唐初之武功如何(湘五、成都、山西)

答：唐初，中國之大敵，仍爲突厥。突厥當隋末復盛，華人往依之者甚多，控絃之士至百萬。前此外族夷所未有也。羣雄崛起北邊者，無不尊事之。即唐高祖初起，亦稱臣以乞援焉，而突厥益驕，求索無厭，後遂仍歲入犯。太宗即位後，乘頡利政衰，滅之。是時鐵勒諸部，以薛延陀爲最強。繼居其地。亦爲太宗所滅。對於西域，太宗嘗用兵於高昌、焉耆、龜茲之國。其西突厥，則至高宗時始討平。西突厥本葱嶺以西大國，故其平後，中國羈縻府州之設置，遂直達波斯。對於東北：奚、契丹、靺鞨、室韋等，亦多臣服。惟太宗親征高句麗，仍未能克。然至高宗時，亦卒將高句麗、百齊撲滅。對於西南：方是時，吐蕃新興，初通中國，其英主棄宗弄贊，自尚主後，對唐室極其恭順。太宗時，王玄策往使印度，直其國亂臣阿羅那順作亂，借吐蕃及泥婆羅兵擊破之。惟是時吐蕃强盛,在今青海之吐谷渾,既爲所破;西康地方之羌人,亦力不能抗。棄宗弄贊死後,大臣欽陵、贊婆專國,遂至邊患時起耳。

一三九、問吐蕃之起源如何, 何以至唐時始通中國

答:吐蕃即今之藏族。其地勢甚爲閉塞,故其通中國較遲。吐蕃起原,舊説謂系析支水西之羌族,又云爲南涼之後,皆不足據。據吐蕃人自述,則係來自北印度。蓋西藏全境,以雅魯藏布江流域爲最平坦豐饒,其距印度又近,吐蕃始祖,當係從印度來,以文明民族,開化野蠻民族者耳。

一四〇、問隋唐時代對外之交通如何

答:當分海陸兩路言之。隋時西域交通,分爲三道:北道出天山北路,經突厥之地至拂菻;中南兩道,皆踰葱嶺。中道經昭武九姓諸國至波斯,南道至北印度。唐時,賈耽所記入四夷之路;第(三)夏州塞外通雲中道,全在今日邦域之内。第(五)自安西入西域道,略與隋通西域之路同。第(一)營州入安東道,由今熱河經遼東,分至〔一〕平壤、〔二〕鴨綠江、〔三〕渤海。第(四)中受降城入回鶻道,由今綏遠經色楞格河域通貝加爾湖。東經呼倫湖,通興安嶺兩側之室韋。第(六)安南通天竺道,由安南經雲南永昌分兩道,皆經緬甸境至印度。又自安南別有一道,經占城至真臘。第(二)、第(七)皆海道。第(二)自登州入高麗、渤海,第(七)則自廣州入南洋者也。

一四一、問自魏晉至唐中外海上交通如何

答:據《阿拉伯古旅行記》,第三世紀中葉,中國商船開始西向,漸達檳榔嶼。四世紀至錫蘭。五世紀至亞丁。終至在波斯及美索不達米亞獨佔商權。至七世紀末,阿剌伯人乃代之而興,其時適當東晉至唐中葉也。阿剌伯人商權興起後,與中國往來,仍甚頻繁。八世紀初,廣州已設市舶司。而揚州、福州亦咸有番商踪跡。又晉代僧人法顯,以公元四一六年,自錫蘭東歸,遇風飄至耶婆提,後自耶婆提東北行,月餘,又遇暴風雨。七十餘日。折西北行,十二日乃達長廣郡。耶婆提,或云即爪哇,或云蘇門答臘。當時南洋與中國往

來之繁盛可見。又公元四一六年，有沙門慧深，來自扶桑，述其國之風俗，與高句麗、新羅相類。此扶桑或謂即今墨西哥，或謂實今庫頁島。此兩地雖尚未能論定，然可見其時海道交通，所至實甚遠也。

一四二、問當時中外文化之接觸，其結果如何

答：當時中國文化，廣被於朝鮮、日本、安南等地。外國文化，為中國所採用者亦不乏。佛教無論已，用字母拼音之法，亦自印度傳來。此外尚有建築、繪畫、雕刻、塑像等。印度之美術，亦與中國關係甚深。製庶糖之法，則自摩揭陀傳入。西域文化輸入中國者，以音樂為最。隋世九部樂，出自西域者六。唐時益以高昌之樂，而成十部。自古相傳之百戲，中亦雜有西域成分。製琉璃之法，則自大月氏輸入。北族文化，影響於我者，以服飾為最，如袴褶及韈是也，而胡牀等器用次之。中國文化輸入西域者，則以蠶織為最有關係。

一四三、問自唐以前中國與日本
之關係如何（蘇一）

答：日本當後漢時，已通朝貢，稱為倭人。魏時，其女王卑彌呼受封於中國，為親魏倭王。或曰：即日本之神功皇后也。魏晉南北朝之世，日本漸次開化。其文字，由百濟博士王仁輸入；蠶織由歸化人弓月君輸入。此二人或云皆中國人。時日本亦自通中國，求織工、縫工等。其王亦恒受中國官爵。隋世，其使小野妹子，始與留學生偕來。唐時，其國歷代皆遣通唐使，偕來之留學生徒及僧人尤多，卒至一切治化，皆取法於中國焉。

一四四、問武、韋之亂如何

答：武后以女主而易姓革命，實為歷史上獨一無二之事。然其性本殘酷，又好奢侈，故其政治上之罪惡甚多。舉其大者：則為（一）好殺，如大殺唐宗室，又開告密之門，任用酷吏是也。（二）奢侈，如造明堂，作天樞，皆所費無藝；而其寵幸，亦多競於奢侈是也。（三）則濫以祿位，收拾人心，致朝多僉壬，官方大壞。後既盡力於對內，對外自無暇顧及，致突厥、契丹、吐蕃皆於此時猖獗。玄宗欲圖外禦，不得不重邊兵，遂為安史之亂之原，其關係尤大。武后

末年,張柬之等因其寢疾,舉兵脅其傳位中宗。然惡勢力初未鏟清,故不轉瞬復有韋后之亂,其事實仍一貫也。

一四五、問開元之治如何

答:武、韋時,政治之濁亂已極。玄宗即位,任姚崇、宋璟爲相,於弊政多所釐革,而國威亦一時復振。其時之武功,可分三方面言之:(一)突厥:默啜年老昏暴,漸衰。默啜死後,復起內亂,於公元七四五年,再爲中國所滅。(二)奚、契丹:中國向以營州都督府管理之。武后時,爲契丹所陷,至此復立。(三)吐蕃:自高宗時與中國爭持,有西域與青海兩方面。武后時,王孝傑復西域四鎮,而青海方面,兵出屢敗。中宗時,又畀以河西九曲之地,患遂中於河、洮之間。玄宗乃恢復之。此其犖犖大者也。

一四六、問天寶之亂如何

答:天寶之亂,其政治上之原因:爲玄宗耽於晏安,委政李林甫。又寵楊貴妃,楊國忠因此夤緣爲相。驕奢淫佚,政治大壞。以兵事論:則是時府兵制壞,內地空虛;而邊兵特盛,東北尤爲精兵所萃,勢成偏重。又破唐初蕃將不爲元帥之制,使安祿山以一胡人而兼范陽、平盧兩鎮,其患遂至一發而不可收拾。幸祿山武人,本無大略,故雖一舉兵而河北、河南相繼淪陷,潼關喪敗,長安不守,然肅宗得以即位靈武,從容集兵。而祿山家禍旋作,身弒於其子慶緒,不復能號令其下,唐室乃得乘間整頓,借用蕃兵,先平河東,次第收復兩京。相州之圍,雖因號令不一而潰,然史思明亦僅善戰,又爲其子朝義所弒,唐乃得乘之而奏蕩平之烈焉。

一四七、問唐中葉後藩鎮之情形如何

答:唐自安史亂後,藩鎮遂徧於內地。其驕橫者,朝廷不復能署置、更易其將帥。一節度使死,軍中推戴其子弟,或其所欲立者,朝廷即因而授之;而狡黠者,往往以利餌其下,殺前節度使而奪其位。所謂“地擅於將,將擅於兵”者也。其爲患尤甚者,則爲盧龍、天雄、成德、平盧四鎮,皆安史餘孽,肅、代時,因姑息,未能徹底解決。德宗討之而未克,反激成淮西及涇原、河中之變。

其後雖用陸贄之策,有李晟、渾瑊等良將,協力削平朱泚及河中,然其餘諸鎮,終不能復問。憲宗討平淮西,又平平盧,盧龍、天雄、成德亦聽命。然及穆宗時,盧龍、天雄、成德即復叛,迄於唐亡,不能復取,所謂河北三鎮者也。此爲黃巢亂前之情形。黃巢亂後,則舉國之藩鎮,幾無一爲朝廷實力所及者矣。

一四八、問唐中葉後宦官之患如何

答：唐代君主之寵信宦官,自玄宗之於高力士始,然未至干亂政事也。肅宗時李輔國,代宗時程元振、魚朝恩,皆極跋扈。輔國且至弒后,然其根柢猶未深固。其成爲一種特殊勢力,牢不可破,則自德宗使將禁軍始。其後順宗任王叔文,文宗始任宋申錫,繼任李訓、鄭注,欲除之而卒不克。卒之昭宗時,崔胤借用藩鎮之力,宦官盡而唐亦與之俱亡。蓋其積重之勢,有不至於此而不止者矣。

一四九、問唐中葉後之外患如何

答：當分三方面觀之：（一）爲回紇。突厥再亡後,繼居其地。唐平安史之亂,嘗借用其力,因此驕橫異常,雖未常與唐啓釁,而其婪索賞賜,多求馬價；其人之留中國者,尤橫暴不守法度。實中國之大患也。（二）爲吐蕃。安史亂時盡陷河西、隴右。代宗時嘗入寇,一陷長安。德宗時,爲畿輔患尤深。（三）爲南詔。本臣順中國,天寶時,因劍南節度使鮮于仲通失政,始與吐蕃連結,而患遂中於四川。中葉後尤甚。其後,回紇於文宗時爲黠戛斯所破,吐蕃宣宗時衰亂,中國乃乘之,恢復河湟之地。南詔則德宗時,韋皋與之言和,共禦吐蕃,而西川之患乃舒。懿宗時,其患復起,並出兵攻陷安南,後爲高駢所破。其後南詔亦衰弱,而唐之外患,亦少息焉。

一五〇、問黃巢之亂如何（浙二十一年）

答：黃巢爲唐末之流寇。初與王仙芝俱叛。仙芝爲唐所討斬,而巢自河南入山南,而浙東,而福建,而嶺南。又自嶺南北出,渡江而北,陷東都,入潼關,勢如破竹。時藩鎮之强者,多擁兵觀望。僖宗年幼,寵信宦官田令孜,絕無守禦之方,徒爲幸蜀之計。長安既陷,諸軍環攻,不能下。卒藉沙陀之力乃克之。自是異族盤據河東。朝廷命令，幾於不行。唐室遂不可復支矣。

一五一、問沙陀之起原如何

答：沙陀本西突厥屬部，名處月。其酋長姓朱邪，實即處月之異譯也。西突厥亡後，依北庭都護府以居。地有大磧曰沙陀，因謂之沙陀突厥。沙陀二字，乃其簡稱也。安史亂後，河西失陷。北庭都護府假道回紇，乃得達長安。回紇由是求索無厭。沙陀苦之，密引吐蕃陷北庭。後吐蕃欲徙之河外，沙陀乃舉部歸唐，唐處之鹽州。後又移於河東。簡其精銳者爲沙陀軍。懿宗時，徐、泗卒戍桂州者，作亂北還，即藉沙陀兵討平之。其酋長朱邪赤心，賜姓名爲李國昌，鎮大同，尋移鎮振武。國昌子克用，據大同以叛，爲盧龍兵所破。國昌、克用俱走韃靼。國昌死韃靼中。黃巢之亂，赦克用，召之還。巢亂既平，克用遂鎮河東，沙陀自是不可制矣。

一五二、問黃巢亂後唐室崩潰之情形如何

答：此時藩鎮之最強者爲河東。朱全忠以黃巢降將鎮宣武。其初深受秦宗權之壓迫，後乘宗權兵勢之衰，滅之。遂滅兗州之朱瑄、鄆州之朱瑾、徐州之時溥。北服河北三鎮。西併河中。服義成。取澤、潞及邢、洺、磁，頻歲攻逼晉陽，而河東兵勢亦弱。時唐室政權，仍爲宦官所握。鎮國韓建、邠寧王行瑜、鳳翔李茂貞，皆其黨，屢犯京師，其初多藉河東之力勘定。最後，崔胤結朱全忠，欲盡誅宦官，宦官劫昭宗如鳳翔。全忠舉兵圍之，李茂貞不能抗，奉帝如全忠營。全忠劫帝東遷，而唐遂亡矣。其餘各地自立者，當唐末凡有六國：即吳、吳越、閩、楚、前蜀、南漢是也。

一五三、問唐代之官制如何

答：唐以中書、門下、尚書三省爲宰相。中書取旨，門下封駁，尚書承而行之。然三省長官，其後多不除人，僅他官加中書門下同平章事、同中書門下三品等名目，實未嘗截然分立也。尚書分六部，以統諸司。前此之曹。始於隋而唐沿之，爲庶政總匯。御史臺分三院：曰臺院，侍御史隸焉。曰殿院，殿中侍御史隸焉。曰監院，監察御史隸焉。其餘九卿等官，與前代性質無大異。學士

本文學侍從之臣,翰林尤雜流待詔之所,然其後亦稱學士,王叔文等在翰林中,頗與政權。外官并州郡爲一級,而於其上置監司,頗能革漢末以來,州牧握權之弊。然中葉後强藩擅土,"支郡"仍爲之隸屬矣。

一五四、問唐代學校選舉之制如何

答:晉時行古文經説,始設國子學。此後歷代,或國子、太學並置,或但有國子學,或但有太學。隋世國子始改稱監。唐有國子、太、四門、律、書、算六學,皆隸國子監。進士科始於隋,唐世科目甚多,而常行者爲進士、明經兩科。進士試詩賦,明經試帖經、墨義,一病於浮華,一失之錮蔽。又有制科,天子特詔乃舉。其科名尤多。選官,文選歸吏部,武選歸兵部。其選法,六品而下,始集而試,觀其書、判;既試而銓,察其身、言,五品以上不試,上其名中書門下。自裴光庭創循資格,而銓法始嚴。然其後又有檢校、試、攝、判、知之名,亦不盡拘成法也。

一五五、問唐府兵之制如何(湘四)

答:府兵之制,沿自周、隋。籍民爲兵,蠲其租調。隸屬折冲府。二十服兵役,六十乃免。府分上、中、下,上府千二百人,中府千,下府八百。有折冲、果毅都尉,以司訓練。平時力耕,戰時召集,命將統之。師還,將上所佩印,兵各歸其府。此制有多兵之用,而無養兵之費,故論者稱爲善制。然高宗以後,其法漸壞,至於不能給宿衛。玄宗時,張説爲相,乃請以募兵代之,號爲彍騎,而府兵之法壞矣。

一五六、問唐藩鎮之兵如何

答:唐時戍邊之兵,大曰軍,小曰守捉、曰城、曰鎮,皆有使,而總之以道。道有大總管,後改稱都督。行軍時仍稱總管。永徽後,都督帶使節者稱爲節度使,睿宗時遂以之名官。玄宗時,始設節度使於緣邊。安史之亂後,則藩鎮徧於内地矣。

一五七、問唐代之禁軍如何

答:禁軍爲唐初起時從征之兵,天下定後,仍願留宿衛者。授以渭北閑

田,亦番上宿衞,號爲元從禁軍。神策軍本在洮西。安史之亂入援,屯駐陝
州。代宗幸陝,神策軍扈從還京。自是寖與禁軍齒。德宗還自奉天,使宦官
統之。時神策軍餉糈最優,諸軍多請遥隸焉,其數遂驟增,而皆隸於宦官。晚
唐宦官之不可制,以此也。

一五八、問隋唐之刑法

答:以笞、杖、徒、流、死爲五刑,定於隋。唐以後皆沿之。唐之法曰律、
令、格、式。令、格、式爲政事所當遵守。(一)有違(二)及民之犯罪而麗於法
者,則斷之以律。隋以前只有刑法。唐代别有《六典》,摹仿《周官》,以六部爲
大綱,一切國家大政,皆網羅其中,儼然一完備之行政法典。

一五九、問唐之租庸調之法如何

答:此制與晉之户調式、魏之均田令一貫,特更加詳密耳。其制:丁男十
八以上,授田一頃。老及篤、廢疾、寡妻妾三十畝。當户者加二十畝。皆以二
十畝爲世業,餘爲口分。田多可以足其人者爲寬鄉,反之者爲狹鄉。狹鄉授
田,減寬鄉之半。庶人徙鄉及貧無以葬者,得賣世業田。徙寬鄉者,得並賣口
分田。工商授田,寬鄉減半,狹鄉不給。受田之丁:歲輸粟二石曰租。用人之
力,歲二十日,閏加二日;不役者日輸絹三尺曰庸。隨鄉所産,出絲、麻或其織
品曰調。其後官授田有名無實,而賦稅顧不能免,則兩稅之法興矣。

一六〇、問兩稅之法如何

答:此制爲德宗時楊炎所創。不分别主客户,但就其現居之地爲簿,按其
產業之多少以定稅,分夏秋兩次徵之,所以救租庸調法,人競託於客户之弊
也。此制負擔之輕重,與貧富較相適合。然制民之産之意,則蕩焉盡矣。

一六一、問唐代之學術如何(浙二十二年)

答:唐代爲文學盛行之時,經學僅守南北朝餘緒,從事於義疏。太宗敕修
《五經正義》,高宗時釐定頒行。自此士多守官纂之書,義疏之學亦衰矣。惟

啖助、趙匡之治《春秋》，實導宋人先路。史學：前此修史者，皆成於獨力，唐修南北朝、隋諸史，始集衆纂修。其法有利有弊。然史料降而愈繁，勢固不得不然也。講史法者有劉知幾，所著《史通》，稱爲名作。

一六二、問唐代之文學美術如何

答：唐時文學，有重要現象數端：（一）自齊、梁以降，文體靡敝。周、隋以來，屢圖改革。然模仿古代文學形式者，與綺靡之文，同一不能達意。至韓、柳出，以古文義法，運用今人語言，而改革始成。而駢、散亦由此分途。（二）禪家語錄及通俗小說始興，開平民文學之漸。（三）唐代詩學，卓絶今古。其作風，略分初、盛、中、晚四期。初唐渾融，盛唐博大，中唐清俊，晚唐纖麗。（四）詩體則律體至初唐始成。漢樂府及長江一帶歌詞之遺聲，成爲歌行及絶句兩體。而原自燕樂者復有詞。美術則擅書法者絶多，如歐、虞、顏、柳等是。畫，前此山水只爲人物之佈景，至此始獨立成一藝。而王維、李思訓，稱南北二宗之祖。而擅長人物如吳道子，及善塑像之楊惠之等，亦皆稱絶詣。

一六三、問唐代之佛教如何

答：佛教分大小乘。初期輸入中國者，均爲小乘。公元四〇一年，鳩摩羅什入長安，始傳大乘經典。自晉經南北朝至隋唐，分宗凡十三。而華嚴、法相、天台，教理尤深邃，是稱教下三家。禪宗不立文字，直指心源，稱爲教外別傳。净土一宗，弘揚念佛，普接利鈍，流行尤廣。我國所傳佛教，以大乘爲多。天台一宗，爲我所自創。禪宗在印度並無歷史可考，究係傳來，抑屬自創，在考據上亦成問題也。

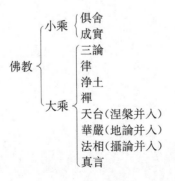

一六四、問佛教而外，外教之輸入者共有幾種

答：其可考者有四。今列表如下：

教　　名	起源及流行之地	傳入中國之時代及狀況
祆教，即火教，亦稱胡天。	波斯國教。	南北朝時輸入。北朝君主有崇奉之者。唐時，因波斯、中亞爲大食所據，教徒受壓迫，又多來中國。
摩尼，亦作末尼。南宋時稱明教。教外人謂之吃菜事魔。	巴比倫人摩尼所創。流行於波斯。	六、七世紀間，開始輸入。安史亂後，又隨回紇輸入。唐武宗始加禁斷。然及南宋，仍有信奉之者。
景教。	基督教中之聶斯脱利安派。流行於中亞、西亞。	唐太宗時，自波斯輸入。許建波斯寺。玄宗時，改稱大秦寺。
伊斯蘭教，即清真教，俗稱回教。	摩罕默德所創。唐時，流行於葱嶺以西，中葉後，漸及天山南路。	唐初由海道入中國。據教中記録，謂曾開教於廣州、泉州、揚州等地。回紇敗亡後走天山南路，尊信之。

六　中古史四

一六五、問五代十國治亂興亡之大略如何

答：五代十國之興亡，略如下圖。其中偏隅之國，大都割據自守，雖有兵爭，不甚劇烈。惟中原之戰爭，較有關係。而（一）梁、唐之興亡，（二）契丹之侵入，（三）周世宗之南征及北伐，關係尤巨。

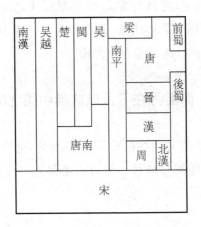

一六六、問梁唐之興亡如何

答：河東當唐末年，不競於梁。李克用卒，子存勗立，後唐莊宗。年少氣盛，勢復振。柏鄉一戰，梁兵喪敗，河北三鎮及義武，次第入後唐。梁太祖崩，末帝懦弱，更非後唐之敵，嘗一攻魏州，又欲以奇兵襲晉陽，皆不克。後唐取楊劉鎮，築德勝南北兩城以逼梁，梁人僅決河自固而已。公元九二三年，梁使王彥章攻鄆州，敗死。後唐乘機入大梁，末帝自殺，梁亡。沙陀遂入據中原。其後晉、漢二代之主，亦皆沙陀人。

一六七、問後唐之興亡如何

答：後唐莊宗滅梁後，遽驕侈。寵任伶人、宦官，政治大亂。使宰相郭崇韜傅幼子魏王繼岌伐前蜀，滅之。皇后劉氏，入宦官譖，使繼岌殺崇韜，人心惶駭。魏博兵作亂，莊宗使李嗣源討之，為叛者所劫，入鄴。嗣源誑叛者得出。旋用其婿石敬瑭計，遂反。莊宗為伶人所弒。嗣源立，是為明宗。明宗在五代諸主中，較為安靜。歿後，其養子從珂廢閔帝自立，又與石敬瑭相爭，遂召契丹侵入之禍。

一六八、問契丹之起原如何

答：奚與契丹，皆鮮卑族。奚據今英金河域，分五部。契丹據潢河、土河流域，分八部。契丹共主，初為大賀氏，後遙輦氏代之，而實權則在八部大人。五代初，耶律阿保機代遙輦氏而立，併八部為一。盡服北方諸部落；東併渤海；西征回鶻，至於河西。遂為北方一強國。

一六九、問契丹在石晉以前與中國之和戰如何

答：契丹太祖初與李克用約為兄弟，已而背之，通好於梁，故克用甚恨之。後唐時，幽州方面，屢與契丹構兵。契丹未能得志。然幽州守將周德成棄榆關之險，契丹遂取營、平二州。

一七〇、問燕雲十六州之名及其割讓之事實

答：燕雲十六州，亦稱幽薊十六州，其名稱及位置見下圖。晉高祖石敬瑭，後唐時出鎮河東。廢帝移之鎮天平。敬瑭反，廢帝使張敬達圍之。敬瑭求救於契丹，許割十六州為賂。契丹太祖自將入援。敗唐兵。冊敬瑭為晉帝，稱臣於遼。十六州為形勝之地。割棄後，山西方面，尚有雁門內險可守；河北方面，僅恃塘濼，以限戎馬之足；契丹一入寇，即長驅直抵大名。北宋一代，所以始終受契丹之威脅者以此。

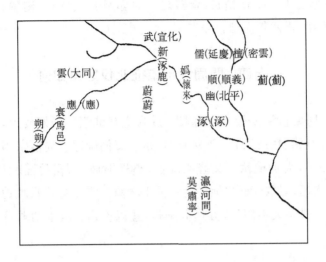

一七一、問契丹入寇,晉出帝被虜之事如何

答：晉高祖事遼甚謹,羣下多抱不平。高祖知國力不足與遼敵,嘗隱忍之。及出帝立,聽景延廣之謀,罷對遼稱臣之禮,外交上又多糾紛,兵釁遂起。此時中國兵力尚不甚弱。纍戰亦互有勝負。然國力疲敝已極,羣臣如趙延壽、杜重威等,又懷挾異志,或無戰心,或竟降敵,遂至終為遼所滅。

一七二、問遼滅晉後,何以不能佔據中原

答：遼太宗係粗人,並不知治中國之法。入中原後：（一）仍遣"打草穀軍",四出剽掠。（二）又遣使諸道,搜括財帛。（三）以子弟親信為節度使、刺史,華人之狡獪者,因往依之,教之虐民,遂致羣盜蜂起。遼太宗不能鎮壓,遂棄大梁北歸,死於路。軍中立其姪世宗。其弟李胡,又與之相爭,遂無暇更問中國之事。

一七三、問漢周之興亡如何

答：漢高祖劉知遠,本為河東節度使。當契丹入據中原時,持觀望態度。及契丹兵退,乃發兵入大梁,僅二年而亡。子隱帝立。初時權在大臣楊邠、史

弘肇、王章等之手。隱帝稍長，皆殺之。而郭威將兵於外，遂舉兵弑隱帝自立。漢據大梁，僅六年而已。

一七四、問周世宗南征北伐之事如何

答：自周太祖篡漢後，河東劉崇，遂自立爲北漢。稱姪於遼，屢謀入寇。其時南唐並有閩、楚；後蜀主狂妄無知，亦思窺伺中原。周世宗因高平一戰，深知宿衛積弊，大加簡汰。又修明政治，整理財政，國富兵強。乃先遣將伐蜀，又纍敗南唐，盡取江北之地。南唐稱臣奉貢。世宗遂出兵攻遼。恢復瀛、莫、易三州。惜乎天不假年，方進取幽州，遽以疾殂。嗣子幼弱，遂爲宋太祖所篡。

一七五、問陳橋兵變之事真相若何

答：宋太祖在周時，本爲著名戰將。是時兵之最強者爲殿前軍，而太祖爲殿前都點檢。以是時置君如弈棋之局言之，篡竊本意中事。世宗死後，恭帝幼弱。謠傳契丹入寇。宋祖率兵禦之。至陳橋驛，兵變。宣言擁點檢作天子，以黃袍加太祖身，擁之還汴。合前後事蹟觀之，其爲有人暗中運動佈置，不問可知。惟此等特殊事件，其真相率多不傳。作史者自未便攙入主觀之語，故多即照其表面叙述，亦所謂直書其事而義自見者耳。

一七六、問宋太祖治內之策如何

答：（一）以從容説諭，使典衛之石守信等，自行辭職，所謂杯酒釋兵權也。（二）諸節鎮有出缺者，代以文臣。（三）使諸節鎮支郡，均得直達京師。（四）又選京、朝官，出知諸州。（五）設通判於諸州，以分刺史之權。（六）於各路設轉運使，以掌其地之財賦。（七）諸州兵之強者，皆升爲禁軍，直隸中央；留州之廂軍，僅堪給役而已。皆所以除晚唐、五代以來，禁軍驕橫，藩鎮跋扈之弊也。

一七七、問宋太祖對外之政策若何

答：宋太祖治內之策，大抵沿襲周世宗，其對外則與之異。世宗之意，似欲先恢復燕、雲，故於南唐、後蜀，皆僅加以膺懲，使不能爲患而止。太祖之意，則主先平定中國，故不僅對遼專取守勢，即於北漢之恃遼爲援者，亦姑置之。此固不易言其得失。惟周、宋間適值遼穆宗在位，國勢中衰之際。至中國平定，而遼勢亦已復張矣。從事後觀之，失此機會，殊爲可惜也。

一七八、問北宋盛衰之大略

答：宋太祖手創大業，然天下尚未全定。吳越、北漢，皆至太宗時乃下。太宗對遼用兵不利。至真宗時，遂成澶淵之盟。自此南北之兵爭遂戢，疆場獲安，然國勢漸流於弱。仁宗在位最久，號稱寬仁，然姑息亦最甚。其時西夏之侵寇尤烈。英宗在位僅四年，於大局無甚關係。神宗用王安石變法，引起新舊黨爭。歷哲宗至徽宗，政策恒舉棋不定。徽宗之荒淫，亦古今所罕。佐以姦邪之蔡京，妄庸之童貫，民窮財盡，內亂始起。顧思藉女真之力，以復燕雲而北狩，南渡之禍作矣。

一七九、問宋遼交涉之始末

答：宋初與契丹言和，僅宋攻北漢，契丹嘗援之。太宗滅北漢後，進攻幽州。敗於高梁河。後又遣曹彬、潘美、田重進等北伐，亦不利。自是遼屢入寇。至真宗時，乃成澶淵之盟。宋歲賂遼銀十萬兩，絹三十萬匹；而遼主以兄禮事帝。其後興宗求關南之地，宋使富弼報之，增歲幣銀、絹各十萬。自澶淵盟後，宋遼無兵爭者百二十年。至徽宗時約金攻遼，而兵釁始啓。

一八○、問真宗天書之事真相若何

答：史家謂契丹入寇時，王欽若主遷都，寇準主親征，而和議卒成。欽若內慚，乃進讒於真宗，謂是役爲城下之盟。真宗恥之，問以雪恥之策。欽若以封禪之説進，並教真宗造作祥瑞。此事太不近情，殊不足信。《宋史》本紀論贊，謂宋是時實懼和議破裂，以遼人信天，乃託天瑞以愚之。雖出揣測，頗近情理。然天書事起，而齋醮、土木，遂隨之而作。忘戰、糜財、附會之徒競進，積弱之勢遂成，則欺人適以自欺矣。

一八一、問西夏之由來及其與宋之交涉

答：西夏爲党項之部落，而其酋長爲拓跋氏，蓋鮮卑種姓，爲大長於党項中者也。唐太宗時，拓跋赤辭歸化中國。其後有名思恭者，賜姓李，爲定難節度使，世據夏、銀、綏、宥、靜五州。宋初，其裔繼捧來降，而其弟繼遷叛去，討之不克。繼遷子德明，對中國頗恭順，而西征回鶻，取河西，勢益強大。至其子元昊，遂反。宋兵屢敗。約十年，乃以歲賜銀、絹各二十五萬五千之議成和。元昊嘗定官制，製文字，立蕃漢學，頗有立國之規模也。

一八二、問北宋積弱之情形如何

答：宋行中央集權之制。聚天下之財於中央以養兵。其後兵不可用，而財政顧甚竭蹶。又宋承晚唐、五代喪亂之後，地權不均，高利貸活躍，民生甚爲困苦。歷代當承平時，取於民者甚少，而其社會亦較富裕，故一遇事變，尚有搜括之餘地。宋則茶、鹽等稅，久已恃爲國用大宗，而其民生之困苦又如此。故承平之時，論者即深以爲可危也。

一八三、問王安石所行新法，其重要者爲何
（蘇二、贛二十二年、滇二十二年）

答：安石變法，規模頗大，而於兵、財二者尤詳，蓋此爲北宋積弱癥結所在也。安石理財，頗能顧及社會經濟。其新法之重要者，爲（一）農田水利；（二）方田均稅；（三）青苗；（四）免役。其關涉軍事者，則（五）裁兵；（六）罷番戍之制，置將統兵，分駐各地；（七）行保甲之法，逐漸練爲民兵。此外（八）學校；（九）貢舉，亦咸有改革，見後。

一八四、問神宗對外用兵之事如何

答：（一）任章惇平梅山蠻、南江蠻，熊本平南平蠻；（二）命郭逵征安南；（三）任王韶開熙河；皆有相當之成績；（四）惟攻西夏，靈州、永樂兩役，損失頗巨。

一八五、問宋新舊黨爭之始末（浙二十二年）

答：宋代黨爭，起於仁宗之世，繼以英宗時之濮議，然與國家大政，關係尚小。神宗相王安石，行新法。舊臣如韓琦、富弼、司馬光、歐陽修、王岩叟、蘇軾、蘇轍、劉摯、呂大防等，皆因政見不合，紛紛攻擊，不聽則求去。而新舊水火之勢始成。神宗崩後，哲宗立。年幼，太皇太后高氏臨朝。相司馬光、呂公著，盡廢新法。太皇太后崩，哲宗相章惇，行新法，謂之"紹述"。徽宗初，太后向氏權同聽政。改元建中靖國，並進兩黨之人，欲以消弭黨見，然亦無效。徽宗親政，復行新法。然所行皆有名無實，徒滋紛擾而已。

一八六、問遼之盛衰如何

答：遼之國勢，以聖宗時爲全盛。興宗時，尚可蒙業而安。道宗立，任佞臣耶律乙辛，政治始壞。天祚帝荒於遊畋，不郵國事。歲遣使於海上，求名鷹"海東青"，激成女真之叛。遼則上下離心，部屬瓦解，其勢遂不可支矣。

一八七、問滿族之起原如何

答：女真古稱肅慎。漢時稱挹婁，南北朝、隋、唐稱靺鞨。靺鞨分部甚多，其最先強盛者爲渤海。渤海酋長大氏，本歸化中國，居於營州。唐武后時，契丹叛，乃東走立國。據今吉、黑二省，遼寧省之一部，及朝鮮北境暨俄沿海州之地。一切制度，皆模範中華，稱爲海東文明之國。至公元九二八年，乃爲契丹所滅。自此史稱此族人爲女真，又以避遼諱作女直。遼時，在混同江以南者繫遼籍，爲熟女真，以北者不繫籍，稱生女真。

$$
靺鞨 \begin{cases} 粟末部（渤海） \\ 黑水部（金） \\ 白山部（清） \end{cases}
$$

一八八、問金室之起原如何

答：金之始祖名函普，爲高麗人。入居生女真之完顏部。娶其六十未嫁之女,生子。其後遂爲完顏部酋長。生女真文化程度甚低,時尚穴居。始祖曾孫獻祖,徙居安出虎水,始築室,知樹藝。子昭祖,漸以條教統治諸部。子景祖,受遼命,爲生女真部族節度使。傳四世,至太祖,乃叛遼。

(一)景祖烏古乃—(二)世祖劾里鉢—(三)肅宗頗刺淑—(四)穆宗盈歌—(五)太祖阿骨打

一八九、問遼金之戰争如何

答:遼之所以控制女真者,爲咸州、寧江州及黃龍府。金太祖起兵,即將此三處攻破。天祚帝自將至馳門。因後方有亂事,倉卒西還,爲金兵所襲敗。金太祖又因渤海人高永昌之叛,而取東京。天祚帝荒於遊畋,不郵國事;而金是時力亦未足併遼,乃從事於和議,久之不就,兵釁後起。金兵攻上京。遼南京別立秦晉國王淳。宗室耶律餘覩,又因秦王之獄降金。宋人又與金夾攻遼。於是金人發兵,連破遼中、西京。並因宋之求助,從居庸關入,破南京。天祚帝展轉漠南,至公元一一二五年,卒爲金人所獲,而遼遂亡。金人初起時,部落尚小,兵雖强而甚少,斷不足以亡遼。遼之亡,全係自己土崩瓦解也。

一九○、問宋約金攻遼始末

答:宋初使人於金,求破遼後將五代時陷入契丹之地見還。金人答以兩國夾攻,所得之地即有之。宋使童貫攻遼,兩次皆敗,乃求助於金。金兵自居庸關入,破燕京。乃由宋別輸燕京代税錢百萬緡,將石晉所割之地還宋。惟營、平、灤三州,非石晉所割,不在歸還之列。金人建平州爲南京,使張覺守之。時金人盡驅燕京之民以行。被驅者過平州,求張覺援手。覺遂叛金降宋。宋人受之,遂爲啓釁之本。

一九一、問宋金交兵及徽欽北狩始末

答:兩國兵釁既起,金使宗望自平州、宗翰自雲中入寇。宗翰之兵,爲太原張孝純所阻,而宗望直抵汴京。宋人以(一)割太原、中山、河間三鎮;(二)尊金主爲伯父;(三)輸金五百萬兩,銀五千萬兩,牛馬萬頭,表緞百萬匹;(四)以親王、宰相爲質之條件成和。旋宗翰亦來求賂。宋人不與。宗翰

進兵。宋人以爲敗盟,詔三鎮固守。又因金使蕭仲恭,招降耶律余覩,兵釁再
啓,太原亦陷。金兵兩道並會汴京,京城失陷,二帝遂皆北狩。

一九二、問南宋初年與金之和戰如何

答：高宗即位於歸德。宗澤留守汴京,疏請還蹕,不報,請留南陽,又不
報,而南走揚州。金因宋使王師正招諭契丹、漢人,再使宗輔、代宗望。宗翰進
兵。宗翰遣婁室取陝西,自與宗輔會於濮,遣兵南伐,焚揚州而去。高宗奔杭
州。金又使宗弼渡江,自獨松關陷杭州,遂逼明州。高宗自昌國入海。金人
以舟師追之,不及,乃還。此後金人以士馬疲敝,糧儲未豐,不再南侵。乃立
劉豫於汴,畀以河南、陝西之地,欲藉爲緩衝國。而豫屢乞師於金以入寇,屢
敗,金人乃廢之。時宋秦檜當國,與金撻懶有舊,使求河南、陝西之地於金,金
人許之。旋金政局變動,撻懶被誅,宗弼、婁室再攻河南、陝西。時宋劉錡有
順昌之捷;岳飛有郾城之捷;吳璘亦出兵收復陝西州郡。而秦檜主和議,召還
諸將,與金議和。其條件：（一）東以淮水,西以大散關爲界;（二）宋稱臣;
（三）歲輸銀、絹各二十五萬兩、疋。是爲紹興和議。事在公元一一四一年。

一九三、問紹興和議成後宋金和戰之事如何

答：紹興和議成後,宋、金又啓釁兩次。一爲公元一一六〇年金海陵之南
伐,虞允文敗之於采石。海陵見弒。時高宗已傳位於孝宗。起用張浚,銳意
恢復。而李顯忠、邵宏淵有符離之敗。公元一一六五年,和議成。（一）宋主
尊金主爲伯父;（二）歲幣銀、絹各減五萬。一爲一二〇六年之北伐,爲韓侂胄
所主持。纍戰皆敗。其結果,侂胄被殺,函首畀金。公元一二〇八年,和議
成。歲幣增爲三十萬兩疋,改稱金主爲伯。此後直至元兵既起,宋乃罷金歲
幣,兩國兵釁復開。

一九四、問宋南渡以後治亂之大勢如何

答：高宗處艱難之際,內勘定羣盜,收諸將兵權;外成和議。雖云屈辱,亦
勢所不得不然。孝宗有志恢復,惜值金世宗時,敵人國勢方盛,事無可爲。孝
宗傳位於光宗。光宗后李氏,與孝宗不睦;光宗亦有疾,遂有內禪之舉。韓侂

胄因之專權。時值金之章宗。侂胄因貶斥道學之黨,爲清議所不與,欲立大功,以間執人口,遂有北伐之舉。師徒撓敗,身亦見誅。侂胄死而史彌遠進;彌遠死,賈似道又繼之。宋事益壞。理宗在位歲久,徒以表章理學名,性實庸懦,其時約元滅金,又輕與之啓釁,疆場敗壞。至度宗時,襄陽失守,宋事遂無可爲矣。

一九五、問金歷代之盛衰如何

答:金太祖、太宗爲開創時期。熙宗時,宗室大臣多專權。賴宗弼公忠,乃能内誅撻懶;外以有利之條件,與宋成和。熙宗爲海陵庶人所弑。海陵淫虐不道,遷都於燕,又遷都於汴。鋭意南伐,身死揚州。世宗爲金之令主,極意保存女真舊風。然承海陵之後,中原擾亂,不得不將猛安謀克户遷入。自此女真之民族性,急速消亡,衰機筆矣。章宗雖能勝宋,實已外强中乾,故至衛紹王時,蒙古兵一起,遂如發蒙振落。

一九六、問蒙古之起原

答:蒙古爲室韋分部,《舊唐書》作蒙兀,《新唐書》作蒙瓦。地在望建河,即今黑龍江之南。惟蒙人嘗自稱韃靼。據《元秘史》,其始祖曰孛兒帖赤那,始居不兒罕山。十傳至孛兒只吉歹,娶忙豁勒真豁阿爲妻。忙豁勒真豁阿,譯言"蒙古部美女"。

一九七、問蒙古部落如何興起

答:蒙古先世,事蹟茫昧。據《元秘史》:成吉思汗曾祖哈不勒,哈不勒從弟俺巴孩,哈不勒子忽都剌,三世皆有汗位,可知其時部落漸强,然忽都剌後,汗位復曠。成吉思汗父也速該,僅統尼倫全部。也速該死後,部衆亦離散。故成吉思汗幼時,部族極爲寡弱也。

一九八、問成吉思汗興起始末

答:成吉思汗興起時,北方部族之重要者,略如後圖。蒙古同族泰亦赤兀,與成吉思汗齮齕最甚。札答剌部長札木合,則與成吉思汗爲安答。塔塔兒與蒙古世讐。蔑兒乞亦與成吉思汗不協。客列部長王罕,爲也速該安答,成吉思汗以父事之。成吉思汗定蒙古之東半,得王罕、札木合之助爲多,後皆與成吉思汗有隙,爲成吉思汗所滅。時蒙古西北,乃蠻爲大部,約汪古攻蒙古。汪古以告,成吉思汗先期伐滅乃蠻。公元一二〇六年,諸部大會於斡難河,上成吉思汗之尊號。成吉思汗征服漠南北之事,於是告成。

```
           ┌ 塔塔兒—捕魚兒海
           │ 蔑兒乞—鄂爾坤色楞格河流域
           │ 客列—土拉河流域
北方部族 ┤      ┌ 太陽罕—北近金山
           │ 乃蠻 ┤
           │      └ 不亦魯黑—南近沙漠
           └ 汪古—歸綏北
```

一九九、問成吉思汗平定漠南北後進取中原之事如何

答:成吉思汗既定漠南北,進兵伐夏,夏降,遂伐金。金人弑衛紹王,請和。宣宗南遷,成吉思汗遂陷燕京。其後自將西征,乃留木華黎經略太行以南。西征還,復伐夏,未克而殂。遺命秘喪,降夏以後還師。及太宗立,乃復伐金。

二〇〇、問金滅亡之事如何

答:金之亡,首由汪古部之開蒙古,邊牆之險遂失,西京淪陷,次則會河堡之敗。元兵遂入居庸。山東西及遼西,均遭蹂躪。河北遂不可守。宣宗因之南遷。成吉思汗顧以爲口實,而陷燕京。此時金人勢已岌岌。幸成吉思汗西征,事勢乃得稍寬。然金人是時,(一)盡遷猛安謀克戶於河南,奪民地以與之。既不能耕,又不能戰,而徒斂怨於民。(二)又與宋、夏啓釁,兵力益分。蒙古太宗南伐時,金人僅聚精兵二十萬,守潼關至邠州一綫而已。太宗知此綫之不易突破也,乃使拖雷假道於宋,宋人不許。拖雷遂強行通過,從漢中歷襄、鄧而北。於是有三峯山之戰。金兵喪敗,良將精兵都盡,其勢遂不可支。哀宗謀攻衛州,不克。走蔡州,又遭宋、元之夾攻,而金遂以亡。

83

二〇一、問宋元啓釁及宋室滅亡之事

答：宋自約元滅金後，趙葵、趙范等唱議收復三京。宰相鄭清之主之。得汴、洛而不能守，顧因此與元啓釁。宋兵屢敗，川、楚、江淮，地多淪陷。其時元人尚未專力取宋。憲宗立，乃銳意經略。因王堅善守，身死合州。時忽必烈亦自河南南下，圍鄂州，宰相賈似道救之，不敢戰。使請和，約稱臣，畫疆爲界。忽必烈以急圖汗位，許之北還。時元以北方事多，頗欲與宋言和。而賈似道以諱和爲勝故，元使來者皆執之，和議遂不能成。至公元一二〇七年，伯顏統大兵南下，臨安遂致不守。益、衛二王，崎嶇閩、廣，其不能自立，更無待於言已。

二〇二、問宋代之官制如何

答：宋之官制，沿自晚唐五代。以中書爲相職，三司主財政，樞密主兵謀。百官皆以差遣治事，官特以寓祿秩而已。神宗革新官制，一依唐代之舊。然三省長官不除人，以尚書左右僕射兼門下中書二侍郎，以行相職。軍政悉還兵部，仍留樞密以主兵謀。南渡後，遂改左右僕射爲丞相，樞密使亦多由宰相兼領，終不能盡如唐制也。州縣皆由京朝官出知，隨事設使甚多，爲宋代外官之特色，亦以承晚唐五代，謀集權於中央故也。

三司 { 户部 / 度支 / 鹽鐵

二〇三、問宋學校選舉之制如何

答：熙寧新法，爲學校貢舉法之一變。王安石主以學校養士，科舉特視爲暫行之法。故於太學立三舍，外舍、内舍、上舍。以次而升。上舍生得不經吏部試，直賜之第。其於科舉：則（一）廢諸科，獨存進士；（二）而進士改試經義論策。其經義，又廢帖經、墨義而用大義。當時習於詩賦之士反對之。然新法廢後，欲復詩賦，僅能作經義之士，又起而反對。南宋後，遂分進士爲經義、詩賦兩科。熙寧學校、貢舉之法，雖行之不久，然爲明、清之制所本。

二〇四、問宋代之兵制如何（湘四）

答：宋初兵之强者，悉隸京師，謂之禁軍。其留州之厢軍，僅以給役而已。四方須戍守，皆遣禁軍分往，謂之番戍。其意欲使習勞，以免驕惰。其後兵不可用，而兵額日增。以番戍故，又增衣糧之費。王安石乃大加裁汰。置將統兵，分駐各地，而革番戍之制。安石又行保甲之法，逐漸練爲民兵。自此募兵闕，則收其餉，以供民兵教閱之費。元祐後，保甲之制既廢，而蔡京爲相，又務封樁缺額兵餉，以充上供，而民兵及募兵皆衰。南宋初，楊沂中居中宿衛；中軍。而韓世宗、後。岳飛、左。張俊、前。劉光世，右。號稱四大將。合爲御前五軍。劉光世死後，其兵叛降偽齊，以四川吳玠之兵升補。韓、岳、張皆稱宣撫司，分駐於外。紹興和議成，乃罷之。雖仍駐扎外州，而直隸中央，帥臣不得專制，改稱御前諸軍，設總領以司其財賦焉。

二〇五、問保甲之法如何

答：保甲之法，創於王安石。以五家爲保，五十家爲大保，皆有長。五百家爲都保，有正、副。保丁日輪若干人警盜。其後教保長以武藝，使之轉教保丁，逐漸訓練之成民兵。是爲王安石所行新法之一。後世亦時行其法，用以清查户口，防匪類藏匿，且團結人民，使之互相保衛。然在平時多成具文，惟至地方擾亂時，辦理得人，間或收效而已。

二〇六、問宋代賦税之制若何

答：宋代賦税，較前代爲複雜。蓋自唐中葉以後，地方爲藩鎮所據，正賦收入減少，乃取之於雜税，後遂相沿未廢也。其正税名目有五，均用兩税之法徵收。此外則爲役法，其屬民最甚。雜税之重要者，爲鹽、茶、酒、坑冶、商税等。若南渡後之經總制錢、板帳錢、月樁錢等，則皆苛斂，不足云經制也。

宋代正税
- 公田
- 民田 } 田税
- 城郭——宅税
- 丁口——身税
- 雜變——正賦外增取，後變爲正賦者。

二〇七、問宋代役法如何、何故厲民

答：役法自古有之。然宋時之里正、衙前等，主運官物、典府庫，乃庶人在官之事，本應支給報酬，今不但無有，而且不免於賠纍，則民破産不能給矣。差役之所以無善策，在於其負擔之不能分割。故王安石創雇役之法。令舊應役之户，出免役錢；不役之户，出助役錢；官以其錢雇人充役，而免簽差。其法實皆合理。然元祐廢之，復行簽差。紹聖復行雇募，而亦不能普徧。後皆差、雇雜行。人民苦於負擔，乃有所謂義役者，一家應役，諸家合力助之，於法實爲最善。惜乎推行未廣。

二〇八、問宋代鹽、茶、酒、坑冶、商税之法若何

答：鹽法始唐劉晏，籍民製鹽，而免其役，是爲亭户，亦曰竈户。其出售，則有官鬻、通商兩法。製茶者稱園户。除輸定額之茶，以代租税外，其餘悉由官買。買價先給，謂之本錢。運赴各榷貨務出賣。酒：州郡皆置務官釀。縣鎮鄉閭，或聽民釀而收其税。坑冶：或官置監冶場務，或聽民承買，而以分數中買於官。商税：於州縣置務收之，過税千取二十，住税千取三十。海口仍設市舶司。除收十一之税外，香藥、寶貨又須先盡官買。宋初有入邊芻粟，入中錢帛之法。凡入芻粟於邊地，入錢帛於京師榷貨務者，國家以鹽、茶、寶貨酬之。鹽、茶皆給鈔，令其自往存儲之地支取，實爲特殊之官賣法。所以省漕運也。後其法漸廢，則茶亦行通商之法，計官賣所得之利，向茶户征税，而聽其與商人賣買。蔡京出，鹽、茶皆行引法。由官製引，賣諸商人。有引者則得賣買茶、鹽。其法爲後世所沿。

二〇九、問宋代之理學如何（贛二十二年、成都）

答：理學爲佛學之反動，實亦兼攝佛學之精華。其人自謂能接堯、舜、禹、湯、文、武、周、孔之道統，故亦自稱其學爲道學。後人以其時代稱之曰宋學。宋學之最純正者，推濂、洛、關、閩四家。其人合稱爲宋五子。然北宋之邵雍以術數著，南宋之吕祖謙較近於事功。其後又分永嘉、葉適、陳傅良。永康陳亮。二派，亦各有特色。而朱子主格物窮理，陸九淵主先發人本心之明，雙峯并

峙，尤爲千古不能無，不可無之同異焉。

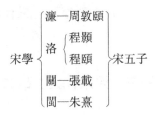

二一〇、問宋學與二氏之關係如何

答：理學家力闢二氏。然周子之《太極圖》，據後人之考據，實出於道藏；邵康節之學，出於《先天圖》，而雍子伯溫，謂其圖原出陳搏，則其淵源，確與道家有關涉。而宋學家之談心説性，亦時有近於禪者，故後人或亦謂其陽儒而陰釋焉。然宋學淵源，雖出道家，其宗旨自與道家異。除一小部分贊成佛學者外，亦不能謂其立説與釋氏相同。要之宋學與二氏有關涉，而又與二氏立異，皆屬事實也。

二一一、問宋代之經學如何

答：宋人説經，自成一派。前此經學，皆以漢人爲宗。雖漢人説經，亦自有派別，然南北朝、隋、唐義疏之學，必宗漢人之一派，未有挑漢人而自求之於經者也。其有之，自唐之啖助、趙匡始。宋人大暢其風，於諸經皆以意説，不爲前此成説所囿。其長處，在能矯正舊説之誤；其短處，則在主觀太甚，妄以己意測度古人。而於訓詁名物等，宋儒所説，尤不如漢儒之可信。此清代所以矯其弊而復崇漢學也。

二一二、問宋代之史學如何（浙二十一年）

答：宋代史學，甚爲發達，舉其著者：（一）唐以後正史皆官修，惟宋歐陽修之《新五代史》，成於獨力，《新唐書》爲修與宋祁合撰，亦有私家纂著之精神。（二）司馬光之《資治通鑑》，爲編年史之巨著。朱子又因之而創《綱目》之體。（三）袁樞因《通鑑》作《紀事本末》，亦爲史家創一新體。（四）鄭樵作《通志》，恢復正史之通體，其二十略之門類，亦或爲前此史志所無。（五）專講典章制度者，有馬端臨之《文獻通考》，較唐杜佑之《通典》，尤爲詳備。（六）當代史料，搜輯極詳，巨著尤多。（七）考證之學，至宋代而較詳。（八）金石之學，亦至宋而始成體段。

二一三、問宋代之文學如何

答：宋代文學，亦有特色。（一）散文大盛，應用之範圍既廣，而名家如歐、曾、蘇、王等亦輩出。（二）駢文特爲生動。（三）宋詩之意境、面貌，皆與唐詩不同。（四）詞尤獨絕千古。（五）說話之業大盛，因之平話漸興，爲平民文學之大宗。

二一四、問印刷術之興起

答：古代欲傳世或供大衆觀覽之文字，則刻之金石，其後漸知摹拓，是爲印刷術之權輿。然爲鏤刻，初非以供摹拓爲目的也。隋文帝開皇十年，_{公元五}九〇年。勑天下廢像、遺經，悉令雕板，爲印刷術之始。然未盛行。至五代時，國子監刻九經。宋世續刊諸史，乃漸盛。此後私家好事，書賈牟利者，雕刻乃日多。至活字板，則爲宋代畢昇所創。事在仁宗慶曆中，即公元一〇四一至一〇四八年。

二一五、問宋代社會情形如何

答：宋代社會，貧富極不均等。其原因：（一）唐至開元以後，兼併業已盛行；（二）其後武人擅土，苛稅繁興；（三）又經長期之戰爭分裂；（四）宋興，於苛稅雖多捐除，究未能盡；（五）於地權之不平均，高利貸之剝削，亦始終未有善策。故北宋時，民生已極困苦。南宋後稅斂尤苛。而達官貴人，聚居兩浙，腴田多落其手，收租極重。末造賈似道強買爲公田，即以私租之額爲官額，人民受害尤烈。此項官田租額，相沿不能盡革，並爲明以後江浙田賦獨重之原焉。

七　中　古　史　五

二一六、問蒙古西征之事如何

答：蒙古西征，導源於乃蠻遺孽。時葱嶺以西，西遼及花剌子模為大。太陽罕之子古出魯克奔西遼，與花剌子模王阿剌哀丁謨罕默德合謀而篡其國；與蔑兒乞遺孽忽禿，均謀恢復故地。成吉思汗乃遣將平之。此乃為防禦蒙古地方起見，初無意於更西。故其自將親征，實由花剌子模殺害蒙古人引起。時蒙古襲方興之勢，而花剌子模以康里人為備兵，國雖大而本不固。其王遂展轉入裏海以死。成吉思汗追其子札闌丁入印度。哲別、速不台西北破阿速，平撒耳柯思，定欽察、阿羅思，平康里乃還。太宗即位，使拔都平欽察、阿羅斯，進規孛烈兒、馬札兒。憲宗時，又傳旭烈兀平木剌夷、報達，並渡海至富浪島。西域至此乃全定。

	不里阿耳—里海北，烏拉嶺西，浮而嘎河東。
	欽察—烏拉嶺西，裏海，黑海北。
	阿羅思—聖彼得堡南，莫斯科北。
蒙古西征時西北 諸部位置	阿速—裏海西，高加索山北。
	撒耳柯思—高加索山北，端河濱。
	木剌夷—裏海南。
	馬札兒—匈牙利。
	孛烈兒—波蘭。

二一七、問元對東方之經略如何

答：金末，耶律留哥、蒲鮮萬奴起於東北。元因征討萬奴，與高麗兵遇，約為兄弟之國。後蒙古使人為盜所殺，疑高麗所為，兵釁遂起。高麗人大遭蹂躏。至公元一二五九年乃成和。自此元人或立征東行省於其地；或廢行省，仍立其國王。然歷代高麗王，皆尚元公主。蒙古勢力彌漫，幾於不國。惟於日本，元世祖欲招致其來朝，始終不聽。公元一二七四及一二八一年，兩次用兵，亦皆不利。世祖欲圖更舉，以有事安南，卒不果。

二一八、問元對於南方之經略如何

答：元之對南經略，始於世祖之平大理。其將兀良哈台遂平安南。然未幾，仍取道廣西、湖南北還。至世祖滅宋後，因安南、占城及緬，未肯全服，曾數次用兵。然因天時地利之不宜，均不得利。惟得其朝貢之虛名而已。其於南洋，曾一用兵於爪哇，此外皆出招致，然來者頗多。

二一九、問元時所謂四汗國分封之地若何

答：元行封建之制，太祖四子，分地最大。後來勘定西北一帶，功在尤赤之子拔都；西南一帶，功在拖雷之子旭烈兀。故尤赤分地，拔都之後爲之共主；花剌子模以南之地，旭烈兀之後實君臨之，西史稱爲 Km. of Iran。拔都之後稱 Km. of Kiptonak，亦稱 Golden Hordo。窩闊台之後稱 Km. of Ognotai，亦稱 Naiman。乃蠻。察合台之後稱 Km. of te Hagnatai。

元太祖 {
尤赤—咸海、裏海以北。康里西北諸部。
窩闊台(太宗)—葉密立河額米爾河。一帶。乃蠻故地。
察合台—昔渾河錫爾河。一帶。西遼故地。
拖雷—和林舊業。
}

二二〇、問元代中西交通如何(閩、浙二十一年)

答：(一)元代疆域之廣，跨據歐、亞；(二)又設站赤，自察合台轄地，西接拔都，東接太宗轄地；(三)其時耶、回二教相争，耶教諸國，欲謀遠交近攻；(四)而商人尤爲活躍。是以羅馬教王，曾遣使至元。而自中亞經天山南路，西伯利亞南部經天山北路至和林、大都之間，商人往返，亦極頻繁。元代登用，亦不限民族。故大食、波斯之學者、軍人，意、法之畫家、職工，見用於元者頗多。而馬哥博羅仕元凡三十年，歸而著書，尤爲西人知東方情形之始焉。

二二一、問元之興亡如何

答：論元之興亡者，當分兩方面觀之：（一）爲元之大帝國；（二）則其在中國之政府。前者自太祖稱汗，公元一二○六年。至世祖滅宋，公元一二七九年。其間僅七十四年，其興可謂甚速。然其瓦解，亦即起於世祖自立之時。公元一二五九年。後者自世祖滅宋，至順帝出亡，公元一三六八年。亦僅九十年而已。蓋其大帝國之根基，並不穩固；其在中國之政府，亦不解治理之法也。

二二二、問元帝國之瓦解其事實如何

答：元帝國之瓦解，實由汗位之紛爭。蒙古立君，本由庫里爾台推舉。太宗歿後，其後人及拖雷後人，即相爭奪。定宗短祚。憲宗以拔都之援得立，失烈門以謀叛誅，爭奪之跡始顯。世祖不待庫里爾台之推舉，致與阿里不哥以兵戎相見，則拖雷後人之間，又起爭競。阿里不哥雖爲世祖所破，然海都自擅於遠，察合台、欽察兩汗皆附之，至武宗時始平，而大汗之號令，亦不復行於全帝國已。

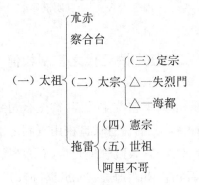

二二三、問元在中國之政府興亡如何

答：（一）元代諸主，惟世祖稍聰明，略知中國治法，然亦好用言利之臣。此外惟仁宗相李孟，政治略爲清明，餘多惛不知中國治法。（二）而繼承之際，時起紛爭，權臣因之，擅作威福，政治愈形紊亂。（三）蒙古、色目，與漢人權利不平。（四）喇嘛教徒，尤爲暴橫。（五）加以順帝之荒淫，其滅亡自無可避免已。

二二四、問元末羣雄並起及順帝北去之始末

答：元末羣雄重要者，略如後表。其首先出兵北伐者爲劉福通，爲察罕帖木兒及其子庫庫帖木兒所敗。旋孛羅帖木兒與庫庫帖木兒相攻。順帝后奇氏及太子欲謀內禪，以屬庫庫，庫庫不聽。於是孛羅平后，又削庫庫官爵，命諸軍討之。不服庫庫者，乘機攻之，遂無外禦之機會。明太祖初從郭子興，後自爲一軍。破陳友諒，平張士誠，降方國珍，在長江流域，業已養成勢力。乘元室喪亂，命徐達、常遇春兩道北伐，自河南、山東會師德州，北陷通州。順帝棄大都北去，而元遂亡。

```
              ┌ 方國珍
              │ 劉福通
              │ 李二
元末羣雄 ─────┤ 張士誠
              │ 郭子興
              │        ┌ 陳友諒
              └ 徐壽輝 ┤
                       └ 明玉珍
```

二二五、問元代之官制如何

答：元以中書省爲相職，樞密院主兵謀，御史臺司糾彈，皆略沿宋制。惟（一）六部前代皆隸尚書省，元尚書省惟世祖用言利之臣時則設之，其人敗則其官亦廢，而六部仍存；（二）宣政院管理吐蕃，而亦列於中央，則其特異之點也。前代行省，皆臨時設置，事過即廢。元於路、府、州、縣之上，又設行省及行御史臺，遂爲近代省制之本。

二二六、問元學校選舉之制如何

答：元制設學頗詳。除京師國子監外，諸路、府、州、縣，亦皆立學。各省又設儒學提舉司。雖未必皆能實行，然以制度論，則明制之先河也。京師有蒙古國子學、回回國子學，諸路亦有蒙古字學及回回學，亦其特異之點。科舉

至仁宗時始行。蒙古、色目及漢人、南人所試不同,而出身,則(一)蒙古,(二)色目,(三)漢人、南人,遞降一級,爲其不平等之點。而其合經義、詩賦爲一科。諸經多主宋人傳注,則爲明制所沿襲。

首　　　場		次　　　場	三　　　場
蒙古色目	經問	古賦詔誥表内科一道	策
漢人南人	經義經疑	策	不試

二二七、問元之兵制如何

答:蒙古之兵,以民族區別者,大略如後。其鎮戍之地,爲世祖及其大臣所定。而邊徼襟喉之地,又別以宗王鎮之。兵籍漢人不許寓目,故其數不可知。其(一)軍隊組織,爲萬戶、千戶、百戶;(二)官皆世襲;(三)分駐各地;(四)凡爲兵者,天下既定之後,仍入兵籍。皆明衛所之制所取法也。

元之兵
- 蒙古—蒙古軍
- 諸部族—探馬赤軍 } 河洛山東
- 中國人 { 漢軍 新附軍 } 江淮以南

二二八、問元賦税之制如何

答:元之賦税,行於内地者,放租庸調制,行於江南者,放兩税法。役稱科差,實折收絲料、包銀。此外又有俸鈔。合成大門攤,分三限徵之。賦役而外,仍以茶、鹽爲大宗。其行鹽各有郡邑,爲引地之始,其餘雜税,總稱額外課,名目甚繁。

賦 { 内地 { 丁税 地税 } 江南 { 夏税 秋糧 }

役 { 絲料 { 二户絲(輸官) 五户絲(輸本位) } 包銀 { 二兩輸銀 二兩輸絲絹顔色 }

二二九、問宋、金、元、明四代之鈔法如何

答：鈔法起於宋之四川，乃人民所自辦，謂之交子。一交一緡，三年爲一界，由富人十六户主之。後富人中落，不能兑換。真宗時，轉運使薛田，乃改由官辦。熙寧時用之陝西，已有不兑現而跌價之弊。蔡京爲相，發錢引，除福建外，皆行使，跌落彌甚。南宋時仍由官發行。初稱交子、會子。末造復有關子。金、元及明皆稱鈔。至明宣宗時乃廢。宋代交、會，本應兑現，然實際多不能兑。價格跌落時，間以現錢或香藥、寶貨等收買，謂之"稱提"。金、元、明本不兑現。元定制與絲及金、銀相權，金、明則但云同現錢行使而已。交、會之價，常跌止值百分之二三十；金、元末造及明中葉，則一文不值矣。

二三○、問中國用銀爲貨幣始於何時

答：銀本來未嘗爲正式之貨幣。前世惟嶺南用之；河西之地，亦用西域金、銀錢，則以與外國通商故也。《金史》言哀宗正大間，民間全以銀交易。蓋由紙幣已不可用，而錢又盡爲所驅逐之故。顧亭林《日知録》言此爲舉國用銀之始。而國家之承認其爲貨幣，則自明廢鈔法後，各種賦税，皆逐漸收銀始也。

二三一、問元代之宗教若何

答：元起朔漠，本無篤信之宗教，故於各教一例相看，而各教遂皆得傳播之機會。其時最有勢力者爲喇嘛教，然其恃勢害民亦最甚。次之者爲回教，因西域人入中國者多也。基督教，世祖時亦曾許在大都立教堂，惟信者多蒙古人，故元亡而復絶。

二三二、問元代等級之制若何

答：元代蒙古、色目與漢人、南人，權利多不平等。如長官必用蒙古人；漢人、南人所應科目較難，出身轉較低是也。又元時之宗教徒，亦爲一特別階級。僧、道、儒人、也里可温等，在法律上，每有異於平民之規定。如"僧、道、儒人有爭，有司勿問，只令三家所掌會問"是。元初諸將，多以降民爲奴，雖儒者亦不免。

二三三、問元代之文學如何

答：元代文學，最有特色者，爲戲劇及平民文學。前代歌舞與扮演，分爲兩事。扮演在百戲中。南北朝時，蘭陵王入陣曲、踏搖娘等，始兼飾古人，然其詞未爲代言體。宋代之傳踏爲代言體，而用之未盛。至元代之曲，則無不爲代言體者。而歌舞者之動作，亦即爲其所飾之人之表情，遂成今日之戲劇矣。說話之業，所用之底本，是爲平話，其後發達，遂兼可以供閲覽。其事雖肇始於宋，而亦大成於元，實爲近代平民文學之大宗。

二三四、問順帝北去後太祖平定天下之事實若何

答：太祖北伐時，同時分兵平定閩、廣。順帝北去後，又使徐達下太原，定秦、隴。後更出兵平定四川，破元梁王於雲南。時元順帝尚據上都，太祖使常遇春征之。順帝奔應昌。再命李文忠出征，順帝適死，子愛猷識里達臘奔和林。又破元遺臣納哈出於遼東。自此北方平定。對内亦禁胡服、胡語，一掃腥膻之習。

二三五、問明代治亂之大略

答：明太祖定天下後，於政治頗能注意，釐定法制甚詳，邊防之規模亦遠。惜私天下之心頗甚，大封諸子，致召靖難之禍。成祖北平韃靼、瓦剌，南收安南，又遣鄭和下西洋，國威大張。然北方之邊防，實於此時縮小，遂爲土木之變之根原。英宗之後，憲宗繼之，亦無善政。孝宗較爲清明。武宗則荒淫殊甚。致有宸璠及宸濠之變，畿南羣盜大起，幾致於亂。世宗信任嚴嵩，聽其蒙蔽。蒙古强於北，倭寇横於南，明事於此大壞。神宗初，張居正爲相，頗有振起之望。中年怠荒，宦官專横，礦使税使，毒痛天下，朝鮮之役，滿洲之變，相繼而起；黨禍又作，政局不安，明事遂無可爲。光宗短祚不足論。熹宗寵任魏忠賢，驕横尤前此所未有。毅宗時，更益之以流寇，雖有願治之意，而亦未由挽回矣。

二三六、問明初之邊防及其後來
撤廢之事（滇二十二年）

答：明初北守開平，又降泰寧、朵顏、福餘三衛，於大寧設北平行都司。東北女真，亦皆設衛。其奴兒干都司，在今黑龍江下游。海中苦夷^{庫頁}。亦來服。成祖以大寧畀兀良哈，宣宗棄開平守獨石，失今熱、察、綏之地，而東北形勢亦孤。其後，遂以薊、遼、宣、大、榆林、寧夏、甘肅、固原、太原爲九邊矣。

二三七、問韃靼、瓦剌迭爲盛衰之事
如何（滇二十二年）

答：愛猷識里達臘之子曰脱古思帖木兒，爲太祖所破，北走遇弑。此後五傳，亦皆遇弑。蒙古大汗之系統遂絶。有鬼力赤者，自稱韃靼可汗，爲阿魯台所殺。迎立元裔本雅失里，又爲瓦剌酋長馬哈木所殺。馬哈木子脱歡，併三部爲一。襲殺阿魯台。子也先，欲自立，其下不可，乃迎立元裔脱脱不花。土木戰後，殺之，自立。後爲阿拉所殺。自此瓦剌衰，韃靼復熾矣。

二三八、問土木之役及奪門之變

答：英宗時，瓦剌勢强，而王振裁抑其馬價，也先遂舉兵入寇。王振奉帝親征。至大同，知不能敵，旋師。至土木堡，爲也先所及。帝北狩，振死亂軍中。時徐有貞等主遷都，而于謙力主堅守。奉帝弟郕王監國。旋即位，是爲景帝。也先攻京城，不克，謙以重兵守宣、大，也先入寇，又不得志，乃奉上皇還。其後徐有貞内慚，戰將石亨亦以賞薄怨望，乘景帝卧病，結太監曹吉祥等，奉上皇復位，廢景帝，復爲郕王。是爲奪門之變，于謙被殺。

二三九、問明代宦官專權之事如何

答：太祖定制，内侍不許讀書。然間有奉使者。成祖起兵，頗得宦官内應，即位後，乃於内府開書堂，選官入内教習。使宦官監軍、出使，並立東廠，使主偵緝。其後憲宗設西廠，武宗時又設内廠，遂至毒痛天下。明代宦官，專橫者甚多，而以英宗時王振、憲宗時汪直、武宗時劉瑾、熹宗時魏忠賢尤甚。

二四〇、問明平安南之事如何

答：安南本中國郡縣。五代時，歡州剌史丁部領，始據地自立。後爲其臣黎桓所篡。宋太宗討之，不克，因而封之。真宗時，又爲其臣李公蘊所篡，亦受封於中國。理宗時，女主佛金，傳位於其夫陳煚。自是陳氏有國。建文帝時，爲外戚黎季犛所篡。復姓胡，改號大虞。成祖討擒之，以其地置交阯布政司。公元一四〇九年。而官吏多貪婪，中官奉使者尤暴橫，叛亂不絕。公元一四二七年，黎利叛，征之不克，宣宗遂棄之。安南復隸中國，僅十九年而已。

二四一、問鄭和使西洋之事如何
（贛二十三年，浙二十一年）

答：和之事，《明史》語焉不詳。但知其自公元一四〇五至一四三三年間，凡七奉使，三擒番長。近人作《鄭和傳》，推較其航行路綫：自南海入暹羅灣，沿馬來半島，南至新加坡。繞蘇門答臘、爪哇，入孟加拉灣。循印度半島兩岸，繞錫蘭，入波斯灣。沿東岸北航，至底格里斯河口。更沿其西岸南航，出亞丁灣入紅海。北航至麥加。南出莫三鼻給海峽，掠馬達加斯加南端東歸。此爲中國對南洋國威極盛之世。哥侖布之發見西半球，公元一四九二。葡人之發見東印度航路，公元一四九八。後於和實八九十年也。

二四二、問明代殖民事業如何（蘇二）

答：中國對西南洋通商之事，歷代有之。至華人移植海外，自以明以來爲盛。梁啓超撰《中國殖民八大偉人傳》，除見於《明史》五人外，得諸口碑者，又有戴燕國王吳元盛、昆侖國王羅大，事在清乾、嘉間。葉來開闢英海峽殖民地，則事在嘉、道間。又恢復暹羅之鄭昭，亦中國潮州人也。

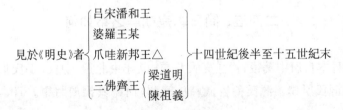

二四三、問達延汗再興蒙古之事如何
（滇二十二年）

答：自也先死後，瓦剌衰，韃靼復熾，然實皆小部，以據河套故，爲患較深耳。公元一五〇四年，成吉思汗之裔達延汗立，漸次統一諸部，套寇亦爲所併。今日蒙古之根基，實植於此時。達延汗長子早死，次子爲套寇所殺，衆皆併於俺答，世宗時爲患最深。神宗時，俺答信喇嘛教，又其孫把漢那吉降中國，乃請和。受封爲順義王。後來爲患者，爲插漢兒部。高拱、張居正當國，任戚繼光、李成梁守薊、遼，患乃平。末年，林丹汗復盛。明嘗賂之，以犄清。後爲清太宗所破。林丹汗走死青海。漠南蒙古遂服於清。

```
          ┌ 圖魯博羅特──卜赤（插漢兒部即察哈爾）
          │
          │ 烏魯斯博羅特（爲套寇所殺）
          │
達延汗 ────┤               ┌ 袞必里克圖（鄂爾多斯部）
          │ 巴爾蘇博羅特 ──┤
          │               └ 阿勒坦（《明史》之俺答）（土默特部）
          │
          └ 格垍森札賚爾（喀爾喀部）
```

二四四、問明代倭寇之患如何

答：倭寇起於元、明間。日本自與元構釁，禁其民不與中國通，私出海營貿易者，皆無賴邊氓，久之遂流爲海盜。元中葉，日本分爲南北朝。後南朝爲北朝所併，遺臣入海，亦與之合。其時倭患中於朝鮮最深。朝鮮李朝，即以征討倭寇而起者也。明初，沿海已有倭患，故設備極嚴。明世之設市舶司，意亦不在於征稅，而在於管理。世宗時，廢司不設，貿易之事移於達官勢家，負倭值不償，倭人財匱不得歸，流爲海盜，土寇和之，沿海七省，無一不被其患者，甚至沿江深入，直抵南京。時乘平已久，將驕卒惰，船敝伍虛，不能禦也。後胡宗憲誅絶內奸，又得戚繼光等善戰，患乃漸平。

二四五、問日本寇朝鮮之事如何

答：日本自唐中葉後，置征夷大將軍，以守東北邊，源氏、平氏世守其地，後平氏爲源氏所僕。源氏徧置武職於諸州，而總其權於將軍。日本政權，遂盡歸幕府。後源氏爲其臣北條氏所滅,北條氏又見滅於其臣足利氏,務以大封噉將士。其將士,又各以其地,分封其下,遂至全國分裂。明神宗時,豐臣秀吉起而統一之,秀吉狂妄,欲入中國,先入朝鮮,此爲侵朝之役所由起。時朝鮮承平日久,兵力腐敗,又其朝臣黨見甚深,措置失當。遂至勢如破竹,京城失陷,其王走義州求救。神宗使李如松援之,盡復漢江以北之地,又以輕進致敗。於是撫議起。封秀吉爲日本國王。秀吉不受,再發兵攻朝鮮。與明兵畫江而守。至秀吉死,其兵解而東歸,事乃定。

二四六、問明代之黨禍如何(浙二十二年)

答:明代黨禍,起於神宗時,以顧憲成等講學於無錫之東林書院,頗議論朝政,臧否人物。中朝之士,亦有遙相應和者。神宗怠荒,言路遂結黨相攻,至三案起而水火益甚。熹宗立,信任魏忠賢。忌東林者作《點將錄》,教以一網打盡。忠賢遂殺前後六君子,毀天下書院。善類遭殃,於斯爲烈矣。

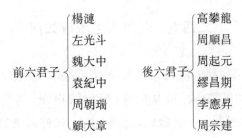

前六君子〈楊漣　左光斗　魏大中　袁紀中　周朝瑞　顧大章　後六君子〈高攀龍　周順昌　周起元　繆昌期　李應昇　周宗建

二四七、問滿洲之起原如何

答:滿洲之先,即隋、唐之白山靺鞨。遼時稱長白山女真。滿洲二字,爲文殊之異譯,乃吉祥之義,不徒非地名,並非部族名也。明初,女真分三衛。建州衛指揮使猛哥帖木兒,據近人考證,即清之所謂肇祖。都督孟特穆。猛哥帖木兒爲七姓野人所殺。弟凡察襲職。後猛哥帖木兒子董山出,與之爭印,明乃分建州爲左、董山。右衛。凡察。董山以桀驁爲明所誅,自此左衛衰,而右衛漸盛。右衛酋王杲爲李成梁所誅。其子阿台,爲清景祖孫婿。蘇克蘇滸河部圖倫城主尼堪外蘭,導成梁攻阿台。清景祖及其第四子顯祖皆死焉。顯祖之子,爲清太祖努爾哈赤。初聽命於明惟謹。公元一五八三年,乃出兵攻尼堪外蘭。尼堪外蘭奔明邊。明不能保護,反執付清。且開撫順、清河、寬甸、靉陽，許清互市。清人自此漸强。次第征服諸部。至一六一六年，遂叛明。

建州衛 { 滿洲部　　海西衛——扈倫部
　　　　長白山部　野人衛——東海部

二四八、問清兵起後明清之戰爭如何

答：清兵既起，明以楊鎬爲經略，發大兵二十萬，分四路征之。三路皆敗。又以守遼陽者之不得人，遼、瀋相繼失陷。清太祖遷都遼陽，又遷瀋陽。明以熊廷弼爲經略，因受王化貞掣肘，遼西地多陷。袁崇煥繼守寧遠。清太祖攻之，傷死。太宗攻之，又不克。時稱寧、錦大捷。太宗乃繞道喜峯口入。縱反間，殺袁崇煥。後又有孔有德、耿仲明、尚可喜之降，取廣鹿島及皮島。破錦州，降洪承疇。明人在關外之勢力遂消滅。然山海關未陷，清廷雖屢次繞邊墻深入，終不敢久留也。

二四九、問明末之流寇如何

答：流寇，毅宗初起於陝西。流入山西。又流入直隸，浸淫於湖廣、四川等處。陳奇瑜蹙之車箱峽，信其僞降，賊出峽復叛，其勢遂不可制。於是（一）高迎祥、李自成；（二）張獻忠，爲兩大股。後迎祥被誅，自成走甘肅；獻忠爲盧象昇所敗，詣湖北乞降，其勢復衰。而滿洲又於此時入寇，諸將撤兵東救，於是獻忠復叛，自成亦出潼關入河南。時河南大饑，民從賊者益衆。自成陷陝西，分攻太原、大同。自正定、宣府兩道攻直隸。入居庸關，迫北京。毅宗殉國，北都遂亡。

二五〇、問清入關之事如何

答：北都淪陷時，清太宗已死，子世祖立，年幼，睿親王多爾袞攝政，方略地關外，而明將吳三桂來降。多爾袞疾馳受之。與共攻自成。自成敗走陝西。清世祖遂入北京。分兵兩道攻陝西。自成走死湖廣。清遂移兵南犯。時明弘光帝福王。立於南京，荒淫，阮大鋮專權，排斥史可法。南都遂陷。清兵至杭州而還。明魯王監國紹興。隆武帝唐王。正位福州。清兵南下，魯王走舟山，後爲清所襲陷，走廈門依鄭成功。隆武帝殉國。惟永曆帝桂王。立於肇慶，支持稍久。初以江西金聲桓反正，何騰蛟乘機復湖南，有兩廣、雲、貴、湖南、江西、四川七省之地。然爲降將吳三桂、四川。孔有德、湖南。耿仲明、尚可喜江西。所破。桂林亦陷。永曆帝避居南寧。先是張獻忠死於四川，其黨孫可望、李定國等自川南走貴州。永曆帝使封可望爲秦王。可望出兵復桂林，誅孔有德，破吳三桂，三桂遁還漢中。旋因可望跋扈，帝密召定國。定國迎帝入滇。可望攻之，敗績。遂降清。吳三桂謀據雲南，因之清大舉。於是清兵分三道湖南、四川、廣西。入滇。定國力戰不能敵，奉帝幸緬甸。後爲吳三桂所脅，緬人奉帝入三桂軍，公元一六六二年，見弒。明亡。

二五一、問三藩始末如何

答：三藩皆明降將。清勘定南方，實賴其力。後尚可喜年老，爲子之信所制，請撤藩。三桂等不自安，亦請撤藩，以覘清意。清聖祖獨斷許之。三藩遂皆叛清。三藩中三桂兵最強，或勸其棄滇北上，三桂年老氣衰，不能用。與清兵相持於湖南北、江西之間，士氣漸衰。耿、尚二藩，又以與鄭經相攻，及苦三桂徵餉，復降清。三桂勢日蹙，乃稱帝於衡州，國號周。欲以維繫人心，旋死。孫世璠襲，諸將解體。清兵復分三道入滇，世璠自殺。神州大陸之上，漢族遂無尺土自主已。

$$
三藩
\begin{cases}
平西王（雲南）—吳三桂 \\
平南王（廣東）—耿仲明—繼茂—精忠 \\
靖南王（福建）—尚可喜—之信
\end{cases}
$$

二五二、問臺灣鄭氏之始末如何

答：鄭成功爲芝龍子。芝龍本明時海盜。招降後封南安伯。隆武帝時，陰與清通，開清兵入，隆武帝遂亡。成功不肯降清，去據廈門，練精兵與清角。清兵寇滇時，成功大舉入長江，直薄南京，清人大震。旋爲清所襲敗，乃收兵去。時臺灣爲荷蘭人所據，成功奪取之。務農、練兵、興學；築館以招明之遺臣，渡海歸之者如織。成功卒，子經立。與耿氏相攻，初略取漳、泉地，後並失金門、廈門，退歸臺灣。三藩既平，鄭氏以欲如琉球例，聽其不剃髮，不易衣冠,而閩督姚啓聖不可。水軍提督施琅本鄭氏降將,尤欲滅鄭氏以爲功。鄭經卒後,羣小搆成功妻,殺其長子克塽,立其次子克塽,内部乖離。公元一六八三年,遂爲清所滅。漢族至此,乃全爲滿族所征服。

二五三、問明代之官制如何

答:明初以中書省爲相職。後因胡惟庸謀叛,廢之,並諭子孫毋得議置宰相。其後,殿閣學士遂起而握宰相之權。改御史臺爲都察院,巡漕、巡鹽、清軍等事,一以委之。而巡按御史,代天子巡狩,權尤重。此明内官制之特點也。外官:廢元行省而仍其區域。總督、巡撫雖未爲常設之官,然末造所遣甚多。近世之所謂省制,至明遂益固定。

二五四、問明代學校選舉之制如何

答:明制,"學校儲才,以待科舉"。京師設國子監,府、州、縣亦皆設學,非學生不得應科舉。而除國子監外,學生非應科舉,亦不得入仕。蓋宋熙寧以來之理想,至此而實行。其所試:首場爲四書、五經義;次場論、判,又詔、誥、表各擬一道;三場經、史、時務策。其經義:(一)體用排偶,(二)代聖賢立言,謂之"八股"。明初未設科舉,用人專重學校及薦舉。一再傳後,薦舉廢而學校寖輕,士惟科舉之重矣。蓋積習難挽也。

二五五、問明代之兵制若何

答:明制,以五千六百人爲衛,千一百十二人爲千户所,百十二人爲百户所,而以五軍都督府總轄之。其兵之所由來,曰從征,曰歸附。平時屯田,有事召集。指揮使、千、百户皆世襲,都督多用勛臣子孫。名爲法唐府兵,實亦襲元萬户分屯之制也。又有所謂充軍者,以罪人入兵籍。身死則徵其子孫,謂之勾軍,混軍事與刑法爲一談,刑法因此失平,行之又多弊端,最爲惡制。

二五六、問明代之刑法如何

答:明之律本於《唐律》,其會典摹仿《唐六典》,無甚特異於前代之處。中葉後律與例並行,開清世律例合纂之先聲。其刑法亦與前代同,惟充軍出於五刑之外。

二五七、問明代之賦稅如何

答:明賦役之制,頗爲精詳。其制:有黃册,以户爲經,備載丁、糧之數,據之以定賦役。有魚鱗册,以土田爲主,詳記地形、地味及其所屬,以質土田之訟。惜乎後皆失實,僅有官吏據以徵賦之白册而已。役法:以百十户爲里,里分十甲,推丁多者十人爲長。役分力差、銀差。中葉後加派甚多,民不堪命,乃有一條鞭之制。賦役而外,仍以鹽、茶爲大宗。此外有都税所、宣課司以榷商貨。有抽分場局,以税竹、木、柴薪。有河泊所,以收魚税。鈔關興於宣宗時,初意藉此以收敝鈔,後遂相沿未廢。即清代之常關也。

二五八、問明代之學術如何(蘇一補,贛二十二年)

答:明代最有特色者,(一)爲王陽明之學。其學以致良知爲主,兼[一]"事上磨煉",[二]"静處體悟"二義。體大思精,簡易直截,雖其宗旨於陸象山爲近,然實較陸學更進一步矣。陸、王之學,以偏重内心,亦稱心學。其末流,遂有猖狂縱恣之弊。至於學問之空疏,則爲程朱、陸王兩派末流之通病。(二)明末,顧亭林、黄黎洲、王船山等大儒,乃起而矯之。其學問極博,其持躬極嚴,而尤富於經世致用之精神。清代之考證學,及顏習齋等講求實用之學,實僅各得其一端已。

八　近代史

二五九、問清代之盛衰如何

答：清代盛衰約可分爲五期：（一）自世祖入關，至三藩平定，爲開創之期。（二）聖祖聰明，又在位歲久，内政外交，經其整頓，成績皆有可觀。而世宗繼之以嚴肅。至高宗時，遂臻於極盛。（三）然高宗内多欲而外施仁義。六次南巡，所費無藝。對外用兵，成功亦多夸飾。吏治本已不飭，中歲以後，益之以和珅之貪黷。生民愁怨。嘉、道時之内亂，實醖釀於此時也。（四）穆宗削平内亂，號稱中興。然外患漸深，卒非蹈常習故、枝節改革者所能應付。（五）至光緒甲午戰後，而情見勢絀，國體政體均生動搖矣。

二六〇、問清代對漢人民族之成見如何

答：清人在關外時，已能譯讀漢文書籍。知前代異族侵入中原者，均以失其民族性而亡，故其欲保存舊風尤力，而其猜忌漢人亦益深。如（一）强迫舉國剃髮易服，即爲前此外夷所不敢行。其（二）表章程、朱。（三）開博學鴻詞科。（四）四庫館，皆所以牢籠、麻醉漢族之士子者也。而又（五）大興文字之獄，以摧挫士氣。（六）銷毁書籍，至五百三十八種，一萬三千八百六十二卷，除秦始皇帝外，恐未曾有。（七）其待大臣，亦動輒嚴詞詰責，用不測之恩威，使之恐怖，絶無使臣以禮之風。此皆天下既定後之事。至其（八）入關之初，如嘉定、揚州之屠戮。（九）圈佔民地之酷虐，尤爲流毒無已。（十）旗兵皆世襲。（十一）駐防者皆與漢人分域而居，以防同化。（十二）又封鎖滿、蒙，不許漢人前往拓殖。尤其用心之深狡者也。

二六一、問清代國富之盛爲前代所
未有，其説可得聞歟

答：清代庫儲之數：康熙末爲六千萬。世宗時，因用兵稍減，然高宗初年，尚有二千四百萬。其最盛之年，爲乾隆四十七年，即公元一七八二年，其數爲七千八百萬。此等數字，誠爲前代所未有，然亦與貨幣制度有關。蓋歷代盛時，多以布帛及他實物代貨幣用。其物笨重，不能皆運致中央。中央之儲藏，或較清代爲少。然合地方餘蓄而計之，多少亦難遽定也。

二六二、問清代之武功如何

答：清代武功，當分五方面觀之：（一）對北爲撫綏蒙古；（二）對西北爲征服衞拉特及回疆；（三）對西南則平定青海，西藏，並服廓爾喀；（四）對南則用兵於安南、緬甸，而綏撫暹羅，此皆在本部以外者；（五）在其本部以内，則西南土司改流及征金川兩役，關係最大。

二六三、問近代蒙回藏之關係如何

答：蒙古與天山南北路，歷代本有政治上之關係。至其與青海、西藏，則關係殊鮮。自十五世紀，宗喀巴生於西寧，創黄教，大行於青海、西藏，而俺答諸部，亦以是時襲據青海，信奉其教，蒙、藏之關係，由是而生。公元一五七九年，俺答迎達賴三世至漠南佈教，其後自奉宗喀巴第三大弟子哲卜丹尊巴居庫倫。蒙古至此，宗教上遂爲西藏所征服，而其關係，遂日以密切焉。至天山南路，則本爲回教流行之區域。其後回教教主之裔爲和卓木者，入居喀什噶爾，尤得人民之尊信。南路政教之權，遂漸入其手。在宗教上，與蒙、藏截然殊科；在政治上，則以地居蒙、藏之間，仍不免時時發生關係。而天山北路之衞拉特，在清初勢頗盛强，蒙、回、藏皆不免受其侵略。此近代蒙、回、藏之新局勢也。

二六四、問衞拉特之形勢如何

答：衞拉特即明代之瓦剌。當也先盛强時，其衆本居今蒙古地方。也先死後，蒙古復强，瓦剌乃漸移於西北。清初，衛拉特分四部，皆居今新疆地方，後土爾扈特爲準噶爾所逐。杜爾伯特亦服屬焉。和碩特部徙牧青海，亦爲準噶爾所破，而準噶爾之侵略，遂及於蒙、藏。

$$
衛拉特\begin{cases}
和碩特—烏魯木齊 \\
準噶爾—伊犁 \\
杜爾伯特—額爾齊斯河 \\
土爾扈特—塔爾巴哈臺
\end{cases}
$$

二六五、問清平準噶爾及蒙藏之事如何

答：清初，紅教仍行於後藏。藏巴汗爲其護法。前藏第巴桑結招和碩特固始汗入藏，擊殺藏巴汗，而奉班禪居扎什倫布，固始汗乃徙牧青海，遙制西藏政權。桑結又惡之。招準噶爾噶爾丹，襲殺固始汗之子達顏汗。噶爾丹之勢大張。乃於公元一六八八年，襲擊喀爾喀。喀爾喀三汗車臣、土謝圖、札薩克圖。潰走漠南。聖祖命科爾沁部假以牧地，爲出兵擊破準噶爾。後噶爾丹伊犁舊地，爲兄子策妄阿布坦所據，噶爾丹精銳喪盡，窮蹙自殺。外蒙古復安定，三汗乃還治漠北。後桑結爲固始汗曾孫拉藏汗所殺。策妄又遣兵入藏，襲殺拉藏汗。聖祖使年羹堯擊退之。聖祖死，固始汗孫羅卜藏丹津扇青海喇嘛以叛，亦爲岳鍾琪所破。世宗時，策妄死，策凌繼之，復犯喀爾喀，爲額駙策凌所破。清嘉其功，使獨立爲一部、三音諾顏。喀爾喀始有四部。高宗時，策凌死，準部內亂，輝特部長阿睦爾撒納來降。高宗因之，出兵蕩平準部，阿睦爾撒納復叛，又討平之，時在公元一七五七年。

二六六、問清平回部之事如何

答：回教在西域，分爲白山、黑山二宗，軋轢頗甚，策妄阿布坦助黑山宗，廢白山宗，而羈喀什噶爾之和卓木二子布羅尼特、霍集佔於伊犁，是爲大小和卓木。清平伊犁，釋之歸，而二子不願屬清，拒命。清遣兆惠、富德討平之。時在公元一七五九年。天山南路既平，葱嶺以西諸國，多通貢內附，其大者：爲浩罕、哈薩克、布魯特、乾竺特、博羅爾、巴達克山、布哈爾、阿富汗是也。清代聲威，以此時爲最盛。

二六七、問清平廓爾喀之事如何

答：廓爾喀爲泥婆羅南境之遊牧人。於乾隆中葉并泥婆羅。公元一七九〇年犯西藏。西藏兵不能抵禦。侍衛巴忠等調停，許以歲幣議和。明年，廓人責歲幣，再犯藏。又明年，高宗命福康安擊破之，定五年一貢之例。哲孟雄本屬西藏，西藏内屬後，哲孟雄亦當然内屬。不丹則雍正時即入貢。清時西南之聲威，以此時爲最盛。

二六八、問清平安南緬甸之事如何

答：明初西南土司，境界極廣，實包今伊洛瓦底江流域及薩爾温、湄公兩河上游。然其後實力所及，西不過騰衝，南不過普洱，遂漸成今日之境界。清高宗時，木梳土司雍籍牙入據緬甸。至其子孟駁，遂滅暹羅。公元一七六五年，寇雲南。清高宗兩發大兵征之。緬人雖請和，實仍倔强，至一七七八年，暹羅復國，緬人懼，乃於一七八六年受封。安南黎氏，於一五二七年爲其臣莫氏所篡。明人以爲討。莫氏降，取消國號，受明都統使之職。時黎氏之後，猶據西京，至一五九二年，乃入東京，滅莫氏。明以莫氏爲内臣，又來討，且立莫氏之後於高平。黎氏懼，亦如莫氏，受明都統使之職。自此黎、莫並立。一六七四年，黎氏乘清人有事於三藩，滅莫氏。黎氏之復國也，實賴其臣阮氏之力，復國之後，任用外戚鄭氏，阮氏遂據順化，形同獨立。清高宗時，西貢豪族阮文惠，滅順化之阮氏。遂入東京，滅鄭氏，篡黎氏。清高宗出兵討破之。復立黎氏之後，旋爲阮文惠所襲敗，乃因其請臣而封之，時在一七八九年。其後新舊阮交争，遂爲法侵安南之導綫。

二六九、問清代土司改流及征金川之事如何

答：清初，西南土司爲患者，在貴州境内，爲以古州爲中心之苗疆。在雲南則爲烏撒、烏蒙、東川、鎮雄四土府，及普洱諸夷。清世宗任鄂爾泰督雲貴，討平雲南境内諸土司。鄂爾泰又使張廣泗平定苗疆。世宗死後，苗疆復叛，高宗立，仍任廣泗討平之。大小金川，爲今四川綏靖屯屬懋功縣。及懋功縣之地。地險而多碉堡，故攻之極難。高宗用兵五年，公元一七七二至一七七六年。而後

定之,糜餉凡七千萬焉。

二七○、問嘉慶時之內亂如何

答：嘉道之內亂,起於公元一七九五年,即乾隆末年之苗亂。未及平而教匪起於湖北,蔓延於川東北及漢中、襄、鄖,是爲"川楚教匪"。至一八○二年,而大股乃告肅清。蓋是時政治腐敗,軍紀廢弛,將帥皆擁兵不戰;而赴軍中者,雖極貧之人,未幾即成富有。故當時調兵雖多,然直至一七九九年,嘉慶四年。高宗時爲太上皇。死,和珅誅,軍事始有轉機也。然此次剿平叛亂,實得力於鄉勇者居多。清朝軍隊之無用,至此已暴露無遺。同時東南有艇盜,起於安南新阮得國後,財用困乏,乃招亡命,資以船械,使入海爲盜。土匪與之勾結,患遂深中於中國沿海。一八○二年,舊阮復國,禁絕海盜,盜皆併於閩盜蔡牽,及粵盜朱濆。時清朝注意教匪,無暇顧及東南。惟浙江提督李長庚,剿寇甚力。朝命總統閩、浙水師,而爲督撫所掣肘,敗死。又命其部將邱良功、王得祿繼之。至一八一○年,患乃平。以上皆嘉慶初年之內亂,稍後則天理教徒,謀以一八一三年,乘仁宗秋獮木蘭起事,襲據京城。未及期而事洩。其魁之在滑縣者李文成被捕。林清説京師,仍按原定計劃行事,襲入東西華門乃敗。文成亦爲其徒劫出,戕官據縣。山東、畿南均有響應處。雖不久平定,然此次內監亦有通匪者,人心之動搖可想矣。

二七一、問近世西力東侵始於何時

答：始於十六世紀中,即明之中葉。前此歐、亞二洲陸路交通,只有中亞之遊牧民族,侵略歐洲,而無歐人東侵之事;海路雖久有交通,而無政治關係;此後則情勢大變矣。其原因：(一) 由新航路之發見;(二) 由歐洲之俄羅斯,遂由陸路東侵也。

二七二、何 謂 新 航 路

答：自歐至亞,海道有三：(一) 自叙利亞經幼付臘底斯河;(二) 自黑海至阿美尼亞上陸,出底格里斯河,皆入波斯灣。(三) 自亞力山大里亞溯尼羅河,絕沙漠,入紅海。(一)、(二)爲土耳其所據,而(三)道須絕漠不便,故西人競覓新航路。其結果,發見者有二:(一)繞非洲入印度洋。此路爲葡萄牙人所發見。公元一四八六年至好望角,一四九八年至印度。(二)繞西半球入太平洋。爲西班牙人所發見。一四九二年尋得美洲。至一五一九年,葡人麥哲倫遂環繞地球。於是東亞之風雲變色矣。

二七三、問西人初通中國時之情形

答:歐人至中國通商者,亦以葡人爲捷足。其至廣東求互市,在公元一五一六年。至一五六七年而得澳門爲根據地。西班牙人於一五七五年、一五八○年再至福建求通商,皆爲葡人所阻。惟其所經營之馬尼剌,中國人往者頗多。荷蘭人於一六二四年據臺、澎,至一六六○年而爲鄭成功所奪。清欲與夾擊鄭氏,許其八年到廣東一次,船數以四爲限。英人於一六三七年至澳門,爲葡所阻,廣東大吏雖許其通商,然因明末戰事起,旋絕。鄭經許其通商於安平、廈門。然安平實無貿易,惟廈門偶一至焉而已。清開海禁以前,中西之貿易,大略如是。

二七四、問清開海禁以後中西貿易情形如何

答:清開海禁,事在公元一六八五年。設海關四。其時貿易,自以廣東爲最盛。然官吏貪婪;商人壟斷剝削。外商乃多捨粵趨浙。清朝欲驅歸粵海,於公元一七五七年,罷浙海關;而粵中苛例益繁興,外人苦之。一七九二年、一八一○年兩年,英國曾兩次遣使到京,求改良通商事務,而皆無效,遂爲鴉片戰爭之遠因。

清初四海關 ⎰ 澳門
　　　　　 ⎱ 漳州
　　　　　 ⎰ 寧波一六八八年,移於定海。
　　　　　 ⎱ 雲臺山

二七五、問當時廣東方面苛待西人之情形如何

答:西人之東來也,中國人覩其船舶之高大,槍礮之精利;又不了解其宗教;本有畏惡之情。而歷代與外國通商之處,官吏之貪婪,商人之壟斷剝削,

又如出一轍。初時外人只許與指定之官商交易,復因利爲少數人所專,衆情不服,乃許多人承充官商,是爲公行。公行之取於外商者,“軍需”、“貢項”、“攤還洋債”等,名目繁多,行用日重。而官廳舉收稅及管束外人之事,悉以委之,遂無從加以平亭。當時管束外人之苛例極多,如外人不許入城,有事進稟,亦只許託守門之卒代遞;以及只許居於公行所備之商館,不准上街遊行等,均極無謂也。

二七六、問西人初來傳教時之情形如何

答:西人東來傳教,亦始於明。公元一五八一年,利瑪竇至澳門。一六〇〇年,至北京朝見。神宗許其設立天主堂。西人知華人迷信宗教之情較澹,故先以科學相牖啓。如徐光啓、李之藻等,信其學者頗多,然亦有疑其別有用心而攻之者,如楊光先是也。利瑪竇死後,教禁旋起。後以與滿洲戰爭,召其徒製造槍礮,而教禁亦解。時曆法疏舛,徐光啓薦湯若望助修新曆。曆成,未及行而明亡,清人入關,湯若望上之。清人名其曆曰“時憲”。湯若望與南懷仁並供職欽天監,旋以爲楊光先所攻,獲罪。後光先因推閏失實遣戍,乃再用南懷仁。時湯若望已死。聖祖留心科學,用其人頗多,而教之傳亦寖廣。利瑪竇之傳教,不禁教徒拜天、拜祖宗、拜孔子。他派之教士,訐之教皇,教皇使至中國禁之。聖祖怒,幽其使於澳門,命教士不守利瑪竇遺法者皆斥逐。然教士仍不能不奉行教皇之令。自此與華隔閡漸深。一七一七年,遂以碣石鎮總兵陳昂之言佈教禁。此五口通商以前,西人在中國傳教之大略也。

二七七、問歐洲科學藉教士傳入者不少,可得聞歟

答:當時歐洲科學,見用於中國政府者,爲槍礮之製造,曆法之改革,其說已具於前。此外科學之輸入者尚多。而以(一)數學、形學,(二)地理上經緯綫之實測兩端,關係尤大。教士所譯著之書籍,幾於各種科學皆具。惟(一)中國人不甚措意於形而下之學;(二)加以宗教上畏惡之情,故其說不甚風行也。

二七八、問俄人東侵之事如何

答:俄人以十五世紀中葉,叛蒙古自立。其後可薩克族附俄,爲之東略,

西伯利亞漸爲所據。明、清間，侵略遂及黑龍江流域。三藩平後，清聖祖乃遣兵擊之。毁其所築雅克薩城。兵退，俄人復據之。聖祖復遣兵圍之，未下，而俄人請先釋圍再議疆界之書至，乃釋其圍。公元一六八八年，中、俄定約於尼布楚，時（一）俄人東方實力，遠非中國之敵；（二）又俄使護衛寡弱，而清翼使臣以精兵；乃如中國意定約，西以額爾古訥河；東自格爾必齊河以東，以外興安嶺爲界。後又許俄人三年一至北京通商。人數以二百，居留以八十日爲限，皆免税。此事在此時，雖無甚關係，然實後來中俄邊境貿易無税之根原也。《尼布楚條約》定後未幾，外蒙亦服屬於清，於是俄、蒙問題復起。一七二七年，兩國定約於恰克圖。自額爾古訥河至齊克達奇蘭，以楚庫河；自此以西，以博木沙奈嶺爲界，而以烏帶河地方爲甌脱之地。在京貿易，與舊例同。俄、蒙邊界，以恰克圖、尼布楚爲互市之地。至一七三七年，清高宗乃命停北京貿易，專在恰克圖。中、俄初期之交涉如此。

二七九、問鴉片輸入究始何時

答：鴉片爲罌粟花子之漿所製成，北宋時已有採罌粟子作湯及粥者，謂其便口利喉，調肺養胃，皆作藥用。明世，煙草從南洋輸入，繼來者即爲鴉片，是稱鴉片煙。清初已有禁例，然無實效。自英人佔據印度後，輸入日多，吸者日盛。既減弱國民體力，又銀之輸出日多，銀價驟昂。財政上如賦税之征錢解銀等，亦大生困難。故至道光之季，而禁煙問題，大形嚴重也。

二八〇、問鴉片戰爭之大略

答：此役因燒煙引起，實因前此中外通商，有許多問題，不能解決，迫而以兵戎相見，故舊時書籍亦稱此役爲"五口通商"。時朝命内外臣工，籌議禁煙問題，林則徐主禁最力，宣宗善之，命以欽差大臣馳赴廣東，查辦海口事件。則徐迫英人交出鴉片二〇二八三箱，每箱一二〇斤。焚之。又命外船入口者，皆具"夾帶鴉片，船貨充公，人即正法"甘結。英領事義律不肯，則徐絶其接濟。而英國會亦通過對華用兵。兵釁遂啓。廣東有備，英人轉攻廈門，亦不克，乃北陷定海。朝意中變，則徐戍伊犂。琦善以欽差大臣赴粤，交涉軟弱，英人反多要挾。且進兵陷海口礮臺。朝命奕山赴粤，戰亦不勝。英又北上，陷寧波，破上海，並入江，逼鎮江、江寧。清廷戰守之術俱窮，乃於一八四二年，與英人在江寧訂立條約：（一）割香港；（二）開廣州、廈門、福州、寧波、上海五口；（三）英人得任意與華人交易，不拘額設行商；（四）進出口稅則，秉公議定；（五）中外官員往來，體制平等。凡此皆一破以前之口岸任意開閉、英人在陸上無根據地、稅率煩苛，及華官自尊自大之習慣也。

二八一、問英法聯軍及天津、
北京兩條約之大略

答：《南京條約》定後，法、美、瑞典相繼立約。惟俄仍不獲准在海口通商。時耆英以欽差大臣，在粵辦理通商事宜，與英訂舟山不割讓之約；並許英人入城。而粵民援高宗時“西洋各國商人不許入省城”之諭以拒。耆英知事棘手，謀內召。臨去時，請英人緩行入城之約兩年，英人亦許之。徐廣縉、葉名琛爲督撫，藉粵人團練之聲勢，與英別訂《廣東通商專約》，以不入城列入約中，朝旨大獎之。後徐去，葉繼爲總督。以亞羅船事件，與英人衝突。時廣西西林縣亦殺法教士；俄、美亦欲改訂商約。於是英、法聯軍，俄、美派使與俱。英、法兵陷廣州，虜名琛，要求派全權大臣至上海議善後。朝命英、法、美回廣東，聽候查辦。以俄事委黑龍江將軍。四使不聽，仍北上。清朝不得已，派員至天津，與之議定條約，是爲《天津條約》。兵退，清朝在大沽設防。英、法使來換約，請其改走北塘，不聽，強行闖入，爲中國兵所敗。朝命廢天津約。英、法兵再至，遂陷京城。文宗先期走熱河，恭親王奕訢留守，由俄使居間，與英、法議和，別訂《北京條約》。英法《天津》、《北京》兩約，除（一）添開口岸及（二）賠款外，（三）領事裁判，（四）關稅協定，（五）內地遊歷、通商，（六）傳教等項，均有嚴密規定，外力憑陵，於斯爲亟矣。此兩約定於一八五八、一八六〇年，即咸豐八年、十年，舊時記載，亦稱爲戊午、庚申之役。當英、法因換約起釁時，美使後至，遵走北塘，故即平和換約以去，然各約皆有利益均沾條文，故《北京條約》之權利，美人亦未嘗不共享。俄《天津條約》已許（一）海口通商，（二）傳教，（三）並許自北京至恰克圖公文，將由臺站行走，而仍有（四）查勘邊界一條，遂爲《璦琿》、《北京》兩條約割地之本。

二八二、問《璦琿》、《北京》兩條約割地與俄之事如何

答：自《尼布楚》、《恰克圖》兩約定後，俄人在東方之勢力，漸有進步，而中

國邊防之荒廢如故。時俄人以木喇福岳福爲東部西伯利亞總督。俄人實際上已佔據庫頁島，開闢尼科來伊佛斯克港，並藉口防英、法，航行黑龍江。公元一八五八年，奕山與定約於璦琿。遂（一）割黑龍江以北；（二）以烏蘇里江以東，爲兩國共管之地；（三）黑龍江、松花江、烏蘇里江只准中、俄兩國行船。及英法和議成後，復與俄訂《北京條約》，（一）並割烏蘇里江以東，（二）且許俄人於庫倫設領事，（三）由恰克圖到京經過庫倫、張家口，零星貿易，亦准行銷焉。

二八三、問《北京條約》東三省而外尚有他種界務關係否

答：《恰克圖條約》定時，新疆尚未屬中國，而天山南北路平後，中、俄疆界，亦迄未釐訂。道光時，俄人要求在伊犂、塔爾巴哈臺、喀什噶爾三處通商。中國許伊、塔兩處，於公元一八五〇年訂約。一八六〇年的《北京條約》，並許開喀什噶爾。《恰克圖條約》中、俄邊界，規定至沙賓達巴哈止。《北京條約》第二條，規定沙賓達巴哈以西疆界之大略，以俟派員測勘。至一八六四年，明誼乃本此與俄訂立《界約》，（一）科布多，（二）烏里雅蘇臺，（三）塔爾巴哈臺屬境，均派員會立界牌、鄂博。惟（四）伊犂一段，未及勘定。此回亂後，中、俄伊犂交涉之所由來也。

二八四、問太平天國之興亡

答：太平天國之起，事在公元一八五〇年。自廣西出湖南，下武漢，沿江直抵江寧，定都焉，號爲天京。再分兵（一）北上，（二）西上。其後北上之兵，爲清所消滅。而西上之兵，取安慶、九江，再下武漢，清曾國藩雖起團練於湖南，會湖北兵下武漢，而石達開亦盡取江西州縣，其勢足以相敵。惜天京於此時起內訌，始起諸王略盡。石達開亦別爲一軍。天京政局，僅藉一後起之秀李秀成支持，勢遂漸衰。清兵水陸進攻安徽。太平軍雖有三河集之捷，又破江南大營，下蘇、松，然清以曾國藩督兩江。國藩分命沈葆楨，江西。左宗棠，浙江。鮑超、多隆阿皖南、北。等肅清各省。李鴻章募淮兵規蘇、松，曾國荃沿江而下。太平天國之勢，遂終於不能支持。天京於一八六四年失陷。天王先仰藥殉國，子福瑱出走，亦爲清所得，而太平天國遂亡。始末凡十五年。

二八五、太平天國建國之規模

答：太平軍初出湖南，即傳討胡之檄，可謂堂堂之陣，正正之旗。建天京後，頒田制，改曆法，禁婦女纏足及蓄倡使婢妾，開科舉以取士，佈天條爲法律，亦薄有建國之規模。惜天王之爲人，似長於宗教，而短於政治與軍事。委政楊秀清，以驕暴召內訌。軍紀日壞。李秀成雖有才而資格太淺，天王又不能聽用其言。政治、軍事，皆失重心，遂致陷於滅亡耳。然天國雖亡，民族主義，初不隨之而俱盡。後來海內外會黨，爲革命之助力者，亦仍有太平天國之流裔也。

二八六、問捻寇之始末

答：捻寇起於蘇、皖、魯、豫之間，其由來甚久。至咸、同間，乃大盛。張洛行、李兆受爲之魁。爲僧格林沁所破，勢少衰，太平天國亡，餘黨與捻合，乃大盛。僧格林沁敗死。清命曾國藩攻之。國藩創圈制之法。以濟寧、徐州、臨淮關、周家口爲四鎮。於運河東、賈魯河西築長墻。國藩去，李鴻章繼之，亦守其遺策。於是捻分爲二：張總愚爲西捻，入陝西；任柱、賴文光爲東捻，入山東。清命李鴻章、左宗棠分剿之。後西捻又回竄直隸。由左、李二人協力，至一八六七、一八六八兩年，乃將東捻及西捻，先後剿平。

二八七、問回亂之始末

答：回亂起於西南，而蔓延於西北。在西南者，杜文秀公元一八五五年據永昌。其後馬德新據省城，挾巡撫以自重。馬連陞據迤東一帶，岑毓英結馬如龍討之。至一八七二年乃全定。西北回亂，起一八六二年，馬化龍、白彥虎爲之魁。陝、甘既亂，新疆從之。妥得璘以一八六四年據烏魯木齊。陷南路八城，並陷伊犁、塔城。惟漢民徐學功起義兵與之相拒。浩罕又借兵於和卓木之後布蘇格，入據喀什噶爾。旋爲其將阿古柏帕夏所廢。阿古柏盡取妥德璘地。英、俄、土耳其皆與交通，英使且爲求冊封。朝議以用兵難，有主以南路封之者。左宗棠力持不可。一八七三年，陝、甘兩省全定，乃以宗棠督辦新疆軍務。時馬化龍已死，白彥虎亦走出關。宗棠進兵，先後規復北路各地,進規南路。阿古柏不能拒。而浩罕本國,又於是時爲俄所滅,乃仰藥死。其子伯克胡里及白彥虎均走俄國。天山南路亦平。時爲一八七八年。

二八八、問中俄伊犂交涉如何

答:回亂既起,俄人乘機於公元一八七一年佔伊犂。清廷與之交涉,俄人漫言回亂定後當交還。及回亂既平,清派崇厚往俄,崇厚全不解事,僅索回一空城,而所失權利,廣大已極。廷臣交章論劾,乃下崇厚於獄。改派曾紀澤前往。增加償款之數,而於地界及權利,稍有爭回,然所喪失者,已甚多矣。

二八九、問咸、同、光間之政局

答:文宗初政頗振作,後漸怠荒。載垣、端華、肅順等,因之專權。文宗死於熱河。三人皆稱受遺詔爲贊襄政務大臣。穆宗生母葉赫那拉氏與恭親王密定回蹕之計,殺三人。那拉氏與嫡后鈕鈷祿氏並垂簾,權皆在那拉氏。肅慎能任用漢人,那拉氏亦能守其遺策,故能削平內亂。內亂平後,那拉氏漸放恣。其子穆宗亦不喜讀書,狎近宦豎,爭守以嬉戲遊宴,數爲微行,出痘而死。死後,那拉氏又以私意立德宗,專恣愈甚。歸政後仍暗操大權,遂爲戊戌政變之本。

二九〇、問同、光間之外交如何

答:自《北京條約》定後,各國遂次第與我立約。其立約也,多請有約之國介紹;而所訂之約,即以介紹國之約爲藍本,故權利喪失,後先一轍。直至公元一八七五年之《秘魯約》,始稍有進步焉。日本一約,彼此皆限定口岸通商;領事裁判,關稅協定,亦彼此皆同;則以日人是時,國勢國情,均與歐美諸國不同故也。一八六七年,清朝曾派志剛、孫家穀及美人蒲安臣歷聘各國。在美曾立約八條。於歐洲諸國,雖未立約,亦申明彼此交涉,當以和平公正爲主,不得挾持兵力,約外要求,實爲外交革新之第一聲。惜後來未能賡續進行也。

國　　名	普魯士	荷　蘭	丹　麥	西班牙	比利時
定約年份	一八六一	一八六三	一八六三	一八六四	一八六五
國　　名	意大利	奧斯馬嘉 今奧地利國	日　本	秘　魯	葡萄牙
定約年份	一八六六	一八六九	一八七一	一八七五	一八八七

二九一、問法越戰役之始末

答：安南舊阮，借助於法，於公元一八〇二年滅新阮。其後與法人遂起齟齬，越南舊阮復國後，受封於中國，改號越南。屢敗，盡失下交阯之地，乃結黑旗兵抗法。法人於一八七四年與越南訂約，申明越南爲自立之國。一八八三年，又立越南受法保護之約。中國不承認，而出兵援越，兵釁遂起。其初雲南、廣西出兵皆不利。李鴻章與法人定約天津，認法、越前後條約。旋以撤兵期誤會，衝突復起。法人襲敗我海軍於福州，然攻臺灣不克，而馮子材亦有鎮南關之捷。然中國仍認越南歸法保護，惟法人未索賠款耳。

二九二、問越南亡後暹羅及緬甸如何

答：緬甸與英人，久有衝突，緬兵屢敗。前後割阿薩密、阿剌干、地那悉林及白古之地。然交涉仍多轇轕，法越事起，英人利用中、法皆無暇過問，遂於公元一八八五年滅緬甸。中國不得已，於其明年承認之。暹羅以介於兩大之間幸存。然亦非復我之藩屬已。

二九三、問英、法兩國侵略西南之事實如何

答：自英據印度，遂與西藏爲鄰。公元一八七三年，中國許英人從印度入雲南探測。一八七五年，馬嘉里至蠻允，被殺。於是有一八七六年之《芝罘條約》。許英人自北京，或經甘肅、青海，或經四川入藏抵印，又或自藏印界上派人前往。並許滇緬通商。一八九四年，《滇緬續約》訂明孟連、江洪不得割讓。法、越事後，中、法於一八八七年成立《商約》，開龍州、蒙自、蠻耗爲商埠。一八九五年續議《專約》。改蠻耗爲河口，添闢思茅。越南鐵路可接至中國，而《界務專約》，則佔及江洪之地。一八九七年，再立《中緬約附款》，允現存江洪

之地不割讓，而緬甸鐵路，可以接通雲南。邊界則北緯二十五度三十五分以北，迄未能定，實後來佔據片馬等問題之根本也。

二九四、問甲午戰前之中日交涉

答：日本自維新後，對於中國，心存覬覦。於是有公元一八七四年藉口生番殺害其漂流人，出兵侵臺灣之舉。一八七九年又滅琉球，中國不能問。而日本之窺伺，遂及於朝鮮。時朝、日交涉，轇轕亦多。日人以問中國。中國不諳國際公法，答以“朝鮮內政，中國素不干預”。一八七六年，日與朝鮮訂約，遂認朝鮮爲自主之邦。李鴻章勸朝鮮與美、英、法、德立約，欲以牽制日本，約中均申明朝鮮爲中國屬國。然國際法上之解釋，仍屬兩歧。一八八二年，朝鮮政變。中國派兵先往勘定。日亦派兵，而後至無所及。一八八五年，日與中國立約：（一）彼此撤兵，（二）均不派員教練朝鮮軍隊，（三）如欲派兵，必互相知照。事定即撤。中、日對朝鮮，遂立於對等之地位矣。

二九五、問甲午中日戰事之始末

答：公元一八九四年，朝鮮東學黨作亂，求救於中國。中國派兵前往，按照條約，知會日本。日亦派兵，未至，亂已平。中國責日撤兵，日本要求中國共同改革朝鮮內政，中國亦不許，戰事遂作。中國海軍敗於大東溝，陸軍在朝鮮境內者，亦爲日本所敗。日軍渡鴨綠江，陷安東、鳳城、岫巖、寬甸等縣。別以一軍陷旅、大。又攻山東，燼我海軍於威海衛，南陷澎湖，窺臺灣。於是和議以起。初遣之使爲日本所拒，後由李鴻章親往，在馬關定約：（一）中國認朝鮮自主，（二）償款至二萬萬兩，（三）割奉天南部及臺灣、澎湖。後以俄、德、法三國出面干涉，中國乃得以三千萬兩贖還遼東。而臺人謀自立未成，卒爲日本所陷。此約中、日人訂明改訂通商章程，一照泰西各國成例，自此中、日間之條約，遂亦成爲不平等；而日人得在中國口岸，從事製造一條，則尤前此泰西各國，所力求之而未得者也。

二九六、問中日戰後列強對中國之侵略如何

答：自三國干涉還遼之後，俄人向中國索報酬，又以援助之甘言相誘。於

是有《中俄密約》，俄得築造東省鐵路之權。旋德人以兵力强租膠州灣，並許築造膠濟鐵路。於是俄租旅、大，並得展築東省鐵路支綫。英亦租借威海衛，法又租借廣州灣，以爲抵制。時則外人羣起，要求我宣言某某地方，不得割讓他國，而各於其中攘奪權利，遂有所謂"勢力範圍"者。美國務卿海約翰，乃以"門户開放，保全領土"之説，照會英、俄、德、法、意、日六國。六國在表面上亦贊同之，是爲所謂均勢之局。晚清之外交，則此兩種勢力之消長而已。

二九七、問是時遠東之國際形勢如何

答：是時之遠東，俄爲侵略者。日本立國東洋，俄人侵略之成功與否，爲其生死關頭。英在遠東，權利最優，故亦不肯落後。美國在遠東，固有權利最少，利於維持均勢。德國自有野心，不欲俄之得志。故當時形勢，成爲英、美、德、日合力抗俄之局。惟法在東方，關係較淺，而其在歐洲，利於聯俄。故頗贊助俄人耳。十九世紀後半期，中西亞諸國多折入英、俄。於是英、俄在亞洲西部，對立之形勢亦較緊張。英人爲維護印度起見，對西藏之侵略遂加緊。一九〇二年，又與日人同盟。英、日同盟既成，日人膽氣益壯，日、俄戰爭之機，遂益迫矣。

二九八、問中日之戰影響於中國國內者如何

答：自戊戌變法以前，中國對外之態度，可分爲三期：（一）爲盲目排斥時期，五口通商前後屬之。（二）則湘、淮軍時代人物，深知西人自有其長，因欲採取其戰術，而注意於其技藝；因欲學習其技藝，乃注意於其學術；因欲肄習其學術，乃注意於其語文，較第一期已大有進步，然所注意者只此而已。（三）則注意及其政治，此爲戊戌變法時所謂維新之士所唱道，而其能聳動全國之觀聽，則亦以中、日之戰敗績失據，創巨痛深故也。

二九九、問戊戌政變之始末

答：德宗本有變法之志，因制於太后不獲行。中、日戰後，復經《中俄密約》及德佔膠州灣之刺激，而其志乃決。於公元一八九八年進用康有爲等，定

變法之議，數月之間，行新政之詔書，聯翩而下；海內觀聽，咸爲聳動。顧德宗
終苦制於太后，不得行其意；而舊黨又以反對變法，及自保權位之私，日進言
於太后，於是有八月之政變。太后再垂簾，幽德宗，殺六君子。譚嗣同、林旭、楊銳、
楊深秀、劉光第、康廣仁。康有爲、梁啓超並走海外，一切新政悉廢。於是清廷之改
革絕望，立憲、革命之論，浸浸興起，政體漸生動搖矣。

三〇〇、問庚子拳亂之始末

　　答：拳亂在人民心理上之原因：爲（一）外人之可畏，惟在槍礮；（二）外
人可拒絕使不來；（三）人民團結一致，則能排斥外人；（四）又益以平話、戲劇
荒誕之思想。政治方面：則（一）頑固之大臣，仍抱閉關主義；（二）太后欲捕
康、梁，外人以其爲國事犯，加以保護；（三）立溥儁爲大阿哥，欲行廢立，又爲
各國所阻，因此深恨外人；（四）溥儁之父端郡王載漪，亦冀其子登大位，宗戚、
外戚中，亦有冀立擁戴之功者，欲於亂中行事。於是獎勵拳匪，變爲與各國同
時宣戰，時在一九〇〇年。其結果：（一）京城中圍攻使館，未下。惟德國公
使克林德、日本書記生杉山彬被戕；（二）東南督撫，不奉僞命，與各國領事立
互保之約；（三）惟黑龍江出兵攻俄，致三省要地，皆爲俄所攻佔；（四）八國聯
軍入北京，德宗及太后走西安，於是更由李鴻章、王文韶與各國議和，成所謂
《辛丑條約》。賠款至四萬萬五千萬，畫使館界，由其自行防守，毀大沽及自北
京至海口礮臺，許各國駐兵，保護北京至海口通路。其辱國喪權，可謂甚矣。
而東三省問題，俄人又要挾別議，更引起無窮之禍。

三〇一、問庚子亂後，中俄之交涉如何

　　答：當僞詔與各國宣戰時，黑龍江將軍壽山遵命攻俄，俄人自阿穆爾、旅
順兩路舉兵，盡佔三省要地，挾奉天將軍增祺，以號令所屬。和議既開，俄人
借口東三省情形不同，當別議，中國使駐俄公使楊儒與之交涉，無效。時俄人
日脅中國，訂立密約，而英、美、日又迭加警告，於是中國左右爲難。直至一九
〇二年，俄人劫於國際輿論，乃與中國訂立《東三省交收條約》。以六個月爲
一期，分三期撤兵，其後第一期如約撤退，第二期反有所增，中國無如之何，而
日本視爲切己利害，與俄交涉無效，卒致決裂。

三○二、問日俄戰爭之始末

答：中、日戰後，朝鮮改國號曰韓，號稱獨立，實爲日、俄兩國逐鹿之場。韓人苦日本干涉，頗暱就俄。俄在東三省之勢力，更是蒸蒸日上。時日雖嫉俄，尚未敢輕易與俄開釁，乃本所謂"滿韓交換"之旨，與俄交涉。然俄於東三省之事，絲毫不許日本插足。而於朝鮮仍不肯放棄。一九○四年，戰事遂爆發。俄人精兵皆在西歐，調動較難，其在東洋之海軍，亦非日敵。一開戰，日人即攻入奉天。俄戰屢敗。旅順初被封鎖，後遂失陷。海參崴艦隊亦不能活動。至明年，俄國大軍漸集，日亦續調大軍。大戰之後，俄兵仍敗，瀋陽失陷。波羅的海艦隊東來，又爲日本要擊，敗績。於是俄之戰鬥力窮，而朴資茅斯之和議起。日、俄自由處分，中國唯唯畫諾，而東北之大局，益不可問矣。

三○三、問日俄戰爭對於我國之影響如何

答：《朴資茅斯條約》：（一）俄人承認日本對韓政治、軍事、經濟上卓越之利益；（二）將旅、大轉租於日；（三）東省鐵路支綫，自長春以下，割歸日本。我國雖申明兩國條約，涉及中國者，非得中國之承認，不生效力，然事實上無法堅持，於是與日人訂立《會議東三省事宜協約》，承認《朴資茅斯條約》中關係我國諸條款，且（一）開商埠多處；（二）又許日人改安奉路爲商用鐵路；（三）合辦採木公司，採取鴨綠江右岸森林。其後修築安奉鐵路，日人復有自由行動之舉。中國不得已，與補結協約。而所謂五懸案者：（一）撫順煤礦，（二）間島，（三）新法路，（四）營口支路，（五）吉會路，亦同時解決。

三○四、問清末英、藏之交涉如何

答：英人忌俄與藏聯，故於日俄戰爭時，遣兵犯藏，達賴出奔，班禪與英人立約。約中訂明藏事不受外國干涉；不許外國駐兵、殖民；土地、道路、礦產等不得向外國或外國人抵押。中國電令駐藏大臣勿簽字。再三與英人交涉，乃於一九○六年立約，以藏、英所訂約爲附約。申明：所謂外國或外國人者，中國不在其内；英人不干藏政，佔藏地；中國亦不許他國干藏政，佔藏地。先一年，駐藏幫辦大臣鳳全，爲藏番殺害。中國以趙爾豐爲邊務大臣，將川邊之地

改縣。又以聯豫爲駐藏大臣,與達賴不協,電調鍾穎,以一千五百人入藏。達賴出奔印度。清廷革其封號,時一九一〇年也。

三〇五、問清代之官制如何

答:清官制略沿自明。惟自雍正設軍機處後,而內閣之權任漸輕。管理蒙、藏之理藩院,亦列於中央。給事中隸屬都察院。六部尚書皆滿漢並置。吏、戶、兵、刑四部又有管部大臣,爲內官重要異點。外官:督撫亦成常設,兩司遂爲所壓。而道亦若自成一級。奉天名爲陪京,實則全省設府縣甚少。吉、黑概治以將軍、副都統。蒙、新、海、藏初皆治以駐防之官,至末葉,新疆及奉、吉、黑皆改爲行省。自《北京條約》定後,首設總理各國事務衙門。末葉,因行新政,設處頗多。預備立憲時,乃將六部之制改革,舊有機關及新設之處,多併入焉。外官亦改按察司爲提法,學政爲提學;增設交涉司;裁舊有之道,而設勸業、巡警兩道;以督撫爲長官。

三〇六、問清代學校、選舉之制如何

答:清代學校、選舉之制,亦沿自明。惟科舉首場試四書文及詩,次場設五經文爲異。官缺分滿、漢,又有蒙古、漢軍、包衣專缺。戊戌變法,廢八股。政變後復之。義和團亂後又廢。後又廢科舉,專行學校教育。然學校畢業者,仍有進士、大學堂。舉人、高等學堂。拔貢、優貢、歲貢,中學堂。廩生、增生、附生高等小學堂。等名目,謂之獎勵。至民國乃廢之。

三〇七、問清代之兵制如何

答:清初以八旗編制其兵。其後得漢人、蒙人,亦以此法編制之。於是八旗又有滿洲、蒙古、漢軍之分。入關後所得中國之兵,則稱綠營。乾隆以前,大抵出征用八旗,平內亂用綠營。嘉慶時,川楚教匪之役,八旗、綠營皆不足用,始用鄉勇。湘、淮軍亦勇營也。同治內亂定後,漸仿西法操練,末年又行徵兵之制,擬練新軍三十六鎮,未及成而亡。水軍初分內河、外海。與太平天國戰時,又創長江水師。新式之海軍,則始於一八六二年。一敗於法越之役,二敗於中日之戰。軍港又被租借,幾於不能成軍已。

三〇八、清代之法律如何

答：清律大抵以明律爲藍本，而律例合纂爲一編。宗室、覺羅、旗人皆有換刑，審判機關亦與漢人不同。殊不平等。末年，因欲撤廢領事裁判權，乃將舊律加以修改。又嘗定《商律》、《公司律》、《民律》、《刑律》及《訴訟律草案》。擬分審判爲大理院、高等、地方、初等廳四級，亦未實行。

三〇九、問清代賦稅之制如何

答：清代賦稅，亦沿明一條鞭之法。公元一七一七年，聖祖詔嗣後滋生人丁，永不加賦。其後遂將丁銀攤入地糧。有漕糧者，如江蘇、安徽、江西、湖北、湖南、浙江、河南八省，初徵本色，後改徵折色。賦役而外，鹽、茶、關稅仍爲收入大宗。新關起於與各國訂約通商後，亦分水、陸。釐金起太平軍興時，初云事定即裁，後遂留爲善後經費。

三一〇、問清代之學術如何

答：清人長於考據，其學以經學爲中心，旁及子、史。治經初漢、宋兼采，後乃專宗漢人，故亦謂之"漢學"。而漢學之中，後又析爲今古文兩派。宋學在清代，無甚聲光。文學亦爲考據家所輕，而自稱以樸學。其調和三家，創義理、考據、辭章不可闕一之説，則桐城派也。章學誠爲史學大家，其對漢、宋學及文學之意見，亦與桐城派同。而主張道必因事物而見，忌以空言談道，則又與主張實行之顏元爲近。

九　現　代　史

三一一、問革命思想之勃興其原因若何

答：（一）由民族主義。（1）北族入主中國，雖其治法大體沿中國之舊，然於民族主義，終欠光晶；而（2）歐人東侵，又有以激起中國人之民族思想。（二）由民權主義。（1）民視民聽，本已鬱積於數千年之前；（2）明末，得黃黎洲等爲之提倡；（3）加以歐西現代政治之觀感。（三）由民生主義。因歐人之經濟侵略，逐漸加緊，人民感於生計之困苦，漸覺有改革之必要。凡此皆時勢所迫，勃興之原因，業已潛伏，特有待於偉人之提倡耳。

三一二、問孫中山先生提唱革命之經過

答：中山先生決定顛覆清廷，創建民國，事在中、法戰後。公元一八九二年立興中會。一八九五年謀襲廣州，不克，由檀香山遊美入歐。是時有倫敦蒙難之事。考察歐洲情形，乃決定民生問題與政治問題並重。拳匪難作之歲，哥老、三合兩會均併入興中。又聯絡洪門。是歲，謀襲惠州，未克。中、日戰後，留學海外者漸多，在日本者尤衆。一九〇五年，中山赴日本，改興中會爲同盟會，始有中流以上人士參加。於是訂定革命方略，發表對外宣言。此後同盟會所領導，及革命志士自行籌劃之實際行動益多，革命氣勢，日益磅礴矣。

三一三、問清末之立憲運動如何

答：當戊戌變法時，國人所希望者，爲以專制君主之力，變法圖強。是時所欲效法者，爲俄之彼得，日之睦仁。政變後，仍有希望推翻那拉後，扶德宗

親政者。庚子後，國人對清廷之希望漸薄。民族、民權思想亦漸昌明。激烈者主張革命，緩和者遂主張君主立憲。日、俄戰後，輿論皆謂日以立憲而勝，俄以專制而敗，鼓吹立憲之論，尤盛極一時。是時在輿論上，《新民叢報》主張立憲，《民報》代表革命論。清廷迫於輿論，乃有派五大臣出洋考察憲政之舉。回國後，下預備立憲之詔。一九〇八年，定預備立憲之期限爲九年。一九一〇年，因人民要求，又定三年後開國會。然清廷實無立憲誠意，加以溥儀幼稚，攝政昏庸，皇族專權，朝政益紊。反欲壓制輿論，妄圖集權。革命之勢，遂日益蓬勃。

三一四、問辛亥革命之經過

答：自同盟會成立後，實際之革命行動，愈接愈烈。然多起於偏隅之地，無所成。辛亥之歲，清廷以鐵路國有事，與川、鄂之民起衝突。革命黨乘機運動新軍，起事武昌。推黎元洪爲中華民國軍政府鄂軍都督，旋克復漢口、漢陽。照會各國領事。各國皆認我爲交戰團體。清初命蔭昌，後起袁世凱督師，陷漢口、漢陽，而各省先後光復。蘇、浙聯軍亦克南京。海軍同時反正。駐灤州之軍隊，又傾向共和。清乃以袁世凱爲內閣總理。罷載灃攝政。世凱派唐紹儀，民軍以伍廷芳爲代表，議開國民會議，解決國體問題。時孫中山歸國，十七省代表舉爲臨時大總統。改用太陽曆。於民國元年一九一二年。一月一日就職。唐紹儀辭代表職。由袁世凱與民軍直接電商。清帝於二月十二日退位。

三一五、問二次革命之經過

答：清帝退位後，中山先生辭職。二月十五日，參議院舉袁世凱爲臨時大總統。初參議院議決，迎袁南下就職，旋以京、津、保定兵變，許其改在北京。是時同盟會改爲國民黨，其主張保守之各派集爲進步黨。國民黨爲袁所忌。又以（一）善後大借款，（二）蒙、俄交涉，（三）刺殺宋教仁案，政府與民黨衝突益烈。時民黨之爲都督者，有安徽柏文蔚、江西李烈鈞、湖南譚延闓、福建孫道仁、廣東胡漢民。袁於二年六月免其職。七月，烈鈞等起討袁軍。同時黃興入南京，陳其美亦舉兵上海，然以兵力不足，不久皆失敗。於是國會議決先舉總統，後定憲法。以十月六日，舉袁爲大總統。袁旋解散國民黨，國會因之人數不足，明年，袁遂解散國會。修改《臨時約法》爲《中華民國約法》。是爲《新約法》。以參政院代行立法權矣。

三一六、問善後大借款之始末如何

答：善後大借款，原於清末之改革幣制及東三省興業借款，與英、美、德、法四國銀行團商議。因革命事起停頓。民國成立，四國銀團因恐除外日、俄二國未妥，勸其加入，變爲六國團。旋美總統以其要挾中國爲不合，命本國銀團退出，又變爲五國團。二年—一九一三年。四月，以關鹽餘全數爲擔保，成立借款二千五百萬鎊。於是，於北京鹽務署設稽核所，產鹽地方設分所，審計處設稽核外債室，實開財政部分監督之漸矣。

三一七、問民國初年之俄蒙交涉

答：革命之歲，俄對清廷，提出蒙、新方面之要求，以最後通牒相脅，清人不得已，承認之。未及訂約，而革命事起。俄人又誘活佛獨立，並陷呼倫貝爾。旋與蒙立約，許代蒙人保守自治，拒絕中國派兵、殖民。而別訂《商務專條》，攫取廣大之權利以去。民國成立，屢與俄交涉。以條件不能通過於國會，無成議，國會停頓後，乃成立《聲明文件》，俄認中國對蒙古之宗主權；中國承認蒙古之自治權，即不派官、不駐兵、不殖民。所謂自治，以庫倫辦事大臣，烏里雅蘇臺將軍，及科布多大臣轄境爲限。四年—一九一五年。六月，成立《中俄蒙條約》。十一月並承認呼倫貝爾爲特別地域。

三一八、問民國初年英藏交涉如何

答：革命消息傳到西藏後，藏人逐鍾穎之兵。達賴返藏獨立，並陷巴塘、里塘，攻打箭爐。四川、雲南出兵討之。英人提出抗議。乃改剿爲撫，並復達賴封號，以羈縻之。三年—一九一四年。四月，中、英定草約於西摩拉。英人承認中國對藏之宗主權。中國承認外藏之自治權，不派官、不駐兵、不殖民。一切襲俄、蒙交涉之老套。而所謂內外藏者，界綫爭持不能決，遂迄今成懸案。

三一九、問帝制運動之始末如何

答：帝制運動，起於四年—一九一五年。八月總統府顧問美人古德諾之著論商権政體。旋有籌安會之設。通電各省軍民長官及商會，派代表到北京，托辭從學理上研究國體問題。又由旅京公民請願團請願於參政院，要求變更國體。參政院主開國民會議解決。國民會議既開，全體贊成君主立憲，並委託參政院推戴袁世凱，袁亦下令允許。改五年一九一六年。爲洪憲元年，並設立大典籌備處。而十二月二十五日，護國軍起於雲南。蔡鍔以第一軍入川。袁世凱遣兵拒之，不利。護國軍之起，貴州首先響應。其後廣東、廣西、浙江、四川、湖南相繼獨立。陝西、山東亦有民軍起事。英、俄、法、意、日等國，又相繼警告。袁乃以五年一九一六年。三月二十二日下令取消帝制。而護國軍要求袁退位，相持不決，六月六日，袁死，乃由副總統黎元洪繼任焉。

三二〇、問日本要求二十一條之交涉如何

答：歐洲大戰，起民國三年一九一四年。六月，中國宣告中立。而日本借口與英同盟，攻佔青島。當日英攻青島時，中國不得已，畫萊州、龍口接近膠州灣之地爲戰區。而日本先已佔領濰縣東站，並佔領膠濟路全綫，驅逐海關人員。青島既下之後，中國照會英、日撤兵。英無異議，而日本提出五號二十一條之要求。交涉久之不決。四年一九一五年。四月十七日，日本提出最後修正案，五月七日，又發最後通牒，除第五號中福建問題，業經協定，餘俟日後協議外，餘須悉數承認，以九日午後六時爲最後期限。中國於午前承認之。後於五月二十五日，訂立條約。此民國四年，一九一五年。日人以兵力迫脅中國承認其要求之大略也。

三二一、問二十一條要求承認後，
山東之局勢如何

答：二十一條之要求，我雖被迫承認，然山東之形勢，仍未緩和。六年一九一七年。十月間，日人且在青島設立行政總署；濰縣、濟南皆設分署。七年一九一八年。九月，章宗祥與日訂《濟順高徐豫備借款契約》，附以照會，許膠濟路所屬確定後，由中、日合辦；日將膠濟路沿綫軍隊，除留一部於濟南外，均調回青島；並將所施民政撤廢。章氏復文，有"欣然同意"字樣，遂爲巴黎和會交涉失敗之根。

三二二、問復辟之役之經過

答：黎元洪就職後，恢復臨時約法，召集國會，國會選舉馮國璋爲副總統。六年，德國宣佈無限制潛艇戰略。我國抗議無效，遂對德絕交，旋進謀對德宣戰。有自稱公民團者，包圍議院，要求通過對德宣戰案。時國務總理段祺瑞召集各省區督軍、都統，在京開會。又分呈總統及國務總理，指斥國會所議憲法，謂如不能改正，請即解散。旋出京赴徐州開會。未幾，黎元洪下令免段祺瑞之職。安徽遂宣佈與中央脱離關係，各省、區紛紛繼之。黎總統令安徽督軍張勳來京，共商國是。張勳至津，要求黎解散國會，乃入京。於七月一日，擁溥儀復辟。黎總統避居使館。命副總統代行職權，以段祺瑞爲國務總理。段祺瑞誓師馬廠，以十二日復京城。黎總統引咎辭職，由馮國璋入京代理。

三二三、問護法之役始末

答：自國會解散後，廣東、廣西宣言重要政務，秉承元首，不受非法内閣干涉。雲南、貴州繼之。海軍第一艦隊亦加入。國會開非常會議於廣州。議決《軍政府組織大綱》。選舉孫中山爲大元帥。後由兩院聯合會修改，以政務總裁組織政務會議。各部長皆爲政務員，組織政務院，襄贊政務會議，行使軍政府職權。舉岑春煊爲主席。北方認爲復辟之役，民國業已中斷，仿民元之例，召集參議院。修改《國會組織法》、《兩院議員選舉法》，選徐世昌爲總統。南方乃由兩院委託軍政府，代行國務院職權，以攝行大總統職務。南北兩方，在湖南等處，本有戰事。徐世昌就職後，下令停戰議和。八年—一九一九年。二月，南北開和會於上海，至五月而決裂。其後，南方軍政府内部亦不一致，孫中山等皆離去廣州。九年—一九二〇年。十月間，陳炯明以粵軍自漳、泉回粵。岑春煊遂通電解除軍政府職務。孫中山等通電否認，旋回粵，再開政務會議。國會先已離粵，至是亦再開。於十年—一九二一年。四月，選舉孫中山爲大總統。五月五日就職。軍政府乃於是日撤銷。

三二四、問當南方主張護法時北方之大局如何

答：北方當九年—一九二〇年。七月間，有皖、直之戰。戰後，曹錕爲直、魯、豫

巡閱使,吴佩孚副之。王占元爲兩湖巡閱使。張作霖爲東三省巡閱使,兼蒙疆經略使,節制熱、察、綏三區。後湖南兵攻入湖北,吴佩孚擊却之。遂以吴爲兩湖巡閱使。十一年—一九二二年。四、五月間,有直、奉之戰。戰後,東三省舉張作霖爲聯省自治保安總司令,吉、黑二省督軍爲副。六月,徐世昌辭職。十五省督軍請黎元洪復任總統。撤消六年—一九一七年。六月解散國會之令。明年六月,黎以軍警索餉,走天津。議員或留京,或赴上海。十月,舉曹錕爲大總統。

三二五、問北方皖直、直奉戰争時
南方之情勢若何

答:孫中山被舉爲總統後,在桂林籌備北伐。十一年—一九二二年。四月,大本營移設韶關。陳炯明走惠州。中山於五月進兵北伐。六月,粤軍叛,攻總統府。中山走上海。是歲杪,在廣西之滇軍及桂軍討陳,粤軍亦有應之者。陳炯明再走惠州。十二年,一九二三年。中山乃返粤。以大元帥名義,主持政軍各務。

三二六、問我國參加歐戰之始末

答:參戰問題,因政變而頓挫,直至六年—一九一七年。八月馮國璋入京之後,乃行宣佈。但止於招募華工赴歐。八年—一九一九年。一月,開和會於巴黎。因山東問題,我國於《對德和約》,未曾簽字。事後由大總統以命令宣佈對德戰争終止。惟德於《和約》中規定對我之條件:(一)放棄因庚子之役所得權利及賠款,(二)專用租界,改爲公共,(三)送還庚子年所掠天文儀器,仍均履行。至對奥和約,則我仍簽字。

三二七、問山東問題交涉之經過

答:當我國參加歐戰時,日本向英、俄、法、意秘密交涉,保證其將來接收德國在山東之權利,與英、法均有密約,俄、意亦經諒解。及和會既開,我國主張由德交還青島,日本則主張無條件讓日,相持不決。我國雖迭經讓步,然以英、法袒日,遂如日意解決。我國遂拒未簽字於《對德和約》。事後,日本求與我國直接交涉，交還青島。我國則主張提交國際聯盟。至十年—一九二一年。十一月，華府會議既開，乃在會外交涉。至十一年—一九二二年。一月，成條約二十八款，乃由日將青島交還焉。

三二八、問華府會議之始末

答：華府會議，開於民國十年—一九二一年。十一月。中設限制軍備美、英、法、意、日。與遠東問題中、美、英、法、意、日、葡、荷、比。兩委員會。所成者爲《九國公約》、《九國中國關稅條約》。我國所提出者：爲（一）撤退外國駐兵，（二）撤廢領事裁判權，（三）關於中國條約公開，（四）撤消外郵，及（五）無綫電臺，（六）中國鐵路統一，（七）交還租借地各案。至二十一條問題，亦在會中提出，但未得完滿結果。

三二九、問二十一條交涉究竟如何

答：二十一條之交涉，我國在華會提出，要求將所訂條約作廢，日本反對，但聲明將原提案第五號撤回；並將南滿、東蒙鐵路借款，及以租稅爲擔保之借款開放。我國於十一、二年，—一九二二、一九二三年。先後由參、衆兩院通過，咨請政府，以照會通知日本，聲明廢約。

三三〇、問歐戰以後之中俄交涉

答：俄國於民國七年—一九一八年。二月，對德議和。於是協約各國，有共同出兵西伯利亞之舉。我國因此與日本訂立《海陸軍共同防敵協定》。又派海軍，與英、美、法、意、日同入海參崴。其後俄事稍定，各國皆先後撤兵，惟日兵遲至十四年—一九二五年。三月間乃撤退。當七年、一九一八年。九年—一九二〇年。時，我國曾將中東路護路權，及哈爾濱市政，收回管理。俄於八年、一九一九年。九年、一九二〇年。曾兩次宣言：（一）放棄舊俄用侵略手段，在中國取得之特權、土地，及（二）庚子賠款。（三）無條件將中東路交還中國。當時未能與之交涉。其後俄使來華，遂否認宣言中之第（三）項。十三年五月，我乃與訂立《解決懸案大綱》，及《暫行管理中東鐵路兩協定》。除[一] 宣言中之（一）（二）兩項，[二] 取消領判權，及[三] 關稅協定外，[四] 承認外蒙爲中國領土，尊重中國主權,[五]中東路由我出資贖回,均於簽字後一個月舉行會議決定。其後各項會議,至十四年—一九二五年。八月始開。其時東三省對中央獨立,俄乃與奉天方面,另訂所謂《奉俄協定》。

三三一、問自歐戰以後外蒙情形如何

答:外蒙古因歐戰起後,俄人無暇東顧,失所依恃,於民國八年—一九一九年。籲請取消自治。呼倫貝爾之特別地域,亦即隨之取消。其後俄之白黨,冀以外蒙爲根據地,於九年—一九二〇年。十一月,攻陷庫倫,我國未能克復,至十一年七月,爲遠東共和國之軍所佔。時外蒙在恰克圖設有政府,至此乃移於庫倫,以活佛爲皇帝。十三年—一九二四年。五月,活佛死,亦不再立。而唐努烏梁海,亦自立爲共和國。

三三二、問國民黨改組及國民政府成立經過

答:自二次革命後,孫中山於民國三年—一九一四年。七月,在日本東京組織中華革命黨。袁世凱死後,移於上海。八年—一九一九年。十月,改稱中國國民黨。至十二年—一九二三年。十一月,乃行改組。十三年—一九二四年。一月,開全國代表大會於廣州,議決大元帥府改組爲國民政府。發表宣言,表明主義、政綱及對內、對外政策。是年六月,在黃埔設立陸軍軍官學校。又在軍隊中設置黨代表,宣傳主義,國民革命之氣勢驟盛。

三三三、問國民革命之經過

答:民國十三年—一九二四年。九月,江浙戰事起,奉直戰爭繼之,孫中山亦於此時遣兵北伐。九月,馮玉祥、胡景翼、孫岳組織國民軍,入北京。吳佩孚航海入江,走漢口。馮玉祥、張作霖共推段祺瑞爲臨時執政。段祺瑞要孫中山北上,共籌解決時局之法。中山主開國民會議,以段所謂善後會議及國民代表會議者,人民團體,無一得與,戒國民黨員,勿得參與。十四年—一九二五年。三月十二日,中山先生卒於北京。時北方以張作霖爲東北邊防督辦,馮玉祥督西北,胡景翼督河南。卒,岳維峻繼之。而姜登選督皖、楊宇霆督蘇、張宗昌督魯、李景林督直,皆奉系。是年十月,孫傳芳起浙江,自稱浙、閩、蘇、皖、贛

五省聯軍總司令。楊宇霆、姜登選皆走。十一月，吳佩孚亦起於漢口。奉軍在關內者郭松齡，稱東北國民軍，出關攻作霖，敗死。佩孚取河南，遣兵攻張宗昌。馮玉祥攻李景林，景林奔魯。已而吳佩孚與奉合，攻馮。十五年—一九二六年。一月，馮下野。吳軍又與奉軍會攻南口，遣鎮嵩軍攻西安。然南口下未幾，而國民軍北上矣。國民軍以十四年—一九二五年。肅清東江，平定廣東境內之滇、桂軍。又改組政府，廢元帥，代以委員制。十五年—一九二六年。六月，以蔣中正爲總司令。援唐生智，克長沙。吳佩孚來拒，敗之。克武漢。破五省聯軍，平江西。留守東江之軍平福建，馮玉祥軍亦自西北而東，解西安之圍，向河南。國民革命軍自江西分左右軍，沿江而下，別將由浙江而北。十六年—一九二七年。二月，入南京。時孫傳芳與奉合。三月，國民革命軍以清黨故，進行稍停滯。孫傳芳自江北反攻，渡江，達龍潭。國民革命軍擊却之，遣兵定江北。是年九月，山西攻奉，奉軍退河北。先是蔣中正辭職。十七年—一九二八年。一月，再起任總司令。北伐。五月一日，入濟南，三日，慘案作，乃繞道德州而北。六月三日，張作霖出關。四日，遇炸於皇姑屯。至十二月，東三省亦表示服從國民政府，北伐之功告成。

三三四、問何謂五卅慘案

答：五卅慘案，事在民國十四年，—一九二五年。以上海日本內外棉織會社停工，工人要求復工，日人槍殺工人顧正紅，學生遊行講演，爲租界巡捕房所拘，羣衆聚集要求釋放。捕房開槍，殺四人。受傷死於醫院又七人。六月一日，公共租界罷市，三、四兩日，外人事業及交通業華人罷工。於是罷課、罷工、罷市之風潮，蔓延各處。皆遊行講演，以喚醒民衆，要求正當之解決。而慘案亦迭起，其最著者，爲六月十日漢口，二十三日沙基，七月二日重慶各案。事後由北洋政府派員交涉，未得結果。公使團創議司法調查。我拒絕，彼仍進行。其結果，僅令上海總巡捕及捕頭辭職，略給死者家屬郵金。我不承認，彼亦遂置諸不理，然我國民族意識，則經此役而有劇烈之進展矣。

三三五、問五三慘案之經過如何

答：民國十六年，一九二七年。當國民革命軍漸向北方推進的時候，日本即借護僑爲名，出兵山東。十七年—一九二八年。四月，復爲二次之出兵。五月三日，日兵在濟南者，與我軍無端啓釁。我徒手人民，被殺者無數，並闖入交涉公署，殺特派交涉員蔡公時。復對我提出無理要求，於八日進攻濟南城，我軍奉命退出。十一日，日兵遂入城，並截斷津浦路，佔據膠濟路二十里内之行政機關。並致覺書於我，謂"戰爭進展至京、津、禍亂延及滿洲時，日本爲保護滿洲計，或將採必要有效之處置"。經此一役，我國人反有相當覺悟。張作霖即退出關外，雖遭皇姑屯之禍，張學良仍通電服從國民政府。日人巧計，遂不得逞，然仍延至十八年—一九二九年。三月間，乃與我定議，至六月間，乃將軍隊撤退焉。

三三六、問國民政府廢除不平等條約之經過

答：國民政府定都南京後，即宣言廢除不平等條約。十七年七月，照會各國，分爲三項辦法：（一）舊約已滿期者，另訂新約。（二）未滿期者，以相當手續，解除重訂。（三）已滿期而尚未重訂者，另定臨時辦法。旋宣佈《臨時辦法》七條。此項辦法宣佈後，與我訂約者，已有比、意、丹、葡、西、一九二八年。希、波、一九二九年。捷、法、《越南通商專約》。一九三〇年。土一九三四年。各國。其德、奥、俄三國，則歐戰後所訂新約，本已平等者也。

三三七、問關稅自主之經過如何

答：清代關稅，稅率協定後，直至《辛丑和約》，始許我以裁釐爲交換條件，略增稅率。其具體之規定，在英、美、日、葡四國《商約》中，即裁釐後進口稅增至百分之一二點五，出口稅百分之七點五。以裁釐未能舉辦，此約亦未實行。華府會議，我國提出關稅自主案。各國仍止許我開關稅會議，籌備實行前項條約。其後關稅會議，以十四年—一九二五年。在北京開會，我國又提出自主案，各國承認其原則。允我"國定稅率"，於一九二九年一月一日實行，而中國政府，宣言於同日裁釐。並製定七級稅，實際得各國承認。國民政府成立後，宣布於十六年—一九二七年。九月一日，實行關稅自主，屆時未能實行。十七年—一九二八年。七月，先與美國訂立《整理關稅條約》。德、那、荷、英、瑞、法繼之。比、意、丹、葡、西在《友好通商條約》中，亦經訂有條件。於是先將北京政府所議定之七級稅案實行。二十年，一九三一年。裁釐既已實現，乃將七級稅廢止，另訂稅則焉。

三三八、問國民政府對於領事裁判權之交涉如何

　　答：廢止領事裁判權，我國在華會中亦曾提出。外人允組織調查團，調查（一）各國在華領判權現狀，（二）中國法律，（三）司法制度，（四）司法行政後再議。十五年一九二六年。開會。調查團所撰《報告書》，仍以緩議爲言。國民政府時代，意、丹、葡、西約均定十九年一九三〇年。一月一日放棄。《比約》訂"另定詳細辦法。詳細辦法未定，而各國有過半數放棄，則比亦即放棄"。諸約皆附有[一]頒布民商法，[二]內地雜居，[三]課稅不得高於他國人之條件。但雖有此等條約，迄今未能實行。

三三九、問收回租借地之交涉現在情形若何

　　答：膠州灣租借地，隨中、日山東問題而解決，已見前。英於九龍，聲明不願放棄。威海衛則於十九年一九三〇年。四月交還。法於廣州灣，雖聲言願交還，而仍在觀望。日本於旅、大亦聲言不願交還。現在更非復旅、大租借地之交涉矣。

三四〇、問收回租界之舉現在情形若何

　　答：租界之收回者：德、奧、俄天津、漢口租界，於參戰時收回。英國在九江、漢口、鎮江之租界，國民革命軍到達後，均次第收回。比國在天津之租界於十八年、一九二九年。英國在廈門之租界於十九年一九三〇年。收回。餘則尚未能收回。而上海租界，地位尤爲特別，於我國之主權，損害尤巨。

三四一、問收回航權之舉現在情形若何

　　答：我國航權之喪失。（一）沿海，在未有條約時，外人本已自由航行。（二）長江，由公元一八五八年《天津條約》，（三）內河，由一八九五年《馬關條約》而喪失。在前清時代，惟一八九九年《中墨條約》，申明將航權保留。民國時代，則十八年一九二九年。之《中波條約》，十九年一九三〇年。之《中捷條約》，亦均有此項申明。

133

三四二、問中俄最近之交涉如何

答:《中俄協定》,本有"彼此不得爲反於社會組織之宣傳"之條款。其後民國十六年—一九二七年。四月,北京方面有搜查俄使館之舉。十一月,共產黨起事於廣州,政府認爲蘇俄有援助嫌疑,對於領事撤消承認。十八年—一九二九年。五月,又搜查哈爾濱俄領事館。七月,另派中東路督辦,撤俄職員多人。俄人於十八日對政府絕交。八月中旬後,俄兵屢侵我境。陷同江、滿洲里、呼倫貝爾。十二月,乃以英、美調停,在伯力議定《草約》。彼此恢復領事。將中東路回復七月以前狀況,約明年一月,在莫斯科開正式會議,其後此項會議,久無進步。至二十一年—一九三二年。十二月,乃由兩國出席軍縮代表,在日内瓦換文復交。

三四三、問日佔東北事變

答:日人謀佔東北之先,同一年間,相繼有萬寶山慘案,及朝鮮排華風潮,及九月十八夜,自行炸毀南滿鐵路,誣爲我軍所爲,進攻瀋陽。我軍未抵抗退出。日在遼、吉兩省駐軍,同時發動。數日間,要地悉爲所佔。我訴諸國際聯盟。國聯行政院議決:令日軍退回鐵路沿綫。日人置之不理,仍進兵攻佔黑龍江及錦縣遼寧行署。且自天津挾廢帝溥儀以去。明年,一月二十八日,又進攻上海,至五月五日,上海之《停戰協定》始簽字。是年三月九日,日人擁立溥儀於長春。稱執政,至一九三四年三月一日僭號。四月,國聯派調查團東來。其結果認爲:(一)日人之軍事行動,不能認爲自衛,(二)僞國非由民意産生,主張召集顧問會議,設立特殊制度,以治理東北。明年,國聯非常大會議決不承認滿洲,日人遂退出國聯,又進兵攻陷熱河。我政府於日軍攻滬時,曾遷往洛陽,以備長期抵抗。至是年十二月乃遷回。

三四四、問國民政府之政治如何

答:孫中山革命方略,分軍政、訓政、憲政三時期。軍政時期,由黨取得政權,訓政時期,黨代國民行政權,國民政府代國民行治權,至憲政時期,還付國民。現在爲訓政時期。政權、政策、發動於國民黨,由政府執行。二者間,以政治會議爲聯鎖。黨以全國代表大會爲最高機關，次之省、特別市、海外總支部，次之縣、重要市鎮、國外支部。次之區、區分部、國外分部。以全體或代表大會爲最高機關。閉會時，權皆在執行委員會，以監察委員會監察之。以五院行五權：曰行政、曰立法、曰司法、曰考試、曰監察，各部皆屬行政院。政府設委員若干人，以一人爲主席。民國二十一年─一九三二年。國民會議，製定《訓政時期約法》，別設主席一人，不負行政責任。省政府亦行委員制，設委員若干人，以一人爲主席。廳長由委員兼任。省及特別市直屬行政院。縣及普通市屬省。縣以下爲區，爲鄉鎮，爲閭，爲鄰。縣自治完成後，得行選舉、罷免、創制、復決四權。各縣自治皆完成，則省之憲政開始。過半數省之憲政開始，則開國民大會，議決憲法頒佈。頒佈後三個月，成立民選政府，國民政府解職。

三四五、問現代之經濟及社會如何

答：現代經濟上之根本問題，乃生產方法之改變。舊式之生產，不足與新式之生產敵。於是固有之工商業，先受外來之影響而凋敝，輸入皆製造品，輸出皆天產品，在我本已受虧，況於最近，天產品如絲、茶等，亦因受劇烈之競爭而衰落，外貨之傾銷，如水銀瀉地，無孔不入。農村副業，多半破壞；日用品轉仰給於外來；重以戰禍之頻仍；賦役之繁重；水旱偏災，無力防衛。農村遂淪於破產。農村既淪於破產，則人口競趨於都市，勞資問題，逐漸發生。舊式生產之破壞既如此，新興之事業又受外力壓迫而不易自立，遂至上下交困焉。救濟之法，端在發展生產，以與經濟侵略者競爭，而對內則因防資本主義之流弊，不得不注意於平均地權、節制資本二者。至於利用外國資本，本非不可，抑且爲彼此有利之事。孫中山之實業計畫，久有此議。而現在之全國經濟委員會與國聯爲技術上之合作，亦開發中國之一端也。

三四六、問現代之教育及學術如何

答：中國舊時，政府對於教育，不甚過問；學校有名無實；科舉則取之之法而已，非教之也。即有名無實之教育，亦限於特殊階級；且其所教者，皆偏於傳統之思想，而缺於現代之知識、技能；高深之學術，更不必論已。至現代，推行教育，注意普及；授以實際有益之學科；兼研究高深之學術；而其性質始一變。至於學術，則吾國自講求新學以來，其初所注意者，實不過技術問題。稍後，亦不過在應用方面，認識學術之真價值，實不過近二十年來之事。故西洋之學術，實可謂最近始行輸入，而研究吾國之舊學問者，材料雖舊，其方法亦因之一變焉。

十　結　論

三四七、問我國民族發展之回顧如何

答：我國民族之特色，在能融合異族。在三代以前，本部之異族，與我融合者即甚多。秦、漢以後，除繼續進行此偉業外，又向本部之外發展。中央亞細亞及東方亞細亞，實可謂爲我民族之領域。自此以外，我民族亦幾無所不至。如現在之南洋，政治上雖不屬於我，以民族論，固不可謂屬於人。民族自決而真實現，我民族之光榮，在世界上當首屈一指也。又在歷史上，漢、唐盛時，固爲我民族之向外發展；即五胡及遼、金、元、清之向外發展，亦不得不承認爲我民族之事業。蓋此皆利用中國之國力，非其所能自爲也。然則我民族之優勝，正不待五胡及遼、金、元、清等被同化之日而後見矣。此其故，蓋由我民族之文化，本甚優越；而又能時時吸收他民族之文化而融化之，以自輔益故也。

三四八、問中國對世界之使命如何

答：中西文化，各有所長。西方所長，在於科學方法，即克服天然之力；中國所長，在於合理生活，即人與人相處之道。有克服天然之力，亦必人與人之相處，在合理之狀態下，乃能利用之，而不致貽害於人。故我國之文化，實有甚大之價值，足以裨益世界。就已往之史跡觀之，如（一）在政治上，較爲自由平等；（二）在經濟上，分配較均平；（三）在道德倫理上，尚中庸而不趨極端，重實在而不務空想。皆我國文化，足以裨益世界之證。盡力發揚此等文化，即我民族對世界之使命也。異己之文化之長，爲我所當採取，固不俟論。然物質上之文化，傳播本易，故我國現在吸收西方之文化，實不甚難。融合中西，別創一種新文化，尤爲我民族偉大之使命矣。

初中標準教本　本國史

前　言

　　《初中標準教本 本國史》是吕思勉先生編著的一部初中歷史教科書，該書遵照教育部新課程標準編寫，章下的細目則依據江蘇省教育廳初中歷史科教學進度表。全書分四冊五編，第一至四編，爲上古史、中古史、近世史和現代史，第五編爲綜論。每編之下設章若干，每章之末有注釋和習題，以備學生參考。書中還配有歷史地圖、古跡、歷史人物等各類圖片。《初中標準教本 本國史》於一九三五年六月至十一月由上海中學生書局初版。稍後，先生又按教育部修正課程標準做了修改，細目仍依據江蘇省教育廳初中歷史科教學進度表編定，一九三七年七月經教育部審定，改名爲《初中教本本國史》，仍由中學生書局出版修正版。

　　《初中標準教本本國史》曾收入上海古籍出版社出版的"吕思勉文集"《吕著中小學教科書五種》①（二〇一一年六月出版）。本次我們將它收入《吕思勉全集》重印出版，均按中學生書局的初版本重新作了校對，原書的章節注，現都改爲文中夾註，編者按語作頁下注，除訂正誤植、錯字外，其他如行文遣句、概念術語、人名地名等，均照原版未作改動。《吕著中小學教科書五種》（下冊）的一處缺頁脱漏，現按原書補全。

李永圻　張耕華

二〇一四年八月

---

　　① 收入吕先生的《新式高等小學 國文教科書》、《新學制高級中學教科書 本國史》、《復興高級中學教科書 本國史》、《高中複習叢書 本國史》、《初中標準教本 本國史》及附錄中國通史教學提綱六種。

例　言

（一）現在編纂歷史教科用書，自應遵照《部定課程標準》。惟《部定課程標準》僅規定其大綱，至於"預計時間，將全部教材作恰當之支配，則仍應另製進度表"。見《部定實施方法概要》。此項《進度表》，江蘇省教育廳業經製就。本書即遵照編纂，既省教者自製之勞，又收整齊畫一之效。

（二）《部定實施方法概要》："教者於教本之外，當隨時補充教材。"但"教室中之鈔錄，不宜占時間太多，對於特殊資料，應隨時自編講義，或節取他書，以供應用"。此項補充教材，自應由教者隨時采擇。惟其極重要者，江蘇省教育廳所編《進度表》，亦已將其目附入備注欄。既係必不可少之教材，本書亦即增入課文之內，以省教者自編講義，及節取他書之勞力。

（三）本書分章，悉依《部定課程標準》。每章中細目，則依江蘇省教育廳所定《進度表》，均於書之上方標明。俾其朗若列眉，易得中心觀念。

（四）《部定實施方法概要》，雖亦承認以講演爲教法中心，但止以爲中心而已，並不能過於偏重。尤其據《實施方法概要》：授課之前，須令學生將課本豫行閱看。教授之後，又應令其隨時複習。如此，課本似不應太深，太簡，致令學生發生困難。現行教科書，似均不免此弊。本書敍述較爲詳盡，行文力求顯淺，務期學生自看亦能明白，教者講授，可爲進一步之指示，不再勞其力於解釋課文。職是之故，本書字數，較現行之他種教科書增多。然書之難明與易明，並不與其字數之多少成正比例，有時且適成反比例也。

（五）本書爲求免學生文字上之困難起見，舊籍之難明者，引用時能不用其原文，即均不用；其不能不用者，則或於課文，或於附注中，加以解釋，總求於真確及易明二者之間，折衷至當。至於舊籍之易明者，則自以仍用原文爲是。本書於此，亦皆有删節而無改易。

（六）一種課本，原不過用作教材之中心。欲求學生有興趣，能了解，課本之外，自應多用參考書。現行參考書籍，程度適合者不多。參用多種，頭緒既苦紛繁；而於教者事務冗忙；學校藏書不充足，學生購買力薄弱，甚至窮鄉僻壤、購書不易之處，尤成問題。故鄙意以爲初中以下，一種教科書，均應有一種參考書，與之並行。固非謂參考之材料即盡於此，然得此一編，以彙集其最要之材料，於事實上實便利不少。此事非倉猝所能成，現但將極要之參考材料，於補注中撮其大綱，以求課文之更易完全明瞭。其次要者，則舉出書名，並詳其篇卷或葉數之名第，以便檢取。

（七）有種史事，係因考據而成立；而引用書籍，亦有條理。此等史學上之方法，固不能爲初中學生細談，然其有此方法，則不可不知"史事有時非經考據，不能認爲正確；書籍非經一番審查，依一定之方法引用，不能認爲可信"。此等見解之獲得，與其歷史上智識之正確，實大有關係，固非好拘守門面也。此書於此等處，均於附注中注明。教者可就學生能了解之範圍內指示之。其不能解者，姑置之亦無妨。因此項附注，本亦兼備教者選擇參考書之用也。

（八）歷史固不宜只講理論，然全無理論，則又近於買櫝還珠。尤其在今日，歷史當與各種社會科學互相提攜，以達到真確認識社會之目的，必要之理論，尤不能置諸不講。但忌空談，忌偏執而已。本書於此，頗爲注意。深望教者之詳察焉。

（九）《部定實施方法概要》：教授歷史，宜注意於聯絡與比較。不獨本國史如是，即本國史與外國史之間亦如是。本書於此，亦特爲注意。有宜聯絡比較之處，均於課文或附注中說明。

（十）教學歷史各種設備，如掛圖、圖表等，均非本書所能該。本書但就講授時所必須者，附着課文中。此項圖表，均極簡明新穎，既便講授時之指示，並可爲學生自製之模範。

目　　録

初中標準教本　本國史第一册

初中標準教本　本國史第二册

初中標準教本　　本國史第三冊

初中標準教本　本國史第四册

初中標準教本　本國史第一册

第一編　上古史

第一章　太古之傳說

現在是不能説明現在的。要説明現在,必須溯其原於已往。我們遇見一個
人,必須尋根究底,追問他是哪裏人? 出自何等家庭? 受過何等教育? 共些什
麼朋友? 做些什麼事情? 遇見一件事亦然,必得追問他,是怎樣發生的? 取怎
樣的經過? 這是爲什麼? 因爲不如此,便不知道這件事是怎樣一件事,這個人
是怎樣一個人。然則現在的性質,悉係從前所賦與。同理,將來的發展,即可由
現在而推測。一人一事如此,整個的國家社會,何獨不然? 中國的風氣,何以不
同於歐洲? 歐洲的風氣,又何以不同於日本? 這種現象,在尋常人,都是知其然
而不知其所以然。若求之於歷史,則一一可以回答。然則歷史怎好不研究呢?

既然現在的性質,都係從前所賦與,則要明白後一段事情,必須追求其前
一段。如此層層推求,歷史就非追溯到最早的時代不可了。然則人類的歷
史,究有多遠呢?

慚愧! 地球之有人類,假定爲五十萬年,則人類的歷史,不過其百分之
一。而此百分之一中,荒誕的傳説,又居其大半。

這又是爲什麼? 因爲人類的智識,是愈到後來愈進步的。古人智識短
淺,辨不清主觀的想像和客觀的事實。因此,其所傳述,大抵是荒誕無稽的。
何況當時沒有文字,凡事都是口耳相傳,傳之既久,又極易訛誤呢? 所以古代
的傳説,大抵是靠不住的。然而此等傳説,只有傳訛,絕非虛構。看似荒誕,
卻隱藏著真確的事實在裏頭。只要你有本領去研究他,發見他罷了。所以傳

說雖然荒誕，却不能置諸不顧。

伏羲以前之傳説

中國古代的傳説，也多着呢。現在無暇多講，只能就其傳説中包含著社會進化的材料的，講幾件給諸位聽聽。既然如此，我們便要説到巢、燧、羲、農。

巢是有巢氏，教人民構木爲巢的。

燧是燧人氏，教人民鑽木取火的。

其事蹟，都見於《韓非子》的《五蠹篇》。至於羲、農，則其事蹟，見於《易經》的《繫辭傳》。其傳説，又要詳細些了。

伏羲神農之傳説

伏羲氏的事蹟，是：

（一）畫八卦。

（二）爲網罟。

神農氏的事蹟，是：

（一）製耒耜。

（二）日中爲市。

八卦，有人説就是古代的文字。據《繫辭傳》説：則伏羲的畫八卦，是：

仰則觀象於天，俯則觀法於地；觀鳥獸之文，與地之宜；近取諸身，遠取諸物，於是始作八卦，以通神明之德，以類萬物之情。“觀鳥獸之文”，是指動物。“與地之宜”，是指植物。從“仰則觀象於天”至“遠取諸物”六句，是説他能徧觀天地萬物的意思。“神明之德”，當係指自然力説。“萬物之情”，情是實在的意思，亦就是真相的意思，“以類萬物之情”，似乎説他懂得萬物的真相，所以能按其性質，把他分做八類。

這是説他能徧觀天地人類，發明一種原理，以推求萬物的真相的。實在是一種宗教哲學。八卦是否文字，這話猝難斷定，即使是文字，一共只有八個字，其時文字之用，亦必不廣。所以《繫辭傳》又明説他是在結繩時代。結繩是將一根繩子，打了許多結，以表示共有幾件事情。所打的結，有時形狀亦有不同，以表示其所記的事，但其分別不能很多罷了。這是未有文字以前，記事的法子。現在的野蠻部落，亦還有用這法子的。八卦所代表的，是天、地、雷、風、水、火、山、澤八神，當是古人所崇拜的八種對象。可以通神明之德，類萬物之情的原理，或者並非伏羲氏所知，是後來的人所發明，而把他附會到伏羲身上。然而八卦之作，是出於伏羲，則似無可疑。這總是一件宗教上有關係的事情。然則伏羲氏也是宗教上一個有些權威的酋長了。

至於"爲網罟以畋以漁"這七個字，則明明告訴我們以伏羲時代社會生活的情形。社會學家分別社會進化的等級，有一種，是以其取得食物的方法做標準的。其次序是(一) 蒐集，(二) 漁獵，(三) 畜牧或農耕。蒐集時代，人類還無甚智識、技能，只是男女、老幼，各自爲羣，到處遊行，拾取些可充食料的植物，及很小或已死而没有抵抗力的動物罷了。到漁獵時代，則人能捕捉動物以自養，其智識和技能，就要高一些了。伏羲氏大約在此時期。有種書上，把伏羲氏的羲字寫作犧，古人用字，只取其聲音相同，寫作犧字，亦不算錯。但不該因此妄生解釋。因而發生伏羲是能"馴伏犧牲"的解釋。就有人説伏羲是畜牧時代的酋長。其實這是錯誤的，因爲(一)《易經》上明説伏羲是從事於畋漁的。(二) 漢初的伏生，伏生名勝，是漢朝第一個傳《尚書》的。在他所著的《尚書大傳》上，解釋伏羲二字，是"下伏而化之"之意。伏生是年代很早的經師，凡古代的事物，前人所知的，總較後人爲多。在原則上，不能發見前人的錯處，解釋古事，總該以舊説爲據。所以我們與其從後人之説，以伏羲爲畜牧時代的酋長，毋寧從《易經》之説，以伏羲爲漁獵時代的酋長。

從漁獵進於農牧，是視乎其地的。大抵草原之地，多進於畜牧；山林川澤之地，則進於農耕。古代的傳説，都把伏羲、神農，看作相接的。並没有説，其間更有遊牧時代的酋長。然則從伏羲到神農，似乎是從漁獵逕進於農耕的。但中國的地方大着呢！伏羲、神農，不過是大陸之上的一個部落。此外林立的部落正多。各部落的生活，自然不能一致。伏羲、神農的部落而外，自然還有從事於畜牧的。只這"日中爲市"四個字，就給我們一個暗示。爲什麽呢？因爲最早的交易，往往是起於農、牧兩種部落之間的。因爲其所有物品，各不相同，所以要交換。

【習題】

(一) 爲甚麽要研究歷史？

(二) 古代爲甚麽多荒誕的傳説？

(三) 有巢氏的事蹟怎樣？

(四) 燧人氏的事蹟怎樣？

(五) 伏羲氏的事蹟怎樣？

(六) 神農氏的事蹟怎樣？

(七) 社會進化的等級怎樣？

(八) 怎樣叫部落？

第二章　中國民族之建國

然則這種遊牧部落是誰呢？我以爲黄帝就是其中的一個。

要說到黄帝，就得追溯到中國民族的由來。爲什麽呢？因爲中國民族的建國，是到黄帝時代，而其規模確立的。

漢民族之由來

中國民族，是融合許多民族而成的，而以漢民族爲之主。

漢民族是從哪裏來的呢？從前的說法很多，有的說：是從亞洲的西部或中部來的。有的說：是從印度、後印度或南洋羣島來的。有的說：是從北美洲來的。總之没有確據。依現在發掘所得：則中自河南澠池縣的仰韶邨，東至遼寧錦西縣的沙鍋屯，西至甘肅、青海一帶，其所得的器物，都無甚外來的確據。而所得的人骨，却和現代的華北人一致，此等發掘，都係近年來的事。仰韶邨的發掘，在民國九年。沙鍋屯在十年。甘肅貴德、導河、寧定、鎮番等縣，和青海沿岸，在十二、十三年。各處人骨，和現代華北人一致，係清華學校教授步賴生氏研究的結果。然則中國民族，即使係從他處遷來，其年代亦必很遠。其文化，實可說是在本地方發生的。何況周口店地方，又曾發見一種猿人，其年代，當在數十萬年以上，學者據此推論，中國北部，或者還是人種起原的地方呢？周口店，地屬河北房山縣。猿人遺跡，係民國十五年所發見。極遠的史蹟，是不能靠記載，並不能靠傳說，而要借助於掘地考古的。中國現在，此項工作，遠做得不多，一時難得確實的結論，我們現在，只知道漢民族的由來很早；其居於此土，業已很爲久遠就毂了。

中國本部原有之各異族

漢民族以外，住居於中國地方的民族還很多。我們現在，且舉其重要的如下：

（一）獫粥。亦稱獫狁，就是後來的匈奴。獫狁，匈奴和獫粥，係一語的異譯，見《史記・匈奴列傳》注。與漢族雜居於黃河流域。

（二）氐羌。羌族在今陝、甘、四川三省之間。其在今嘉陵江流域的一支，亦稱爲氐人。就是春秋時代的巴人。

（三）黎族。就是現代的苗族。古時三苗之國，在洞庭、鄱陽兩湖之間，見《戰國策・魏策》、《史記・吳起列傳》。其人民係九黎，見《禮記・緇衣篇》疏引《書經・甫刑篇》鄭《注》。（《書經》鄭《注》已亡，所以只得據他書所徵引的轉引。）在長江中游流域。

（四）越族。亦可以寫作粤。古代越、粤即係一語。現在稱浙江的紹興地方爲越，廣東、廣西爲粤，其初，都是因這一族而得名的。這一族，有斷髮文身的風俗，和別一族極易辨別。如古代，現今蘇州地方的吳，紹興地方的越，都有此俗。據《漢書・地理志》，現今的福建、廣東，亦有此俗。其居住的區域，是沿海各省。

（五）濮族。這一族，便是現在的猓玀，在當時，所據之地，遠較今日爲北，至少要到現在的湖北地方。到春秋時代，還是如此。

各民族的由來

這許多民族，究竟起原何處？怎樣到中國來的？現在也還不大明白。觀其分布的形勢：則獫粥一族，似係根據陰山山脈，向南蔓延的。氐、羌、黎、濮諸族，則根據西南山地，向東北發展。越族是分布在亞洲大陸的沿岸和南洋羣島的。現在的情形，還是如此。當時的漢族，只是黃河流域的一個民族罷了。

我們試看伏羲、神農、黃帝的都邑，便可知道漢族分布的形勢。

伏羲氏，都陳。現在河南的淮陽縣。

神農氏，都陳，遷曲阜。現在山東的曲阜縣。

黃帝遷徙往來無常處，而邑於涿鹿之河。涿鹿是山名。有人說在今察哈爾的涿鹿縣，怕說的太遠了，還以在今河北涿縣的說法爲是。

黃帝之武功

“遷徙往來無常處”，這七個字，說明黃帝是在遊牧時代。而河北涿縣一帶，正是地勢平坦，適宜於遊牧部落居住的。遊牧部落，性質最適於戰鬥；而地勢平坦,亦利於英主的駕馭指揮。黃帝所以能有卓絕的武功,似乎正由於此。

《史記·五帝本紀》説:"黃帝之時,神農氏世衰。諸侯相侵伐,暴虐百姓,而神農弗能征。有一個喚做蚩尤的,尤其暴虐。黃帝乃徵師諸侯,與蚩尤戰於涿鹿之野,禽而殺之。"又説:"炎帝要侵陵諸侯,諸侯都歸向黃帝。黃帝與炎帝戰於阪泉之野,三戰然後得其志。"神農、炎帝,向來都説是一個人。既説他世衰,又説他要侵陵諸侯,未免自相矛盾。而據古書所説,蚩尤、炎帝,都是姜姓;阪泉、涿鹿,也有説就是一地的。見《史記·五帝本記》注。所以有人疑心:蚩尤、炎帝,就是一個人;阪泉、涿鹿之戰,也就是一件事。這話是否,固然很難斷定,然而當時的戰爭,是姬、姜兩姓部落的爭戰,則似乎是確實的。

漢民族的建國

經過這一戰,黃帝的武功,就可以照耀諸部落,懾服諸部落了。所以《史記》説:"諸侯都推尊他做天子,以代神農氏。"古代的天子,對於諸侯,固然沒有多大的權力。然而是衆諸侯所認爲共主則是無可疑的。從黃帝以後,所謂五帝,其統系就連接不斷。可見衆所認爲共主的天子,未曾中斷過,如此,許多部落之間,就有了一個連結,和一盤散沙、各不相干的,大不相同了。所以我説:中國民族的建國,是到黃帝時代,而其規模確立的。

```
(一) 黃帝 ┌ △──△──(三) 帝嚳──(四) 帝堯
          └ △──(二) 帝顓頊 ┌ △──△──△─△─△─(五) 帝舜
                            └ △──禹
```

征服異族展布之次第

建國的規模既定,就可進而征服諸異族了。試看《史記》上這四句話,便知道黃帝的展布。

東至於海,登丸山及岱宗。

西至空桐,登雞頭。

南至於江，登熊、湘。

北逐獯粥，合符釜山。據《史記》注：丸山，在今山東臨朐縣。岱宗就是泰山，在今山東泰安縣。空桐、雞頭兩山，都在今甘肅平涼縣。熊山，據《史記·封禪書》，是齊桓公伐楚至召陵時所登，該距召陵不遠，召陵，在現在河南的郾城縣。湘山，在今湖南岳陽縣西南洞庭湖中。釜山大概在涿鹿附近。

這種地理，有人或者疑心他說得太遠些，不近事實。然而一個遊牧部落，東征西討，所至極遠，也未嘗不可能。後來的成吉思汗，就是一個證據。然則當黃帝時，中國的版圖，已經很式廓的了。

黃帝之創作

黃帝不但武功卓絕，而其文治亦很有可觀。我們試看《易經·繫辭傳》上所說，黃帝、堯、舜時代的創作。

（一）用絲、麻所織的布、帛，製作衣裳。

（二）作舟楫。

（三）利用牛馬。

（四）重門擊柝，以爲防禦。

（五）作杵臼。

（六）作弓矢。

（七）作宮室。

（八）作棺槨。

（九）用書契，以代結繩。

這許多事情，自然不是毫無憑藉，於數十年之間，憑空想出來的。須知天下本沒有憑空想出來的事。所謂創作，意義也並不是如此。或者因襲前人，而加以改良；或自異方傳來，而能夠接受；又或前此不甚興盛的事情，此時能充分利用；都可以謂之創作。黃帝時代，這許多事情，能夠各盡其用，這總是事實。然則黃帝時代，又是個出草昧而入文明的時代了。

【習題】

（一）中國民族的建國，起於什麼時代？

（二）漢民族從哪裏來的？

（三）太古時住居中國的民族有幾種？

（四）各民族怎樣分布繁殖？

（五）黃帝的武功怎樣？

（六）黃帝的文治怎樣？

（七）何謂五帝？

（八）黃帝時的版圖怎樣？

第三章　唐虞夏商之政教

堯舜之政制及其教化

帝王傳授的統緒，雖然從黃帝以來，就有可考。然而顓頊、帝嚳兩代，都無甚事蹟可見。古代政教，傳於後世，較爲詳備的，就要從唐虞說起了。

唐虞時代的政教，可考見的，有好幾件事。《書經》上載：堯命羲和四子，分居四方，推步天象，作成曆法，以教道農民。可見其時，對於農業，已很注重。其時的官職：有司空，是管平水土的。有后稷，是教民稼穡的。有司徒，是教化人民的。管刑罰的喚做士。又有管製造的共工，管山澤的虞。其對於諸侯，則天子五年一巡守；其間四年，四方諸侯，分班來朝。而其影響於後世的人心最深的，尤莫如禪讓一事。

堯舜之禪讓

據儒家的傳說：堯在位七十年，因年老，想讓位給當時管理四方諸侯的官，稱爲四岳的。四岳謙讓不敢當。有許多人告訴堯說：舜的德行很好。堯乃舉舜，使之攝政。堯死後，三年之喪既畢，舜讓位於堯的兒子。而當時諸侯，朝覲、訟獄的，都不歸堯的兒子而歸舜。舜纔即天子位。當舜攝政後，即舉禹，使之治水。即位之後，也把天子之位傳給他，一如堯傳位於舜的故事。此制儒家謂之"傳賢"，亦謂之"官天下"。

舜之武功

堯、舜時代，中國的武功，似乎也頗盛的。古書上屢說舜征三苗的事。三苗是姜姓之國，在洞庭、鄱陽兩湖之間，就是古代蚩尤之後。舜是南巡守，死於蒼梧的。

又有的說死於鳴條。蒼梧，該在今湖南、廣西交界之處；鳴條則在今安徽省内；舜死於蒼梧，葬於九疑，見《史記·五帝本紀》；而《禮記·檀弓》，說："舜葬於蒼梧之野"。則蒼梧、九疑，該極相近。九疑山，在今湖南寧遠縣。舜死於鳴條，見《孟子·離婁下篇》。湯是把桀打敗於鳴條，然後放之於南巢的，則鳴條該和南巢相近。可見當時的兵力，已達到江淮流域了。

禹之治水

禹的治水，詳見《書經》裏《禹貢》一篇，這一篇：（一）是否禹時書？（二）所述的是否禹時事？後人對他，頗有疑義。然而禹之治水，總是確有其事的。據古書上說：當時水患的情形，是"五穀不登，禽獸逼人"。百姓没有住處，都"上丘陵，赴樹木"。禹的治水，是先察看山川形勢；然後用疏濬的法子，導小水使入大水，大水使入於海。江、淮、河、濟四條水，謂之四瀆，就是獨流入海的意思。當時佐禹治水的，是益、稷兩人，益把山澤之地，放火焚燒，禽獸都逃匿了。后稷又教民稼穡。於是人民皆得飽食暖衣，做司徒的契，就好施以教化了。

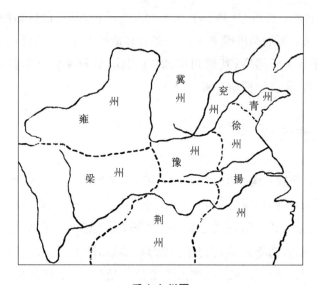

禹之九州圖

帝位之世襲

禹即帝位之後，也是照堯、舜的例子，傳位於益的。禹的兒子啓賢，所以禹死之後，諸侯都不歸益而歸啓。啓就即天子之位。於是"傳賢"變爲"傳子"，"官天下"變爲"家天下"。

禹廟

　　啓即位之後，傳子太康。爲有窮國君喚做羿的所篡。有窮國，據《水經注》，在今山東德縣。後來羿又爲其臣寒浞所殺。時太康傳弟仲康，至仲康之子相，亦爲寒浞所滅。帝相的皇后，逃歸母家，國名有仍，在今山東濟寧縣。少康後來逃到虞國，虞君封之於綸。虞國，在今河南虞城縣。生子少康。長大後，居然能滅掉寒浞，把夏朝恢復過來。堯、舜、禹三代，都是建國在晉陽的，就是現在的山西省城。少康復國之後，似乎居於河南。所以到桀滅亡之時，夏朝的都城，又在今河南登封縣境的陽城了。晉陽是古代的唐國，見《漢書·地理志》。周成王的兄弟，就是後來晉國的祖宗，名虞，封於此。以其爲唐國之地，所以稱爲唐叔虞。而《左氏》定公四年，却說"唐叔封於夏虛"，可見禹亦建都晉陽了。夏朝建都陽城，見於一種古書，名爲《世本》的。

夏之政教

　　夏代的政教，也有可考見的。儒家說"夏尚忠"。墨子是背周道，用夏政的。見《淮南子·要略訓》。而他却主張兼愛。這兼愛兩字，似乎就是尚忠的注脚。又《墨子》有《天志》、《明鬼》等篇，主張天神和人鬼，都是有人格，有意志，能賞罰人的。可見夏代社會，迷信頗深。墨子又主張節用、節葬，而且還要非樂。又可見夏朝當大水之後，生活程度尚低；而其時的風氣，也很儉樸。

湯之革命

　　夏代共傳十七主，約四百餘年。其末代的君主喚做桀。因無道，爲商湯所滅。

商朝的始祖名契，就是堯時做司徒的封於商，就是現在陝西的商縣。從契到湯，中間屢經遷徙。其地不盡可考。湯纔回到契的舊居。他所征伐的國，葛、韋、顧、昆吾等，都在今河南、山東境内。葛，在今河南寧陵縣。韋，在今河南滑縣。顧，在今山東范縣。昆吾，在今河南許昌縣。桀被放於南巢，則在今安徽巢縣。可見當時的兵爭，規模已頗大了。

商之政教

湯滅桀之後，定都於今河南的偃師。見《漢書·地理志》。商朝自此亦稱爲殷。後世屢經遷徙，亦都在黃河兩岸。仲丁遷於敖，在今河南滎澤縣。河亶甲居相，在今河南内黃縣。祖乙遷於邢，在今河北邢臺縣。盤庚遷於亳殷，即偃師。武乙去亳，居河北，似即下文所謂殷虛，紂居朝歌，在今河南淇縣。當公元一八九八、一八九九年間，河南安陽縣北的小屯，曾因掘地，發見龜甲、獸骨。有的刻有文字。據歷史上的記載，此地名爲殷墟，見《史記·殷本紀》。就此等甲骨文字，研究商代史跡的，頗不乏人。但以前的出品中，雜有僞物。見《中央研究院歷史語言研究所報告》。所以其研究的結果，現在還不敢盡信。據古書所記載：則商代的王位，不傳於子而傳於弟。又商代的相權，似乎頗重。前王死後，嗣王在三年之中，不管政事；百官都聽命於冢宰。湯死之後，其嫡孫太甲在位，不明。宰相伊尹，能放之於桐三年，太甲悔過了，纔把他迎接回來，似乎即由於此。此外古書說到政俗，總說是殷質而周文。可見商朝的風氣，比較周朝，要樸實些。

商代共傳三十一主，約六百餘年。其末代的君主喚做紂，亦因無道，爲周武王所滅。

周公輔佐成王圖

周武王之革命

周朝的始祖名棄，就是堯時的后稷。封於邰。後來公劉遷於邠，大王遷

於岐,都在今陝西境內。邰,今陝西武功縣。邠,今陝西邠縣。岐,今陝西岐山縣。大王時,
周朝漸漸強大起來了。大王傳幼子季歷,至孫文王,三分天下有其二。文王
的兒子武王,大會諸侯於孟津,在今河南孟縣南。把紂滅掉。但仍以紂地封其子
武庚,而派自己三個兄弟,去監着他,謂之三監。武王死後,兒子成王年幼,武
王的兄弟周公攝政。武庚和三監,都造起反來。周公東征,把他們打平。其
時淮夷、徐戎,淮夷,是淮水流域的夷人。徐國,在今安徽泗縣。亦並起爲亂。周公的兒
子魯公伯禽,又把他打破。周公於是營造洛邑,就是現在的洛陽,以爲東都。
周朝在東方的勢力,就更形鞏固了。

【習題】

（一）堯舜時的政制怎樣？

（二）甚樣叫官天下？

（三）甚樣叫家天下？

（四）什麼叫九州？

（五）舜的武功怎樣？

（六）禹的治水情形怎樣？

（七）佐禹治水的有什麼人？

（八）夏商的政教怎樣？

（九）湯武爲什麼革命？

（十）伊尹爲什麼放太甲？

第四章　上古之文化與社會

上古生活上之進化

誰都知道，人生最要緊的事，是衣、食、住、行。上古的衣、食、住、行，是怎樣的呢？據古書上說：

他們的食，是草木之實，鳥獸之肉。渴起來便飲其血；血喫不飽還要茹其毛。以下說衣、食、住的進化，大致根據《禮記·禮運》。卉服、皮服，見《書經·禹貢篇》。飲血茹毛，我們只當作形容野蠻人的話，其實在古代，確是如此的。《禮運》疏中，舉出蘇武的吞節旄，以爲證據，現代社會學家，考明古代饑餓的人，是什麼東西都會喫的，更用不着這種偶然的事實做證據了。

他們的衣有兩種：一種是把樹葉子披在身上，這就是所謂卉服。一種是把鳥獸的毛皮，披在身上，這就是所謂皮服。

住則夏天住在樹上，冬天住在洞穴裏。

行更不必說了。除非是自然平坦之地，此外全沒有人力修築的道路。遇到水，除非淺的可以徒涉，船和橋，都是沒有的。《淮南子》說：古代“山無蹊隧，澤無舟梁”。

雖然如此，後來却漸漸的進化了。

無論是蒐集，是漁獵的時代，人總是挨着饑餓的。因爲食物的供給，不能平均；保存着以待將來，這時候，又没這個法子。然而，人到底是聰明的。他們捉着受傷的動物，還没有死；或者是小動物，可愛的，便把來養着玩。到後來饑餓了，就可以宰殺充饑。如此，便發明了牧畜。又因植物的種子，抛棄地上，到一定的時節，便會生長出來。如此反覆經驗，便發明了農業。牧畜和農業發明，人就不怕饑餓了。

講到衣服，也因發明了植物的纖維，可以利用；又發明了養蠶。於是有麻、絲、布、帛，以作衣服的原料。裁製的方法，自然也進步了。最初的衣服，只是用一幅皮，遮蔽着下體的前面，這就是後來所謂韍。亦名韠。在後來，是穿在裳以外的裝飾品。在古代,却是最早有的衣服。見《詩經・采葭》疏。進步些,知道連後面也圍起來,那便是裳。再進步些,會做兩隻袴管,便成所謂褌和袴。短的喚作褌,長的喚作袴。遮蔽上體的衣,戴在頭上的帽子,穿在脚上的鞋、襪,古代的帽子很多。有的叫做冠,有的叫做弁,有的喚做巾。鞋子,有的叫做履,有的叫做屨,這許多詳細的考據,現在不必去管他。自然也不難逐漸發明。

最初巢居時,人只會在天然的大木上坐卧,借着天然的濃蔭,做個遮蔽,至多會把樹葉子牽連起來,以補天然之不足罷了。後來有了刀斧等器具,就可把樹木砍伐下來,隨着自己的意思,搭成架子,這便是棟梁的起原。至於洞穴,天然的不彀住,也可用人力在地上掘成;或者把土堆起來,只留一個出口。在地上把土堆起來的,亦稱爲復,見《詩經・緜》疏。這種人造的洞穴,就是墙壁的起原。再進步些,把土木兩種工程,合而爲一就成所謂宫室了。

行走的道路,此時自然也會用人力修治,遇到水,就用木石等物,架成橋梁。水闊的,還會用木頭造成船,或者編成筏。馴伏動物,本是漁獵、畜牧時代做慣了的事。牛馬等氣力大,行走快,又可駕馭的動物,自然要利用他,以補人力之不足。

古代的生活,就是如此逐漸進步了。至於社會的組織,又是怎樣呢?

上古社會組織之形成及其進化

人是不能單獨生活的,所以有人類,就有社會;而有社會,就必有一種組織。最初的組織,是依靠血統的。人所最初認得的是母親。而同出一母的子女,亦必互相依倚,所以其次便是兄弟、姊妹。母又有其母,女又有其女,如此世代相聯,就結成一個女系氏族。這時候,還没有個别的夫婦。後來夫妻之制,漸漸確立了。而在漁獵時代,則從事於打獵的;在畜牧時代,則從事於馴伏動物的,都以男子爲主。就是農業,初期雖是女子所發明,現在社會學家,説農業是女子所發明,在我國古書上,也有證據。如古人初次相見所送的贄,男人是羔雉之類,女人却是榛栗之類。又如行祭禮時,男子所進的是肉類,女子所進的,却是果菜之類。後來也漸漸的,移於男子手中了。生產事業,漸漸以男子爲中心,戰鬥更不必説。如此,女子在社會的地位,就漸漸降低;漸漸的附屬於男子;所生的子女,也漸漸的附屬於其父親;而女系就變爲男系了。中國人的姓,最初是跟着母親的,後來却跟着父親,就是這個緣故。

以上所説的,是血統上的組織。最初親愛的感情,及其能互相了解,都以血統相同的人爲限，後來就漸漸的擴充了。同住在一地方的人，漸能互相親愛，互相了解；公共的事情，可以聯合着去做；而且能公推有才智的人，以爲首領。如此，就漸合各氏族而成部落。同在一地方的人，語言、風俗、信仰等，自能彼此相同，這又是民族的起原了。

　　在上古，因交通的阻塞，人類制馭天然能力的缺乏，各部落間，互相往來之事，大概是很少的。後來就不然了。彼此互相接觸之後，也有能講信修睦，常保其和平關係的；也有免不了争鬥的。大概農業社會，衣食饒足；其人所從事的事業，又極和平。所以其性質最爲善良。對外多能"講信修睦"。内部更其不分彼此。孔子所說的大同時代，大約就是指此等部落而言。漁獵和遊牧部落，都要比較窮困些。漁獵社會，因食物的限制，人數不能很多，侵略的力量，還不甚强。遊牧社會就不然；而他們的行動，又極容易。所以往往成爲侵略者。假定有兩個部落，互相争鬥，一勝一敗，敗者的財産，就要爲勝者所有，連人也做了他們的奴隸了。如此，便生出征服者和被征服者的階級來，征服者爲治者，被征服者爲被治者，治者和被治者，既經畫分，治者的威權，自然會日益膨脹。其初相去不甚遠的，後來就判若天淵了。即使没有征服和被征服的關係，一部落中，治者的權力，也會日漸擴大，至於與被治者分離的。古代的國家，大概是如此造成。

上古制度文物之進化

　　最初的社會中，人人所做的事情，是差不多的。後來智識技能，漸漸進步，就要發生分工了。人所以異於動物的，是能彀使用器械。單靠生來的器官，所成就的，總是有限，而且是代代相同的。到能彀利用器械，就日新月異，無可限量了。人最初所能利用的，只是石頭，次之纔是金屬。而金屬之中，銅器又早於鐵器。《易經》的《繫辭傳》上說：黄帝、堯、舜時代，"弦木爲弧，剡木爲矢"。而古書上又屢說蚩尤造兵；大約五帝時代，正是石器、銅器轉變的時期。此等有形質之物而外，人類最大的發明是火。有了火，就可以熟食，可以禦寒，可以鎔鑄金屬，製造陶器，發明文物，一日千里了。我國此項發明，還遠在燧人時代。初期簡陋的器具，人人會造。後來精良了，就要分出一部分人來，以爲專職，這個便是工人。各部落相接觸了，彼此不同的東西，自然可以互相交換。如此，便發生了商業。其初只是以物易物，後來覺得不便，有種大家都要的東西，就可以先換了他，將來再和别的東西交換，如此，就發生了貨幣。因爲語言的交通，受着時間和空間的限制，自然會造出簡單的象形文字來。古書上多說倉頡造字；又說倉頡是黃帝的史官。這話雖然未必確實，然而五帝的時代，文字使用漸廣，則是可以相信的。人和人的關係複雜了，自然各有其當盡的責任，當守的界限。當爲而不爲，不當爲而爲，就要想法子制裁他。就有所謂禮和刑。前此，人只是忙於衣食。生活程度漸高，就略有餘暇，以從事於思考。社會等級既分，不事生產的人，閒暇的工夫更多。各種學術，也就逐漸發明了。上古制度文物的進步，大概如此。

【習題】

（一）上古制度文物的進化怎樣？

（二）上古社會的組織怎樣？

（三）上古氏族爲甚起於女系？

（四）民族怎樣起源的？

（五）古代國家怎樣造成的？

（六）上古衣服的進化怎樣？

（七）怎樣叫牲畜時代？

（八）怎樣叫農業時代？

（九）農業社會爲什麼多和平？

（十）遊牧社會爲什麼喜侵略？

第五章　周之建國及其政教

夏商時代的史事，傳於後世的，還不甚詳；到周朝，便要比較詳細些了。

周初國家之組織

這時候的政治可以説是在封建時代。國家的内部，是以平民、貴族兩級組成的。自然還有奴隸，但不十分需要。每國都有世襲的君主，其下爲公、卿、大夫、士。天子、公、侯、伯、子、男、卿、大夫，都是所謂爵。有爵，便表明他的身份，與衆不同。士却不是爵，只表明他是任事的人，就是服公務的人的意思。自大夫以上，大概都係世官。士則由平民中選舉。參看第七章，述自治制的一節。重要的官吏：有冢宰，是總管一國的政治，和官吏的賞罰的。有司徒，是管理人民，司教化之職的。有宗伯，是管典禮的。有司馬，是管兵事的。有司寇，是管刑法的。有司空，是管民居和道路等事的。這是《周禮》所謂六卿。後世的六部，就是仿此而設的。但司空實在是管建設的官，並不管製造。後世設工部以當《周禮》的司空，實在是錯誤了的。所以有此錯誤，則因《周禮》記司空的一部分亡了，漢朝人把一部記工官的古書，叫做《考工記》的去補足他之故。周禮六卿之上，有三公、三孤，都是坐而論道，不管事的。這是漢朝時候講經學的古文家的説法。今文家的説法，則司馬、司徒、司空爲三公，漢朝講經有今文古文兩派，見中古史第四章。人民的最大多數是農民。出租税之外，兼服兵役。其軍隊的組織：是以五人爲伍，五伍爲兩，四兩爲卒，五卒爲旅，五旅爲師，也有説師就是一軍的，也有説五師爲軍的。師爲一軍，是今文家的説法，見《公羊》隱公五年《注》。五師爲軍，是古文家的説法，見《周禮》夏官司馬。打起仗來，以車兵爲主力，輔之以步兵。正式的軍隊，大概是國都附近的人民，其餘的人民，亦能從事於戰守。不過不用他做正式的軍隊，只叫他保護本地方罷了。春秋以前，正式的軍隊，都近國都，並不是全國的人民，都做正式的軍隊。清朝江永的《羣經補義》，有一條，論這件事。刑法：有自古相傳的五刑，就是墨、劓、剕、宫、大辟。成文法也已經有了，但還不曾公布。《左氏》昭公六年，鄭國的執政子産作《刑書》。晉國的叔向，寫信給他，很不以爲然。子產所做，就是公布法律的事情。可見法律是到春秋以後，纔逐漸公布的，以前都采取祕密主義。

封建制度之確立

所謂封建，到底是怎樣一回事呢？這其間當分兩層講。古代交通不便；各地方的風氣，也不相同；林立的部落，大概是不相往來的。這時代，自然説不上封建。到後來，交通漸漸便利了，往來接觸之事，就日漸繁多。有接觸，自然免不了爭鬭。有爭鬭，自然有勝敗。敗的對勝的，要表示服從，列國之間，就生出主從的關係來。這是封建制度的第一步。再進一步，強大的國家，便能把弱小的國家的君主廢掉，改立自己的(一) 子弟,(二) 親戚,(三) 功臣,(四) 故舊。還有並非吞滅他國，而因人口稠密，有一部人，移殖到外邊去的。此等分封出去的國家，對於其舊國，關係自然更爲密切。這是封建制度的第二步。周朝的封建，爵分五等，地則分爲三等。這是今文家的説法。其不滿五十里的，不能直達天子，附於諸侯，謂之附庸。古文家説，則公方五百里，侯、伯、子、男，遞減百里。亦見《周禮》。封地的大小，不過是定制如此，實際未必如此整齊劃一。即使初封時候是如此，後來也有擴大，有削小的；不可把制度當作事實。列國所公認的共主，稱爲天子，亦稱爲王。其餘五等之爵，亦總稱爲諸侯，諸侯國内的政治，都是自理的。對於天子，只盡朝聘的禮節。天子出來巡行，謂之巡守。此種典禮，似乎不常舉行。還有將一部分地方，派一個諸侯管理的。這一部分地方之内，所有的諸侯，國内如有失政、篡亂等事；相互之間，如有紛糾，都歸這一個諸侯負責糾正，輕的加以責問，重的就用兵征伐，這就是所謂霸主。後來用兵力爭奪的，就是這一個位置。

爵	公	侯	伯	子	男
地	方百里	方百里	方七十里	方五十里	方五十里

西周之政治

西周共傳十二代，約二百六十餘年。自大王遷岐之後，文王建都於豐，武王建都於鎬，豐、鎬，都在今陝西鄠縣。都在今陝西境内。所以稱爲西周。西周的天下，是到成王初年纔打定的。相傳周公把東方打平之後，就製禮,作樂，然後歸政於成王。孔子屢次稱贊周朝的文明，大約其規模，就是定於這時候的。

成王和其兒子康王，算是西周的盛世。康王死後，子昭王立。“南巡守不反”，西周就開始衰微了。

戎狄之内侵

西周的盛衰，似乎和民族鬭爭，很有關係。周朝在今陝西，其地本戎狄散布之區。自受封以來，和戎狄的争鬭，似乎便很激烈。到大王以後周朝算是勝利了，於是進而干涉東方的事情。從陝西到河南，有兩條路：一條是從長安出潼關，到洛陽，再渡河而北，便達到商朝的都城。武王伐紂，所走的是這一條路。一條是從長安向西南，出武關，到河南的南陽一帶，再向南，就到湖北了。古書上屢説文王化行江、漢，對於這一條路，似乎也有相當勢力的。春秋時代的楚國，建都在湖北的江陵縣。但是其受封之初，是在河南境内丹、浙二水會口的。清朝宋翔鳳考據出來的。見他所著的《過庭録》中《楚鬻熊居丹陽武王徙郢考》。昭王南巡守不返，後來齊桓公曾將此事去責問楚國人，昭王這一次，似乎是伐楚而敗的。對於西南的威風，就漸漸的不振了。昭王的兒子是穆王。在位頗久。相傳他曾有西征之事。徐偃王乘機作亂，也給他回兵打平。穆王西征的事情，見於《史記·秦本紀》、《趙世家》。所到的地方，怕不得很遠。後世有一部書，名爲《穆天子傳》，把穆王西征的規模，説得非常之大，所到的地方，簡直在亞洲的西部，這部書是靠不住的。穆王西征所見的西王母，是一個國名，見於《爾雅》。後來的人，把他附會做一個神仙，那更靠不住了。似乎王室的聲威，又爲之一振。但是穆王以後又漸漸的衰弱了。西周第十代君主，唤做厲王。他的行爲狠暴虐。國人謗毁他，他派一個人去監謗。有謗毁的人，就把他殺掉。如此者三年，百姓忍不住了，起而反抗。厲王逃奔出去。周朝兩個卿士，一個唤做周公，一個唤做召公，代他當國行政，謂之共和。共和的共，大約就是恭字。古人做事，小心謹慎，不敢輕心大膽，就謂之恭。古代貴族權大。春秋之世，君逃了出去，不另立君，即由大臣主持國事的狠多。如魯國的昭公，就是一個例子。如此者十四年，厲王死在外面，乃復立其子宣王。宣王號稱中興之王，曾西征獫狁，東征淮夷、徐戎，又曾大會諸侯於東都。然而到他兒子幽王手裏，西周又要陷於悲運了。

平王東遷

周幽王寵愛了一個女人，唤做褒姒，相傳褒姒不大肯笑。幽王却千方百計，要引他笑。於是無端把烽火舉起來。這烽火，是古代用以報警的。他的辦法是隔了若干里，就築一座高臺。白天在臺上舉烽，晚間則在臺上舉火。如此接二連三的過去，使遠方的人，可以從速知道警信。在沒有電報的時代，要算是傳遞消息最快的法子了。周幽王既把烽火舉起，四方諸侯，都當王室有警，趕快發兵來救。兵到時，却一些事情也沒有。褒姒却大笑。周幽王的皇后，是申國的女兒。那申國，在今河南南陽縣地方，正是武關以東緊要的去處。周幽王爲寵愛褒姒之故，把皇后廢掉。皇后所生的兒子，名喚宜臼，也廢掉，而立褒姒做皇后，褒姒所生的兒子做太子。宜臼逃到申國，周幽王又向申國索取。於是申國聯合犬戎，舉兵抵抗。周幽王再舉烽火，四方的諸侯，給他騙慣了，都以爲是遊戲舉動，再沒有一個人來。幽王遂被殺於驪山之下。驪山，在今陝西臨潼縣。舉烽火以戲諸侯，自然是一段帶有傳奇性質的傳說，不足爲據。然而西周的滅亡，是由於陝西境內的犬戎、河南西南部的申國，一時俱叛，則似乎是事實。幽王死後，宜臼即位，是爲平王。在陝西境內，不能立足，乃遷徙到周公所營的洛邑。從此以後，史家就改稱他爲東周了。

【習題】

（一）周朝重要的官吏，有哪幾種？

（二）周初軍隊，怎樣組織的？

（三）周初的刑法是怎樣？

（四）何謂霸主？

（五）何謂諸侯？

（六）共和兩字的意義怎樣？

（七）周幽王爲什麼被殺？

（八）西周、東周的分別如何？

（九）陝西到河南有幾條路？

（十）西周時戎狄怎樣內犯？

第六章　春秋與戰國

東周時代的歷史，又和西周不同了。西周以前，我們大概只知道一個天子之國的歷史；其餘諸國，都只知道一個國名。到春秋戰國時代，就知道許多國的事蹟了。此其故，一由於周代的衰微，一亦由於諸侯的强大。由周代衰微，所以會盟征伐之權，不在天子手裏。研究這時代的歷史的人，就不能不兼采列國的史事。亦因諸侯强大之故，其國的聲明文物，日益進步，而可供采取的史料，和其流傳的機會都多。

春秋戰國之界説

前九世紀	西周		共和以後
前八世紀		東周	
前七世紀		春秋	
前六世紀			
前五世紀			
前四世紀		戰國	
前三世紀			秦

我國歷史上，確實的紀年，爲周朝的共和元年，即公元前八四一年。至公元前七七一年而西周亡。周平王的四十九年，即魯隱公元年，爲公元前七二二年，孔子因魯史作《春秋》，起於這一年。自此到公元前四七九年，孔子卒的一年，稱爲春秋時代。春秋以後爲戰國，到公元前二二一年秦滅齊統一天下止。

周代中央權勢之衰微

周代爲什麼會衰微呢？這自然和東遷是大有關係的。周居陝西渭水流域,本是最肥沃之地,而其直轄的地方,又從豐、鎬跨據到洛陽。幅員既廣,形勢亦好。東遷以後,函谷關以西,函谷關,在今河南靈寶縣西南。這是一條狹路的東口。現在的潼關,是這條狹路的西口。周朝不能恢復,版圖削小,實力微弱,對於諸侯,自然無權過問;同時諸侯又日益强大,自更不肯服從了。

諸侯强大與五霸

春 秋 戰 國 時 大 國							
春秋	齊	晉		秦	楚	吳	趙
戰國	齊	趙	韓	魏	秦	楚		燕

諸侯爲什麼會强大呢？談到這個問題,我們先須把春秋戰國時的地圖看一看。把地圖一看,便知道這時候所謂强國,多在沿邊之地;而其時的二等國,如魯、衛、宋、鄭、陳、蔡等,則多在今豫東、魯西一隅。這是爲什麼？我說:其(一)因沿邊之地,多與異民族雜居,以競爭磨礪而强。其(二)則開化較晚的民族,多不知寶貴土地;而其人口的密度亦較小,和他們雜居的國,以此易於開拓而大。

既然强大,就要爭做霸主了。大家都知道,春秋時代,有所謂五霸。你道這五霸是誰？

原來古代的中國,雜居的民族很多,而以漢族的文明程度爲最高。漢族的根據地,是黃河中下游。所以所謂"中原",實在只是豐、鎬以西,泰岱以東,晉陽、涿鹿以南,陽城以北之地。這便是周朝和當時二等國的一個集團。其齊、晉、秦、楚、吳、越等國,初時都是在沿邊之地,與異族雜居的。雖然同是文明冑裔,而既居夷狄之地,總不免雜有夷狄之俗。雜居的異族,一時未能同化。自己也有時ұ和他們同起見,采用一部分夷禮。齊、晉兩國,開化較早,所以從春秋以來,從沒有被視爲夷狄。秦、楚、吳、越,就不然了。所謂民族,本是以文化爲標準的,並非有什麼種族的成見。我國人從古就深知此義。所以《春秋》之義,諸侯用夷禮,就當他是夷狄;用中國之禮,就當他是中國。這個並不是孔子一人的私見,大概當時的風氣是如此。所以同是一個國,當其未進化時,可以夷狄自居,及其已進化後,就以中國自居,而且以攘夷狄自任了。尊王攘夷,是當時霸主很重要的責任。因爲(一) 有一個共主,列國間的秩序,到底要容易維持些;(二) 而野蠻之國的侵擾,又是文明之國的公敵。

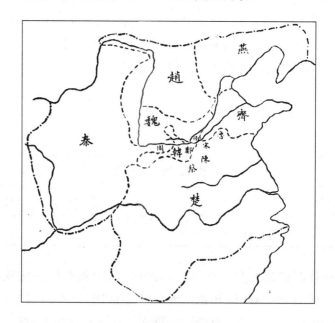

春秋戰國時之疆域

　　此圖係就戰國時七國疆域表示其大概。其中如秦、楚等國,疆域覺得很大。但如秦有今四川,楚有今湖南、江西等,都是新征服或未甚開發的地方,和現今吉、黑、蒙、新、海、藏等,不能和內地相比一樣。若論人口稠密、產業發達之地,則各國相去,並不甚遠。春秋時的國,戰國時爲哪一國所滅的,即在那一國中,存其國名,不再畫出界綫。其中惟衛到秦二世時纔滅,但這區區小國,實際上毫無關係,所以普通到秦滅齊時,就算天下統一。

　　五霸的第一個是齊桓公。他的聲威最盛。當時有種山戎,曾侵犯燕國;又有種狄人,把衛國打破。齊桓公都曾去救他。這時候,楚國開始要侵略中原,像鄭國等,已有些怕他。而楚國開化未久,中原之國,還有些當他夷狄排斥。齊桓公也曾興兵伐楚,因其請和,和他結盟而還。齊桓公的稱霸,是春秋初期的事。桓公死後,宋襄公出來,要想做會盟之主。然而宋國較小,力量不甚足,到底給楚國打敗了。直到晉文公出來,纔把楚國打敗,稱爲霸主。從此以後,中原之地,就是晉、楚兩國,互相爭衡。大抵偏於北方之國,如魯、衛、宋等,多服於晉;偏於南方之國,如陳、蔡等,多服於楚；而鄭則爲二國的爭點。雖其間秦穆公也曾和晉國相爭，打破晉兵，然而仍只做得個西戎之長。直到楚莊王出來，把晉國打敗，而其威勢纔及於北方。楚莊王之後，晉、楚依舊相爭。後來宋國有個向戎出來提倡弭兵。請晉、楚二國及其屬國，都在宋國結盟。從此以後，晉、楚的兵爭以息，吳、越兩國，繼之而起了。吳國當强盛時，曾打破楚國的都城。楚國靠了秦國的救兵，纔得復國。吳國因此進而干涉北方的事情。然而國力未免疲敝，到底爲越國所滅。這是春秋末期的事。

國際禮法

當時的霸主，形式上還是受命於周天子的。論其實際，則是因其國强大，爲諸侯所服，而天子乃加以錫命。所以所謂霸主，其實是由力爭而得。周室衰微，諸侯對於天子，多不盡朝聘之禮；對於霸主却不然。霸主的責任：則列國之間，有什麼公共的事情，他就出來號召同盟之國，共籌辦法；而且要發號施令，主持其事。同盟之國，有受他國侵略的，亦要號召各國，出來救援。同盟之國相互間的爭執，他要出來評判是非；內部的問題，也要起而矯正。所以有一個霸主，列國間的秩序，亦可維持若干。

但是到戰國時代，列國間的形勢，又不然了。這又是爲什麼呢？這實在由於競爭的更形劇烈。從封建入於統一，是世運進化的自然，並非人力所能强爲。當春秋時，列國間的競爭，固然已很劇烈。小國滅亡的，亦已不知凡幾了。然而二等國如魯、衛、宋、鄭、陳、蔡等，還能自存，各大國間，還有個緩衝。到戰國時，則此等國益形削弱，先後滅亡，大國的競爭，就都變成直接。而且世運日進，各大國的兵力，愈形雄厚。各地方的風氣，亦漸漸齊一，可用同一之法統治。於是列國的競爭，就非復互爭雄長的問題，而是互相吞併的問題了。然則誰能吞併誰呢？

秦之强大與六國

當戰國初期，秦國的形勢還很弱。黃河以西的地方，還有一部分，爲魏國所據，然而（一）晉分爲趙、韓、魏三國，力量較弱。（二）而秦國的地勢，易守難攻。（三）又其人民的風氣，最爲樸實强悍。（四）又得秦孝公，用商鞅，行變法之令，使其人民都盡力於農戰。而秦國的形勢就獨强。

約縱連橫

秦國既然獨強，六國都不能敵。於是有約縱之説，合六國以禦秦。主持其事的，最有名的是蘇秦，然而六國心力不齊，不能持久。又有連衡之説，使六國都西面事秦。主持其事的，最有名的是張儀。其不能持久，亦與合縱同。而列國又於其間，互相攻伐。紛紛擾擾，和戰不定。秦國則取遠交近攻之策，次第蠶食諸侯。到公元前三世紀之末，而六國遂爲秦所滅。

中國的上古戰鬥

六國之滅亡

秦滅六國的經過，是如此的：他出一支兵於河北，先逼着魏國，從安邑遷都到大梁，安邑，今山西安邑縣。大梁，今河南開封縣。進而攻取河南、河北、山西三省間的要點上黨。上黨，今山西晉城縣。自此南下而滅魏，東北出而滅趙，又滅燕，就把滅燕的兵，回轉來滅齊。其出河南的兵，則攻破韓國的要地宜陽。宜陽，今河南宜陽縣。韓國和周朝，就爲所脅制，先後滅亡。出長江流域的兵，逼着楚國，遷都到從前陳國之地，又遷徙到壽春。陳國的都城，在今河南淮陽縣。壽春，今安徽壽縣。也到底給他滅掉。到公元前二二一年，六國皆滅，古代封建之局，至此而告終。

【習題】

（一）周代衰微的原因是什麼？

（二）何謂春秋時代？

（三）何謂戰國時代？

（四）五霸是誰？功業怎樣？

（五）春秋時的強國，爲甚多在沿邊之地？

（六）漢族的根據地在什麼地方？

（七）霸主的責任是怎樣？

（八）何謂合縱連橫？

（九）秦滅六國的經過怎樣？

（十）秦爲什麼會强大？

第七章　周代之社會概況

從前崇古的人，總説三代以前，是個黄金世界。現在持進化論的人，又説古代世界是野蠻的。到底誰是誰非呢？事實最雄辯。與其望空辯論，不如把古代社會的情形，考究一下。夏殷以前的書，傳於後世的少了，那時候的情形，我們現在，還不大明白。周代就不同了。現在且參酌各方面的情形，説出當時社會的一個概況。

井田制

當時的社會，最大多數，自然是農民。農民的情形是怎樣呢？提到這個問題，便不能不想到井田制度。

井田制度，據古書説，是這樣的：把古代一方里之地，畫爲九區。每一區是一百畝。中間的一區是公田。其中又分出二十畝，爲搭蓋廬舍之地。一方里之地，共住八家。各種私田百畝，公田十畝。公田所入歸公，私田所入歸私。這個謂之助法。種的時候，通力合作；收的時候，計畝而分。這個謂之徹法。不論年歲的好壞，取幾年的平均數，定爲一定的税額。年景好不加多，年景壞不減少。這個謂之貢法。貢、徹兩法，都不分別田的公私。據孟子説：夏朝是用貢法；殷朝是用助法；周朝是用徹法，而亦兼用助法的。合十井八十家，則成一里。里的中央，有一所公共的建築。名爲校室，百姓種田時候，住在廬舍裏。農工既畢，就入居里中。這時候，男子脩理房屋，預備明年的春耕。女子則從事於織布。小孩呢？到校室裏去。選地方上年紀大的人，監護他們，教他們做人的道理，和規矩禮法。也有時候行鄉飲酒禮和鄉射禮等，表示敬老和有秩序的意思，彷彿現在的懇親會、運動會一般，這就是古人所謂教化。這一段所説，是根據《公羊》宣公十五年的《注》的。《漢書·食貨志》所説也大致相同。

自治制

地方的組織,有兩種説法:一種見於《周禮》:以五家爲比,五比爲閭,四閭爲族,五族爲黨,五黨爲州,五州爲鄉。照這種説法,一鄉是一萬二千五百家,一家出一個人,恰好成爲一軍。又一種説法,見於《尚書大傳》:以八家爲隣,三隣爲朋,三朋爲里,五里爲邑,十邑爲都,十都爲師,十二師爲一州。和井田制度相合。這兩種制度,似乎都是有的。在當兵的區域裏,就用前一種制度。不用他做正式軍隊的區域裏,就用後一種制度。管理公務的人,照《周禮》説:有比長、閭胥、族師、黨正、州長、鄉大夫。從鄉大夫以下,都要考查人民的德行、才能、技藝。每三年,要舉行一次“大比”。比就是查軋的意思。是所以清查人口、馬牛、車輦等的數目的。賢能的人,也於此時舉出,把其名氏送之於王。王就任用他去做比長、閭胥之類。《周禮》説:這叫做“使民興賢,入使治之;使民興能,出使長之”。就是所謂“鄉舉里選”。

宗法制

以上所説,是平民社會的情形。至於貴族,又另有一種組織,那就是所謂宗法。周朝的繼承,是以嫡爲第一條件,長爲第二條件的。國君的嫡長子,繼位爲國君。其餘的兒子,便都別立一宗。第一個立宗的人,謂之別子。就是這一宗的始祖,他的嫡長子、嫡長孫,代代繼續下去,都是大宗的宗子。其餘諸子,則分爲小宗。小宗和大宗的關係,恰和大宗和國君的關係一樣。凡與小宗宗子有五服之親的人,都要歸他管轄。窮了,也可以受他救濟。五服以外的人,就不相干了。大宗則不然。同出一祖的人,永遠要受他管轄,也永遠得受他救濟。所以有一大宗宗子,則同出一祖的人,都能彀團結不散,也不至於散漫没有管束。不過宗法是要與封建並行的。因爲必如此,才有廣大的土地,以養活其族人,給其族人居住。否則各自謀生,散居四處,宗法的聯結,就要解紐了。後世儘有稱贊宗法的人,然而宗法終於不能復行,就是爲此。

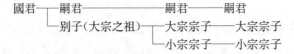

井田制度,最重要的,是田間的疆界。疆界如其是陸地,就是所謂阡陌;

如其是水道，就是所謂溝洫。溝洫和阡陌，都占地很多。地廣人希之時，不以爲意。到人口漸多，土地感覺不足，就要去破壞他了。以土地的使用論，這自然是經濟的。然而田的疆界一破壞，隨人家占到哪裏是哪裏，地權就要不平均了。這本是國家該禁止的事情。但當時的暴君污吏，（一）或者利於土地開闢，賦稅可以多收；（二）或者侵奪人家的土地，連自己也要破壞了舊疆界而重造。如此，就不但不去禁止，還要獎勵他了。從前的人，都説商鞅廢井田，開阡陌，其實他不過承認已開闢的阡陌，不算犯法，借此以"盡地力"。説井田制度，本來完好，商鞅用獨力去破壞，是決無此理的。不然，秦國以外的井田，又是誰破壞的呢？開阡陌的開，是開墾的開。阡陌就是被開墾的土地。不可把開字當作開創的，開阡陌當做一種制度的名目。

工商業之進化

井田制度的破壞，對於社會經濟，自然有很大的影響，然而還不如工商業的進化，關係來得更大。古代簡便的器具，個個人都會造的，用不着什麼工人，較難造的器具，則國家特設工官製造，以供民用，本不爲牟利起見，自無所謂剝削。至於商業，較大的是行於部落與部落之間的；本部落之中，只有零星的交易，並不能牟大利。社會進步了，分工隨之而加密。於是有許多東西，不必自己造，而另有專門製造的人，就發生所謂工業家。分工細密了，交易隨之而繁盛。其勢不能人人直接。就有一種人，一方面收買進來，一方面發賣出去，專門做生產者和消費者中間的介紹。這就是所謂商人。商業的範圍，愈擴愈大，漸漸的，就把各地自給自足的規模打破了。一個人所消費的東西，實在是合全社會去供給他。同時，他所做的東西，自然也供給全社會。但是其互相供給，不是好意的贈送。又沒有一個公平的機關，替他們分配，而是人人以利己之心行之。人人都想利己，未必人人都能利己。交換的結果，自然有得利的，有虧折的，貧富就更形不均了。

風俗之劇變

經濟既發生變動，等級制度，就隨之而破壞。從前平民不許喫，不許穿，不許住，不許用的，都要喫起來，穿起來，住起來，用起來了。有錢的人，對於窮人的權力，自然加大起來。便是王公貴人，也不能不和他敷衍。看《史記・貨殖列傳》,便可知道這種情形。如此,誰不看得眼熱呢? 誰又不想發財呢? 就弄成"天下熙熙,皆爲利來;天下攘攘,皆爲利往"的局面了。

私家教學之盛行

孔子像

平民的智識在這時代,却大有增進。古代的學術,大概爲貴族所專有,平民僅從事於生産。到封建制度破壞後,貴族多變爲平民,而平民社會中,有智識的分子增加。又因社會經濟變動,窮的人固然更窮,富的人,却優遊自在,有餘力可以去研究學問了。於是社會上學術的空氣,驟然濃厚。在古代,是除掉國家所設立的學校和官署以外,没有獲得智識的地方的,這時候就大不然了。我們試看:春秋時代,孔子有弟子三千人;戰國時代,孟子説楊朱、墨翟之言盈天下,而孟子自己,也有"後車數十乘,從者數百人"。便可見私家教學的興盛。社會組織的不合理,固然是給大多數人以痛苦的。這少數有受教育機會的人,却替學術界放出了萬丈的光燄。

【習題】

(一) 井田制度怎樣?

(二) 貢、助、徹怎樣分別?

(三) 周朝的地方組織怎樣?

(四) 什麼叫宗法?

(五) 井田爲甚重疆界?

(六) 暴君污吏爲甚要破壞疆界?

(七) 春秋戰國時,私家的學説,爲甚風行?

(八) 工商業進化對於社會經濟的影響如何?

第八章　春秋戰國之學術思想

　　春秋、戰國，是中國學術思想，開始發達的時代。這時代的學術分爲許多派，互相辯論，各有特色，在中國的學術史上，實在是很有價直的。近來的人，都說春秋戰國，是我國學術思想，最爲發達的時代，後世都比不上他，這話也未必然。春秋戰國時代的學術，固然有各專一門，各極高深的長處；也有偏執己見，不了解他人的立場的毛病。譬如墨子的主張節儉，自因爲當時貴族奢侈，人民窮困之故。社會窮困之時，應得節儉，是從古以來如此的，看下文便可知道。莊子卻說他的道理太苦了，人不能堪，然則坐視着凍餓的人凍餓，你還是奢侈你的，撫心自問，能堪不能堪呢？荀子又說有好政治，窮是不足爲患的。墨子何嘗說窮是最後的憂患？天然的憂患？不過在當時困窮的情形之下，節儉就是最好的政治罷了。這不過舉其一端，其餘這一類的地方還很多。總而言之：當時學術的能彀分爭角立，互相辯論，固然有其好處；然亦因其在初興之時，彼此的立場，未能互相了解之故。到後世，沒有這種激烈的辯爭了；固然由於思想的停滯；然亦因其在社會上通行得久了，各種學問的所長所短，大家都已了然，所以用不着甚麼激烈的辯論。我們試看：《史記》的末一篇《自序》載他父親司馬談論陰陽、名、法、儒、墨、道六家的話，以及《漢書・藝文志》論各家的話，大都有褒有貶。其所褒貶，大致可說是得當的，就可以明白這個道理。所以，我只說春秋戰國是中國學術發達，有光采的時代，不說他是最好的時代。我們現在，要研究這時代的學術思想，自然得先研究這時代學術思想發達的原因。

學術思想發達之原因

　　春秋、戰國時代學術思想發達的原因，在哪裏呢？我以爲下列兩端，是其很重要的。

　　（一）封建政體破壞了，貴族變爲平民，向來官僚的學術，變爲私家的學術。

　　（二）社會變動劇烈，人民也困苦了，國家也危險了，仁人君子目擊心傷，都想設法挽救，於是不得不研究學術。

學術之分派

學術是歸納若干事物所得到的原理、原則。前漢末年，劉向、劉歆父子二人，替漢朝的王室，整理書籍，編纂目錄，因而推論古代學術的源流派別，著成一部書目，名爲《七略》。《七略》中《輯略》是自述編輯之意的，不是書目。此外《六藝略》是經書，實在就是諸子中儒家的書。《諸子略》、《兵書略》、《數術略》、《方技略》，都是當時各種專門之學。《詩賦略》是文學書。《七略》這部書，現在已沒有了，可是《漢書·藝文志》，大概是根據他的。這是中國最古的書目，也是中國人最早統論學術源流派別之作。據他所推論，春秋、戰國時的學術，其根源，都出於一種"官守"。這話雖無證據，却也有相當理由。因爲古代學術，爲貴族所專有；而做一種官，就有一種經驗。其初不過粗引其端，後來世變日亟，根據舊有的學識，以觀察世間的事物，因舊有的見解不同，所注重觀察的方面，也自然不同。注重觀察的方面不同，其所成就，自更因之而異了。這是春秋、戰國時代，學術所以發生派別的原因。

然則當時的學術派別，是怎樣的呢？——列舉，未免太煩。我們現在，且舉出幾家重要的來説説。

其（一）是儒家。儒家是出於司徒之官的。司徒是主教化的，所以儒家在政治上，也重德化而輕刑罰，而尤注重於人倫及道德。

其（二）是道家。道家是主張放任主義的。所以他在政治上，主張無爲而民自化。他覺得後世的社會，人與人間的關係，衝突得太利害了，遠不如上古時代，渾渾噩噩的好，所以慨想到"小國寡民"之世。他又以爲一切事總是循環的。恃强的人，終必喫虧。所以他在應付的手段上，主張"知白守黑，知雄守雌"。

其（三）是墨家。古代社會，離共産之世未遠，人民的貧富，本來相差不甚利害。享用的多少，也當合全社會而通籌。譬如到荒年，就大家的喫用，都要減省，雖天子亦是如此。譬如《禮記·王制》説：三年要儲蓄一年的糧食。到三十年，就有十年的儲蓄，雖然荒年，百姓也不怕飢餓了，到這時候，天子纔好天天殺牲，作樂的吃飯。古代各種禮節，到荒年時候，大抵另有減省的辦法。如《禮記·曲禮篇》所説：荒年，君就不能吃動物的肺，大夫就不能吃粱（粱和肺，是當時以爲美食的），就是一個例子。到春秋、戰國時代，就大不然了。貴族的奢侈愈甚，則其對於人民的剥削也愈甚。還要爭城爭地，打個不已。人民就無所措手足了。墨子是"背周道用夏政"的，所取法的，是較古的治法，所以主張節用和非攻。

其(四)是法家。當競争劇烈之世,必須用整齊嚴肅的法度,以訓練其人民。而在戰國以前,特權階級是貴族。貴族各顧其私,其利益,就上不與國合,下不與民同,更須有一種法子去駕馭他。法家就是應於這兩種需要而發生的。他訓練人民的法子,謂之"法",督察貴族的手段謂之"術"。見《韓非子·定法篇》。

以上四家,是和社會政治,關係最大的。此外:研究哲學、論理學的,則有名家。根據天文、曆法,以推求宇宙的原理的,則有陰陽家。講求用兵的法子的有兵家。講求外交的策略的有縱橫家。講求種植之法的有農家。講求醫學的,有醫經、經方等家。醫經是醫學,經方是藥物學。總而言之,從古相傳的學術思想,到這時代,分途並進,各自發揚其光輝。所以這個時代,可以説是我國學術思想,很有光采的時代。

春秋戰國時學術之影響

春秋、戰國時代的學術對於社會,有怎樣的影響呢? 這個又可分三方面説。

(一)政治上。儒家的崇尚德化,道家的清静無爲,法家的整齊嚴肅,對於後世的政治,都有很大的影響。就是墨家的非攻、節用,也不能説没有影響的。歷代開創之初,國用常取節儉主義。就守成的賢君,也是如此。中國歷代,都不喜歡侵掠他國,用兵總是自守時多,有時攻擊他國,亦是怕他養成氣力,將爲大患之故,還是攻勢的守禦。間有以一兩個人的野心,而從事於侵略的,總要大受輿論的非難。這都可以説是受墨子的影響。

(二)哲學上。我們最古的哲學思想,是對於宇宙萬物,爲一種玄學的説明的。陰陽、五行等説,很可以代表這時代的思想。這種思想,到後來,不甚受人家的重視。只有少數的數術家,根據着此等説法,以研究哲理罷了。中國人的哲學思想,是切於人事的。其最爲深入於國民心坎的,則爲儒家的"易"和"中庸"兩種思想,道家的尊重自然的思想。中國人所以最不固執;最容易改革;凡事不走極端;不主張强爲。可説都是深受古代學術思想的影響的。

(三)社會上。春秋戰國的學術,對於社會影響最深的,可以説是孔子的人倫日用之教。人人都覺得人與人之間,應當互相幫助,互相親愛;而日用尋常之間,亦必事事求其合理。做好人正不必好高騖遠,就目前的境地,人人可以做得的。都是受此種思想的影響。次之則道家的委心任運,與世無爭,似乎對於社會的心理,影響也很大。

　　以上不過舉其最大的,其餘較小的影響,自然是列舉之而不能盡。總而言之:一種學術思想,既經盛行一時,到後來雖若成爲過去,其實早已深入人人心中,成爲構成他人格的一部分了。這是歷代的學術思想,都是如此的。春秋、戰國的學術思想,其年代較早,其影響於國民的性格,和社會上的事實,自然更深,所以這時代的學術思想,實在是中國文化很重要的一個淵源。

【習題】

(一)春秋戰國時學術思想發達的重要原因有哪些?

(二)春秋戰國時的學術爲甚發生派別?

(三)春秋戰國時學術派別有幾家?

(四)儒家的學説怎樣?

(五)道家的學説怎樣?

(六)墨家的學説怎樣?

(七)法家的學説怎樣?

(八)墨子學説對於社會的影響怎樣?

(九)儒家的學説對於社會的影響怎樣?

(十)古代的哲學對於國人的心理怎樣?

第九章　本　期　結　論

有四萬七千萬的人口，有一千一百萬平方公里的土地，據《申報》民國二十三年《年鑑》。在這版圖以内，民族大致同一。雖有少數異民族，從來不起鬥争。回到歷史上看，亦曾有短時期的鬥争，而經過相當的年代，總和主要的民族同化。這一個大民族，的確是世界上獨一無二的了。這大民族是誰？就是我中國民族。中國民族的事業，不是一朝成就的，是逐漸積累而成的。在上古期，我們之所成就，已很有回顧的價直了。

上古期内民族展布之範圍

古代的漢族，只是黃河流域一個民族；同時雜居於中國本部的民族很多。讀第三章所述，已可知道了。然則我們後來，是怎樣逐漸展布，把這些異民族融合的呢？這個，和漢族的拓殖，可以説是很有關係。大約在古代，漢族移殖到那一處，就帶着高等的文化同去。文化是有傳播的性質的。低等的文化，一定要同化於高等的文化的。而民族，是以文化爲特徵的。文化的融合，就是民族的融合。春秋以來的大國，如齊、晉、秦、楚、吴、越等，其初所居，都是夷蠻戎狄之地，後來却變做聲明文物之邦。這就是我國民族，從古代的所謂中原，再向外一步的展布。其夷蠻戎狄，同化於我，有可考的：如春秋時代，狄分爲赤狄、白狄。赤狄在河南、河北、山西三省之間，大都爲晉國所併。白狄在陝西的西北部，爲秦國所併。西戎，從周室東遷以後，亦大都爲秦國所併。秦國的疆界，直達到黃河。戰國時代，趙武靈王胡服騎射，學了北方遊牧民族的長技，去制服他。就把雁門山以北之地開闢，直達今察哈爾、綏遠境。燕國又向東北展拓，開闢了熱河和遼寧。以上是正北方。至於南方：則楚國開闢了湖南和江西的西部。越國也開闢了江西的東部。秦國又吞滅巴、蜀，開闢了現在的四川。其兩廣、福建，越國的王族，已有在那裏做君長的;楚國也有個王族,從貴州打通了雲南,不過收入版圖,還要等到秦始皇統一天下之後罷了。上古期內,我國民族展布的範圍,大略如此。

上古期内之制度文物對於後世之貢獻

至其制度文物,對於後世的貢獻也不少。在政治一方面,如官制、學校、選舉、兵刑、賦税等等,後世都是承接着古代而漸變的。衣、食、住的材料,以及種植、烹調、紡織、縫紉、建築等方法,交通的道路,器具、動力等,亦都是古代所發明,後世把他做了憑藉,然後逐漸改良的。這個前文都已經説及了。還有兩件事,沒有能殼詳細説述,現在也得述其大略。其(一)是文字。最初的文字,大概都是"象形"的,後來就又有種種法子了。指明一件東西的位置,謂之指事。如篆文上下二字,是在一畫的上下,各寫一個人字,以表明其爲在上在下的意思。"人在一上爲上,人在一下爲下",見《周禮·保氏》疏。把兩個字合起來,見得一種意義,謂之"會意"。如把人言兩字,合成一個信字是。兩個偏旁,一個取其意義,一個取其聲音,如江、河兩字,是把水字和工字可字合成,謂之"形聲"。其語言日漸加多,意義相類的字,從前合用一個,後來分別添造,謂之"轉注",如有了考字,再造老字是。語言的意義不同,而發音相同的,就借用現成的同音字,不再添造,謂之"假借",如朋友的朋字,就是古文鳳皇的鳳字,因爲古音朋鳳相同,就不另造朋友的朋字是。這六種法子,謂之"六書"。有這六種法子,字就漸漸造的多了。馴至於有一句話,就有一個字去代表他。寫字之法,古人是用硬筆蘸漆,寫在竹木上的。也有時寫在縑帛上。其筆畫的形狀,都是圓的。後世此種字,只用之於雕刻,所以稱爲篆書。篆字就是雕刻的意思。秦朝時候,使用文字多了,書寫不及,就叫徒隷幫着寫。徒隷是不會寫字的,畫

古文	篆書	隸書	楷書	行書	草書
上	上	上	上	上	上
下	下	下	下	下	下
左	左	左	左	左	左
右	右	右	右	右	右
日	日	日	日	日	日
月	月	月	月	月	月
山	山	山	山	山	山
鹿	鹿	鹿	鹿	鹿	鹿
馬	馬	馬	馬	馬	馬
魚	魚	魚	魚	魚	魚
鳥	鳥	鳥	鳥	鳥	鳥

文字的變遷

在上面就算。圓的筆畫，就變做扁的、方的了。這種字，因爲其是徒隸所寫，後人就稱爲隸書。雖然寫得不好，却是寫法簡便，反而漸漸通行了。秦時發明了毛筆，後來又發明了墨，書寫就更形便利。但是竹木繁重，縑帛價貴，總還覺得不便。後漢時，蔡倫發明造紙，價錢纔漸漸便宜起來。這造紙、造筆等事，雖說是一個發明，其實也是沿襲古代而漸變的。還有古代，要求永久之物，刻之於金石之上，這雖不是印刷，實在也是印刷的遠源。其（二）是貨幣。貨幣是交易的媒介。我國古代，使用最多的，大約是貝殼。所以貨、財等字都從貝。次之則米粟、布帛等切於實用之物，也可以做媒介。然而體積小，價格高；可以久藏而不至於變壞；並且價格不易變動；使用起來，又便於分割；總不如金屬的了。所以社會進化，交易日繁，金屬就漸漸變成主要的貨幣。齊太公替周朝立圜法，是金銅、布帛並用的。布帛的長和闊，都有一定的尺寸。黃金用的少，所以只用秤量的法子。銅用得多，就要鑄成一定的樣子。太公所定的圜法，銅錢的輪廓是圓的，中間一個孔是方的。這種形式，以及銅錢和布帛並用之法，中國沿襲了幾千年。只有黃金，從魏晉以後，漸漸的少了，所以不用爲貨幣；然而秦、漢兩代，都是金銅並用的。

【習題】

（一）上古時代漢族怎樣展布的？

（二）展布的範圍怎樣？

（三）六書怎樣分別？

（四）篆書起於何時？

（五）隸書起於何時？

（六）上古的貨幣怎樣？

（七）齊太公所立的圜法怎樣？

（八）古人寫字的器具如何？

第二編　中古史

第一章　秦代之統一與疆土之拓展

六國之併吞與南方之開拓

中國現在的疆土，其最早屬於我國的，便是內地十八省和遼寧，此種規模，是到秦始皇時代而大定的。當戰國時，七國的疆域，已包括黃河、長江兩流域，和遼、熱二省，看前章所附的疆域圖，已可明白。可是兩廣、福建、雲、貴，還未曾收入版圖。兩廣、福建的民族，古稱爲越。當戰國時，也有朝貢於楚的。至雲、貴兩省，則當時楚國，有個王族，喚做莊蹻，曾溯牂牁江而上，直打到現在的雲南省城。未及回兵，而湖南西境，給秦國取去，歸路斷絕，莊蹻就留在滇國做王。秦始皇發兵，把兩廣和安南地方打定。開爲桂林、南海、象三郡。桂林郡，大略是現在的廣西省。南海郡，大略是現在的廣東省。象郡，大略是現在的安南。福建地方，開闢爲閩中郡。西南一帶，也頗有和秦朝交通，而秦朝置吏於其地的。

防胡與築長城

對於北方，秦始皇也確定了一道防禦綫。這一道防禦綫，便是所謂長城。說起長城來，其起原可謂很遠。古代的國家，都有城有郭。城是全用人力造成的。郭則因山川自然的形勢，以爲防禦；有平坦沒有障礙之處，便用人力築城補足。假使所防禦的只在一面，那就不必四面合龍，只要延長成一直綫就毃了。長城是所以防禦小部落的侵掠的。所以和野蠻民族接境之處，便有長城。戰國時代，齊國在現今臨沂縣一帶，築有長城，便是一個證據。大約是防禦淮夷的。當時秦、趙、燕三國，在北邊亦都有長城。秦始皇既併天下，又把他聯接起來。這時候，北邊的部

長城圖

落,最强的是匈奴,據着現今的河套。秦始皇使蒙恬把他趕掉了,將河套地方收進來,畫入長城之內。秦始皇的長城,全不是現在的長城。現在的長城,大致都是明朝所築。他是沿着陰山之脈的,現在的遼、熱、察、綏,大部分都該包括在內,其東端,直達現在的朝鮮境內。秦朝長城的東端,在樂浪郡遂城縣境,見《晉書‧地理志》。樂浪郡是漢武帝滅朝鮮後所置四郡之一,見第三章注十三。[①] 其國防的規模,也可以謂之很遠了。

匈奴

---

① 即本册第一九八頁第十二行注文。

郡縣之制

秦始皇對於國內,可以說是完成郡縣制度的人。郡縣並不是始於秦的。春秋戰國以來,大國滅掉小國的,都把他作爲自己國內的一縣。卿大夫采地,發達至與國相等的,也可以成爲一縣。還有把小的鄉聚集合而成縣的。至於郡,則初設於邊荒之地,本來並不管縣。後來郡的轄境漸漸繁榮,就可以分設許多縣。設縣之後,自然還是屬於郡的管轄的。如此,合許多縣而要設立一個管轄的機關,自然也就名之爲郡了。秦始皇併吞六國之後,共置三十六郡。再加以開拓南方所得,共有四十郡。每郡設守、尉、監三個官。守是地方長官,尉是管武事的,監則是中央政府派出去監察的人。此時天下初定,還有人主張封建和郡縣並行。秦始皇的宰相李斯,竭力駁斥。始皇聽了他的話。封建制度,就一時絕跡了。

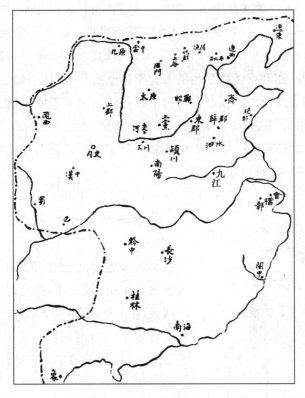

秦之郡縣圖

始皇之專制政策

秦始皇的專制，是很利害的。我們現在，且舉出幾件事來：

（一）古代的共主，在生存時，都只稱爲王，表明其爲"天下所歸往"的意思。秦始皇既併六國，覺得這個名號，不相稱了。乃采取從前對於古代的王的稱呼，自稱爲皇帝。自周朝以來，就有所謂諡法。這是因爲周朝人有所謂諱之故。人死之後，把來代他的名字的。諡法頗有相當的公道。好的人得好諡，壞的人得壞諡，他自己的子孫，也無可如何。秦始皇說："如此，是子議父，臣議君，甚無謂。"就把諡法除掉。自稱爲始皇帝，後世亦以數計，如二世、三世等。這事看似無甚關係，然而天子本是人民的公僕，僕人做事，好壞原該隨主人批評的。他現在竟不准人家議論，那就專制達於極點了。

（二）古代的兵器，是用銅做的。秦始皇把全國的兵器，都收到他的都城咸陽中消毀掉，鑄了十二個銅人，和許多樂器。這件事，好比現在收繳民間鎗械一樣。

（三）再進一步，他還要統一全國的學術思想。在古代學術尚未發達之世，原是"政教合一，官師不分"的。除却朝廷的政令，本無所謂政治主張；而除却官吏之外，亦没有懂得學術的人。學術既經發達，就不然了。政府所辦的事，自然總有人要批評他。秦始皇不以爲然。聽了李斯的話，把一班官吏做老師。後來又因誹謗之故，阬殺了四百六十個儒生。

（四）他怕有勢力的人反抗他，把當時所謂"豪"、"富"，都遷徙到咸陽，一共有十二萬户。又專用嚴刑峻法。

秦朝滅亡之原因

劉邦像

如此專制，人心已經不服了。他還要窮奢極欲。吞併六國之後，把他們的宮室，都畫了圖樣，在他都城附近，都摹仿建造一所。後來又自造了一所阿房宮。又在驪山自營葬地。還要派方士到海裏去求神仙。又要到處巡遊，所經過的地方，都要發人民治馳道。謂平坦，馬車可以馳行的。開疆拓土，固然是件好事。然而他行之也不得其法。戍邊的人多了，還要轉運糧食去供給他，人民不勝其苦。乃强發有罪的人，出去戍守，謂之"讁戍"。再後來，簡直就一條街上，截取其半條，把人都發出去，謂之"閭左之戍"。如此，誰不想反抗呢？不過懾於他的威勢，一時有所不敢罷了。公元前二一〇年，秦始皇東遊，死於現在的河北省境，他的長子扶蘇，因爲諫始皇阬儒之故，始皇不喜歡他，派他到蒙恬的軍隊裏去，做個監軍。小兒子胡亥，跟隨着他。宦者趙高，是始皇使他教胡亥決獄的。替他遊説李斯。詐傳始皇的詔旨，把扶蘇、蒙恬都殺掉，而立胡亥做皇帝。是爲二世皇帝。趙高又進讒言，殺掉李斯。嚴刑峻法，窮奢極欲，更甚於始皇之時。秦始皇死的明年，天下的兵，就紛紛而起了。其初是戍卒陳勝、吳廣，因爲後期了，照秦法，是不問理由，總是要死的，乃在現今安徽宿縣地方起兵。於是六國之後，一時俱起。此等新興之國，其兵力，自然不能和舊政府敵。秦朝派一支兵出去，就把他們都打敗了。然而當時，有個楚國將家之後，喚做項梁，和他的姪兒子項籍，起兵於吳。渡江之後，聽了范增的話，立了個楚國之後，號爲楚懷王。楚懷王是戰國時楚國的一個王。信秦國的騙，和齊國絕交，給秦國打敗。後來秦國人又騙他去講和，伏兵把他捉住，迫脅他割地，他不肯聽，就死在秦國，楚國人很哀傷他。所以此時即用其諡法，爲新王的稱號，以激動人心。此時漢高祖劉邦，亦起兵於沛，現在江蘇的沛縣。隸屬楚懷王麾下。項梁進兵擊秦，連打了兩個勝仗，後來又給秦兵打死了，秦兵乃北圍趙王於鉅鹿。現在河北的平鄉縣。楚懷王派項籍北救趙，劉邦西入關。項籍大破秦兵於鉅鹿，秦將皆降。漢高祖從武關而入。此時秦朝內亂。二世爲趙高所弒。立了個公子嬰，又把趙高殺掉。漢高祖的兵既到，公子嬰無力抵抗，只得投降。秦朝就此滅亡。其時爲公元前二〇六年。從秦滅齊統一天下至此，共只十五年。

【習題】

（一）秦始皇怎樣開拓南方？

（二）長城是否秦始皇造成？

（三）古長城與現在的長城有無區別？

（四）郡縣是否起於秦始皇？

（五）郡縣制度怎樣？

（六）秦始皇爲甚要廢諡法？

（七）秦始皇爲甚焚書坑儒？

（八）秦始皇爲甚銷兵器遷豪富？

（九）陳、吳怎樣起兵？

（十）項梁起兵爲甚推立楚懷王？

第二章　兩漢之政治概況

楚漢之爭

秦朝既經滅亡，就要議到善後問題了。以當時的人心和事勢，自然沒有一個人出來做皇帝的道理。於是回復到封建制度。漢高祖入關後，項籍的兵，也就來了。兩個人幾乎衝突。幸而有人從中調解，纔算沒有成事實。於是許多入關的兵，就在關中公議分封之法。其結果，所封的是：

（一）六國之後。

（二）滅秦有功的人。

當時諸侯的兵，以項籍爲最强，所以分封的權，實際上在他手裏。他在表面上，尊楚懷王爲義帝，却把他遷徙到湖南的南邊。半途，又把他殺掉了。項籍自立爲西楚霸王，建都在現在的銅山縣。封漢高祖爲漢王，建都在現在的南鄭縣。

霸王的霸，就是前此霸諸侯的霸；項籍就是諸王的長。諸王中如有紛爭，自然是項籍的責任。此等分職式的封建，總有人心懷不滿的。於是分封未幾，山東地方，就起了變亂。項籍出兵征討。漢高祖乘機，打定了陝西。又出關，打破了好幾國，直攻入西楚的都城。項籍回兵，把他打得大敗。然而漢高祖堅守滎陽、成臯。滎陽，是現在河南的滎澤縣。這是黄河的渡口。守此，所以能出兵河北。成臯，是現在河南的汜水縣，就是虎牢關的所在。守此，則洛陽安如磐石，關中更不必説了。有蕭何守了關中，替他補充軍隊和糧餉。使韓信渡河北出，打定山西、河北，直鈔到山東。項籍的後方，又受彭越的擾亂。兵少食盡。乃和漢高祖講和，約以鴻溝爲界，中分天下。鴻溝，是古代一條運河。《史記·河渠書》説他的流向：是"自滎陽下引河東南，以通宋、鄭、陳、蔡、曹、衛，與濟、汝、淮、泗會"，是一條溝通黄河流域與淮水流域的水。約既定，項籍罷兵東歸，漢高祖却背約追擊他。項籍兵敗，走到烏江，烏江，津名，在今安徽和縣南。自刎而死。前此所分封的國，此時多已滅亡。漢高祖就即皇帝之位，這是公元前二〇二年的事。楚漢分爭。不過五年，而天下復定於一。可見封建制度，違反時代潮流，不能回復了。

西漢盛世之治術

西漢一朝，共歷二百餘年。從高祖到宣帝，算是他的盛世。高祖時，還有項籍的降將，和自己的功臣，心懷反側，要設法對付。高祖死後，兒子惠帝懦弱；而高祖的皇后呂氏，在高祖時，便參與政治的，實權都落到她手裏。惠帝死後，也連立了惠帝兩個兒子，自己臨朝稱制。呂后死後，漢朝的大臣，起兵誅滅呂氏，說呂后所立，並非惠帝的兒子，把他都殺掉，而迎立高帝的庶子代王，是爲漢文帝。雖然政局不安，民間卻不曾受着什麼大影響。至於政治，則從惠帝時，蕭何、曹參做宰相，以至文帝及文帝的兒子景帝，都是以安靜寬大爲主的。中國的人民，生產的力量，本來極強，只要沒有人去擾亂他，他自然會日臻於富庶。所以從高祖到景帝，約經過七十年，西漢就達於全盛。景帝死後，武帝即位。他是個好大喜功的人，對內要興辦許多事情，對外要用兵征伐。他的奢侈，也不減於秦朝。財用不足，就興了許多新稅。人民困於誅求，弄得盜賊羣起。幸而不久就鎮定了。武帝死後，傳昭帝至宣帝。宣帝是生長民間的，深知人民的疾苦。即位之後，很留心於吏治和刑獄，海內也算平安。宣帝死後，子元帝立，西漢就漸入衰世了。

西漢封建之盛衰

宗室和外戚，都是漢代的特殊階級。這是宗法社會的餘習。漢初是內任外戚，外任宗室的。當天下初定時，功臣封王的，也有好幾國，不久都滅亡了。所封的，多數是自己的子弟。其中漢高祖的庶長子封於齊，兄弟封於楚，姪兒子封於吳，都算是個大國。呂后死後，齊國的嗣王就起兵，有覬覦帝位之意。因大臣迎立文帝，未遂所欲。文帝即位，把齊分做六國，似乎勢分力弱了。然而吳王濞，是小時就從軍的；文帝時，又和中央政府有隙。處心積慮二十餘年。到景帝時，到底破裂了。吳、楚、趙和齊國所分的菑川、濟南、膠東、膠西都反，是爲七國之亂。聲勢很盛。總算幸而打平。於是把諸侯治理百姓和任用官吏之權奪掉。武帝時，又令諸侯得把自己的地方，分封自己的子弟。於是諸侯地小力弱，漢初的封建，又名存實亡了。

西漢之衰世

封建既廢，中央有權力的人，就可以肆無忌憚。漢末外戚的專權，是起於元帝之子成帝之世的。元帝的皇后姓王。當成帝時，王氏權勢大盛。哀帝雖把他斥退了，而政治很爲腐敗。哀帝死後，王氏又專起權來。到公元八年，而漢室遂爲王莽所篡。改國號爲新。

新莽之篡漢及其失敗

新莽是個有抱負、有魄力的人。惜乎他的所行，和時代違反了；而其政治手腕，又太拙劣，以致失敗。當西漢時代，社會的貧富，很不平均。富的人田連阡陌，窮的人連"立錐之地"也没有，都租着富人的田種。公家收稅，不過三十分之一。私人收租，倒要三十分的十五。兼營製造事業，和專門買賤賣貴的商人，在社會上亦很有勢力。有許多人想設法救正，畢竟無效。新莽纔斷然把全國的田，一概收歸國有，不准賣買。田太多的，令其分給親族和本鄉的人。又把幾種較大的事業，收歸國營，還設立一種機關，收買滯銷而有用的貨物；到價格騰貴時，照平價賣出。又徵收各種人的所得稅，把來借給窮人。用意誠然很好，然而行之不得其法，反致全國的經濟界，都被擾亂。於是羣盜並起。漢朝的宗室劉秀起兵，把天下打定，再即帝位，是爲東漢光武帝。

光武之中興及其盛世

光武承大亂之後，竭力減官省事，輕徭薄賦，與民休息。傳明帝、章帝兩世，政治都稱清明，和帝之世，也還可蒙業而安。所以從公元三六年天下略定之後，至公元一○五年和帝崩逝之時，約八十年，稱爲東漢的盛世。

東漢宦官外戚之擅權

東漢的大患，在於外戚和宦官。從和帝以後，君主大都年幼，又多短祚，死時没有兒子，就由太后及其母家的人，擇定繼嗣之君；而太后出來臨朝，其母家的人，自然得勢了。到皇帝年紀長大，因爲滿朝都是他的黨羽，只得和宦官合謀，把他誅滅；宦官又因之專權。如此的反覆着，把漢朝的政治，弄得很糟，至桓、靈之世而大壞。

黨錮之禍

東漢的士大夫，是頗能講氣節的；而亦好爭意氣，立名譽。這時候，太學中生徒極盛，又恰好做了橫議的大本營。當時宦官的兄弟姻親，布滿州郡，都靠權勢，侵害人民，名士在州郡做官的，都要盡法加以懲治。因此名士和宦官，勢成水火。宦官便說他們是黨人，要盡數拘來治罪。幸而桓帝的后父竇武，替他們剖辨，纔把他們放歸田里，然而還要禁錮終身。桓帝死後，靈帝立竇武和名士陳蕃當國。要想除掉幾個宦官，反爲所殺。重復捕治黨人。黨人受禍，及因其逃亡避匿，而百姓牽連受禍的，不知凡幾。宦官却更形專權。靈帝死後，少帝立。太后何氏臨朝。其哥哥何進，要想誅滅宦官，而太后聽信宦官的話，不肯。何進乃召外邊的兵進京，想借此脅制太后。宦官發急了。把何進召入宮中，殺掉。何進的官屬，就舉兵攻殺宦官。正擾亂間，涼州將董卓，帶兵入京，大權盡入其手。董卓廢少帝，立獻帝，不服的人，又在東方起兵討他。天下就從此分裂了。

【習題】

（一）楚漢間分封的是甚麼人？

（二）西漢全盛在甚時代？

（三）漢初七國之亂怎樣造成的？

（四）漢武帝後的封建制爲甚名存實亡？

（五）西漢外戚專權是哪時起的？

（六）新莽爲甚要改革政治？

（七）他改革的是甚麼？

（八）東漢什麼時候最盛？

（九）東漢宦官外戚的禍怎麼起？怎樣結的？

（十）東漢士大夫爲甚受禁錮？

第三章　兩漢疆域之開拓與對外交通

　　兩漢是中國國威昌盛的時代。從中國本部，開拓向本部以外，至於和東西洋都有交通，實在是始於此時的。

　　兩漢時，中國最大的敵人是匈奴。秦漢間，匈奴的冒頓單于強了，在他東邊的東胡，西邊的月氏，都給他征服。他盡併今蒙古地方，直達西伯利亞南部。至其子老上單于時，又進而征服西域。

　　這西域，你道是什麼地方？原來歷代所謂西域，有廣狹二義：狹義的，專指現在的天山南路。廣義則自此以西的地方，一概包括在內。所以統一歐洲的羅馬，也在正史的《西域傳》中。看附圖便可明白。匈奴所征服的，自然是狹義的西域。但自此以西之地，匈奴亦都有交通。

西漢之征匈奴

　　漢高祖時，曾和匈奴打過一次仗。因輕敵之故，被圍於平城。今山西大同縣。七天纔得解圍。後來就用婁敬的計策，把宗室女嫁給單于，同他講和。這是中國以公主下降，與外國結和親之始。和親兩字，就是現在和好的意思。公主下降，只是和親的一種條件，並非和親時必備的條件。而和親時自此以外的條件也還很多。有人誤以為和親兩字，就是把公主下降的意思，這是大錯了的。高后、文、景之世，中國與匈奴，和戰不定。到武帝，纔大出兵打他。先收回河套地方。匈奴人棄陰山，遁居漠北。武帝又出兵追逐。匈奴因此衰弱，然而還未肯稱臣。宣帝時，匈奴內亂，五單于爭立。後來都併於呼韓邪單于。又有稱為郅支單于的，把呼韓邪打敗。公元前五一年，呼韓邪入朝於漢。郅支單于逃到康居。前三六年，為西域副校尉陳湯所攻殺。匈奴至此，就算給中國征服。

西漢之平朝鮮

秦漢間的朝鮮半島，北部是朝鮮，南部是三韓。馬韓、弁韓、辰韓。朝鮮本箕子之後。漢初，燕人衛滿，帶著燕、齊亡命的人，逃到朝鮮。借居其西方邊境。後來就攻奪其國。傳子至孫，爲漢武帝所滅。以其地爲四郡。

西漢之通西域

西域的交通，是因漢武帝想招致大月氏，共攻匈奴而起的。月氏本在今甘肅西北境，給匈奴打敗了。逃到伊犁地方。月氏的鄰國，有一個喚做烏孫的。前此給月氏打敗。至此，又借兵匈奴，前來報讎。月氏爲其所敗，逃到阿母河流域。自葱嶺以西，白種人分布甚多。當時的阿母河流域，便是西洋史上的巴克特利亞，中國稱爲大夏。其西的伊蘭高原，是西洋史上的帕提亞，中國稱爲安息。巴克特利亞，Bactria。帕提亞，Parthia。更西的敍利亞，中國稱爲條支，都是希臘亞歷山大王征服東方後，部將所分立的國。再西的大秦，便是統一歐洲的羅馬了。漢武帝想招月氏，張騫奉使前往。路經匈奴中，爲其所拘留。經過許多時候，纔乘隙逃到康居。康居派個翻譯，把他送到月氏。月氏這時候，得了阿母河流域的沃土，意思很覺得安樂，並無報讎之念。張騫住了一年多，摸不着頭腦，只得回來。西域諸國的人，頗有和他同來的。漢武帝因此想招致他們來朝貢，以示威德。然而這時候，甘肅西北境和新疆，都屬於匈奴，沒有交通的路。張騫在大夏時，曾看見四川邛都的竹杖，問他們："從哪裏來的？"他們説："是我們的商人，到印度去買來的。"張騫因此建言：從四川去通印度。都給西南夷所阻，沒有走得通。未幾，匈奴守甘肅西北境的渾邪王降漢。漢將其地開爲郡縣。於是經甘肅到新疆的大路開通。漢朝和西域的交通，就從此繁盛起來。其初西域諸國，怕漢使過境，供應勞費，不大願意和中國交通。後來漢武帝因求天馬不得，出兵遠征大宛。經兩次用兵，到底把他打破。西域諸國纔怕了，都願稱臣奉貢。漢朝初設屯田兵，在沿路守衛，後來就設置一個官，稱爲都護，並護天山南北兩條交通的大路。

經西南夷以通西域，雖然沒有成功，後來因南平兩越，到底把西南夷也開通了。兩越是誰？原來當秦朝末年，有個人，喚做趙佗，據桂林、南海、象三郡自立，是爲南越。而句踐之後，在蠻夷中做君長的，秦末亦曾率其衆助諸侯攻

往來西域者的途經沙漠圖

秦。漢初次第受封,爲閩越、東甌兩國。<small>閩越,即秦時的閩中郡。東甌,在今浙江永嘉縣。</small>東甌因被閩越人攻擊,武帝時,自願遷徙到江、淮之間。南越、閩越,則都還據地自立。武帝時,唐蒙奉使南越。南越人請他喫蜀中的枸醬。唐蒙問他:"從哪裏來的?"他說:"從夜郎國來的。"<small>夜郎,今貴州桐梓縣。</small>又說:"夜郎國臨牂牁江,牂牁江可通到番禺城下。"<small>今廣東南海縣。</small>唐蒙回來了,便上書武帝,請交通夜郎,將來打南越時,可以用他做一枝奇兵,武帝聽了他。後來打南越時,夜郎不肯發兵;閩越名爲助中國,實亦陰持兩端。南越既滅之後,武帝又把閩越滅掉,

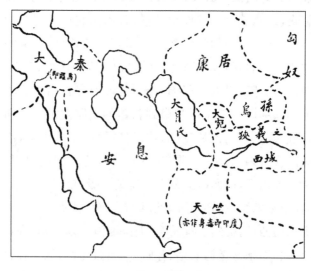

漢之西域

並打破夜郎附近之國。西南夷也都願降。於是四川的西北部，甘肅的南部，和雲、貴兩省境內，有許多部落，都由中國設置郡縣，秦代開拓西南之業，至此纔算大成。漢朝開通西域和西南夷，都因商人的販賣而引起，可見政治的力量，還沒達到之時，國民拓殖的力量，倒先已達到了。

東漢之征匈奴　匈奴之盛衰

從西漢末年匈奴投降中國之後，對於中國，很爲恭順。新莽時，因駕馭失宜，匈奴又叛。北邊大被侵掠。西域也攻沒都護，和中國斷絕了。東漢光武時，匈奴又自己分裂，成爲南北。南單于降漢。北匈奴連遭旱蝗，更形衰弱。公元八九和九一年，中國和南匈奴，兩次出兵打他，北匈奴遁逃遠去。其後遂展轉經西域以入歐洲，不復爲中國之患。而南匈奴入居中國塞內，爲晉時五胡之一。

東漢之通西域

東漢的通西域，是起於明帝末年的。這時候，有名的班超，以三十六人，往使西域。在樓蘭國中，在今新疆省。漢通西域的南路，以此爲始。今其地已淪爲沙漠。攻殺匈奴使者。一路過去，仗着中國的聲威，降伏諸國。明帝死後，漢朝議棄西域，召班超還。而西域諸國，有的留着他不肯放。班超自己也願意立功。乃留居西域，借諸國之兵，以定諸國之地。頗稱順利。章帝時，班超上書請兵。有一個人喚做徐幹，也自願幫助班超。章帝派他帶着兩千個人前去。就把西域諸國，先後打定。這真算得古今罕有的奇功了。

東西之交通

因西域的平定，而東西兩洋的交通，遂日見繁盛。當時西域商人，來中國的很多，中國商人，往西方的也不少。中國的絲織物，很早就在歐洲市場上，成爲有名的商品。但終因隔着海，其利益爲條支所專，不能直接和大秦交通。班超平定西域之後，曾派部將甘英，往使大秦。到條支海邊，亦未能渡。然而陸路上的阻隔，終於給海道打通了。

中國和外國海道的交通，亦由來已久。據西洋史家所考究，當漢時，現今的安南，實在是東西兩洋交通的中樞，_{見日本桑原隲藏《東洋史要》中古期第四篇第四章。}而據《史記·貨殖列傳》，則現在的廣東省城，在當時，已是珠璣、玳瑁、果、布所湊集。_{果，就是南洋一帶的果品。布，大約便是現在的棉布。中國古代，是沒有木棉的。}這許多都是後來和西南洋交通的商品，可見廣東亦有相當的發達。又據《漢書·地理志》：從廣東合浦縣入海，可以達到黃支。黃支，有人說，就是西印度的建志補羅。_{建志補羅，Karchipura。}其航路所及，也不可謂之不遠了。公元一六六年，大秦王安敦，_{安敦，就是羅馬的 Marcus Aulerius Antonius，生於公元一二一年，歿於一八〇年。}遣使從日南徼外獻象牙、犀角、玳瑁，這是正史上記述中國和歐洲，有正式交往之始。

倭國之朝貢

對東北方，航路之所通，也頗遠的。據《後漢書》說，自漢武帝滅朝鮮後，東海中的倭人，通於漢的，就有三十多國。據《漢書·地理志》：則倭人共有百餘國，歲時到樂浪郡來朝獻。_{漢武帝滅朝鮮所置四郡之一。今黃海、平安兩道之地。}可見當時，日本各小部落，已開始和中國交通了。但尚未能直接中央。到公元五七年，有倭奴國，到漢朝來朝獻，光武帝賜以印綬。這一顆倭奴國王之印，已在日本的筑前國發現，可見往史記載的不虛。到公元二三八年，又有倭女王卑彌呼，遣使來獻。此時已在三國時代，魏人封爲親魏倭王。這卑彌呼，大約就是日本有名的神功皇后了。

【習題】

（一）匈奴占據的是什麼地方？

（二）西域是什麼地方？

（三）匈奴在什麼時候被中國征服？

（四）朝鮮的始末怎樣？

（五）西漢怎樣去開拓西南？

（六）西漢怎樣去交通西域？

（七）東漢怎樣去平定西域？

（八）東西的交通起於何時？

（九）歐洲的交通從哪條路來往的？

（十）中日何時交通的？

第四章　兩漢之學術與宗教

漢學之復古

凡違逆潮流之事，總是不能行的。古代"官師合一，政教不分"，而春秋戰國時代，學術思想，十分發達，這也是社會進化自然的趨勢。秦始皇和李斯，只因不願人家議論他，便把一切學術，概行禁絕，這種手段，豈但過於操切而已？漢定天下以後，一切被禁的學術，都要回復過來，也是自然的趨勢。

但是，春秋戰國時代，是諸子百家之學，同時並盛的；到漢朝，却漸漸的獨尊儒學了。這又是什麼原故？我說：這也是大勢所趨。社會上的風氣，免不了一動一静。當社會變動劇烈的時候，人心皇惑無主，爭向各方面，尋求出路，自然容易衆說並興。經過相當的時間，尋求的心理厭倦了，大家都想認定一條路，從事於實行，當此之時，學術思想，就要漸趨於統一了。漢朝正是這個時代。統一於哪一家呢？道家之說，太覺消極；天下統一了，沒有競爭，用不着法家的武健嚴酷；墨家的節儉，當海內富庶之時，也覺其不切於時勢，而且也非統治階級所能堪。輕刑罰，薄稅斂，講究道德倫理，儒家之學，自然最適合於時代的要求。漢武帝，便是受社會心理影響，而實行滿足這要求的一個人。當漢初，講求各種學術的人，已經漸漸的進用了。後來又除掉挾書之律，人民就都可自由研究。但這時候，還是聽其自行研究而已，國家並沒有加以提倡獎勵。研究的人，喜歡何種學術，亦各隨其性之所好，並無畸重畸輕。到武帝，聽了董仲舒的話，表章六經，罷黜百家，專爲治五經的博士置弟子。從此，儒家在進取之途，便獨占了便宜。其興盛，自非他家之學，所可比擬了。

漢學之分類　經學

儒家之學，在漢世，亦即是所謂經學。《詩》、《書》、《禮》、《樂》、《易》、《春秋》，儒家認爲孔子所製定的。這六種，除《樂》外，其他都有經文。大約是古代的典籍，孔子把他修改、編纂過的。與經相輔而行的，還有傳記。傳是孔子的口說，後人筆之於書的。記則是經以外的古書，可以給經做參考的。但經的義理，仍有未能寫出，而由傳經的人，口授其徒的。這個在漢世仍謂之說。漢朝的經學，有今古文兩派。今古文是指文字而言。古代的篆書，到漢時，已經不大通行了。通行的，是起於秦時的隸書。古人的學問，多由口耳相傳，不必都有書本。這時候筆之於書，自然即用當時通行的文字。這本是當然之理，用不着別立名目。到西漢末年，有一班人，說前此經師所傳的經文，有缺誤之處，他們另有古本爲據。這古本，自然是用古字寫的。人家稱這一派爲古文，就稱前此這一派爲今文。所以今古文的名目，是古文既興而後有的。據古文家之說，他們所得的經，比今文家所傳的要多些。可是現在都沒有了。文字的異同，可考見的也很少。其中大部分，還是和意義無關的。如今文的位，古文作立；今文的義，古文作誼之類，都見《儀禮》鄭《注》。所以講漢朝人的經學，今古文文字的異同，倒還無甚關係。其重要的，倒還在於其說。古書年代久了，沒有注，是不能懂得的。漢朝人去古近，對於古書的文義，比較後人，要容易通曉些；對於古代的事物和制度，自然也較後人知道的多；所以漢朝人的經註，後人很爲重視。今古文家，對於經的註釋，有一部分不同的，研究的人，却不可不知道；經學家所以要分別今古文，就是爲此。

史學

經學而外，漢代的史學和文學也很有可觀。古代諸侯之國，大概都有史官。但其所紀述，經秦朝人一燒，大部分都已亡滅。在漢初，只剩些片斷的材料。民間傳說，其不甚確實而又無條理，更不必說了。漢時的司馬遷，纔把一切史料，收輯起來，編成一部現存的《史記》。上起黃帝，下至漢武。古代各國的史實，都包括在裏頭。東漢時，班固又用其體例，專述漢朝的事情，謂之《漢書》。這種體例，後來作史的人，都沿襲他；而國家亦認用這種體例所作的歷史爲正史。還有一種，把一切事情，依着時間的先後排的。這就是所謂編年體。其體例，是起於《春秋》的。東漢末，荀悦根據班固的書，用這種體例，纂成一部，謂之《漢紀》。以後用這種體例編纂的歷史也不少。學者也認爲次於正史體的重要史籍。

文學

文學發達的次序，韻文較散文爲早。所以我國的古書，亦多有韻。這一種文字，音調未嘗不美。然而和口語相去太遠，未免不能達意。所以進一步，散文就要發達了。散文的發達，大約起於東周，至西漢而極盛。韻文：漢人所擅長的爲賦。古代的詩，大都是四言，漢世變爲五言。又因這時代，古樂漸次淪亡，漢武帝乃立了一個新聲樂府，采取各地方的歌謠，按其音調，命文士爲之填辭。這固然是音樂上的事，然而後來，亦有按其音調，以作韻語的，於是詩中又添出樂府一體。

印度佛教之起原

漢代的宗教：本國所固有的，漸漸有集合而成道教之勢；其自外國輸入的，則有印度的佛教。佛教教主釋迦牟尼，是印度迦維羅國的王子。迦維羅國之地，據近代史家所考證，在北緯二十七度三十七分，東經八十三度八分之處。佛教的興起，約在公元前五世紀之初，略與孔子同時。印度地處熱帶，物産豐饒，其人衣食無憂，都好馳心於玄遠；要求脫離人世的苦痛。邃古的婆羅門教，其趨向便係如此。在佛降生以後，婆羅門教的教義，漸漸動搖了。許多有思想的人，都各自研究，各有發明，史家稱爲哲學時代。衆説並興，迄無鵠的，愈使人生感到苦悶。而且印度人的求解脫，有許多極端的行爲，也不是個正道。釋迦牟尼出，纔綜合諸説，而示人以修持解脫之方。身没之後，其教逐漸推廣。南至錫蘭，北至大月氏。這許多地方，在漢時，都和中國有交通，佛教自然有輸入的機會。

佛教之東來

佛教的輸入，依舊説，是起於東漢明帝時的，但是實際還要早些。因爲明帝的哥哥楚王英，《後漢書》上，已説他信仰佛教了。大概佛教的輸入，當在東西漢之間。東漢之世，信仰的人漸多，《後漢書·襄楷傳》，載楷上書桓帝，説："聞宮中立黃老浮屠之祠。""浮屠"二字，便是佛陀的異譯。

道教之創始

至於黃老，就是道教的前身。黃是黃帝，老是老子，見《論衡·自然篇》。老子這一派哲學，有人以爲是起於黃帝的，所以黃老連稱。這本是先秦諸子中的道家之學，和後來的道教，了無干涉。但是秦漢時，有一種方士，他們也有講究祠祭的，也有講究鍊藥的，也有要到海外去求神仙的，亦都自託於黃老。這一派人，在秦漢之世，頗有勢力，秦始皇、漢武帝，都很相信他。可是真只是真，假只是假。他們所說的話，所做的事，都毫無效驗。王公貴人，相信他們的，也就少了。於是轉而蠱惑愚民。漢末，張角借符水治病，組織祕密結社，終至造反。後來張魯又行其道於漢中。張魯之道，是出於其祖父張陵的。張陵造作符書，以惑百姓，凡來學的，都取米五斗，時人謂之五斗米道，亦謂之米賊。到張魯據漢中，便創出一種特別的治法，使人都誦習老子《五千文》。這大約是因爲他們崇拜黃帝。黃帝無書可讀，所以牽及老子的，未必有什麼學術上的根據。

【習題】

（一）漢武帝爲甚尊崇儒術？

（二）儒術爲甚適合於漢代的要求？

（三）今古文怎樣分別？

（四）漢人經注後人爲甚重視？

（五）史的體例有幾種？

（六）佛教怎樣傳入中國？

（七）黃老學說爲甚只能蠱惑愚民？

（八）佛教怎樣起源的？

第五章　兩漢之社會概況

兩漢之民風

兩漢去戰國時代近,各地方的風氣,還不曾十分齊一。據《漢書·地理志》所載,很可見得。大概當時的風氣:河北、山西的南部,和河南、山東,是古代所謂中原之地。開化最早,經濟和文明的程度都最高。關中的風氣,本來是最誠樸的。秦及西漢,屢次徙各地方的豪族和富人於關中。西漢時,又因其爲帝都所在,轉運東方的糧食,去供給他。達官貴人所聚集之處,生活程度,自然要高些;奢侈之事,自然要多些;"遊食技巧"的人,"作奸犯科"之事,也就隨之而增多了。隴西和燕、代,直至遼東,是古代沿邊之地。其民習於戰爭,所以最爲尚武。而其風氣亦較樸實。長江流域:蜀爲天府之國,最稱富饒,而其地勢閉塞,從古以來,戰爭之事最少,所以其風氣較弱。只有嘉陵江流域的氐人,是很勇於戰鬥的。長江中游的楚,受天惠頗厚。耕種不大費力,水產品又多。所以其人民,不及北方的勤謹。生活程度,較爲落後;經濟分配,却也較爲平均,沒有甚貧甚富的人。吳、越居長江下流,開化又較中流爲晚,經濟和文化的程度,也更落後,而其尚武的性質,却正和後世所謂"南人文弱"者相反。這個,我們看項籍和吳王濞的軍隊,便可知道的。至於南嶺以南,則尚在初開發的時代。漢人移居,和漢族良吏,服官於其地的,在這一方面,功績應當不少。如《後漢書·循吏傳》所載的任延、錫光等,不過百中的一二罷了。

若論一般的風氣,則封建時代的色彩,還很濃厚。漢朝的人,大概都喜歡立功異域,如張騫、班超等人物,後世是很少的。漢時有所謂遊俠,就是後世會黨之類。其人的性質,都類於後世所謂江湖豪客。此等人,固然歷代都有,然而在漢代,似乎特別盛些,其好的,大都能重然諾,輕死生,"不愛其軀,以赴士之阨困;既已存亡生死矣,而不矜其能,羞伐其德"。這亦是古代武士之遺。

但其壞的，亦不免倚勢陵人，破壞法律，所以當時的政治，特別要摧折他們。兩漢時代的士人，在比較上，亦是重名輕利的，試看《後漢書》所載，讓爵、讓產之事，幾於史不絕書，便可見其一班。黨錮之禍，固由於宦官的專橫，而當時士大夫，好爭意氣，立名譽，亦是一個重要的原因。

兩漢之農工商業

漢人在經濟上，是最看重農業的。所以稱農爲本業，工商爲末業。朝廷對於農民，也時時加以獎勵。譬如"孝弟力田"在當時，便是一個受褒獎的條件。田稅也特別減輕，至於三十而取一。然而農人多數沒有田，都租借大地主的田種，地主的收租既重，又要受商人的剝削，所以當時的農民，是很困苦的。工業，有許多很進步的製品如絲織物中的齊紈、魯縞之類，其技術，大概是很有可觀的。至於靠大資本生產，而可以牟大利的，大約要首推鹽鐵。其次便是酒酤。所以桑弘羊要籌款，新莽要實行社會政策，都要把他收歸官辦。商人在當時，是經濟界上，最有勢力的人。晁錯説他們："交通王侯，力過吏勢"；"男不耕耘，女不蠶織，衣必文采，食必粱肉"。這是社會經濟進步，自給自足的事漸少，有待於交易的漸多，所以他們賤買貴賣，可以得很多的利益。漢朝的政治、法律，對商人都特別苛刻。譬如漢高祖時，曾不准商人衣絲，乘車；重收他們的稅租。惠帝、呂后時，雖然把所謂商賈之律除掉了，應該是一種苛待商人的法律，其內容無可考。然而商人的子孫，還不許做官吏。一般的見解，對商人也是很輕視的。然而於其經濟上的勢力，初無所損，這也可以見得社會經濟的變遷了。

貧富的不均，是井田制度破壞，商業資本興起以後，一個懸而未決的問題。西漢時代，對於這個問題，很有熱心研究的人。有創平均地權之論的。有主張禁止奢侈，立下一個消費的軌範的。也有想把大事業收歸國營，免得私人借此剝削消費者的，都不曾實行。到新莽時，纔斷然行一大改革。而其結果，弄得大亂。東漢以後，想從根本上解決社會問題的人，就漸漸的沈寂了。

【習題】

（一）兩漢時中原之地，開化最早的，是現今什麼地方？

（二）關中風氣，爲甚變壞？

（三）長江流域的風氣怎樣？

（四）嶺南的風氣怎樣？

（五）西漢爲甚特重遊俠？

（六）遊俠對於社會的功罪如何？

（七）漢世黨錮和其時風氣的關係如何？

（八）漢世重農用什麼方法去獎勵他？

（九）漢世賤商用什麼方法去抑制他？

（十）貧富不均的問題，在漢世曾否加以研究？

第六章　三國之分裂與晉之統一

羣雄之興起

董卓入洛陽,行廢立後,山東州郡,都起兵討他。董卓刦獻帝,西遷長安。諸起兵的人,就紛紛割據地盤。後來漢朝的大臣王允,和董卓的將呂布合謀,把董卓殺掉。而李傕、郭汜,又起兵爲董卓報讎。呂布敗走關東。王允被殺。傕、汜二人,互相攻擊,獻帝乘機逃到洛陽。這時候割據的形勢是:

袁紹,據河北、山西兩省。　　　　　　劉焉,據四川。

曹操,據現在的魯西、豫東。　　　　　張魯,據漢中。

劉備,據徐州一帶。後來爲呂布所破。　馬騰、韓遂,據涼州。

袁術,據現在壽縣一帶。　　　　　　　公孫度,據遼東。

孫策,據江南和浙江、江西。

劉表,據湖北、湖南兩省。

獻帝到洛陽之後,因地方殘破,兵衛毫無。召曹操入京護衛。曹操把獻帝遷到許昌。從此以後,中央的政權,就全落入曹操手裏。

曹操先和劉備聯合,擊滅了呂布。又使劉備擊滅了袁術。劉備和獻帝手下的人合謀,想裏應外合,攻擊曹操。爲曹操所破,逃奔袁紹。後來又逃奔劉表。這時候,地盤之大,兵力之强,要推袁紹第一。然有實力而無謀略,爲曹操所破。二子相爭,就給曹操滅掉。曹操南征荊州。剛好劉表死了。小兒子劉琮,把荊州迎降。其時劉表的大兒子琦,還在江夏。江夏,是現在湖北的黄岡縣。劉備逃奔江陵。曹操發兵去追他,劉備也逃到江夏。派諸葛亮遊說孫策的兄弟孫權。孫權遣周瑜和劉備合兵。大破曹操於赤壁。山名,在湖北嘉魚縣。曹操引兵北還,三分的形勢漸定。這事在公元二〇八年。

赤壁戰後,劉備打定湖南地方,又引兵入川。孫權進兵,想爭奪荊州,劉備

206

和他把荊州平分。劉備取四川時,曹操也打破了馬騰的兒子馬超,進兵平定漢中。旋漢中爲劉備所奪。又使關羽從江陵進兵,攻拔襄陽。孫權乘機襲取江陵。關羽敗死,湖南北之地,遂全入孫權。

漢代之滅亡

曹操死後,兒子曹丕,篡漢自立,是爲魏文帝。時爲公元二二〇年。明年,劉備亦稱帝於蜀。是爲蜀漢昭烈帝。到公元二二九年,孫權亦稱帝於南京,是爲吳大帝。

三國之攻伐

劉備稱帝之後,因恥關羽喪敗,出兵攻吳。爲吳將陸遜所敗。慚憤而死。兒子劉禪即位,是爲蜀漢後主。劉備把後事都付託給諸葛亮。諸葛亮是個絕世的人才,他用一個區區的益州,把政治和軍備,都整頓得很好,先出兵平定雲南地方,以絕後顧之憂。然後出兵伐魏。和魏國的司馬懿等,相持於陝西地方,屢得勝利。到公元二三四年,諸葛亮死後,蜀漢就漸漸的不振了。

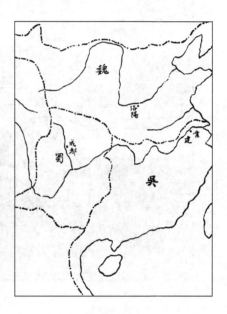

三國鼎立

晉之篡位

魏文帝死後,傳子明帝。很爲奢侈。魏國的國事,實在敗壞於此時。這時候,司馬懿屢次帶兵,和蜀漢相持。又出兵討滅遼東。明帝死時,司馬懿和曹爽,同受遺詔,輔其養子。後曹爽爲懿所殺,大權就全入司馬氏之手。司馬懿死後,他的兒子司馬師、司馬昭相繼握權。於公元二六三年,把蜀漢滅掉。到公元二六五年,司馬昭的兒子司馬炎,就篡魏自立。是爲晉武帝。

晉之統一

吳的立場，和蜀漢不同。諸葛亮嘗說：“不伐賊，王業亦亡，與其坐而待亡，孰與伐之？”所以時時出兵伐魏。諸葛亮死後，繼任的人，也還采取這個政策。吳則除諸葛恪當權時，曾一度進兵伐魏外，其餘大概不過自守。晉武帝篡位後，吳國末代的君主孫皓在位，很爲荒淫暴虐。於公元二八〇年，爲晉所滅。自董卓入洛陽至此，共經過九十二年。

諸葛亮廟

西晉之衰亂

長期的分裂，復見統一天下，該有治平之望了。然而司馬氏本不過是個軍人，無甚治天下的遠慮，晉武帝得天下後，尤其驕奢淫逸。國家長治久安之計，全不放在心上。這時候，有許多兩漢之世，爲中國所征服的民族，入居塞內。同化的作用，一時不及奏效，政治的力量，儻或鬆懈，就要起而爲亂，其情勢是很險的。有許多人，都勸武帝把他們遷出塞外，武帝也置諸不理。而又鑑於魏朝的宗室，沒有權力，以致爲自己所篡，於是大封同姓。武帝死後，兒子惠帝，是個低能的人。武帝的皇后楊氏，和惠帝的皇后賈氏，爭奪政權。諸王因之,互相攻殺,釀成所謂八王之亂,而異族便要乘機而起了。

【習題】

（一）漢末羣雄怎樣興起？

（二）漢末割據的形勢怎樣？

（三）曹操怎樣去掃除羣雄？

（四）孫、劉爲甚不睦？

（五）三分之局怎樣造成的？

（六）魏、蜀、吳的地盤怎樣？

（七）諸葛亮的政才怎樣？

（八）司馬氏篡魏的原因怎樣？

（九）西晉爲甚再傳即亂？

（十）八王之亂哪個釀成的？

第七章　中國民族之新融合

從西晉時代,五胡擾亂中原起,至南北朝之末止,共經過三百十年。這三百十年之中,以政治論,是個擾亂分裂的時期,但擴大眼光觀之,則正是一個民族融合的時代,替中國民族,增添了許多新分子。

西晉　公元二八〇——三一六年

東晉　公元三一七——四一九年

南北朝　公元四二〇——五八九年

北方民族之強大及其內侵

五胡是什麼? 我們現在,且先列舉其名,並述其在晉初的形勢如下:

(一)匈奴。自南匈奴投降後,入居中國塞內,這時候,幾於徧布山西全省。

(二)羯。匈奴的別種,住在羯室地方的,地名,在今山西遼縣。別稱爲羯。

(三)鮮卑。鮮卑是東胡之後。東胡給匈奴打破,分保烏桓、鮮卑二山,今蒙古東部的興安嶺。因以烏桓、鮮卑爲名。漢時,招致烏桓,居於遼、熱北邊,以禦匈奴。北匈奴亡後,鮮卑徙居其地。所以其分布甚廣。遼、熱、察、綏和甘肅,都有其部落。

(四)氐。氐人本在嘉陵江流域。東漢末,遷徙到漢中。曹操又把他遷徙到關中。

(五)羌。羌人部落,分布很廣。兩漢時爲中國之患的,是河、湟流域的一支。湟水,是現在的大通河。東漢時,給中國征服的,多把他遷徙到內地,亦在今陝、甘境內。

五胡中首起擾亂的爲匈奴。南單于之後,因先世尚漢公主,改姓爲劉。其酋長劉淵,自立於今山西省境。洛陽爲其所陷,晉懷帝被虜。愍帝立於長安,又被虜,而西晉遂亡。

五胡十六國之興亡

西晉亡後,元帝立國江東,是爲東晉。北方就成了一個五胡十六國擾亂的世界。我們現在,且列一張簡表如下:

五胡十六國興滅表

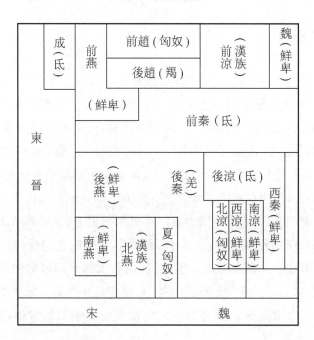

十六國的興亡,看似繁複,然而也可用一個簡法去駕馭他,便是:國數雖多,而其中有關大局的,實在只有:

(一)前、後趙對立,後併於後趙。

(二)前燕、前秦對立,後併於前秦。

(三)後燕、後秦對立,後燕爲魏所破,後秦爲晉所滅。前趙雖然把西晉吞滅,然而他所據的,其實只是洛陽以西和山、陝。河南的東部及河北、山東,都非其實力所及。這許多地方的羣盜,都併於羯人石勒,是爲後趙。前趙爲其所滅。石勒死後,從孫石虎繼立。異常淫虐。石虎死後,諸子紛爭。有一個冉閔,是漢人而爲石虎養子的,起而自立。大殺胡、羯。胡、羯的勢力,自此就不能復振了。然而冉閔亦只是個粗暴的人。這時候,前燕起於遼寧,並有熱河，實力頗為雄厚。乘機侵入，冉閔為其所殺。前燕占領河北、山東，而氐酋苻氏，占據關中，是為前秦。前秦出了個英明的首領苻堅，用漢人王猛為相，國富兵強。把前燕滅掉。又吞併了甘肅地方的前涼，征服了大同地方的拓跋氏，暫時統一北方。因想滅掉晉朝，以統一中國。淝水一戰，殺得大敗虧輸，給他所征服的異族，復乘機紛紛而起，而以後燕、後秦為最大。這時候，侵入中原的五胡，都已筋疲力盡，而久居北邊，氣完力厚的拓跋氏，就要獨霸北方了。

東晉之興亡

東晉從立國江東以後，中央政府，和荊州地方的軍人，頗相猜忌，所以內外相持，坐視北方的擾亂而不能平定。當後趙滅亡時，荊州的桓溫，曾出兵滅前蜀，並收復河南地方。然伐前秦、前燕都不利，河南亦復為前燕所陷。到苻堅南伐時，鎮江地方，產生了一枝精兵，謂之北府兵。靠着這一枝兵，把苻堅打退。然而這一枝兵的中心人物劉牢之，是個反覆無常的人。此時桓溫的小兒子，喚做桓玄，閒住在荊州。實際頗有勢力。荊州地方反抗中央的人，都拉攏着他。中央政府，也給他一個地盤。後來荊州地方，遂盡為所併。有一年，荊州大饑，中央政府想趁此討伐桓玄，而劉牢之和桓玄勾通，桓玄就入都篡位。奪掉劉牢之的兵權。牢之要想反抗，而手下的人都可惡他反覆，不聽命令，牢之遂自縊而死。然而北府兵的勢力，實際並未消滅。數年之後，軍中舊人劉裕等起兵以攻桓玄。桓玄敗死。晉帝復位。中央的實權，都入於劉裕之手。

南北之分立

此時後燕、後秦，都已衰弱，而拓跋氏復強，是為後魏。後燕為其所破。分為南燕及北燕。南燕立國山東。北燕僅保河北省的一隅。山西和河北的大部分，都入於後魏。後秦的北境，則為夏所侵擾，更形疲乏。劉裕先滅南燕，次滅後秦，回來就篡了位，是為宋武帝。然關中並不能守，仍為夏人所取。篡位後三年，就死了，嗣主文弱，國內又多問題，無暇北顧，北方遂盡為後魏所併，天下分為南北朝。

南北朝之進嬗次第

南朝共分宋、齊、梁、陳四朝。當宋武帝的兒子文帝在位時,曾兩次出兵北伐,然而都不得利。魏太武帝却自將南伐,直到瓜步。鎮名,在今江蘇六合縣。所過地方,都大遭破壞,而北强南弱的形勢遂成。宋傳六十年而爲齊所篡。當宋時,後魏還建都平城,一切保守其舊俗。齊篡宋後十六年,而後魏孝文帝遷都洛陽,大改胡俗。自此鮮卑人漸進於文明。然而其南遷的,多陷於驕奢淫逸。當其建都平城時,曾在其附近之地設六鎮。六鎮:是武川,在今綏遠武川縣。撫冥,在武川東。懷朔,在今綏遠五原縣。懷荒,在山西大同縣東北,察哈爾境內。柔玄,在察哈爾興和縣。禦夷,在察哈爾沽源縣。使國中的親貴,帶着精兵,以防禦北方的遊牧種族。南遷以後,對於六鎮的親貴,待遇不如舊時,而鎮將又多貪暴,六鎮的人,都鬱極思變,就伏下了一個亂源了。南朝當宋時,和後魏交戰,已失淮北之地,齊時又失掉淮南。齊有天下僅廿四年,而爲梁所篡。梁武帝出兵恢復合肥、壽春,國威算是一振。此時北方出了一個胡靈后,荒淫無度,中原羣盜大起,六鎮亦並起爲亂。代北的尒朱榮,起兵平定北邊。乘胡靈后和他的兒子明帝互相猜忌,舉兵入中原。把羣盜亦都剿滅,身居晉陽,遥握朝權。後來爲魏帝所殺。其姪兒子尒朱兆,繼之握權,極其粗暴。而尒朱氏之族,分掌州郡的,也都十分暴虐,大失人心。尒朱氏之將高歡,起兵山東,把尒朱氏滅掉。高歡又和魏帝不合。魏帝任用宇文泰,鎮守關中,和他共謀高歡。高歡出兵,魏帝不敢戰,逃到關中,爲宇文泰所弑。高歡、宇文泰,各立一君,後魏遂分爲東西。其後東魏爲高氏所篡,是爲齊。西魏爲宇文氏所篡,是爲周。北朝如此擾亂,南朝却比較太平,東魏高歡死後,其守河南的將侯景背叛,投降梁朝。梁武帝出兵救援,不克。此時梁武帝在位,已近五十年了,迷信佛法,政治廢弛,兵力亦不足用。侯景逃到梁朝,襲據壽春,梁朝也無如之何。後來侯景造反,把梁朝的都城打破。梁武帝憂憤而死。兒子簡文帝,爲其所殺。簡文帝的兄弟元帝,立於江陵,遣兵把侯景打平。先是元帝和其姪兒子岳陽王詧,兄弟武陵王紀交兵。岳陽王靠着西魏的救援,得以保守襄陽。武陵王則因西魏襲其後方,遂致敗亡。四川遂爲西魏所取。侯景滅後,元帝和西魏,外交上又起糾紛,西魏發兵圍江陵。此時元帝的精兵,都在江東,救援不及,江陵爲魏所陷。元帝被殺。西魏取了襄陽,而遷岳陽王於江陵,使之稱帝,對魏則稱臣。是爲西梁。陳霸先立元帝的兒子於江東,後來廢之而自立,是爲陳。江陵失陷之後，南朝和北朝，只是畫江爲界。北齊滅亡時，陳朝曾乘機恢復淮北，然亦不久即失。北朝周、齊對立，北齊的君主，都很荒淫暴虐，而北周武帝，頗能勵精圖治，齊遂爲周所滅。武帝死後，周又爲隋所篡，並滅陳。天下遂復統一。

南北朝統系表

諸民族之融合

這三百年之中，異族紛紛侵入中國的不少。其中異族的酋長，也有荒淫暴虐，現出野蠻人的性質的。也有風流儒雅，頗能接受漢人的文化的。其人民亦然。有的只長於戰鬥，有的亦能從事於生產。以大體論，則總是逐漸同化於中國人的，到隋唐時代，已幾於渾然不見其跡了。中國人對於異民族，亦頗能一視同仁，只要他在文化上，能彀同化於我，就不再問其種族。所以隋唐時代，有許多出自異族的氏族，也一樣登庸。其中有許多人，很做了些出將入相的事業。這些氏族中，名儒文士也不少，又可見其確能同化於我了。如唐太宗時的宰相長孫無忌，又如唐朝的名儒元行冲，其氏族都出自鮮卑。

【習題】

（一）什麼叫五胡？

（二）五胡在晉初分布的形勢怎樣？

（三）西晉、東晉如何分別的？

（四）什麼叫北朝？

（五）什麼叫南朝？

（六）五胡哪種最強？占據哪個最久？

（七）東晉爲甚不能用兵中原？

（八）元魏遷都後的國勢如何？

（九）五胡爲甚同化於我？

（十）苻秦爲甚不能統一？

第八章　兩晉南北朝之文化與社會

兩晉與南北朝之政制

秦漢的政治制度,還是從列國時代,相沿下來的。有許多地方,和後世的情形,不甚適合。所以到兩晉以後,又生變遷,兩晉以後政制的變遷,最大的是官制。秦漢時代,宰相的體制甚尊,而權力亦大。但是在西漢中葉,替皇帝管理文書的尚書,已經漸漸的有起權柄來了。後來日漸擴充,分曹辦事,相府的權柄,遂漸爲所奪。曹魏時,做皇帝祕書的中書;劉宋時,做皇帝侍從的侍中,又都參與機密。這許多官,都握有宰相的實權;宰相則自兩晉以後,就廢而不設了。這是爲什麼? 原來做宰相的,總是位高望重的人,皇帝不能任意指使他。而且宰相這個官,相沿下來,有他獨立的職權,皇帝要任意破壞他,也總覺得有些不便。所以要廢而不設,而改用自己左右親信的人,這也算是專制政體的一種進化。至於外官:則秦漢之世,本係郡縣兩級,郡就直達於中央。漢代的州刺史,只是個監察之官。到東漢末年,因爲盜賊多了,要加重外官的權威,於是改刺史爲州牧,就成了地方的行政長官,一郡的地方,只有後世的府這麼大,不足以反抗中央。所以唐朝的柳宗元說:"漢朝有叛國而無叛郡。"見其所著《封建論》。州的區域,就有現在一兩省大,未免要尾大不掉了。東漢末年,所以紛紛割據,州牧的威權太重,實在是重要的原因。後來州的區域,雖然漸次縮小,然而習慣既成,又有以一個人而督數州、十數州的軍事的,實際上還是一樣。所以中央政府的權力,總不甚完全,甚至於釀成內亂。

西漢時代,是行民兵之制的。那時候,人民的年齡達到二十三歲,便要當兵,到五十六歲,纔脫離軍籍。郡國都有車騎、材官、樓船三種兵。調動之權,屬於太守;訓練之職,則在於都尉。東漢光武,因要省官省事,把都尉廢了,民兵之制,亦就隨之而廢。民兵廢,擁兵的人,就要專橫了。又從東漢以後,多用異族人當兵。五胡亂華之時,更其是如此。這時候的軍隊,通常都以漢族以外的民族做主力。這也是漢族難於恢復的一個原因。

古代的成文法，傳於後世最早的，是戰國時魏國的宰相李悝所作的《法經》。《法經》一共六篇。商鞅做秦國的宰相，就把他取去使用，沒有另定法律。秦朝併天下之後，還沿用着他。《法經》每篇之中，要包含許多章。漢高祖入關後，曾把他廢掉了，只留（一）殺人、（二）傷人、（三）盜三章。說見《困學紀聞》。天下既定，又把他恢復了，其實這時候，六篇之法，還不彀用。所以逐漸添造，竟達到六十篇之多。還有命令和成案，也和法律有同一的效力。條文多而編纂雜亂，官吏就可以上下其手，以致司法界的情形黑暗得不堪。屢有人提議編纂，始終沒有成功。直到魏朝，纔注意到這件事。編成了一部《魏律》。未及頒行，而晉武帝代魏，又把他修訂一過。於公元二六八年頒行。這就是很有名的《晉律》。從此以後，歷代的法律，實在都是把他做藍本的。這是中國司法界上，很可紀念的一件事。

晉人之清談

漢時儒學發達，思想頗傾向復古，就漸有泥古之弊。不論什麼事，總以爲古代的辦法是好的，應該仿效的。如此，便不免激起反動。所以到魏晉時，有思想的人，就喜歡探求事物的原理，追溯宇宙的根原，形成一種玄學。此等講玄學的人，大都輕視實際的事務，終日揮塵清談，或者互相辯論。其學術思想，非不高尚，然而有職務的人，都是如此，那就糟了。所以後來的人，有罵他們"清談誤國"的。

南北之風尚

當時南北的風尚，亦微有不同。北朝是沒有清談之習的。講經學：南朝人把玄學攙雜進去，北朝人却還謹守漢儒舊說。做文章：南朝從齊、梁以後，專講辭藻，北朝却比較清眞些。所以也可說：北朝的風氣，較南朝略爲樸實。當五胡亂華之時，漢人反而同化於異族的，自然也在所不免。然而這只是極少數。處於高壓力之下，因而變成媚外的，也自有其人，譬如北齊的顏之推，曾著一部書，名爲《家訓》，中間有一條說："我曾經看見一個齊朝的士大夫，他對我說：我有個兒子，年紀十七歲了。已經學會鮮卑話，會彈琵琶，有這本領，叫他去伺候闊人，沒一個不喜歡他的。"如此媚外，眞正令人氣短了。然而這也是少數。以大體論,當時的五胡,還是尊重漢人的文化;而漢人也還能保守其舊俗的。只要看自晉代以來,崇尚門閥的風氣,南北一致,便可明白。

東晉之門閥

什麼叫做門閥呢? 門閥,就是論各人門第的好壞,以區別流品。這種風氣,論其遠原,還是從封建時代的等級沿襲而來的。在西周以前,自然很爲嚴重。春秋戰國以後,封建制度破壞,等級制度,也就漸漸的動搖了。諸侯失其國,卿大夫失其家。在法律上,其地位已與平民一律,然而在社會上,總還是不能平等的。於是乎有"士庶"之別。兩漢時代,帝皇將相,都是平民出身,用人也不拘門第,所以貴族在政治上不占勢力。曹魏時,尚書陳羣,立九品中正之法。在各州置大中正,各郡置中正。令其品評本地的人物,分爲九等,而尚書據以選用。立法的本意,是要他批評人物的好壞的。其結果,却只能辨別他家世的貴賤。於是貴族在選舉上,就特別占了便宜。加以這時候,五胡亂華,中原人士,都遷徙到南方。一個門第好的人,在其本地方,是大家都知道的,用不着特別標明。換了一處地方,就不然了。當時的著姓,所以一定要標明郡望,如琅邪王氏,博陵崔氏之類,就是爲此。因此兩種原因,兩晉南北朝之世,所謂士庶之別,就看得特別嚴重。士族和庶族,出身做官,以及在社會上的地位,都迥然不同。不但婚姻不通,甚至起居動作,都不能在一塊。這種風氣,在隋唐時代,還保存着相當的惰力性,直到五代以後,纔全然廢除。

國外思想文藝之輸入

魏晉南北朝之世,一方面,可以説是中國人用固有的文化,融合異族的時代,在另一方面,也可以説是中國人吸收異民族的文化的時代。這也是兩漢以來,對外交通發達的結果。其中最重要的,自然要推佛教。佛教當兩漢、三國時代,似乎還不過是一種宗教,到晉以後,其哲理方面,就漸漸的受人注意了。中國的學問,是偏重於實用的,講純理的比較缺乏。所以佛教的哲理,很受思想界的歡迎。尤其是講玄學的人,受佛教的影響很大。外國的文學、美術,輸入的亦不少。佛經的本身,就是一種特殊的文字,中國人要翻譯他,就得另創一種文體。這種文體,不但用諸翻譯,還要影響到中國人自作的文字。印度的繪畫、雕刻、建築,亦隨佛教而輸入。在中國美術史上,發生很大的影響。次之則是音樂。音樂大部分是從西域輸入的。南北朝時代，中國的舊樂，只存於南方。北方所行的，大概是外國輸入的音樂。到隋唐時代，則稱中國舊有的音樂爲清樂，外國輸入的爲燕樂。清樂日漸衰微，燕樂却頗盛。其影響，也及於中國人的歌辭。唐以後的詞，其調子，就有許多，是從燕樂中來的。

【習題】

（一）漢後爲甚不設宰相？

（二）州與郡的分別怎樣？

（三）民兵之制怎樣？

（四）光武廢都尉，影響於民兵怎樣？

（五）《晉律》的價值如何？

（六）清談爲甚能誤國？

（七）門閥起於何時？重於何時？

（八）國外文字美術，在何時輸入？他的影響如何？

第九章　隋之統一與唐之繼起

從公元五八九年隋滅陳，統一南北起，到七五五年安禄山造反以前，共經過一世紀半有餘。雖然治亂不齊，從大體上說來，總要算中國的盛世。

隋之統一南北

隋文帝楊堅，是北周的外戚。北周武帝，本是個英明的君主。因他能屬精圖治，所以北齊爲其所滅。但他的兒子宣帝，却極荒淫。宣帝死後，兒子静帝年幼。幾個用事的人，引隋文帝出來輔政。大權遂落入其手。在外有兵權的人，有好幾個起兵反對他，都給他打平。公元五八一年，周遂爲隋所篡。此時南朝本已衰弱，加以陳後主的荒淫，不多幾年，也就爲隋所併了。

當東晉南北朝時，政治上雖然分裂，以民族論，大體還是統一的。到隋唐時，就連少數的客族，也同化於中國了。政治上復見統一，自然有欣欣向榮之象。

隋文帝是個勤政愛民的人。他在位時，曾因年歲饑荒，自己率領百姓，出去就食。在路上，差人把百姓所喫的東西取來看，見其很壞，爲之流涕。他承南北朝分裂之後，對內要圖謀統一，對外有時也要用兵。見下章。然而對於正賦，絲毫未曾增加；對於苛稅，又經全數裁撤。國用却還很充足。府庫既有盈餘，到處的倉儲也很豐富。這一點，論史的人都歸功到他的躬行節儉。這確可以算是一個賢君了。《文獻通考·國用考》，有一段論隋朝的財政的。周時的鹽、酒、人市等稅，文帝都把他免除，賦役也有減免。惜乎他用法太嚴。有一次，竟定了一條法律，搶人家一個錢的，也要處死。雖然古代的錢價，遠比現在爲貴，也是從來未有的事。這又不能不算是他的缺點了。

專制君主政體，把全國的大權，都集中到一個人手裏，而皇位的繼承，又和家族中的繼承，并爲一談。祖孫父子，代代相傳，如何會都得好人？如此，因君主的不好，國事就要受其影響了。隋朝就是一個例子。隋文帝的太子勇，是很粗暴的。而其次子晉王廣，却頗能有意做作，裝作好人。文帝是最相信他的皇后獨孤氏的話的。獨孤后也喜歡晉王，就廢太子勇而立他爲太子。文帝死後即位，這就是著名荒淫的隋煬帝。

煬帝之開運河

隋朝是建都在長安的。煬帝即位之後，又以洛陽爲東都。在那裏大營宮室。又開通濟渠，把榖、洛二水引入黃河。再自河入汴，自汴入淮，以接通江南的邗溝。又開江南河，從現在的鎮江到杭州，共長八百里。運河沿岸，都築了隄，種着楊柳。煬帝坐了龍船，往來於洛陽、江都之間。

運河與南北交通之關係

開運河的工程太大了，一時都要役使人民，自然要算是虐政。然而合前後而觀之，對於交通，却是有利益的。原來中國的大川，都是從西向東的。所以其交通，東西易而南北難，溝通南北的運河，實在相需最亟。春秋末年，吳國因伐齊之故，開始溝通江、淮。這一條河，後人稱爲邗溝，就是現在的淮南運河。邗溝之西，當時還有一條鴻溝。是從河南的滎澤縣，引河水東南流，經歷豫東、魯西，接連淮水的。參看第一册《中古史》第二章附注。[1]　其作用，頗和現在的賈魯河相像。漢朝建都關中，要運河南、山東的糧食，去供給他。當時所利用的是河、渭。所以到東漢明帝時，有從滎陽通到千乘的運河。千乘，東漢縣名，故城在今山東高苑縣北。鴻溝在這時代，却漸漸的湮塞了。直到隋煬帝，才又把河、淮溝通。唐宋之世，還深賴其利。唐朝建都在長安。他的運輸是按着水的漲落：二月裏從揚州出發，從邗溝入淮。四月裏自淮入汴。六七月裏，達到黃河口。八九月裏，又從黃河入洛水。自此而西，陸運以入渭水。宋朝建都開封，稱通江、淮一帶的水爲東運。當時江、淮流域的物品，都靠這一條水，運輸到京城裏。就是廣東的貨物，也有經江西到長江；陝西的貨物，亦有經四川到長江；接連着運河，以入京城的。所以溝通江、淮、河、汴的運河，利益實在很大。元明清三代，建都在北平。

---

① 　即本册第一九〇頁第二十一至二十二行注文。

所要便利的,又是從江南到北平的水路。所以又引汶水分流南北,以成現在的山東運河,和淮南、江南運河相連接。歷代的開運河,在當時或不免勞費,然合前後而觀之,在經濟上和文化上,確是有利益的。即以工程論,亦和長城並稱爲中國的兩大工程。

隋之滅亡

煬帝既十分奢侈,還要外事四夷。西則招致西域諸胡,誘西突厥獻地,開設郡縣。東則三次發大兵,征討高句麗。詳見下章。遂至羣雄並起,天下大亂。煬帝却還滯留在江都。後來又想遷都南京。跟隨他的,都是些關中人,心上很不願意,把他殺掉。隋朝就此滅亡了。王世充在東都,和唐朝初起時,都曾立隋朝的一個王做皇帝,然而不久,都就把他廢掉了。

隋末羣雄

這時候,北方羣盜如毛。而在河南相争持的李密、王世充,和河北的竇建德,勢力較大。次之則是據隴右的薛舉,河西的李軌,和馬邑的劉武周。現在的甘肅省,大部分總稱隴右。其西北一部分,稱爲河西。

唐之興起與平羣雄

唐高祖李淵,是隋朝的太原留守。聽了他次子世民的話,以公元六一八年,在太原起兵。先取關中,以爲根據之地。次平河西、隴右。劉武周南攻山西,也給唐朝打敗了。李密爲王世充所敗,投降唐朝。旋又出關謀叛。爲唐朝伏兵所殺。世民攻王世充,把他圍在洛陽。竇建德發兵來救。世民據虎牢迎擊,把他生擒。王世充也就投降了。北方大局略定。南方則蕭銑據江陵,地盤最大。唐朝遣將把他滅掉。長江下流,也有紛紛割據的。後來都并於杜伏威。伏威也投降唐朝。其餘割據一郡或一縣的,也

唐太宗像

大多數來投降。間有少數，則用兵力戡定。只有割據北邊的幾個人，依附突厥的勢力，平定比較難些。然到太宗即位之後，亦就都平定了。

　　唐高祖的平定天下，都是秦王世民的力量。他的哥哥太子建成，兄弟齊王元吉忌他，要想謀害他。反給秦王所殺。高祖亦傳位於秦王，是爲太宗。這事在公元六二六年。太宗是著名的賢君，他勤於聽政，明於知人。用房玄齡、杜如晦爲宰相，王珪、魏徵等做諫官，也都是有名的賢臣。所以在位時，海內太平，百姓安樂，而對外的武功亦很盛。

【習題】

（一）試述南北朝統一的經過。

（二）試述隋朝治亂的大略。隋朝和秦朝比較，有何同異之點？

（三）隋煬帝所開的運河，大略如何？運河是否起於隋煬帝？隋以後運河的變遷如何？

（四）隋末羣雄，哪幾個最重要？唐朝怎樣平定他？

（五）唐朝在何處起兵？以何處爲根據地？

第十章　隋唐之武功與對外交通

　　對外交通，是社會自然的發展；武功則是國家的政治勢力。二者本不是一件事。然而其關係，是很密切的。武功盛，則國家的聲威遠播，來朝貢的國就多，因此會引起社會的交通。況且盜賊不作，往來便利，民間的交通，自然格外興盛了。隋唐的武功，是和兩漢並稱的。所以其對外交通之盛，也彼此相伯仲。

　　後漢時，匈奴敗亡，漠南北之地爲鮮卑所據。兩晉時，鮮卑部落紛紛侵入中國，於是丁令又起而乘其後。丁令便是西洋人通稱爲突厥，中國人通稱爲回族的。回族之名，原於回紇。突厥、回紇，都是一個部落之稱，並不是他全族的總名。他全族的總名，漢人稱爲丁令，南北朝時作敕勒，唐人則作鐵勒。這一個民族，是住在西伯利亞南部，從貝加爾湖畔，蔓衍於兩海之北的。<small>謂裏海、鹹海。</small>恰在蒙古地方的遊牧種族和西域諸國的北方。當南北朝時，此族已紛紛侵入漠北。鮮卑的分部，有一個喚做柔然的，不服拓跋魏，爲魏所破。逃到漠北，征服敕勒。就靠着他們，和北魏對抗。又被魏太武帝擊破了。把他們遷徙到漠南。這一部分的鐵勒，就慢慢的和中國人同化，柔然也自此衰弱了。南北朝末，柔然復强。當時東西魏對立，怕他和敵人聯絡，都很敷衍他。然而柔然終於不能復振。於公元六世紀中葉，爲突厥所滅。突厥是起於金山的。<small>今阿爾泰山。</small>既滅柔然，聲勢大盛。葱嶺以西之地，亦都爲其所征服。儼然是亞洲北部的一個大帝國了。

隋代之武功

　　突厥對於周、齊，還是維持着柔然對東西魏的位置的。隋文帝統一之後，驕橫如故。需索不遂，就要起兵侵掠。文帝乃運用外交手腕。先離間其西方的可汗，和其大可汗分離。突厥由是分爲東西。後來又離間其東方的可汗，和大可汗相攻，把大可汗滅掉。東突厥就臣服於中國。煬帝時，西突厥可汗來朝,亦爲中國所羈留。北方積年的大敵,居然給中國征服了。

西域各國,是比較文明的。漢末大亂,和中國的國交,雖然中斷,然民間的貿易往來,則迄未嘗絕。中國對於西域各國人,初稱爲西域胡,簡稱西胡,後來也逕稱爲胡人。兩晉南北朝時,胡人往來或留居中國的很多。苻秦强盛時,曾遣呂光_{即後涼之祖}征服葱嶺以東諸國。然而未及還兵,而苻秦已亂。中國對西域的國交,不久又斷絕了。直到拓跋魏强盛後,才又有往來。此時中國對於西域交通的範圍也很廣。隋煬帝時,曾令裴矩招致西域諸胡,前來朝貢和互市。一時張掖之地,_{今甘肅張掖縣。}成爲中外貿易的重心。當時裴矩曾撰有西域各國的圖志,惜乎現在都亡佚了。交州的南境,當晉時分裂爲林邑國,屢次侵寇交州。隋煬帝即位後,遣兵把他打破。又曾用兵於流求,並遣使通赤土。流求就是現在的臺灣。赤土,大約是暹羅灣沿岸之地。煬帝本是個奢侈無度的人。他的通四夷,不過是出於侈心。當時招致西域諸胡,沿途盛行供張。又引誘西突厥獻地,在今青海、甘肅之間,設立四郡。謫發罪人去居住。還要從內地轉運東西去供給他。這些,都是很勞費的。後來又三次征高句麗。調兵運饟,騷動更甚。因此弄得天下大亂。這眞是敝中國以事四夷了。然而中國的國力,當這時代,確有對外發展的可能,不過給煬帝一個人弄糟了罷咧。所以隋滅唐興,武功更見興盛。

唐初之武功

唐初,對外最大的問題,還是突厥。隋末大亂,中國人逃到突厥去的很多。因此其衆驟盛。北邊割據的人,都對他稱臣奉貢。唐高祖初起,也很敷衍他。然而突厥驕而且貪。天下既定之後,還要連年入寇。太宗乃乘其饑荒和內亂,於公元六三〇年,把他滅掉。突厥强盛時,東征西討,本是多用鐵勒之衆的。當時鐵勒各部,以薛延陀、回紇爲最强。突厥滅後,薛延陀繼居漠北,又爲太宗所滅。回紇繼居其地,對中國就很恭順了。

葱嶺以東各國,從漢末以來,互相吞幷,國數漸次減少。到唐時,只賸得高昌、焉耆、龜玆、于闐、疏勒等幾個較大的國家了。_{高昌,今新疆吐魯番縣。龜玆,今新疆庫車縣。焉耆、于闐、疏勒,今縣均同名。}高昌本是晉朝所設的郡,後來獨立爲國的,所以華化最深。此外諸國,惟于闐人的相貌,頗像中國人。其餘,大概是深目高鼻的西洋種。太宗因高昌逆命,用兵把他征服。又遣兵討破焉耆和龜玆。葱嶺以東,就都臣伏。天山北路,從現在的伊犁向西,都是西突厥的屬地,或

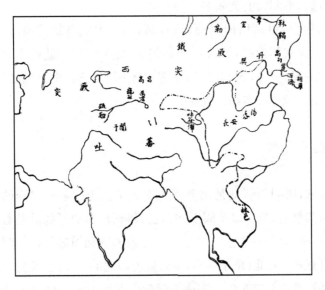

唐代疆域圖

屬國。當太宗時,就有來朝貢的。公元六五七年,高宗乘西突厥内亂,把他滅掉。中國的屬地,在名義上,就直到波斯。比漢朝都護管轄之地,遠得多了。

西藏和中原,南北朝以前是無甚交接的。隋唐之世,後藏地方,有一個女國,曾經來通朝貢。而雅魯藏布江流域的吐蕃,亦於唐初興起。吐蕃先世,《唐書》上說他是羌種,又說他是北涼之後,似乎都不足爲據。據清朝人所翻譯的《蒙古源流考》,此書爲信喇嘛教的蒙古人所著,名爲《蒙古源流考》,其中三分之二,反是說的西藏的事情。則吐蕃王室的先世,是從印度來的。這話信否雖亦難斷定,然而吐蕃後來的文化,確和印度很爲接近,或者不無理由。先是西晉時,鮮卑慕容氏的支庶,有一個喚做吐谷渾的,慕容廆的庶兄。曾經侵入青海,國號就稱爲吐谷渾。歷晉、南北朝,都通朝貢。其文化雖然無足稱述,較之前此的羌人,却進步許多了。唐初,吐蕃的君主喚做棄宗弄贊的強盛,把吐谷渾打破了。太宗妻以宗女文成公主。這事在公元六四一年。公主是信佛的,佛教就流行於吐蕃。是爲西藏開化之始。

從佛教輸入以來,中國和印度的往還,可謂很爲密切。然而國交上是没有什麼關係的。唐太宗時,高僧玄奘因求法到印度,對北印度的烏萇國王,盛稱太宗的功德。烏萇國便遣使來朝。太宗亦遣王玄策往使。適會國王薨逝,叛臣篡位,發兵拒擊玄策。玄策逃到吐蕃邊界上,發吐蕃和泥婆羅的兵,今廓爾喀。把他打敗。禽送闕下。這是中國兵威對南方最盛的一次。從此以後,印度和南洋各國，來朝貢的就頗多。

太宗的用兵，可謂所向無前，只有高句麗，太宗自將伐他，仍未能取勝。直到高宗時，才乘其內亂，把百濟和高句麗，先後滅掉。此外東北諸國，如現在熱河境內的奚、契丹，松花江、烏蘇里江流域的靺鞨，從黑龍江流域直至興安嶺山脈以北的室韋，亦都臣服於唐。

唐之屬地管轄

總算起來，唐朝的疆域是比漢朝更廣大了。唐朝對於來降的國和部落，都設置羈縻都督府、州。以其國王和酋長為都督、刺史。總計其數，共八百有餘。羈縻府、州，只是一個空名。實際上管理屬國和屬部的，是邊州都督和都護。都護府有六：安北、單于兩府，是管理漠南北的。安西、北庭，是管理西域的。安東是管理東北諸夷的。安南是管理南方諸國的。安北、單于兩都護府，是統轄漠南北的，屬關內道，其治地時有遷徙。安西都護府，治今庫車。安北都護府，治今迪化。安東都護府，設在朝鮮的平壤。安南都護府，設在越南的東京。

唐代之東西交通

唐時，東西的交通亦很盛。隋時通西域，共有三條路：其（一）出天山北路，經鐵勒、突厥之地而至拂菻。這是從亞洲北部到歐洲的。拂菻就是東羅馬。其（二）是出蔥嶺向西南到波斯。其（三）是出蔥嶺到北印度。唐時還是如此。又有一條路，從安南經雲南、緬甸到印度，分支出柬埔寨，和廣州通海的路相接。廣州通海的路，是經麻剌甲海峽入印度洋到大食的。

唐代之對外貿易

大食，就是現在的阿剌伯人，其地本隸屬於波斯。唐初，回教教主摩罕默德興起。Mahmet，這是現在通行的譯名，《唐書》作摩訶末。驟臻強盛，滅波斯，伐東羅馬。到唐朝中葉以後，蔥嶺以西，就全給他吞并去了。大食強盛之時，地跨亞、歐、非三洲，和唐朝可以算得東西對立的兩大帝國。兩國在政治上無甚關係，而貿易上的往還，則極為密切。據阿剌伯人所做的旅行記：公元一世紀後半，西亞細亞的商船才達到安南地方。三世紀中葉，中國的商船南達檳榔嶼，四世紀到錫蘭,五世紀到亞丁。終至在波斯和美索不達米亞,獨占商權。直至七世紀末,大食人才代之而興。然則當唐初,還是中國人獨占商權的時代,阿剌伯人的代興,要在武后之世了。不論是中國人,阿剌伯人掌握商權的時代,中西的貿易都是很興盛的。到唐朝中葉以後,中國在廣州,已設有市舶司,以管理外來的商人而收其稅。直到公元八七八年,黃巢作亂,攻陷廣州之時,據居留在中國的阿剌伯人記載,回教徒等被殺的,還有十二萬之多。而長江流域的揚州,當唐中葉後,留居的賈胡,亦復不少。《唐書・田神功傳》,説他的兵在揚州大掠,大食、波斯的商人,死掉好幾千。這事在公元的七六〇年。可見貿易興盛的情形了。

【習題】

（一）國家的武功,和對外的交通,有怎樣的關係?

（二）從秦漢到隋唐,占據蒙古地方的是哪幾種人?

（三）何以突厥當周、齊時,很爲驕橫,到隋唐時,就給中國人征服了?

（四）試述隋唐對西域的關係。

（五）隋唐時通西域的三條路,哪一條最平坦易行? 哪一路經過之地,較爲繁盛?

（六）唐代對南方的通路如何?

（七）唐代海外交通的路綫如何?

（八）唐時,西方最強大,而且和中國交通最盛的,是什麽國? 其創業的爲何人?

第十一章　隋唐之政治概況

中國歷代，每逢海宇昇平之際，對於政治制度，總有一番改革的。隋唐之世，就是這個時候了。

隋之政制

隋朝的政制，是沿襲魏晉南北朝，而加以改變整理的。自魏晉以後，宰相之官，廢而不設，而其實權則在中書、門下、尚書三省，隋朝也還是如此。隋朝改中書爲内史，唐朝復舊。三省的職權：中書是和皇帝議定辦法的，門下省加以審查，然後發下尚書省，施行出去。所以尚書省實在是庶政的總匯。歷代都分曹辦事。到隋朝，又設吏、户、禮、兵、刑、工六部，以分統諸曹。這是摹倣《周禮》的六官的。其制度，遂爲後來所沿襲。吏部是天官冢宰之職，户部是地官司徒，禮部是春官宗伯，兵部是夏官司馬，刑部是秋官司寇，工部是冬官司空。但古司空，實在是管建設的官，並不是管工事的。參看《上古史》第五章注四。① 六部本是尚書省裏的六個分部，但後世尚書省或不設，而兵部則仍存。中國的法律，大體上是定於晉朝的。其刑法，則經南北朝至隋而後大定。原來古人稱加害於身體的爲刑，監禁、罰金等，不傷害身體的，古人不稱爲刑。刑與死有時爲對稱；又有時將死亦包括於刑之中，稱爲“大刑”。兩漢之世，則稱爲肉刑。漢文帝因受女子緹縈的感動，把肉刑廢除，代之以髡鉗和笞。緹縈是漢文帝時，太倉令淳于意的女兒。因意犯法當刑，他跟着父親進京，上書願没入爲官婢，以贖父刑罪。文帝受他的感動，乃下詔把肉刑廢除。笞刑看似輕微，實際上往往至死；至於髡鉗，則所謂“僅剔其毛髮”，又未免失之過輕了。南北朝之世，徒、流之刑，才逐漸興起。到隋朝，乃加以整理，而成笞、杖、徒、流、死五刑。死刑分絞、斬兩種。徒的年限，流的里程，以及笞杖之數，各有規定。從此以後，歷代亦就大體相沿，無甚改變了。肉刑廢除

---

① 即本册第一六四頁第十一至十五行注文。

之後,刑罰的種類太少,施行起來,很難得其平,所以自漢以後,頗有提議恢復的。究因失之殘酷,無人敢堅決主張,未能實行。然刑罰不得其平,也不是一件妥帖的事。這一個問題,在司法界上,懸而不決者頗久。到隋朝的五刑既定之後,自然就無須乎此了。所以"徒"、"流"二刑的行用,確也算得中國刑法上的一個進步。選舉制度,隋朝也有改革。後世盛行的進士科,是起於隋煬帝的,但其制不詳,隋朝最有關係的,是將前此由郡縣長官自辟的佐官,改由吏部除授。這一件事,從前議論的人,頗有不以爲然的。但長官自用僚屬,往往不免徇私;循私引用的人,尤易於通同作弊。隋朝此舉,實在對於選政,是頗有裨益的。

唐初之政制

唐朝的制度,又是沿襲隋朝而漸變的。三省的長官,多不除人,但就他官,加一個同中書門下平章事等名目,其人就算做宰相了。中書、門下兩省的事情,亦往往在政事堂內會議,不一定是中書先決定辦法,然後門下加以審查,這是所以求簡捷的。御史一官,到唐代威權漸重,亦頗得重視監察之意。御史是秦官。他原來的職掌,大約是幫皇帝看文書的。幫皇帝看文書,要審查他的內容,合法不合法,所以後來便變做監察的官,專以彈劾爲職務。御史的機關,稱爲御史臺。其長官,歷代或稱中丞,或稱大夫。明時改稱都察院,長官稱都御史。外官:從南北朝以來,州的區域,漸次縮小。第八章中,業已述及了。隋時或廢州存郡,或廢郡存州,然不過更換名目,實際上還是一樣。唐朝則并州郡爲一級,而郡大抵是虛名。其上設道,置採訪使等,也是個監察之官,和漢時的刺史一樣。

賦稅及取士制度之改革

唐代的制度,最有關係的,是賦稅和取士之制。古代農民,有兩種負擔:一種是稅,是田上所出的農作品。一種是賦,是馬、牛、車、輦等軍用品。漢世稅稱田租,有田的人才出。賦則變爲口錢,是全國的人一律要出的。漢魏之際,戶賦漸興。晉武帝平吳,定戶調之式。"式"係一種法令的名稱。全國人民,因年齡、屬性之別,而授田有多少之差。年齡、屬性相同的,授田都是一樣。所收的賦稅,自然也是一樣。此制定後,天下旋亂,實行至何程度,很是疑問。北魏孝文帝時,又有均田之令。其用意,也和晉朝的戶調式一樣。但有桑田、露田之別。露田是要還官的,桑田則作爲私有。平均地權,兩漢以來,久經有此議論。激烈的要把土地都收歸國有,新莽變法時,所實行的,就是這一種主張,見《中古史》

第二章。**緩和的則主張限民名田**。此議亦發自董仲舒。謂雖不禁私有；亦不求各人所有的土地，立刻平均；但爲有田的人，立一個最大的限制，不得逾越此數。**總因土地多在私人之手，不易實行。當時有一種議論，說平均地權之策，宜於大亂之後，土田無主之時行之。戶調式和均田令，就是實行此等學說的。露田、桑田之制，大約是所以調和私有財產的。**孟子說："五畝之宅，樹之以桑。"古人的桑樹，是種在宅地上的。這種田，大約是住宅所在；或者雖非住宅所在，而係歷來私有的土地，此時不奪其所有，然照立法者的意思，整理起土地來，住宅亦要限制他設在這個區域之中的；所以稱爲桑田。**唐朝的制度，也還是如此。私有的田，稱爲世業；由官給，將來要還官的，則稱爲口分。唐制更精詳的，是鄉有寬、狹之別。田多，足以分給居民的爲寬鄉，不足的爲狹鄉。狹鄉授田，要減寬鄉之半。庶人徙鄉，和貧無以葬的，得賣世業田。如能從狹鄉徙寬鄉，得并賣口分田，這是獎屬他移徙的意思。**口分田非其所有，而許其賣却，大約是將賣得之費，作爲國家獎屬其遷移之費。**世業田雖得賣買，但最小最大，仍有一個制限。而鄉有餘田，也是要分給毘連的鄉的，縣州也都是如此，不能據以自私。其賦稅，則凡受田的人，都要交納田上所出的穀物，謂之"租"。成丁的人，爲公家服役，謂之"庸"。**每年二十日。有閏之年加兩日。**隨鄉所產，出絲麻和其織品，謂之"調"。所以此制稱爲租庸調法。租庸調的制度，是很精詳的，然此制不易實行。**實行租庸調法，最緊要的，是戶口和土田的帳籍，都要十分清楚。然這兩者，到後來都糊塗了。就是此法初行之時，其精詳明晰，曾達到何等程度，也是一個疑問。大抵戶口、土田的清晰，總要地方自治進步，才能毅達到目的；單靠官力，是很難辦到，也很難維持的。**後來無田的人，官不能授；土田依舊自由賣買；有錢的人，還是恣意兼并；而賦稅却是按人丁徵收的，就有有田無稅，無田有稅，田多稅少，田少稅多的弊竇。人民無法，乃詐稱讀書、做官的；或者實係在家，而詐稱出家，否則詐稱客户。社會的經濟，既不平均；國家的收入，又因之減少。其弊可謂很深了。此等積弊，如欲徹底清釐，非將戶口和土地，一并查明，把非法兼并的土地，勒令退出，再行分給無田的人不可。然其事更不易實行。到公元七八○年時，楊炎做宰相，乃勒令詐稱客户的人，各就其居住之地，造成簿籍，而按其財產的多少以納稅。分夏秋兩季輸納，謂之兩稅。國家的收入，因而增加，人民的負擔，亦得均平。但平均地權之意，就絲毫沒有了。**所以從前讀史的人，評論楊炎，說他功罪不相掩。

　　取士之制，在古代，大夫以上，都是世官，士以下，則行鄉舉里選之制，已見《上古史》第八章。據說，古代還有一種諸侯貢士於天子之制，見《禮記·射義》。此等制度，究竟古代實有其事與否？係另一問題。即使僅是一種學說，也總是後來立法的淵源；況且學說也不會毫無事實做根據的。**西漢時，董仲舒根據此義，勸漢武帝立郡國選舉之法。郡國各按人口爲比例，歲舉孝廉若干人。州刺史所舉的，則謂之秀才。東漢避光武帝諱，改稱茂才。初時政府是完全信任舉主的，舉到的人，即便任用。後來徇私冒濫的多了，東漢以來，乃漸漸加以考試。但非常行之制。魏晉以後，品評人物之權，操於中正之手，考試制度，自更無從說起了。唐時，才確立一種科舉制度。官頒考試章程。士子自揣合格的，可到州縣裏去報名。州縣依法加以考試。合格的送到尚書省裏，再由禮部加以考試。由州送省的，稱爲舉人。中央政府所設科目很多。其常行的，爲明經、進士兩科。明經所考的，是帖經、墨義，進士所考的是詩賦，帖經是責令人背誦經文的。把經文抹殺上下文或中間，令應試的人，默寫出來。墨義則問其意義，應試的人，照注文回答。所以明經的考法，是只能試驗書讀得熟不熟的；應試的人，只要把書讀熟就殼了。所以當時的人，很瞧不起明經。都是無用的東西，所以頗爲時人所詬病。但是所考的東西，有用無用，是一個問題；考試制度本身的好壞，又是一個問題。帖經、墨義和詩賦，雖然無用，論考試制度的本身，確實是公平的。因有科舉制度，所以能殼逐漸將等級剗平；因有科舉制度，所以人民向學的，不待勸勉而增多。這都是科舉制度，給與我們的好處。

　　唐朝還有一種有名的制度，便是府兵。府兵之制，起於北周，隋唐襲之，而唐制尤爲詳備。其制：於地方設折衝府。每府都設折衝都尉，和左、右果毅校尉。人民有兵籍的，則蠲其租調，於農隙加以訓練。府兵在平時，依舊種田。有事時，發令調集，命將統率出征。還師之日，將官便將差事繳消，兵亦各回老家。此制的優點，在於國家無養兵之費，而得多兵之用；兵又都是有身家的人，無"無家可歸"之弊，亦無屯聚一處，受野心家利用之患。到府兵之制壞，而藩鎮之兵起，唐朝的綱紀，就要大壞了。

唐朝女后之禍

　　唐朝的中衰，是起於高宗之世的。高宗初年，任用太宗舊臣，一切政治都謹守太宗的成規，所以永徽之治，史稱其媲美貞觀。貞觀是唐太宗的年號，永徽是高宗的第一個年號。後來寵任武昭儀，女官之名。皇帝的妾，名義上都是女官，有許多名目。廢皇后王氏，把他立做皇后。正人都因直諫貶謫。高宗又因患風眩，委政於武后，政治就漸壞。高宗死時，武后在政治上的威權，業經養成了。便把中宗廢掉，立睿宗做皇帝。後來又把他廢掉，自稱則天皇帝，改國號爲周。中宗初被幽禁在外，後來才聽宰相狄仁傑的話，把他召回京城，立爲皇嗣。狄仁傑又薦張柬之做宰相。柬之潛結宿衛將士，乘武后臥病，舉兵扶中宗復位。女子在歷史上，很少掌握政權的，而武后自稱皇帝，共有十六年。其前後掌握政權，則共有四五十年之久，武后的立爲皇后，在公元六五五年。至公元六八三年而高宗崩，中宗立，武后臨朝稱制。明年，武后廢中宗而立睿宗。公元六九〇年，武后稱帝。至公元七〇五年，而中宗復位。臨朝稱帝之時，政權固然全在他手裏；當其做皇后之日，實際上也久已參預政治，握有政權了。也可以算得一個奇才。但他居心不正，並不以治國安民爲務，只想擴張、保守自己的威權。而又十分奢侈。所用的人，亦多非正人。任用酷吏，大肆殺戮，以防天下的反叛。當他在位之時，百姓很受其荼毒。而且政界上的惡風氣養成了，一時不易廓清。中宗是個極昏庸的人。復位之後，寵信皇后韋氏，聽其干預政事，仍和武氏餘黨結合，以致政事弄得更糟。後來竟把中宗殺掉，要想另立幼君，臨朝稱制。睿宗的兒子臨淄王，起兵把他討平。扶立睿宗爲帝，立臨淄王爲太子。武后的女兒太平公主，要想謀害他，總算給他除掉。睿宗亦傳位於太子，是爲玄宗。

玄宗即位之後，任姚崇、宋璟爲相，把武后以來的弊政，逐漸剗除。唐朝又號稱中興。但是玄宗中年以後，也漸漸的怠荒了。廢賢臣張九齡，而任奸佞的李林甫爲相。把一切政事，都交給他。玄宗則寵愛楊貴妃，恣意驕奢淫逸。李林甫死後，竟任和楊貴妃冒認同宗的楊國忠做宰相。於是開元之治壞，而天寶之亂作了。開元、天寶，都是玄宗的年號。開元自公元七一三至七四一年，天寶自公元七四二至七五五年，就是安祿山造反這一年。

唐朝當太宗和高宗初年，國威遐暢，四夷降伏的很多，管理他們本不是一件容易的事。高宗中年以後，兵力漸衰，加以武后握權之時，盡力對內，無心留意外事。於是吐蕃首見鴟張，西域和隴右都受其侵擾。突厥亦復強盛。契丹又背叛，河北大受蹂躪。東北的靺鞨族，也於此時自立爲渤海國了。參看第十七章。渤海尚無甚侵擾，而吐蕃、突厥，都是中國的大患，契丹也和中國很爲接近，不能沒有法子制馭他。但此時府兵之制已壞，連皇帝的宿衛也調不出來，而改用彍騎了。一種募兵的名稱。更如何說得上制馭四夷？於是玄宗欲除外患，不得不加重邊兵，而藩鎮之禍以起。

藩鎮之起原及安史之亂

所謂藩鎮，是指節度使而言之。唐初戍邊的兵，大的稱軍，小的稱守捉，或稱城，或稱鎮，統帶這些兵的人，都稱爲使。合許多軍、守捉、城、鎮而稱爲道，又有總管他們的人，即稱爲大總管，後來改稱大都督。大都督帶“使持節”

的，人家稱他爲節度使，後來就變爲官名。玄宗在沿邊設了許多節度使，而西北二邊，因爲制馭突厥、吐蕃，和奚、契丹之故，兵力尤重。這許多異族，一時確給唐朝鎮壓下來了。當時和吐蕃爭奪的，是現今青海省的地方。黃河北岸，全給中國恢復。突厥自被中國征服後，遺族時有反叛，都給中國所鎮服。公元六八二年，骨咄祿又叛，中國就不能平定。骨咄祿死後，其弟默啜繼之，更爲强盛。直至公元七四四年，突厥又有內亂，玄宗才遣兵把他滅掉。自此突厥不能復振，漠南北之地，爲回紇所據了。奚、契丹是營州都督府管轄的（今熱河朝陽縣）。武后時，契丹酋長，亦曾反叛。至玄宗，才把營州都督府恢復。然而中國的兵力，也成爲偏重之勢。唐朝用兵，任用蕃將時很多。但蕃將雖有功勞，不能做到元帥的。李林甫怕邊將功名盛的，要入爲宰相，才把此制破壞。於是安禄山就以胡人而兼范陽、平盧兩鎮的節度使了。范陽軍，治幽州，今河北北平縣。平盧軍，治營州。

　　安禄山是一個有野心而無大略的人；史思明較有謀略，其實亦係粗才。這兩個都是胡人；他們手下的兵，亦多雜有蕃人。所以安史之亂，亦可以說是唐朝好用蕃將、蕃兵，而後來政治腐敗，不能駕馭的結果。安禄山的造反，事在公元七五五年。此時唐朝內地，豪無兵力。所以禄山的兵一動，而河北、河南，相繼淪陷。潼關又不守。玄宗就逃到四川。當玄宗出奔時，路過馬嵬驛，馬嵬驛，在今陝西興平縣。兵變，逼着玄宗，把楊國忠和楊貴妃都殺掉。人民又勸玄宗留太子討賊。玄宗也聽了他。太子走向靈武今寧夏靈武縣，唐靈州治。朔方軍亦治此。郭子儀就是朔方軍的節度使。即位，是爲肅宗。此時安禄山已在洛陽稱帝。但他本是個粗才，手下的將帥，尤其都是驕橫的武人。既得長安，恣意淫樂，更無意於進取。唐朝乃任用郭子儀，先平河東；又借用回紇的兵，把兩京收復。唐都長安，以洛陽爲東都。其時安禄山業已爲其子慶緒所弑。唐朝以九個節度使的兵，圍之於鄴。今河北安陽縣。史思明據范陽，已降又叛。把九節度的兵打敗。連安慶緒也殺掉。唐朝又任用李光弼，和他相持了兩年。思明又給其子朝義所殺。才乘機把他打平。此時肅宗亦已死，代宗業已即位了。

　　安史之亂，前後不過八年。公元七五五至七六二年。因張巡、許遠死守睢陽，今河南商丘縣。江淮財富之地，幸獲保全；所破壞的不過北方。然自此以後，藩鎮的兵，就偏於內地；而河西、隴右，又爲吐蕃所陷；今甘肅省之地。回紇也驕橫起來；唐朝的內憂外患，就日甚一日了。

【習題】

（一）隋唐的相職如何？其時重要的監察官是什麼？

（二）試舉隋以後五刑之名。何謂肉刑？廢除肉刑的是什麼人？

（三）隋朝對於選舉制度的改革，最重要的是什麼事？

（四）自晉到唐，有何種平均地權的立法？爲什麼不能收效？兩稅與租庸調的異點何在？試列舉之。

（五）科舉制度的前身如何？

（六）唐朝的科舉制度，優點和劣點在哪裏？

（七）武后在政治上的功罪如何？

（八）何謂府兵？何謂藩鎮之兵？

（九）安史之亂，原因安在？試略述其經過。

（十）試略述唐自開國至玄宗時治亂盛衰之大略。

第十二章　隋唐之學術文藝

魏晉來之學風

魏晉南北朝，可以説是經學、玄學、佛學，同時並行的時代。因爲兩漢的儒者，泥古太甚了，所以激成一種喜歡探求原理的趨向，而形成所謂玄學，第二編第八章中，業經説過了。玄學的思想，自然和佛教接近的，所以東漢以後，佛學漸次昌明。然而在中國社會上，素占思想重心的儒學，自然還保存其相當的位置。

兩漢的儒學，有今古文之分，第二編第四章中，也業經説過了。今古文之學，本來是各守專門的。專門，謂專取一家之説，不把他家的説法，攙雜進去。到漢魏之世，鄭玄、王肅輩出，才雜糅今古文，以意去取。自此以後，兩漢專門傳授的統緒，漸漸的失傳了。鄭玄在當時，是很負盛名的。而王肅是晉武帝的外祖，他的著述，在晉初也頗占勢力。從此以後，經學界今古文之爭，一變而爲鄭、王之爭。王肅這個人，頗有作僞的嫌疑。因爲東晉時，有一部號稱孔安國傳的《尚書》出現。其中經文，有一部分是假的，注則全部是假的；而其説法，和王肅的説法相同之故。這一部分《尚書》和全部孔安國《傳》的作僞，是南宋時候，才有人懷疑；明以來漸漸發見，到清初的閻若璩，才考定其爲僞作的。僞作的人的學説，和王肅關係極密，則到丁晏而論定。閻氏所作的書，名《古文尚書疏證》。丁氏所作的書，名《尚書餘論》。這許多，都是後來的人，考據出來的，在當時的人，則並不知道。當時儒家的思想，大抵不免於瑣碎。因爲經是不能直接解釋的，總得根據前人的注。前人的注，自然有不完全處，不明白處，有待補充解釋；於是更爲前人的注作注，是爲義疏之學。南北朝的經學，可以説極大部分，是給義疏之學所充塞的。當時的儒者，是喜歡考據事實，而不甚問其所以然的。承漢代泥古的學風之後，一切事情的辦法，都要以古禮爲根據，所以治"三禮"之風極盛。三禮，謂《周禮》、《儀禮》、《禮記》。禮在古代社會裏，自然是生活的軌範。到後世，社會的生活變了，如何還可拘守？

如此，自然要激起有思想的人的反抗，都走向玄學、佛學的路上去了。當時的人說經，亦有攙以玄學的，如魏晉時何晏所做的《論語集解》，王弼所注的《易經》便是。但這究竟是少數。

玄學是混合儒道兩家的思想的。他們所注重的書，是《易經》和《老子》、《莊子》。所考究辯論的，大概都是哲學上的問題。至於佛學，則初輸入時，都是些小乘之說。信他的人，亦大抵是宗教上的信仰。公元四世紀之末，大乘經典，開始流行。從此以後，佛教的哲學，就日盛一日。大小乘和佛教的哲學，參看下章。佛學盛行之後，自然有將他和中國固有的思想相比較的。於是有人主張佛學和儒道，兩家之學，名異而實同。也有人主張根本上不能相容的。彼此辯論之說亦不少。

當時雖在喪亂之際，講學之風亦頗盛行。有名的經學大師，門徒往往至於千百。他們或者公開講演，或者集眾辯論。辯論之際，也是很激烈的。見《南》、《北史・儒林傳》。講玄學、佛學的人，亦有此種風氣。有學問的君主，如梁武帝、陳武帝等，亦時時聚集羣臣，親臨講會，他們所講論的話，編纂成書的也不少。其書目，具見於《隋書・經籍志》。

隋唐之經學

到隋唐之世，風氣又一變了。此時義疏之學，派別繁多，就是專門研究的人，亦不能盡通。謹愿之士，都苦其瑣碎；浮夸的人，則借此自炫。義疏之學到此，就有加以整理的必要。而當東晉南北朝之世，南北治經的風氣，亦有不同。北方是謹守漢人舊說的，南方則王肅一派之學頗盛。晉以後人的說經，又頗有雜以玄學的。隋朝統一以後，論政治是南并於北，論經學則北并於南。唐太宗時，命隋朝的宿儒孔穎達等纂修《正義》。至高宗時，又加訂正頒行。所取的都是南方之說。隋唐之世，是文藝盛而經學衰的。唐代讀經的人，大抵是爲應科舉起見。既有官纂之本，別種書，注意的人就少了，而南北分離的經學，至此遂告統一。

論文學，唐代却是一個大改革的時期。漢代的散文，本來和口語接近。東漢以後，漸變而崇尚偶儷，遂成所謂駢文。所謂駢文，其初不過是句調求其整齊，措詞求其美麗。這不過是就散文加以修飾，原非截然異物。到後來，修飾之風，愈趨愈甚。一句句都要對起來。再加以要用許多詞藻來塗澤。說一件事情，不是直說的，而要用古事來比附。如此，就和口語相去日遠，寖至不能達意了。當時這種文字，稱之爲文；其實際應用的，則稱爲筆。筆使用俗語，比較多些；也不大用詞藻塗澤、古事比附。然而其句調的要求整齊，還是一樣。這也是和口語不合的，所以也不能達意。文字的浮靡，乃後起之弊，在古代，本來不是如此的。浮靡既甚，就有人要想返之於古。這種風氣，南北朝的末年，已經有了，到隋朝而更甚。然而不知道用古人說話的法子來說現代人的話，所做的文章，簡直是說的古話。那其不能適用，和將詞藻塗澤、古事比附的，又有什麼區別呢？

詩體：魏晉南北朝時，有兩種：一種就是漢代的五言詩，一種是樂府。這兩體都有作者。但是（一）古詩和樂府，都原於歌謠。歌謠是簡短的，主於"比"、"興"的，用"賦"的地方較少，比、興、賦，是做詩的三種法子。漢代人講《詩經》，就有這種說法。比是以此物比彼物，如以美人比名花。興是見此物而想起彼物，如見名花而思美人。實寫美人的美，那就是賦體了。所以於詳細的敍事，和質直的言情，都不甚相宜。（二）而且這時候人，口中吟誦的音調，漸漸的變了。其最顯著的，則就一個字，都能分別出平、上、去、入四聲。就覺得古詩的音調，還未盡和諧。（三）從南北朝以來，外國的音樂，輸入的多了。歌辭既生新體，文人的作品，自然也會隨之而變化。所以當隋唐之世，詩和文，都是要發生新體制的時候。此等趨勢，乃自魏晉南北朝之世，醞釀而成；滂薄鬱積，以待唐代諸大家。

唐代詩文學諸大家

唐初諸文人，想革六朝浮靡之習的也不少，但總不免於竟說古話。所以其病又不免流爲僻澀。到韓愈，才真能以古人的義法，說今人的語言。改革之業，至此就告成功了。所以稱贊他的人，說他的文字，能起八代之衰。八代，謂東漢、魏、晉、宋、齊、梁、陳、隋。次於韓愈的，則有柳宗元。論唐代散文的，多以他們二人並稱。文學是堆積的。新的既興，舊的不能就廢。所以韓、柳等所創的新文體雖興，舊文體在社會上，還是很通行的。在唐代，一切應用文字，還是舊體多，新體少。但是新體的位置，也已經給人確認了。於是駢散分途，稱舊體爲駢文，新體爲散文。尊重新體的人，因其是取法於古，又稱之爲古文。唐代的駢文，和南北朝以前的駢文，又有區別。其原因，則南

韓愈廟

北朝以前的駢文，都不調平仄，唐代的駢文，就漸漸調起平仄來了。調平仄的文字，最適宜於“宣讀”。又宣讀的文字，句調以無甚長短，而又不板滯爲最宜。所以到唐末，又生出一種四字六字相間的句法來，亦稱之爲四六。到宋代而大爲流行。

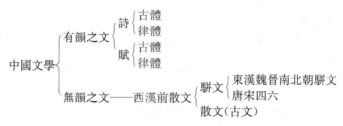

不論有韻之文，和無韻之文，凡調平仄的都可稱之爲律。所以唐朝人所做的賦，對於古人，亦稱爲律賦。然則唐宋人的四六，對於舊式的駢文，亦可稱之爲律的，不過沒有這名目罷了。至於律詩，則是南北朝以來，久有端緒，到唐朝的沈、宋宋之問、沈佺期。而後大成的。五言古詩，和從樂府變化而成的七言歌行，到唐朝，體制都日益恢廓。可以詳細敘事，可以質直言情。其中最爲特出的，尤其要推天寶亂離時的杜甫。他所做的詩，把當時政治的興衰，民生的疾苦，都曲曲傳出。後人至稱爲詩史。韓愈和白居易所做的詩，也是很長於敘事的。白居易的詩，尤其明白如話，老嫗都解。此外如李白的高超，高、

李白像

岑的悲壯，王、孟的雅淡，以及中唐諸子的清俊，都是各有特色的。高、岑，謂高適、岑參。王、孟，謂王維、孟浩然。論唐詩的，有初、盛、中、晚之說。雖然沒有明確的界限，也可以見得風氣變遷的大概。大抵初唐是渾融的，還沒有十分發洩。盛唐最爲博大，是唐朝詩學的中堅。中唐漸趨清俊。到晚唐，就頗流於纖弱了。唐代是詩學最盛的時代，名家之多，真是舉不勝舉。其參酌外國音樂之調而新創的詞，雖然到五代以後，才漸次發達。然在唐代，其體制亦早已成立了。唐末的溫庭筠，算是詞人中首屈一指的。

藝術與西方文化之影響

論藝術，隋唐時代，也是很興盛的。而其受西方文化的影響亦不少。中

國的文字,形體很爲繁複。筆畫配置之間,很可以生出美感,所以亦成爲美術之一。隸書初起,本是應用的。到後來,又漸漸的變成美術了。在東漢之世,歷史上就屢有所謂善"史書"的人。這史書兩字,是指寫字說的,不是說歷史一類的書籍。因爲古代寫字的人喚做史,所以人所寫的字,也稱爲史書。此時的人,所擅長的,大抵是隸書。他們所寫的隸書,都是有挑法的。又稱爲八分書。其舊式無挑法的,則施諸實用,亦稱爲章程書。這就是今日的正書。草書亦有擅長的人。其後又分爲兩種:一種是個個字分開的,謂之章草。又有兩字牽連,上一字的下體,就可算做下一字的上體的,則謂之狂草。草書的形體,離真書太遠了,不能應用,則又有所謂行書。不論哪一種字體,都有善於書寫的人,而成爲一種美術。魏晉以後,篆、隸的應用,漸漸的少了,所以書家亦以擅長真、行、草三體的爲多。其中最爲有名的,當推東晉時的王羲之。歷來評書的人,都稱他爲古今之冠。唐朝的歐、虞、顏、柳等,歐陽詢、虞世南、顏真卿、柳公權。亦都有名。李陽冰又以篆書見稱。

　　寫字純然是中國的美術。至於繪畫,受西方文化的影響就多了。古代的繪畫,是偏重於人物的。所畫的亦多係故事。其餘山水、花卉、鳥獸等,不過是人物畫的布景。人物畫的生出新意,受佛畫的影響當最多。而西域畫亦次之。在唐時,吳道子最爲有名。同時又有楊惠之,善於塑像。其作品,現尚存於江蘇崑山縣的甪直鎮,受印度的影響也很深。此外便要數到雕刻和建築。雕刻最偉大的,是大同武州山和洛陽伊闕的佛像,都是北魏時的作品。建築受西方的影響也不少。尤其塔,是中國本來所沒有的。繪畫發達之後,山水、花卉、鳥獸、蟲魚等,都獨立自成一藝。其中山水畫,尤爲中國人所嗜好,唐以後特別發達。唐朝的王維、李思訓,一專取神韻,一注意鉤勒,爲後來南北兩派之祖。

【習題】

(一)魏晉南北朝,社會上有幾種學術思想同時流行? 其中哪種是偏於思想的? 哪種是注重事實的?

(二)南北朝時的經學家,後人都稱他是漢代經學家的功臣,這是什麼原故?

(三)隋唐的經學,和南北朝的經學,有何異同?

(四)何謂駢文、散文? 從西漢的散文,變成東漢以後的駢文;東漢以後的駢文,又變做唐代的散文,是怎樣的一個變遷? 唐代的散文,何以又稱爲古文?

（五）唐朝人的詩體，比之前代，有怎樣的一個變化？

（六）何謂古體、律體？

（七）韓、柳是什麽人？　李、杜是什麽人？

（八）中國的字，爲什麽會成爲美術？

（九）隸書和正書的區別如何？　爲什麽正書之外，要有草書？　草書之外，又要有行書？

（十）中國最有名的書家是何人？

（十一）中國畫和西方文化的關係如何？

（十二）中國的雕刻、建築，和西方文化，有何關係？

第十三章　隋唐之社會與宗教

隋唐社會之風尚

隋唐之世，以社會風尚論，也是一個轉變的時期。前此士庶的等級是很嚴的。這時候，因爲士族貪圖財利，和庶族結昏、通譜的漸多，彼此的血統，漸相混淆，實際的區別，就不如以前的嚴重。不過終唐之世，門第好的人，在社會上，還是有相當的地位；還有人喜歡和他們結婚的；用人，有時也還參考他的門第；這個只好說是等級制度的惰力性。到五代之世，社會經過一次劇烈的變動，這種風氣，就蕩然無存了。當士庶等級森嚴之世，士族的位置，是生來就高的，用不著鑽營奔競。當時所注重的是鄉評。鄉評雖然辨不出真正的好壞，表面上的好壞，是有憑據的。所以當時的衣冠人物，不敢有十分偭規越矩的舉動。等級之制既壞，就不然了。唐朝的士風，是最壞的。上書干謁等事，都不以爲恥。應試的士子，也有寒驢破帽，奔走於王公大人之門的。見《文獻通考》卷二十七引江陵項氏的話。中葉以後，藩鎮割據，士子亦往往依附他們，替他們効力。這是激成宋朝人講氣節、重名譽的一個原因。

日常生活之間，風尚亦隨時轉變。飲茶在南北朝以前，是南人之習，到唐朝，就漸漸的通行全國了。見《唐書·陸羽傳》。古代禮服，都是上衣下裳。只有燕居的深衣，把衣裳連結爲一。魏晉以後，漸次把襯在裏面的袍、衫，用作外服，而便服則轉尚裙襦，襦是短衣之名。還沒有以袴褶爲外服的。到隋唐時，則袴褶又漸通行，而成爲戒嚴時的禮服。褶是一種短的衣服，着在外面的。袴褶之服，謂不着袍衫，又不着裙，逕以袴褶爲外服。參看第一冊《上古史》第四章。胡人所着的鞾，也漸以之代履了。古人都是席地而坐的。後來漸漸用牀，也都是跪坐。到胡牀通行後，才漸有垂脚而坐的。卓椅等物，也就漸次興起了。這許多事情，看似無關緊要，却也是中外文化的和合。

唐代之農工商業

中國是以農立國的，全國的大多數，都是農民；所以農民生計的舒戚，和國計民生，關係最大。要農民生計寬裕，是要（一）地權平均；（二）穀物價格穩定；（三）還要海內太平，賦役輕簡。在唐初頗是其時。租庸調的制度，到後來，漸漸的廢壞了，在初行時候，總該比較完整的。這時候的地權，也該較爲平均。調劑穀價的法子，自漢以來，是靠常平倉。當新穀登場時，由國家收買若干，以提高穀價。到明年青黃不接時，用平價賣出。這本是很好的法子。但是到後來，穀物的市場廣了，而官家的資本甚微，就不能控制穀價。隋朝的長孫平，乃又創義倉的法子。豐收之年，勸人民隨意出穀，即在當社，立倉存貯。到凶荒之時，即以之充賑濟。此法令人民自謀，并令人民自行管理，尤其盡善盡美。義倉是專以振濟爲目的的。南宋時朱熹所創的社倉，則平時也可以借貸給農民做資本，所以其辦法更爲進步。至於以社爲範圍，由人民自行管理，則和義倉是一樣的。雖然後來有因管理不善，移之於縣，以致全失初意的；日久懈怠，也未必全國都能舉辦；然而既有這個法子，以後總有一部分能照辦的地方。這於農民生計，也大有裨益。再加以唐初海內太平，兵革不作；對外的戰爭，也不甚影響到國內；人民自然要富庶安樂了。但是太平漸久，則資本的蓄積漸多，人民總有遭遇不幸的。況且生計漸見寬餘，則生活程度，也隨之而提高。一遇水旱凶荒，就不免要流離失所。而并兼的現象，就要隨之而起。到玄宗開元時，已經很利害了。

農工兩業的智識技能，頗有從外國輸入的。譬如製蔗糖的法子，就是唐太宗時取之於北印度。見《唐書·摩揭它傳》。古代只有米麥所做的糖。又如琉璃一物，中國人本不會製造。北魏太武帝時，有大月氏人到中國來，説是會造的。乃令其採礦山中，試行製造。一時所造頗多，成蹟也很良好。見《北史·大月氏傳》。後來不知怎樣，其法又失傳了。隋時曾在廣州招致西域人，想設法製造，沒有成功。然而製瓷之術，却因此而大有進步。唐代昌南鎮的瓷器，就是後世景德鎮的瓷器的根原。見梁啓超《世界史上廣東之位置》。

商業，也是很興盛的。全國可通的水路，都是運輸所資，即陸路亦極活躍。只要看唐人詩中估客、估帆等字樣，也可見得其興盛的情形。對外：隋時已設有互市監，這是管理西北陸路的貿易的。唐朝又在廣州設立市舶司，以管理海路的互市。因爲商業資本的盛大，而當時所用的貨幣是銅錢，不足則參用布帛，運輸既苦不便；就是計其總額，怕亦不足供流通之用。於是匯兌的法子開始發現。這便是唐人所謂飛錢。把錢交給公家的機關或富豪，託其匯畫。商人便可輕裝前行。這也可見得當時商業的發達。

唐代佛教之發達

闢佛的議論，是盛於唐朝的。唐朝的韓愈，做了一篇《原道》。對於道佛兩家，都深加詆斥。這一篇文字，最爲後來闢佛的人所稱誦。天下事，看反對方面氣燄之盛，便知道其本身是一個權威。所以我們看唐宋時代闢佛的議論之多，便知其時的佛教，正在興盛。

佛教是有大小乘之分的，唐時所盛行的是大乘。大小乘的區別，是小乘還有畏怖生死之念，不離乎緣覺、聲聞的境界。大乘則説非行“菩薩行”，不能成佛的。所謂菩薩，便是處處以利他爲念的；和我們尋常人念念以自己爲本位的，恰好相反。畏佈生死，是説怕不能成佛，死了仍入輪迴。緣覺，謂因所遇的緣而自行覺悟。聲聞，是聽了人家的説法，才覺悟的。至其對於佛的觀念：則小乘所崇拜的，就是釋迦牟尼其人。大乘則説佛有三身：釋迦牟尼這個人，是佛的報身。佛説做了什麼事情，就該受什麼報應。佛在沒有成佛的時候，所做的事情，也是應該受報的。所以他最後一次到我們這個世界上來做一個人，也是前此所做的事情當然的報應，所以謂之報身。從生物學上説，他是同我們一樣的。至於和自然法無絲毫不合；我們所做的事，而合乎自然法，他就會保護我們，給我們福利；不合乎自然法，他就會懲戒我們，給我們禍災；這個是佛的法身，實在不是指具體的一個人，而只是自然法的寫象。至於篤信佛教的人，有一種特異的感覺，如臨終時見佛來接引之類，則是我們的意念所造成，所以謂之應身。名爲佛，還只是一種心理現象。所以大乘的説法，是没有迷信的意味的。

唐代佛教宗派之大概

佛家的宗派，是很多的。其中最重要的，略如下表所列。佛家看得一切事，都是因緣際會所成，没有自性的。所以説萬法皆空。性相兩家，就是闡明此義的。《華嚴經》則發揮“菩薩行相”，具體的敍述一個菩薩的樣子給我們看。這三家，都是有教理可講；可以從學問上研究的；所以稱爲教下三家。禪宗則單從心體上學習禪定，求其澈悟，用不着什麼學理上的研究；所以不立文字，佛教的每一宗，都有經（佛所説）、論（佛教徒所説）爲其根據。只有禪宗是没有的。稱爲教外別傳。佛家的修持方法，是要一心不亂的。所謂"十二時中，常念於法"，從前以子、丑、寅、卯、辰、巳、午、未、申、酉、戌、亥十二個字，記一晝夜的時刻。每一時，相當於現在的兩小時。就是不論什麼時候，不起一點不合理的念頭。這事談何容易？所以有一種簡便的法子，教人家一心念佛，自然没有工夫，再去想不正當的念頭了。這是净土宗所提唱的法子。因其簡便易學，所以在社會上流行最廣。現在手持念珠，口中宣誦佛號的，所行的還是這一宗的方法。不過念佛有"觀"、"想"、"持名"之法，觀如觀看佛像。想如没有佛像時，冥想有一個佛像。持名，就是口誦佛號。他們只行着一個持名；而且口誦佛號，而心不在焉，那就全失净土宗的本意了。密教是另有修持方法，非傳授不能明白的。現在蒙古、西藏所行的喇嘛教，就是密教。在中國内地，已經失傳。

唐代道教之改革

北魏時所崇奉的道教，本來是從三張之法，謂張衡、張陵、張魯。見第一册《中古史》第四章。變化而來的。雖然漸次脱離秘密教的地位，然而方士的色彩，還很濃厚。本來道教的内容，是很複雜的。所謂"清净一説，煉養服食一説，經典科教又一説"。見《文獻通考·經籍考》。唐朝因自己姓李，道家所崇奉的老子，也姓李，就把他認爲遠祖，尊稱他爲玄元皇帝。在中央特設崇玄館，爲管理道教的機關。科舉中也有道舉一科，是考試《老子》的。

清净之説，算是道家的哲理。煉養服食，是沿襲方士。經典科教，則是摹仿佛家的。從唐朝以後，道教的地位更高，秘密教的色彩，漸次除盡。煉養服食，大家也不甚看重了。只是以清净爲其教義。在社會上，靠着他的經典科教，和佛教並行。

唐代西方宗教之東漸

西方的宗教，推行到東方來的，要以祆教爲最早。音他煙切。就是胡天的天字，加一個示字的偏旁。此教爲紀元前五六百年時波斯人蘇魯阿士德所創。Zoroaster。以光明代表净善，黑暗代表穢惡。崇拜火和日、月、星辰。中國人稱爲胡天，亦稱爲火祅。南北朝時，即已輸入中國。唐時波斯爲大食所滅，祅教徒在西方，受了壓迫，頗有東來的。兩京和磧西諸州，都置有祅祠。次之是基督教。其教徒阿羅本，於公元六三五年到中國。太宗許其立寺，稱爲波斯寺。玄宗時改稱大秦。其教徒自稱其教爲景教。唐時景教教徒，立有一塊大秦景教流行中國碑。其事在公元七八一年。約公元一六二五年，在長安出土。又有摩尼教，是公元前三世紀，波斯人摩尼所創的。Mani。其初輸入，在唐武后之世。此教爲回紇人所信。中葉後，回紇人入中國的多了，此教亦隨之而盛。兩京和長江流域，都有其寺。此等宗教，在教理上，無甚可以補中國的不足之處，所以其流行遠不如佛教之

大秦景教流行中國碑

廣。唐中葉後，回紇人在中國，頗爲橫行，久爲中國人所惡。只因忌憚他的勢力，隱忍着他。九世紀中葉，回紇敗亡。其時唐朝的皇帝是武宗，是個相信道教的。於是乘機把佛教和火祅、景教、摩尼教等，一概廢掉。佛教因根柢深厚之故，武宗死後，旋即恢復。其餘諸教，就不能復盛了。

【習題】

（一）南北朝時等級之制，爲什麼會破壞？

（二）唐代的士風如何？

（三）爲什麼茶稅起於唐時？

（四）衣裳之制，和現在哪一種衣服相像？袴褶之制，和現在哪一種衣服相像？袍衫之制，和現在哪一種衣服相像？

（五）要農民生計寬裕，要有什麼條件？

（六）試述常平倉和義倉、社倉的大略。

（七）唐代農工的智識技術，有何從外國輸入的？

（八）隋唐時代管理互市的機關是什麼？

（九）飛錢是鈔票不是鈔票？

（十）唐代闢佛最有名的是什麼人？

（十一）佛教大小乘教理的區別，大略如何？

（十二）試述佛教重要的宗派。

（十三）唐代道教有什麼變遷。

（十四）唐時傳入的外教，共有幾種？爲什麼不能盛行？

第十四章　中國文化之東被

中國的文化，固然向西、南、北三方面都有傳播，而對東方的關係尤爲深切。西方諸國，是自有文化的。南方諸國，則兼傳印度的文化。惟有東方的文化，幾乎全受之於中國。

隋唐之征朝鮮

朝鮮半島，在漢時，本是中國的郡縣。自三國以來，内亂迭起，對於東北，管理的力量，就漸漸的減退了。四世紀中葉，鮮卑慕容氏侵入黃河流域，中國對東北的威力，乃完全喪失。慕容氏本來是晉朝的平州刺史。乘中國威力的減退，起而自立的：在半島的北部有高句麗，西南部有百濟，東南部有新羅。高句麗因地接大陸之故，向西北開拓，遼東全爲所占，并有時侵及遼西，儼然是東北的一個大國了。在半島内部：其初是高句麗要南侵，新羅、百濟聯合着抵禦他的。後因新羅盛强，百濟妒忌他，反和高句麗聯合。於是新羅勢成孤立，不得不求救於中國。這是隋唐間半島内部的形勢。高句麗對中國，當北魏時，就頗爲桀驁的，而且對遼西還時有侵略。所以隋文帝和煬帝，都要出兵征伐他，却都不得利。文帝只是命將出兵，損失還小。煬帝則三次親征，調兵運饟，騷動全國，反因此成爲中國擾亂的一因。唐太宗的用兵，總算是所向無前的了。然而親征高句麗，也是不利。這是因三國以後，迭遭喪亂，東北方的實力，不甚充足之故。中國對朝鮮半島威力的充足與否，全看遼東西的實力充足與否。隋唐征高句麗所以失敗，路途遼遠，調兵運饟不易，實在是很重大的原因。直到高宗時，才乘他們内亂，於公元六六〇和六六七年，先後把百濟、高句麗滅掉。當中國滅百濟後，百濟王族，曾借兵於日本，要圖恢復，給中國兵打敗。於是中國對東北的聲威大振。

隋唐時代日本之朝貢

日本自三國時，其女主卑彌呼受封爲親魏倭王之後，晉、宋、齊、梁四朝，都和中國有來往。其所上表文，常自稱倭王，再加上一個都督某某等國諸軍事、安東將軍的稱號。中國也就因而封之。此等事情，日本學者，多不認爲他們王室所爲，推委在地方酋長身上。直到公元六〇八年，日本遣小野妹子使隋，日本學者，才承認他是兩國國交的開始。此時日本的國書，已改表爲書，自稱日出處天子，稱隋煬帝爲日沒處天子了。唐朝興起以後，日本因仰慕中國的文明，屢次遣使前來。從公元六三〇到八九四年，二百六十四年中，共遣過十九次使。木宮泰彥《中日交通史》上卷第六章。陳捷譯，商務印書館本。此時的日本，仰望中華，自然如在天上。但是在表面上，頗欲以對等之國自居。所以終唐之世，並沒有一道表文。黃遵憲《日本國志》卷四《鄰交志》一。然而唐朝也並沒有爭他什麼禮節；和他往來，很形敦睦。可見得說中國人誇張傲慢，是不盡確實的。中國人對外國，要以天朝自居；外國人來聘問，便說他是來朝貢的；使臣進見，要爭什麼跪拜等禮節；在近代是確有其事的。然自唐以前，其實並無此事。此等偏狹之見，可以說是自宋以後，受了異族的厭迫，逐漸激成的。

中國文化之傳入日本

朝鮮半島，受中國文化的卵翼，本來很深。一切事情，差不多都是中國的樣子。所以中國人稱他爲君子之國。《後漢書·東夷傳》："凡東夷：率皆土著，喜飲酒，歌舞，或冠弁衣錦，器用俎豆，所謂中國失禮，求之四夷者也。"便日本也是如此。中國文化的輸入日本，可以分做三條路：其(一)是中國人民移殖海外。如初將蠶絲傳入日本的弓月君，據他們說，是秦始皇長子扶蘇之後之類。說扶蘇之後，未必確。是中國人的移住，那一定是真的。其(二)是從朝鮮半島，間接傳入的。如初傳中國文字的王仁，就是由百濟前往。其(三)是日本自己求之於中國的。譬如當南朝時候，日本曾遣使來求織工和縫工。到隋唐時代，兩國的交通，更形頻繁。小野妹子使隋時，就有日本學生和僧人跟着來。到唐朝，更形熱鬧。每一次使臣來，無不帶着許多學生和僧人。他們的大行改革，在七世紀中葉，正和唐征高句麗、百濟，年代相當。一切制度文物，無不以唐朝爲模範。如日本的田制，就是取法於唐朝的租庸調，其法律，也是根據《唐律》的。他們稱爲大化革新。主持其事的，就是一班留學中國的學生。

　　日本是没有文字的，所用的就是中國字。因日本語言和中國不合，所以當八九世紀之間，又有假名之作。假名分爲兩種：一種是片假名，是借中國字的偏旁造成的。如以阿爲ア，以伊爲イ之類。ア即讀爲阿，イ即讀爲伊。一種是平假名，便是片假名的草寫。這頗和腓尼基人取埃及字的一部分，造成西洋字母相像。不過西洋人有字母後，文字是獨立的；日本假名，則仍和中國字並用罷了。

【習題】

（一）中國文化，爲什麼傳播於東方，更較西、南、北三方爲盛？

（二）試述自漢至唐，中國對東北國威盛衰之大略。

（三）中國的文化，傳播到東北去，是走海路的，還是走陸路？

（四）自三國至隋，日本對我的國交，形式上有何變遷？

（五）中國文化，是怎樣傳入日本的？

（六）日本造假名之法，和中國現在的注音符號，同異若何？

第十五章　唐之衰亡與五代之紛亂

　　從公元七五五年安史創亂起，到公元九七八年宋太宗滅北漢，統一中國止，凡二百二十餘年，中國又要經過一次擾亂和分裂了。這便是唐朝衰亡，和五代紛亂的事實。

唐代藩鎮之跋扈

　　唐朝的衰亡，和藩鎮的跋扈，關係最大。藩鎮本是設在沿邊的。從安史亂後，却徧布於內地了。其中爲患最甚的，是安史餘孽。當時没有能勦澈底打平，仍授以節度使。河北一帶，遂爲其所占據。名爲降伏，實在是據土自專的。唐朝所派的節度使，有的也要和他們勾結。肅宗、代宗兩世，都是如此姑息着。到德宗即位，要想整飭綱紀，便因河北諸鎮，要自行承襲，發兵討他。此時河北方面，連兵拒命的，有盧龍、天雄、成德、平盧諸鎮。盧龍軍治幽州，今河北北平縣。天雄軍，治魏州，今河北大名縣。成德軍，治恒州，今河北正定縣。平盧軍，治青州，今山東益都縣。後移於鄆州，今山東東平縣。正在兵連禍結的時候，又因財政竭蹶，發涇原兵東討，涇原軍，治涇州，今甘肅涇川縣。路過京城，没有好好的犒賞，兵士怒而作亂。奉朱泚爲主。朱泚本是盧龍軍節度使。當時藩鎮，雖然據地自專，朝廷的命令，他們也還看重。尤其得之不以其正的，如能得唐朝的命令，頗可以懾服手下的人。朱泚便是因此而頗感激唐朝的。當時朱泚身自入朝，命其弟滔知留後。德宗征討藩鎮之初，朱滔還是幫助朝廷的。後因賞薄怨望，也和反叛的人結合。朱泚住在京城裏，唐朝雖然撫慰他，他自己總不免有些疑忌。涇原兵作亂之後，就奉以爲主了。德宗逃到奉天，唐縣名，今陝西武功縣。朱泚便發兵把奉天圍困，形勢很爲危急。幸得良將渾瑊，竭力守禦；又有河中節度使李懷光入援；河中軍，治蒲州，今山西永濟縣。朱泚才算解圍。旋李懷光又因和宰相盧杞不睦，造反。德宗再逃到漢中。此時反叛的人，實在太多了；政府的兵力，萬萬不勦戡定。德宗乃聽了陸贄的話，下詔罪己；赦其餘諸人的罪，專討朱泚。總算把他打平。後來又把李懷光也打平了。其餘諸鎮，就只好置諸不問。德宗死後，經過順宗以至憲宗。此時河北三鎮，盧龍、天雄、成德。雖然逆命，倒還安分守己些。而淮西一鎮，淮西軍，治蔡州，今河南汝南縣。跋扈更甚。憲宗任用裴度，堅持用兵，到底把他打平。淮西平後，河北三鎮，就也都歸降了。這實在是唐朝的一個轉機。不意憲宗死後，穆宗即位，宰相以爲天下已平，把河北的問題，不放在心上；給野心家利用去，再行反叛；就終唐之世，不能收服了。河北三鎮，固然形同獨立；就是其餘諸鎮，也時有稱兵拒命的。就使表面上恭順，政府對於他所管轄的地方，權力也不甚完全。而藩鎮也多數陷於威權不振的地位。他們的得立，本來所靠的是軍士的擁戴。軍中有野心的人，就把重賞勾結軍士；或乘節度使死亡之際，或者竟把前節度使殺掉，由軍士擁立他。朝廷實力不及，只得加以任命。如此得來如此去，當時的節度使，實在也是很危險的。所以讀史的人，說唐中葉以後，是"地擅於將，將擅於兵"。

宦官與黨爭

藩鎮既跋扈於外，宦官又蟠據於內。這也是唐朝衰亡的重要原因。唐朝皇帝的寵信宦官，自玄宗之於高力士始。但還不敢干預政事。到肅宗時，李輔國便異常專權。代宗時，程元振、魚朝恩，又相繼用事。唐朝皇帝的衛兵，本來是從府兵裏調來的。但是還有一種開國時從征的兵，事定後無家可歸的，把渭水北岸的閒田，給他耕種；他們也仍分班入衛，謂之禁軍。至於神策軍，則本是洮西的藩鎮，神策軍，初治臨洮西磨環川。臨洮，唐郡名，在今甘肅臨潭縣西南。所以捍禦吐蕃的。安史亂時，神策軍入援。後來河西、隴右之地，給吐蕃攻陷了，神策軍無家可歸，就駐紮在陝州。陝州，今河南陝縣。代宗時，吐蕃攻陷京城，代宗逃到神策軍裏。此時統帶神策軍的，就是魚朝恩。魚朝恩，本是神策軍中的觀軍容使。節度使死了，沒有派人，這枝兵就歸他統率。京城收復以後，魚朝恩就把這一枝兵，護衛代宗回京。從此以後，神策軍也就算做禁軍了。德宗回京以後，鑑於臣下的容易反叛，特在神策軍中，設置護軍中尉，任命宦官去做。此時神策軍的兵餉，最爲優厚。有許多兵，都願意隸屬於他。神策軍之數，遂增至十五萬。而其權都在宦官手裏。宦官自此以後，就不可復制了。德宗死後，太子順宗即位。順宗是在東宮時，就深知宦官干政之弊的。即位之後，要想除去他。然而在位不滿一年，就因有病，傳位於憲宗。憲宗雖能削平藩鎮，却自己就給宦官陳弘志所弒。傳穆宗、敬宗兩代，都無甚作爲。到文宗，又想除去宦官。

兩次都没有成功。從甘露之變以後，文宗且受了宦官的監制，形同幽禁，鬱鬱以終。順宗和文宗，想除掉宦官，現在歷史上所記載的，都不是真相。順宗所用的，是王伾、王叔文等。他們的黨與，像柳宗元、劉禹錫等，都是一時的名人。文宗所用的，第一次是宰相宋申錫，因事敗貶謫而死。第二次是李訓、鄭注，是位次低微，出身微賤的，因爲當時大臣中没有能謀誅宦官的人；而擺用有風骨的大臣，也不免宦官的疑忌，所以特地用這兩個人。鄭注運用手腕，已經把宦官中最有權勢的王守澄殺掉了。鄭注出爲鳳翔監軍(治鳳翔府，今陝西鳳翔縣)，謀選精兵，入送王守澄葬，因令宦官送葬，把他們盡數殺掉。不知如何，李訓在京城裏，詐稱殿後有甘露降，謀令宦官前往查看，把他們殺掉。事機洩漏。宦官刼文宗入宫，以神策軍作亂。李訓被殺，連累不與謀的宰相和朝臣，殺死的無數。京城秩序大亂。鄭注亦死在鳳翔軍中。是爲甘露之變。從此以後，宦官的勢力，更爲深固。唐朝的君主，雖然武宗是比較英武的，宣宗是號稱明察的，也終無如之何了。

　　當宦官擅權之日，朝臣又要結黨相争。唐朝的黨争，是起於憲宗之世的。其時李吉甫做宰相，牛僧孺對策，頗譏切時政，兩人因此結下冤仇。李吉甫的兒子李德裕，後來就和牛僧孺各結黨羽，互相排擠。文宗至於歎息説："去河北賊易，去朝中朋黨難。"

流寇與唐之滅亡

　　宣宗死後，傳懿宗而至僖宗。其元年，就是公元八七四年，王仙芝和黄巢，在山東河北作亂。後來王仙芝給官軍打死，而黄巢竟從河南打到湖北；沿江東下，經浙、閩而入廣東。再從廣東打回安徽，渡江攻破東都。直入潼關。僖宗年幼，專相信宦官田令孜。令孜挾着他逃到四川。長安遂爲黄巢所據。海内的藩鎮，也有坐視不出兵的；調得來的兵，又不肯力戰；圍著一個京城，竟不能攻下。不得已，就要沙陀的兵進來了。

　　沙陀兩字，是個簡略的稱呼。他完全的名稱，應唤作沙陀突厥。他是西突厥的別部。西突厥亡後，住在北庭都護府附近的。沙陀突厥所居之地，有一個大磧，中國人稱爲沙陀，因稱其人爲沙陀突厥。他的都落，本稱處月。其酋長姓朱邪，實在也就是處月的異譯。後來他們姓李，乃是唐朝的賜姓。唐中葉後，勾結吐蕃，把北庭都護府攻陷。後來吐蕃人要把他遷徙到河外，語見《新唐書》本傳。這所謂河，當是指塔里木河。沙陀乃舉部歸唐。唐朝人揀他精鋭的，編成沙陀軍。初時住在靈州，後來移到河東的北邊。旋因反叛，被中國兵打敗，逃入韃靼。韃靼別部，居陰山。京城既不能收復，不得已，赦其酋長李克用的罪，召他回來。李克用帶著沙陀、韃靼萬餘人南來，居然把黄巢打敗，京城收復。然而自此以後，中央政府的威權，更陷於不振。命令簡直不行。各地方紛紛割據，就要入於五代十國之世了。

此時保據淮南的有楊行密,便是十國中的吳;據兩浙的爲錢鏐,是爲吳越;據嶺南的爲劉巖,是爲南漢,都是唐朝的節度使或刺史。據四川的有王建,是爲前蜀,是唐朝的禁軍將,隨僖宗入蜀的。據湖南的有馬殷,是爲楚;據福建的有王審知,是爲閩,其初都是强盜,占據地方之後,唐朝授以節度使。而李克用據河東,兵最强。黃巢的降將朱全忠據汴梁,<small>河東軍,治并州,今山西太原縣。宣武軍,治汴州,今河南開封縣。</small>最有雄略。

僖宗死後,唐朝的皇帝是昭宗,頗想振作有爲。然此時關內一道,全是宦官的勢力。所有藩鎮,都是神策軍將,和他們互相勾結。朝廷動輒受他們干涉,以致乘輿播遷。其初都是靠李克用入援,把他們嚇退的。後來河南、淮北,都給朱全忠所并。河北亦被其懾服。河東屢受攻擊,李克用的兵勢也弱了。宰相崔胤,乃和朱全忠相結,要想除掉宦官。宦官急了,把昭宗刼遷到鳳翔。<small>鳳翔軍,見注十一。①節度使李茂貞,亦宦官的黨與。</small>朱全忠舉兵將鳳翔圍困。李茂貞苦守經年,到底不能抵敵。只得和朱全忠講和,把昭宗送還。昭宗還京之後,遂大殺宦官,只剩得幾十個老弱的。唐朝的宦官,從中葉以後,把持朝局,幾歷一世紀半。因兵權在手,皇帝大臣,和他們鬥爭,總是不勝。借用外兵,是極危險的,所以歷代都沒有人敢做。這時候,到底逼著走這一條路。宦官亡後,昭宗便被朱全忠刼遷到洛陽。旋弒之而立其子昭宣帝。不久,就實行篡位了。時在公元九〇七年。

五代之遞嬗

屬於私人的軍隊,其强盛,是很不容易持久的。往往一個中心人物死亡,就腐敗下去了。梁太祖雖有才略,而其兒子末帝懦弱。李克用死後,其兒子存勖,却年少氣盛。梁遂爲其所滅。存勖遷都洛陽,國號亦稱爲唐,是爲後唐莊宗。後唐滅梁之時,威聲頗爲遠播。他又把前蜀滅掉。一時偏方諸國,都懷着恐懼。然而莊宗荒淫無度,寵信伶人和宦官,政治大亂。梁太祖的將高繼興,一度來朝之後,看穿他不能有爲,竟爾回去,據著荊、歸、峽三州自立了。<small>荊州,今湖北江陵縣。歸州,今湖北秭歸縣。峽州,今湖北西陵縣。</small>這就是十國中的南平。莊宗因內亂,被伶人所弒。李克用的養子明宗即位,較爲安靜。明宗死後,亦沒有兒子。因他的養子和女壻的爭鬥,就把契丹引進來。

___

① 即本册第二五二頁第六行注文。

契丹之興起

唐朝中葉以後的外患，可以分做三方面：正北是回紇，西北是吐蕃，西南是南詔。回紇雖沒有同唐朝打過仗，然自安史亂後，對於中國，是很爲驕橫的。吐蕃因占據隴右，一動兵就達到京畿，爲患最深。南詔則四川和交州兩方面，時時受其侵寇。到九世紀中葉：回紇爲黠戛斯所破，棄漠南北而走西域。唐朝的北方，就無復邊患。吐蕃亦因内亂之故，其將據地來降，河、湟之地，爲中國所恢復。不多時，南詔也就衰弱了。唐朝靠着天幸，三方的外患，都自然平息。然因内亂之故，到底讓一個契丹，養成了氣力。

契丹是鮮卑遺族。其根據地，在今熱河境内西喇木倫流域。當南北朝時，屢受北齊和高句麗的侵略，部落離散。隋時，休養生息，漸漸的强盛了。唐朝武后時，因造反又遭破壞，衰弱多年。到唐末，他部落中却出了一個英傑，便是遼太祖耶律阿保機。這時候，因幽州守將暴虐，中國人民，多逃亡出塞。遼太祖加意招致，跟着他們，學習得許多知識技藝。契丹本分八部，至此并合爲一。自回紇亡後，北方已無强部。許多零碎的部落，都給他征服了。疆域既廣，部衆又多，遂成爲中國北方的勁敵。

後唐明宗的女壻石敬瑭，本來是做河東節度使的。明宗的養子廢帝，要把他移到山東。敬瑭就造反。廢帝派兵把他圍困起來。敬瑭割燕、雲十六州，以求救於契丹。遼太宗親率大兵南下，把唐兵打敗。册立敬瑭爲晉帝，稱臣於遼，是爲晉高祖。

晉高祖死後，姪兒子出帝立。晉高祖對遼，是很恭順的。當時亦有許多人，心懷不忿。晉高祖知道國力不足；而且有些口唱高調的人，往往心懷叵測，所以總隱忍着。出帝立後，和遼開釁。論中國這時候的兵力，也還可以一戰。然而政治太壞了；又看了晉高祖以假借外力得國，很有想仿效他的人，所以汴梁到底被契丹打破。出帝被虜。遼太宗入汴京。遼太宗是個粗人，不知道治中國的法子的。他派了許多親信的人，去做節度使和刺史。契丹的行軍，是不帶糧草的；其軍隊中另有一支，稱爲打草穀軍，四出侵掠。既入中國以後，也還是如此。於是中國人羣起反抗。太宗無法，只得再回老家，又死在半路上。太原節度使劉知遠乘機入大梁自立，是爲後漢高祖。

後漢高祖入汴京後，明年即死。兒子隱帝立。僅三年，而爲其臣郭威所篡。是爲後周太祖。五代中唐、晉、漢三代，都是沙陀人，到後周，漢人才又算恢復過來。後周太祖死後，養子世祖立。內修政治，外征鄰國。宋代統一天下的基礎，實立於此。

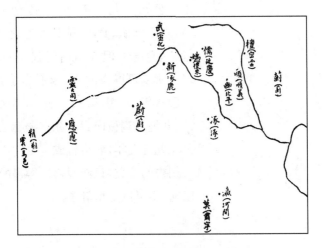

燕雲十六州

這時候，南方的吳，已爲南唐所篡。又把閩、楚兩國都滅掉。土地既廣，聲明文物，亦略有可觀。而當後唐明宗時，西川節度使孟知祥，又收兩川自立，是爲後蜀。其後人是很狂妄的。兩國都有窺伺中原之意，都想和契丹交結。周世宗乃先出兵，把這兩國打敗。然後北征契丹。業經把瀛、莫、易三州恢復了。正要直趨幽州，惜乎天不假年，世宗因抱病還軍，未久即死。他的兒子年幼，遂爲宋太祖所篡。

十國之興亡

宋太祖趙匡胤，本是後周的殿前都點檢。即位之後，一切因仍周世祖的政策。但是有一端，和世宗不同。周世宗是想先恢復燕、雲的，宋太祖却想先統一本國。故把契丹之事，暫置爲緩圖。此時割據諸國，都衰微不振。宋太祖乃把南平、後蜀、南漢先後滅掉。又滅掉南唐。這麼一來，吳越知道不能自立了，太宗時就納土歸降。當後周代漢時，漢高祖的兄弟劉崇，據河東自立，是爲北漢。稱姪於遼，求其救援。宋朝因不願和遼啓釁，所以最後才滅掉他。到北漢滅亡，中國就又統一了。

五代十國，是一個很紛亂的時代。但是政治雖然黑暗，社會還是進化的。只要看印刷術在此時大有進步，便可見得。古代的金石刻，都是直接供

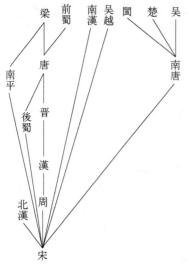

人觀覽的。漢朝的石經，還是如此。後來摹拓的事，漸漸的發明了，乃改刻石爲刻木。公元五九〇年，隋文帝勅天下廢像遺經，悉令雕版，爲印刷術可考之始。見明陸深《河汾燕閒録》。但在隋唐時代，刻書的事還不多。所以要得書的人，總還是手鈔。到公元九〇八年，宰相馮道、李愚，才請令國子監校正《九經》，刻板印賣。此事繼續二十餘年，到公元九五九年，然後告成。自此以後，公家私人刻書的事業，日漸興盛。得書的難易，較諸以前，不可以道里計了。

【習題】

（一）唐朝藩鎮跋扈的情形如何？其原因在哪裏？

（二）試略述唐德宗、憲宗、穆宗時藩鎮的叛服。

（三）唐時藩鎮之患，較之漢末至南北朝的州郡，同異如何？

（四）唐代的宦官，和東漢的宦官，同異如何？

（五）唐朝自崔胤以前，爲什麼都不敢借外兵來除宦官？唐朝的宦官，爲什麼非借外兵之力，不能除去？

（六）試述唐朝禁軍、衛軍和神策軍的區別。

（七）唐朝的黨爭，原因如何？和漢朝的黨錮，同異如何？

（八）黃巢的軍隊，爲什麼能如此橫行？當時藩鎮甚多，爲什麼不能阻止他的橫行？既據京城之後，爲什麼竟不能恢復？

（九）試述沙陀突厥的起原。五代之中，哪三代是沙陀人？

（十）契丹的根據地何在？契丹當唐末，爲什麼驟強？契丹的強盛，和中國文化的關係如何？

（十一）燕雲十六州的割讓，和中國關係如何？試根據地理形勢，加以説明。

（十二）晉高祖和出帝對契丹的政策，孰得孰失？

（十三）十國興亡的大略如何？

（十四）周世宗要先復燕、雲，宋太祖則要先平定本國，二者孰得孰失？

（十五）試略述中國印刷術發明的經過。

第十六章　宋之統一與變法

宋之統一

五代十國時的國家,原即是唐朝藩鎮的變相。此時天子的衛兵,亦即是前此節度使的親兵。他們得賄賂,受運動,推翻一個節度使,擁戴一個節度使,是不算一回事的。五代時還是如此。所以置君如奕碁。此等驕橫的軍隊,是決不能作戰的。其餘藩鎮的兵,也都是如此。所以統一之功,驟難告成。到周世宗出來,把政治和軍事,都整頓了一番,才覺得旌旗變色。宋太祖、太宗,襲其餘蔭,二十年間,就把宇内都削平了。

宋初之政制

宇内既經削平,自然要有一番新布置。節度使的大患,是以一個人專制數州至十餘州;他所屬的支郡,除節度使自駐的地方外,其餘所屬的州,都稱爲支郡。都被他壓制了,失其獨立之權,遂至形成割據。武人是不知政治的。而當擾亂之世,各州的刺史,亦以武人爲多。屬下的縣令,給他壓制得豪無展布。況且所用的,也都是些不相干的人。苛斂繁興,又往往以部曲將吏主其事。所以民困滋甚。宋太祖乘宴飲之際,諷示宿衛諸將,令其自行辭職,解去兵權。於是肘腋之間,時慮叛變之患除掉。節度使所屬的支郡,都令其直達京師,得以自行奏事。節度使出缺的,都代以文臣,謂之知軍州事。便縣事,也以京朝官出知。州的長官,本來是刺史;縣的長官,則是縣令。此時都不除人,而派朝臣出去管理,實在也是以差遣治事。又在諸州設一通判,令其權力和知州平行。苛捐雜税,大加裁撤。并在各路設立轉運使,以掌理一路的財政。諸州的兵,强壯的都送到闕下,升爲禁軍,直屬三衙管轄。殿前司和侍衛馬、步軍司都有都指揮使。老弱的才留在本州,謂之厢兵。不大教練,只好當當差徭而已。經這一番改革,政權、財權、兵權,就都集於中央了。

改革之背景

大凡一種制度，經久不變，就要生出弊病來。宋初的中央集權，讀史的人，都説他矯枉過正。在當時情勢之下，或亦不得不然。但是歷久不變，就要生出弊病來了。其中最大的，就是兵數日增，而不可以一戰。宋朝開國時，禁軍之數，不滿二十萬。後來逐漸增多。其原因，(一) 由外州的兵，升做禁軍的多。(二) 由募兵都是無身家的，難於裁遣。(三) 宋朝到飢荒時，又往往以招兵爲救荒之策。到英宗時，竟超過一百萬。兵數是增多了，戰鬥力却減弱。宋初因爲廂軍不足用之故，地方戍守，都遣禁軍分班前往，謂之番戍。唐宋時的番字，實在就是現在分班的班字。其意，一以重地方防務，一亦使軍士習勞。但是僕僕道途，於各地方的情形，都不熟悉；和百姓亦沒有相當的聯絡；作戰起來，就有許多不方便之處。反因此增出一筆衣糧之費。

唐中葉以前，國家的收入，是靠田租、口賦做大宗的。別種收入，在承平時不甚注意，而且還要把他裁掉。唐中葉以後，賦役之法既壞，又爲各藩鎮所專。國家的用度却多了。不得已，乃新增了許多稅目，如鹽稅、茶稅等。還有地方政府所增加的雜稅。如宋時所行的商稅，就是其中的一種。唐、五代藩鎮所行的苛稅，宋朝雖把他裁減，亦只是去其大甚；像商稅等勉强可行的，並沒有裁盡。宋朝因爲要養兵之故，這許多稅項，都沒有裁，而且都逐漸成爲中央重要的收入。如此，歷代到財政竭蹶時，因其租稅本來稀簡，還有搜括的餘地，宋朝就沒有了。遂成爲"竭天下之財，以養中央之兵，而不可以一戰"的模樣。這是北宋政治上最大的積弊。

宋朝開國後的二十年，就是公元九七九年，太宗滅北漢，把中國統一，乘勢進兵伐遼，想把燕、雲恢復。其結果，在高梁河戰敗，在河北宛平縣西。太宗身受重傷。公元九八六年，太宗又命將伐遼，亦不得利。遼人却屢次南下。真宗時，遼兵直抵澶州。今河北濮陽縣。中外震駭。羣臣多有勸真宗遷都的。幸宰相寇準，力主親征。真宗渡河，遼

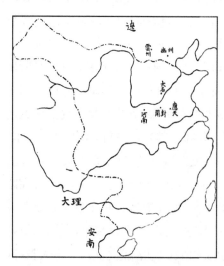

宋初疆域圖

人乃請盟而還。此事在公元一〇〇四年。自此以後，宋遼始終和好，直到北宋末年，宋約金攻遼時，未曾開過兵釁。北宋末年，進兵伐遼，事在公元一一二二年，上距澶州和議，共一百十九年。然到仁宗時，今寧夏、甘肅境的西夏復强盛。從公元一〇三四年起，到公元一〇四四年止，和宋朝搆兵凡十年。宋朝也總不得利。陝西地方，弄得凋敝不堪。其結果，到底也以歲賜成和。國威的不振如此。內政則從對遼和議成立後，就開始腐敗。原來宋朝因兵力不足，和議成後，深怕他破裂，而又沒有法子可想。因遼人迷信很重，乃託言有天書下降，算做一種祥瑞。其意，本來想借此恐嚇遼人。真宗的託言天書下降，照舊史說，是王欽若借此陷害寇準的。因爲遼兵入寇時，王欽若主張遷都，寇準主張親征，後來親征成功了，王欽若覺得慚愧，乃向真宗進讒，說："這是城下之盟。"真宗以爲恥辱。請問他有何雪恥的方法？王欽若說："非恢復燕、雲不可。"真宗說："這事吾不能行。"王欽若說："其次惟有封禪。"然封禪要有祥瑞的，王欽若乃又教欽宗，說："祥瑞不妨假造。"於是天書之事起。這話不近情理，大約是不滿意於王欽若的人假造的，不足憑信。《宋史‧欽宗本紀論贊》，說天書之事，係因遼人信天，想借此恐嚇他，以固和議。這話雖出推測，和當時的情形相近，該是事實。然因此之故，各地齋醮，和土木之事繁興，耗費甚多，財政漸覺困難。既然只想維持和議，再不想恢復燕、雲，自然兵力也要腐敗下去了。所以澶淵和議的成立，就是宋朝內政腐敗的開始。真宗之後，繼以仁宗。在位凡四十一年。公元一〇二三至一〇六三年。他的性質，是頗寬仁的。然而是個無用的人。一切政治，更其廢弛。宋朝到這時候，要圖振起，就非改革不可了。

　　但是要圖改革，還有一種困難，這便是宋朝政治機構的不靈。歷代官制，宰相的權柄都較大。宋朝却沿襲晚唐、五代，以中書主民、樞密主兵、三司理財，樞密使在唐朝，本是宦官所做的官，主宣傳詔命。後因宦官跋扈，參與機密。到宋朝，遂變做主兵的官。三司是户部、度支、鹽鐵，各有使和副使。其上又有三司使、副。度支、鹽鐵兩使，都是唐朝中葉以後，管理財政的官。因爲其時政治失却常軌，所以財政不盡屬户部。以行政系統論，本該廢此二使，將職權還給户部。宋朝却沒有如此做。就把當時管理財政的三個機關，合而爲一，而稱之爲三司。政權不甚統一。加以宋朝最重言路，御史一官，氣燄很高。宋朝人的風氣，又喜歡說話，喜歡爭意氣。所以宋朝宰相，權力不甚充足，遇事每多掣肘。這也是王安石變法所以困難的一因。

　　王安石的變法，還有一層社會背景。從唐中葉到五代，是經過長期的分裂戰亂的。每當戰亂之時，人民總格外困苦。宋朝統一以後，雖然把政治整頓一番，於民生問題，却未能十分注意。所以當時的人民，很爲困苦，如地權的不平均，役法的苛重，農民資本的缺乏等，都是當時的一個大問題。

王安石之改革

仁宗死後，英宗即位。僅四年就死了。神宗即位。是個有爲之主。乃擢用王安石，以行新法。

王安石所行的新法，範圍是很廣泛的。他首創制置三司條例司，派人出去調查各地方農田水利和賦役的情形。又行青苗法。將常平、廣惠倉中的儲蓄，當春時借給農民，待秋收時還官，出息二分。改差役爲雇役。差役是按人口資產的多寡，把人户分別等級，地方上有公事，派他們去當差徭的。這都是要賠錢的。因差事不能分割，人民不堪負擔，往往至於破産。安石令其出免役錢。向來不當差徭的人家，出助役錢。把這錢來雇人充役。後來又行方田均稅之法，以縱橫各千步之地爲一方，將面積確實丈量，并參酌其地形地味，以均定賦稅。這幾件事，都是和民生有關係的。

王安石又想改革選舉之法。他是注意於養士，而不但注意於取士的。所以要改革學校。學校是歷代都有的，但不免有名無實。安石乃在太學中分立三舍。凡初入學的學生，都居外舍。以次升入内舍和上舍。升到上舍時，可以不經禮部的考試，逕賜之以進士第。至於科舉，則罷進士以外的諸科，進士以外，其餘的科目，總稱爲諸科。因爲只有進士一科，受人看重，所以王安石把他廢掉。然而前此設科甚多；各種人才，都可以進取；此時并做一科，强天下的人都走一條路，在理論上就未免欠妥了。但存進士。改試策論和經義。其經義，也不是前此的墨義，而改爲大義了。墨義見第十一章。只須背誦前人的注。大義是要自出心裁，發揮經文的意義的。

他又改革兵制，把冗兵裁去大半。揀重要的去處，設置將官，令其統兵駐紮，而改掉前此番戍之制。王安石是主張民兵的。乃先行保甲之法，以爲民兵的豫備。保甲之法：是以五家爲保，十家爲一大保，五百家爲一都保。家有二丁的，派一人爲保丁。輪班警備盜賊。後來又教保長以武藝，令其轉教保丁，逐漸訓練成民兵。

新法舊法

王安石所行的新法，是有利有弊的。其中在理論上，在實際上，都是利多弊少的，第一要推雇役。青苗有打倒高利貸的好處，也有抑配、追呼、放失等弊病。抑配，謂人民不願意借而强迫他借。因爲官吏承辦公事，説要散青苗錢而散不出去，怕的要擔處分，所以不得不如此。然到後來，放了出去，而人民不能還，又要用官力追繳了。甚至有強人作保，借的人逃走，而勒令鄰保均賠的。方田均税，則並沒有認真推行。學校和科舉，在實際上是無甚關係的。因爲不論是詩賦，是策論、經義，總不過借此進身，而和實用也都不甚切。其無實際而且不免於騷擾的，怕要算民兵制度爲最甚了。當時司馬光等反對的話，都載在《宋史·兵志》上。這些話，大約不盡虛誣的。但是不論什麼事，要是肯平心静氣，從實際上研究其利弊，逐漸加以改良，總可以去其弊而存其利的。而當時反對新法的，不肯平心商榷。於是舊黨得政之時，把新法廢掉；新黨得政之時，又把他回復過來。就不論新舊，都不見其益，而只見紛擾之苦了。

　　王安石爲相，前後共七年。當神宗在位時，始終守其法没有變。公元一〇八五年，神宗死了，兒子哲宗年幼。太皇太后高氏臨朝。用司馬光、吕公著爲宰相，把新法一切廢掉。太皇太后死後，哲宗起用新黨，復行新法，謂之紹述。舊黨多遭貶斥。哲宗死後，徽宗即位。初時頗想調和新舊，後來也傾向新法。用蔡京爲宰相，舊黨重遭貶斥。徽宗和蔡京，都不是有什麼政治主義的人。徽宗是很驕奢淫逸的。蔡京則一昧窺時俯仰；搜括了天下的錢，來供給他用。在神宗時，便已對西夏用兵，不很得利。哲宗、徽宗時，也還是如此。又適值遼亡金興，自己没有實力，反想靠人家的力量，去恢復失地，就要引起大禍了。

【習題】

（一）宋初中央集權的政策怎樣？其利弊如何？

（二）宋朝的兵制，和唐朝的府兵比較，利弊如何？和藩鎮的兵比較，利弊又
　　　如何？

（三）王安石的變法，政治的背景如何？社會的背景又如何？

（四）青苗法的用意和辦法怎樣？

（五）差役和雇役的區別如何？二者孰爲合理？

（六）方田均税的辦法怎樣？

（七）王安石的科舉法，和唐朝的科舉同異如何？其改革的用意何在？

（八）保甲除用爲民兵外，還有何種作用？

（九）宋朝新舊黨爭的始末如何？假使當時兩黨不互相反對而合作，其結果當
　　　如何？黨爭除政見之外，還有什麼成分？

第十七章　遼夏金之興起及對宋關係

從公元十世紀契丹興盛起,到十四世紀中葉明太祖驅逐胡元止,其間凡四世紀半,中國民族又經過一個嚴重試驗的時期。

宋遼之構兵

遼自太宗死後,經世宗以至穆宗,因沈湎於酒,國勢中衰,所以周世宗乘機把關南恢復。周世宗伐遼,恢復瀛、莫、易三州,於其北置瓦橋關,地屬今河北雄縣。宋太祖主張先平定本國,然後恢復燕雲,自然也是一種政策。惜乎本國平定後,遼人又強盛了。時當聖宗之世,爲遼全盛之時。所以太宗兩次進兵,都不得利。其後遂有澶淵之盟,遼主以兄禮事宋帝,而宋給遼歲幣銀十萬兩,絹二十萬疋。宋仁宗時,遼興宗又遣使來要求關南之地。宋朝遣富弼報使。增加歲幣銀、絹各十萬兩、疋以和。興宗死後,遼也漸漸的衰頹了。

遼之強盛及其政治

遼國的人民,可以分爲三種:其(一)是他們固有的人民,就是所謂部族。部謂部落,氏謂氏族。遼各部落的居地,都經國家指定。也有同族合爲一部的,也有不然的。其(二)是割據燕雲後所得的中國人,是爲"州縣"。其(三)是北方部落,服屬於遼的,是爲屬國。屬國的關係,止於平時朝貢,有事時量借兵糧。州縣之地,爲遼人財賦所自出,軍事上卻無甚關係。其最爲遼人立國的根本的,是部族。部族各有分地。平時從事畜牧,到戰時舉部皆兵。因其馬多,軍隊的行動,非常敏捷。所以國勢很強。遼朝設官,分爲南北面。南面以治州縣,北面以治部族屬國。太祖時,曾經模倣中國,製造文字。後來又模倣回鶻,造成小字。

雖然如此,通行於契丹的,仍以漢字爲多。契丹人中通知中國學問的不少,所以遼朝滅亡後,他的人民也就慢慢的和中國同化了。

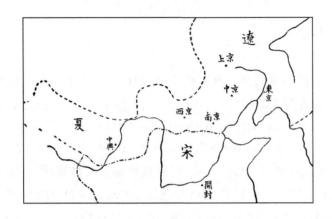

遼夏疆域圖

西夏之起原

西夏是党項族,唐時投降中國的,其酋長姓拓跋氏。拓跋氏是鮮卑的姓,大約是鮮卑人侵入党項部落,做他的酋長的。党項本在今青海、西康之間。唐時吐蕃强盛,党項受其壓迫,多逃到甘肅、寧夏、綏遠一帶。黃巢亂時,其酋長拓跋思恭,受命爲定難節度使,占據夏、銀、綏、宥、靜五州。夏州,今陝西懷遠縣。銀州,今陝西米脂縣。綏州,今陝西綏德縣。宥州,地屬今鄂爾多斯右翼後旗。靜州,在今米脂縣西。五代時,中原的權力不大及得到西北一帶。宋初,其後裔李繼捧才舉地來降。而繼捧之弟繼遷叛去。宋朝征討不克。繼遷傳子德明,至孫元昊,遂於公元一〇三四年,僭號造反。

宋與西夏之爭

元昊造反後,宋朝用兵十年,總不能得利。到底亦以銀、絹、茶二十五萬的"歲賜"成和。唐自中葉以後,河西、隴右之地,多爲吐蕃所陷。後來雖經收復,而蕃族留居其地的很多。神宗時,王韶才開闢其地,設立熙河路。然公元一〇八一年,神宗任宦者李憲,合兵五道,直攻靈州。今寧夏靈武縣。明年,又遣兵護築永樂城,在米脂西。兩次都失利,喪失頗多。哲宗時,又和夏人開了兵釁。

263

中國兵諸路同時進攻。夏人因國小，不能抵禦，求救於遼。遼人來代他請和。中國因怕牽動對遼的交涉，征伐遂亦未能澈底。

金之興起

滿族在古代稱爲肅慎。當周武王時，曾以楛矢石砮來貢。此時的肅慎，究居何處？現在還未能明白。《左傳》昭公九年，說武王克商以後，肅慎、燕、亳是周朝的北土。案周朝有南北兩個燕國。南燕在今河南封邱縣，北燕就是戰國七雄中的燕國。此時的肅慎，該與燕國相近，所近的或者竟是南燕。後來因漢族開拓，逐漸向東北遷徙的。如其遠在吉林，周初不得和中國有關係。兩漢時則居今松花江流域，稱爲挹婁。南北朝、隋唐時稱靺鞨。亦作勿吉，古音相同。靺鞨占地頗廣，而在松花江上流的粟末部，中流的黑水部，當時的黑水，以松花江爲上源，和現在的黑龍江以額爾古訥河爲上源的不同。松花江上流稱粟末水，會嫩江東折後稱黑水。和長白山附近的白山部，最爲有名。公元七世紀之末，契丹反叛，靺鞨酋長有一支投降中國，居今熱河境内的，因此不得安居，逃向遼、吉之境。後來遂據地建國，中國封爲渤海王。疆域甚廣。一切制度，亦都以中國爲模範。爲滿族開化之始。至公元九二七年，而爲遼太祖所滅。自此以後，其種人稱爲女真。女真因避遼諱故，亦寫作女直。繫遼籍的爲熟女真，不繫籍的爲生女真。現在鐵嶺東北的咸州，吉林北面的寧江州、農安地方的黃龍府，算是遼人東北的重鎮。自此以往，就不過羈縻而已。金朝的部落，係黑水靺鞨的完顏部。其王室的始祖，却是從高麗來的，名爲函普。《金史》未載其姓。金王室姓完顏，是以女真的部名爲姓的。生女真程度甚低，還是穴居的，也不知道歲月晦朔。函普是文明國裏來的人，大約對於女真，很盡了些教導的義務。他的子孫就做了完顏部的酋長。漸次知道種植、造房子、用車輛。遼朝用他做生女真部族節度使。他就外借遼朝的威嚴，内恃自己的兵力，把現在遼、吉、朝鮮北部一帶的生女真，漸次都收服了。

公元一一〇一年，宋徽宗和遼天祚帝同時即位，都是很荒淫的。而金人適於此時興起。東北的風雲，就要變色了。天祚帝是喜歡打獵的，年年遣使到生女真部落裏去求名鷹，極其騷擾。金人久懷統一同族、脫離遼朝羈絆之意。金太祖阿骨打，遂於公元一一一四年叛遼。金兵既起，天祚帝自將大兵去征討。因聞後方有亂事，倉卒西歸，爲金兵所襲敗。自此以後，把女真的事情，又忘懷了。而女真初起時，兵不滿萬，亦萬不足以取遼。所以也只想求遼人的封册，許他自立。而和議遷延不就。遼人内部分裂，南京別立一君。金太祖乃乘機進兵，把東京、上京、中京、西京，次第攻破。遼上京臨潢府，在今熱河開魯縣南。中京大定府，在熱河建昌縣南。東京遼陽府，今遼寧遼陽縣。西京大同府，即雲州。南京析津府，即幽州。天祚帝弄得無家可歸，卒爲金兵所獲。

宋之聯金滅遼

金人攻遼獲勝時，宋人知道了，就派人到金朝去，要求他滅遼之後，把石晉所割之地，還給中國。金朝人說："彼此夾攻，所得之地，即爲己有。"於是宋徽宗用宦者童貫，兩次進兵，攻遼南京，都失敗。童貫無法，求助於金。金兵從居庸關入，把遼南京打破。此時金人以區區一個小部落，得地已多，如何統治得下？所以倒也願把燕雲之地，還給中國。但是這時候，已有許多漢化的契丹和中國人替金朝出主意了。於是營、平、灤三州，不是石晉所割的，就不肯還。營州，今熱河朝陽縣。唐置都督府於此，爲管理奚、契丹的機關。契丹強後，首先失陷。平州，今河北盧龍縣。是後唐時失陷的。灤州，今河北灤縣。爲遼人所置。而燕京之下，亦因宋兵無功，要求宋人別出代價。由宋人輸燕京代稅錢百萬緡。且將平州建爲南京，用降將張覺駐守。

宋之南渡

金人此時，所有餘的是土地，所不足的是人民。文明人智識、技能都比他們高，尤其是他們所歡迎的。於是燕京既下，只把空城還宋，而盡掠其人以去。人民流離道路，不堪其苦。過平州時，求張覺做主。張覺就據地叛金。給金朝人打敗，投降宋朝。宋朝又不量國力，受了他的降。宋、金因此就開釁。公元一一二五年，金宗望、宗翰，從北平、大同兩路南下。宗翰的兵因太原堅守被阻；而宗望的兵直抵汴京。宋人不能解圍，許割太原、中山、河間三鎮講和。中山，今河北定縣。河間，今河北河間縣。宗望的兵退去。而宗翰也派人來，要求賄賂。宋朝人說："業經講和，如何又有翻覆？"把他拘執起來。於是兵釁再起。太原失陷。金兵兩路都到城下。此時徽宗已傳位於欽宗，就和后妃、太子、宗室等，都被金人擄去。此事在公元一一二六年。

宋代外交之失敗

時金人自取河北、河東，而立降臣張邦昌做中國皇帝。金兵既去，張邦昌讓位。宋徽宗的兒子高宗，即位於歸德。當金兵圍困汴京時，李綱是主張堅守的。當時不能用他。高宗初即位，用爲宰相。旋又把他免職，任用黃潛善、汪伯彥。時四方羣盜蜂起，宿將宗澤招撫了他，留守汴京，請高宗還京，不聽。請他留駐南陽，又不聽。而逃到揚州。宗澤死後，汴京就失守。河南、山東之地，亦都淪陷。金兵追到揚州，高宗又逃到杭州。後來金宗室宗弼就是番名喚做兀朮的，又率兵渡江，把杭州、明州攻陷。明州，今浙江鄞縣。高宗逃到海中。兀朮又回兵而北。會同婁室，把陝西攻陷。時金人之意，仍僅欲取河東、河北。乃將河南、陝西之地，立宋朝的叛臣劉豫爲齊帝，做個緩衝，希冀得以休

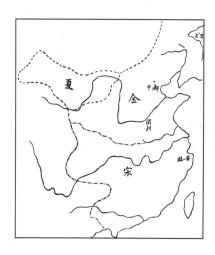

宋金對峙圖

息。而劉豫又動了野心，屢次發兵入寇。倒給宋朝打破了，又要去求救於金。金人見立了他還是麻煩，乃於公元一一三七把他廢掉。此時宋高宗用秦檜做宰相。秦檜是當汴京失陷時，給金朝人擄去的。後來把他賞賜給宗室撻懶。此時撻懶在金朝很有權力。秦檜乃派人去要求他，把河南、陝西之地還宋。撻懶也允許了。不圖金朝政局變動。宗弼進京，撻懶得罪背叛，想逃奔宋朝，爲金人所追殺。於是和議全變。金宗弼和婁室再分兵取河南、陝西。宋朝當南渡之初，兵力薄弱，羣盜滿

山，情勢很是危險。此時岳飛、韓世忠等，討定羣盜。岳飛駐紮在荊襄，韓世忠駐紮在淮北，吳璘等又守住了四川，兵勢稍振。宗弼動兵之後，前鋒給宋朝打敗於順昌。岳飛又進兵戰勝於郾城。順昌，今安徽阜陽縣。郾城，今河南郾城縣。吳璘亦出兵收復陝西州郡。一時形勢頗覺勝利。但秦檜堅決主和。召還諸將，并把岳飛殺掉。於公元一一四一年，和金人講和。把河南、陝西之地都割給金朝。并且還稱臣奉貢，出歲幣銀、絹各二十五萬。

　　和議成後八年，金熙宗爲海陵庶人所弒。海陵庶人是個既荒淫，又暴虐，又有野心的。即位之後，遷都於燕，又遷都於汴。興大兵伐宋。兵還沒有渡江，後方已有叛亂，擁立世宗。虞允文乘機在采石把他打敗。采石磯，在今安徽當塗縣北。海陵改走揚州，爲其下所殺。此時宋高宗亦已傳位於孝宗。孝宗是有志於恢復的。起用張浚，出兵伐金。又有符離之敗。符離集，在今安徽宿縣。到公元一一六五年，和議復成。宋取消稱臣之禮，改稱金主爲叔父；銀、絹亦減爲

各二十萬。

孝宗是生存時傳位於光宗的。光宗又因有病，傳位於寧宗。寧宗之時，韓侂胄專權。其時金世宗已死，章宗在位。河南荒歉，北邊又有叛亂。韓侂胄乃於公元一二〇四年出兵北伐。然兵力實不足用。屢戰皆敗。宋朝內部，政局也有變動。韓侂胄被殺。把他的頭送給金朝。於公元一二〇八年成和。和議成立的明年，金章宗死，衛紹王立，蒙古侵金的兵也就到塞外了。

金之強盛及其政治

女真人的程度比契丹更低。其漢化却較契丹爲深。一切政治制度定於熙宗時，大體都是模仿中國的。其恃以立國的是兵力。生女真部落，平時部長稱勃堇，戰時則各隨其部衆的多少，分立猛安謀克之號。猛安，千夫長。謀克，百夫長。但所統的不一定是千人和百人。女真人是居於瘠土，而其風氣又很樸實的，所以其兵力很強。海陵遷都以後，其立國的重心一變而在中原。末年，羣盜大起。世宗因圖鎮壓，把女真人都移到中原來，謂之猛安謀克戶。強奪漢人的田地給他們耕種。一時雖把漢人壓伏下來，然女真人因生活的寬裕而日趨於腐敗，又因奪田之故，和漢人結下深讎，金朝衰亡之機就伏於此時了。

蒙古之興

蒙古是室韋的別部。他的部落本在黑龍江上游額爾古訥河之南。後來西徙到不兒罕山。今車臣、土謝圖兩部界上的布爾罕哈勒那都嶺。但是蒙古人又嘗自稱爲韃靼。大約兩種人是混合了的。金朝對北方的威力不如契丹的充實。契丹強時，其疆域北抵臚朐河；今克魯倫河。西服河西回鶻；西域諸國，也有來朝貢的。金朝則僅從河套地方築邊牆，東北迤達女真舊地，恃以自衛。塞北民族無人管理，就紛紛自相攻伐。十二世紀末年，蒙古族的偉人奇渥温帖木真出。東征西討，把漠南北之地，盡行征服。至公元一二〇六年，諸部共上以成吉思汗的尊號。公元一二〇九年伐夏，夏人請降。明年，成吉思汗遂伐金。在今歸綏縣北，替金朝人守長城的，是白韃靼汪古部。汪古部投降蒙古，引導他入了隘口。所以金人不及防備，一戰大敗。蒙古兵遂入居庸關。燕京被圍。河北、河東和遼西都受蹂躪。衛紹王被弒。宣宗立，遷都河南。成吉思汗又借此爲由，興兵把燕京攻陷。

此時金人把河北的猛安謀克戶，盡數遷到河南。仍奪漢人之地，給他們耕種。女真人不能自種，則又厚斂漢人去供給他。此等女真戶是連家屬都要受養於國家的，還是不能一戰。宋朝鑒於此等情形，也把歲幣停給了。金人財政正在困難，捨不得這筆進款，又和宋人開了兵釁。在西方，亦和夏人以疆場細故啟釁，交戰累年。其勢本已岌岌，幸而成吉思汗有西征之役，只留着一支兵經略東方，兵力不甚充足，所以金朝又得支持了二十年。

宋之約元滅金及其滅亡

公元一二二七年，成吉思汗從西征回來了，起兵伐夏。未克而死。遺命秘喪，把夏人滅掉才撤兵。兩年之後，蒙古太宗立，又起兵伐金。此時金宣宗已死，哀宗在位。列精兵二十萬，守住從潼關到徐州的一綫。蒙古人知道難取，乃假道於宋。宋人並沒允許。但蒙古兵竟强行通過了。從漢中出湖北西北境，繞道河南西南境打過去。太宗又自將大兵，渡河而南。金兵兩路皆敗。汴京受圍。因城堅不能攻破，乃議和退兵。旋因金朝的兵殺掉蒙古的使者，和議復絕。金人在汴京，不能立足，南遷到蔡州。今河南汝南縣。此時宋理宗在位，又與蒙古約，合兵伐金。公元一二三四年，金人遂爲宋、蒙古的聯軍所滅。

金朝滅亡後，宋朝還是不能振作，又因要恢復三京，宋以開封爲東京，洛陽爲西京，歸德爲南京，大名爲北京。和蒙古啟釁。蒙古當太宗時，還注重於西域和東北方。經定宗以至憲宗，西域全平了。憲宗之弟忽必烈又經青海、西藏而入雲南，并分兵打到安南。公元一二五九年，憲宗和忽必烈分兵兩道伐宋。憲宗入四川。忽必烈攻湖北。因宋將王堅善守，憲宗死於合州城下。今四川合川縣。忽必烈欲圖自立，急於北歸，而宋宰相賈似道不知敵情，遣使求和，許稱臣畫疆爲界。忽必烈北歸自立，是爲元世祖。賈似道將求和的事實隱諱，詐稱大捷。因此元朝遣來的使者，都被他拘執起來。和議遂無成就之望。元朝用宋降將劉整之計，專力攻擊襄陽。凡五年，宋朝竟不能救。襄陽卒告陷落。公元一二七四年，元世祖遂命伯顏統大軍東下。此時宋度宗恰死，子恭帝立。年方六歲。沿江的兵到處奔潰。遂於公元一二七六年北狩。宋人又立其弟益王於福州。後來逃到廣東。益王死後，又立其弟衛王，轉展遷徙到今新會縣南海中的崖山。公元一二七九年，爲漢奸張弘範所攻擊。宰相陸秀夫背着他投海而死。宋朝就此滅亡了。

【習題】

（一）試述宋遼搆兵的大略？

（二）遼的政治情形，大略如何？

（三）西夏是什麼民族，根據何地？

（四）宋、夏交兵的經過如何？

（五）女真民族怎樣？金朝是如何興起的？

（六）宋與金的和戰，共分幾次？其和議條件如何？

（七）宋約金滅遼，約元滅金，是得策，還是失策？

（八）蒙古民族的起原如何？到成吉思汗時代，何以驟形強盛？

第十八章　宋之學術思想與
社會概況

宋朝是一個學術思想轉變的時代。這種學術思想就是理學。

理學勃興及其背景

理學的背景，最重要的有三端：其（一）南北朝、隋唐之世，佛教盛行，道教也有相當的改進。道、佛二教固然各有其哲理，然都太偏於出世。到宋朝，這兩種思想和儒家的思想，就有互相融合，而發生一種新哲學的傾向。其（二）從唐朝以來，士風極壞。到五代之際，尤其氣節掃地，如馮道在唐、晉、漢、周之世，歷事十君，不惟不以爲恥，反自稱爲長樂老，做了一篇文字，歷敍所得的官爵恩寵，以爲榮耀。如此，何以立國？安得不有嚴整的倫理觀念，以挽回風氣？其（三）歷代讀儒書的，大都墨守前人的成說，在理論上既不澈底，且不免互相矛盾。要振興儒學，實在有融會貫通，創立一個體系的必要。合此三端，理學便勃然而興了。

理學之派別及其變遷

周敦頤，湖南道州人。現在湖南的道縣。住在江西廬山蓮花峯下。他故鄉地方有一條水，流入瀟水，名爲濂溪。蓮花峯下，也有一條水。他爲紀念故鄉起見，就以濂溪名之。學者因稱爲濂溪先生。他從道家得到了一張《太極圖》，便做了一篇《太極圖說》，把陰陽、五行算做萬物的本原。其意是把宇宙間的物質，分爲水、火、木、金、土五種，而以其變化歸諸陰陽兩力。這本是中國的古說。他說五行的性質各有所偏。人是這五種物質構成的，所以其性質也有所偏，而要注意於矯正。矯正的工夫，在於主靜。他還做了一部《通書》，也是發揮這個道理的。學者推爲宋學的開山。周子之學，傳之於洛陽二程子。大程子顥性質寬和。主張明白得道理以後，以"誠敬"存之。小程子頤則性質嚴正。又提出"涵養須用敬，進學在致知"的具體方法。所謂敬，就是一天到晚持守定了，不要放鬆的意思。致知的工夫，在於格物。"格物致知"這四個字，出在《大學》上，解釋很多。照小程子的解釋，則是對於一事一物都要用心推求，不可漫然應付。古物字兼有事字的意思。小程子的所謂格物，是説我們遇事都要推求其理，應付得宜，不但指推求物理説。他這一種方法，是爲朱子所採取的。講理學的人推爲正宗。朱子名熹，家世是婺源人，他却住在福建。他的學問最博，對於宋朝人各種學説都能觳批評研究，加以折衷。所以講理學的人，推他爲集大成。北宋時還有張子，

朱熹像

名載，是陝西郿縣橫渠鎮人。他所著的書，名爲《正蒙》。認爲天地萬物，根本上只是一種原質所成。這種原質，張子名之爲氣。氣的往來屈伸，就是陰陽。生死、消長諸現象，莫非一氣的變化。人的性質所以有好惡，也是由於氣的本有迎拒。如此，便把精神現象和物質現象，合而爲一了。他又根據於此，説宇宙萬物本是一體，主張把仁愛的量，擴張到無限。他所做的《西銘》，發揮此意最透。周、程、張、朱之學，後人稱爲濂、洛、關、閩，而稱這五個人爲宋五子。南渡之後，還有金谿陸九淵。他的修學方法，與朱子不同。朱子是小程一派，主張即事物而求其理的。陸子説如此未免支離，主張先發人本心之明，然後"細細理會去"。他的學説和朱子各明一理，儼如雙峯的並峙。此外在北宋時，還有一位邵康節先生，名雍。他是主張觀察物理的。他説：我們所以不能明白宇宙的真相，實由對於凡事都把感情攙雜進去之故。所以主張"以物觀物"。他以爲宇宙間事物的變化，都有一定的法則。所以喜歡研究數理。這也是哲學中的一派。後世迷信的人，把他認作一個偶象，却全不是他的本意了。宋時理學，派衍於浙東的，頗喜講究禮、樂、兵、刑。南渡以後，吕祖謙最爲大師。後來永嘉的陳傅良、葉適，永康的陳亮，其學也都自成一派。但是講宋學的人，不認爲正宗。

宋代之學風

宋時講學的風氣是很盛的。晚唐、五代之際，書院逐漸興起。宋時更爲興盛。往往有許多學者，聚集從事研究。名人所在之地，求學的人聞風麕集的亦不少。宋朝人的學問，是注重實用的。所以凡事都講究質實。文學也受其影響。唐時韓、柳所提唱的古文，至此盛行。詩則除寫景之外，更注意於言情。把許多唐詩裹所沒有的材料，都加進去了。雖然較諸唐詩，欠缺含蓄，意味不如唐詩的深長，然而詩境確較唐人爲恢廓。詞學在宋朝，更可稱爲極盛。史學在宋代，也是特別發達的。中國歷代，史書盛行的有兩體：一種是紀傳表志，一種是編年。編年的史，有好幾代偏闕了。到宋時，就有司馬光的《資治通鑑》。繼續《春秋》，直到五代爲止。袁樞因之而作紀事本末，又爲史家創一新體。此外還有鄭樵，因紀傳表志之體而作《通志》。這是通於歷代的正史。所以繼續司馬遷的《史記》，而矯班固以下斷代之失的。雖然因體段太大，不甚精審，然其

白鹿洞書院

中的《二十略》，則包羅的門類很廣，有許多前此的正史，都沒有記載到的。《二十略》中，《六書》、《七音》、《都邑》、《草木》、《昆蟲》五略，是前此的正史沒有記載到的。還有馬端臨，著《文獻通考》，繼續唐朝杜佑的《通典》，專記典章制度，而門類比他分得更精細，材料也更完備。平民文學在宋時亦極發達。當時有一種説話之業，就是現在所謂説書。説書的人所用的本子，就是現在所謂平話。我們所習見的《水滸傳》，其原本就是出於宋朝的《宣和遺事》的。其初不過説書的人用作底本。後來愈做而愈精，就成爲平民讀物的大宗了。

宋代之農工商業

宋朝的農民是很困苦的。從唐中葉以後，豪强兼并，地權不平均，歷五

代、兩宋之世，始終没有能彀改正。加以南渡以後，兩浙的腴田，都落入富豪世家之手，收租奇重。末年，賈似道做宰相，因國用窘迫，又把賤價强買做官田，即以私租爲官税。在北方，則處異族壓迫之下，私田多被强指爲官田，撥給女真人。其不能强指爲官田的，也要把别的地方來和他互換，以便騰出整塊的地方，來給女真人聚族而居。又宋、金兩朝的役法，都是很苛酷的。處此環境之下，還能彀勉强維持，其勤勉和技術的進步，也可想而見了。工業亦頗有相當的進步。譬如宋代的瓷器，是很爲有名的。又如北宋末年，汴梁人所著的綢緞，有一種稱爲一年景的，一件衣服之上四時花鳥等畢具。見陸游《老學庵筆記》。也可見得其織物的進步。商業更爲發達。宋初，四川是行使鐵錢的。商人苦於運輸不便，就有所謂交子。由富家擔任發行，隨時兑換。後來富人窮了，兑不出現錢來，於是改由官發，遂成爲紙幣的起原。又宋朝因爲省掉運輸的麻煩起見，有所謂"入中錢帛"、"入邊芻粟"之法。入中錢帛，是令商人到京城裏去交納錢帛；入邊芻粟，則是在國家指定的邊州，繳納芻粟。如此，他願買何種官賣品，國家就給他一種憑據，到出産和屯積的地方去取。其初的官賣品是鹽和茶。後來加以海外進口的犀、象、香藥。此等賣買，不一定是交納芻粟的人做。得到憑據之後，轉賣給别人，也是可以的。當時京城裏，并有專做這一種賣買的機關，謂之交引鋪。即此兩端，宋朝商業的發達，也就可想而知了。對外則此時盛營海上貿易的，還是大食人。賈胡到中國來的不少。中國人也有出洋營運的。國家在廣州、泉州、明州等處設立市舶司，以司管理而收其税。其税入也成爲國用的大宗。

活版術之發明

還有活版之術，也是北宋時畢昇發明的。畢昇的發明活字，事在宋仁宗慶曆年間。慶曆是從公元一○四一到一○四八年。其初以膠泥刻字。到元朝，就有鑄錫作字，或刻木爲字的。明時，則又有無錫華燧改用銅字。如此，印刷術更形方便，書籍的流傳愈廣，文化也更進步了。

宋代之風尚

宋朝人的學問，是不但口説，還要講究實行的。所以宋朝的士大夫，持躬很嚴正，居家多能篤守禮法；并能留意公益，參酌古禮，定爲一種規則，行之於鄉。這確是宋學的優點。但是其人議論喜求澈底，因此論事流於迂闊，論人失之苛刻，也是有的。宋朝從開國以後，就疊受遼、夏的壓迫；南宋時代，又受金人的壓迫。所以民族主義頗爲發皇。像南宋時代胡安國等的議論，真是光燄萬丈。然而只論理不論勢，有時事實上亦不可行。此等風氣，用之不善，亦會流於好名，釀成黨爭，甚至給野心家利用了去，也是不可以不知的。

【習題】

（一）理學興起的背景如何？

（二）宋代理學家最有名的，是哪幾個人？

（三）朱子和陸子的修爲方法，你喜歡哪一種？

（四）宋朝人做的詩文，爲什麼都比唐朝人質實？

（五）宋代的地權，較之唐朝，平均呢，還是不平均？

（六）紙幣起於何時？是怎樣起原的？

（七）宋朝的官賣品，有兩種特別法子，試述其略。

（八）宋朝的風氣如何？有何種好處？何種壞處？

（九）爲什麼宋朝的民族主義特別發達？

第十九章　元代之武功

從來文明國人，往往易受野蠻民族的侵略。這是由於野蠻民族生活痛苦，性質尚武；而其社會的組織又簡單，上下一心，政令易行之故。這可說是由於全世界的文化未能一致。亦可說是文明國的文明，實有病態之故。儻使全世界的文化，而能更進一步，自然沒有這種病態了。

蒙古之武士

從歷史上看來：蒙古人的武功，可以說是最盛的。他幾於征服全亞洲，而且還侵入歐洲。從其崛起之時，至其成功之日，不過一百年光景。爲什麼會成功得這麼大？這麼快？這自然不是一兩個人的力量，自然和全社會都有關係的。據研究歷史的人說：則

（一）蒙古人自幼練習騎射，所以騎兵最精。他們一個人，都有三四匹馬，可以交換騎乘，所以終日馳騁，而不覺疲倦。當行軍緊急時，專吃乳酪，也可以支持旬日，所以其軍行很快。

（二）他們的軍隊，下級服從上級的精神，是很豐富的，所以紀律甚嚴。

（三）而且男子出征，女人在家裏，依舊能盡納稅的義務，所以連年用兵，國家的財政不感困難。

這都是蒙古所以強盛的原因。據桑原騭藏《東洋史·近古期》第三篇第三章。

成吉思汗之出生

成吉思汗，是生於公元一一五五年的。據柯劭忞《新元史》。當其時，蒙古只是斡難河畔一個小部落。今敖嫩河，亦作鄂諾河。在蒙古地方的東部，如塔塔兒、蔑兒乞、客列等部，都和他勢均力敵。西部的乃蠻尤大。成吉思汗少時，部衆寡

弱，備受同族的欺侮。因他智勇足備，爲人所歸附，部衆漸盛。初和客列部聯合，滅掉塔塔兒和蔑兒乞。後來客列部和他翻臉，也給他滅掉了。乃蠻要約汪古部共攻蒙古，亦因汪古部的輸誠，先期舉兵把他滅掉。於是今天山北路的畏兀兒，和其西方的哈剌魯，西突厥的分部，《唐書》作葛邏祿。亦都來降。蒙古的威聲，遂直達西域。公元一二〇六年，諸部大會於斡難河源，上他以成吉思汗的尊號。

蒙古之西征

　　成吉思汗平定漠南北後，其兵鋒本來是直向中國的。這也是興於漠南北地方游牧民族的常例。而蔑兒乞和乃蠻的遺孽，忽有遁走西方，希圖復國的。遂引起成吉思汗的西征，開東洋民族未有的偉業。

　　從大食盛强以後，葱嶺以西的地方，幾於悉爲所并。然不及三百年，哈利發的威令衰了，Khalighaho，大食教主的繼承人。東方諸部酋都據地自專，形同獨立。其間又互相爭奪，興亡起仆之事甚多。當金朝興起之時，雄據西亞的塞而柱克朝漸衰，而在阿母河下游的花剌子模漸盛。塞而柱克 Seljuks，花剌子模 Khwarizm，《唐書》作貨利習彌。遼朝的王族耶律大石在今迪化地方，會集十八部王衆，簡其精銳而西。把塞而柱克朝滅掉。花剌子模亦爲其所征服。乃蠻滅亡後，其王子逃到西遼，和花剌子模王內外合謀，篡了西遼的王位。蔑兒乞部酋之子，也逃到乃蠻界外，招集舊部。兩個人都想恢復舊業。成吉思汗乃北還，遣將哲別、速不台，把他們兩個人剿滅。蒙古疆域，就和花剌子模直接了。

　　此時有西方商人東來。成吉思汗因之以通好於花剌子模。花剌子模也應允了。然而花剌子模國裏，有傭兵四十萬，都是康里人。Cancalis，亦突厥族。有些命令不行。蒙古人四百餘，隨西域商人西行，到錫爾河邊，都爲花剌子模的守將所殺。成吉思汗大怒，就起兵西征。

　　成吉思汗的西征，事在公元一二一九年。打破了花剌子模的都城。今撒馬兒罕，《元史》作尋思干。花剌子模王展轉入裏海中的小島而死。他的兒子逃到印度河邊。成吉思汗又把他打敗。並渡河攻破數城。想從西藏回來，因道路難走，又聞西夏背叛，乃從原路而歸。哲別、速不台兩將奉令進擊花剌子模王，因之打破亞洲西北的阿速、撒耳柯思、欽察等部。阿速 Aces，在高加索山北。撒爾柯思 Circasses，在端河濱。欽察，亦作奇卜察兀 Kiptchacs，在烏拉嶺西，裏海、黑海之北。直攻入俄羅斯。俄人迎戰大敗。死掉六個王、七十個侯。列城都沒有守備,只待蒙古兵到迎降。而蒙古沒有深入,只打平康里而歸。後來太宗時,成吉思汗長子拙赤的兒子拔都西征,再破欽察和俄羅斯,並進攻波蘭和匈牙利,打敗了北歐的同盟軍。憲宗時,成吉思汗幼子拖雷的兒子旭烈兀,又攻破了大食的都城報達,懾服了小亞細亞和埃及之地。於是蒙古地跨歐、亞,而所謂四汗國者,遂以建立。

蒙古最盛時期之疆域圖

四汗國之建立

四汗國是成吉思汗四個嫡子之後。蒙古之俗,是幼子襲產的。所以把漠北的舊業分與拖雷。自憲宗以後,拖雷的子孫做了蒙古大汗,其地屬於大汗直轄。此外拙赤所得的是花剌子模、康里、欽察之地。太宗所得的是乃蠻故地。察合台所得的是西遼故地。而大食之地屬於拖雷的兒子旭烈兀。

元之征日本

蒙古不但西征，對於東、南兩方面，也都曾用過兵。從唐朝滅掉高句麗、百濟之後，朝鮮半島只賸了一個新羅。唐中葉後，新羅也衰弱了。北方叛者紛起，又分做高麗、後百濟和新羅三國。後并於高麗王氏，臣服於遼、金兩朝。蒙古初起時，契丹遺族作亂於女真舊地。蒙古因征討，和高麗兵相遇，約爲兄弟之國。後來蒙古使者爲盜所殺，疑爲高麗所爲，兩國兵釁遂啓。久之，乃以君臣之禮成和。元世祖因之，並想招致日本。而日本拒不聽命。公元一二七四和一二八一兩年，世祖曾再遣大兵往征。第一次攻破對馬、壹岐，掠肥前沿海。因颶風起而還。第二次兵數尤多。舟泊鷹島，因颶風將起，守將擇堅艦先走。遺下的兵遂多爲日本所俘殺。世祖要謀再舉，因用兵安南，遂未能及。

元之征安南

元朝的用兵安南，還是起於憲宗時候的。世祖既平大理，便遣將往征安南。滅宋之後，因其未能全服，又遣兵往征。又用兵於占城和緬。都因天時地利的不宜，未能得利。惟諸國懼元再討，亦多稱臣奉貢。對於南洋羣島，則曾一度用兵於爪哇。其餘因招致而來的國亦頗多。

元代滅宋後之設施

元朝從憲宗以前，純是北族獷悍之習。雖亦引用中國人和西域人，對於治理中國的法子，實在是不懂得的。世祖最爲聰明，所用的中國人和西域人亦最多。元代一切治法，都是這時候所製定。世祖以後，共有十一君，其中惟仁宗較知治體，餘則非庸昏，即獷悍，豪不了解中國的文化。他（一）把蒙古、色目、漢人、南人分做四等。一切權利都不平等。各官署的長官，都要用蒙古人。漢人、南人至多做副貳，而實際見用的還很少。（二）他的兵籍，漢人是不許閱看的。邊徼襟喉之地，都封建了宗王。河、洛、山東一帶則用蒙古軍和諸部族軍駐紮。江、淮以南才用滅金所得的漢軍，和滅宋所得的新附軍。（三）他於路、府、州、縣之上，又設行中書省和行御史臺，以便控制。總而言之,所取的都是壓制政策。(四)他把中國的土地、人民看作戰利品,一味想朘民以自利。宿將勳臣之後和諸王公主的私人,以及皇帝的嬖倖,雜然並進。(五)他的用人不分國籍和種族,固然因此輸入了些異域的文明。然而擾民之事亦不少。譬如西藏的喇嘛僧,因得元朝的尊信,在中國就很橫行。這都是民族不能自立,以致受治於人的殷鑒。然而以中國之大,文化的優越,豈真能容此等客帝,久踞其上?所以從世祖滅宋之後,不過九十年,而元順帝就被中國人所驅逐了。

元之衰亡

蒙古在成吉思汗崛起以前,本來不常有汗。這時候的汗,大概有能縶統馭全族的人就有,否則就沒有。其稱號是要由全部族推戴的。然即使推戴出來,亦只是蒙古本部族的汗。直到成吉思,才成爲諸部族的大汗。然其繼立,還是要由宗王、駙馬,和諸高級的兵官,開大會推戴的。太宗之立,係由成吉思汗遺命,所以沒有爭議。太宗死後,其後人和拖雷的後人,就起了爭端。太宗之後,定宗得立,旋又短命而死。拖雷之後,憲宗被推。太宗後人謀叛,爲憲宗所誅戮。然暗潮仍潛伏着。憲宗使他兩個兄弟世祖統治漠南,阿里不哥統治漠北。憲宗死後,世祖不待大會的推戴而自立。阿里不哥舉兵反抗,爲世祖所打平。而欽察、窩闊台、察合台三汗國,別立太宗之後海都爲大汗。蒙古大帝國就因此瓦解了。世祖是照漢法立太子的,而其太子又早死。其後繼承之際,沒一代沒有紛爭,而其失政又如此,客帝的寶位自然要坐不牢了。

【習題】

(一) 文明國人往往爲野蠻人所征服,其原因安在?今後的野蠻人,是否尚能征服文明人?

(二) 試述蒙古軍隊的特長。

(三) 成吉思汗興起時,漠南北的形勢如何?

(四) 成吉思汗時代,西域的形勢如何?

(五) 成吉思汗何以能成征服西域的偉業?前此歷代和北族的武功,亦有和蒙古相類的否?

(六) 蒙古對於東南兩方面的用兵,爲什麼不甚得利?

（七）蒙古的疆域和漢唐的比較。

（八）蒙古治理中國之法如何？

（九）試述四汗國之名及其疆域大略。

（十）蒙古的封建政體，爲什麼容易瓦解？

第二十章　中國文化之西漸

古人説：“作始也簡，將畢也巨。”這句話是不錯的。天下極大的事情，往往從極小的地方起，或者從很遠的地方來，後人要再三考究，才能知道其起原。我們現在都知道歐、美人的强盛，他們能徧航全世界；兵力既强；一切事業，又很興盛。這是爲什麽？

中國學術之西傳

中國人的發明羅盤針，是很早的。古書上説：黃帝和蚩尤戰争，蚩尤作大霧，黃帝乃造指南車，以指示軍士方向，遂獲勝利。又説周公時，南方有越裳氏來朝。回去的時候，迷失道路，周公乃造指南車，給他回去。這許多話，固然未必確實。然而總是造作這話的時候，已有指南車的證據。戰國末年，秦國的宰相吕不韋，聚集許多有學問的人，著成一部書，名爲《吕氏春秋》，其中已有“慈石召鐵”的話。見《精通篇》。慈石，便是現在的磁石。《吕氏春秋》是部很可信的書，可見戰國時代，我們確能利用磁石了。到後來，我們又有指南車和記里鼓車之作。指南車上，立着一個木人，不論車行方向，這個木人的手，總是指着南方的。記里鼓車，則利用車輪回轉的次數，以記行程。每車輪回轉若干次，則裝置在車上的鼓，便打擊一下。見《晉書·輿服志》。這兩種亦都是精巧的製作，惜乎其法無傳。只有航海家，却能利用指南針，把他裝入羅盤中，以指示精密的方向。

近代的火器，有兩種要素：一種是使用火藥。一種是借火藥之力，從金屬筒狀器中，射出彈丸。火藥的發明，在歐洲有兩種記載：一種是公元一二四二年，英人羅澤爾培根，Rogér Bacon。在其所著書中，載有火藥的化學成分。一説是日耳曼僧人，在公元一三二六年時候發明的。但都遠在中國之後。見一九二九年版《大英百科全書》。中國的《武經總要》，是宋朝敕撰的書，成於公元一〇四五

281

年頃。其中已載有火藥製法。公元一一六〇年，金海陵庶人入寇，宋軍就利用霹靂礮去攻擊他。采石之役，見第十七章。這所謂砲，原不過利用火藥的爆炸，借其聲勢以嚇敵，然確是現代火藥的權輿。

羅盤針、火藥，中國人的發明，都較歐洲人爲早，已是確鑿無疑的事實。還有印刷術，中國人的發明，遠在六世紀之末；活字的發明，也在十一世紀中葉。所以西洋人都公認這種發明，是從中國人傳到大食之手，再從大食傳入歐洲的。造紙之術，也是從中國傳入大食。據說：公元七五一年，唐朝的高仙芝，在怛羅斯河畔，和大食兵戰敗，有隨軍紙匠，爲大食人所得。大食人就利用他，在撒馬兒罕，設廠製造。後來報達、波斯、阿剌伯、埃及等處，都有分設。十二世紀，就輸入歐洲。在沒有造紙之法以前，大食人的紙，是用羊皮等物製造的，其價甚貴，從有紙以後，就不然了。見日本桑原騭藏《紙之歷史》。所以紙的輸入，和印刷術的輸入，對於書籍的廣播，是一樣有利的。

因有羅盤針，所以能航行遠洋。因有火藥，所以能發明近代的武器。因有紙和印刷術，所以能普及知識，使歐洲的政治和社會，都發生很大的變動。這是歐洲人近世進步的根原。

元之國外交通與貿易

元朝西征以後，中西的交通格外來得便利了。前此發達的，只有海路，到這時候，便連陸路也興盛起來。當元太宗時，曾從自己所直轄之地，通到察合台、欽察兩汗國，都設置驛站。元朝是個野蠻人，對於不寶遠物等古訓，是不知道的，所以待異域商人最優。此時西方的商人，也有從中央亞細亞，經天山南路東來的。也有從西伯利亞，經天山北路東來的，都匯集到太宗時所建的都城喀喇和林，和世祖的都城大都。和林城爲元太宗所建，今額爾德尼招是其遺址。大都，即今北平。海路通商，也很活躍。元朝仍在各重要的口岸，設置市舶司。有時還由官選人，入番貿易。

此時正值十字軍戰爭之後，歐洲各基督教國，頗想和蒙古連絡。所以公元一二三五

馬哥博羅像

和一二四五兩年,法蘭西王和羅馬教皇,曾兩次派人到中國來。雖然和元朝的國交,没有什麽具體的結果。然當時元朝的皇后和宗室貴人,以及文人學士等,信教的頗多。據向達《中外交通小史》。回教也很流行於中國的。元朝稱基督教徒爲也里可温,回教徒爲答失蠻,和僧道儒人,一樣看待。中國現在,分布在西北西南的回族,大約都是這時候入中國的。參看第三册《近世史》第四章。

　　元朝的用人,也不拘種族。所以當時,波斯、大食的學者、軍人,意大利、法蘭西的畫家、職工,任用於元朝的很多。最有名的馬哥博羅,Morco Polo。留居中國,凡一十六年;遊蹤所至尤廣;回國後著成游記,實爲歐人知道中國情形之始。

【習題】

(一)中國指南針的發明,大約在什麽時代?

(二)中國火藥的發明,大約在什麽時代? 當時火藥,對於戰争的效力如何?

(三)紙的製造法,是怎樣傳入歐洲的?

(四)羅盤針、火藥、印刷術,傳入歐洲後,有怎樣的影響?

(五)元朝國外交通的路綫如何?

(六)元朝對外貿易的情形如何?

(七)元朝時候,政治上、外交上、宗教上,和西洋的關係如何?

第二十一章 明之内政與外交

元末之羣雄

元朝醞釀着種種亂源，到順帝時候就爆發了。其中起兵反抗的，在台州有方國珍，在潁州有劉福通，在徐州有李二，在漢陽有徐壽輝，在濠州有郭子興，在平江有張士誠。濠州，今安徽鳳陽縣。平江，今江蘇吳縣。明太祖朱元璋，初從郭子興，後渡江據今南京，別爲一軍。

劉福通是白蓮教徒，白蓮教是被認爲邪教的，然而他當時擁立教主韓山童之子林兒，稱爲宋帝；而且首先出兵北伐。其挾有民族主義，不言可知。元朝當時，中央政府腐敗不堪。連年征伐，不能有效，顯然指日可倒。惜乎有一個察罕帖木兒，起兵替元朝效力。察罕帖木兒被刺，其子庫庫帖木兒，代統其軍，劉福通北伐之兵，爲其所敗。後來庫庫帖木兒和孛羅帖木兒，據地互爭。順帝的太子，又要謀內禪，想庫庫助力。庫庫不肯，就把他官爵削掉。下令討伐。北方鬧作一團，遂授明太祖以北伐之機。

明代之統一

徐壽輝據漢陽後，爲其將陳友諒所殺。和明太祖爭持最烈。到底給明太祖打平了。明太祖又滅掉了張士誠，懾服了方國珍。基礎既固，乘元朝擾亂之時，從河南、山東，分兵兩道北伐。元順帝不能抵敵，遂棄大都而去。這事在公元一三六八年。當徐壽輝死後，其將明玉珍曾據四川自立，亦爲太祖所破。時明玉珍已死，傳子昇。中國就平定了。

明初之政治

明太祖的性質，是很猜忌的。功臣多被殺戮，牽累無辜的人亦很多。

但他開國的規模，頗爲弘遠。對於制度，亦多所釐定。其中最爲重要的：是（一）廢宰相。六部的事，由天子直接處理。後來殿、閣學士，就起而握宰相的實權。（二）廢行省，改設布政、按察兩司。然其區域，則沿元行省之舊。（三）他最重視學校。在各府、州、縣都立學。定制，非學校生徒，不得應科舉。科舉也注重經義。又規定一定的格式，謂之八股。（四）他定得最精詳的，要算賦役之制。以黃冊記載人户的丁數，和其所有的田；而以魚鱗册記載地形和地味。（五）對於兵制，則定衞所之制。以一百十二人爲百户所，一千一百十二人爲千户所，五千六百人爲衞。衞、所都屬中央中、左、右、前、後五軍都督府管轄。衞所的兵，都耕屯以自養。有事調集出征，事畢仍各歸衞所。這是以唐朝的府兵爲法的。

靖難之役

明太祖所定制度，最壞的要算封建。他把兒子二十四人，姪孫一人，分封於各要地。雖説地方政事，仍歸有司，然總是行政上的一個障礙。其中燕王棣，駐紮北平，得以節制兵馬，權力尤大。太祖太子早死，立建文帝爲太孫。即位之後，要想削減諸王的權力。燕王起兵造反。京城失陷。建文帝不知所終。燕王即位，是爲成祖。遷都北平，號爲北京，而以舊都爲南京。

成祖之武功

明朝的武功，以成祖時爲最盛。元朝的重鎮在漠南的，第一處是上都，第二處是應昌。上都，今多倫縣，元世祖即汗位於此。應昌，城名，在達里泊旁。元順帝北走後，就以此爲根據，給明太祖打掉。其後裔退據和林。好幾代都遇弒。元朝大汗的統緒，就此中絕。此時強於北方的是瓦剌。今譯作衞拉特。元朝的部落，則改稱韃靼。又有在興安嶺兩側的兀良哈人，今譯作烏梁海。亦爲當時一大部落。這三種人，都給成祖所打破。東北的女真，在明時分爲海西、建州、野人三衞。成祖時又在黑龍江口設立奴兒干都司，海中的苦夷，亦來進貢。今譯作庫頁。太祖、成祖兩朝，都屢遣使通西域。成祖時，又乘安南內亂，把他滅掉。並遣鄭和下西洋，所到的地方很遠。詳見下章。

然成祖時國威雖盛，而明朝北邊，邊防規模的縮小，也是從這時候起的。明初東北的重鎮，本來是大寧。成祖把這地方，棄給兀良哈。於是開平衞亦

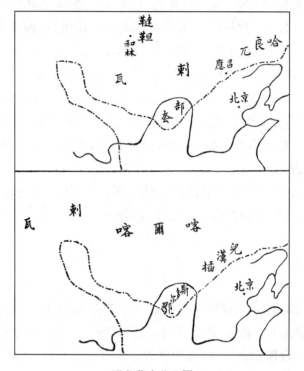

明與蒙古分立圖

因勢孤內徙。<small>大寧治所，在今熱河省赤峯、承德之間。開平衞，即設於元朝的上都，後徙治獨石口。</small>北邊的防綫，就和現在的長城一樣了。

韃靼與瓦剌之盛衰

韃靼既衰，瓦剌代之而起。宣宗子英宗時，兀良哈亦爲所懾服。宣宗年幼，寵信太監王振。瓦剌入寇，王振勸帝親征。至大同，知兵勢不敵，旋軍。走到土木堡，<small>在今察哈爾懷來縣西。</small>給瓦剌追及，英宗北狩。幸得于謙，扶立英宗之弟景帝，固守北京。也先攻城不克，挾英宗爲質，又無所得，乃奉英宗來歸。也先廢元後，自稱可汗。爲其部下所殺。瓦剌復衰，韃靼諸部，亦一時不能統一，惟其中入居河套的，謂之套寇，爲患最深。這事在十五世紀的後半期，當明憲宗之世。

明與蒙古

十五、十六世紀間，成吉思汗的後裔達延汗立。先平定漠北，次定漠南。

遂平套部。再即大汗之位。於是蒙古大汗的統緒,絕而復續。達延汗晚年,留他的小兒子守漠北,是爲喀爾喀部。爲今外蒙古四部之祖。達延汗帶著嫡孫,徙居漠南,是爲插漢兒部。其第三子之後俺答,爲土默特部之祖,爲患最深。這事已在十六世紀中葉,當明世宗之世了。直到明穆宗時,俺答受了喇嘛教的感化,受封爲順義王,而邊患才息。後來插漢兒部,又爲邊患。神宗初年,高拱、張居正當國,任用戚繼光、李成梁,以守薊、遼,而邊患才平。

明之衰世

明朝的內治,亦是敗壞於成祖時的。太祖定制,內侍本不許讀書。成祖破南京,頗得宦官爲內應,才選官入內教習。從此以後,內之則有所謂秉筆太監,而宰相的票擬,決於內官的批紅。票擬,謂由宰相對於奏本,擬具辦法,寫出進呈皇帝。批紅,謂由皇帝用朱筆批示,決定辦法。明時皇帝深居宮中,坐朝之時甚少,批紅往往委之內監。外之則監軍、出鎮、奉使,無一件事不參預。明朝的權柄,就全落到宦官手裏了。當太祖時,命一種特別的衛,喚做錦衣衛的,管理偵緝事務。成祖時,又創設東廠,命宦官領其事。後來又有所謂西廠、內廠。無論官吏和人民,無日不在偵緝之中。生事誣陷,非法用刑,詒禍尤爲酷烈。成祖之後,仁宗短祚。宣宗在位亦僅十年。至英宗,遂有土木之變。當英宗北狩時,侍講徐有貞,主張遷都,而于謙主張堅守。後來于謙有功了,徐有貞覺得抱慚,反因此想陷害于謙。恰好總兵石亨,亦因爲于謙所裁抑,心懷怨望。於是和太監曹吉祥等勾結,乘景帝臥病,闖入宮中,扶英宗復位。是爲奪門之變。英宗復位後,亦無善政。傳子憲宗,寵信太監汪直。憲宗死後,孝宗即位,政治稍見清明。孝宗死後,武宗繼之。始而寵信太監劉瑾。後來又寵信大同游擊江彬。江彬引導他到處去游玩。因此引起有野心的寧王在江西造反;而且畿南盜起,幾成流寇。武宗無子,世宗以藩王入繼大位。頗知書史,駕馭太監亦較嚴。然又信任嚴嵩,凡事任其蒙蔽。俺答既爲患於北,倭寇又侵擾於南。明朝的局勢,就更形敗壞了。

倭寇之亂

倭寇是起於元末的。元世祖用兵日本後,日本禁止其人民,不許和元國交通,然而通商貿易之事,哪裏禁止得住? 正經的商人被禁了,沿海的無賴,還是要私自出海的。其結果，遂至流爲海寇。明初已頗有其患，所以在沿海，設立衛所頗多。然而承平既久，都有名無實了。明朝在沿海，亦設有市舶司。其意不在於征稅，而重於管理，這亦是所以防海寇的。世宗時，司又廢而不設。和日本人做買賣的，都欠錢不還。日本人流落不得歸，遂又流爲海盜。其初起於江、浙，後來中國的海盜，也附和進去了，還有內地的奸民，和他暗通聲氣，把糧食、物品接濟他，於是其勢大盛。沿海各省，無一處不受其害。歷十餘年才打平。

世宗死後，穆宗即位。任高拱爲相。在位六年而崩。神宗繼立，年幼，張居正爲相。居正是很有政治手腕的。任職之日，政治頗見清明。然及其死後，神宗又復荒怠，明事就更無可爲了。

明助朝鮮之役

日本所謂大和民族，是起於其本州島的西南部的。開國以後，歷代向東北開拓。於是有所謂征夷大將軍，是爲幕府。幕府將武士封建於各地，武士再將封土封建其下，遂成爲全國分裂之局。明神宗時，有一個豐臣秀吉，起兵平定全國。秀吉是富有野心的；又想把這一班武士，斷送之於國外；遂於公元一五九二年，起兵侵犯朝鮮。朝鮮李朝之祖李成桂，本是以打平倭寇起家的。其開國，略和明朝同時，兵力亦很強盛。然承平日久，總不免於廢弛。日本兵至，不能敵。其王從漢城走平壤，又逃到義州，求救於中國。明神宗命李如松往援。初戰，敗日本兵，盡復漢江以北之地。再進，因輕敵中伏致敗。於是戰事停頓，而和議起。明朝封秀吉爲日本國王。秀吉不受，再發兵侵朝鮮。明兵和他相持，迄無勝算。直到秀吉死後，日本兵才退回。這事前後凡七年，中國喪師糜餉甚多，只博得一個義師的名目，對朝鮮，植下一種深厚的感情罷了。神宗在中國，是個昏庸之主，然而對於朝鮮之役，確可稱爲義師，所以朝鮮人很感激他。當明朝末年，朝鮮人備受清兵的壓迫，雖然無可如何而屈服，然而以上終是偏袒著明朝。清朝入關後，朝鮮的孝宗，還加意練兵，想乘機以攻其後。當三藩起兵時，朝鮮士人，還有上書請出兵攻清的。惜乎孝宗已死，後人不能繼其志了。後來朝鮮人特築大報壇，以祭祀明神宗。終李朝之世，朝鮮在國內，未嘗用清朝的年號，奉其正朔。其國人著書，仍有稱清人爲虜的。

明與滿洲

當朝鮮之役，還未平定以前，滿洲已逐漸興起。滿洲部落，便是南北朝、隋唐時的白山靺鞨，明時的建州女真。他們自己説國號滿洲；始祖姓愛新覺羅，名布庫里雍順，是天女所生。這些話，是全靠不住的。據近來史家所考究：滿洲二字，明人譯作滿住，乃是大酋之稱，並非部族之號。至於清朝的始祖，實在是明初的建州衛指揮使，名猛哥帖木兒。後爲七姓野人所殺。初由其弟凡察襲職，後來猛哥帖木兒的兒子董山，出而與之爭襲。明朝乃將建州分爲左右衛，以董山爲左衛，凡察爲右衛指揮使。董山因桀驁，爲明所殺，自此左衛衰而右衛强。明末，右衛酋長王杲，一時稱盛。後爲李成梁所破。其時野人女真南遷，據海西之地，是爲扈倫四部。其中哈達、葉赫兩部，尤爲强盛。明人稱爲南北關。哈達，在今遼寧開原縣北，明人稱爲南關。葉赫，在今吉林西南，明人稱爲北關。王杲既敗，逃向哈達。哈達的酋長把他執獻李成梁。因此王杲的兒子阿台，和哈達結下冤讎，互相攻伐。而蘇克蘇滸河部尼堪外蘭，爲滿洲的分部。又領導李成梁的兵，去攻阿台。這阿台是清景祖的孫壻。阿台之敗，景祖和其子顯祖，都死在亂兵裏。景祖、顯祖，便是清太祖努兒哈赤的祖父。努兒哈赤，當時形勢甚弱，仍聽命於明。後來部衆漸盛，乃攻破尼堪外蘭。尼堪外蘭逃奔明邊。明朝反把他執付清太祖。并開寬甸等關，許他互市。於是清人漸漸養成勢力。女真各部，都爲其所征服。到公元一六一六年，就起兵叛明了。

清兵既起，明朝發大兵二十萬，分四路東征。因調度無方，三路都給清兵打敗。遼陽、瀋陽，相繼失陷。清太祖從現在的長白縣，遷都遼陽。後又遷都瀋陽。儼然有建國的規模了。遼、瀋陷後，遼西的形勢，亦很危急。幸得民族英雄袁崇煥，死守寧遠。清太祖進攻，竟因受傷而死。太宗繼立。攻寧遠、錦州，又都失敗。直到明思宗信了清朝的反間，把袁崇煥殺掉，而錦州才失陷。從此以後，明朝就只靠着山海關做重鎮了。

明與葡萄牙

明朝和滿洲戰爭時，頗靠西洋的大礮以禦敵。後來清朝人就也會製造了。這已是西洋文明，影響到東方的開始。這時候，西班牙、荷蘭、英吉利等，都已相繼東來。但在廣東得有根據地的，還只有葡萄牙。所以澳門在當時，就是歐洲人在中國唯一的根據地。南洋一帶，則歐洲人的勢力，已經很瀰漫了。但是中國人對於南洋的拓殖，却是怎樣的呢？我們且試一回顧。

【習題】

（一）元末起兵反抗的，是哪幾個人？其中首先北伐的是什麼人？和明太祖爭持最烈的是什麼人？

（二）明太祖起兵後，以何處爲根據地？怎樣逐走胡元？怎樣統一中國？

（三）試述明初的〔一〕官制、〔二〕科舉之制、〔三〕賦役之制、〔四〕兵制。

（四）何謂靖難之役？

（五）明朝建都在哪裏？

（六）試述韃靼、瓦剌迭爲盛衰之事。元朝大汗的統緒，如何絕而復續？達延汗後裔的分部如何？

（七）明初北方的防綫如何？後來爲何縮進？

（八）何謂土木之變？土木之變，和宋朝澶淵之盟，及徽、欽北狩的比較？

（九）明代宦官之禍如何？和漢、唐比較，孰爲更甚？

（十）試述明朝海寇之禍。海寇爲什麼難於剿平？他如何能得陸上的接濟？

（十一）明初朝鮮之役，始末大略如何？

（十二）滿洲二字之解釋如何？

（十三）試述清朝的先世。

（十四）試述清太祖起兵，和清朝攻陷遼東西的事實。

第二十二章　中華民族之拓殖

明之平安南

亞洲有三個大半島，其兩個，是曾經屬於中國的。因晉南北朝的分裂，而失去一個朝鮮。唐朝雖暫時恢復，到底不能持久。又因唐、五代的分裂，而失去一個安南。明朝雖暫時恢復，也到底不能持久。

中國的領有安南，是從秦朝平象郡起的。秦漢時，中國的領土，大約南到現在的廣和城。因該地方的民族，未盡融化，而邊徼的政治，也不甚良好之故，五世紀時，南方的象林縣，就據地自立，是爲林邑。參看第十章。九世紀中葉，改號占城。其餘的地方，還是屬於中國。公元九〇七年，有個喚做丁部領的，據地自立。後爲大將黎桓所篡。宋太宗討之，不克，就因而封之。於是安南地方，算做中國的屬國。黎氏立國後，傳李氏、陳氏兩朝。明初，陳氏爲外戚黎季犛所篡。明成祖發兵把他討平。設立交阯布政司，和內地一樣。這事在公元一四〇六年。安南離中國獨立，既經五百年，一時不易復合。而中國對遠方的政治，還是不甚良好。成祖喜歡用宦官，奉使其地的，尤其暴橫。因此叛亂不絕。到公元一四二七年，宣宗遂棄其地。安南重屬於中國，只有二十二年。

鄭和遠征與南洋之拓殖

對於半島的占領，雖然不能持久，對於海路的聲威，却是很卓越的。元代海外交通，本來很盛。明初，還繼續其規模。於是明成祖時，就有有名的鄭和出現。鄭和是雲南昆明州人。他是個回教徒，在成祖時亦做內監。以公元一四〇五年，受成祖之命，帶着海船六十二隻，士卒二萬七千餘人，遠征南洋。他從江蘇的婁河口出發，到福建的馬江，會集水兵，申明約束。徧歷西南洋各

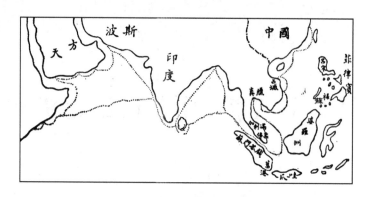

鄭和經歷路程圖

國。降順的就給他賞賜，不服的就威之以兵。從公元一四○五年起，到公元一四三○年止，前後奉使七次，擒捉番長三人。後來奉使的人，沒有不稱其名字，以誇耀諸國的。從此以後，南洋諸國，多服屬於中國。如馬來半島中的滿剌加王，菲律賓羣島中的蘇祿王，都曾親身來朝。中國對於南方的威名，以此時爲最盛。

　　政治上的聲威，一定要以社會上的實力做基本。鄭和奉使所坐的船，大的長四十四丈，闊十八丈；小的長三十七丈，闊十五丈；不減於現世的大海船。可見中國此時，造船技術的進步。有此精良的技術，更可見中國人海外的拓殖，由來已久，可惜前代紀載缺略，無從考其詳細罷了。到明朝，則其事迹已略有可考。當時滿剌加之地，多招中國沿海人民，前往通商。柔佛則遇中國船入海時，或者就船貿易，或者邀至其國。蘇門答臘島中的三佛齊，流寓的閩、粵人有數千家。共推南海人梁道明爲主。後來又有大盜林朝曦，在其地列肆爲蕃舶之長，像中國的市舶司一般。舊港多廣東和漳、泉人。明初，廣東人陳祖義，爲其頭目。因其喜歡刧奪，爲鄭和所擒。就其地設立宣慰司，以祖義的同鄉施進卿爲使。則中國竟在南洋，施行土司制度了。直到世宗末年，還有饒平的强盜張璉，逃至其地，爲番舶之長。婆羅洲也有鄭和從人的後裔，在其地爲王的。而呂宋的中國人，共至數萬，大都是漳、泉人。

　　流寓南洋的中國人，如此之多，做些什麼事業呢？我們看爪哇和蘇門答臘，都行使中國銅錢，可知其時，在南洋的中國人在商業上，饒有勢力；然而還不止此。爪哇地方，有個新村，村主是廣東人。華人聚集的，共有千餘家。諸蕃舶都前往互市，一定要從事農業，才能毅成爲村落，可見南洋土地，有經中國人之手而開發的。所以傳說上，也説菲律賓人的從遊牧而進於農耕，是由於中國人的教導。馬來半島的錫礦，歐洲人到十六世紀才知道。中國則在十四世紀的中葉，已經從事開發了。該半島的漁業，亦是中國人移居之後才發達的。至今半島的錫礦，屬於華人經營的，還有百分之六十四；西岸的漁業，也全在華人手中。可以爲證。以上所述，根據劉繼宣、束世澂《中華民族拓殖南洋史》，國立編譯館編，商務印書館出版。

　　據這些零碎的史實看來，可知中國人的拓殖於南洋，由來已久。歐洲人的發見新航路，事在十五世紀之末，較鄭和之下西洋，實在要遲到一世紀。但是他們的經營南洋，是以國力爲後盾的；中國人則專靠民族的力量，所以西人東來後，就要受其壓迫了。然而民族的力量是真的，政治倒只是表面上的勢力。民族拓殖的力量，達到圓滿，政權自然雖欲不歸之而不可得。如此，中國雖然暫時失掉南洋，甚至於失掉安南，失掉朝鮮，實在不算得什麼事。

【習題】

（一）試述安南對於中國離合的經過。

（二）鄭和是哪裏人？他航海共帶多少兵？有多少船？船有多大？

（三）明朝時候，中國人在南洋，分布在什麼地方？做些什麼事業？

（四）爲什麼拓殖之業，要靠民族的力量做根本？

第二十三章　元明文化與
社會概況

元明文藝界之創作

中國的文藝作品，是各時代各有其特色的。如西漢人的散文，唐朝人的詩，宋朝人的詞都是。在元明時代，最有特色的，則爲戲曲和小說。

中國古代的優伶，是以打諢和取笑爲主的。扮作古人，只有百戲中偶有其事，算不得戲劇。歌舞亦另係一事。南北朝時，才有以歌舞而兼扮演的，如《蘭陵王》、《破陣曲》之類。北齊蘭陵王長恭，嘗着假面對敵，齊人作此曲，亦着假面，并效其指麾擊刺的形狀。見《舊唐書·音樂志》。然而所唱的詞句，並不入所扮的人的口氣，也還不是近代的戲劇。近代的戲劇，是導源於宋，而大成於元的。元朝的南北曲，都合着音樂，可以扮演；表情和動作，都合着所演的事的情節；所唱的詞句，即作爲所扮的人的語言。歌舞扮演，合爲一事。把時間和空間的藝術，聯結起來，在美術上，自有相當的價值。元朝的戲劇，存於現在的，就是崑曲。崑曲的詞句，漸偏於雅馴了，不是人人可以懂得的。就是那音樂，在社會上，亦不甚普徧；并有詞句不能協律，布置不合排場，不能表演，而只成爲一種紙上的作品的。這是後來的變化，初起時並非如此。所以初期的戲劇，也算是平民文學的一種。至於平話，就是現在的說書。後來將其脚本，漸漸增飾，專以供人閱看爲目的。如現在的《三國演義》、《水滸傳》之類都是。尤爲平民讀物的大宗。

元明之學術思想

理學雖興起於北，然自宋朝南渡以後，反而盛行於南。北人不大知道。元兵下湖北時，得到中國的儒者趙復，北人都奉以爲師。自此理學在北方，才漸漸盛行。此時所行的，南北都是程、朱一派。到十五世紀末年，王守仁出，而風氣才一變。王守仁之說，是遠紹陸九淵的。他以人心的靈明爲"知"。這種知，是人人所固有，不待學而成的，所以謂之"良知"。良知自能知是知非，我們只要遵照着他行就彀了。所怕的，是人爲物欲所蔽，良知不能做主。然而良知只有昏蔽，決不會喪失的。一朝把他提醒來，又是完全具足。我們做人的工夫，只要時時刻刻，提醒這良知，不要給他昏蔽就是了。這個便喚做"致良知"。這是何等簡易直截的方法？

王守仁像

　　一種學問，發達到極盛時，就要生出流弊來。理學家注重於檢點身心，對於學問，自然要空疏些；對於應事，也就不免迂闊。程、朱之學盛行時，已是如此，王學專注重一心，自然其弊更甚了。而且還有不拘形迹，猖狂妄行的。所以到十七世紀初年，顧炎武、黃宗羲等大儒輩出，而風氣又一變。顧、黃等大儒，對於理學，是並不反對的。但他們讀書都極博，考據都極精，所以能救理學末流，空疏淺陋之弊。他們又都是想做事的。當明清興亡之際，都抱着百折不回的志氣，要想圖謀恢復。實在事無可爲，才專發之於著述。他們的著述，也是極有精義的。如顧先生在他所著的《日知錄》裏說："有亡國，有亡天下。國之興亡，肉食者謀之；天下興亡，匹夫之賤，與有責焉。"他所謂國，就是現在所謂王朝；所謂天下，就是現在所謂國家。這是給民族主義，國家主義以何等的一個刺激？黃先生的《明夷待訪錄》，對於君主專制政體，痛加攻擊，尤其是從前的人，所不能說，不敢說的。此外他們對於國家社會，涉及根本問題的地方還很多。清朝人專講考據，只算承受得明末學風的末節。其真正價值，倒是革命思想興起以後，才漸漸有人認識的。

元明之風尚

　　當異族入據之時，總不免有許多惡風習。譬如元朝時候，中國薙髮易服的很多；並有學作胡語，改變姓名的。這是何等痛心的事？直到明太祖即位後，才把他禁絕了。此事見《明太祖實錄》，現據日本稻葉君山《清朝全史》轉引，但燾譯，中華書局出版。可是表面的弊竇易改，實際的弊竇難除。當元時，人民因被俘虜而淪為奴婢的很多，明朝還不免此弊。其時江南士大夫之家，賣身投靠的，往往多至千百人。恃勢橫行，鄉里都不得安枕；連主人亦為其所制。而明代紳士居鄉，亦很多暴橫的。這都是異族入據，留下來的汙點。明初的政治，是頗想振作士氣，培養人才的。譬如太祖，很注意於學校。曾於一日之中，擢用國子監生六十餘人，做布、按兩司的官。又極注重薦舉。被薦舉而來的人，又叫他各舉所知，亦都加以任用。其時的學風，亦本來是講究氣節，重視致用的。所以一代的士氣，頗為發皇。能慷慨言事的人很多，雖屢受暴君和閹宦的摧殘而不悔。但是爭名譽，鬧意氣的毛病，自亦在所不免。末年的黨禍，也是明代的風氣使然，勢所必至的。見下冊《近世史》第二章。

元明之農工商業

明朝的農民，也是很為困苦的。因為其時的役法，分為"力差"、"銀差"。中國歷代的田賦，徵收都有定額；役法則是量出為入的，國用不足，就要隨意"加派"，所以人民很苦於負擔。直到中葉後，推行"一條鞭"之法，把一年需用之數，均攤之於人民，并作一次徵收，此外不再誅求。力差亦由官雇募。人民才稍獲蘇息。但是從宋朝相沿下來的地權不平均之弊，則歷元、明兩代，始終沒有剷除，而且還變本加厲。大家都知道：近代江浙的田賦，是獨重的，你道這事是怎樣起原的？原來起於明太祖平張士誠後，對於江南一帶，即以私家所收的租，定為公家的稅額。後來雖屢經減免，到現在，江浙的田賦，還是獨重於全國。這也可見得地權不平均的流弊了。農業在元、明時代，最可紀念的，是木棉之利，普及於全國。前此木棉只限於交、廣；宋、元之間，其種才流入江南。有一個黃道婆，從崖州到松江來，教人以紡織之法。自此棉花和棉布，就漸漸通行；取煖的不專靠裘褐；衣服的原料，也不限於麻絲了。

工業在元、明時代，也頗有可觀。元朝是個野蠻人，最喜歡奇異的物品。所以當時工部，設官很多。官營的工業，極有可觀。不過此等奢侈品，和普通社會，無甚關係，所以易代之後，也就失傳了。明朝時候，却有幾種著名的物品，到現在還流傳著。那就是景德鎮的瓷器，宣宗時的香爐，景帝時的景泰藍。

元、明時代對外的商業，已略見第二十和二十二章。明代尤可紀念的，是開中鹽和茶馬之法。開中鹽，就是宋朝入邊之法，入邊芻粟的簡稱，參看第十八章。國家提出定額的鹽，專賣給在沿邊交納食糧的人。商人因運費貴，就有自出資本,招人到邊地去屯墾的。爲此,邊方的糧食,既然充足,連土地也漸漸的開闢了。這真是移民實邊的好法子。惜乎到後來,官賣鹽改收銀兩,"商屯"就漸漸的撤廢了。茶馬是用中國的茶,和西番的馬交易。即可充實中國的軍備,又含有制馭西番的意思。惜乎後來,亦因管理官吏的腐敗,而其法漸壞。

【習題】

（一）元、明時代文藝界的創作是什麼?

（二）講理學的,爲什麼以陸、王並稱?

（三）理學的流弊如何?

（四）明末諸大儒,學問的特色何在? 爲什麼説考據只是他們的末節?

（五）明太祖得天下後,對於當時媚外的風習,有何矯正?

（六）元、明時代,社會的等級制度如何?

（七）何謂一條鞭?

（八）今日江浙田賦獨重的起原如何?

（九）木棉之利,何時普及於全國?

（十）爲什麼歷代的官營工業,傳於後世的很少?

（十一）試略述明代開中鹽和茶馬之法。

第二十四章　本　期　結　論

中國的有信史，是從黃帝時代起的。照昔人所推算：夏朝傳國共四百年，殷朝六百年，周朝八百年，再加上黃帝至堯、舜，大約在二千年左右。中古史從秦統一天下起，到明朝滅亡止，共歷一千八百餘年，其時間亦頗相當。

中古民族之融合

近世所謂國家，是近世才有的。在中古以前，再無此精嚴的組織。然而國家的實質，却久已存在，那便是民族。民族，便是地球上的人類，所以分張角立的原因。當這時代，看哪一個民族的文化優越，能吸收、融合他民族，在競爭上便占着勝利。政治上一時的勝負，倒是無關緊要的。

中國民族，是發祥於黃河流域，漸次向長江、粵江兩流域發展的。在中國本部以外：則正北的蒙古高原，自古爲游牧種人所居住，最爲中國之患。東北吉、黑兩省，雖然地味肥沃，而氣候寒冷，所以發達較遲。西北的新疆，亦因沙漠緜亘，缺乏灌溉之便，居民非依天山兩側，即散居在沙漠中的泉地，所以不能合成大國。西南的西康、青海、西藏，居於亞洲的中央，山脈緜亘，交通最爲不便，所以開化也遲。南方則氣候炎熱，雖然物產豐富，然受天惠太厚，加之交通也不大便利，所以文化和政治的力量，也不如中區的優越。民族的起仆，也以蒙古高原爲最複雜。居於其地的，第一期是匈奴，第二期是鮮卑。經秦漢至南北朝，大致和中國融合。只有一個契丹，還養精蓄銳，以待將來。第三期丁令，便是現在所謂回族。經過突厥、回紇約三百年的盛强時期，再加以沙陀一度侵入中原，便也和中國同化了。八世紀以後，東北的滿、蒙二族，才漸露頭角。其中興起最早的，是渤海。其疆域，幾全包松花江、黑龍江兩流域。但除此之外並未和別的地方，發生影響。直到女真繼起，才入主中原。到蒙古，則東征西討，幾於統一亞洲，並割據歐洲的一部分，其武功可謂空前了。

然經過相當時間，入居中國的，亦就和中國人相同化。西藏自文成公主下降後，中國的文化開始輸入。後來佛教興盛，其文化，又轉而輸入西康、青海、蒙古，開近世民族融合的根原。詳見第三冊《近世史》第四章。西南方諸民族，近人通稱爲高地族的，秦、漢開闢以來，歷代時分時合，到元朝滅掉大理，明朝將貴州改爲布政司，而同化的規模，也就大定了。

版圖之廣拓

民族融合，版圖就隨着擴張。周、秦以前，中國民族，是根據黃河流域，南開長江，北拓遼、熱、察、綏的。秦、漢之世，則北開外蒙，西北開新疆，西南通西康、青海，而南開粵江流域。隋、唐之世，西南交通及於西藏，東北聲威達於吉、黑。其中除粵江流域外，都還未能歸入版圖。但是民族的實力，既已達到，政治上的收穫，自然不成問題。所以一到近世，這許多地方，也就合爲一體。

文化之遠播

世界上文明發源之地，共有五處：便是中國、印度、埃及、美索不達米亞、墨西哥。除墨西哥的文明，孤立於西半球，未能大行發達外，埃及和美索不達米亞的文明，相合而爲西洋文明；和中國、印度的文明，鼎峙而成爲東半球文明的三大系統。中國和印度的文化，是從西曆紀元前後至十世紀之間，逐漸接觸融合的。中國固有的文化，及其與印度文化接觸融合後所發生的新文化，又不斷向四圍幅射。而東洋諸國，如朝鮮、日本、安南等，受其影響尤深。

歐亞交通之繁盛

歐亞的交通，究竟起於何時，現在尚難斷言。在中古史的初期，彼此已確有往還了。此時在陸路方面，則因漢朝的威聲遠播，越葱嶺而直達亞洲的西部。海路方面，則從交、廣經印度洋入紅海、波斯灣而達地中海，東西的船舶，亦都有航行。此後一千多年，大都保存着這個規模。到十三世紀，蒙古西征，十五世紀，鄭和下西洋，而兩洲的交通，遂更進一步。這是十六世紀西力東侵以前的情形。到十六世紀後，局面就一變了。

【習題】

（一）中古史共歷若干年歲？從公元的幾世紀起？到幾世紀爲止？

（二）試將中古期中各民族，分爲［一］蒙古高原，［二］吉、黑，［三］新疆，
　　　［四］青海、康、藏，［五］西南五部，略述其融合的經過。

（三）試述中古期中中國文化向外傳播的大略。

（四）試述中古期中歐、亞的交通大略。

第三編　近世史

第一章　中西交通之漸盛與西學之輸入

誰都會說："在歐人東來以前，中國是閉關獨立的。"其實何嘗如此？中國從漢朝以後，久和歐洲人有交通了。但是在中古以前，中西的交通，不過彼此將珍奇之物，互相交換；或者輸入些無關大體的學問技藝。雖亦彼此互相仿效，至於文化的根柢，則未曾動搖，到近世就不然了。自從西人發明了科學以後，其制馭天然的力量加強，因而其生產方法，逐漸改變。生產方法既變，社會組織，亦隨之而變；而其侵略他人的力量亦加強。試看前代，中西交通，都是時盛時衰的。我們歡迎他們，他們就會來；要是拒絕他們，他們亦就無可如何。而在他們自己，亦是時盛時衰的。盛的時候，會來和我們交通；衰的時候，來的也就稀少了。到近世，却全不是這麼一回事。他們要來，我們固然無法拒絕；而他們亦自有其不得不來的苦衷；而近世交通的便利，兵力的強盛，却亦足以把全世界連結爲一；再不容有一國獨做世外桃源。至此，則不但中西的交涉，因彼此交通而加繁，就是中國的內部，也要因之而起變化了。這是近世的中西交通，和中古以前不同的性質。其情勢，是到十八世紀之末，五口通商之後而後盛的；而追溯其原，則還在十五世紀末葉，西人發見新航路的時候。

歐人航路之開闢

歐、亞兩洲，雖然陸地相接，然而從歐洲到亞洲的東部，或須經過荒涼寂寞的西伯利亞，或須經過山嶺重疊，沙漠縣亘的中亞細亞，地理學上所謂中央亞細亞，係指蒙、新、海、藏及帕米爾高原等地而言。蒙、新爲往古一大內海，後世淪爲沙漠，和亞洲西部的沙漠相接。海、藏和帕米爾一帶，爲世界上山脈最崇高複雜之處。政治上所謂俄領中央亞細亞，以地形上的區畫論，實在是屬於北方亞細亞的。交通都很困難，所以歷代的往來，轉以海路爲多。從歐洲到亞洲，本來是由黑海、地中海出小亞細亞，而入波斯灣；或由埃及溯尼羅河，渡過沙漠，而入紅海的。從蒙古西征以後，土耳其人受其壓迫，立國於亞洲西部。其後漸次強盛，地中海東部和黑海的沿岸，都爲其所據。土耳其和歐洲人，因宗教不同，互相仇視。歐洲商人東來的，未免要受其留難，就想別闢航路，以通東方。其結果，就有兩條新航路發見：其（一），是葡萄牙人，繞過非洲南端而到印度。其（二），是哥倫布，Colombo。相信地球是圓的，向西航行，可以達到東方。得西班牙王的扶助，發見了南美洲。後來麥哲倫，Mage llan。由此航行到呂宋。

葡西荷人之東來

　　新航路既發見，歐洲人自然就要到中國來。其中來得最早的，要推葡萄牙。他到廣東來求通商，事在公元一五一六年，當明朝武宗時候。明朝在廣州，本來設有市舶司。其初外國船來通商的，都停泊在海洋之中，就船貿易。公元一五三五年，指揮使黃慶，才許他們在澳門居住。是爲西人在陸地得有根據之始。後來葡萄牙人，就漸漸的築城置戍，據爲己有了。當時曾有人請把他們驅逐出去，仍在海洋中就船交易。廣東官吏籌議說："香山內地，官軍環海而守；彼日食所需，咸仰於我，一懷異志，立可制其死命。移泊外洋，大海茫茫，轉難制馭。"遂作罷。這話在當日，原是合乎情勢的。但是到後來，情勢變遷，澳門就竟給葡萄牙人占據去了。葡萄牙人占據澳門後，初尚按年交納地租，到公元一八四九年，那時候，已經是清朝的道光末年，在五口通商之後了。葡人藉口其頭目被殺，就抗不交租。後來清朝和歐、美各國，多數立約通商，獨葡約因澳門問題，不能成立。其時還有"由中國償還葡人築路、建屋之費，把澳門收回"之議，未能有成。時鴉片久已用洋藥之名，抽収稅釐，而從香港、澳門偷運入境的，非常之多。中國要求英國人緝私。英國人說："澳門如不緝私，香港亦難照辦。"中國不得已，於公元一八七七年，和葡人訂立條約，許其"永居、管理澳門"，而葡人允許助中國人緝私，竟成割讓澳門以交換查緝私煙之局了，這是何等痛心的事？澳門既割棄後，界址又未能畫定，迄今還是個懸案。葡萄牙之後，西班牙亦相繼東來。到中國來求通商，爲葡人所阻。乃於菲律賓建立馬尼剌，中國人前往通商的頗多。馬尼剌的建立，事在公元一五六三年。荷蘭在歐洲，本是西班牙的屬地。因其信奉新教，爲西班牙人所虐待，於十六世紀之末，叛西班牙自立。此時西班牙王兼做葡萄牙王，禁其在葡京出入。

荷蘭人乃自設東印度公司，以謀東航。從荷人東航以後，蘇門答臘、爪哇、摩鹿加，先後爲其所據；好望角和麥哲倫海峽，都築塞駐兵；其勢力，反出於葡、西之上。十七世紀初年，荷蘭人到廣州求通商，亦因受葡人阻礙，未能達到目的。乃退據臺灣、澎湖。後來又給鄭成功所奪。雖然清朝人因爲要和他夾擊鄭成功，許他每八年到廣東貿易一次，然而其地位，也遠非葡萄牙人之比了。總而言之，在明、清之間，西人到中國來通商的，以葡萄牙爲最早，而其在中國的地位，亦最優越。

基督教徒與西學之輸入

西人東航之初，充當水手的，大概是富有野心和冒險性的青年。其行爲，不能循規蹈矩，頗爲中國人所反對。但是通商究竟是兩利之事，商人不必説了；管理的官吏，也有好處；而沿海人民，借此維持生計的，確亦不在少數。所以雖有反對的人，始終不能拒絕。至於教士，則初期來華的，確都是熱心傳教之流，並無別種作用。然而其受猜疑，反較商人更甚。這因（一）中國人對於宗教，素來不大迷信。（二）而歷代又時有藉邪教以倡亂的人。（三）當時中國對世界的情形，還是隔膜的；而歷代的海寇，却深爲中國人所畏。（四）西洋教士，熱心傳教的精神，既非迷信不深的國民所能了解；而其學問、技藝之精，又是歷代的外國人所無。合此種種原因，自然要因疑生忌了。楊光先的攻擊西洋人，最可代表當時一般的心理。他所著《不得已書》中，説：“他們不婚不宦，則志不在小。”又説：“其製器精者，其兵械亦精。”又説：“以數萬里外的人，來去都無稽考。聽憑他們把中國的山川形勢，兵馬錢糧，一一調查清楚，他們既説人是天主所造，則中國人也是他們所説的天主所造的人的子孫，設有變故，我們同他們抵抗，豈非以子弟拒父兄？”所以他的結論説：“寧可使中國無好曆法，不可使中國有西洋人。”雖然如此，歐洲教士，畢竟靠着他們的學問、技藝，在中國得有相當的地位，可見中國人對於學問、技藝，是能夠虛心領受的。

西洋教士第一個到中國來的，是利瑪竇。Matteo Ricci. 他以公元一五八一年到澳門。初居廣東的肇慶。後來才到南北兩京，和士大夫結交。并獻方物於明神宗。神宗因其遠

利瑪竇像

來,待之頗厚。許他在北京建立天主堂。當時教士的傳教,和後來不同。他們都精通華語,並能通曉華文,飲食起居,亦都改照華人的樣子。基督教是禁拜偶像的;拜天、拜祖宗、拜孔子,都非其教規所許。利瑪竇等卻特別通融,說:"中國人的拜天,是敬其爲萬物之本;其拜祖宗,是報本追遠的意思;拜孔子,是敬仰其人格。都没有求福避禍的意思,和崇拜偶像不同。"並不加以禁止。教士都無家無室,萬里遠來,其品行既堅苦卓絕,而又精通科學。從中國人看起來,只覺得他們人格的崇高,學問的精卓,絕不見得異教、異族,可以憎惡的形迹。所以士大夫中,很有相信他們的人。其中尤以明朝末年,做到宰相的徐光啓,和官至九卿的李之藻爲最。西洋的學藝,經他們的手,而介紹到中國來的不少。當時西洋學藝,傳入中國,影響最大的,自然要推天文、數學。中國數理之學,是長於數而短於形的。所以利瑪竇和徐光啓合譯的《幾何原本》,在中國數理學上,就發生很大的影響。代數等學,後來也就輸入了。明朝的曆法,本來參用西域之法的。所以開國時候,就設有回回曆科。但是到末年,其法疏舛了。恰好深通天文曆法的湯若望來華。Johann Adam。徐光啓便薦他在北京的曆局裏,製造儀器,翻譯書籍,襄助改曆的事務。新曆成後,未及施行而明亡。清兵入關後,湯若望上書自陳。清朝就將他所修的曆法行用,定名爲時憲曆。並且任用湯若望爲欽天監監正。此外實際應用的技術,爲中國人所注意的,要推當時所謂"泰西水法"。李之藻曾翻譯其書。徐光啓著《農政全書》,亦采取其說。而火器的製造,在軍事上尤有重大的影響。

火器之製造

中國古代的礮,都是以機發石的。《明史·兵志》說:元人征西域時,曾得到火礮,攻蔡州時用之。但造法不傳。明成祖平交阯,得其槍礮,特設神機營肄習。到武宗末年,白沙巡檢何儒,得到佛郎機礮,白沙巡檢司,在廣東東莞縣東南,見《明史·地理志》。到公元一五二九年,中國人就會自造了。佛郎機是中國人稱西班牙、葡萄牙之辭;武宗末年,正是葡人東來的時候;何儒所得的礮,其爲西洋人所傳無疑了。明朝後來,又得到紅夷大礮。後來改稱紅衣大礮。並封爲紅衣大將軍,這是從前對於器物的一種迷信,移用到兵器上頭。紅毛夷,是當時稱呼荷蘭人之辭。其礮的巨大,又在佛郎機礮之上。清太祖攻寧遠時,明朝就靠此却敵。當時的礮,多數是由西洋人監造的。監造槍礮,實在是西洋教士和政治最有關係的一件工作。當利瑪竇死後,利瑪竇死於公元一六一〇年。基督教曾受人攻擊,一時被禁;

教士都勒歸澳門。未幾，滿洲反叛，明朝因要用槍礮，召教士監造，教禁才無形解除。到清朝時候，還是如此，湯若望、南懷仁，Ferdinand Vcrbiest。都是替清朝人監造過大礮的。

南懷仁是繼湯若望而爲欽天監監正的人。當時反對西洋教士最烈的，要算治回回曆法的楊光先。他的反對西洋教士，從現在看起來，雖然不免誤解，却不能説他有什麽私意；只是在當時情形之下，應有的疑忌罷了。他於清聖祖的初年，上書攻擊基督教士。一時得到勝利。湯若望等都因之得罪。即用楊光先爲監正。楊光先本不是懂得曆法的人。當時用他做監正，他曾力辭，而朝廷不許。舊時的記載，疑心這是反對楊光先的人，有意陷害他的。後因推算閏月錯誤，得罪遣戍，乃再用南懷仁。清聖祖是很聰明的，對於西洋的學術，也頗能留意。任用西教士很多。他曾命令教士到各省的重要去處，實測其地的經緯度，製成《皇輿全覽圖》。於地理學的進步，很有關係。總而言之，當時的中國人，對於基督教士的態度，以大多數論，是歡迎其學問，而疑忌其宗教的。因此兩力的互相牽掣，就顯出一種時迎時拒的態度。

【習題】

（一）近世中西交通的性質，和中古以前，同異若何？

（二）中、歐陸地相接，爲什麽其交通，反以海道爲盛？

（三）近世西人所發見的新航路如何？舊航路如何？

（四）新航路發見後，東來的以哪一國爲最早？繼之而至的，是哪兩國？這三國在中國，哪一國最得勢？

（五）明清之際，中國人對基督教的心理如何？何以會形成這種心理？

（六）基督教士來華最早的是什麽人？

（七）基督教士，對於西學輸入的功績若何？當時中國歡迎西學的是什麽人？

（八）中國古代的礮，和近代的礮，有什麽區別？試述近世火器輸入中國的歷史。

（九）製造火器和教禁的關係如何？

第二章　清代之勃興

明之衰亡及流寇

　　明朝的衰亂，第二冊第二十一章中，業經説過了。到神宗中年以後，而其衰亂更甚。神宗的怠荒，是歷代君主所没有的。他深居宮禁，共有二十多年，不曾視朝。聽憑一班太監，出去妄作妄爲。當時害民最甚的，是派太監出去做税使和開礦。税使設立"土商"的名目，窮鄉僻壤，日用飲食之品，都要收税。開礦則見人良田美宅，即指爲下有礦苗，借此敲詐。朝臣又結黨相攻。當時有個顧憲成，在无錫的東林書院講學。頗議論政治，批評人物的好壞。明朝人是喜歡立名的，附和他的人頗多。人家就稱爲東林黨。後來東林，非東林之爭，蔓延到政界裏。言官互相攻擊，吏部舉行察典（即考查官吏成績的好壞，以定升降黜陟），亦彼此互相排擠報復。遇有國家大問題，往往先争意氣，把國事的利害，反擱置了，詒害頗大。東林和非東林，其實也没有甚麼明確的界限。但是兩派人相争時，總有一派是較近於正，一派是較近於邪的。當時所指爲東林黨的人，未必全是君子，畢竟正人君子較多。魏忠賢專權時，敵黨的人，把所恨的人的名字，都開一張單子給他，教他一網打盡。正人君子，受害的很多，政治上的風氣，就更壞了。神宗死後，傳光宗而至熹宗。寵信太監魏忠賢。其專横，又是明朝前此的宦官所未有。朝政更亂。熹宗死後，思宗即位，才把他除掉。然而流寇内亂，滿洲外攻，事勢已無可爲了。

　　什麼叫做流寇？流寇是民窮財盡，大家無以爲生，迫得挺而走險；只要有一個人起而爲亂，就總有人附和他的；竄到什麼地方，就亂到什麼地方，好像水流一般，所以謂之流寇。所以流寇是很難剿平的。明朝到思宗時，正是民窮財盡的時候了。從武宗以後，政治的紊亂，内外寇盜的縱横，以及各種剥削之深，明朝地方紳士權力很大，害民之事亦頗多。末葉加賦之重，明朝的加賦，起於武宗時候。因建造乾清宮，加徵一百萬。世宗時，因邊用，加江、浙田賦一百二十萬。神宗時因遼事，加賦五百二十萬；思宗時又加一百六十萬，謂之遼餉。後來又因流寇加練餉、剿餉，先後共加賦一千六百七十萬，都是直接徵之農民，無可轉移的。一夫奮梃，安得不從者如雲？所以當思宗即位之年，而流寇就起於陝西。流寇既起，流入山西，又流入河北，又流入湖北、四川。剿流寇的方法,是要堅壁清野,四面合圍的。明朝對於這一層,始終没有能辦到。有一次,業經把他們逼到陝西安康縣的車箱峽裏了。而帶兵的人,信其詐降,把他們放出,於是賊勢又熾。流寇的頭目,本來很多。後來并成兩大股:一股是李自成,一股是張獻忠。有一次,明兵把他們打敗,李自成逃到甘肅,張獻忠向湖北詐降,事勢又有轉機。而清兵適於此時入寇,諸將撤兵東救。於是張獻忠復叛,而李自成勢亦復盛。獻忠打入四川。李自成出陝西,攻入河南。適直河南大饑,百姓跟隨他的很多。其勢就大盛。再打入陝西,在西安稱帝。又從陝西打入山西。分兵兩道:一支過井陘入河北。一道從大同、宣府入居庸關,逼京城。思宗自縊而死。其時爲公元一六四四年。

李自成焚掠北京圖

滿洲之入關

前一年,清太宗也死了。子福臨立,是爲世祖。年方六歲。叔父鄭親王濟爾哈朗、睿親王多爾衮攝政。此時明兵雖然屢敗,山海關仍屹爲重鎮。清兵雖然繞道西方,屢從長城各口入寇,到底不敢久留。北京失陷後,李自成將山海關守將吳三桂的父親捉住,逼著他寫信招降三桂。三桂已經答應了。後聞愛妾陳圓圓被掠,大怒,走回降清。多爾衮正在關外略地,聞之大喜。疾忙趕去,受了他的降。和他合兵，把李自成打敗。李自成逃回陝西，清人就遷都北京。

清平定明室後裔

清朝雖然僥幸進了北京，然而要吞滅中國，是萬萬無此力量的。所以清朝也並不作此妄想。初進北京時，要勒令人民薙髮，二十日之後，又聽其自由了。明人立福王於南京，清朝的檄文，也還加以承認。《檄文》說："明朝嫡胤無遺，勢難孤立，用移大清，宅此北土。其不忘明室，輔立賢藩，戮力同心，共保江左，理亦宜然，予不汝禁。"可見清朝初入關時，只想割據北方。然而明朝竟不能自立；又有一班降臣，爲虎作倀；清朝亦何樂而不南下？

明朝的福王，是很淫昏的。當時南京一班人，本不願意立他。而鳳陽總督馬士英，挾着兵力，把他送來。南京的人，懾於兵威，只得將他擁立。馬士英因此入閣。引用逆黨阮大鋮。把公忠體國的史可法，排擠出去，督師江北。朝中的正人君子，逐漸引去。福王則造房子，采淑女，傳著名的戲子唱戲，把國事全不放在心上。清兵入關之後，就打定河南、山東。又分兵兩路：一從邊外，一走潼關，打進陝西。李自成敗走湖北，爲鄉民所殺。清朝就把攻潼關的兵，移攻南方。此時明朝的兵力，以湖北的左良玉爲最強；而其人素來驕蹇，不聽命令；又和阮大鋮大不協；借清君側爲名，發兵東下。阮大鋮大懼，召史可法入援。可法兵到燕子磯，在南京北江邊。左良玉已死在路上，其兵，給駐紮蕪湖的黃得功打敗了。可法再回到江北，而清兵已至。先是可法分江北爲四鎮，一軍駐淮北，以經理山東。一軍駐泗水，以經理豫東北。一軍駐臨淮關，以經理豫東。一軍駐合肥，以經理豫東南一帶。而諸將不和，互相攻擊，以致非徒不能進取，並不能防禦。這時候，可法守着揚州，檄調諸將，沒有一個來的。可法遂殉國，揚州失陷。清兵渡江。福王逃到蕪湖。清兵追至，黃得功拒戰陣亡。福王遂北狩。清兵直打到杭州而還。

於是浙江方面，明人奉魯王在紹興監國。福建方面，則奉唐王在福州稱號。清兵既下江南，下强迫薙髮之令。明人大憤，義兵紛紛而起。然而平時既無訓練，臨事又無組織，如何能和大敵相抗？清兵一到，大多數立即潰敗。即有一兩處堅守較久的，亦無濟於事。清朝派吳三桂入四川，打平張獻忠。別一軍攻贛、浙，魯王逃到舟山。後來舟山失陷了，又逃到廈門。此時廈門爲鄭成功所據，魯王是去依鄭成功的。成功嘗蒙唐王賜以國姓，故歸心唐王；魯王和唐王有隙，所以成功不肯推戴他；然和魯王手下主持軍事的張煌言，很爲和睦。唐王頗爲振作，而爲海盜出身的鄭芝龍所制。這時候，湖廣總督何騰蛟，招降李自成的餘黨，分布湖南北。江西方面，也有起兵爲明的。唐王想到江西、湖北去，不曾來得及。鄭芝龍暗通於清，把各處關隘的守備都撤掉。清兵遂長驅而入。唐王殉國。明人立其弟於廣州，亦爲清兵所破而死。

此時的清兵，看似所向無前，然而明朝的桂王，還據着廣西；雲南、貴州，亦都屬於他；旋明朝的叛將，替清朝攻江西、廣東的都反正。何騰蛟先因戰敗，退守廣西，此時亦進復湖南；川南、川東亦來附；一時聲勢頗強。然而西南殘破之餘，到底敵不過清朝方興的朝氣。湖南、江西、廣東，旋又失陷。何騰蛟等都敗死。桂林亦失陷，忠臣瞿式耜殉節。桂王避居南寧，十分窮蹙。而張獻忠餘黨李定國等，反做了明末的忠臣，替明朝支持了好幾年，這也算得民族的光榮了。先是孫可望、李定國、白文選、劉文秀，都是張獻忠的黨羽。獻忠敗後，從川南逃入貴州。清兵因糧盡，未能窮追。至此，桂王封孫可望爲秦王，求其救援。可望派李定國、劉文秀分路出兵。把在四川的吳三桂打敗。替清朝守桂林的，是明朝的叛將孔有德，也戰敗伏誅。清朝打定西南，所靠的本來是幾個降將。吳三桂等既然戰敗，也無意於進取了。就遣降臣洪承疇，駐紮在長沙；尚可喜駐紮在肇慶。時川北尚屬於清，吳三桂則駐紮在漢中，頗有畫疆而守之勢。而孫可望賊性不改，跋扈異常；桂王爲其所制，求救於李定國。李定國和劉文秀合兵，把桂王迎接到雲南。可望出兵攻他，大敗。竟反顏事仇，投降清朝。洪承疇因之請大舉。於是洪承疇從湖南，吳三桂從四川，清朝另派一枝兵從廣西，三路入滇。李定國扼北盤江力戰，不能敵。乃奉桂王居騰越，而伏精兵於高黎貢山，騰越，今雲南騰衝縣。高黎貢山，在騰衝、保山之間。清兵入山遇伏，大敗而還。劉文秀旋病死。李定國和白文選奉桂王入緬甸。其時爲公元一六六〇年。明年，吳三桂發大兵出邊。緬人爲其所脅，奉桂王入三桂軍。又明年，爲其所弑，而明亡。中國大陸，整個爲滿洲人所攫取。然而據著西南之地，和中原對抗，是從來沒有的，而桂王居然支持了十幾年，雖然終於失敗，也不可不謂之壯烈了。

清初之政制

清朝初年的政制，是很簡陋的。他居關外時，兵民不分，凡人丁都屬於佐領。合五佐領置一參領，五參領置一都統，兩副都統。其初但有黃、白、紅、藍四旗。後來又添出鑲黃、鑲白、鑲紅、鑲藍四旗，共爲八旗。太宗時，把蒙古人和漢人分別編制，就共有二十四旗了。都統不但管兵，亦且參預政治。因爲他本是兵民不分的。此等野蠻的部落，本來説不上什麼君臣之分。太祖雖然"黃衣稱朕"，其實只是個部落酋長罷了。太祖死後，太宗還只是四貝勒之一，後來才南面稱尊的。太宗是太祖的第八子。還有太祖的次子代善，第五子莽古爾泰，和太祖的姪兒子阿敏，並稱爲四貝勒。後來阿敏爲太宗所幽禁，莽古爾泰死了，代善是個武夫，大權遂全歸太宗。太祖最恨漢人，歸降的也都加以虐待。尤其恨讀書人和官吏，捉到就殺。太宗才改變政策，招徠漢人。對於明朝的降將，尤其竭力敷衍。到底靠着他們的力量，吞并中國。然而在清初，漢人遭滿人虐待，漢官受滿人壓制，還是很厲害的。其政治機關，在關外時，初僅設文館，後來改爲内三院。内三院，是内國史院，管記注。内祕書院，管文書。内弘文院，管繙譯中國書籍。入關後才改爲内閣。文館和内三院，不過是個記室；大政治和軍事，都是由親貴共議的。便入關後，這種性質也還在。所以清朝的内閣，實在是沒有大權的。

【習題】

（一）明朝衰亡的情形如何？

（二）什麼叫做流寇？明末的流寇，情形如何？歷朝的亂事，有和明末相像的否？

（三）清朝的吞并中國，哪許多地方，是靠他自己的力量？哪許多地方，是靠降將幫他的忙？假如降將不幫他的忙，其結果當怎樣？假如降將都合力反抗他，其結果將怎樣？試根據事勢，加以推測。

（四）明朝的福王，當國破家亡，危如累卵的時候，還是一味荒淫，爲什麼貴族社會裏，往往有這種全無心肝的人？

（五）假如中國人是素有軍事訓練的，江南義兵，抵抗的力量，能否較大？可以大至如何程度？

（六）歷代都沒有能據西南，和中原對抗的，獨明桂王能支持至十餘年之久，這是什麼理由？

（七）中國古代，是兵民不分的。清朝未入關以前，也是兵民不分的。爲什麼社會一進化，兵民就要分離了？兵民分合的利弊如何？

（八）清太祖虐待漢人，太宗爲什麼要改變態度？

第三章　清初之政治及武功

三藩之削平

孟子説：“國必自伐，然後人伐之。”堂堂的中國，豈其區區的滿洲，所能滅亡？這原是漢人的爲虎作倀。所以當康熙初年，西南一帶，還非清朝的實力所及。明桂王滅亡後，就封了三個降將，以助他鎮壓。這便是所謂三藩。三藩之中，吳三桂功最高，兵亦最強。公元一六七三年，尚可喜因年老，把兵事交給他的兒子之信，爲其所制，乃上疏自請撤藩。清朝允許了他。吳三桂、耿精忠心不自安，也上書請撤藩，以窺探清朝的意思。當時明知許之必反，沒一個人敢主持。清聖祖是個英明的人，便獨斷許了他。吳三桂果然造反。耿、尚二藩，自然同時響應。當時西南兩方，清朝本無實力。所以三桂一舉兵，而貴州、廣西、四川、湖南都入其手。但是三桂年老了，暮氣已深，不能采用“棄滇北上”之計，和清朝拚一個你死我活。陝西有響應的人，三桂想自去應援，又沒有來得及，給清朝打平了。徒和清兵相持於湖南、江西之間，耿、尚二藩，一因和臺灣鄭氏相攻，一因苦三桂徵餉，又皆轉而降清。三桂兵勢遂日蹙。乃稱帝號於衡州，國號周。想借此維繫人心，這自然是無效的。稱帝之後，不久也就死了。孫兒子襲位，逃歸雲南，清兵就摧枯拉朽般，把他滅掉了。這事在公元一六八一年。

三藩 { 平南王（廣東）　尚可喜——之信 / 靖南王（福建）　耿仲明——繼茂——精忠 / 平西王（雲南）　吳三桂

平定臺灣

三藩削平後，整個的中國大陸，才真算給清朝征服了。然而海外孤島，還

鄭成功像

保存着漢族的衣冠,和清朝相抗。這便是臺灣鄭氏。鄭成功是鄭芝龍的兒子。芝龍降清後,他退據金門、廈門,練着海陸兵,和清朝相抗。當清朝攻明桂王時,他曾大舉入江,以圖牽制。兵鋒直達南京,清朝很爲震動。究因兵力太單,爲清兵所敗,乃收兵出海。公元一六六〇年,成功奪取荷蘭人的臺灣,以爲根據地。務農練兵,定法律,設學校,很有建國的規模。明朝的遺臣,投奔他的很多。鄭成功死後,兒子鄭經繼立,和耿精忠相攻,曾略取漳、泉之地。精忠降清後,清兵助之,漳、泉復爲所取,並失金門、廈門,乃退歸臺灣。三藩平後,清朝有意和鄭氏講和,而閩浙總督姚啓聖不肯。水師提督施琅,本是鄭氏的降將,尤其要滅掉鄭氏。鄭經死後,內部乖離。遂於公元一六八三年,爲施琅所滅。漢族到此,才沒有片土可以自立了。

康雍乾的盛世

清朝和元朝不同。元朝歷代的君主,少有識得漢字的;便大臣也都如此,所以對於中國的情形,十分隔膜。清朝則在關外時,已能譯讀中國書籍了。入關以後,順、康、雍、乾四代,清朝的皇帝,即位改元之外,都不再改年號。歷代的皇帝,當生存時候,人民大都即以其年號,稱之爲某某皇帝,死後才改稱其廟號或謚法。廟號或謚法,實在是讀書人稱的,平民不大知道。自明以前,時代隔的遠了,歷代的皇帝,人民不大知道。間或知道,反是從書上看來,或者是從文人學士口裏聽得來的,所以亦都稱其廟號或謚法。清朝的皇帝,則年代較近,在民間的傳說中,還未曾消滅,所以大都還是稱他的年號。說起他的廟號或謚法來,普通人反不大知道。現在把清朝皇帝的廟號及年號,開列如下:

㈠ 世祖(順治)──㈡ 聖祖(康熙)──㈢ 世宗(雍正)──㈣ 高宗(乾隆)──㈤ 仁宗(嘉慶)──㈥ 宣宗

(道光)──㈦ 文宗(咸豐) △{ ㈧ 穆宗(同治) △{ ㈨ 德宗(光緒) △──㈩ 溥儀(宣統) }}　　都能通曉漢文。聖祖且頗

有學問。在位的年代也頗久。明朝從中葉以後,政治確乎糟得不成樣子了。宮廷的奢侈,宦官的專橫,賦稅的苛重,都是使人民陷於水深火熱的,清朝頗能加以改革。當時的中國,經過長時間的擾亂,人民死亡流離,兵荒利害的地

方,幾於十不存一;再無餘力可以反抗,只得暫時屈伏,民族主義的種子,潛藏著以待將來了。從三藩平定之後,到十八世紀末年川楚教匪起事以前,表面上,就又現出太平無事的景象。

對漢族之牢籠政策及壓制政策

清朝的能了解中國,固非遼、金、元等所及,其對待漢人的深心,也遠非遼、金、元等所可比擬。他深知遼、金、元等,都是以失其民族性而滅亡的,清朝太宗時,即能繙譯《金史‧世宗本紀》,召諸貝勒,叫人講給他聽,諭以勿改舊俗。所以竭力隄防滿人和漢人同化。不但不許通婚,就是駐防各處的滿兵,也都和漢人分城而居。一方面禁止漢人出關耕墾,以防守他們的老家。參看第十三章。其對於漢人,則一方面用牢籠政策,又一方面用壓制政策。入關之初,即圈占民地,以給旗丁。又强迫漢人,一律薙髮易服,以摧挫其民族性。這是歷代的北族所不敢行的。金太宗時,曾下薙髮之令,然只以官吏爲限,見日本稻葉君山《清朝全史》(中華書局有譯本)。元時,漢人薙髮的很多,然元朝人實未嘗頒此命令,見《東方雜志》三十一卷第三號《中國辮髮史》。至遼時,則官分南北面;北面治契丹人的官胡服,南面治中國人的官漢服;其皇帝也是漢服的。見《遼史‧儀衞志》一。他深知程、朱之學,末流失之拘謹,而又專講君臣之分,所以康、雍、乾三代,都竭力表章;而又禁止集會講學,以防其聯合。然而讀書人的民族性,畢竟是最不容易消滅的。所以康、乾之世,曾兩開博學鴻詞科。又網羅文人,編纂巨籍,既可以粉飾昇平,又可以牢籠士子。而又即利用編纂《四庫全書》的機會,把明朝人的著述,涉及清朝的,都加以消毀。甚至關涉金、元的,也要追改。當時的禁書,共計有一萬三千八百餘卷,真是秦火以後,書籍的一次大厄了。而康、雍、乾三朝的文字獄,株連屠戮,尤其慘酷。清朝的文字之獄,康、雍、乾三朝都有,都是牽涉很廣,殺戮很酷的,可見得是他們一貫的政策。其中關係最大的:當推(一)康熙時莊廷鑨之獄,因他收買了一部人家所著的《明史稿》,自己補上了末一朝。死後,他的父親,替他刊刻。(二)戴名世之獄。因他所著的《南山集》,有涉及吳三桂處。(三)雍正時曾靜之獄。曾靜是湖南人,很有民族思想。比他略早些,浙江的呂留良,也是很有民族思想的。曾靜使人求得其書。後來曾靜又使人運動西方的大將岳鍾琪造反,岳鍾琪把他舉發了,連呂留良剖棺戮屍。這三次,是有顯明的民族主義的,至於高宗,摘人家的詩句,指爲誹謗,牽連誅戮,則更其是有意尋釁以示威了。

清朝對外的武功,也頗有可觀。這並非滿族人有甚本領,還不過利用中國的國力罷了。當清朝時候,北方的游牧種族,還是蒙古。西北則是衛拉特。就是明時的瓦剌。蒙、新和海、藏,歷代的關係,本來不多的。却是到了近代,因爲喇嘛教的流行,而其關係遂較密切,見下章。所以引起的波瀾,也格外壯闊。

蒙古之平定

蒙古達延汗的嫡裔是察哈爾，在明代稱爲插漢兒。“插”爲蒙古語“接近”之意。其留居漠北的，則有車臣、土謝圖、札薩克圖三汗，總稱爲喀爾喀。當明朝末年，察哈爾林丹汗，歸附中國，和滿洲爲敵。爲清太祖所滅。此時喀爾喀三部，對於清朝，每年贈送白馬八匹，白駝一匹，清人稱爲“九白之貢”。還無甚深切的關係。衞拉特則分爲四部，居於西北。清初，四衞拉特中的準噶爾强盛了。其部長噶爾丹，曾到西藏出家，受封於達賴喇嘛，封號爲博碩克圖汗。所以和西藏也有關係。當時喇嘛教分爲紅、黃兩派。黃教盛行於前藏以及青海、蒙古。亦見下章。然紅教在後藏，仍有相當的勢力。黃教的第巴桑結，第巴，官名。達賴喇嘛，是只管教務的，第巴爲其下管政務的官。乃招和碩特固始汗入藏，擊殺後藏擁護紅教的藏巴汗，蒙古後裔，居於後藏之西的拉達克。而奉班禪居札什倫布。黃教的勢力，在後藏就從此鞏固了。然和碩特部因此徙牧青海，干涉藏事。桑結又不願意，乃再招噶爾丹入藏，將其擊破。噶爾丹先已把杜爾伯特和土爾扈特懾伏，至此就統一四衞拉特，聲勢大張。於是徙牧阿爾泰山，以窺伺蒙古。公

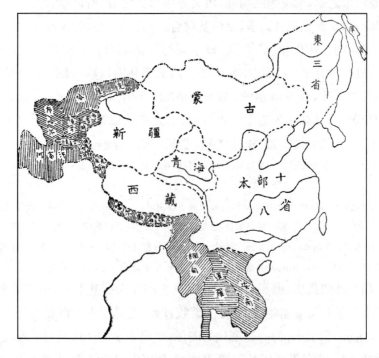

清初之疆域圖

元一六八八年,噶爾丹突然舉兵,襲擊喀爾喀。三汗部衆數十萬,都潰走漠南。聖祖命漠南蒙古,借以牧地。爲之出兵擊破噶爾丹。噶爾丹既爲清所破。其伊犂舊地,又爲其兒子策妄阿布坦所據,窮蹙自殺。三汗還治漠北。自阿爾泰山以東都平。這事在十七世紀末年。蒙古到這時候,就全部爲清所綏服了。

$$
衛拉特
\begin{cases}
和碩特(烏魯木齊)\\
準噶爾(伊犂)\\
杜爾伯特(厄爾齊斯河)\\
土耳扈特(塔爾巴哈台)
\end{cases}
$$

西藏之平定

當時西藏實權,全在桑結手裏。噶爾丹的內犯,實在是桑結指使他的。而且其時第五世達賴喇嘛已死,桑結祕不發喪。這些情形,都是噶爾丹死後,清聖祖才知道的,乃下詔切責。桑結旋爲固始汗曾孫拉藏汗所殺。聖祖正想借他的力量,以收拾藏事,而策妄阿布坦又遣兵入藏,擊殺拉藏汗。先是西藏及青海,各立一六世達賴,互爭真偽。至是,西藏亦承認青海所立爲真。聖祖乃派兵送青海的六世達賴入藏,把策妄阿布坦的兵擊退。聖祖死後,和碩特部又煽動青海的喇嘛背叛,亦爲世宗打平。青海、西藏,到此就都算平定了。惟有準部,還負固不服。

準部之平定

策妄阿布坦死後,噶爾丹策零立。清朝出兵征討,爲其所敗。噶爾丹策零乘機進攻蒙古,亦爲喀爾喀親王策凌所敗。策凌本屬札薩克圖汗。憤蒙人的衰弱,自練精兵,以抗準噶爾,居然打了勝仗。清朝賞其功,使之獨立爲一部,是爲三音諾顏汗。喀爾喀自此有四部。阿爾泰山以東,乃得保全。噶爾丹策零死後,準部內亂。輝特部長阿睦爾撒納來降。輝特爲土爾扈特的分部。高宗用爲鄉導,出兵把準部蕩平。阿睦爾撒納又叛,亦給清朝打定。此時已是公元一七五七年了。

回部之平定

天山南路,在元時爲察合台後王之地,清時仍有其後裔。而回教教主之後，稱爲和卓木，和卓木，譯言聖裔。居於喀什噶爾，亦極爲當地人民所尊信。策妄阿布坦强盛時，曾把大小兩和卓木大和卓木名布羅尼特，小和卓木名霍集占。及元朝後裔，遷徙到天山北路。清平伊犂後，把大小和卓木放回。兩人不服清朝，於準部平後兩年，亦給清朝打定。天山南路定後，葱嶺以西的國，來朝貢的很多。哈薩克、布魯特、浩罕、布哈拉、巴達克山、博羅爾、乾竺特、阿富汗等。清朝對西域的聲威，以此時爲最盛。

苗疆及金川之平定

中國本部的西南諸省，雖然從秦漢之世，即隸版圖，然其開拓，則是經歷朝的繼續努力，然後竟其全功的。這是因爲地勢險阻，不易開拓之故。湖南全省及貴州東部，屬於洞庭流系，是苗族根據之地。其中以湘江流域開闢爲最早。澧、沅、資三水流域，則隋唐以後，逐漸開拓，到清朝設永順一府，和乾州、鳳凰、永綏、松桃四廳，乾州，今稱乾城，和永順、鳳凰、永綏，都爲縣，屬湖南。松桃亦爲縣，屬貴州。然後悉行開闢。貴州是到公元一四一三年，即明成祖時候，然後列爲行省的。貴州和廣西兩省，明朝用兵最多。然到清朝，仍有許多土司存在。貴州東南的苗疆，幅員尤爲廣大。苗疆以古州爲中心，就是現在的榕江縣，周圍近三千里。雲南在唐時，獨立爲南詔國，後來改號大理。元朝興起，才把他滅掉。然明時，全省土司還很多。就是有流官的，亦必以土司爲之副。明朝一朝，逐漸開闢。到清初，東北四土府，四土府：是烏蒙、烏撒、東川、鎮雄。烏撒，今貴州威寧縣。烏蒙，今雲南昭通縣。東川、鎮雄，今亦爲縣，屬雲南。和普洱以南的土司，仍爲患不淺。清世宗任鄂爾泰爲雲貴總督，把雲南的土司平定。鄂爾泰又任用張廣泗，打定貴州的苗疆，其中平苗疆時，用兵力頗多。到高宗時，則最煩兵力的，爲四川西北境的大小金川。大金川，爲今四川理番縣的綏靖屯；小金川，今四川懋功縣。其地勢甚險，而又多設碉堡，所以攻之甚難。高宗用兵五年，然後把他打平，糜餉至七千萬。

以上所述，都是清朝武功的犖犖大者。此外後印度半島，有安南、暹羅、緬甸三國。清朝對安南、緬甸，都曾用兵，雖然不甚得利，他們怕中國再舉，也都來朝貢受封。見第九章。西藏南邊的廓爾喀，曾經入寇西藏，亦給清朝打破，定五年一貢之制。其事都在十八世紀後半，高宗之世。總而言之，清朝兵威之盛，疆域之廣，較之漢唐，是有過之無不及的，這也是世運爲之呀！

碉堡圖

【習題】

（一）吳三桂的不能成功，是由於兵力不敵清朝，抑另有他種原因？

（二）臺灣鄭氏的滅亡，是由於漢人的爲虎作倀，還是清朝的力量？

（三）假使臺灣而竟成一獨立國，其後來的結果當如何？

（四）康、雍、乾三朝興盛的原因在哪裏？

（五）當康、雍、乾之時，漢人的民族思想如何？

（六）試略述清朝人對於漢族的牢籠政策及壓制政策。此等政策的效果如何？

（七）清朝對外的武功，是滿族人的武功，還是中國的武功？

（八）內蒙古何時服於清？外蒙古何時服於清？

（九）清時蒙、藏的關係如何？其和衛拉特的關係又如何？

（十）蒙古、新疆、青海、西藏，哪裏是喇嘛教區域？哪裏是回教區域？

（十一）清朝平定蒙、新、海、藏，以何處爲最難？

（十二）試略述清朝極盛時的疆域。

（十三）試略述清朝平定南方的事迹。

第四章　中國民族之擴大

　　中國民族，是經過許多次的擴大，然後成爲現在的情形的。這個，讀第一、二冊，已經可以明白一些了。却是到了近世，而其擴大的成績，更爲顯著。

　　當民國初年，我們曾經有一句口號，喚做"漢、滿、蒙、回、藏，五族共和"。當時也有人說："中國本部的西南，還有一個苗族，也是個大民族，不該遺漏了他。五族共和的口號，該改爲六族共和。"這句話，也有相當的理由。可是在近世，我國民族的擴大，在蒙、回、藏聯合的一方面，成績更爲顯著；而要說到蒙、回、藏的聯合，就不能不涉及他們的宗教。所以現在，先把回教和喇嘛教，講述一個大略。

回教與喇嘛教

　　回教是起於阿剌伯半島的。阿剌伯半島，是個遊牧民族居住之區。他們分做許多部落，以血統爲結合之具；各有其所崇拜的神靈，因爲地方廣大，居民稀少，交通不便之故，政治上不能統一，復仇之風盛行。阿剌伯半島的宗教，雖然各部落各有其所崇拜之神，然因其遷徙往來之故，各種崇拜的對象，到後來又混了。他們所崇拜的對象，都以一種物體，做他的表徵，如石頭和樹木之類。單是麥加一處，此等崇拜的對象，就有數百種之多。政治上的組織，已經鬆懈了，再加以宗教的錯雜，弊病就更多了。所以要統一阿剌伯半島的民族，先有統一其信仰的必要。而要統一其信仰，其需要崇奉一神，打倒偶像的大宗教，也是無待於言的。回教教主摩罕默德此係近來通行的譯名，《唐書》作摩訶末。以公元五七〇年，生於麥加。阿剌伯地方，本來也有猶太教和基督教流行着。摩罕默德的家世，是做隊商的。他少時，曾經旅行各處，和猶太教、基督教都有接觸。到四十歲以後，就託於天使的啓示，自創一種教義。其初爲麥加人所反對，乃逃到麥地那。時在公元六二二年，回教徒就以這一年爲紀元。摩罕默德創立新教後，就嚴禁復仇，自斷爭訟。依他的教義：凡是同教的人，不問種族，都該相待如兄弟一般。異教徒雖然是同族，亦須視爲敵人。他爲求宗教的迅速傳播起見，獎勵教徒爲宗教而奮鬥。他的傳教方法，是以一手執寶劍，一手執《可蘭經》。回教經典之名。阿剌伯民族，本來是強悍的；加以宗教上的信仰；所以他的兵力很強。新教創立不多時，就已經征服麥加，統一阿剌伯半島了。摩罕默德以後，歷代的哈里發，回教教主繼承者之稱。更進而征服半島以外之地。而一個強大的，政教一致的大食帝國，就於短時期內出現。

回教和中國最大的關係，是回族爲其所征服。回教的名稱，本來當作伊斯蘭教。Islam，爲服從於神之義。回教兩字，乃是中國人因其爲回族所信仰而稱之的。回族，就是唐時的回紇。他和突厥本來是同族。這一族人，在東方最後強盛的是回紇，所以中國人就把回字做他的總名。歐洲人則因多同突厥人交接，至今還稱其族爲突厥。中國人所稱爲回族的，歐洲人都稱爲突厥，見洪鈞《元史譯文證補·突厥回紇》條。回紇的領土，只限於東方，突厥却跨據亞洲的西部。從大食強盛後，葱嶺以西的突厥，亦都信從其教。漸次推行到天山南路。九世紀中葉，回紇爲黠戛斯所破，棄漠南北走西域，漸次信從其教。中國人就以回教稱之。在葱嶺以西的突厥，因爲他本是回紇同族，從元朝以後，亦就通稱之爲回人了。大食從建國以後，文明程度，是很進步的。唐、宋之世，東西洋的航權，差不多握在大食人手裏。沿海各省，西域人來居住的不少，回教也隨之輸入。元朝征服西域以後，回教徒入中國的更多。所以現在，西北和西南，都成爲回族分布最多的區域。

喇嘛教是佛教中的一派，當唐時輸入西藏的。先是吐蕃的英主棄宗弄贊，於公元六四一年，娶中國的宗女文成公主。後來又娶了一個泥婆羅國的公主。這兩位公主都信佛，佛教就隨之而入西藏。西藏人的性質，是喜歡崇拜幽靈，而且是相信幻術的。所以佛教中的"密教"，不久就奪"顯教"之席。輸入密教的初祖，喚作巴特瑪撒巴斡，是從印度入西藏的。以上據《蒙古原流考》。此書爲喇嘛教信徒所著，其中三分之二，實在都是記的西藏的事情。印度的佛教徒，衣冠本以紅色爲貴，喇嘛教也如此。傳之數百年，教中的弊竇，漸漸的多了。又有一個偉人，名喚宗喀巴，以公元十五世紀初葉，生於西寧。改革教法，命其教徒，改着黃衣冠，以示別異。於是喇嘛教又有紅教、黃教之分。紅教的弊端，在於不守戒律。黃教則戒律精嚴。其僧徒都不准娶妻。以"呼畢勒罕"，主持教務。呼畢勒罕，是自由轉生之義。據他們說："修持達到一定的地位，來去就可以自由。所以一個高僧，當未死之前，可以豫示其轉生之處。如其未曾豫示，則在其死後,可以用占卜的法子推求。如此,大略知道他轉生的區域,即行從事訪求。如有生子靈異的,教中人就用種種方法去試他,試到承認他是前此高僧的轉世了,便把他迎接回來,特別養護、教育。達到相當的年齡,即行承襲衣鉢。黃教中有呼畢勒罕的高僧很多。其最大的,自然要推達賴和班禪。第一世達賴,本來是藏王,舍位出家的。所以兼有政教之權。十六世紀時,第三世達賴,聲聞尤廣。這時候,蒙古的俺答强盛,襲據青海,留兩個兒子駐守。他這兩個兒子,都信仰了喇嘛教,感化及其父親。於是俺答自行入藏,迎接三世達賴到漠南布教。後來因路遠,來去不便,蒙古人乃自奉宗喀巴第三大弟子哲卜尊丹巴的後身居庫倫,以主持蒙古的宗教事務。俗話稱爲活佛。

蒙回藏之聯合

西藏和蒙古,本來是無甚關係的。從元世祖入藏以來,紅教的高僧八思巴,首得世祖的尊信。其餘的高僧,受封爲法王、國師的也很多。喇嘛教僧徒,一時在中國,很爲得勢。雖然民間不免受其擾累,然而這只是一時的事,要是把眼光放大了看,喇嘛教的傳布,對於中國民族的結合,是很有功勞的。紅教的行於元朝,是喇嘛教感化蒙古人的第一次。到黃教受俺答的尊信,則是第二次了。從此以後,漠南北獷悍的遊牧人,就因受宗教的感化,而變爲馴良。從十六世紀末葉到現在,三百多年,中國北邊,就無甚邊患。自俺答信仰喇嘛教以後,實際上北方已經無甚邊患了。而以西康、青海地方,地勢的崎嶇,部落的錯雜,其文化能漸趨於一致,也是喇嘛教傳布之功。元、明、清三代政府,對於喇嘛教,都是很尊崇的。元朝不必説了。明時,西藏之地,稱爲烏斯藏,其僧徒,也有來朝見的,亦都受有封號。清朝在關外時,就和達賴音信相通。世祖入關,又迎達賴到京,封爲西天大善自在佛。後來班禪也受有額爾德尼的封號。事在康熙時。額爾德尼,爲大寶之義。元時,西藏的政治,是屬於宣政院的。宣政院的用人,是“僧俗並用”。其行政則“軍民通攝”。清朝雖設有駐藏大臣,然於西藏的政治,實在不甚加以干涉,宗教更不必説了。有人説:“元世祖的尊崇喇嘛教,是借以籠絡西藏人的。清朝則兼用此法,以籠絡蒙古。”其實政治、教化,當各隨其習尚。西洋惟其政教不分,所以每因争教而至於衝突;而政與教之間,又要相争。中國則把政、教分開。政府並不干涉人民的信仰。人民所信仰的宗教,政府對於他,也表示相當的敬禮;而亦不過恰如其分。既不妨害信仰自由,亦不提倡迷信,實在可稱爲最合理的措置。

喇嘛教對於民族聯合的功績如此，而回教的功績，亦不讓於喇嘛教。回教的回字，論其起原，雖然是民族的名稱，然而到現在，業經變爲宗教的名稱了。信仰回教的人，並不是從前的回族，而各種民族都有。我們可以説："這許多民族，都已給回教把他統一了。"天山南路，本來是白色人種住居的區域。歷史上通稱他們爲胡人。説起他們的形狀來，都是深目高鼻。現在新疆所謂纏回，還是如此。至於漢回，則語言、習慣等，一切和漢人無異，不過信仰回教罷了。這兩大民族，本來和回紇人是絶不相同的。然而現在，竟已靠回教的力量，把他聯絡爲一了。其餘較小的民族，更不待論。

民族的特徵爲文化，而文化中最重要的條件是語言。此語言係廣義，包括文字在內。兩種民族，必須要使用同一的語言，才能算得完全同化。就這一點而論，則現在六大族之中，同化程度最深的，要算漢、滿兩族。因爲滿文、滿語的使用，已經很少了。而他種風俗，滿人和漢人，亦幾於大致同一。所以調查東三省民族的人，都説在東三省裏，幾於無所謂滿洲人。蒙、回、藏、苗諸族，雖然還未能達到這個程度，然亦無妨其聯合而爲一個國族。Nation。一國中的民族，雖不宜過於複雜，亦不宜過於單純。過於複雜，則統治爲難。過於單純，那其文化又太單調，而難於進步了。文化是人類應付環境所生的結果。環境不同，其所產生的文化，自然也隨之而不同。這個並不是壞處，而且正可以説是好處。因爲不同的環境，本需要不同的應付方法的。以中國這麽大的國，各處的情形，如此不同，豈能用同一的方法對付？所以各民族間，語言、信仰、風俗，未能完全一致，是不足爲病的。現代的國家，如此的多着呢！其最緊要之點，則在於多數民族，能承認少數民族自決的權利；對於同化一層，只有誘掖獎勸，而沒有强迫。如此，到環境改變以後，少數民族，自然會和多數民族同化的。如其用强迫手段，則其結果，往往適得其反。這是世界歷史，明明白白，告訴我們的；其效驗已非止一次了。中國人的對待少數民族，可以説是最爲合理的，所以其結果也最好。

【習題】

（一）回教的起原如何？其本名爲何？何以稱爲回教？

（二）回教係一神教，抑多神教？其傳教的方法如何？

（三）回族與突厥族，爲同爲異？

（四）紅教、黄教的區別如何？

（五）何謂呼畢勒罕？

（六）紅教、黃教，以何時行於蒙古？現時盛行於蒙古的，爲紅教？爲黃教？

（七）喇嘛教及回教，對於結合民族的功績如何？

（八）現在漢、滿同化的程度如何？

（九）何謂國族？

（十）多數民族，對待少數民族，要怎樣才算合理？中國民族，對於此問題的態度如何？

第五章　清初之外交與中
葉後之政治

西人的東來，事在十六世紀之初，其和中國人有正式交涉，則已近十七世紀之末了。

較舊的書籍裏，提起中外交涉來，總把"通商、傳教"四字並舉。誠然，從海路而來的西洋人，其初和中國的交涉，就是這兩件事。獨有俄國則不然，他一開始，就和中國人有政治交涉的。

清初中俄之交涉

俄國當蒙古西征時，還是行的封建制，各小國分立，心力不齊，以致爲蒙古人所征服。其後，就隸屬於元朝所分封的欽察汗。這事還在十三世紀的前半。到十五世紀中，俄國人漸漸的强了；而欽察汗之後，互相紛爭，遂至爲其所乘。至公元一四八〇年，俄人就脱離蒙古的羈絆而獨立。歷代爲中國之患的，是蒙古高原。至於西伯利亞，則是荒涼寂寞之區，其和中國的交涉，不過國威極盛時，有些部落，前來朝貢罷了；在實際上，是沒有什麼政治關係的。乃自十七世紀以來，而西伯利亞，對於蒙、新和關東，漸漸的成了一個大威脅。這也是西人東侵以後，東方的一個大變局。

近代的哈薩克人，就是漢時的堅昆，唐時的黠戛斯，元時的吉利吉思。他們有一部，西遷而入俄羅斯南部的草原，音謤而爲可薩克。哈薩克爲 Kazak，可薩克爲 Kossack。從俄人興起以後，也歸附了他，替他做東征的先鋒隊。這事起於十六世紀之末。到十七世紀中葉，業已直達鄂霍次克海岸；在黑龍江左岸，建築了尼布楚、雅克薩兩城。此等遊牧部落，是不能爲和平的拓殖，而只能從事於侵掠的。黑龍江流域的部落遂大受其擾害。清聖祖曾致書尼布楚守將，命其約束。尼布楚守將雖然應允了，而不能實行。俄人曾要求遣使籌議劃界、通商,聖祖也有復書,又因俄人不通中國文字,而没有結果。到三藩平定後,聖祖就決心征討。命黑龍江方面出兵,攻陷雅克薩城。俄人旋復據守。聖祖又命出兵,把他圍困。這事在公元一六八五、八六兩年。恰好聖祖前託荷蘭商人帶給俄皇的信,覆信來了,請先解雅克薩的圍,然後派員劃界。聖祖乃命將圍兵撤退。

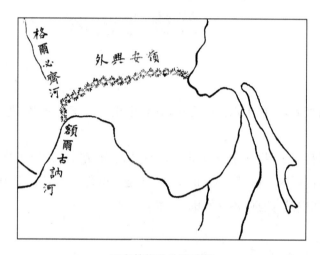

尼布楚條約的界址圖

　　到公元一六八八年,俄使費耀多羅,Eeodor Alexeniiuch Colovin。和清使索額圖等,會議於尼布楚。俄國要求劃黑龍江爲界。清使則主張從尼布楚以東,黑龍江兩岸,全歸中國。議不諧,勢將動兵。這時候,俄國在東方的勢力還很薄弱,勢不能與中國敵;而清使護從的兵也很盛,俄國則比較單薄。於是照清使的意思,訂成條約:西以額爾古訥河;東自格爾必齊河以東,以外興安嶺爲界。嶺南諸川,流入黑龍江的,都屬中國。嶺北諸川則屬俄,是爲《尼布楚條約》。爲中國和歐洲各國訂立條約之始。

　　劃界問題解決了,還有通商問題。俄國又遣使臣前來,聖祖許其隔三年到中國來通商一次,人數以二百爲限,住在北京的俄羅斯館裏,以八十日爲期,而許其免稅。這事在一六九三年。

　　《尼布楚條約》所分割的,只是黑龍江方面的疆界。然而這時候,漠北的喀爾喀,也已經歸服清朝了。俄國和外蒙古,是本有貿易的。於是又發生蒙古方面的疆界和通商問題。這事直到世宗手裏才解決。兩國定約:自額爾古訥河以西,到齊克達奇蘭,以楚庫河爲界。其西,以博木沙奈嶺爲界。而以恰克圖和尼布楚爲兩國互市之地。是爲《恰克圖條約》,事在一七二七年。到一七三七年，清高宗不願意俄國人到北京來，遂命其專在恰克圖貿易。康熙時，又曾因俄人請派遣學生，學習滿、漢文字，在北京設立俄羅斯教習館，這時候還是仍舊的。

中英之通商

俄國的交涉如此。至於南方，則英人也繼葡、西、荷之後而東來了。英人的東來，其事亦在明末。亦因受葡萄牙人阻礙，未能好好的和中國通商。清朝初年，因爲要防臺灣之故，海禁甚嚴。不但華船不准出洋，並將漳、泉等地沿海的居民，强迫内徙，把海濱地方，空出數百里。到臺灣平後，才聽沿海督撫的話，開放海禁。在澳門、漳州、寧波、雲臺山四處，設立海關。後來又把寧波海關，移至定海。雖然如此，清朝對於外人，除澳門以外，是一概不願其居住的。英人雖竭力運動，得於廣州設立商館，然而所以管束之者仍甚嚴。如除貿易的時期外，不准停留；並不得挈眷居住；及無事時不得上街游行之類。在現在看起來，可説很爲無謂了。清朝人的意思，以爲澳門是給一切西洋人居住的，在事實上，則其權利爲葡人所專。而當時的貿易，也很不自由。外人到中國來，並不能隨意與華人貿易，而必限於官所指定的商人。因爲和外人貿易，利益頗大，爲一二人所專，衆情不服，乃又許多人承充，於是有所謂洋行。此時和外人貿易的中國商人，謂之洋行；外商則謂之夷商。所謂洋行，亦都是華商設立的。五口通商以後，此種專商的制度取消，才由外商設立洋行，雇用中國人爲買辦。然而其對於外商，把持壟斷，依然如故。而且因入行之時，先須交付很大的費用，羊毛出在羊身上，其取之於外商，更不得不苛。而當時的官吏，又因爲不會收税和管理外人，把一切事情，都交託行商代辦。所以行商無論如何，不能取消。當時外國的貨物，運到中國，先由洋行“估價”。這所謂估價，是並“税項”、“規費”等等，一概包括在内的。估價既定，然後抽取若干成，以爲“行用”。初時所收還輕，後來就越加越重。而外人要買中國貨，亦一定要由行商經手的。價格如何，一任其把持壟斷。廣東通商最久，積弊最深。別的地方，却還好一點。所以外商漸漸的捨粵而趨浙。於是閩、粵兩督，合詞請將浙海關税額，較粵海關加重一倍。奉上諭，説：“粵省防禦，較爲完固，自以驅歸粵海爲宜。”就把浙海關停閉了。時在公元一七五八年。到公元一七九二年，英國派馬甘尼前來，Earl of Macartney，近譯亦作馬戛爾尼。要求改良通商章程。適直清高宗八旬萬壽，清朝强指他是來祝壽的。賞以筵宴禮物。頒給英國國王敕諭兩道。於其所請求之事，一概駁斥不准。公元一八一〇年，英國又派使臣前來，則因國書、衣裝落後,並仁宗未能見到。此次的使臣,爲阿姆哈司 Amherst。仁宗時在圓明園,迎接他的人,挾着他一晝夜從通州馳至,疲乏不堪;而國書、衣装,又皆落後。明日,仁宗即行召見。英使只得以病辭。仁宗疑其傲慢,大怒,遂絶其朝見;並將其從陸路押赴廣東。總而言之,西洋人的來,因其船堅礮利,《明史》的《荷蘭傳》,已經誇稱他"船長三十丈,廣六丈;礮有銅有鐵,大鐵礮長二丈,發之可洞石裂城"了。中國的人,本來見他有些怕。而其冒險的水手人等,又時有不法行爲。中央政府,不大歡迎他。然而外人來通商,地方官吏和商人的利益,都是很厚的,所以不肯拒絶。而又怕滋生事端,爲中央政府所責罰。於是想出種種的苛例來,以管束外人。至於商人的壟斷、榨取,那更是其本色,無足爲奇的了。外人處於此種情形之下,只覺得中國政治的黑暗;地方官吏,既然無可與語,請求中央政府,又是如石投海。如此,就漸漸的引起了以兵力脅迫的動機。所以歷史家説:"五口通商的戰役,看似因燒煙引起,實在是由通商問題激成的。"

乾隆以後内政之敗壞

外力的壓迫,漸漸的逼近了,只是表面上還没有爆發;而國内的政治,亦日漸敗壞。清朝的盛衰,當以乾隆時爲轉捩。自此以前,確乎可以算是盛世。到乾隆時代,表面上看似極盛,然而種種亂源,暗中實已潛伏着了。清朝是以異族入主中國的,所恃爲楨幹的,自然是滿族。然而八旗兵,自從入關之後,即已漸次驕惰;到中葉以後,更其不堪一戰了。緑營兵號稱數十萬,實則缺額甚多;即其僅存的,亦都因餉薄之故,各自營生,並不懂得武藝、行陣。名爲兵,實在不能算做兵。財政:康、雍兩朝,就有餘畜。乾隆最盛時,曾達到七千八百萬。然而歷代所謂富,是貴於"藏富於民"的,區區庫儲,絶不足恃。承平既久之後,人口增加,利源的開闢,不能與之相應;風氣又漸趨奢侈,往往容易患貧。清朝到乾隆時,已經顯出這種情形了。而高宗的性質,又極奢侈。屢次南巡,供帳的所費無限。末年任用和珅,其貪黷尤爲古今所無。大官因要賄賂他,都誅求於下屬;下屬剥削小民,吏治大壞,人民愈覺困苦。而清朝的政治,是以猜防爲政策的。中葉以前,中樞和疆吏,握實權的,多數是滿人。滿人既無知識,少數的漢人,亦因懼其猜忌,受其牽掣,而不能有爲。從文字獄屢興之後,士氣久受摧殘,官吏固然只是奉行故事,上下相蒙,就士林中,也没有奮發有爲的人。所以政治敗壞之後,很難於振作。

教匪之亂

　　其衰機的發現,則爲各地方的叛亂。而教匪之亂,關係尤大。白蓮教是起於元代的。其教徒劉福通,在元末,是反對胡元的急先鋒。清朝時候,此種祕密結合,又漸漸的盛起來了。乾隆末年,安徽所發見的教匪,也是奉河南王氏子,詭稱明裔的,其中有民族主義的根苗,不言而喻。因此,朝旨要嚴行搜索。官吏奉行不善,騷擾得不堪,反而至於激變。至公元一七九五年,而其禍遂爆發於湖北。這一年,正是高宗的末年。高宗是傳位於仁宗的,然雖爲太上皇,仍舊要與聞政事;和珅也仍握政權。軍紀本已腐敗,再要賄賂和珅,就格外敗壞得不堪。教匪縱橫於四川、湖北,又蔓延於河南、陝西。官軍剿匪的,都是遠居數十百里之外,置酒作樂。軍中的奢侈,比太平無事的地方,還要厲害。一個赤貧的人,只要夤緣,在軍中謀得一件差事,到回來時候,一定買田、買地,成爲富翁了。政治的敗壞,真是不成樣子。直到高宗死後,和珅伏誅;仁宗下哀痛之詔,懲辦肇禍的官吏,許匪徒悔罪投誠;一面優卹鄉勇,命人民行堅壁清野之法;再命軍隊往來剿辦,而事勢才有轉機。其大股,於公元一八〇二年剿平。小股和遣散後無家可歸,聚集山林中爲盜的鄉勇,則直到公元一八〇四年才大定。和川、楚教匪之亂同時,東南又有艇盜。其初,係因海盜受安南的接濟而起。此時安南有新舊阮氏。接濟海盜的係新阮。因財用困乏,貪其貢獻而起。到舊阮復國,才把他禁絕。參看第九章。後來安南雖禁絕海盜,而在中國海面上,仍舊不絕,浙江、福建、廣東都深受其害。直到公元一八〇九年,才算平定。公元一八一三年,北方又有天理教徒之亂。天理教也是一種祕密結合。其教徒徧布於直隸、河南、山東之境。渠魁林清,謀以這一年仁宗到熱河圍場去秋狩時,舉兵襲入宮禁。內監也有通謀的。未及期,而其在滑縣的渠魁李文成,因事洩被捕。然林清仍按其豫定的計畫進行。居然襲入宮門,因人數不多而敗。李文成在獄中,也被他的黨羽刧出,戕官據縣,鄰近之處,有好幾縣響應。雖然不久即平,然而清朝的統治權,岌岌乎不能維持,則其情形,已經顯而易見了。

【習題】

（一）俄人以何時叛蒙古自立?何時據西伯利亞?爲俄人侵略西伯利亞的,係何民族?

（二）《尼布楚條約》中、俄的疆界如何？

（三）康熙時，中、俄通商的辦法如何？有稅還是無稅？

（四）《恰克圖條約》中、俄的疆界如何？

（五）清朝於何時始開海禁？

（六）清朝初期，管理外商的章程如何？此等章程合理否？何以會有此章程？

（七）清朝盛衰的轉捩，在於何時？

（八）試述清朝中葉軍事、財政、政治的情形。

（九）何謂川楚教匪？

（十）天理教之亂如何？

第六章　鴉　片　戰　爭

　　近世中西的交通，是中國史上一個大變局。外人交通的工具，既能聯結世界而爲一；其兵力，又斷非舊式戰爭所能敵；而其社會的情形，又迫之以不得不向外發展。如此，以中國這種舊式的國家遇之，總不免要一度受其侵略；其因什麼事情而引起，倒是無甚關係的，因爲這總不過是一個誘因。

英人併吞印度之成功

　　英人的東來，較葡、西、荷諸國爲晚，而其勢力，反駕乎他國之上。這個，和英人併吞印度的成功，是很有關係的。印度也是世界上一個文明的古國。其幅員很大，物產也很豐饒。惟其地勢錯雜，不適於統一；又因生活容易，人民的性質，不免懶惰；學者則喜歡馳思高遠，對於實際問題，不甚注意，所以其政治的力量不強。從古以來，屢受異族的侵掠。大食興起以後，中西亞地方的突厥族，曾屢次侵略印度。到十四世紀中葉，蒙古王室的疏族帖木兒，Timer。興於撒馬兒干。其後裔，於十六世紀中，侵入印度，建立蒙兀兒朝。Mnghar。其南方諸國，則結麻拉他同盟，Marathabar。和他相抗，戰爭日烈。到印度最早的，也是葡萄牙。次之，則是荷蘭。葡據卧亞，荷據錫蘭島，以爲根據地。英人的創立東印度公司，事在公元一六〇〇年。東航以後，麻打拉薩、孟加拉、孟買，次第爲其所據，勢力日盛。其和英國相抗的，則爲法國，以本地治利爲根據。英人的初到印度，其意亦不過在通商。但因印度內亂，英商受害頗甚，東印度公司，乃抽稅練兵以自衛。因之和法人戰爭。十八世紀中葉，法人因勞費太大，召回印度的駐兵，英人就格外得勢。屢次干涉印度內部的問題，易置其酋長，而取得其收稅之權，以爲報酬。於是印度的政權，漸入於英人之手。英人初助麻拉他同盟，以攻蒙兀兒朝。後來又用兵於麻拉他。到公元一八五九年，就由英國政府，將東印度公司治理之權收回，設置總督以治其地。不多時,英國的維多利亞女皇,Victoria。就兼了印度的王號了。偌大一個文明古國,竟給一個從事於商業的公司併吞,這也是舊式的世界裏,所萬萬不會有的事。

鴉片來華之起原

英國既併吞印度,對於中國,就要發生一種不良的關係了。這便是鴉片的輸入。鴉片的輸入中國,爲時很早。據近來的考據,阿芙蓉三字,原是阿剌伯語;Afion。而宋朝的《開寶本草》,已經載有鴉片;開寶係宋太祖年號,自公元九六九至九七五。《開寶本草》,是開寶年間所敕修的本草。則當是唐朝時候,由大食人輸入的。但是明中葉以前,都只當它一種藥品。到新航路發見後,西班牙人,將煙草從南美洲移殖到呂宋,後來就輸入中國。始而由福建漳、泉的人栽植,繼而傳到北邊。明朝的末葉,吸食之風大盛。當時禁例也很嚴。然終於無效。到明末,就只得解禁了。供人吸食的煙草,有一種,是和以鴉片同熬的,謂之“鴉片煙”。在清初仍有禁令。清朝雍正七年,福建巡撫還奏參漳州知府李國治,以鴉片爲鴉片煙,故入人罪,見《雍正硃批諭旨》。但亦終不能絕。西人東航以後,鴉片是由葡萄牙人輸入的。其初不過一二百箱,到英人併吞印度以後,輸入的就逐漸加多。後來竟至二萬餘箱了。當時中國輸出之貨,以絲、茶爲大宗。輸入之貨,則爲呢、布、鐘、表、鴉片等。出入之數,本來略可相抵。自鴉片輸入激增,出口之貨,不能與之並進,就不得不將現銀運出。銀在近代,是中國用爲貨幣的。宋、金、元、明四朝,都使用紙幣,都因濫發跌價。金朝末年,實在跌得不能使用了,而銅錢又已給紙幣驅逐淨盡,民間乃用銀交易,是爲社會上用銀之始,然國家尚未認爲貨幣。到明朝宣宗時,紙幣又因跌價而廢,而銅錢又不能足用,英宗以後,賦稅乃漸次收銀。國家徵收賦稅,人民所交納的是銅錢,官吏彙解,則要換成銀子。其初銀錢相易,官吏尚有盈餘,這時候都要賠累。鹽商的賣鹽和完納鹽課亦然。財政上就發生問題。至於社會上,則吸食鴉片的人,都是精神不振,體力衰頹,更其弄得不成樣子。所以到乾隆末葉,而其禁轉嚴。鴉片的輸入,本來是作爲藥品完稅的。到禁止以後,就變爲私運之品。禁令雖嚴,而私運亦多。利之所在,關汛、巡船等,都和他通同一氣,禁令簡直毫無效力。於是到道光時代,不得不取更嚴厲的手段。

年　　代	一七二九	一八一六	一八二五	一八三○	一八三六
鴉片輸入箱數	三〇〇	三二一〇	九六二一	一八七五〇	二七一一一

林則徐之禁煙

利之所在，行政是很難望其有徹底的效力的；即便決心整頓，亦要假以相當的時日，豈能用操切的手段，在短時間內奏功？這一層，主張嚴厲的林則徐，未必見不到。但是積弊深了，亦非用摧陷廓清的手段，不能奏功。必須先用這種手段，將積弊大體掃除，然後縝密的行政手腕，才好繼之而進。林則徐的所以主張嚴厲，大概為此。至於因禁煙之故，要引起外交糾紛，而當時外國的兵力，非可輕敵，這一層，林則徐也未嘗不知道。從西人東來，到這時候，業已三百餘年了。中國人全體，雖然還昧於外情；就是和西人接觸的人，對於西洋的情勢，雖亦是茫無所知；然而其交涉的非易與，兵力的難輕敵，也總有幾分知道的。前此中西交涉，中朝往往主張嚴厲，而疆臣則多主張慎重，就是為此。清仁宗時，葡萄牙為法國拿破侖所破，英人慮其侵及東洋，要代葡人保守澳門，中國不許。英人以兵船闖入，中國斷其接濟。英人遂闖入虎門。仁宗諭飭嚴辦，而總督吳熊光，知道兵力靠不住，到底用平和手段了結，就是其一例。林則徐是當時疆臣裏比較通知外情的，豈有並此而不知之理？但是當時對外的交涉，總以為要維持着天朝的尊嚴；外人設或桀驁，只要我海疆有備，能彀摧挫他一兩次；或者嚴守了，給他一個攻不進；他萬里遠來，豈能持久？總是要就範的。如此，一切交涉，就都好辦了。至於這時候的西洋人，全非這一種老法子所能對付，則是這時候的人，萬萬想不到的。這也是時代為之，不能怪他。

林則徐的奉命到廣東禁煙，事在公元一八三八年。這時候，清宣宗將禁

没收鴉片圖

煙問題，命羣臣籌議。其覆奏，多數主張嚴屬。林則徐時爲湖廣總督，奏語尤稱激烈。他説："煙不禁，則國日貧，民日弱，十年以後，豈惟無可籌之餉，亦且無可用之兵。"和宣宗的意思相合。就命他以欽差大臣，馳赴廣東海口查辦。這時候，做兩廣總督的是鄧廷楨，也是個清正的官員，能和林則徐合作。而在英國方面，則辦理交涉的是義律。Captain Elliot，此爲甲必丹義律。義律是英國的領事。先是英國對中國的貿易，也是由東印度公司專利的。公司的代理人，中國謂之大班。在林則徐奉命禁煙之前四年，英人把東印度公司的專利權取消，改派商務監督來華。中國還只當他大班，以致交涉不能進行。英國乃又將商務監督取消，派義律爲領事。義律和中國交涉，也不能順利。就建議英政府，説："要希望中國改良通商章程，非用兵力不可。"兩國之間，戰機本已潛伏了。林則徐到廣東後，勒令英商繳出鴉片。英商不肯。林則徐就斷絕他們的接濟。英商無奈，才先後交出鴉片二萬零二百八十三箱。林則徐把他全數銷毀。傳諭外商，只要具"夾帶鴉片，船貨充公，人即正法"的結，就許照常貿易。各國都照辦了。獨有英國不肯。則徐又斷絕其接濟。義律乃以兵艦封鎖廣州，並礮擊九龍沿岸。然實未奉到政府的命令，勢難和中國開戰；乃又請葡萄牙人轉圜，願具船貨充公的結，但請刪"人即正法"一語。則徐亦不許。

鴉片戰爭始末

公元一八四〇年，英國國會，通過了對華用兵。於是英人派伯麥和加至義律，Bremed，伯麥。George Elliot，加至義律，近譯亦作喬治義律。帶海陸軍東來。承平久則兵備廢弛，這是中國歷史上的常例。這時候，軍械方面，確非英人之敵；而沿海七省，也不易處處防守。以軍事論，中國確乎是遇着了一個難題。即使小有勝利；或者沿海守禦甚堅，能使英人不易攻擊；然當此世界大通之時，長此相持，亦非久計，所以當時的關鍵，倒不在乎軍事的勝負，而在於中國是否能了解外情。然以此時的中國，而希望其能了解外情，是決無此理的。而戰爭就如此開始了。英兵既至，先攻擊廣東沿岸，不克，乃轉而攻擊廈門。旋又棄之北上。陷定海，投出英人致中國首相的信。浙江巡撫不受，乃北至天津。清宣宗是個色屬内荏的人，而且主意極容易改變。此時沿海各省，都無戰備，疆臣怕負責任，乃相與造作蜚語。頗爲宣宗所聞，朝意中變。時林則徐已實授兩廣總督，乃將其革職遣戍，而代以琦善。琦善至，和英人講和。許償煙價二百萬。英人又求割香港。琦善不敢許。英人就進兵，陷沙角、大角兩砲臺。

琦善不得已,許開廣州,割香港。英人才退兵。而清廷聞英人進兵,大怒,派奕山帶兵剿辦。奕山既至,進攻不勝。英兵又進陷橫當、虎門砲臺。廣州形勢,已落敵人手中。不得已,再和英國講和。許償英人兵費六百萬。奕山帶兵,退至距離廣州六十里之處。奕山詐稱進剿大捷,英人只求照舊通商,別無他種要求。朝廷以爲無事了;而英國方面,亦怪義律所定的草約,賠款太少;英人後來的安全,又無保證。撤去義律,代以璞鼎查。Pottinger。璞鼎查既至,再陷廈門、定海。又陷寧波。撤兵入吳淞口,陷寶山、上海。溯江而上,陷鎮江,逼江寧。清朝派往浙江的兵,毫無戰鬥能力,不得已,乃在江寧議和。

南京和約

和議定於公元一八四二年八月,凡十三款。其中重要的是:

(一) 中國賠償英國煙價六百萬,商欠二百萬,兵費一千二百萬。

(二) 割讓香港。

(三) 開廣州、廈門、福州、寧波、上海通商。准英人攜眷居住,英國派領事駐紮。

(四) 英人得任意和華人交易,不必拘定行商。

(五) 進出口稅則,彼此秉公議定。

(六) 兩國官員,以平等之禮往來。

英兵占據鼓浪嶼和舟山,俟賠款交清,五口開港,方才退去。公元一八四六年,這兩項都履行了。在廣東辦理通商事宜的耆英,要求英人撤兵。這時候,廣東人民,仍執高宗時"西洋商人不得擅入省城"之諭,事在公元一七九三年。拒絕英人入城。而英人以爲入城可以打破中國人輕視之念,定要辦到。耆英無可如何,乃以不割讓舟山羣島爲交換條件,要求把入城問題,延期兩年。英國人也答應了。耆英就脫身回京,留下一個將來紛擾的種子。

《南京條約》,從外國説起來,可以説是中國人承認他平等交際之始。從中國説起來,則是不平等條約之始。割地、賠款、關稅協定,都在這約中開其端了。事定後,法、美、瑞典亦相繼和中國立約。惟俄人,仍不准在海口通商。

【習題】

(一) 五口通商以後,中國外交的受虧,真原因在哪裏? 何謂誘因?

(二) 鴉片來華,始於何時? 何時始用爲嗜好品?

（三）鴉片之爲害若何？

（四）禁煙用嚴厲手段，是否得當？

（五）設使英兵來侵，中國獲勝，以後的情形當如何？試臆測之。

（六）中國和外國交戰，沿海萬里，難於設防，此問題當用何法解決？

（七）試略述鴉片戰爭的經過。

（八）試述《南京條約》的要點。

第七章　太平天國

南京和約後南方民族思想之膨脹

民族主義的花，雖或有時而摧折，其根荄，是不會滅絕的，不過潛伏着以待將來罷了！在清朝時代，北方的祕密結社，含有民族主義的意味的是白蓮教，已如上章所述。至於南方，則最盛的爲三合會，次之者爲哥老會。三合會的起原，因其爲祕密結社，不能十分明晰。然而其以反清復明爲宗旨，則是顯而易見的。據他們的傳說：會的起原，是在福建莆田縣九龍山中的少林寺。僧人善於武技的少林寺，實在河南登封縣少室山。但此等傳說，只能取其大體，其人名、地名、年代等，總是不可盡信的。寺中僧徒，都習武藝。曾助清人剿平西方的叛國。後來爲清人所忌，派人放火，把寺中的和尚都燒死。逃出的只有十八個人，又有十三個戰死。其餘五人，逃到湖廣的白鶴洞，得曾爲翰林學士的陳近南扶助，創立洪家大會。舉兵反清。因兵敗分散。哥老會的傳說，也小異大同。三合會的成立，據說在公元一六七四年。正是明室初亡的時候。到公元一七八七年，而臺灣有林爽文之亂。據彰化和清軍相持，久之乃敗。嘉慶、道光兩朝，兩廣、福建、湖南、江西也屢有三合會黨，起兵和清朝相抗。《南京條約》定後，會黨的氣勢更盛。道光末年，蜂起於兩廣的會黨，多有揭反清復明旗幟的。又有生長新嘉坡的陳正成，在廈門設立三合會支部，名爲匕首會。爲清人所捕殺。其黨徒黃威，代統其眾。佔領廈門，自稱爲明軍。而劉麗川也曾一度攻陷上海。事雖無成，然而三合會的宗旨，則顯而可見了。以上據平山周《中國祕密社會史》，商務印書館本。

太平天國之起原

太平天國天王洪秀全，是不贊成恢復明室的。然而其抱驅除滿清的宗旨,則亦和三合會相同。《中國祕密社會史》:"洪秀全曾對人說:三合會主義雖正當,復明則似是而非。既還復山河,必當另建新朝。"他爲要煽動下等社會,不得不借助於宗教。廣東和外人接觸早,受基督教的影響較深,所以他所創立的宗教,帶有基督教的色彩。天王是廣東花縣人。生於公元一八一二年,恰在民國紀元之前百年。他小時亦曾讀書,做塾師,應試不第。他所創立的教,名爲上帝教。以耶和華

洪秀全像

爲天父,基督爲天兄,自稱爲基督之弟。入會的人,一律平等,男稱兄弟,女稱姊妹。禁拜偶像。和同縣馮雲山,到廣西桂平、武宣一帶傳布。這一帶地方的風氣很誠樸而勇悍。信從他的人漸多。有志的豪傑,也有附和他的。上帝會在廣西,就成爲一種勢力了。公元一八四七年,廣西大饑。羣盜蜂起。各地方的人,多倡團練以自衛。辦團練的,都是比較有身家的人;而教中人多是貧苦客民,不免互相衝突。洪秀全乃乘機,以公元一八五〇年,起事於桂平的金田村。

太平天國之建國

當時廣西羣盜如毛,業已有好幾年。清朝的巡撫和統兵大員,大抵庸懦無能;而又文武不和;只靠一個向榮是宿將,然亦暮氣已深。洪秀全起事的明年,入據永安。建號爲太平天國。自稱天王。封楊秀清、馮雲山、蕭朝貴、韋昌輝爲東、南、西、北四王。石達開爲翼王。向榮把他圍困在永安城裏。明年,太平軍突圍而出。攻桂林,不克。遂入湖南,攻長沙。旋撤圍,陷岳州,出洞庭湖,陷武昌、漢陽,順流而下,直抵江寧,建爲天京。時在公元一八五三年。

當太平軍出永安時,曾有人勸他從湘西北上,以據關中。洪秀全不能用。及到武漢之後,又有主張北上的。以清在河南駐重兵,亦未果。既到天京之後,乃再派一支兵從安徽北出。當時曾有人力爭,說"既不能全軍北上,不宜派遣孤軍"。洪秀全亦未採用。後來這一支兵,從河南、山西打入直隸。雖然十分勇敢,到底因勢力太孤,爲清兵所殲滅。這在軍事上,實在是太平天國的失着。但其西上之兵,則再陷武、漢,並南下岳州,很爲得勢。

太平天國政治之失敗

太平軍出湖南後，就發布討胡的檄文。既定天京，又頒布《天條》，以爲法律。分田爲九等，命人民各依年齡受田。禁婦女纏足，男子娶妾及娼妓、奴婢，亦頗有平等的精神。但是此等制度，似乎未能實行。當兩國競爭之際，最緊要的，是軍事和政治的整飭。太平天國，於此似頗欠缺。天王的爲人，是長於傳教，而短於行政和用兵的。既到天京，把一切事都交給楊秀清。秀清因之，大爲驕橫。天王疑忌他，叫韋昌輝把他殺掉。旋又使秀清餘黨殺掉昌輝。當楊秀清死時，石達開從安慶趕回天京，要想諫阻。韋昌輝又要謀害他。石達開縋城逃去。自此別爲一軍，不復受天京節制。後來經湖南、廣西而入四川，爲清軍所消滅。馮雲山、蕭朝貴都死在湖南。太平天國開國時的舊人已盡。天王委任他的兄弟洪仁發、洪仁達，都是很爲貪鄙，不知大體的。天國的政治，就此日入於腐敗了。若論軍紀，初出時確是比較整飭的。當時各地方人民，苦於清朝官吏的腐敗，軍隊的騷擾，頗歡迎太平軍。太平軍所至，都有人獻糧，自然也用不著搶掠。但是到後來，附和的人多了，分子複雜，軍紀也就日壞。太平軍初起時，將帥都有朝氣，而清朝的兵，全是暮氣；到湘、淮軍既起之後，則情形恰恰相反。太平天國，就日入於悲運了。

清軍之復盛

清朝的兵力，當川楚教匪亂時，即已毫不足用。當時雖有許多官兵作戰，實在所靠的還是鄉勇。到太平天國起後，就更不成話了。向榮的兵，尾隨着太平軍之後，從廣西直到江寧，絲毫不能阻止他的活動。當時清朝還有一支大兵，駐紮在江北。合向榮的兵，稱爲江南、江北兩大營。可是太平軍都視同無物。要是清朝的軍隊，都是如此，清朝早好推翻了。但是從湘、淮軍出而形勢一變。湘、淮軍亦都是鄉勇。湘軍爲曾國藩所練。一出之後，就克復武、漢。又攻陷九江。胡林翼坐鎮

曾國藩像

337

李鴻章像

武昌，發兵從水陸兩路東下，以取安徽。此時太平天國中，又有一個後起之秀，把殘局支持了好幾年，是爲忠王李秀成。李秀成使陳玉成救皖北，大敗湘軍於三河集。湘軍水陸兩路都撤退。又分兵竄擾江浙，以分江南大營的兵力。此時江北大營，也將江南大營兼統了。秀成度其勢分力弱，一舉把他攻破。蘇、松、常、太相繼而下。太平軍的軍勢又一振。但是單靠一個李秀成，到底支持不了危局。清朝用曾國藩做兩江總督。國藩分兵平定贛、浙等省，並力以攻安慶。到底把安慶打破。湘軍水陸沿江而下。又使李鴻章募兵於淮、徐，以規蘇、松。淮軍亦勇悍善戰。此時避居上海的清官，用洋將以練華兵，名爲常勝軍。器械既精利，訓練亦良好，亦隸李鴻章麾下。於是蘇、松亦終於不守。

常勝軍

太平天國之滅亡

李秀成乃退入天京死守。公元一八六四年，天京失陷，天王先已服毒殉國。秀成奉幼主福瑱出走，於路上爲清軍所獲，不屈，死之。福瑱亦殉國於南昌。餘黨在贛、閩、廣東的，不久亦爲清軍所消滅。太平天國遂亡。

太平天國最盛時之疆域

太平天國，首尾凡十五年。自其起事以來，曾四次攻破武昌，三次攻破漢陽，但終未能堅守，爲清軍所據，用爲進攻的根據地。其和湘軍支持最久的，則爲九江。自九江陷後，上流就但恃安慶爲天京的屏蔽了。但是他所蹂躪的地方，實在不少。通計本部十八省中，只有陝、甘兩省未到。而蘇、松和江西、浙江，尤爲天國將亡時，據以與清軍爭持的要點。

太平軍的餘波，是爲捻匪。有人說：皖北稱一股爲一捻，所以稱爲捻匪。亦有人說：鄉人爲龍戲，撚紙爲油捻照耀，後來遂行搶刧，因而稱爲捻匪。捻匪是很早就有的。太平軍起後，其勢亦盛。蔓延於安徽、山東、河南之間。太平天國亡後，餘黨都和捻匪相合，其勢愈盛。清朝使僧格林沁去打他，敗死。乃改用曾國藩。捻匪多馬隊，往來飄忽，勢成流寇。國藩乃創圈制之法，於運河、賈魯河沿岸築長牆，想把他圍困。然而到底被他突破，分爲東西兩股；東捻入山東，西捻入陝西。清朝以李鴻章代曾國藩。倒守運河，把東捻蹙到海隅平定。西捻由左宗棠剿辦。捻衆從陝北經山西回竄直隸。由李鴻章、左宗棠合兵打平。事在公元一八六七、六八兩年。

同時西北、西南，又有回亂。西南回亂，起於公元一八五五年。回民杜文秀，占據大理。東部臨安等處，也有叛回占據。清朝所派督撫，非不能到任，則爲回酋所戕殺，所挾制。這時候，中原擾亂方甚，無力顧到西南。後由岑毓英撫用回將馬如龍，次第把他打定。然合計前後，擾亂亦達十八年之久。西北事變，則更爲擴大。當太平天國將亡時，其扶王陳得才，曾由安徽北入河南。陝西募回勇設防。後來陳得才因回援天京不及，自殺。而陝西的回勇，因與漢民衝突，聚衆互相仇殺。回亂就蔓延起來。旋又擴及關外。回酋妥得璘，占據烏魯木齊，次第把天山南北路各城攻陷。先是乾隆時，布羅尼特死後，其子孫遁居敖罕。公元一八二〇年，布羅尼特之孫張格爾，曾以浩罕兵攻入天山南路，爲清人所殺。至此，浩罕人又借兵於其子布蘇格，入據喀什噶爾。旋爲其將阿古柏帕夏所篡。盡取妥得璘之地。想在中、英、俄之間，自建一獨立國。英、俄、土耳其都和他往來；英國公使，且爲之請求封冊。捻匪平後，左宗棠進剿陝、甘的回亂。至公元一八七三年，全行平定。時英人仍爲阿古柏請求。朝議亦有以用兵煩費，主張將天山南路封他的。左宗棠力持不可。清朝乃即命宗棠進剿。時浩罕本國，已爲俄所滅。天山南路的纏回，亦與阿古柏不合。阿古柏遂窮蹙自殺。公元一八七八年，天山南路亦全平。然伊犂爲俄人所據，遂釀成中、俄的交涉。

從太平天國起事之後，到新疆平定之時，其間約三十年，幾於全國糜爛，清朝居然能先後戡定，號稱中興，這也很堪驚異了。然而此時的清朝，雖名爲中興，實權都已入漢人之手。後來北洋軍閥，所以推倒清廷，有如摧枯拉朽，其勢力，還是從這時候遞嬗而來的。而且民間的革命勢力，也並未消滅。試看湘軍裁而哥老會的勢力即驟盛於長江流域可知。哥老會是以反清復明爲宗旨的，湘軍是幫助清朝，滅掉太平天國的，然而哥老會的勢力，竟能深入湘軍軍隊之中；從兵士以至將弁，都有會中人物；公元一八六九年，左宗棠寫給他兒子的信，説："哥老會匪，東南各省，徧地皆是。自閩、浙轉戰而來，舊勇物故，假歸者多，時須換補，匪徒即伏匿其中。上年轉戰直、東，此風轉熾。凱旋後察親兵一營，即有百人入會者。"可見會黨勢力的無孔不入了。三合會在粵江流域，勢力也依然如故。而且隨着華僑的足跡，蔓延及於海外，遂爲後來革命的根源。

【習題】

（一）祕密會社和民族主義的關係如何？清朝時候，南方最大的祕密團體是什麼？

（二）太平天國和三合會的宗旨同異如何？

（三）洪秀全所創的宗教，宗旨如何？

（四）試述太平軍自廣西到南京的路綫。

（五）太平天國的制度、宗旨如何？

（六）太平天國失敗的原因在哪裏？

（七）太平天國的人物，你最佩服誰？

（八）捻匪和明末的流寇，同異若何？

（九）試略述回亂的區域。

第八章　英法聯軍與中俄交涉

　　適應是最困難的事情。天下一切轇轕，總是起於彼此不相了解。鴉片交涉的總根原，其實就不過如此。經過這一次戰役以後，彼此就能互相了解了麼？這是沒有如此容易的。

英法聯軍之事蹟及其結果

　　五口通商以後，中外交涉的重心，還在廣東。那時候，主持交涉事務的是耆英。耆英去後，就落到總督徐廣縉、巡撫葉名琛手裏。這兩個人，都是有些虛憍之氣的。而其時廣東人排外的氣燄亦很高。執定不許外國人進城。因見官廳不能堅決，就自辦團練，以圖拒絕外人。辦理遂愈形困難。公元一八四九年，耆英請英國人展緩進城的期限到了。英國人又要履行原約。徐廣縉自到英國船上去，要想阻止他。廣東練勇，同時聚於兩岸，呼聲震天。英人無奈，止得作罷。事後，英人亦覺得因入城問題和中國人爭執的無謂；乃和徐廣縉另定《廣東通商專約》，把不入城亦列入《專約》之中。事聞，清朝大加嘉獎。封徐廣縉爲一等子，葉名琛爲一等男，都世襲。其餘人員，照軍功例議敍。這是清朝很少有的事情。又傳諭嘉獎廣東人民，中有"難得十萬有勇知方之衆，勢不奪而利不移"等語。事情給英國人知道了，以爲廣東人民的排外，實在是中央政府主持的，兩國間的隔閡愈深。

　　中、英的《南京條約》，沒有提起修約的話。法、美、瑞典三國條約，則都有十二年修約的明文。英國援引最惠國條款，也要享受這項權利。法、美也附和他。法、美之約，此時實尚未滿期。公元一八五四年，是《南京條約》訂立後達到十二年之期。英、法、美三國派使臣到廣東，要求修改條約。此時徐廣縉已去，葉名琛代爲總督。葉名琛對於交涉，是以"自大"和"不理"爲宗旨的。三國使臣，不得要領，改赴兩江，又直到天津。這時候，清宣宗已死，已是文宗咸豐初年了。文宗即位之後，罷斥了道光時主和，昭雪了當時主戰諸臣。對外空氣，本來惡劣。加以當時中外之間，隔閡已甚。看了外人，只覺得他心存叵測。聽說訂約之後，又求修改，不知又是什麼手段來了，自然要嚴詞拒絕。三國使臣，又是不得要領。於是以爲要求中國改約，非用兵力迫脅不可。戰機又潛伏着了。

　　適又有亞羅船 Arrow。和廣西西林殺害教士的事件，以爲之引火綫。這時候，中國沿海，海盜頗熾。海中商船，也有納資於外國船舶，以求保護的。也有納資於海盜，以求免刼掠的。英國香港政府，就規定華船得向該政府註册，許其懸挂英國國旗。此等懸挂外國旗幟的華船，就不免恃爲護符而犯法。在行政上頗爲困難。亞羅船在香港註册滿期之後，仍插着英國的旗號，出入省河。中國水師，因巡緝海盜，在其船上，捕去水手十餘人，並拔去英國國旗。英領事巴夏禮，Parkes。向中國提出强硬交涉。葉名琛既不據理折辯，又不設防備。交涉不得解決，巴夏禮竟不待本國政府的命令，發兵攻入廣州。巴夏禮以爲兵力迫脅，葉名琛一定要屈服的，而葉名琛仍不屈服。巴夏禮没有本國政府的命令，到底不能逕和中國開戰的，只得仍退出省城。兵退之後，粵民又暴動，將各國商館焚燒，反做了巴夏禮請求開戰的口實。

　　基督舊教，就是天主教，到東洋來傳教，依教皇的勅令，其保護權，本是屬於葡萄牙的。但是到後來。法國亦自派教士來華。利瑪寶等傳教，許中國教徒拜天、拜祖宗、拜孔子，別派教士，頗有不以爲然的，訴之於教皇。教皇派人到中國來禁止。清聖祖大怒，把他遞解到澳門。此時以澳門爲西洋人居住之地。凡被驅逐的西人，都送到此處。但是教皇仍維持其命令。教士不能不服從。天主教和中國習俗的扞格，因之而加甚。世宗即位後，宣布教禁。教士除在京效力者外，都勒歸澳門。後以地窄難容，許其住居廣州天主堂，而禁其出外行走。各處的天主堂，一律改爲公廨。但暗中的傳布，並不能絕。五口通商以後，因法人的請求，乃以上諭弛禁。英、美是信奉新教的，要求同等權利。中國亦許其一律。是爲中國人所謂耶穌教。中國和基督教，是本有隔礙的。此時當戰敗之餘，自然更形畏惡。就有西林縣殺害教士之事。於是英、法兩國，聯軍東來。俄、美二國，則但派使臣，與之偕行。

　　公元一八五七年，四國使臣到廣州，英使首先致書，要求修改條約，賠償損失。名琛仍置不答。英兵就攻陷廣州。名琛被虜，後來死在印度。廣州既陷，四國使臣到上海，要求朝廷派使到上海會議。這時候，清朝的中央政府，是不願意和外人直接的，乃命英、法、美三使回廣東，聽候查辦；而將俄事委諸黑龍江將軍。四使不聽,徑行北上,攻陷大沽砲臺。清朝不得已,派遣全權大臣,和英、法、美三國,各訂條約。是爲公元一八五八年的《天津條約》。英、法兵既退,僧格林沁在大沽口整頓防務。明年,英、法二使來換約。中國請其改走北塘。二使不聽,闖入白河。爲砲臺守兵擊敗,狼狽逃回上海。經這一戰,清朝以爲"夷務"或有轉機。下令廢《天津條約》,在上海重議。而仍留北塘口以款接英、法二使。美國換約之使後至,遵令改走北塘,則許其在天津換約,以風示英、法二國。在清朝,自以爲剛柔並用,應付得宜了。然而到明年而英、法兵又至。這時候,主持防務的,是僧格林沁。當時的人,有一個繆見,以爲洋人登岸則無能爲。僧格林沁惑於其說,要放他上岸,用馬隊四面把他圍殺。有幾個懂得事理的人力諫,弗聽。英、法兵從北塘登岸,火器精利,圍不能合,僧兵大敗。英、法兵遂從後路攻陷大沽砲臺。中國不得已,再派怡親王載垣去和英、法議和。有人對載垣說:"巴夏禮暗藏兵器,要襲擊我們。"載垣大懼,告訴僧格林沁。僧格林沁就把巴夏禮捉住,送進京城,監在刑部牢裏。英、法兵再進攻。清兵迭次潰敗。文宗逃往熱河。留其弟恭親王奕訢守京城。英、法兵脅開城門。一把火,把圓明園燒掉。可憐這圓明園,經始於十八世紀之初,至此已歷一世紀半,建築的宏偉壯麗,收藏古物珍品之多,真是吸聚着漢民族的膏血而成的,卻因滿洲政府的昏瞶胡塗,至爲英、法聯軍所毀。耶穌基督說:"哀慟的有福了。"我真要替漢民族祝福了。圓明園燒後,英、法才許清人講和。奕訢不敢出來,因爲俄使居間,才訂成了一八六〇年的《北京條約》。

這一次條約:(一)賠償英、法軍費、商虧,各八百萬。(二)又割九龍半島與英。(三)沿海開放口岸多處。《英約》所開,爲牛莊、臺灣、潮州、瓊州。《法約》多淡水而無牛莊。各國的條約,都有最惠國條款的,所以此等異同,實際無甚出入。(四)長江沿岸,亦許開放。《英約》:長江沿岸,太平軍平後,任擇三口。後來開的是漢口、九江、鎮江。《法約》開江寧。我國的內河航行權,就與他人共之了。(五)關稅恊定。(六)領事裁判,都在這兩約中確定。(七)內地游歷,通商和傳教,亦於約中規定。(八)前此中央政府,是不肯和外人直接的,至此則規定許各國派遣使臣,中國須特簡大員,與之商辦事務。總理各國通商事務衙門,由此設立。外患至此,比五口通商時,要深入許多了。然而其對於俄國的損失,還要可驚。

中俄之《璦琿條約》与《北京條約》

俄國此時對於中國的交涉,有兩個問題:其(一)是海路通商問題,其(二)

是陸路通商和畫界問題，而後者尤爲重要。《尼布楚條約》，是規定關東和俄國的界綫的。《恰克圖條約》，是規定蒙古和俄國的界綫的。俄、蒙境界，還無甚問題，而東北的境界，則俄人說是中國用兵力迫脅而成，心懷不服。又從新疆平定以來，西北亦和俄國接界，而界綫亦迄未畫定。侵略主義，中國是向來沒有的。所以邊疆之地，總不過羈縻而已。清朝要封鎖關東，不准漢人移殖，所以東北地方，開發得尤其緩慢。現在的吉、黑兩省，在道、咸時代，還是地曠人希，何況黑龍江以北呢？內力不充實，外人自然要從而生心。於是東北界約雖定，俄人仍逐步侵占。《南京條約》定後四年，俄人派木喇福岳福 Muravief，爲東部西伯利亞總督。侵略的進行愈亟。《天津定約》之前五年，俄、土戰爭起，英、法都助土攻俄。俄人藉口防守太平洋岸，強航黑龍江。中國因其兵多，無力阻止。江北岸之地，事實上幾於全給俄人占去。其西北方面，則因俄人要求伊犂、塔爾巴哈台、喀什噶爾三處通商，中國許伊犂、塔爾巴哈台兩處，業經於前此四年，由伊犂將軍奕山和俄人訂立《通商章程》。當時中國對於俄國，仍拒絶其海路通商。俄國遣使到天津要求，中國說："俄國通商，已有三口了，若再許各海口，別國何以折服？"所以止許俄人在沿海口岸中，揀擇兩處。

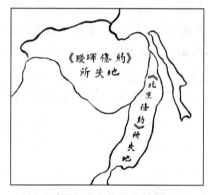

瑷琿與北京條約失地圖

但是後來，因爲要借俄、美以牽制英、法之故，就許俄人於海口通商。並許俄使由海口或"恰克圖到京之路"進京，俄國公文、信函，得由臺站行走。運送應用物件，三個月一次。臺站費用，中、俄各任其半。後來《北京條約》，又規定書信每月一次，物件兩月一次；商人願自雇人送書信、物件的，只須報明該處長官允許，便可照辦。因此之故，俄人就於庫倫、張家口、北京各設郵局。張家口以北，用蒙人遞送；以南則用漢人。中國旅行的人，反有與之同行的。是爲公元一八五七年的《中俄條約》，較英、法《天津條約》，實早一年。此約許俄海口通商，本來無甚關係；然蒙古一方面，就未免藩籬漸撤了。明年，英、法兵釁起。木喇福岳福乘機，迫脅奕山，訂立《瑷琿條約》。（一）盡割黑龍江以北。（二）而以烏蘇里江以東，爲兩國共管之地。（三）黑龍江、松花江、烏蘇里江只准中、俄兩國行船。《北京條約》定後，俄使自以爲功，也在北京和中國訂立條約。（一）烏蘇里江以東，亦變爲割讓。（二）兩國交界之處，都准無稅通商。（三）從恰克圖經庫倫、張家口到京，零星貨物，亦准行銷。（四）西疆再開喀什噶爾。（五）中、俄未定之界，則於此約中規定大概，俟以後派員測勘。後又訂立《陸路通商章程》：（一）兩國邊界百里內，貿易都不納稅。此條看似平等，然中、俄交界處，都是中國境內繁盛，而俄國荒涼，所以中國也是吃虧的。（二）其餘地方，照海關稅則，減收三分之一。（三）蒙古設官的地方，都准俄人前往貿易。《天津》、《北京》兩約，不但東北方面，失地的廣大可驚，蒙古方面，藩籬盡撤；即以稅則而論，亦在海關稅則協定之外，更開惡例了。

中俄之《伊犁條約》

《北京條約》定後四年，中國即與俄國訂立《界約》。事後，科布多、烏里雅蘇台、塔爾巴哈台所屬，均派員會同俄人，勘明界址，訂立界牌鄂博。惟伊犁所屬，未及勘定而亂事作，其地旋爲俄人所據。中國向其交涉。俄人說：事定即行交還。俄人之意，以爲中國必無力戡定西北了，而孰知中國竟將西北戡定，再向俄國交涉，俄人無詞以拒，乃要索代守伊犁的報酬。此時交涉的要點，在於畫界，疆界既定，伊犁不索而自回。乃中國派到俄國去交涉的崇厚，全不懂事。受其迫脅，喪失了許多權利土地，而僅收回了一個空城。草約既至，中外交章論劾，主戰之論大盛。然以此時的兵備，而要和俄國開戰，是萬無此理的。此時新疆方面，雖有相當的兵力，然滿、蒙方面都無備；海軍亦沒有；沿海七省，俄國處處可以攻擊，設防是很難的。幸得出使英國大臣郭嵩燾上疏竭力阻止；主戰的議論，才稍稍斂迹。於是派曾紀澤使俄，商改原約。約既定而要改，論外交手續，是很難的。幸得當時俄、土又新有戰事。俄國的兵力，亦不很充足。乃彼此讓步成和。

《伊犁條約》改訂與原約之比較

崇厚原約，索回伊犁之地，廣僅二百里，長六百里。此約將南境要隘，多收回了些。而將原約償金五百萬盧布改爲九百萬。原約肅州、哈密、土魯番、烏魯木齊、古城、科布多、烏里雅蘇台，都許設領事。改約僅限肅州、土魯番兩處。原約蒙古、新疆貿易，全不納稅，改約則天山南北路僅暫不納稅。蒙古僅將貿易擴充至不設官之處。

當十八世紀，準、回兩部平定時，中國的西北境，本來很爲廣大。此時伊犁河的下流，巴勒哈什及齋桑、特穆爾圖等湖，本來全屬中國，朝貢的部落尤多。後來不能保守，業已漸次喪失。《北京條約》所規定的境界，已全非盛時疆域；而後來勘界，又每次都有喪失，就漸成爲現在的形勢了。

【習題】

（一）英、法聯軍的起原如何？

（二）教禁解除的始末如何？

（三）英、法戰事經過的大略如何？

（四）英、法軍在北京燬掉一個什麼園？

（五）長江口岸，於何時始行開放？ 此事與我國的航權關係如何？

（六）外人得在内地游歷、通商、傳教之約，於何時規定？

（七）總理衙門，於何時設立？ 前此中國和外國的交涉，是如何的？

（八）《尼布楚條約》所規定的，是中、俄哪一段邊界？《恰克圖條約》所規定的，
　　　是哪一段？《北京條約》所規定的，是哪一段？

（九）西北准許俄國通商，始於何時？

（十）俄人的勢力，如何逐漸侵入蒙古？

（十一）伊犂交涉時，中國爲什麼不能和俄國開戰？

（十二）崇厚所訂條約和曾紀澤所改的比較。

第九章　中法戰爭與西南藩屬之喪失

假借外力，是要亡國的，昧於外情，也是要亡國的。近代的安南、緬甸，便是前車之鑑。

安南近代史

安南從公元一四二七年離中國自立後，恰好百年，而爲其臣莫氏所篡。靠其臣鄭氏、阮氏之力，割據一隅，和莫氏並立。經過一百五十年，然後把莫氏滅掉。這時候，已在清朝康熙年間了。鄭氏專權，阮氏和他不協，南據順化，形同獨立。清高宗時，又爲西山阮氏所滅。順化的阮氏，史家稱爲舊阮。西山的阮氏，則稱爲新阮。新阮既滅舊阮，并入東京，滅黎氏。黎氏後裔，逃到中國。清高宗爲之出師，復立黎氏之後。未幾，又爲新阮所襲敗。就掩耳盜鈴的，因新阮的請降，封之爲王。這事在公元一七八六年。清朝既不能管理安南，西洋人的勢力，就得了侵入的機會。舊阮後裔，逃到海島，借暹羅和法國的助力，於公元一八〇二年，滅掉新阮。當其求救於法之時，曾許割化南島之地。後來法國內亂，條約沒有簽字；越南復國之後，也沒有割地。越南這等措置，是不錯的。但是屢次虐待法國的教士和商人，則未免不量國力，引起釁端。安南自宋以後，即受封於中國，爲安南國王。舊阮復國後，仍受封於中國，而自請改號爲越南。中國人許之。

緬甸暹羅近代史

至於緬甸，則尤其驕妄自大。緬甸當元、明之世，本來是中國的土司。明中葉以後，漸漸的强了，半島西部之地，漸次爲其所併。清高宗因其入寇雲

347

南，曾於一七六五年，出兵加以討伐。兩次都不利。後來也就掩耳盜鈴，因其請和而罷兵了。雲南邊外之地，實在多爲所侵占。緬甸因此大爲驕傲，説："中國是世界上的大國，尚且打不過我，還怕什麼人？"

暹羅本分爲暹與羅斛二國，後來合併爲一。據史家的研究：暹羅人實在是從中國南下的。所謂暹，即中國古代所謂賨；而羅斛二字，亦即是古所謂獠，現在所指犵狫的異譯。明太祖封爲暹羅國王，才以暹羅爲國號。暹羅和中國，政治關係較少。清高宗時，曾爲緬甸所滅。有一個華僑的後裔，喚做鄭昭，起兵復國。公元一七八六年，其後裔鄭華，鄭華之名，爲丕耶却克里(Phaya Chakri)。爲鄭昭養子。受封於中國。緬甸怕中國人約暹羅夾攻他，對中國才漸漸的恭順了。暹羅在後印度半島三國中，國最小，然最能適應新環境。和英、法、美諸國，先後立約通商；國政也漸次改革。所以在三國中，能彀巍然獨存。

法之侵安南

法國的侵略安南，起於十九世紀中葉。當中國和英、法訂立《天津條約》的一年，法國藉口教士被虐待，和越南啓釁。下交阯遂爲所占。後來雲南回亂，中國託法商購買軍火，法國人才知道航行紅河，可通雲南；謀侵略越南益急。越南自舊阮復國後，建都順化。舊都東京一帶，實力不足，時有亂事。法人又因之啓釁，占據河內、北寧。其時太平軍餘黨劉義，後來内附，改名永福。就是中、日之戰，臺灣割讓後，據臺南和日本苦戰的。盤踞勞開一帶，號爲黑旗兵，兵力頗强。越南人乃和他相結，以攻法人，頗挫其鋒。法人乃放棄東京一帶，和越南訂立條約，認爲自主之國；並許法人通航紅河，直達中國的蒙自。事後才照會中國。中國人提出抗議，法國置之不理。公元一八八二年，法、越又啓釁，法人攻陷河内。越南才派人來求救，中國乃命雲南、廣西出兵。

中法之戰

這時候，中國的議論，分爲兩派，李鴻章等少數人，説中國此時，要和法國爭越南，兵力財力，都有所不及，主張在相當條件之下講和。彭玉麟等則主戰。中朝的文臣，主戰的議論更盛。中國初以李鴻章督辦兩廣、雲貴軍務。後來改用彭玉麟，把李鴻章調到北洋。法國公使到天津，李鴻章和他商訂條約：以河内爲界，北歸中國，南歸法國保護。紅河許各國通航。法使亦無異議。而因法國要求賠款，相持不決。法人乃改變方向，直攻順化，脅越南人訂立受法保護之約。中國既不承認，越南亦因政變廢約，爭端復起。雲南、廣西兵入越南的，戰都不利，乃復由李鴻章和法使議和。中國放棄越南，承認法、越前後條約，而法允不索兵費。旋因撤兵期誤會，中法兩軍，衝突於北黎。法人又以爲藉口，要求償款。兩國遂正式開戰。中國海軍，爲法國所襲擊，敗於福州。澎湖、基隆，都給法兵攻陷。法海軍又入東海，封鎖寧波海口。然劉銘傳嚴守淡水，法兵不能攻入。其海軍大將孤拔，Admiral Cowbet。又因受傷而死。廣西提督馮子材，大破法軍於鎮南關，直追至諒山。雲南兵亦破法軍，進逼興化。法國此時，新敗於德，元氣尚未恢復，戰既不利，羣議譁然，主戰派的內閣，因之而倒。倘使中國更堅持，和議的條件，或者還可有利些，但是中國亦未能利用這個機會。

法越天津條約

一八八五年，中法兩國，接受英國的調停，仍在天津議和。（一）中國放棄越南，承認法、越前後條約。（二）畫押後六個月，彼此派員查勘邊界。（三）中國邊界，指定兩處通商。後來廣西開了龍州，雲南開了蒙自、蠻耗。如此，不但越南不能保持，法國的勢力，反更侵入滇、桂了。

英之吞併緬甸

越南既經放棄，緬甸自不免發生問題。緬甸和英國的爭鬥，是由來很早的。當一八二四年時，兩國即因爭阿薩密開戰。英國以海軍直攻仰光。緬人不能禦，其結果，割阿薩密、阿剌干、地那悉林以和。一八五一年，英人又割白古。緬人自此沒有南出的海口。伊洛瓦諦江兩岸，貿易銳減，國用日蹙。緬人屢謀恢復，終無成功。一八八二年，緬甸人和法人訂立密約，許割湄公河以東。事爲英人所知，大驚。乃於一八八五年，乘中法兩國，正在爭持，無暇他顧，逕行發兵，把緬甸滅掉。中國和他交涉。英國人說：“緬甸人從沒有自認爲中國的屬國；所謂進貢，不過是贈送禮物而已。”中國無如之何，乃於其明年，和英人訂立條款。承認緬甸歸英治理，但每屆十年，英國治理緬甸的大員，須選緬人照舊入貢，這也算得無謂之至了。

暹羅之脱藩

越、緬既滅，暹羅遂介居兩大之間。雖然其政治較爲清明，然國勢亦甚危險。法人藉口湄公河以東，曾屬越南，要求割讓，暹羅不能拒。而英國不願法國勢力的伸張，乃和法人立約，以湄公河爲兩國勢力範圍之界。湄南河流域，爲中立之地。暹羅才得靠兩國的均勢而幸存，然而也不是中國的藩屬了。

緬甸和雲南，關係是最深的。緬甸既亡，雲南自然赤露。然而西南和英國的交涉，還夾着一個西藏問題在裏頭。英人的侵略西藏，也是處心積慮的。西藏的屏蔽，本來也有廓爾喀、哲孟雄、不丹三國。後來亦次第折入於英。此三國中，廓爾喀受英國侵略最早。當一八一六年時，曾來求救於中國，而中國置諸不理，後遂折而入於英。但終清之世，五年一貢之例，是始終維持的。至於哲孟雄，則當一八六○，即英、法聯軍入北京的一年，英人即取得其境內鐵路築造之權。後並置官監督其內政。至一八九○年的《藏印條約》，而中國承認其歸英保護。不丹曾與英抗。於一八六五年，爲英所戰敗。至一九一○年，而成爲英之保護國。英人一方面，又要求從中國內地，派員入藏，以調查情形，勘測路綫。中國不能堅拒，也應允了。而英國所派人員，行至雲南邊境，又被野番所殺。英人説是雲貴總督岑毓英主使的，交涉甚爲强硬，幾至決裂。後乃由李鴻章和他在煙臺訂約：（一）中國許滇、緬通商。（二）仍許英國派員，由北京經甘肅、青海或四川入藏。或由印、藏邊界，派人前往。此事在一八七六年。其時藏人排英之念甚强，中國命令既有所不行，勸諭又不肯相信，殊覺左右爲難。到《會議緬甸條款》成立，中國乃乘機，將《煙臺條約》派員入藏的一條取消。然英兵在西藏邊外的，仍未能即時撤回，遂成爲將來英藏交涉的張本。緬甸初亡時，其屬地不服英國的還很多。英人怕中國人暗中援助，乃允許中國展拓邊界。然事又未能即辦。直至一八九四年，才訂立《續議條款》，則所展拓的殊不多。當時僅將北丹尼（即木邦）及科干之地歸我。孟連、江洪，上邦之權，仍歸中國，但非經與英議定，不得割讓。至一八九七年的條約，北丹尼、科干，仍割歸英國，見下章。此約中訂明孟連、江洪，不得割讓他國，其意是所以防法國的，而中國不能堅守，又成爲英人進一步侵略西南的張本。

【習題】

（一）越南、緬甸，何以相繼滅亡？暹羅何以能幸存？

（二）此三國和我國的關係如何？

（三）試略述法國侵略越南的經過。

（四）中法和戰的始末大略如何？

（五）試略述英、緬交涉的經過。

（六）越南、緬甸滅亡後，英、法兩國勢力，及於暹羅的如何？

（七）緬、越亡後，雲南、廣西所受的影響如何？

第十章　中日戰爭與外力之壓迫

　　使中國歷史劃一新紀元的，在近世史上，前爲鴉片戰爭，後爲中、日戰爭。

　　日本自豐臣秀吉死後，德川氏起而掌握政權。其對外的關係，頗爲平和。西人東來以後，朝鮮、日本，其初也是深閉固拒的。但是兩國的國情不同。日本承封建制度之後，其民氣本强；又得開明的政治，去利用他，所以初因西人迫脅開港，激起尊王攘夷之論；到倒幕之後，並没有爲盲目的排外，轉向變法維新方面努力，就一變而爲强國。朝鮮則國內的糾紛較多，受外力的壓迫亦較烈，遂不及改變而趨於滅亡。

中日戰爭前之朝鮮

　　朝鮮李氏的開國，略和明朝同時。攘斥胡元，輸入中國的文化，一時國勢，頗蒸蒸日上。不幸，朝鮮人雖學到了中國人的好處，也沾染了宋、明時代中國人的習氣，士大夫好結黨相爭；又外戚專權，歷時甚久，政治遂大腐敗。十九世紀中葉，國王李熙年幼，其父大院君李昰應攝政。朝鮮國王的本生父，稱爲大院君。大院君在朝鮮歷史上，没有生存的，李昰應是第一個。昰應頗有才氣，而性質很錮蔽，排外的觀念很强，和列國交涉，遂多糾紛。

中日戰爭之導因

　　自倭寇侵犯以後，中國對於日本，頗爲畏惡，兩國無甚交際。日本維新之後，乃派遣使臣，來和中國交涉，要求訂約通商。此時中國主持交涉的人，已知道前此所訂條約的失敗，頗想逐漸補救。日本立國東洋，和西洋各國，情形既有不同。而西洋各國，無所謂通商口岸。中國人要到他們國裏去，居住營業，是到處可以去得的。日本則和中國一樣，有通商口岸的限制。這一點，兩者亦大不相同。中國人以此爲由,和日本所訂的條約,亦和西洋各國有異。(一)領事裁判權,彼此都有。(二)關稅照海關所訂稅則完納,稅則未列的,都值百抽五,亦彼此相同。(三)內地通商,則明定禁止。亦無所謂傳教。條約定於一八七一年。日人頗以爲失敗,屢求改照西洋各國的樣子,中國總沒有允許。

　　武人的性質,是喜歡侵略的。而在日本國內,武人是很有勢力的。所以初和中國交涉之時,就有侵略的傾向。琉球是兩屬於中、日間之國。當中、日立約的前一年,琉球人民,因風飄至臺灣,爲生番所殺。明年,日本人又有飄到被殺的,日人向中國請問。中國人說:"琉球是我屬國,其人被殺,與貴國何涉?"這話本來不錯。又說:"生番是化外之民,不能負責。"這話却不大妥當了。日本意存侵略,不肯承認琉球是中國的藩屬。又說:"既然生番是化外之民,我當自往問罪。"一八七四年,日本就發兵到臺灣去攻生番。中國亦調兵渡海。日人頗爲膽怯。其渡臺的兵,又遭疾疫。乃和中國交涉,由中國撫卹其被難的人,償還其修築道路房屋之費而罷。撫卹費十萬兩,建屋、築路之費四十萬兩。一八七九年,日本把琉球滅掉。中國和他交涉,無效。日人自此,就有輕視中國之心,而其第二步的侵略,就及於朝鮮。

　　朝鮮此時,仍持閉關主義。日本於一八七六年,以兵力強迫其通商。條約中並訂明朝鮮爲獨立自主之國。時李鴻章主持中國的外交。知道閉關主義,勢不能行。寫信給朝鮮的當道,勸其和美、英、法、德,次第訂立條約。約中均聲明朝鮮爲中國屬邦,然《日約》未能追改。李鴻章此舉,是想借各國的力量,互相牽制的。然日本侵略的進行如故。李熙親政後,其妃閔氏之族專權,是應迫而去職。一八八二年,作亂。經中國派兵鎮定,此次日本亦派兵,而落中國之後,故未能有爲。中國兵就留駐朝鮮。一八八四年,朝鮮新進之士,又作亂,日本公使竹添進一郎亦與謀,又爲中國兵所鎮定。明年,日本派伊藤博文到天津,和李鴻章訂約:彼此撤兵。以後如欲派兵,必先互相知照,仍事定即撤。中國對朝鮮,就和日本立於同等地位了。

中日戰爭之經過

　　一八九四年,朝鮮東學黨作亂,求救於中國。中國派兵去,兵未到而亂已平。日本亦派兵,雲集朝鮮的京畿。中國要求他撤兵,日本不肯;而要求中國共同改革朝鮮的內政,中國亦不許。李鴻章知道中國的兵力,不能和日本敵,想借各國之力調停，然都無效。中國租英船運兵，爲日本所擊沉，兩國就開戰。中國兵駐紮朝鮮牙山的，退至平壤，爲日本所攻陷。日兵就渡過鴨綠江，陷遼東沿岸諸城。中國的海軍，亦在大東溝打敗，退入威海衛。日本第二軍，又攻陷金州和旅順、大連灣。日海軍又攻山東，把中國的海軍消滅。明年，又南陷澎湖，逼臺灣。中國的兵，只東守摩天嶺，西守錦州到山海關，已無戰勝之望；而北京、天津，亦勢甚危險；乃迫而與日本講和。由李鴻章親赴日本，在馬關訂立條約。

中日戰爭之結果

馬關條約：（一）承認朝鮮自主。（二）割遼東半島和臺灣、澎湖。（三）賠款二萬萬兩。（四）改訂通商條約，以泰西各國現行的條約爲準。這是日本求之多年而不得的。而（五）添開沙市、重慶、蘇州、杭州，及（六）許日人在通商口岸，從事製造兩條，則又是泰西各國，求之多年，而中國未肯允許的。自有此約以後，中國的內河航行權，喪失更甚，而中國的工業，也更難興起了。

遼東半島的割讓，不但中國情勢危險，而俄國對東方的野心，亦大受打擊。乃聯合德、法兩國，出而干涉。日本無奈，乃增索兵費三千萬兩，而將遼東半島還我。臺灣自中、法戰後，改建行省；一切事業，整頓頗有進步。得到割讓的消息後，乃推巡撫唐景崧爲總統，自立民主國。到底因實力不敵，臺北先陷；劉永福時爲總兵，又據臺南苦戰，亦因不能支持內渡，臺灣遂亡。

中日戰爭後之國勢

中日之戰，情形和前此的戰爭不同。英、法等國，其本國都遠在西洋，對於中國的侵略，究不能十分深入。日本則是中國的近隣，其情形就迴然不同了。而且前此的戰爭，規模較小，此役則中國能戰的兵，差不多都已調出，而海陸軍都一敗塗地，中國的積弱，就更暴露於天下了。當和議將成時，康有爲在京師，曾聯合入京應試的舉人，上書請變法圖強，遷都續戰。在當時的情形，是很該採取這種長期戰略的。惜乎朝中沒有能主持大計的人，聽得士子有這種舉動，怕引起什麼國內的糾紛，反把條約趕快批准了。

中俄密約

　　國勢既然驟變,自然要引起別一國的侵略。俄國對東北,是最有野心的。當中、日戰前,李鴻章很想借他的力量,牽制日本。因爲日本決心求戰,無效。干涉還遼之後,外交上聯俄的空氣頗濃。一八九六年,俄皇行加冕禮,俄國示意中國,要派李鴻章做賀使。就用威脅、利誘的手段,訂成所謂《中俄密約》。密約之後,乃向中國要求租借膠州灣。中國深恐別國援例,堅持不許。不幸,山東殺掉兩個德國教士,德國就發兵占據膠州灣。一八九八年,强迫我訂立租借九十九年之約,且許其建築膠濟的内容:(一) 日本如進攻中國、朝鮮和俄國在亞洲的地方,則中、俄聯合作戰。以中國兵力之弱,俄國何取於此? 其用意,是在(二) 中國人許他的西伯利亞鐵路,經過黑、吉兩省而達海參崴,不言可知了。這個就是所謂東省鐵路。由華俄道勝銀行承辦。道勝銀行,名爲中、俄合股,實在中國無甚股款。其權限極廣大,如收存税款,經理庫儲,製發紙幣,

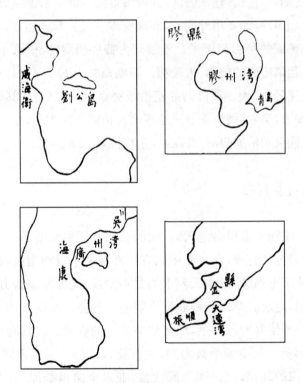

租借港灣略圖

築路、開礦、架設電綫等，都可以經營的。其爲侵略機關，可以不言而喻了。《密約》以十五年爲期。鐵路則八十年之後，無條件交還中國；三十六年之後，得由中國出款贖回。

俄國侵略東北，法國則侵略西南。一八九五年，訂立《續議界務商務專條》，把江洪之地，割去一部分。且許雲、貴、兩廣開礦，先和法國商辦。越南鐵路，得和中國鐵路相接。英人以違約相責。一八九七年，訂立《中緬條約附款》。中國開放西江口岸。梧州、三水、江根墟。許英船航行到梧州。並許雲南鐵路，和緬甸鐵路相接。

港灣之租借

德國對於東方，也是野心勃勃的。其所以附和俄國，就是爲此。干涉還遼之後，乃向中國要求租借膠州灣，中國深恐別國援例，堅持不許。不幸，山東殺掉兩個德國教士，德國就發兵，佔據膠州灣。一八九八年，强迫我訂立租借九十九年之約。且許其建築膠濟、膠沂濟鐵路。開採沿鐵路綫三十里内的礦山，山東各項事務，如要用外國人、外國資本、物料，都先儘德國商辦。山東全省，遂成爲德國的勢力範圍了。當德國占據膠州灣時，俄國本想阻止。後來改變宗旨，租借中國的旅順、大連灣。租期爲二十五年。並許東省鐵路，展築一條支綫，達於旅、大。英國乃亦租借威海衛，以與之敵。其期限同旅、大一樣。其在南方，又立《展拓香港界址專條》，租借九龍半島，亦以九十九年爲期。明年，法國又租借廣州灣，其期限，亦和膠灣、九龍一樣。

列强之均勢問題

當德國向中國要求租借港灣時，法國未知其所要索的爲膠州，疑其要求海南島，怕於其權利有礙，乃要求中國宣言海南島不得割讓他國。於是英國人要求長江流域不割讓，日本人要求福建不割讓，此即所謂勢力範圍。勢力範圍這個名詞，是起於歐人分割非洲之際的。各據一片地方，於其中攫奪權利，排斥別國；倘使要實行分割，這個就是豫定的界綫了。當時列强在中國，就現出這個形勢。其中競爭最力的，尤其要推鐵路。因爲中國這時候的築路，是借哪一國的款項，就請哪一國代造，並以全路爲抵押，而由其管理的。所以鐵路所至之地，即爲侵略所及之地。這時候議造的南北兩大幹綫，一爲蘆漢,一爲津鎮。<small>即後來的京漢、津浦兩路。</small>蘆漢由比國出面,其實款項借之於法國,而暗中主持的爲俄國人。英國乃要求(一)津鎮,(二)九廣,(三)浦信,(四)蘇杭甬,(五)及自山西經河南至長江流域的五條鐵路。中國於各路都允許了,惟津鎮鐵路,因其經過山東,怕德國説話,不敢允許。而關內外鐵路,英、俄亦競争甚烈。英國乃和俄、德兩國,自行商洽。英認長城以北鐵路歸俄,而俄承認英人得造關內外鐵路,英認黃河流域爲德國的勢力範圍,惟除外(一)山西全省;(二)及山西鐵路,得築一支綫,連接京漢而入長江流域。津浦鐵路,遂由英、德二國,分段承造。

　　如此互相攘奪,中國竟要陷於瓜分之局了。只有美國,在中國是没有勢力範圍的;而因有最惠國條約之故,其所享的權利,却和別國一樣;所以美國人最不利於中國的瓜分。一八九九年,美國國務卿海約翰,<small>Hay.</small>乃通牒英、法、德、意、俄、日六國,提出所謂"門户開放"主義。其具體的辦法是:(一)各國在中國既得的權利,彼此不相干涉。(二)各國勢力範圍内的各港,對於海關税率,維持現行的辦法;並由中國人徵收。(三)勢力範圍内的運費亦然。這個就是所謂商工業的機會均等。雖然未提及領土保全的話,然而各國在中國所有的權利,是以條約爲根據的;倘使領土變更,條約自然失效。所以要談開放門户,保全領土,也是勢所必至的。這就是所謂均勢。均勢比瓜分,自然要好些。然而堂堂中國,豈有靠他人的均勢以自存之理? 況且中國是要取消了不平等條約,然後有出路的;均勢也不過合列强而爲一,以共同維持不平等條約罷了。中國要求自立,是連這個名詞,也要打倒他的。

【習題】

(一)朝鮮滅亡的原因是什麼?

(二)中、日初訂的條約,和中國前此所訂各條約,有何異點?

(三)中日戰争,兩國對朝鮮的競争如何? 中國有無失策之處?

(四)設使一八九四年,中國始終不和日本開戰,其結果當如何?

(五)試述中、日戰事經過的大略。

(六)試述《馬關條約》的大略。《馬關條約》中,何者是西人所求之而未得的?

(七)使中國當時採取遷都續戰之策則如何?

(八)試略述《中俄密約》的内容。

(九)有人説:"《中俄密約》,中國想借助於俄,反有引起瓜分的危險。"其説確否?

（十）試略述中、日戰後，各國在中國所租借的港灣。

（十一）試略述中、日戰後，各國在中國所得的鐵路建築權。

（十二）試略述當時各國所謂勢力範圍。

（十三）何謂門户開放？門户開放，與領土保全的關係如何？

（十四）爲什麽均勢也不是中國的出路？

第十一章　維新運動之始末

　　近世的西力東侵，是中國歷史上的一個大變局，前此已經説過了。遭遇非常的變局，必須要有非常的改革，才能彀與之適應，這是自然的道理；然在實際談何容易。

　　當鴉片戰爭時，中國大多數人，對於世界的情形，還是茫無所知的。那時候，只有極少數人，對於外情，知道加以考究。如林則徐在廣東，翻譯外國報紙；魏源編纂《海國圖志》之類。太平天國亂時，外力的侵入更深了。西人兵力的強盛，是湘、淮軍中的人物所目擊的。這一班人，辦事的經驗多了，和專發空論的書生不同，所以頗知道中國的應當改革。但其所謂改革，不過限於軍事同交通製造等等。當時所舉行的，如上海設立製造局，福州設立船廠，天津設立水師學堂之類。這原算不得改革。而當時頑固的大臣，以及一班以清流自居的人，還要羣起誹議。湘、淮軍中人物，李鴻章最老壽。清朝末葉的外交和新政，差不多都是他一個人所主持。他的位不爲不高，他的望不爲不重，然而他要行一件新政，都是非常爲難。其結果，或者全然辦不動，或者所行的不及十分之一二。如此緩慢的改革，無怪中國人知道考究外情，在日本人之先，日本初知道世界的情形，還是讀魏源所編的《海國圖志》的。而變法的收效，反落其後了。此等陳舊的空氣，直到中、日之戰，然後受一大打擊。

　　至於朝政，則當同、光之際，也是非常腐敗的。清朝的内憂外患，爆發於道光末年，而極甚於咸豐之世。文宗初即位時，頗

西太后像

359

有意於振作。後來見時事艱難，就漸漸的灰心了。其宗室中載垣、端華、肅順等，因導之以游戲，三人中，肅順頗有才具，因此盜竊政權。英、法聯軍入北京的明年，文宗死在熱河。文宗正后鈕鈷禄氏，無子。貴妃葉赫那拉氏，生子載淳。即位，是爲穆宗。年方六歲。肅順等自稱贊襄政務大臣。葉赫那拉氏和奕訢密謀回鑾。到京，把載垣、端華、肅順都殺掉。於是尊鈕鈷禄氏爲母后皇太后，葉赫那拉氏爲聖母皇太后，共同垂簾聽政。東太后諡孝貞，西太后諡孝欽。時人稱爲東宮皇太后，西宮皇太后。實權全在西宮。滿洲人入關以後，就久已腐敗了。咸、同間的大難，能戡削平，全靠重用漢人。這種政策，是從肅順發起的。西太后雖把肅順翦除，却並未變更其政策。這時候，適值太平天國腐敗；捻黨、回民，本來説不上什麼主義；而當時湘、淮軍中人物，亦確有强幹能任事的；就把蔓衍全國的内亂削平，一時赫然號稱中興了。然而以當時中國的實力，和任事諸人的知識，應付世界交通的新局面，本來還不戡；何況並這一點朝氣而不能維持呢？湘、淮軍中的人物，漸漸的過去了。西太后則自内亂既平，漸流於驕侈。而其性質，又喜把持政權。穆宗大婚時，兩太后各有所欲立，相持不能决，乃命穆宗自擇。穆宗如東太后之意。東太后所要立的，是崇綺的女兒阿魯特氏；西太后所要立的，是鳳秀的女兒富察氏。西太后大怒，禁其與皇后同居。穆宗鬱鬱不樂，就有人引導他出去"微行"。一八七四年，死了。清朝的家法，是不立太子的。皇帝就諸子中擇定要立的，御筆書名密封，藏在乾清宮中最高處正大光明匾額之後。此法爲世宗所定。穆宗死時，還没有兒子，自然没有這種遺命。而清朝當高宗時，又有"立嗣不得逾越世次"之法。穆宗既死，自該在他的姪輩中選立。而醇親王奕譞的福晉，滿洲人正妻之稱，實即中國夫人二字的轉音。是西太后的妹妹，所生的兒子載湉，便是西太后的外甥。西太后就獨斷立了他，是爲德宗。年方四歲，兩宮再垂簾。一八八一年，東太后死了，此時東太后並没有病，所以有人疑心他不是好死的。西太后更無忌憚。寵任宦官李蓮英，西太后當穆宗時，已寵幸太監安得海。派他到廣東去，路過山東，給巡撫丁寶楨捉住，將其事奏聞。清朝的祖制，太監出宮門，便要處死的，西太后無可如何，只得准其照辦，然而銜恨甚深。有人説：這件事，實是穆宗授意的。所以西太后和穆宗，母子之間，也是不和的。驕淫放縱，無所不至，尋常的政治，尚且不能清明，更説不到有所改革了。一八九一年，德宗大婚親政，然實權仍在太后手裏。德宗是頗聰明，有志於改革的，然爲太后所阻，不能有爲，母子之間，嫌隙日深，遂爲維新後政變的張本。

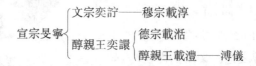

宣宗旻寧　{ 文宗奕詝——穆宗載淳
醇親王奕譞　{ 德宗載湉
醇親王載灃——溥儀

維新運動動機

維新運動的勃發,是導源於中、日之戰的。談到維新運動,不能不說及康有爲;康有爲是廣東南海人,他是很早就主張變法的。當德宗親政之年,他即以廩生的資格上書,格未得達。中、日戰時,他又聯合入京會試的舉人上書,已見上章。戰後,又連上兩書。其中有一次得達,德宗看了,深以爲然。德占膠州灣時,他又進京上書,陳救急之計,亦未得達。康有爲的意思,是希望借專制君主的力量,行急劇的變革的。他屢次上書德宗,雖然未有效果;在京城中立强學會,想合士大夫之力,鼓吹改革,亦被御史奏參查封;然而其弟子梁啓超,在上海辦《時務報》,主張變法維新,則其言論風靡一時。這全是因中、日之戰受創深了,全國的人心,有些覺悟;所以有一班人,知道(一)中國非變法不可;(二)而且要變法,一定要涉及政治,單學些軍事及工藝,是不敷用的。此等見解,漸漸的得勢,維新運動的機會就到了。

康有爲像

維新運動之經過

一八九八年,即光緒二十四年戊戌,就是德國租借膠州灣的一年,德宗受刺激更深了。因朝臣之薦,毅然擢用康有爲等。先下詔定國是,然後舉行種種新政。從戊戌四月到八月,變法之詔,凡數十下,自然一時不能盡行,然海內的精神,都爲之一振。而守舊黨深不以爲然,倚著太后的勢力,從中作梗。這一年八月裏,太后復臨朝聽政,把德宗幽禁在南海的瀛臺。據當時的上諭說,是康有爲等想運動袁世凱的軍隊,包圍頤和園,謀不利於太后。袁世凱初以道員駐朝鮮。中、日戰時回國。在直隸練兵。時官至按察使,德宗召見,命其開缺,以侍郎候補,專意練兵。於是參與新政的譚嗣同、劉光第、林旭、楊銳、楊深秀和康有爲之弟廣仁,都被殺。時人稱爲六君子。康有爲因先得密諭,令其出京避禍,未及於難。梁啓超則於政變後走日本,此即所謂戊戌政變。德宗所行新政,一切廢罷;參與新政的人,亦多獲罪。

維新運動之影響

新政雖然盡廢，然人心則不能復舊了。當時朝野上下，自然守舊的人，還占多數，然大都是年老頑固，不能有爲的人。其青年和較有識見的人，則都趨向於維新。在社會上新的勢力，日漸增長。學校圖書館等，漸次設立；報章、雜志也漸多。其議論大都一致。出洋留學的人，逐年增長。新科學輸入的，也漸漸的多了。這時的人心，還是趨向於開明專制的。所希望的，爲德宗復辟，復行新政。然當時內外，都沒有這種勢力，可以把政局推翻。而西太后的倒行逆施且更甚。人民悲憤之餘，對於清朝，漸漸失望；而對於各國的政治，認識也漸深，知道所謂改革，不是舉行一兩件新政，就可以了事的，還有較根本的國體政體問題。於是由維新運動，漸漸趨向憲政運動和革命運動了。這雖非維新運動的初意，也可說是由維新運動引起的。

維新運動後之西太后

西太后的倒行逆施，却是怎樣呢？他本不是懂得現代政治的人；從內亂削平之後，尤其志得意滿，自以爲大功告成了，再不肯虛心聽受，留意考察；對於世界的大勢，中國的現狀，都茫無所知。而其偏私殘酷的性質又特甚。戊戌政變以後，他一意要捕殺康、梁，而外人以其爲國事犯，加以保護。他要想廢掉德宗，乃先立端郡王載漪之子溥儁爲大阿哥，令其入宮讀書，以試探內外的意思。而各國公使，表示不贊成。海外華僑，和在上海的志士，又聯合電請聖安，以表示擁戴德宗的意思。他心甚痛恨，而又無如之何，於是倒行逆施，造成義和團之禍，使中國更受一很大的創傷。

【習題】

（一）中日之戰，何以能刺激中國人，使之覺醒？

（二）維新運動以前，中國的所謂改革，情形如何？與維新運動，有何異點？

（三）咸、同、光之世，政權如何落入西太后手裏？

（四）西太后的性格如何？有政權的人的性格，與政治有何關係？

（五）試述康有爲之爲人。

（六）假使無戊戌政變，維新運動的結果當如何？

（七）維新運動所產生的影響怎樣？

第十二章　八國聯軍之役

聚着整千整萬的人，竟敢以血肉之軀，去當槍礮。不但下流社會的人如此，便上流社會的人，也相信他。這豈非天下很奇怪的事？然而凡事必有其原因；只要明白他的原因，則無論怎樣奇怪的事，都是逐步而來；有了第一步，便有第二步；有了第二步，便有第三步；絲毫不足爲奇的。

義和團之起因及其宗旨

義和團是怎樣起原的呢？義和團本稱義和拳，是八卦教中的一門。見於一八〇八年清仁宗的上諭。據一八一五年那彥成的奏疏，則是屬於八卦教中坎字門的。見《中國祕密社會史》。八卦教本是反清的，怎樣清末的義和團，會打起扶清滅洋的旗幟來呢？這個，其原因大概是如此：沒有正式的紀錄，單靠口相傳述的歷史，是很容易亡失謬誤的。譬如洪門，其起原，原是明末遺民，不忍明朝的覆亡，特組織此祕密團體，以待將來的。然而後來移居海外的，因處於自由政府之下，沒有團結的必要，竟就忘掉其和清朝立於反對的地位了。鄒魯《中國國民黨史稿》第一編第一章說：美洲各地華僑，多立有洪門會館。洪門者，當清康熙時，明朝三五遺老見大勢已去，無可挽回，乃欲以民族主義之根苗，流傳後代，故以反清復明之宗旨，結爲團體，以待後有起者，可藉爲資助。國內會黨，常與官府衝突，故尚不忘其與清廷立於反對地位。而海外會黨，多處他國自由政府之下，其結合，不過爲手足患難之聯絡而已，政治之意味殆全失；反清復明之語，亦多不知其義者。鼓吹數年，乃知彼等原爲民族老革命黨也。（民智書局本）以彼例此，義和團忘掉其本來的宗旨，又何足爲怪呢？然而中國的人民，對於國事，是向來不甚過問的，義和團又怎會舍死忘生，出其血肉之軀，來和槍礮抵抗呢？這個，其原因大概又係如此：從五口通商以來，中國受外國的侵略，也可謂很屬害了。無知無識的人民，固然不知道其原因在哪裏，或並不知道正確的事實。然而中國積受外國的欺侮，總是知道的。而其中尤爲切膚之痛的，則自教禁解除以來，

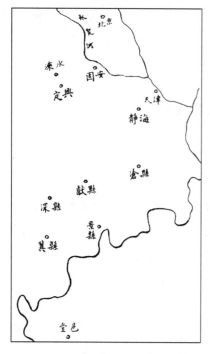

義和團擾亂區域圖

教民往往恃教爲護符，以魚肉良民；不了解或不肖的教士，又要袒護着他，去壓迫官府。民、教的相處，不得其平，這不是和通商一般，只限於口岸，而是普徧於內地的。如此，就會把人民仇視的心理，從對清移到對洋身上。既然對洋，就忘掉其對清；再一轉移之間，就可以扯起扶清滅洋的旗幟來了。至於血肉之軀，不可以當槍礮，少數的首領，自然是知道的。然而"衆志成城"，"只要多數的土著齊心，自然可以打退少數的客籍"，這種觀念，也是不甚了解現在世界情形的人所可有的。從來首領的驅使羣衆，總不免有些權術；到羣衆心理，業已形成之後，就用不着什麼理由了。何況還有平話、戲劇等，種種怪誕不經之說，以助長其勢力呢？練了神拳，不怕槍礮之說，大概是由此而來的。

義和拳起於山東堂邑縣。東撫捕之急，潛入直隸景州、獻縣。坎字拳蔓延於滄州、靜海間，遂爲天津之禍。乾字拳蔓延於深州、冀州，而淶水，而定興、固安，以入京師。震字拳見諸永定河南岸，坤字拳見諸京西，從者蓋鮮。（羅惇曧《拳變餘聞》）

義和團的起因及其宗旨，大概如此。若要問：在上的人如何會相信？則（一）身居高位的人，本來並不都是聰明才智，儘有昏聵胡塗的。所以歷代的妖術等，往往能煽惑在位的人。（二）況且當時，仍有全不知道世界情勢，還和五口通商時代差不多的人。（三）又況各有私見。西太后痛恨外人，要想排斥。端郡王載漪，要想他的兒子早正大位。其餘還有想借此邀功的人。而廢立之事，在有秩序的時候，很難辦到。乃想於擾亂之時行之。事定之後，不以爲然的人，也因其爲已成之局而無可如何了。見惲毓鼎《崇陵傳信錄》。合此種種心理，安得不演成千古未有的怪劇？

義和團之擾亂

義和團是起於山東的。當時的巡撫毓賢，是個頑固不過的人，頗爲庇護他。德國人和政府交涉。政府把他調到山西。袁世凱繼任，剿辦頗爲認真。

拳匪就都流入直隸。直隸總督裕祿，是個没有主
張的人。見朝中的親貴相信他，也就從而加以敬
禮。於是京、津之間，到處設壇練拳。義和團的
首領，出入衙署，横行市廛，没有一個人敢和他相
抗。於是殺教民、害教士；拆鐵路、毀電綫；甚至
見洋貨即毀，見服用洋貨的人就殺，秩序大亂。
北京士大夫，都紛紛出京避難。這事在一九〇〇
年夏間。大臣中像榮祿等較爲明白的人，明知其
不可用，然拗不過一班親貴，職位較低的像袁昶
等，則因諫阻而至於殺身。當時以反對被殺的，爲兵部尚
書徐用儀、户部尚書立山、吏部左侍郎許景澄、内閣學士兼禮部侍
郎聯元、太常寺卿袁昶，後均開復原官。遂至令駐京的甘
軍，董福祥。合著拳民，去攻使館。幸有暗中令其
緩攻的，使館乃得不破；而德國公使克林德，

義和團像

Kettler。日本書記官杉山彬都被戕。英將西摩，Seymour。帶着各國的海軍陸戰
隊，以救援使館，被阻中途，不得進。親貴大臣，又僞造外國要求的條件，以騙
西太后。西太后信以爲真，遂至下上諭，與各國同時宣戰。這事在庚子年五
月二十五日。然而英、美、法、意、德、奥、俄、日八國的聯軍已到，大沽已於前
四日失陷了。

八國聯軍之入京

戰爭中最緊要的，是訓練節制。當時的拳民，也不能説没有勇氣。《三民主
義民權第五講》：西摩説：“他們用大刀肉體，和聯軍相搏，雖然傷亡枕藉，還是前仆後繼，其勇鋭之氣殊
不可當，真令人驚奇佩服。如果他們所用是西式槍磢，聯軍一定全軍覆没。”孫中山先生説：“經過那一
次血戰之後，外國人才知道中國還有民族思想。”然而無訓練，無節制，所以究不能和正式
的軍隊相持；一敗之後，四處潰散，禦敵不足，擾民有餘了。聯軍既破大沽，只
靠聶士成一枝兵，和他們相抗。到底因衆寡不敵，戰死。裕祿和巡閲長江大
臣李秉衡勤王的兵，都不戰而潰。聯軍遂直向京城。太后和德宗，出居庸關，
走宣化、大同，以至太原。旋又疑心聯軍要進擊，逃到西安。聯軍的兵鋒，西
至保定而止。

南方之自保

倘使當時全國的督撫，都奉了清朝的亂命，和各國同時開戰，則大局必至糜爛不堪。幸而東南的督撫，都是明白事理的。兩廣總督李鴻章、湖廣總督張之洞、兩江總督劉坤一，往覆电商定了，飭上海道和各國領事商議：上海租界，歸各國保護；長江和内地，歸督撫保護。閩浙總督許應騤、山東巡撫袁世凱，亦取一致的態度。所以本部十八省，除直隸而外，未有戰事。惟黑龍江將軍壽山奉命向俄人攻擊。俄人遂從旅順、阿穆爾兩道發兵，攻陷東三省要地；挾奉天將軍增祺，以號令所屬。聯軍知道他的野心，發兵拒住山海關，他才未能更行進展。

辛丑條約

事勢至此，無可如何，乃再任命李鴻章爲全權大臣，向各國議和。各國要求懲辦首禍，昭雪因諫阻排外而受害的人，然後開議。議還没有定，李鴻章死了，代以王文韶。於一九〇一年和各國訂成和約。是爲《辛丑條約》。此約與議的共十一國。德、奧、比、西、美、法、英、意、日、荷、俄。其中重要的條款，是（一）派親王大臣，赴德、日兩國謝罪。（二）使館劃定界址，由外人管理、防守，華人不得居住。（三）大沽口及從京城到海口通路的砲台，一律拆毀。（四）指定地點，許各國駐兵，以保京城到海口的交通。黄村、廊坊、楊村、天津、軍糧城、塘沽、蘆臺、唐山、灤州、昌黎、秦皇島、山海關。（五）賠款之巨，至四萬五千萬兩；還要照市價換成金款，年息四釐，分三十九年還清。（六）又訂明改訂《通商行船條約》。

《通商行船條約》，後來改訂的，共有英、美、日、葡四國。因賠款重了，許我裁釐後，將入口稅加至百分的一二·五，出口稅加至百分的七·五。然裁釐之事，終清朝未能舉行，所以加稅也成爲空話。又訂定中國的法律、審判，和一切相關事宜。都改良後，外人允棄其治外法權，那自然更是空話了。

和議成後，西太后和德宗，仍回到北京。實權仍在西太后手裏。排外失敗之後，一變而爲媚外，屢次和各公使夫人等聯絡，那更其可笑了。闖下如此大禍，貽害國民如此之深，自己覺得有些説不過去，也無復堅持守舊的勇氣，乃又行些新政，以敷衍人民。然而其無誠意，是大家都知道的。人民到此，對清廷就都絕望了，而立憲、革命的運動，就相繼而起。

【習題】

（一）義和團的起原如何？

（二）義和團本是反清的祕密團體，如何會變做扶清滅洋？

（三）练了神拳，不怕槍砲的思想，從何而來？

（四）義和團是否稱得起民族主義？爲什麼無用？

（五）上流社會的人，如何會相信義和團？

（六）義和團擾亂的區域如何？

（七）當時朝廷的舉動如何？

（八）在津、沽之間，力抗聯軍的是什麼人？

（九）南方自保之局如何？

（十）聽從朝命，向外國攻擊的，是什麼地方？其結果如何？

（十一）《辛丑條約》的重要條件如何？

第十三章　日俄戰爭與東北移民

清朝對於東北的詒誤，是由其看作滿洲人的老家，要把他封鎖起來，以致邊備空虛，外力一侵入，就覺得手足無措。《中俄密約》訂立以後，東北的情形，已很危險了；到庚子之役，而更加一層深刻。

日俄戰爭之導因

當《辛丑和約》開議時，俄國藉口東三省有特別的關係，要另議。於是任命駐俄公使楊儒爲全權大臣，和俄國外交部商議。俄人的要求，很爲厲害。楊儒竟因交涉棘手，憂憤而死。各國都警告中國，不得和俄國另訂密約，交涉就停頓了。到各國和議，大致已定，乃由王文韶等與俄國人議定《交收東三省條約》。俄人許分三期撤兵。自清光緒二十八年三月十六日（一九〇二年四月十一日）起，以六個月爲一期。第一期撤盛京以西南的兵。第二期撤奉天省其餘諸地方及吉林的兵。第三期撤黑龍江的兵。第一期依約撤退，第二期就沒有撤，而反有增加。到一九〇三年秋間，俄兵就又占據奉天了。

俄人要獨占東北，自然各國都不願意的。其尤不願意的，自然是日本。但是日本在這時候的形勢，是怎樣呢？中日之戰，日本是處心積慮，要想侵略東北的。不意受了三國的干涉，業經到手的遼東，依舊吐出；而且戰後俄國的勢力，反伸張於朝鮮。原來朝鮮自中、日戰後，改國號爲韓，號稱獨立，然而在實際上，備受日人的壓迫。韓人的意向，遂轉而親俄，日本人是扶植李昰應的。一八九五年，昰應挾着日本兵入宮。日本公使三浦梧樓，又以衛隊繼其後。閔妃遇弑。各國輿論大譁。日本當時，爲遮飾耳目起見，把三浦梧樓囚在廣島，而實際上並不窮究其事，日人謂之廣島疑獄。到日、韓合併後，就把他釋出了。韓皇逃入俄國公使館，經年乃歸。日人對朝鮮的交涉，愈形棘手；對東北更不必説了。這時候的俄國，野心勃勃，是非一戰不能把他打倒的。然而以日本的國力，而和俄國開戰，到底是件險事。到一九〇二年，英、日同盟成立，而日本的氣才一壯。

日俄戰争之經過

　　然而日本還遲回審慎，在一九〇三年中，對俄國提出滿韓交換之論。就是俄國不干涉朝鮮的事情，日本也不干涉中國東北的事情。俄國交涉，毫無誠意。至一九〇四年之初，而戰事遂爆發。日本是慣用先攻擊後宣戰的手段的。交涉決裂之後，日兵就先襲敗俄國的海軍於旅順及韓國的仁川，然後宣戰。旅順港內的俄艦，既伏匿不敢出；海參崴的俄艦，亦屢爲日本所敗，日軍遂得穩渡朝鮮。其第一軍渡鴨綠江，陷遼東沿岸諸城，迫摩天嶺。第二軍取金州。第三軍攻旅順。又合一、二兩軍之力，並組織第四軍，從大孤山登陸，合陷遼陽。俄國的調兵，較日本爲遲。到遼陽陷後，而西方的精銳才漸集。反攻不克，而時期已迫冬令，乃彼此休軍。而日人於其間，出全力攻下旅順。到一九〇五年，俄國的援兵，愈集愈多。日人說：再不痛擊，將成大患。乃亦續調大軍。俄兵四十三萬，日兵三十四萬，在奉天附近大戰。經兩星期之久，俄兵敗退。日軍遂陷奉天，北據開原、鐵嶺。俄國陸軍，一時無力再戰；而其波羅的海艦隊，繞道好望角東來，因英、日同盟之故，不敢走蘇彝士運河，以致繞道好望角，時日甚長，銳氣挫盡。所以這一役，英國對於日本，是很有助力的。亦給日人襲敗於對馬海峽。於是兩國接受美國的調停，在朴資茅斯議和。

日俄戰争之媾和

　　這時候，日本能戰的兵，差不多全數調出了，其財政亦異常竭蹶。其希望議和之心，反較俄國爲急。所以和議的條件，日本是不利的。（一）俄國止放棄朝鮮。（二）將旅順、大連灣，轉租於日。（三）東省鐵路支綫，從長春以下，割給日本。（四）庫頁島的南半，北緯五十度以南。割讓於日。而賠款則分文未得。

　　當日、俄開戰時，也有主張中國應當加入日本方面的。但是中國的兵力，太不濟了。海陸萬里，到處都要設防，對俄戰爭，無論怎樣，不會全勝。如此，日本就使戰勝，也變做半勝了。況且中國而亦加入，日本又何能獨居戰勝之功，儘量攫奪權利呢？所以中國就要加入，日本也必不贊成的；而中國當時的外交，也無此勇氣。日、俄宣戰之後，中國乃宣布中立，以遼河以東爲戰區。其後俄人反攻遼陽失敗,曾出奇兵,從遼西中立地侵日。我國不能禦,遂改以自溝幫子至新民屯之鐵道,爲中立地的界綫。日、俄講和時,中國曾申明:"關涉中國的條件,非得中國同意,不能有效。"而《朴資茅斯和約》,也訂明旅、大轉租,東省鐵路支綫的割讓,是要得中國承認的。但事實上何能不承認? 於是由中國和日本,訂結《會議東三省事宜協約》,於這兩項加以承認;而又另訂《附約》,開放商埠多處。奉天開鳳凰城、遼陽、新民屯、鐵嶺、通江子、法庫門;吉林開長春、吉林、哈爾濱、寧古塔、琿春、三姓;黑龍江開齊齊哈爾、海拉爾、璦琿、滿洲里。三省要地,幾於全數開放了。安奉軍用鐵路,許日人改爲商用。並許合資采伐鴨綠江左岸森林。

日俄戰爭後之東三省

日俄戰爭之後,中國才把東三省改爲行省制度。先是東三省清朝人認爲是他們的老家,除奉天省係陪京,設立奉天府,又有一錦州府之外,其吉、黑兩省,都是只有將軍、副都統的。漢人除犯罪充軍外,不得出關耕墾。但是形式上的禁令,遏止不住漢人偉大的移殖力。山東東部的人民,因地味瘠薄,居民稠密,多有出關去耕墾的。乾隆時,也就默認其禁令的解除了。嘉道時,並偶有官自放墾,而招漢民前往的。咸同亂離之際,又有百姓播遷而出長城,經蒙古東部以入吉、黑的。而吉、黑二省,始漸開拓。但是漢人移殖的速率,已經受清朝的抑制,遲緩得許多了。到改省以後,才設立道府州縣,獎屬漢人移殖。

依據《朴資茅斯條約》,東三省竟有分做南北兩截,日、俄各據其半,認爲勢力範圍之勢。中國頗想借列國的力量,互相牽制。於是擬借英國款項,築造新法鐵路。日本是時,改東省鐵路支綫之名爲南滿洲鐵路。至此,硬指爲平行綫,起而反對。中國無如之何。把此議取消,但要求築造錦齊鐵路時,日本不得反對。於是英、美兩國,想聯合承造錦齊路;中國並擬將它延長到璦琿,改名爲錦璦。日本又嗾使俄國,出而反抗。一九一〇年,美國人乃提出"滿洲鐵路中立"。由各國共同投資,借給中國,把鐵路贖回。在借款未還清以前,由各國共同管理,禁止政治、軍事上的使用。日、俄兩國,又共同起而反對。且訂立《新協約》。約中明言維持滿洲現狀,如現狀被迫時,二國得互相商議。如此,明是日、俄二國聯結,以對抗英、美了。明年,中國又有東三省興業借款之議。由英、美、德、法共同投資。以東三省的稅項作抵。因革命軍興,未有成議。民國成立以後,四國銀行團,想到把日、俄排除,終究不妥,乃又勸誘他們加入,變爲六國團;後又因美國退出,變爲五國,以承受中國的政治借款，把初意全然失却了。見《現代史》第四章。

日本之經營南滿

中國想借外交之力，以牽制日、俄，其效果如此。至於內治，雖然逐漸進步，自然不能甚速的。而日本的侵略，則突飛猛進。既改東省鐵路之名爲南滿洲鐵道，設立株式會社。即中國的股份公司。一半係官股，即以鐵路和其附屬財産充之。又一半，名爲聽中、日兩國人入股，實則中國人無一人股的。而其所經營的事業，範圍極爲廣大，實在是一個侵略的總機關，並不是什麼鐵路公司了。又將租借地設立關東都督府，儼然視同己有。除安奉、南滿兩鐵路外，又要求我國允許其築吉長鐵路，並要延長之至於朝鮮會寧府。此外如旅順、煙臺煤礦等權利，爲其所攘奪的尤多。

日本之東北移民與九·一八事件之關係

日本的攘奪我東北，是藉口於其人口增加，土地有限，不得不向外移民的。然而平和的移民，我國並未阻止，何必定要武力侵略呢？這也可見其心勞而日拙了。況且日本在東北的移民，實在是失敗的。據確實的調查：在民國二十年（一九三一）九月十八日，日本強占東三省以前，日本人移住東北的，實在不過二十餘萬。而且大半係南滿洲鐵道會社和領事館的職員。可見我國東北，是日本過剩的人口的出路，這句話是靠不住的，因爲它並不能以之爲出路。

九·一八以來之東北情況

然而九·一八的事變，竟就在此等藉口之中爆發了。從九·一八以後，支離東北，真乃山河猶是，景物全非。三省的要地，不過數日之間，而先後爲人所占。黑龍江省，雖然抵抗較久，也畢竟不能支持而陷落了。而僞滿洲國，竟於廿一年（一九三二）出現；而熱河且於廿二年（一九三三）陷没。從東北失陷以後，就有所謂日、滿經濟統制。而全僞國的鐵路，都委託南滿洲鐵道會社經營。而全僞國的電信，悉由日僞合辦的通信會社主持。而東北全境的省立銀行，悉合併而爲僞國的中央銀行。其尤刻毒的，則爲日本的移民計畫。有所謂工業移民,漁業移民,采金移民,想把各種權利,攘奪净盡;還有所謂武裝移民,利用其在鄉軍人,由國家補助其資本,給以遷移之費,擇定地點,整批的移入東北。而據僞國的計畫:則以前私人的土地,有要全部没收的;也有面積大了,要以官價收買其一部分的;其未經放出的,則悉數作爲僞國所有;以此供給日本人的移殖。這真和他們的老祖宗金清兩朝,打入中原時的强占民地無異,不過從前是自己强奪人家的,現在則代人家强奪罷了。到廿四年(一九三五)四月間,日本並想限制我國勞工出關。雖然如此,日人移居東省的,落魄或逃回的,業已不少。現在東三省人口三千萬,其中三十分中的二十八是漢人。國聯所派調查團《報告書》中的話。非自動的移徙,是從來不會成功的;土地最後屬於誰,只看誰能同化誰來決定。民族的勢力,終是要占最後的勝利的,只看我們自己的努力罷了。

【習題】

(一)義和團變起,俄人占據東三省後,中、俄的交涉如何?

(二)俄國占據東北,何以日本最不願意?

(三)何謂滿、韓交換?

(四)試述日、俄戰事的經過。

(五)日俄戰爭和中日戰爭的比較。

(六)日俄和議的條件,爲什麽日本不算有利? 日本爲什麽不能有利?

(七)日俄戰爭時,中國的地位如何? 舉措如何?

(八)日俄戰爭後,中國對於東三省,政治制度上,有何改革?

(九)試述内地人民移殖東三省的歷史。

(十)何謂滿洲鐵路中立? 此事之原因,結果如何?

(十一)試述日俄戰後,日人在東三省所攫得的權利。

(十二)日人移殖東北的情形如何?

(十三)九·一八事變後,日人對於東北的侵略如何?

(十四)現在東三省人口,共有若干? 中國人居其幾分之幾?

第十四章　清代之政治制度與末年憲政運動

清代之制度

　　清朝的政治制度,是沿襲明朝而漸變的。居相職的,亦是殿閣學士。雍正時,因西北用兵,設立軍機處,後來就沒有裁撤。從此機要事務,都歸軍機,内閣只管尋常的本章了。六部爲庶政的總匯,都察院專司監察,亦和明代相同。惟六部尚書,都滿、漢並置;吏、户、兵、刑四部,又有管部大臣;都察院只置左都御史和左副都御史、右都御史和右副都御史,作爲督、撫的兼銜;還有理藩院,管理蒙、藏的事務,雖名爲院,其組織亦和六部相同;是爲清代的異點。外官:在明代,督、撫還是臨時設置的。到清朝,又都成爲常設之官。而屬於布政、按察兩司的道,因其分駐各處,又若自成爲一級。於是(一) 督、撫,(二) 司,(三) 道,(四) 府、直隸州,(五) 州、縣,儼然成爲五級了,《天津條約》訂立後,才設立總理各國事務衙門,《天津條約》第五款,規定:"特簡内閣大學士尚書中一員,與英國欽差大臣,文移會晤,商辦各事。"辛丑以後,改爲外務部。末年因舉行新政,新設的部、處頗多。豫備立憲時,内外官制,又都有改革。但行之未久,在實際無甚關係。前清末年,内官共改併成十一部:就是外務、吏、民政、度支、禮、學、陸軍、農工商、郵傳、理藩、法。因新政而特設的機關,如財政處、學務處等,都行併入。舊有衙署,亦有裁汰或併入的。設立責任内閣時,又裁軍機處,吏、禮兩部,而增設海軍部、軍諮府。外官仍以督、撫爲長官。下設布政、提法、提學三司,勸業、巡警兩道。

　　清朝的官,是滿、漢、漢軍、蒙古、包衣,各有專缺的。其學校、選舉制度,也和明代大致相同。所異者:明朝首場試四書、五經文,次場試詩、賦、詔、誥、表、判等,三場試策。清朝則將四書、五經文,於首二場分試,首場試詩一首,而將明朝次場所試取消。但無論明、清兩代,事實上都只注重四書文,其餘不過敷衍。所以應試之士,大都只會做八股,固陋異常。戊戌變法時,曾廢八股,改試論、策、經義,政變後復舊。庚子事變後又改。至一九〇五年,遂廢科舉,專行學校教育。

兵制:入關以前有八旗。入關以後,收編的中國兵,謂之綠營。乾隆以前,大抵出征用八旗;平定內亂,則用綠營。川、楚教匪起,八旗、綠營,都不足用,轉靠鄉勇平亂,於是勇營漸盛;到湘、淮軍起而達於極點。同治以後,漸有改練洋操的。末年又行徵兵之制。在各府、廳、州、縣中,挑選有身家的壯丁,入伍操練。以三年爲常備兵。退爲續備,再退爲後備,亦各三年。凡九年而脫軍籍。當時的計畫,擬練新兵三十六鎮,未及成而亡。水軍:本有外海、內河兩種。但都有名無實。太平軍起,曾國藩才練長江水師,和他角逐。亂定後,又造船、購艦,經營軍港;創設新式海軍。甲午戰敗,未能恢復;而已經營的軍港,又多被人租借;就幾於不能成軍了。

清朝的律,大致是根據明律的,而明律又大致摹仿唐律。律文的規定,本來寬泛;其內容又歷代相沿;所以到應用時,不能不參考例。這個歷代都是如此。因爲例太繁,怕援引的人,有意出入,乃又由官加以修纂。到清朝,就把兩者合爲一編,稱爲《大清律例》。答、杖、徒、流、死五刑,從隋朝以後,亦是歷代相沿的。中西交通後,外人藉口中國法律不完備,刑罰慘酷,監獄不良,不肯受中國的審判,而有所謂領事裁判權。清末,謀將此權撤廢,乃將舊律修訂。改答杖爲罰金;徒、流爲工作;死刑但存絞、斬,而廢凌遲和梟首。預備立憲以後,又改大理寺爲大理院,爲最高審判。其下則分高等、地方、初等三級,各設審判、檢察兩廳。但都未及推行。

賦稅:清朝本來亦以地丁爲正賦。丁稅是原於役法的,但是後來,久已折收銀錢了。不課以力役折收銀錢,自然要論其家的貧富,而不要論其丁的多少。所以從明朝中葉以後,漸漸"丁隨糧行"。丁稅並不按人丁徵收,只是就有田的人家,硬派他算有幾個丁,就是硬派他承認幾名丁稅,謂之"丁隨糧行"。實際,已是加徵田稅而免其役。各地方的丁稅,略有定額,並不會隨人丁而增加。如此,落得博一個寬大的美名。所以清聖祖於一七一二年,下"此後滋生人丁不再加賦"的上諭。政府所收丁銀,即以其前一年之數爲定額。世宗時,就索性將丁銀攤入地糧。地丁是普及於全國的。江、浙、兩湖、安徽、江西、河南、山東八省,又有漕糧,亦是農民的負擔。此外重要的租稅,就要數關、鹽兩稅,和太平軍興後的釐金了。關稅又分常關和新關兩種。常關沿自明代。新關則和外國訂約以後,設立於通商口岸的。

清代屬地之處理

清朝的行省制度，是只限於内地的。關東三省：奉天，清人視爲陪京，設立府尹和户、禮、兵、刑、工五部，但旗人仍屬將軍以下各軍官管轄。吉、黑兩省，則只有將軍和副都統。第三册《近世史》第二章，業經説過了。蒙古、新疆、青海、西藏，其初都視爲藩屬，治以駐防的官。嘉道以後，因漢人移殖東三省的漸多，前此漢人出關耕墾之禁，業已無形解除，乃漸次設廳，以治理漢人。伊犂交涉後，新疆改爲行省。日、俄戰後，東三省亦改爲行省。蒙古、青海、西藏，則始終没有能改。惟西康之地，光、宣間，曾將土司改流，設立許多府縣，謀欲改建行省而未成。民國成立後，才將其地建爲特別區域。國民政府成立後，又改爲行省。

清代政制之優點與劣點

清代的政制，大體是沿襲前朝的，其是非功罪，並不是清朝一朝的事，不過清朝適當萬國交通的時候，有許多舊制度，不適宜於新時代的，其短處，都到這時候而暴露出來，遂覺其情見勢絀罷了。若將清朝的制度，和前代比較，則其最優的爲賦税，最劣的爲官制。因爲歷代的病民，不在賦而在役。役法的病民，是因其（一）負擔不論貧富而論人丁。（二）而其役之之事，又多不能分割。以致負擔不能平均，人民因之破産。論進化的道理，本該加税而免役。事實上的變遷，也是照着這個方向走的。不過到清朝然後完成罷了。至於官制，則歷代官制的劣點，是"治官之官多，治民之官少"，顧炎武的話，見《日知録》。這是由於君主專制政體，不求政治的良好，但求控馭的便利，中國政治機關的所以不能辦事，政治的所以廢弛，都坐此弊。此弊亦以清朝爲最甚。而其用人，又專論資格。做到閣、部、督、撫等重要的官，其人大抵年已六七十，精力衰敝，志氣銷沈了。清朝的政治，所以不能振作，這個實在是一個大原因。説本康有爲《官制議》。

清末憲政運動之導因

中國的政治制度，是適宜於閉關獨立之世，而不宜於列國競爭之日的。到清朝末年，已迫於不得不改。要改革，自然要走上革命和立憲兩條路。

憲政運動，是萌芽於二十世紀的初年的。當庚子拳亂以前，除少數革命黨人，懷抱民族思想外，士大夫階級，還傾向於開明專制，要想推翻西太后，扶翼德宗。庚子亂後，知道這件事絕望了，乃漸漸傾向於改革政體。此時革命的氣勢，亦已經很旺盛了。但是總有一班人傾向和平的。而且革命在國內，不能爲公開的運動，而立憲則不然。所以日俄戰爭以後，君主立憲的聲浪，就盛極一時。

預備立憲之設施

清政府是沒有什麼力量的。以他的真心而論，本來連立憲也不願意，但又不敢公然拒絕，就只得假意敷衍。一九〇五年，清朝派五大臣出洋考察憲政。明年回國，一致贊成君主立憲。於是下詔："先將官制改革，次及其餘諸政事，以爲立憲的豫備。俟數年之後，察看人民的程度，再定實行立憲的期限。"於是將立憲以前應行改革的事，開了一張清單，説是要逐年進行。

假立憲之失敗

"因爲政治不良，所以要立憲，若使籌備清單上所開的事，而都辦到了，辦好了，那末，政治業已良好，倒無須乎立憲了。在現在情形之下，政治能辦得好麼？政府所藉口的，是人民程度不足，然則政府的程度足了麼？"這是當時主張立憲的人和政府的爭點。政府因人民的要求頗烈，一九〇八年，定以九年爲實行立憲之期。這一年冬天，德宗和孝欽后，先後死了。溥儀繼立。其父載灃攝政，親貴用事，朝政更其絕望。人民要求實行憲政的，也更激烈。這時候，政府在各省設立諮議局，京城裏設立資政院，以爲省會和國會的豫備，亦先後請求即行立憲。一九一〇年，政府乃許將立憲的期限，縮短三年。再有請願的，就遭清政府驅逐；並下令各省，如有號召請願的，即行解散拿辦了。這時候，滿、漢之見又頗深。一九一一年，清朝説是要豫備立憲，先立責任內閣。閣員十三人，滿人倒居其九；九人之中，皇族又居其五。人民因皇族內閣，不合立憲成例，上書請願改革，亦遭拒絕。

民族革命思想之膨脹

漢人的民族思想，從明朝滅亡以後，本來是縣延不絕的。不過沒有什麼事情去觸動他,則伏而不見罷了。戊戌政變後,因清朝的種種失政,而其思想復漸盛。孫中山先生,是早就在海外提唱民族主義的。庚子以後,海內亦漸有懷抱民族思想的人,起而與之相應。如章炳麟著《訄書》,鄒容著《革命軍》,因而被捕下獄,就是其最顯著的。此時風氣開通,留學海外的人多了,和自由的新空氣接觸,民族主義,更其勃發而不可遏。一時海內外出版之物,鼓吹民族主義的尤多。一九〇五年,同盟會在海外成立,而民族主義,更成爲有統系的運動。

【習題】

（一）清朝的官制,大略如何?

（二）清朝的選舉制度,大略如何?

（三）清朝的兵制,大略如何?

（四）清朝的法律,大略如何?

（五）清朝的賦稅,大略如何? 何謂丁隨糧行? 免除丁稅,究竟是仁政否?

（六）清代處理屬地之法如何?

（七）維新運動和立憲運動,有何異點?

（八）清朝對於立憲的態度如何?

（九）清末民族革命思想情形如何?

第十五章　清代之文化與社會狀況

清代學術思想之淵源

清代的學術思想，是直接繼承明代的。明末的學術思想，有兩方面：一爲經世，一爲考據，《中古史》第二十三章，業經說過了。中國的學者，本來喜歡在書本上用功，加以清朝以異族入主，忌諱甚多，政治上、社會上的話，有些都不敢談，遂專承襲其考據的一方面。

清代學術思想之派別

清代的學術，是以經學爲中心的。經學當清時，分爲兩派：一派是漢人之說，這是舊有的，南北朝、隋、唐的義疏之學，都是替漢人的注做解釋。一派是宋人之說，這是新興的，元、明以來的學者，大都信奉他。清儒不滿意於宋人的武斷，乃返而求之於漢。漢朝離清朝，年代較遠；漢人的經說，又有缺佚，非經考據，不能明白。所以清儒考據的方法最精。人家遂稱他爲考據之學，和尊奉宋儒的義理之學，研究文藝的辭章之學相對待，成爲學術界的三大派。又因其尊信漢人，對於宋學，而稱之爲漢學。

漢學和宋學，固然顯分界限，即漢學之中，亦自有派別。當漢學初興時，治經的人，還是就漢、宋之說，擇善而從，並不專主於漢。此派，後人稱爲"漢、宋兼采"。乾、嘉兩代，爲清朝學術極盛之時。其時的人治經，專以區別漢、宋；蒐輯、闡發漢人之說爲主。其意不重於求是，而重於求真。這才可稱爲純漢學。咸、同以後，漢、宋的區別，業已就緒，則又專就漢人經說，而區別其孰爲今文，孰爲古文。於是漢學中又分出今、古文兩派。漢朝的今文之學，本來是講究經世的。清學到這時候，明末經世的精神，也就有些復活了。然而考據的精密，也就漸漸不如前人。

清學的可貴，不在於其主義，而在於其方法。梁啓超之說，見所撰《清代學術概論》。他們因爲研究古書，先要懂得古人的語言，所以對於訓詁特別注意，古代的名物、制度，考據得亦很精。古書亡佚的，經他們蒐輯而復見；譌誤的，經他們校勘而正確；作僞的，經他們辨別而發覺的很多。推治經之學以治子，也有同樣的功勞。更推其法以治史，前代的史籍，被其訂正的也不少。總而言之，教我們以一種精密的方法，給我們以許多正確的材料，是清學最大的貢獻。

義理和辭章之學，比之考據，是顯有遜色的。義理之學，宗程、朱，宗陸、王的，各有其人。都不過沿襲前說，並無發明。只有顏元，他反對學者的空虛無用，不但在其不讀書，而並在於其專讀書；主張注重於實務，頗有一種特色。但其學未能盛行。

清代文藝上之貢獻

清代的風氣，是富於復古的傾向的。文藝上也是如此。號稱古文正宗的桐城派，是謹守唐、宋人的義法的，却有許多不滿意於他的人，要取法周秦、漢魏。詞：清初都沿襲元、明人的作風。後來常州派出，却要取法於唐、五代、宋。書法：自唐以來，都是取法於南朝的帖的。到清朝，却要取法於北朝的碑，以上接篆隸。都是這一種趨勢。雖然取逕很高，究不過蹈襲前代，不能算有什麼特色。梁啓超《清代學術概論》。倒是平話、彈詞等平民文學，其體制雖亦是前朝所已有，其數量却發達得很可驚人。崑曲漸衰，而皮黃代興，亦帶有這種趨向。

中葉以前之社會狀況

清代中葉以前，士大夫階級的風氣，是比較沈靜的。這一因異族壓制，不敢開口；一亦因明朝人分黨派，爭意氣，鬧得太利害了，有些動極思靜。好的是潛心讀書，不問世事。壞的就不免於嗜利而無恥。後來國事敗壞，總沒有真正慷慨激發的人，其病根實中於此。

至於一般社會，經過大亂之後，而得到休養生息，生活比較寬裕些，也就暫時現出安穩的氣象了。然而革命的種子，還是潛伏着的，所以清朝的會黨特別盛。

中葉以後之社會狀況

承平既久,人口增加,而耕地的面積,不能加廣,風氣又漸趨奢侈,加以乾隆中葉以後,和珅用事,朝政不綱,官吏的貪汙,特別利害。遂至民窮財盡,亂事相繼而起。咸同間的大亂,蔓延十餘省,縣歷二十餘年。死傷之多,劫略之慘,爲歷史上所罕見。亂定之後,元氣遂至大傷。此時外力的侵入,又日逼日緊。士大夫階級,智識大都錮蔽,不足以應付新局面。一種虛憍之氣,却頗有復活之勢。一般社會,亦因痛心外患的憑陵,時有盲目的排外之舉,而教案遂成爲艱於措置的問題。

清末之社會狀況

甲午一戰,士大夫的迷夢,才算驚醒了。於是主張變法維新的人漸多。然舊勢力還是很盛。新舊衝突,遂釀成戊戌政變和庚子拳匪之亂。此時外國經濟勢力,侵入漸深;加以政治上的搜括,人民的生計,日漸窮困,就顯出蹶然不安的樣子了。但一般社會,風氣却較開通。設立學校、圖書館、講演社等,開發民智的事,漸漸有人舉行。戒除鴉片,及不纏足等改良風俗的事,也漸漸有人提唱了。國家舉行新政,阻撓的,亦就不像從前那麼多。

清代之農工商業

清代的農、工、商業,以大體而論,和前代無甚變遷。農田最緊要的是水利,而中國自宋以後,水利不修,所以黃河流域的農業,不如長江流域的興盛。太湖流域,稻米既饒,又有鹽桑之利,稱爲全國最富饒之區。此外四川、兩湖等省,農利亦稱優厚。但是中國歷代,都沒有殖民政策。人口漸繁,耕地的面積,漸次縮小,生活就要困難了。清朝二百餘年中,北方都平安無事,實在是一個開發的好機會。惜乎清朝人要聯合滿、蒙,以制漢人,把東三省和蒙古,通統封鎖起來。然而政治上的禁令,遏止不住社會自然的發展,漢人冒禁出關的,還是很多。嘉慶以後,清朝也就把這禁令,逐漸解除了。這實在是本部過剩的人口一條很好的出路。工業:簡易的,大概是家庭副業。其較專門的,則有專司其事的匠人,如司建築的瓦、木匠,製造金屬器具的銅、鐵匠是。此等匠人,大抵從師習業。在習業期間,工作所得報酬,亦爲其師所有。期限滿後,才可以獨立營業。手工業者,亦有自己出資、開設店肆的。亦有受雇於人的。並有攜帶器具,零碎爲人工作的。所得大抵僅足自給。而亦各有行會。手工製品,大多樸實堅牢,亦有很精巧華美的。著名的工業品,當推瓷器、繡貨,北京的景泰藍,福建的漆器等。商業:利益優厚的,首推鹽商,這是因國家保護其專利之故。其以融通資本爲業的,則有錢莊和典當;偏於匯兌的,則有山西人所設的票號,都是規模較大的。而民信局興於江、浙,漸及全國,並推廣及於海外。寄信之外,還可以代帶款項和物件。條理井然,信用卓著,尤足見中國人經營事業力量的偉大。五口通商以後,對外貿易,漸次蔚爲大宗,但都是坐待外國人來買,中國商人,始終没有直接經營出口貿易的。

【習題】

（一）清代的學術,淵源於什麼時候?　對於這一個時代的學術,是能彀繼承其全部的,還只能繼承其一部?

（二）何謂漢、宋學?　漢學中還有派別否?

（三）清代的文藝如何?

（四）清代士大夫階級,風氣的轉變如何?

（五）清代的平民社會,情形如何?

（六）清代的農業,情形如何?　農業上新開發的,是什麼地方?

（七）清代的工業社會,情形如何?

（八）清代的大商業,有哪幾種?

第十六章　清代之經濟狀況

清代的經濟狀況，是以乾隆之世，爲盛衰轉移的關鍵的；而其末造，外力侵削，尤其使國家財政，人民經濟，都受到很大的影響。

中葉以前之國家財政

中國歷史，大抵當開創之世，財政總要比較寬裕些，清朝亦不外此例。當三藩平定以前，清朝的財政，還是很竭蹶的。三藩平後，就漸漸的好轉了。其時政府的收入，以田賦爲大宗，約近三千萬。此外鹽稅五百萬，關稅四百萬，雜稅一百萬，合計約銀四千萬兩。見金兆豐《清史大綱》第十一章第二節，開明書店本。支出則皇室經費五百萬，官俸七百萬，兵餉二千萬，驛站一百萬。見陳恭祿《中國近代史》第一篇第十二頁，商務印書館本。收支相抵，度支還有盈餘。所以康熙末年，國庫就有儲蓄，乾隆時，竟達到七千餘萬的巨數。乾隆四十六年上諭："朕即位之初，部庫不過三千萬，今已增至七千餘萬。"

中葉至末造之國家財政

然而清朝財政的基礎，亦是乾隆時壞掉的。清朝財政的寬裕，宮廷費用的節省實爲其大原因。《清史大綱》第七章第二節："清朝入關以後，外廷軍國之費，與明代相彷彿。至宮中服用，以各宮計之，尚不及當時一宮之數；三十六年，尚不及當時一年之數。"高宗的擧動，既極奢侈，和珅的貪黷，尤爲前古所未聞。以致吏治大壞，民生異常困苦。《中國近代史》第四篇，頁一三六："章學誠論其弊曰：上下相蒙，惟事婪贓瀆貨。始則鹽食，漸至鯨吞。初以千百計者，俄而非萬不交注矣；俄而萬且數計矣；俄而數十萬百萬計矣。洪亮吉亦曰：今日州縣之惡，百倍於十年二十年以前。章、洪二氏，當白蓮教之亂，其言似甚激烈，而實切中時弊。"嘉慶以後的內亂，民窮財盡，實在是個總原因。道光以後，又益之以外患，財政就日形竭蹶了。然而軍行之際，誅求雖然嚴酷，稅目却除厘金之外，未有增加。亂定以

後,舊有的收入,較之承平時,亦未見減少。《清史大綱》第十六章第三節:"以地丁計,光
緒初年所入,較承平時約減三成。以漕糧計,米少而銀實加多。鹽課有盈無絀。各關常稅,較康熙間
不啻倍增。"而厘金和新關的收入,卻是前此所無有的。所以當光緒初年,收入反
擴充到七千萬兩。其時開支浩大,亦時借外債,以資挹注,然不久旋即還清。
直至甲午、庚子兩役,賠款的巨大,斷非當時財力所能負擔;其末造舉辦新政,
又都出於臨時羅掘。清朝的財政,到此就紊亂不堪了。

對外之賠款外債

清朝的有賠款,是起於鴉片戰爭的。其後或大或小的賠款,還不止一次。
然在財政上,還無足計較。甲午之戰,賠款比當時歲入總數,超過了三倍;庚
子賠款,則又比甲午之戰加倍;這個不借外債,如何能支持? 借洋債是起於一
八六七年,用兵於新疆時候的。自此至一八八八年,先後共借外債十二次。
爲數既少,期限亦短,不久都已還清。甲午以後,就大不其然了。清代所欠外
債,現將其列一簡表。此表據北京政府財政整理會《中國外債說明書》。分爲甲午以前和
甲午以後兩項。後者的數目,遠超過於前者,是顯而易見的。而後者直接間
接,多數是因應付賠款而起的,所以賠款實在貽人民以莫大之累。

清代賠款與外債表

甲午之戰賠款	二〇〇〇〇〇〇〇兩
贖還遼東半島	三〇〇〇〇〇〇兩
庚子之役賠款	四五〇〇〇〇〇〇兩
甲午以前外債	三二〇五〇〇〇〇兩
	七五〇〇〇〇〇馬克
甲午以後外債	三四六三五〇〇〇磅
	四〇〇〇〇〇〇〇法郎

人民之經濟狀況

人民的經濟狀況,從乾隆中葉以後,久已患貧。加以嘉、道、咸、同之世,
內亂迭起,蔓延的區域既廣,綿歷的年代尤長。戰爭之際,殺戮之慘,破壞之
烈,誅求之酷,實在使人民的經濟,受着更大的創傷。洪楊軍初起時,紀律頗好,後因
缺糧,漸肆劫掠。官軍劫掠亦甚。所謂"能戰之軍,未有待饢者也"。殺戮之酷,陳恭禄《近代史》估計

死亡者殆占全國三分之一。亂後破壞情形，可參看該書第五篇二一〇至二一四頁。戰時誅求之酷，可看二一五頁。然而此等內亂，並非歷史上所沒有。苟無外力的剝削，休養生息數十年，元氣就又恢復了，這亦是數見不鮮的例。而當這時代，外人的經濟侵略，又日甚一日，我國民就更無喘息的餘地了。近代工業資本主義的國家，剝削後進之國，亦有其一定的程序的。大概先用粗製品和纖維工業，破壞其家庭工業和手工業，再繼之以重工業，後進之國，就要殖民地化，甚而成爲次殖民地了。中國當五口通商前，輸入的棉織品，還不甚多。此外大呢、鐘表等，只是較富裕的人所使用，並非國民生活所必須。輸出入雖略有差額，《中國近代史》第一篇，頁三七："自一八一八至一八三三年，英、美輸入之貨，價共四萬二百萬元；每年平均凡二千五百餘萬。中國輸出者，價凡三萬六千八百萬元。每年二千三百萬。"合以他種款項，國際收支上，我們並非處於不利的地位的。直到鴉片的輸入大增，我國無此巨量的出口貨和他相抵，才要輸出現銀去還債。五口通商以後，輸入之品，漸漸變爲棉織物、煤、鐵、煤油等日用必須之物，其情形就嚴重了。入超之數，在光緒初年以前，還不過幾百萬兩。後來逐漸增加，到清朝末年，竟達到二萬萬兩。我國的關稅，既因其爲協定而不能用作壁壘。《中日和約》又許外人在通商口岸，設廠製造；並其運輸之費，和內地所收稅項，亦規定和國外輸入之貨一律，我國新興的工業，就更難和他們競爭。資本從利息低處流向利息高處，勞力從工資低處流向工資高處，這是經濟上自然的趨勢，無可遏止的。於是外人競謀向我國投資，而我國的勞工，則紛紛出洋謀生，成爲資本和勞力對流之象，投資的因爲要求安全，還要求發展，就不免要干涉到債務國的政治，於是清朝末年，鐵路礦山等借款，無不含有政治意味。而華工出洋謀生的，雖爲外國資本家所歡迎，又爲其勞工所厭惡，到處受人壓迫，華人謀生之路，就更形窄狹了。

清末之機械工業

中國的有機械工業，是起於同治初年，內亂勘定之後的。其初係屬官辦，專注意於軍事，如一八六五、六六兩年的江南製造局，福州船政局是。後來左宗棠在甘肅，辦有織呢廠。李鴻章在上海，辦有機器織布廠。張之洞在湖北辦有紡紗、織布、繅絲、製麻四廠。開灤設礦務局，並興造鐵路。又架設電綫。設立輪船招商局，航行長江南北洋。又在漢陽設鍊鋼廠、大冶開鐵礦、萍鄉開煤礦，後來合併而成漢冶萍煤鐵礦廠公司。這些才可以算是正式的實業。此時太抵由官方先行投資，再行招商入股，謂之官督商辦。官場辦理實業，是不甚相宜的，有的不甚發達，有的就停閉了。中、日戰後，民間自辦紡織等事業的，才逐漸興起。然亦大都幼稚，未能和外人競爭。總之，清末機械工業，只算得萌芽時期罷了。

【習題】

（一）清代國家財政和人民經濟的盛衰，其轉移的關鍵，在什麼時候？其原因是什麼？

（二）清代財政上的收入，以哪幾項爲大宗？

（三）清中葉的大亂，影響於人民生計如何？

（四）歷代大亂之後，不久人民生計即恢復，清代內亂之後，爲什麼迄今患貧？

（五）工業先進之國，剝削後進之國，如何逐漸深入？

（六）國際間資本和勞力的移動，其公例若何？

（七）試略述清末的機械工業。

第十七章　本　期　結　論

民族融合及其改進

　　中國民族,本來是以能融合異民族,和改進其文化,著稱於世界的;却到近代,而此等作用,尤爲顯著。近代的同化力,要算對於東北方,奏效最偉。滿族在明末,還處於半開化的狀態。却是近兩世紀半,幾於全和漢族同化。走到東三省去,幾於無所謂滿洲人。滿語、滿文,業已無復存在,一切風俗習慣等,亦全與内地無異。可參看日本鳥居龍藏《滿蒙古蹟考》第二十四章,陳念本譯,商務印書館本。漢、滿兩族融合,滿族的文化,也於無意中改進了。蒙、新、海、藏,因其地味較瘠,漢人移殖較難,所以同化作用,不如東北的顯著。至今蒙、回、藏,還獨立成三個民族。然西北一區,所謂漢回,除宗教外,實在和漢人毫無異點。自左宗棠平定新疆以來,湖南人出關的不少,至今湖南話還成爲新疆最通行的言語。見陳恭禄《中國近代史》第六篇,頁二四八。其同化的作用,也是次於東北的。而喇嘛教和回教,亦把許多錯雜的民族,融合改進得不少;喇嘛教並能聯結蒙、藏兩大民族,使其發生密切的關係;已見第三册《近世史》第四章,今不贅述。西南諸民族,就是歷史學家統稱爲高地族的。在近世,融合和改進的作用,亦極顯著。其中最有關係的:是元朝把雲南收入版圖;明朝將貴州列爲布政司,和清朝的改土歸流諸役。政治的力量既强,人民隨之而移殖。經濟和文化的作用,同時並進。這許多民族,自然逐漸融合,逐漸改進了。我們試看:在明代,雲南全省,還全是土官;即以流官爲正官,亦必以土官爲之副;見《明史·土司傳》。其貨幣還雜用海貾;亦作海肥,見《續文獻通考·錢幣考》。學校還有不祭孔子而祭王羲之的;見《續文獻通考·學校考》。現在的情形,却是何如? 即此一端,就可見得我們民族,同化作用的偉大了。

世界交通與文化貢獻

世界交通，是本期歷史的一個特點。前此中國和世界，也並非沒有交通，然只是商業上的往來，有些一枝一節的文化輸入，到本期就不同了。本期之中，因西洋人的驟行進步，彼此的往來，遂日益繁密，馴至不能再行分離；而文化的互相灌輸，亦更興盛。西洋人最能裨益我的，要算科學。從十六世紀基督教士東來，就開始輸入。中國很歡迎他。其後因宗教上的隔礙，和西人以兵力強迫通商，攫奪權利，文化的灌輸，稍見停頓。然從戊戌變法以後，歡迎西學的，又風起雲湧了。我國的人倫道德，和政治學說，足以裨益西洋的，自然也不少。所以經、史、子等書籍，已有許多譯成西文，流傳各國的。中國學問的研究，在歐美都有很熱心的人，文藝和美術品等，亦很受西人的重視。見王光祈《中西文化之關係》頁五一，中華書局本。

外力之壓迫

人類的相與，還沒有達到大公無我的地位。當此兩種文化，互相接觸之時，我國的進化，落後了一步，自然免不了要受外力的壓迫。外力的壓迫，在前清時代，可分爲三期：（一）鴉片戰爭，可說是我國不願意和外國交通，而外國用兵力強迫的時代。交通既出於強迫，權利自然要隨之而喪失。此等權利的攫奪，自《南京條約》開其端。後來續有增添，到《北京條約》而作一個小結束。從此以後，各國和我國所訂的條約，都是以英、法條約做藍本的。直到中、日的《馬關條約》，許外人在通商口岸，設廠製造；航權的開放，及於內河；才爲更進一步的侵略。（二）條約上的權利既得，乃進而吞噬我的藩屬，且窺伺我的邊疆。俄國在東北、西北兩邊，都割去很廣大的土地；還要進而覬覦東三省和蒙、新。英國則吞緬甸，奪哲孟雄、廓爾喀，侵略西藏和雲南。法國則併越南，窺兩廣。日本又滅琉球，侵朝鮮。（三）到甲午一戰，而中國的積弱，暴露於天下，英、俄、法、德、日，就競起而租借軍港，攫奪鐵路、礦山，畫分勢力範圍，露出瓜分的形勢來了。美國人在中國，是沒有什麼特殊的權利的，乃又起而提唱"門户開放，領土保全"，而我國外交上的形勢，亦就隨着人家的瓜分和均勢之論，而忽寬忽急。

改革之動機

物體是静止的，不加之以外力，則不能動；然苟加之以外力，亦没有始終不動的。社會亦何獨不然？ 從甲午之戰以前，我國是飽受外力壓迫的時代；戊戌變法以後，就是受外力壓迫而起反應的時代了。改革的動機，亦非突然而起的。《北京條約》定後，外力的壓迫深了，當時就有少數知道要改革的人。但是爲舊勢力所壓抑，不能伸其主張；而他們所謂改革，亦是一枝一節的，並没有通盤籌畫。甲午戰後，主張改革的議論，就漸次得勢了。此時中國人的眼光，可謂注重在政治上。從政治的革命，進而要求政體的改革，而立憲和革命，遂成爲社會上的兩大潮流。

本期國際之關係

本期歷史中，重大的事件有許多，直接間接，是由國際關係引起的；而且愈到後來，而其關係愈密切；所以國際關係，實在是本期歷史中最重要的現象。國際關係，可以分做幾方面看。從五口通商以前，除俄國外，對於中國，實在没有什麼政治關係的。較舊的書，説及當時所謂“洋務”，總是以通商、傳教並舉。確實，在鴉片戰爭前，中國和外國的關係，除俄國外，亦僅此兩端。所以《南京條約》是替中國的外交，畫一個新紀元的。五口通商以後，就不然了。政治關係，雖然很爲緊要，然而經濟和文化的關係，實更不可輕視。近代强國，所以競務對外侵略，實在是經濟上的情勢，迫之以不得不然。而中外的交涉，所以彼此隔閡，引起糾紛，則又是彼此文化不同，不能互相了解之故。而且在近代，政治上的力量，亦總是以社會的經濟和文化做根柢的。我國要求適應，又非在經濟上求自立，文化上謀更新不可。如此，我們就不能不革命了。

【習題】

（一）本期中，民族融化的事迹如何？ 試述其略。滿洲人三字，是否在不久的將來，要成爲歷史上的名詞？

（二）本期的世界交通，和前此有何異點？

（三）本期中中西文化的關係如何？

（四）試總述本期中外力壓迫的大概。

（五）中國改革的動機,起於何時?

（六）國際關係,除政治外,還有什麼方面?

第四編　現代史

第一章　孫中山先生與革命運動

孫先生事略

　　孫中山先生，名文，字逸仙，廣東香山縣人，就是現在的中山縣，因紀念先生而改名的。生於一八六六年。清同治五年(一八六六)。先生少時所學的是醫學，然嘗慨然有振興中國之志。廣東是中國迎受新潮流最早的地方，加以太平天國的革命，遺風餘烈，還有存留的，所以先生感受新思想極易。一八八五年，先生年二十歲。是年，中法開戰，中國海軍喪敗，放棄安南。先生知道清廷之不足有爲，又默察中國政治之不可以不改革，才決定顛覆清廷，創建民國的宗旨。民族、民權兩主義，就於此確立了。

主義確立前後之革命運動

孫中山像

　　一八九二年，先生在澳門創立興中會。當時同志甚少，只有鄭士良等幾個人。要革命，是不能没有武力的。武力從哪裏來呢？最接近的，自然是前明遺老苦心組織，留詒下來的革命種子，就是所謂會黨了。然而政府的武力，原是人民的武力；只因不明民族主義，以致爲異族所利用。儻能翻然覺悟，豈非極好的事？所以興中會成立後，即由鄭士良聯絡會黨，運動防營，以爲實行革命的豫備。但是會黨分子複雜，團結不堅，防營見解陳舊，更難望其覺悟，所以成效殊少。

太平天國滅亡後，其餘黨流落在海外的頗多，而美國尤盛。中、日戰後，先生乃赴檀香山，設立興中會。一八九五年，回國，謀襲據廣州。因運輸軍火事洩，不克。此役爲先生創義之始。事後，先生再經檀香山以赴美洲，旋至歐洲。此時，清廷已知先生爲主持革命的人。其駐英公使，把先生誘到使館拘執，想要遞送回國。先生感動了使館的侍役，把消息傳播出去，英國輿論大譁，先生乃得釋放。先生居歐洲數年，默察其國勢民情，知道單是改革政治，還不能進世界於大同，畀斯民以樂利，乃決定民生主義，與民族、民權並重。三民主義，於此完成。

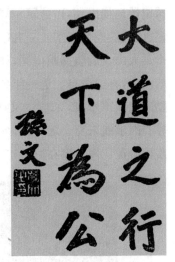

中山先生字蹟

義和團亂起，中國的時局，更形危急了。先生乃命史堅如入長江，和會黨聯絡。鄭士良在香港，設立機關招待。於是三合會、哥老會，都加入興中會，革命的聲勢益壯。先生乃命史堅如入廣州，鄭士良入惠州，圖謀舉事。亦因事洩不克。此時風氣轉變，讀書的人，赴外洋留學的頗多。以地近費省之故，尤麕集於日本。日本方面，革命的空氣，頗形濃厚。先生乃以一九〇五年赴日，改興中會爲同盟會。設本部於東京。革命事業，到此才有中流以上人士參加。先生説：“到這時候，我才相信可以親見革命的成功。”

同盟會成立後之革命運動

同盟會會員，各省人士都有。也有著書、撰報，從事於宣傳的。也有身入內地，從事於運動的。也有往來海外，從事於籌饟的。先生乃手訂《方略》，分革命的程序爲軍法、約法、憲法三時期，以示進行的方針。此時風氣既變，能接受革命之説的人漸多；而各學校的學生，和各地方的新軍，傳播尤速。人心既去，連清朝政府的武力，也要轉而爲革命軍所利用了。

同盟會爲革命的大本營，然非同盟會會員而從事於革命，或雖係同盟會會員，非受會中的命令，而自行策畫舉事的也頗多。革命的風潮，遂如風起泉湧。其中最振動一時的是一九〇六年萍、醴之役。此役爲會員劉道一等所策畫。清廷合湘、鄂、蘇、贛四省的兵力，才把他打平。其明年，安徽候補道徐錫麟槍殺巡撫恩銘,占據軍械局謀起事。此兩役,雖均無成功,然清人提起革命黨,已經談虎色變了。一九○八年,革命黨人在欽州起事。因接濟不及,退入十萬大山。旋襲據鎮南關,亦因接濟不及退出。明年,再從越邊進攻,敗清軍於河口,直迫蒙自。這一年冬天,清德宗和西太后都死了。明年春,同盟會運動廣州新軍舉事,未成。又明年,黨人乃謀組選鋒隊五百人,以爲軍隊的領導。因事洩未克。這一役,黨人力攻督署,事後覓得屍體的,共七十二人,都叢葬於黃花崗。事在三月二十九日。實爲民族革命,留一個最悲壯的紀念。

七十二烈士墓

【習題】

(一) 孫中山先生是哪裏人? 生在什麼年代的?

(二) 孫中山先生的三民主義,是如何成立的?

(三) 孫中山先生第一次舉兵是哪一年? 在什麼地方?

(四) 何謂倫敦蒙難?

(五) 孫中山先生最初組織的革命團體,名稱爲何? 何時改作同盟會? 爲什麼同盟會成立後,先生才相信及身可以看見革命的成功?

(六) 試述革命方略的三時期。

(七) 在辛亥革命以前,革命運動最著名的,是哪幾次?

第二章　辛亥革命與中華民國成立

辛亥革命之起因

　　民國紀元前一年（一九一一）十月十日，即舊曆辛亥年八月十九日，革命軍起事於武昌。先是革命軍屢次舉事，都在邊隅之地，其勢不足以振動中原，所以都無所成。革命黨人乃謀易地舉事。對於長江流域的新軍和會黨，都有相當的運動。適會是時，清朝設立責任內閣，以盛宣懷為郵傳部大臣，定鐵路幹綫國有政策，把議築和方在建築中的幹路，都收歸國有。其中粵漢鐵路本是由清朝許給美國公司，後因美人逾期未辦，乃廢約收回自辦的。清朝派張之洞為川漢、粵漢鐵路督辦，擬和外國銀行團訂立借款契約。未成而之洞死。其時人民因外人代中國築路，多有政治背景，收回自辦之說頗盛。川漢、粵漢，亦都設有公司。鐵路幹綫國有之策既定，清朝又要借款興築，人民則要求自辦，爭執頗烈。鐵路幹綫國有，原不失為一種政策。然而清朝政府，是積失人心的，人民如何能信任他？何況自己不能辦事，還要裝出嚴屬的樣子，把高壓手段，來對付人民呢？此時人民與政府的爭執，以四川為最烈，而兩湖次之。川督、湘撫，亦請清朝俯順輿情，收回成命。清朝反嫌他頹弱，改任趙爾豐為川督，把人民和股東的代表拘留。成都因之罷課、罷市。風潮延及外縣。清朝乃派端方帶兵入川查辦。人民聚集督署，要求阻止。爾豐縱兵開槍，死傷多人。外縣人民到省請願的，亦被縱兵衝殺。消息傳播，人心都憤不可遏。於是清朝以異族而占據中原，又因種種失政，釀成革命的遠因，就借這鐵路風潮做近因而爆發了。

辛亥革命之成功

　　革命黨人運動既已成熟，謀以舊曆中秋舉事。後來改遲十天。未及期而事洩。鄂督瑞澂，大肆搜殺。革命黨人，乃以十九日起事。瑞澂逃走。衆推黎元洪爲中華民國軍政府鄂軍都督。渡江，收復漢口、漢陽。照會各國領事。各國都認我爲交戰團體，嚴守中立。清朝聞之，大震。乃派陸軍大臣蔭昌，督近畿陸軍南下。近畿陸軍，是袁世凱任直隸總督時所練，後來改歸陸軍部直轄的。蔭昌沒有威望，不能指揮。袁世凱當光緒末年，曾入軍機。載澧攝政後，罷居彰德。此時無可如何，乃再起袁爲兩廣總督，節制前敵海陸各軍。

革命軍圖

此時北洋軍隊，實力頗强。袁世凱既起之後，漢口、漢陽，一時失陷。然而一兩鎮精强的兵力，支持不住已失的人心。從民軍起事之後，不過五十天，各省俱先後響應。其影響尤爲重大的，則江蘇、浙江，於十一月初，先後獨立。清朝的提督張勳，負固南京，爲蘇、浙聯軍所攻克。停泊九江、鎮江的海軍，亦都反正。於是從長江中流，直到海口，都聯成一氣。

此時的清朝，業已手足無措。乃罷奕劻，以袁世凱爲内閣總理。載澧旋亦去職。北方的政權，遂全落入袁世凱之手。南北兩軍，因英領事介紹停戰。旋在上海開和議。議決開國民會議，解決國體。

中華民國之創立

先是各省都督府，派出代表，組織聯合會。議決《臨時政府組織大綱》。定以南京爲臨時政府所在地。開臨時大總統選舉會。旋因得北方消息，説袁世凱亦贊成共和。乃議緩舉總統。先舉黎元洪爲大元帥，黃興爲副元帥。總統未舉定前，由大元帥暫任其職權。及十二月杪，孫中山先生歸國。二十九日，乃由十七省代表，開臨時大總統選舉會，舉中山先生爲臨時大總統。並通電改用太陽曆，以其後三日，爲中華民國元年（一九一二）元月元日。孫先生即於是日在南京就職。中華民國，於是成立。

臨時政府之成立與清帝之退位

黃興銅像

　　南方總統既經舉出，北方議和代表，以和議失敗，電北京政府辭職。議和之事，改由袁世凱與民軍代表，直接電商。此時在北方，不贊成共和的，只有少數的親貴和宗社黨人。其中最爲强硬的，要算軍諮使良弼，而爲革命黨人所炸殺。駐灤州的軍隊，既發出强硬的要求，前敵將士，也要帶隊回京，爲各親貴剖陳利害。清朝才沒有人敢堅持。南方黨人，亦因避免逾分的犧牲，由孫中山提出“袁世凱贊成共和，中山辭職，由參議院舉袁世凱爲總統”的條件。參議院是根據《臨時政府組織大綱》，由各省都督府所派參議員組織而成的。袁世凱也承認了。於是清朝將決定大計之權，授之內閣總理。由袁世凱和民國，議定了優待滿、蒙、回、藏和清室的條件，而清帝於二月十二日退位。南北遂告統一。

正式政府之成立及其北遷

　　清帝既已退位，袁世凱電參議院，表示贊成共和。孫中山乃向參議院辭職，並推薦袁世凱。二月十五日，參議院選舉袁世凱爲臨時大總統。臨時政府所在地，參議院初議決移設北京，旋又議決設在南京。乃派員到北京，歡迎袁世凱南下就職。而天津、保定同時兵變。乃又議決，許其移設北京。於是參議院和臨時政府，相繼北遷。依據《臨時政府組織大綱》，臨時政府成立後六個月，即應召集國會。此時因爲來不及，乃由參議院將《臨時政府組織大綱》修改爲《臨時約法》，並制定《國會組織法》及《參衆兩院選舉法》，據以選舉、召集,於二年四月八日成立。

【習題】

(一)自惠州起義以後,多次的革命,都不能成功,到辛亥革命,就成功了,其原因如何?

(二)清朝激起革命的近因是什麼?

(三)辛亥革命時,民國和清朝的實力比較如何? 兩軍的勝負,是否判之於實力?

(四)當時民軍中人,爲什麼要和袁世凱妥協?

(五)袁世凱爲什麼不肯南下就職?

第三章　民國初年之外交

當前清末年，外交上的情勢，弄得破碎不堪。民國初建，百務未遑，自然還繼續着這個趨勢。

中俄蒙協約及西藏自治交涉

漢、滿、蒙、回、藏五族，在前清時代，久成一家。民國成立，也宣言五族共和。然而帝國主義的侵略，是利於我們的分，而不利於我們的合的。所以當民國成立之初，而蒙、藏問題，就告緊急。

當革命這一年，俄國對清朝，曾提出蒙、新方面強硬的要求。當時輿論，也有主張強硬，和俄國開戰的。然而這不過是句空話，實際上如何辦得到？而俄國又以最後通牒相迫脅。清朝無可如何，就只得覆文承認了。條約未立，而革命軍起，清朝自更無暇顧及。俄人就煽動庫倫活佛獨立。中國的對待藩屬，是以寬大爲主的，不甚干涉其内政。在閉關時代，原亦無其不宜。列國並立之世，情形就不同了。對於藩屬的治理，要想改變政策，亦是勢所必然。然其行之須以漸；且先要得到藩屬的信仰，清朝却不能然；其行政，又不免騷擾；遂轉致藩屬離心。庫倫竟於這一年秋間獨立。並發兵攻陷呼倫貝爾。庫倫的獨立，其有俄國人的背景，是不言而喻的。俄人遂和外蒙古訂約，代其保守自治，不許中國派官、駐兵、殖民。而別訂《俄蒙商務專條》，把外蒙一切權利，幾於囊括而去。其中關係最重要的是：（一）俄人得在蒙古自由居住，經營工商各業。（二）並得租地耕種；租地或買地，建造工廠、鋪户、貨棧、房屋。（三）又得經營林、礦、漁業。（四）俄人通商免費。（五）俄國得在蒙古地方，設立郵政。（六）俄人交納費用，得使用蒙古臺站，領事並不出費。（七）蒙古河流，流入俄國的，俄人於其本支流，均得通航。（八）又得在蒙古地方建橋，而向過橋的人，徵收費用。民國初立，也有主張征蒙之議的。又有主張遣使宣慰，挽回蒙古人心的。然而此時蒙古的情勢，已非遣使所能挽回；而且他壓於俄人，也未必能戮自拔。至於征蒙，自然也是一句空話。於是仍用外交方式，和俄國交涉。直到民國二年（一九一三），才成立所謂《聲明文件》。俄國承認中國對外蒙古的宗主權，而中國承認外蒙古的自治權。所謂自治權，就是不派官、不駐兵、不殖民。其地域，則以前清庫倫辦事大臣、烏里雅蘇臺將軍、科布多參贊大臣轄境爲限。四年（一九一五）六月，以此爲根據，成立《中俄蒙條約》。呼倫貝爾，亦因俄國人的要求，改爲特別地域。

　　俄國在蒙古、英國在西藏，其舉動是互相摹倣的。先是一八九〇年，中國和英人訂結《印藏條約》，允許開放亞東關。而藏人不肯實行。又和俄國互通

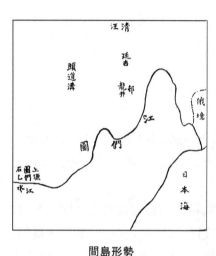

間島形勢

使聘。英人因此更懷疑忌。一九〇四年，乘日、俄戰爭，中、俄均無暇他顧，逕行派兵，攻入拉薩。達賴出奔。英人和班禪立約：開放江孜、噶大克。非經英國許可，不得許他國派官、駐兵，並不得將土地、道路，和一切財產，許給他國人，或向他國人抵押。中國和英國交涉，於一九〇六年，訂結《藏印續約》，承認英、藏所訂條約爲附約。但申明所謂他國或他國人，中國人不在其內。如此，西藏的情勢，已經很爲危險了。而其前一年，清朝因駐藏大臣爲藏番所戕害，任命趙爾豐爲邊務大臣。把川邊之地，改設縣治。又以聯豫爲駐藏大臣，對藏事頗加干涉。達賴因此受英人的唆使，逃到印度。革命消息傳到西藏，藏人遂將華兵驅逐。達賴回藏，宣布獨立。藏番並進攻川邊。四川、雲南，出兵征討，把失地收復。英人又提出抗議。中國不得已，改剿爲撫；並恢復達賴封號，以示羈縻。而一面和英國交涉。民國三年（一九一四），在印度西摩拉，議定《草約》。英國承認中國對西藏的宗主權，中國許外藏自治。而所謂內、外藏，則將紅藍綫畫於所附的地圖上。中國不承此項界綫，西藏交涉，遂迄今成爲懸案。

中日間島交涉

　　中國和朝鮮，是以鴨綠江和圖們江爲界。二水同發源於長白山，而長白山一帶，清人視爲發祥之地，加以封鎖，遂成爲荒涼寂寞之區。隔江的韓人，

漸有渡江開墾的。一八八五和一八八七兩年，清朝派員和朝鮮會勘邊界。在圖們江沿岸，設立界碑。將越墾的朝鮮人，編入民籍。並禁此後再行越界。朝鮮亦經承認。然其後仍有越墾的。延吉縣東南夾江地方，亦稱通江。朝鮮人呼爲間島。朝鮮屬日本保護後，日人遂强指延吉一帶，均爲間島，派官駐紮其地。交涉再三，乃於一九〇九年，訂立《圖們江中韓界務條款》。日人認圖們江北爲中國之地，把派出的理事官撤退。中國則開龍井村、局子街、即延吉縣。頭道溝、百草溝今汪清縣。爲商埠。許朝鮮人仍在江北耕種。並許吉長鐵路，將來展接至朝鮮的會甯。

中英片馬交涉

中國對緬甸，自一八八六年訂立條約，承認其歸英治理後，直至一八九四年，才和英人訂立續約，畫定界綫。然其所分畫的，仍只限於北緯二十五度三十五分以南；自此以北，仍未能定。片馬是初屬騰越，後來併入保山縣的登梗土司的。一九〇〇年，即有英兵侵入。到一九一〇年，就逕行派兵占據。中國和他交涉，迄未有效。江心坡在恩梅開、邁立開兩江之間，爲明時所設果麻土司。民國十五年（一九二六）秋，英兵又經侵入。至於班洪，則在雲南省西

中緬界碑

片馬形勢

南省隅。俗稱其地爲葫蘆王國。地有金銀礦。民國二十二年（一九三三），英人又派兵侵入，希圖占據。這都是因界綫不定，引起來的糾紛。二十四年（一九三五）四月間，乃由國民政府和英國交涉，設立勘界委員會，派員查勘。現在尚未竣事。

大借款

以上所説，都是邊隅的迫脅。還有因内爭而引起外侮的，則爲民國二年（一九一三）的善後大借款。當前清末年，因爲日、俄兩國，在東北的勢力太膨脹了，想引進英、美、法、德的勢力去抵制他。於是有向四國銀行團成立東三省興業借款之議。期限爲二十五年。以東三省煙酒等税爲抵。革命軍起，借款未曾成交。民國成立，遂變爲政治借款。而四國怕排除日、俄，究竟不妥，乃又勸誘其加入，變爲六國團。當四國向日、俄勸誘加入之時，日、俄即提出借款不得用之滿、蒙的條件。四國團不許。再四磋商，乃決定將此問題歸外交解決。於是反變爲六國團共同協議，以操縱我國政治借款的情形了。六國團提出的條件，異常苛刻。我國要向銀團以外的公司借款，又給外交團和銀團所阻止。時中國向銀團以外的公司借款，銀團電知本國各分行，不代中國匯兑。中國欲於鹽税項下提出借款的利息，公使又藉口鹽税是庚子賠款的擔保，出而阻止。其實提出的乃擔保的餘款，將此作爲債款的本息，前此久有其事了。其中只有美國政府，不以銀團的舉動爲然，命其國的銀行退出。於是六國團又變做五國。二年（一九一三）四月間，二次革命之機已迫，袁世凱急於需款，到底向五國銀行團，成立了二千五百萬鎊的大借款。期限爲四十七年。以關鹽餘的全數爲抵押。於北京鹽務署設稽核所，以洋人爲會辦。各產鹽地方設分所，以洋人爲協理。本利拖欠超過近情的日期，即須將鹽務併入海關辦理。其用途，則在審計處設立外債稽核所，以資稽核。提起監督財政四個字來，人人都要不寒而慄。然而這種辦法，實在就是一部分的財政，受人監督了。

【習題】

（一）外蒙及西藏所謂自治權，其内容如何？

（二）俄、英何故要代蒙、藏要求自治？俄國在蒙古，英國在西藏的舉動，何以要互相摹倣？

（三）何謂間島？

（四）間島交涉解決的條件如何？

（五）試述中、緬勘界的經過。

（六）試述片馬、江心坡、班洪的位置。

（七）大借款的起原如何？後來的變化如何？其條件又如何？何謂部分監督財政？

第四章　反動政治與軍閥混戰

天下不論什麼事,都沒有一蹴可幾的,何況革命大業? 其不能免於反動,自無足怪。

二次革命

袁世凱本不是真心贊成共和的人。在民黨當日,亦明知其如此。所以和他妥協,不過是避免逾分犧牲之故。國都北遷以後,自然舊勢力瀰漫,政治不上軌道了。孫中山先生看穿了這種情勢,知道新舊一時不能合作,主張革命黨人,退居在野的地位;而自己則願意專辦實業。無如這時候的革命黨人,不能都聽黨魁的指揮。於是同盟會改組爲國民黨,成爲普通的政黨。同盟會和政府,是立於反對的地位的。還有許多接近政府的黨,則合併而爲進步黨。在衆議院中,兩黨的議席,大略相等。參議院則以國民黨占多數。議院和政府,時有衝突。當時的俄、蒙交涉,善後大借款,已爲輿論所不滿。又有國民黨理事前農林總長宋教仁,在上海遇刺。蒐查證據,和國務院祕書有關。政府和民黨,益居於水火的地位。孫中山在當日,是主張既要討袁,就要及早的。而國民黨人,又多遲疑不決。直至二年(一九一三)七月間,袁世凱將民黨的三都督免職,_{安徽柏文蔚,江西李烈鈞,廣東胡漢民。}江西才起討袁軍。安徽、湖南、福建、廣東、上海、南京,先後響應。袁世凱早有預備。此時民黨的兵力,自非北政府之敵。諸獨立省分,不久都失敗。黨人都逃亡海外。是爲二次革命。

二次革命失敗後,孫中山在日本東京,創立中華革命黨。_{事在三年(一九一四)七月八日。}以掃除專制,建設真正的民國爲目的。鑒於前此的革命,因黨紀鬆弛而敗,所以這一次的組織,注重於服從黨魁。而其所定進行的步驟,則仍與前此無異。袁世凱則帝制的逆跡,漸漸萌芽了。

袁氏稱帝及其失敗

《臨時約法》,將制憲之權,屬之國會。《大總統選舉法》,本係憲法的一部分。二次革命後,乃有先舉總統,後定憲法之議。於是將《大總統選舉法》提出,先行製定,據以組織選舉會。選舉之時,又有自稱公民團的,包圍議院,迫令當日必須將總統舉出。投票三次,袁世凱乃得當選。後又舉黎元洪爲副總統。總統舉出之後,袁世凱就解散國民黨,追繳議員證書。國民黨候補人的資格,亦行取消。議員人數不足,國會因之無形停頓。袁世凱遂將其解散。又用同樣的手續,解散省議會,並停辦地方自治。旋召集約法會議,將《臨時約法》修改爲《中華民國約法》。設立參政院,命其代行立法院職權。

袁世凱像

民國四年(一九一五),北京發起籌安會。藉口從學理上研究君主民主,孰爲適宜。通電各省軍民長官和商會,派員參與。旋有所謂公民請願團的,請願於參政院,要求變更國體。參政院建議,開國民會議解決。其結果,投票的一九九三人,全數贊成君主立憲。並越出範圍,推戴袁世凱爲皇帝。袁氏下令允許。設立大典籌備處。改明年爲洪憲元年。

蔡鍔像

霹靂一聲,前雲南都督蔡鍔,從北京祕密赴滇,要求袁世凱取消帝制。限十二月二十五日答覆。屆時無覆,雲南遂獨立。是爲護國軍。蔡鍔即率兵入川。袁氏派兵抵禦,不利。貴州、廣東、廣西、浙江、四川、湖南,先後響應。山東、陝西,亦有反對帝制的兵。外交上又迭受英、俄、法、意、日的警告。袁氏不得已,於五年(一九一六)三月二十二日,下令取消帝制。要求南方停戰議和南方要求袁氏退位,戴副總統爲大總統,彼此相持不決。六月六日,袁氏病歿。乃由黎元洪入京繼任。一場帝制風波,才算終了。

袁氏之接受日本二十一條

當袁氏帝制自爲時,還有一件痛心的事,那便是民國四年(一九一五)五月九日,日本用兵力迫脅我國承認的五號二十一條的要求。先是民國三年(一九一四),歐戰爆發。中國宣告中立。日本則藉口英、日同盟,和英國聯兵,攻陷青島。他的攻青島,是從龍口上陸的。中國不得已,畫龍口接近膠州灣的地方爲戰區。而和日本約定,不得越過濰縣車站以西。日兵又越出範圍,占據膠濟鐵路全綫。且將青島海關强占。事後,中國要求撤兵。英國無異議。日本又命其公使日置益,逕向袁總統提出五號二十一條的要求。磋商再四。日本於四月二十六日,提出最後修正案。至五月七日,用最後通牒致我:"除第五號第一條業已協定,餘俟日後再議外,其餘應不加更改,即行承認。以九日午後六時爲限。"中國就於是日午前答復承認了。日本所提五號二十一條的要求,大致如下:〔第一號〕(一)承認日後日、德政府協定德國在山東權利利益讓與的處分。(二)山東並其沿海土地及各島嶼,不得租借、割讓與他國。(三)允許日本建造由煙臺或龍口接連膠濟的鐵路。(四)自開山東各主要城市爲商埠。應開地方,另行協定。〔第二號〕(一)旅順、大連灣、南滿、安奉兩鐵路。租借的期限,均展至九十九年。(二)日本人在南滿、東蒙有土地所有權及租借權。(三)日人得在南滿、東蒙任便居住往來,經營工商業。(四)日人得在南滿、東蒙開礦。(五)南滿、東蒙(甲)不許他國人建造鐵路,或向他國人借款建造鐵路,(乙)以各項課稅向他國人抵借款項,均須先得日本同意。(六)南滿、東蒙聘用政治、財政、軍事各顧問、教習,必須先向日政府商議。(七)吉長鐵路,委任日政府管理經營,從本條約畫押日起,以九十九年爲期。〔第三號〕(一)將來漢冶萍公司,作爲合辦事業。未經日政府同意,該公司一切權利產業,中國政府,不得自行處分;並不得使該公司任意處分。(二)漢冶萍公司各礦附近的鑛山,未經該公司同意,不得准公司以外的人開採。此外凡欲措辦,無論直接、間接,恐於該公司有影響的,必先經該公司同意。〔第四號〕中國沿岸港灣及島嶼,概不租借或割讓與他國。〔第五號〕(一)中國政府聘日本人爲政治、財政、軍事等顧問。(二)日本人在內地設立寺院、學校,許其有土地所有權。(三)必要地方的警察,作爲中、日合辦;或由地方官署聘用多數日本人。(四)由日本採辦一定數量的軍械。或設中、日合辦的軍械廠,聘用日本技師,並采買日本材料。(五)接連武昌與九江、南昌的鐵路,及南昌、杭州間,南昌、潮州間鐵路的建造權,許與日本。(六)福建籌辦路礦,整理海口(船廠在內),和需用外資,先向日本協議。(七)允許日人在中國傳教。

廢帝復辟

黎元洪繼任總統後,即恢復《臨時約法》,並召集國會。民國六年(一九一七），德國因戰事不利，宣布無限制潛艇戰爭。我國因勸告無效，對德絕交，進而謀對德宣戰。此事國務總理段祺瑞，主持最力。召集各省區督軍，在北京開軍事會議。時府院之間，頗有意見。國務院主張對德宣戰，總統則頗遲疑。參戰案提出於衆議院，有自稱公民團的，包圍議院，强迫通過。閣員又有辭職的。國會説閣員零落不全，參戰案應俟內閣改組後再議。各省區督軍、革命軍起義時，各省主持軍政的，均稱都督。袁世凱改爲將軍。此時護國省分，均稱都督；未脱離北政府的省分，仍稱將軍；黎元洪代理總統，一律改稱督軍。都統，藉口國會所定憲草不當，分呈總統、總理，要求不能改正，即行解散。先是張勳爲長江巡閱使，駐紮徐州。及是，各督軍、都統及其代表，遂紛赴徐州開會。黎總統旋下令免段祺瑞之職，各督軍、都統，遂紛紛和中央脱離關係。黎總統令安徽督軍張勳入京，共商國是。張勳到天津，要求黎總統解散國會而後入。張勳入京後，突於七月一日，擁廢帝溥儀復辟。黎總統避入日本使館。下令由副總統馮國璋代行職務，並以段祺瑞爲國務總理。段祺瑞誓師馬廠，以十二日收復北京。張勳避入荷蘭使館。

黎元洪像

護法之役

　　當國會解散後，廣東、廣西即宣布不受非法內閣干涉。及復辟之役既定，黎元洪辭職，由副總統馮國璋入京代理。北方的人，主張民國業經中斷，可仿民國初年之例，召集參議院。於是雲南亦宣言擁護《約法》。國會開非常會議於廣州，議決《軍政府組織大綱》。在《臨時約法》未恢復前，以大元帥任行政權。選舉孫中山爲大元帥。後又改舉總裁七人，組織總裁會議，由政務員所組織的政務院贊襄之，以行使行政權。是爲護法之役。護法軍和北軍戰於湖南，彼此無甚結果。北方召集參議院，修改《國會組織法》和《兩院議員選舉法》，據以召集國會。選徐世昌爲總統。於七年（一九一八）十月十日就職。就職之後，通電南北停戰議和。在上海開和平會議。至八年（一九一九）五月間，亦卒決裂。

直皖之戰與奉直之戰

　　馮國璋代理總統時，段祺瑞仍爲國務總理。段祺瑞是安徽人，馮國璋是直隸人，一時遂有皖系和直系的名目。當我國加入歐戰時，曾大借日款，練成參戰軍。以段祺瑞爲督辦。歐戰既終，改爲邊防軍。民國九年（一九二○），第三師師長吳佩孚自衡陽撤防北上，段祺瑞將邊防軍改爲定國軍。兩軍在近畿衝突。定國軍戰敗。段祺瑞遂辭職。是爲皖直之戰。

　　皖、直戰後，曹錕爲直、魯、豫巡閱使，吳佩孚副之。王占元爲兩湖巡閱使，張作霖爲東三省巡閱使，又兼蒙疆經略使，節制熱、察、綏三區。民國十年（一九二一），湖南軍隊攻入湖北，給吳佩孚打退。遂代王占元爲兩湖巡閱使。十一年（一九二二），直系各軍，又和入關的奉軍在近畿衝突，奉軍敗退出關。是爲直奉之戰。戰後，東三省遂獨立。

孫中山先生返粵與陳炯明之叛變

　　其時南方亦因軍人跋扈，不能貫徹護法的主張。孫中山等遂離粵赴滬。先是陳炯明以廣東軍隊，駐紫漳、泉。九年（一九二○）七月，自漳、泉回粵。南方主席總裁通電取消獨立。徐世昌據之下令接收。孫中山等通電否認。旋回粵，再開政務會議。十年（一九二一）四月，國會議決《中華民國政府組織大綱》。選舉孫中山爲大總統。以五月五日就職。孫中山宣言：徐世昌儻捨棄非法總統，自己亦願同時下野。是年，粵軍平定廣西，孫中山遂在桂林籌備北伐。十一年四月，中山將大本營移設韶關。陳炯明走惠州。中山以五月發兵北伐，入江西。六月初二日，徐世昌辭職。曹錕等請黎元洪復位，黎元洪要求各督軍、巡閱使“即日解除兵柄，與元洪相見於都門”。這自然是空話。旋因各督軍覆電表示贊成，就先行入都了。

　　黎元洪復位後，將六年解散國會之令撤消。於是國會復在北方開會。南方則廣西的粵軍，於六月中回粵。圍攻總統府。要求孫中山與徐同退。孫中山避難軍艦，旋走上海。陳炯明復出爲粵軍總司令。是歲歲杪，廣西的滇、桂軍討陳。粵軍也有響應的。陳炯明再走惠州。明年，中山還粵，以大元帥名義，主持政務。中山回粵之後，陳炯明仍據惠州，爭戰不息，而黎元洪又給直系趕走。於是北方的風雲再變；而南方亦因國民黨的改組，旌旗變色，壁壘一新；北伐的大業，就要從此開始了。

【習題】

（一）問何謂二次革命？二次革命與辛亥革命的異點如何？

（二）試略述［一］帝制，［二］復辟，［三］護法的始末。

（三）試述二十一條件的大略。

（四）何謂直皖之戰，奉直之戰？

（五）自護法以後，南方的情形如何？

第五章　歐戰後之外交

歐戰是中國外交更新的好機會，惜乎因內爭不絕，沒有得到什麼好處，反因此而飽受強鄰的壓迫。

對德宣戰

我國的對德宣戰：（一）因德國是憑恃強權，要想以武力征服世界的；而無限制潛艇戰爭，尤其違背人道。（二）亦想借此提高國際地位。惜乎國內政見紛歧，宣戰之議，發動於六年（一九一七）二月間，直到是年八月十四，方才實行。雖然大借日款，練成參戰軍，都用之於內爭；對於歐戰，不過曾招募華工，前往參與挖掘戰壕等工作而已。

日本之占領膠州

日本所提二十一條要求，用兵力脅迫承認後，其年五月，即訂成條約二十五條。而日本在山東的駐兵，仍未撤退。民國六年（一九一七），日人並在青島設立行政總署，濰縣、濟南各設分署。七年（一九一八）九月，才由駐日公使章宗祥，和日本訂立《濟順高徐鐵路借款預備契約》，附以照會，許膠濟鐵路所屬確定後，由中、日合辦。日人將沿綫軍隊，除留一部分於濟南外，餘均調回青島；並將所施民政撤廢。中國覆文中，有"欣然同意"字樣。到中國加入參戰時，日人又要求英、法、俄、意四國，承認其接收德國在山東的權利。英、法均立有密約。俄、意亦經諒解。

巴黎和會

八年（一九一九）一月，歐洲各國，開媾和會議於巴黎。事先，美國總統威爾遜氏,提出和平條件十四條。中有組織國際聯盟一項。經各國認為議和的根本條件。及是,遂將《國際聯盟條約》,加入《和約》中。此時一般弱小國家,對於和會,頗抱熱望。然當會議開始時,英、美、法、意、日五國,即組織所謂最高會議。一切事情,頗為其所壟斷。及山東問題提出,我國要求由德國直接交還。日本也主張由德國讓給他。爭持不能決。因英、法袒日,我國又有"欣然同意"的覆文,遂至未能得直。消息傳至北京,民衆大憤,於是有所謂五四運動。二十一條的要求,係由陸徵祥、曹汝霖和日本交涉。日本撤廢在山東所設民政及將軍隊調回青島的交涉,則係章宗祥所辦。此時北京專門以上學校的學生,要求政府罷免三人。各處學校,亦相繼罷課要求。商店亦多罷市。其結果,政府於六月十日,將三人免職(時曹為交通部長,章為駐日公使,陸為造幣廠總裁)。我國代表,聲明可在和約簽字,而請將山東問題保留,不許。要求不因簽字故,妨害將來的提請重議,又不許,遂未在《對德和約》簽字。其後由大總統以命令宣告對德戰爭終止。至于《奧約》,則我國仍行簽字的。所以我國仍為國際聯盟的一員。

外蒙交涉

外蒙的獨立,始終是倚賴俄人的。歐戰既起,俄國無暇顧及東方,外蒙已失所依恃。六年(一九一七),俄國革命事起,外蒙更備受侵擾。乃於八年(一九一九)十一月間,請求取消自治。呼倫貝爾的自治,亦即隨之而取消。其時政府方改參戰軍為邊防軍,然在外蒙的只有一小部分。皖、直戰後,更其無人過問。庫倫遂於九年(一九二〇)十一月間,為白俄所陷。中國無力鎮壓,至十一年(一九二二)七月,乃為赤俄軍所克。其時蒙古人已在恰克圖成立政府。至此,乃移於庫倫,推活佛為皇帝。活佛死後,外蒙就不再立君了。

華盛頓會議

遠東的風雲,在歐戰定後,日益險惡。於是美國有在華盛頓,召集會議之舉。事在十年(一九二一)十一月間。與會的為中、英、法、意、荷、比、葡、日等國。會中重要議題,一為遠東問題,一為限制軍備問題。遠東問題,成立《九國公約》,承認羅特氏的四原則。羅特氏(Elinu Root)係美國代表。當時我國代表,提出大綱十條,由羅特氏總括為四原則。(一) 尊重中國的主權與獨立,和領土及行政的完全。(二) 給中國以完全而無障礙的機會，以發展並維持穩固的政府。（三）確立並維持工商業機會均等的原則。（四）不得利用現狀，營求特殊權利、利益；並不得爲妨害友邦人民安全的行動。又成立《九國間中國關稅條約》。允許批准後三個月，召集關稅會議。我國提出取消領事裁判權案，各國亦允派員調查，其收回租借地之議，則英國允將威海衛，法國允將廣州灣交還；而英於九龍半島，日於旅順、大連灣，則均不肯放棄。關於限制軍備問題：英、美、法、日成立《海軍協定》。後來加入意國，共成五國。至十九年（一九三〇），又訂立《海軍公約》。諸約中皆規定英、美、日的海軍，爲五：五：三之比。諸約的滿期，都在一九三六年。所以大家都說一九三六年，是世界的危機了。

膠州之收還

膠州灣租借地，從《巴黎和約》定後，日人遂認爲業經德國讓給他，要求我國派員辦理交還事宜。我國興論，多主張提出國際聯盟。政府遂拒絕與日交涉。華盛頓會議開後，我國又將此問題提出。乃由英、美調停，在會外開議。英、美都派員旁聽。十一年（一九二二）一月間，成立條約。膠濟鐵路由我國庫券贖回，以十五年爲限。五年之後，得隨時償還全部或一部，惟須先期六個月知照。在償款未清以前，用日人爲車務總管和總司計。膠州灣由中國宣告開放。

其二十一條的問題，在會中爭執，仍不得解決。後來參、衆兩院通過請政府宣告無效。乃由政府照會日本，聲明將二十五條條約廢棄。

《中俄協定》與《中德協定》

歐戰後，我國和外國所訂條約，只有俄、德兩國，是號稱平等的。然《中俄條約》的利益，我國仍未能享受。先是《巴黎和約》規定德、奧兩國對中國的義務：是（一）放棄庚子拳亂所得的權利和賠款。（二）將專用租界，改爲各國公用。（三）德國並須將庚子年所掠天文儀器交還。我國雖未簽字《德約》，德國仍都履行。其後德、奧兩國，於十年、十一年（一九二一、一九二二），先後和我國訂立條約，均將領事裁判、關稅協定等條款取消。

至俄國的關係，則殊爲複雜。八、九兩年（一九一九、一九二〇），俄國因國體變更，備受各國的封鎖，很願得一國與之親交。曾兩次宣言：願放棄帝俄政府用侵略手段，在中國所取得的特權和土地，放棄庚子賠款。無條件將中東路交還中國。中國因與協約各國取一致步調，始終未能和俄國交涉。英、美、意、日等國出兵援助反俄的捷克軍，中國亦派兵追隨其後。各國反謀將中東鐵路置諸國際共管之下。經中國力爭始止。中國乃和道勝銀行訂立條約，否認第三國和該路有關。俄政府的職權，由中政府代爲行使，至議有辦法之時爲止。民國十三年（一九二四），英、意兩國，都已承認俄國了。我國乃和俄國開議，訂定《中俄懸案解決大綱》：（一）俄國拋棄帝俄時代，在中國所得的特權和特許。（二）放棄庚子賠款。（三）取消領事裁判權和關稅協定。（四）帝俄政府與第三國所訂條約，妨害中國主權的，一概作爲無效。（五）承認外蒙古爲中國領土的一部分，尊重中國的主權。（六）簽字後一個月，舉行會議，解決外蒙撤兵等問題。（七）中東鐵路，許中國贖回，亦在此會議中磋商辦法。其後此項會議，遲至十四年（一九二五）八月始開。又因東三省獨立，一切事情，都無從議起。俄人乃和奉天省訂立所謂《奉俄協定》，而中央對俄的交涉，始終未能有成。

關稅會議與法權調查

中國關稅更改稅率之議，是起於前清的《辛丑條約》的。此時因我國賠款的負擔重了，乃許我於裁釐之後，將入口稅加至值百抽一二·五，出口稅加至七·五；並得抽出產、消場、出廠三稅，以爲裁釐的抵補。其後中國憚於裁釐；外國則本有內地稅以代釐金，釐金所病，實爲中國商人，故亦不來催問；條約遂等於暗葬。華盛頓會議時，中國提出關稅自主案，然《九國間中國關稅條約》，仍止許於批准後召集與約和加入各國，開一關稅會議，以實行《辛丑條約》而已。其後此會由段政府召集，於十四年（一九二五）十月，在北京開會。中國又提出關稅自主。外人承認其原則，許我國定稅則，於十八年（一九二九）一月一日，發生效力；而我國政府，宣言於同日裁釐；並制定七級稅則，實際上得到各國的承認。名爲自主，其實主權是很不完全的。國權一經損失，恢復之難如此，外交上的事件，怎好不謹慎呢？

至於撤消領事裁判權的提案，則與會各國，議定派員調查中國的（一）法律，（二）司法制度、行政，（三）及領事裁判權的現狀後再議。亦於十五年（一九二六）一月，在北京開會。旋從事實際調查，製成《報告書》。對於軍人干涉司法，最致不滿。而法庭太少、司法經費太薄次之。撤消之議，仍主緩辦。

列强鎮壓下之民族運動

外交上的情勢如此，中國民族，可謂處於重重壓迫之下了。但是從國民黨領導以來，民衆漸漸覺悟；而民族運動，也就隨之而起。其中最值得紀念的，要算民國十四年(一九二五)五月三十日的上海慘案。此案因日人所設工廠，無故停工，槍殺要求復工的工人而起。學生游行講演，主張援助，爲公共租界捕房拘捕。羣衆要求釋放，又被開槍轟擊，死傷多人。於是公共租界罷市。外人所經營的事業，繼以罷工。罷市、罷工、罷課的風潮，延及各處，要求政府强硬交涉；並到處游行講演，以期喚醒民衆。因此又釀成六月十日漢口的慘案，和二十三日廣東沙基的慘案。漢口慘案，是因英商太古公司輪船到岸，船員和工人衝突，工人集衆游行，英兵開槍射擊而起的。沙基案則因廣東民衆，聚集游行，經過租界對岸的沙基，英兵無故開槍掃射而起。死者五十，傷者百餘。五卅案起後，由北京政府派員交涉。未幾即決裂。其後公使團提議派司法人員調查，經我國拒絕，但彼仍自行調查。其結果，僅令捕房有關係的人辭職；略給死者家屬以卹金而已。此事似乎未得結果。然而民族運動的效力，是決不泯滅的。國民政府成立以後，外交上的形勢，就漸漸改觀了。

【習題】

（一）我國對德宣戰的原因安在？其經過如何？

（二）日本如何占領膠州？占據後的行動如何？

（三）巴黎和會，我國有何項主張？因何失敗？《巴黎和約》，我國曾簽字否？我國以何種關係，成爲國際聯盟的一員？

（四）外蒙取消自治的經過如何？取消自治以後又如何？

（五）華盛頓會議的目的如何？其中重要議題，分爲如何兩項？何謂羅特氏四原則？此項原則，在今日仍能維持否？

（六）華盛頓會議，對於我國關稅、法權兩問題如何？後來有何舉動？

（七）華盛頓會議對於列强的軍備問題如何？

（八）歐戰以後，和我國訂立平等條約的，共有幾國？

（九）《中俄條約》對於外蒙和中東路的問題如何？此項條款，曾否實行？

（十）何謂民族運動？

第六章　國民革命之經過

中國國民黨之改組

　　中華革命黨，從袁世凱死後，就將本部移設上海。八年(一九一九)，改名爲中國國民黨。十二年(一九二三)，孫中山決定以黨建國，乃將國民黨改組，於十三年(一九二四)一月，開第一次全國代表大會。發表《宣言書》和《建國大綱》。會中又推孫中山爲總理。並議決將大元帥府，改組爲國民政府。南方的壁壘一新了。

　　先是十二年(一九二三)六月，黎元洪被逼赴天津。十月，曹錕當選爲總統，於是浙江和北京政府，斷絕關係。雲南和東三省，亦通電討曹。十三年(一九二四)九月，江、浙戰起。浙、滬聯軍和蘇、皖、贛、閩四省聯軍，相持於崑山之境。北政府使孫傳芳以福建的兵入浙。浙軍敗退。而直、奉之戰已起。吳佩孚和奉軍相持於山海關。旋馮玉祥自古北口回軍，和胡景翼、孫岳，改組爲國民軍。此時馮玉祥的兵稱國民一軍，胡景翼的兵爲國民二軍，孫岳的兵爲國民三軍。段祺瑞就任執政後。馮玉祥等曾通電將國民軍名義取消，然人家仍稱他們爲國民一、二、三軍。於是直軍敗退。奉軍入關。吳佩孚從海路南下，繞道長江以歸湖北，後北走河南的雞公山。曹錕被囚。馮玉祥和張作霖共推段祺瑞爲臨時執政。奉軍又南下，占領江蘇。此時南方亦出兵北伐，分入湖南、江西。北方政變後，段祺瑞請孫中山北上，共商大計，中山主張開國民會議，解決一切。段祺瑞不能從。其時段祺瑞亦主張先召集善後會議，以解決時局糾紛。三個月內，召集國民代表會議，以解決根本問題。並聲言"會議成功之日，即爲祺瑞卸職之時"。孫中山因其兩會議、人民團體，無一得與，命國民黨員，不得參與。後來段政府所召集的善後會議，僅議決軍事、財政兩善後委員會的條例。而此兩委員會，則因時局紛亂，未能議出什麼事情來。十四年(一九二五)三月十二日，中山卒於北京。

　　這時候，北政府以張作霖爲東北邊防督辦，馮玉祥爲西北邊防督辦，胡景翼督理河南軍務善後事宜，孫岳爲省長。胡景翼死後，以孫岳督陝，又以馮玉祥督甘。而直隸、山東、江蘇、安徽，都是奉系的人物做督理。吳佩孚仍居雞公山，浙江也仍是直系舊人。十四年（一九二五）十月，浙江借秋操爲名，發兵入江蘇。江蘇、安徽的奉軍都退走。浙軍直打到徐州。吳佩孚亦起

兵於漢口。收撫河南舊部，進攻山東。奉軍駐紮關內的郭松齡，又舉兵反奉。出關打至巨流河，敗死。而馮玉祥的兵，亦與駐紮直隸的奉軍開戰。奉軍敗走山東，組成直魯聯軍。此時的奉系，可謂處於四面楚歌之中，而吳佩孚忽將討奉軍事結束，與奉軍聯合，以攻馮玉祥。直魯聯軍亦北上。至十五年（一九二六）三月三十一日，而馮軍棄北京，段祺瑞走天津。

南方的國民政府，以十四年（一九二五）四月，平定東江。滇、桂軍在後方作亂，回軍平之。七月，國民政府改組。廢元帥制，代以委員制。當國民軍回救廣東時，東江復爲敵兵所據。十一

蔣中正像

月，發兵再定東江。並平定廣東全省。廣西亦來附。於是將各軍編爲國民革命軍，預備北伐。十五年（一九二六），第二次全國代表大會開會。六月，中央執行委員會通過迅速北伐案。國民政府任蔣中正爲總司令，出兵北伐。

國民政府北伐之完成

其時湖南的兵，有歸附國民政府的，也有仍爲直系效力的。國民政府乃派兵前往救援。將湖南平定。至九月，遂下漢口、漢陽，把武昌包圍。十月十日，武昌亦降。這是國民軍的中路。其左軍西北上，平定荊、沙。右軍入江西。至十一月而江西平定。留守東江的兵，以十二月入福建。而北方的國民軍，亦以七月間進兵甘肅。十一月入陝西，十二月達到潼關。

其時河南仍爲直軍殘部所據，河北則爲奉軍，而直軍從江西敗後，亦退駐江北。南京仍由奉軍渡江，當守禦之任。國民政府乃以湖南、北的軍隊入河南；命東江的軍隊，從福建入浙江；在江西的兵，分爲江左、江右兩軍，沿江東下。入浙江的軍隊，和沿江東下的軍隊，於十六年（一九二七）二月，達到南京。入河南的兵，至五月間，亦在開封和出潼關的馮軍會合。

此時革命軍的氣勢，已如風利不得泊。而因清黨事起，稍行停頓。直軍

曾以其間攻占揚州、浦口，並渡江占據龍潭。旋給國民軍打退。其時山西亦出兵以攻直隸的奉軍。然因北伐總司令辭職，故南方仍未能出兵。十七年（一九二八）一月，蔣中正再起任總司令。乃再出兵北伐。四月間，連下兗州、泰安。五月一日，入濟南。至三日而慘案作。當十六年（一九二七），國民政府的兵力，將要達到山東時，日本已藉保僑爲名，調兵駐紮濟南。後因北伐停頓退回。十七年（一九二八），北伐進行，日兵亦復至。六月三日，日兵駐濟南的，無端啓釁。將我國徒手的軍民，殺死無數，且闖入交涉公署，殺害特派交涉員蔡公時，及職員多人。我軍因避免糾紛，飭令軍隊退出。

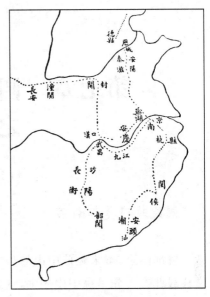

北伐完成路綫圖

日軍又於八日用大砲攻城。我國少數軍隊亦退出。日軍遂入據濟南。將津浦路截斷。又照會中國，說"戰爭進展到京、津，禍害或及滿洲時，日本要執行適當的處置"。國民革命軍繞道德縣北上。奉軍亦發出息爭禦侮的通電。六月三日，張作霖出關。四日，至皇姑屯，遇炸。張作霖的遇炸，是促進東北和國民政府合作最重要的關鍵。其時直、魯軍尚麕集直東，由關內外合力解決。至十二月二十九日，東三省亦通電服從國民政府。北伐的事業，遂告完成。其占據濟南的日兵，却直到十八年（一九二九）三月間，才議定條件，至六月中乃撤退。

【習題】

（一）試述國民黨改組的經過。

（二）國民革命軍北伐前，北方的形勢如何？

（三）試依下列階段，略述國民軍北伐的經過：〔一〕平定湖南北，〔二〕奠定南京，〔三〕平定北方。

（四）何謂五卅慘案？

第七章　國民政府成立後
之內政與外交

國民政府奠都南京

　　奠都南京，本來是孫中山的遺訓。國民革命軍北伐，既經進展，政府自
當移設北方。先是孫中山先生，主張聯合世界上以平等待我的民族，共同奮
鬥，所以主張聯俄。然認共產的辦法，不適宜於中國，所以只許其黨徒以個
人資格，加入國民黨。其後共產黨徒，仍圖在國民黨中，擴充該黨的勢力。
北伐軍進展以後，政治會議議決遷都武漢；而武漢一帶，共產黨勢力瀰漫，國
民黨乃有清共之議。議決遷都南京。政府於十六年（一九二七）四月十八
日，在南京成立。寧、漢之間，遂呈對立之勢。到七月間，武漢亦清黨，而合
作才告成。

國民政府

實行訓政及設立五院

中山先生的革命方略，本分爲軍政、訓政、憲政三時期。而其改組國民黨，又決定以國民造黨，以黨建國，以黨治國，然後還之國民。軍政時期，務在取得政權。訓政時期，由黨代國民行使，治權則由國民政府操之。到憲政時期，然後還諸國民。國民政府定都南京後，已脫離軍政的地方，就要實行訓政了。國民政府，由行政、立法、司法、考試、監察五院組成。各部均屬行政院。現設內政、外交、軍政、海軍、財政、實業、教育、交通、鐵道、司法行政十部。又有蒙藏、僑務、禁煙、勞工四委員會。其《組織法》，爲十七年（一九二八）所公布。二十一年（一九三二）五月，國民會議開會，並製定《訓政時期約法》。嗣由國民黨中央執行委員會，加以修正。國民政府，設主席一人，委員二十四至三十六人。五權由五院分別行使。院與院間不能解決的事務，則由主席團解決。國民政府，於十四年（一九二五）七月改組，廢大元帥，行委員制，已見前章。其制：設委員若干人，推一人爲主席，若干人爲常務委員，其下分設各部。十七年（一九二八）十月，公布《組織法》，五院次第成立，各部均屬行政院。到訓政時期約法，乃改設主席。主席不負實際政治責任。

收回租界

租界本不過是外國人來通商，畫給他居住之處。後來喧賓奪主，管理之權，多爲其所侵奪。外人管理租界，其法律上有根據的，係一八九六年的中、日《通商口岸議定書》（舊稱《公立文憑》）。將管理道路和稽查地面之權，明定其屬於該國領事。事實上，妨害我國主權最甚的，是上海租界。上海租界的市政，屬於工部局。其根據，係一八九六年的《洋涇浜章程》（工部局譯爲《上海洋人居留地界章程》）。此章程由外人納稅會通過，各國領事認可，駐紮北京的公使批准。工部局董事，由納稅人選舉，而納稅人年會，則由領事團召集，是領事和公使，干涉起中國的市政來了，真正豈有此理。除德、奧、俄三國，在天津、漢口的租界，因歐戰而收回外，其餘都沒有變動。國民革命軍達到九江、漢口時，英人鑒於我國民氣之盛，即將該地方租界交還。其後英於鎮江、廈門，比於天津，亦均將租界撤廢。但現在英、法兩國，在我國仍有幾處租界，而日本尤多。英在廣州、天津、營口；法在廣州、漢口、上海、天津；日在天津、營口、瀋陽、安東、廈門、杭州、蘇州、沙市、福州、重慶，均有租界。又鼓浪嶼、上海、芝罘，有公共租界。上海公共租界，係一八五四年將英、美租界合併而成，但實權實在英人之手。

實行徵收二五附稅

華盛頓會議《九國間中國關稅條約》，許開特別關稅會議，籌議實行《辛丑條約》，並許於過渡期間，徵收一值百抽二·五，奢侈品值百抽五的附加稅。特別關稅會議開會時，段政府提出關稅自主；又要求將此項附加稅，擴充至值百抽五，奢侈品則擴充至值百抽二十或三十，以爲過渡期間的辦法。未能有成。十六、十七年（一九二七、一九二八），二·五附加稅，乃由各關分別先後徵收。國民政府奠都南京後，就逕行進行廢除不平等條約，收回關稅主權的運動，不再斤斤於此了。

　　自五口通商以來，中國和各國所訂的條約，都是不平等的。損害國家的主權，國民的權利、利益，殊非淺鮮。所以國民黨的主張，首以廢除不平等條約爲重。國民政府奠都南京後，即發出廢除不平等條約的宣言。十七年（一九二八），又照會各國領事，訂定三種辦法：（一）舊約滿期的，當然廢除重訂。（二）未滿期的，以相當手續，解除重訂。（三）舊約已滿期，而新約未訂的，另定臨時辦法。旋頒布《臨時辦法》七條。外交官、領事，與以國際公法賦與的待遇。在華外人，受中國法院管轄。關稅在國定稅則未實行以前，照現行章程辦理。華人所納稅項，外人亦應一律交納。未規定事項，照國際公法及中國法律處理。自此和我重訂條約的，就有許多國。見附表。惟法國所訂，係《越南通商條約》。其中比、意、丹、葡、西各約，都訂有撤廢領事裁判權條文。諸約均附有條件。其中最緊要的，是外人得雜居內地，經營工商業，享有土地權。有人以爲以外人的內地雜居，換領事裁判權的撤廢，殊不值得。因爲外人財力雄厚，我國的工商業很難和他競爭，而土地也有被他大量收買的危險。但條約上訂明外人此項權利，仍得"以法律或章程，加以限制"，所以也看我們的運用如何。各國與我訂約，亦有本無領判權的。又有雖有而條約亦已滿期的。其墨西哥一國，則條約雖未滿期，而該國於十八年（一九二九）十一月，自願放棄。現在條約還未滿期，有領判權而未曾放棄的，爲英、法、美、荷、那、巴西六國。捷克、波蘭兩約，訂明保留內河沿海航權。至於關稅自主，則美國和我國，首先於十七年（一九二八）訂立《整理關稅條約》。聲明前此各約中，和關稅有關係的條文作廢，應用自主原則。其後德、那、荷、瑞典、英、法六國，亦先後成立《關稅條約》。比、意、丹、葡、西五約中，亦有明文規定。政府乃將關稅特別會議時所議定的七級稅則公布，於十八年（一九二九）二月一日實行。後來裁釐之舉，於二十年（一九三一）一月一日實現，乃將七級稅廢除，另定稅則公布。關稅自主，在形式上，就算達到目的了。但是實際的推行盡利，還要看國家的實力如何呢。十九年（一九三〇）所布稅則，含保護本國產業之意最多。惟中、日間在是年訂有《關稅協定》，附表規定若干貨物，彼此不得加稅。所以日貨進口，有課稅極輕的。二十二年（一九三三），協定滿期，政府乃加以訂正。然二十三年（一九三四）所公布的新稅則，則又和此意相背。這是迫於外交形勢，不是法律問題了。

重 訂 條 約 各 國			
西班牙	十七年 (一九二八)	希 臘	十八年 (一九二九)
葡萄牙		波 蘭	
丹 麥		法蘭西	十九年 (一九三〇)
意大利		捷 克	
比利時		土耳其	二十三年 (一九三四)

加入非戰公約

中國是素來以和平爲職志的，所以國際事業，有裨於世界和平的，無不盡力贊助。而民國十八年(一九二九)加入的《非戰公約》，尤足以資紀念。國際和平運動，由來很久。其設有機關，則當以海牙和平會爲最早。此會成立於一八九九年。亦曾開會兩次。第三次會未及開，而歐戰起，與會各國，多數都捲入戰爭的漩渦了。戰後，美國提出和平條件，因而成立國際聯盟。然美國自身，就未曾能毅加入，華盛頓會議，雖亦以限制軍備爲議題，而其效力僅及於太平洋，且亦僅能限制軍備。民國十六年(一九二七)，法、美二國，提議鞏固和平的辦法。後來就擴而大之，不以二國爲限。由美、法、英、德、意、比、波蘭、捷克、日本共同在巴黎簽字，成立《非戰公約》三條。約中訂明各締約國間，所起糾紛，不問其性質及原因如何，均不得用和平以外的方法。先後加入的，合計共有五十餘國。此約於世界的和平，可謂大有裨益。加入而又違犯的國，其當受嚴厲的制裁，自不待言了。

中俄絕交

從國民黨"清共"以後，蘇俄在中國，仍有宣傳其主義之舉。十六年(一九二七)，北京政府派員搜查俄國的使館，俄國因此撤回其代理公使。南方亦因廣州共產黨暴動，撤消其領事的承認。蘇俄的國營商業機關，在南北亦都遭勒停。惟東三省仍屬例外。十八年(一九二九)七月，東三省當局，又派員搜查哈爾濱的俄領事館，並改派中東路督辦，撤換俄籍職員。蘇俄因此對我絕交。其兵並侵入我國沿邊，攻陷同江、滿洲里等處。後由中央派員與俄會議，先將中東路回復原狀。訂定明年再開正式會議。正式會議開後，久無進展。直到二十年（一九三一）東北形勢大變後，中、俄乃於二十二年（一九三三）歲杪復交。

【習題】

（一）國民政府定都南京，在於何時？

（二）試述軍政、訓政、憲政三時期的區別。

（三）何謂五院？

（四）試將已收回及尚未收回的租界，列爲一表。

（五）何謂二五附税？關税自主的交涉，經過如何？現在是否完全實現？

（六）國民政府廢除不平等條約的辦法如何？現在辦到什麼地步？

（七）領事裁判權的取消，現達何種程度？

（八）何謂《非戰公約》？《非戰公約》的效力如何？

（九）中、俄絶交的經過如何？後來爲什麼要復交？

第八章　最近之文化經濟與社會狀況

五四後之文化運動

五四運動的價值，倒不在於政治上，而在於文化上。西洋近世的富强，看似由於工業的發達，軍備的擴張，其實真正的根源，還在科學發達上。因科學發達，所以對於天然的認識真確，而其利用天然之力，亦即隨之而加强。推科學的方法而施諸人事，對於社會的認識，也就真確；應付各種問題，自然也有計畫、有條理、有組織、有效率了。至於社會的風習，中西固各有所長，而現在相形見絀的，則是他們爲民治的，而我們非民治的。因爲是民治的，所以人人能毅自動，而其思想也極自由。民氣自然發揚，民力自然充實。非民治的，就適與相反了。中國的改革，始而注重於製造、軍事，既而注重於政治，可説是都没搔着癢處。到這時候，才專提出這兩種主義來，而中國的文化，就要焕然改觀了。因爲認識了科學的價值，所以肯埋頭研究學問的人漸多，不再抱淺薄的應用主義。因爲尊重科學的方法，所以有許多舊材料，也要用新方法來整理。因爲認識了民治的價值，所以學藝要求其普及於大衆，於是提唱新文學，提唱語體文；又由教育部製定注音符號頒行；近來又頒布簡體字；以求工具的簡易。而國家社會諸問題，亦非復少數人的專業，要用宣傳方法，"大吹大擂的，擡到衆人面前"了。梁啓超的話。

民國以來之財政狀況

一國最重要的命脈是經濟，而經濟的榮枯，往往表現於財政上。講起民國以來的財政，却是很驚心動魄的。革命軍興，財政的系統，一時破壞，自然要現出艱窘的樣子。經過兩三年的整頓，漸漸的有些上軌道了。不意帝制運動發生，中央威信墜地，各省應解的款項，多數都被截留。中央除關鹽餘外，付給所擔保的賠款、外債的餘額。乃專靠借債以自活。除前述的大借款外,還有許多較小的借款。歐戰期間,則專借日本債。歐戰既停,並日本債而不能得,則又專借內債。這是北京政府的情形。國民政府成立後,所借內債亦不少。現在中央政府的收入,以關、鹽、煙酒、印花,統稅爲大宗。田賦畫作地方稅,和契稅同爲重要收入。釐金已裁,然一切苛捐雜稅,各地方都是很多的;田賦的附加稅亦很重。二十三年(一九三四),政府才下令限制田賦的附加,並令各省裁撤苛捐雜稅。貨幣制度,當前清末年,就很紊亂的。前清貨幣制度的大亂,自其末年各省的濫鑄銅圓始。因此而幣價大跌,物價暴騰,人民生計大受影響;各地方流行的貨幣,亦愈形錯雜,難於整理了。民國以來,要想整理,始終沒有就緒。二十四年(一九三五),因美國收買白銀,我國現銀,源源外流,現出通貨緊縮的現象,政府乃於十一月間,實行管理通貨。將現銀集中,定以中央、中國、交通三銀行的紙幣爲法幣。從此通貨伸縮,較可自由;而外匯也易於管理。這或者也是經濟上的一條出路。

最近之社會狀況

社會的經濟情形,說起來也是很驚心動魄的。從一九二九年以來,全世界的經濟,都陷於恐慌。列強都高築關稅壁壘;又用傾銷政策,以爭奪市場,侵略後進之國。外力的如何猛進,只要看入超數目的急增,就可知道。再加以內戰的頻仍,天災的侵襲,租稅的苛重,盜賊的滋擾,自然要農村破產,工商折閱,民不聊生了。有恒產而後有恒心,社會的秩序,總是要生計寬裕,才能夠維持的。直此民不聊生之時,治安自然要有岌岌可危之勢。而且,一方面內地乾枯,一方面少數的都市,又隨着近世的文明而日益發達。於是窮困的自窮困,奢豪的自奢豪,更顯出矛盾的現象。社會的組織變了,舊的道德倫理,已不足以維繫人心;而新的正確的人生觀,又未成立;就連精神也陷於苦悶。古人說得好:"剝極則復,貞下起元。"直此社會極端混亂之時,我們要如何拿定主意,做個中流砥柱,自立立人呢?

民 國 以 來 入 超	
元年(一九一一)	一〇〇〇〇〇〇〇兩
九年(一九二〇)	二〇〇〇〇〇〇〇兩
二十年(一九三一)	五〇〇〇〇〇〇〇兩
二十二年(一九三三)	七〇〇〇〇〇〇〇兩

民衆運動之勃興

民衆運動，是國民覺悟奮起的現象。雖然一時不能大有成就，甚或因此而引起糾紛，然而其勢力，畢竟是不可輕視的。現代的民衆運動，實以學生爲前驅。對內則五四，對外則五卅，都有很大的影響。而其餘民衆，也都能够追隨其後。其中尤有意義的：是民國十四年（一九二五）國民軍初平東江之後，滇、桂軍在後方反動，而鐵路工人罷工，使其運輸不靈，因此得以迅速戡定。五卅慘案起後，省港工人，又聯絡罷工。且組織糾察隊，封鎖海口。使香港百業停滯，物價騰貴，大受影響。國民革命軍北伐之際，得民衆的助力尤多。這都是從前歷史上所沒有的現象啊。

產業之社會組織與改進

現代的生產，因其規模之大，分工之密，實際久已社會化了，然因勞動工具，爲私人所專有，所以其組織還不能盡善。中國的新式工業，雖然幼稚，然已有開始發達的趨勢。加以外人得在通商口岸設廠，勞資的問題，就更形嚴重。國民黨是最注意於勞資的協調的。所以在民國十一年（一九二二），就在廣州開全國勞動大會。十三、十四兩年（一九二四、一九二五），又曾開會兩次。十六年（一九二七）北伐進展後，各處的工會，亦都同時興起。後來因其不能盡善，乃又加以整理。而《工會》、《工廠》及《勞資爭議處理團體協約》等法，亦均製定頒行。

自治制度與社會

中國的自治制度，看似頹廢，其實人民自治的能力，是最强的。不論什麼事情，總是自己解決，倚賴官府的地方很少。這實在是社會改進惟一的道路。孫中山先生有鑒於此，所以也定以自治制度爲政治的基礎。《建國大綱》，本以縣爲自治單位。現行的制度：縣以下分區，區以下分鄉、鎮，鄉鎮以下爲閭、鄰。鄉指村莊，鎮指街市，大略在百戶以上，不得超過千戶。鄰五家，閭二十五家。鄉鎮和區，各設公所，其長，均以人民自選爲原則；未實行自治前，區長得由民政廳就考試合格人員中委任。鄉、鎮長由人民加倍選出，縣長擇一委任。閭鄰長則純由民選。一縣自治完成時，據

《建國大綱》：爲全縣人口，調查清楚；土地測量完竣；警衛辦理妥善；四境縱橫之道路，修築成功；人民曾受四權使用之訓練。人民即得行使選舉、罷免、創制、復決四權，選舉縣長。一省的縣都自治時，在該省即爲憲政開始，省長亦由民選。全國有過半數的省開始憲政時，就要召開國民大會，製定憲法，選舉政府，由國民政府將治權交還。而建國的大功告成了。

【習題】

（一）五四以後的文化運動，和前此有何異點？

（二）試述民國以來財政情形的大略。

（三）最近的社會經濟狀況如何？

（四）有些人總説："中國現在，舊道德已破壞，新道德未成立。"此説的意義如何？道德爲什麼會有新舊之別？

（五）民衆運動的利弊如何？如何能使之有利無弊？

（六）怎樣説現代的生產，已經社會化了？

（七）試略述現行的自治制度。

第九章　本期結論

本期所見民族性之發揮

民族性，本是因受異民族的壓迫而興起的。異民族壓迫的力量愈强，民族性的潛伏力，亦愈發揮得出。中國人的性質，是最和平寬大的。所謂"四海之内皆兄弟"，所謂"民吾同胞，物吾與"，見《論語‧顏淵》及張載《西銘》。從没有歧視異族的心理。但是要求平天下，就得把高等的文化推行盡利，以誘掖提攜後進的人。民族既以文化爲特徵，要愛護其文化的，就不得不愛護其民族。所以中國人的民族性，極爲堅强。没有外力壓迫時，潛伏而不見；一遇壓迫，就發揮出來了。從西人東侵以來，我國人對於他們，多抱着一個懷疑和拒絕的態度，到戊戌變法時，此等見解才翻然一變。然而庚子拳亂的反動，還很强烈。這個雖亦是民族性的發揮，却不能算做正當的途徑。直到本期中，我們才知道吸收他人文化的優點，以補我之所不足，而仍不失掉自己的特長。我們以辛亥革命，排除内部的障礙。我們以廢除不平等條約，抵抗外來的壓迫。我們願意聯合世界上以平待我等的民族，共同奮鬥，以達到扶助弱小民族共圖解放的宗旨。我們的志願，是多麽弘大！我們的責任，是何等艱巨呀！

國際關係之密切

國際關係，到本期中，愈見其密切了。在近代史的末期，我們本已飄搖於瓜分和均勢兩種外交情勢之中。國外的風雲變化，往往影響及於我們。到最近二十餘年中，此等勢力的影響，更爲深刻。因爲歐洲大戰，而引起五號二十一條約要求。因爲歐戰終了，列國共謀和平，而有華盛頓會議，謀解決太平洋問題。因爲歐洲糾紛之多，情勢之嚴重；一九二九年以來恐慌的普徧；而有最近五年來的事變。"銅山西崩，洛鐘東應"，真是"牽一髮而動全身"了。然而外界的情勢，雖足以震蕩我們，我們本是要自力更生的，我們亦無所畏懼。越是外界的風波，來得險惡，我們的脚跟，越要站得定；我們的方針，越要看得準。我們如以孤軍轉戰於長圍，我們要隨時看清四周的情勢，以謀適當的應付。

國計民生概觀

　　國際的關係，更密切了。返觀我們的國計民生，却是甚麽情狀呢？我們在世界上號稱大國，然而沿邊之地，或者分崩離析，或竟被人吞噬；內地又因缺乏資本，未能開發，較爲肥沃之地，則人口甚稠。一公方里，要住到百人以外。每人平均的耕地，只有四畝。據民國二十四年（一九三五）《申報年鑑》。人家説人口過剩，强占了我們的土地去，我們自己倒沒有調劑之方了。

塞外森林

　　出洋謀生呢？到處受着苛待和驅逐。在工業上謀出路呢？外人得在通商口岸設廠；關稅雖號稱自主，實際還未能毫無牽掣，用作壁壘。輕工業受着壓迫，重工業更不必説了。商業呢，入超的數目，大到可以驚人，國內所謂豪商，不過爲外人推銷貨品，沾其餘瀝。門戶洞開了，交通便利了，外人的經濟勢力，格外深入。手工業和家庭工業，首遭破壞。農產品也受了市場價格的影響，不償其本。加以內戰的破壞，天災的侵襲，遂至農村破產，食糧也要從外國輸入；棉毛織品、木材、煤、鐵、煤油等，更不必説了。我們的衣食住行，豈不是全要仰賴他人了麽？民生如此，國計自然要受其影響。我們歷年的政費，多是靠内債支持，而又大部分用之於軍事上。我們的建設事業，多數無法進行。我們的軍隊雖多，軍備仍不充實，以致國防極不堅固。我們的出路在哪裏呢？

從各方面求解放

我們是要從各方面求解放的。解放的最大障礙是政治。我們從辛亥革命以來，二十餘年，和專制的餘孽奮鬥。現在雖沒有能廓清，已有澄清之望了。不平等條約，雖不能完全廢除，到底廢除了一部分，其餘還可以繼續進行。經濟上，現在雖極枯窘，然而我們已設立了全國經濟委員會，以謀建設事業的進行。我們雖不希望借外債，然已得到外人的技術合作。全國經濟委員會，係因謀全國經濟建設，於民國二十年（一九三一）十一月設立。二十二年（一九三三）六月，照會國際聯盟行政院，請與其技術機關合作。國聯行政院即議決，委派代表一人，爲中國與國聯之技術聯絡員。其後國聯曾屢派專家來華。我們的公路，業已建築到二萬公里。二十四年（一九三五）十一月十七日經濟委員會對第五次全體代表大會的報告。我們的輪船招商局，業已收歸國管。事在二十一年（一九三二）十一月。我們正在努力於治河。我們正在注意於開發西北。我們的通貨，業經由政府以加管理。我們的關稅，雖然實際上受些牽掣，究已訂定自主的條文。萬事根於人心，所以思想的解放，尤其是解放的根本。二十年以來，我們思想的進步，正是不可以道里計。一切偶像都打破，淺躁浮薄的見解，也不復存在，凡事都由專家加以考慮了。如此一點一滴做來，我們的大解放，終有達到目的的一日。俄國從大破壞以後，至於復興，爲期也不過十年，何況我國的破壞，未如俄國之甚呢？

未來之希望

我國有廣大的土地、衆多的人口，立國之古，民族之大，文化根柢的深厚，世界無與倫比，難道目前區區的危難，就足制我們的死命？天下事體段大的，功成總要難些。所以古人説“大器晚成”。從西力東侵以來，東洋各國，如日本、如暹羅，變法都已略有成效了。只有我國，變法最早，現在還滯在中途。就是由於我們體段最大，事情太繁複之故。我們的成功，雖然難些。我們成功之後，却決非這些小民族、小國家，所能望其項背。我國民都要有此自信力。親愛我們，危害我們的人，都請看着啊。

【習題】

（一）民族主義爲什麼愈受壓迫，愈會發揮其力量？

（二）我國現在，民族主義的發揮，所取的逕路如何？

（三）試述民國以來，我國所受國際形勢變動的影響。

（四）我國現在，國計民生的難關安在？其出路如何？試綜合全盤形勢，作一答案。

（五）怎樣叫從各方面求解放？

（六）何謂大器晚成，試就所知之事物，舉其實例。

第五編　綜　論

第一章　歷史與人類生活之關係

人爲什麼要求生存，這是無理由可講的。一定要問這話，只好讓宗教家、哲學家去回答。從古以來，宗教家和哲學家，儘有以爲人的生存，是無意義；甚而至於以爲是罪惡的，然而人，總是要求生存的；非至於迫不得已，總不肯不求生存。歷史上儘有許多壯烈的行爲，犧牲一己的，他所以犧牲一己，正是要求他人的生存；就他自己説，也可以算是一種更高尚的生存。然則求生是人的本心。宗教家、哲學家所以視生爲無意義，甚而至於視爲罪惡，實緣其時的社會，在不正常的狀態中，使人無以遂其生存，至少不能遂其有意義的生存之故。所以孫中山先生説：“民生爲社會進化的重心；社會進化，爲歷史的重心。”

生活進化

人爲什麼要從蒐集時代，進化到漁獵；從漁獵時代，進化到畜牧或農耕；再進而發達其工商業？這是爲什麼？人，爲什麼有種種的勞動工具？從石器時代，進化到銅器；從銅器時代，進化到鐵器？從簡單的工具，進化到複雜的機械？這又是爲什麼？

社會進化

人爲什麼要分工合力？爲什麼要共同捍禦天災，防止外患？甚而要侵略人家？爲什麼要從毫無組織的狀態，進化到氏族？爲什麼要從氏族進化到部落？爲什麼要從部落進化到國家？爲什麼近代國家的組織，遠較前代爲嚴密？

生存不是僅僅乎不至於死，是要求其有意義的。要求其有意義，就得擴大其生活。要求擴大生活，決不是一個人的力量能彀辦得到的。人就非聯結而成社會不可。而且從古以來，亦本沒有單獨而能生存的人。所以人和社會，只是一體。生活的進化，和社會的進化，亦只是一件事。

人要想維持其生存，擴大其生活，是不能不和天然鬥爭的。團結的範圍愈廣，則其對天然鬥爭的力量愈強，其生活也就愈形進步。但是人類的團結，未能都用最好的方法。所以在社會進化的中途，不免要現出病態。社會現出病態，人類的生活，就要感覺苦痛了。社會的病態，是怎樣形成的呢？人要求生存，要求擴大其生活，是該和天然鬥爭的。然而人，未必都能如此，在進化的中途，往往現出人和人鬥爭的狀態來。人和人的鬥爭，其初專靠武力。後來進步了，知道爭奪相殺，不可以習爲故常，就生出一種和平聯結的方法。靠着一種共認的交易秩序，以行其分工合作，以維持其生存，而擴大其生活。然而這一種秩序，還不是真和平的。因爲在這一種秩序之下，人和人雖然互相倚賴，而其交易之際，是各求利己的。求利己，就要損害他人。作始也簡，將畢也巨。小的地方覺不着，現在要合全世界而互相聯結，就要顯出極大的矛盾來了。

人所以異於他動物的，是因其能使用工具。因爲能使用工具，所以人所能做的事情，不限於生來的器官所能做的。研究社會學的人說：“勞動工具，是所以補人類的器官的不足的。所以他只是人身器官的延長和變形。如鉗所以代指之拔，鋸所以代齒之嚙，耙所以代爪之挖。又如望遠鏡和顯微鏡，把眼睛的能力，擴大了幾千萬倍。所以人類會改良工具，就不待器官的改良，而自會進化。”工具的進化無限，工作的進步，也就無限。這是生活進化惟一的真原因。現代的機械，看似奇妙偉大、不可思議，然而細加剖析，亦不過是將作業機和動力機聯合起來，使人類的工作，更形工巧、整齊、敏捷；其力量，更形偉大罷了。社會的組織，是要隨着生活的情形而生變化的。有不同的生產方法，就該有不同的社會組織。然而人類對於社會知識的進步，追不上其對於天然的知識。於是生產方法改變了，而社會的組織依然。因爲生產的力量加大了，消費的數量，不能比例增加，於是不得不求市場於國外，不得不求原料品於國外，甚而至於不得不求廉價的勞動力於國外，就不得不尋求殖民地。殖民地是要用兵力去征服的。征服之後，還要用兵力去鎮壓。強者和強者之間，也要用兵力互相爭奪。爲防人爭奪起見，就要用兵力長期防衛。現在的資本主義，因此和傳統的武力主義結合，而成爲帝國主義。弱小的民族，做了強國的殖民地、次殖民地的，固然被犧牲了。強國之中，除少數人外，又有何利益呢？"打倒帝國主義！"在現在，是全世界人類生活進化、社會進化惟一正當光明的途徑，並不是我們單替自己打算的。而我們這個民族，在這進化的大路上，却該負起最大的責任。爲什麼呢？請看我們文化的演進，及其光榮。

【習題】

（一）孫中山先生說："民生是社會進化的重心。社會進化，是歷史的重心。"試略述其意義。

（二）試略述從古至今，生活進化和社會進化的情形，並說明二者有何等關係。

（三）試從社會進化的觀點，說明帝國主義的起源，並預測其將來的結果。

第二章　中國民族之逐漸形成與現在之復興運動

要講中國文化的演進，及其光榮，先得知道我們民族過去的歷史。

宇宙之間，不論什麼事物，都不是一蹴可成的，民族何獨不然。前人對於民族二字，每有一種誤解：以爲容貌的不同，就是民族的差異。其實這種以外觀決定民族同異的法子，是不對的。容貌的不同，乃是種族之異，而不是民族。種族之異，在外表上雖然顯著，倒是很容易消滅的。譬如中國歷史上所載深目高鼻的人，就都是現在的西洋種，葱嶺東西，本來是白種分布之地。中國的新疆省裏，白種人就很多，現在都和中國人同化了。其詳細情形，可看《王國維集·西胡考、西胡續考》。他們的容貌，和我們可謂很爲差異了，然而經過相當的時間，就都泯然無迹。我們絕沒有以容貌之異而排斥他，他們亦絕沒有因此而自外。可見種族的界限，是容易泯除的。不能在短時間內泯除的，倒是民族。

民族之異，爲什麼不易泯除呢？這是因爲人類所處的環境不同，因而需要不同的應付方法，有不同的應付方法，就形成了不同的文化。文化既形成之後，是有其相當的固定性，而不能驟變的。所以民族的融合，也要相當的時間，而不是一蹴可成。這個，只要看中國民族的逐漸形成，就是一個證明了。

中國民族，在古代，不過是黄河流域的一個民族。他的四圍，都有文化不同的異民族，所以他以中國自稱。他這最高的文化，和太陽的光輝一般，不斷向四圍輻射。四圍的民族，就是當時所謂夷、蠻、戎、狄的，經過相當的時間，就都和他同化了。黄河流域的異民族，既經同化，他就進而和蒙古高原的游牧民族接觸。這些游牧民族，著名的有匈奴、鮮卑、突厥、回紇和突厥，係同民族，已見《中古史》第十章。蒙古，東北則有女真。西北則有深目高鼻的西洋種，漢時稱爲西胡或西域胡，後來簡稱爲胡的。在南方則有所謂黎族，後世通稱爲蠻，近代音轉，改寫作苗。有越族，亦寫作粤，就是現在的馬來人。有濮族，後世稱爲爨蠻，又稱爲烏、白蠻，就是現在的猓玀。參看第一冊《上古史》第二章。爨蠻之稱,是因其酋長之姓。烏、白蠻是因其人服飾的顏色。這許多異族,或者靠着武力的優越,一時侵入中國,壓服漢人。然其大多數,都是處於平和關係之中的。因爲漢族文化的優越,經過相當的時間,大部分亦都同化。中國民族,就如此逐漸形成。

　　中國民族,可以說是世界上最優等的民族。他已往的成績,既昭然與人以共見;未來的光榮,自然也是無限的。但是從西方東侵以來,我們就不得不暫時遭遇着一個危機。文化本是所以應付環境的。環境變,文化亦不得不隨之而變。但是前文已經說過了:文化是有相當的固定性的,不能轂要變就變。我們前此的文化,雖然優越,近幾百年,卻比人家少走了一步。我們民族,相形之下,就現出衰敗的樣子來,不能不注意於復興的運動。

雲南僰人

質之改善

　　民族復興運動,有兩個方面:一是質的改善,一是量的擴充。質的改善,是優生學上的問題。但後天的教育問題,所關尤大。我們每一個青年,都不可不隨處勉力,求爲現代一個有用的人;而機緣湊合時,尤不可不盡誘掖提攜他人的義務。

量之擴充

量的擴充，我們在過去，已有很大的成功；現在仍當繼續着這條路綫，再向前走。民族既以文化爲特徵，則文化的融合，就是民族的融合。我們努力於文化的改進，就足使我們民族的量，更形擴充。

【習題】

（一）試述民族與種族之別。二者的異同，孰爲易見？孰爲易於泯除？

（二）民族爲什麼要逐漸形成？

（三）試略述中國民族的成分。

（四）何謂復興運動？復興運動的重要條件如何？

第三章　中國文化之演進及其光榮

文化不是什麼特異之物，在某一種環境之內，總要想出一種方法來應付的。應付環境的方法，就是文化。所以雖是極野蠻的民族，也不能說他沒有文化的。但是文化不能無優劣。環境特別佳良，這並不是說天惠的優厚。天惠過厚和過薄，都是不行的。如中國的氣候，並不算很佳良。然中國人卻因此而受到相當的鍛煉，移殖到各處地方去，都很容易適應。適應的力量，特別強盛，就能形成一種優等的文化，而爲後進民族的導師了。這一種光榮，在我們的歷史上，可說是充滿了的。

中國文化的特徵

中國的文化，有怎樣的特點呢？從歷史上看來，則我們爲世界上最大的民族，我們爲世界上最古的大國。歷史上不是沒有大國，到現在，都已滅亡了。現在世界上，亦不是沒有大國，其起原，都不像我們這麼早。一時的盛衰，是不足論的。適應環境的力量，到底是強是弱？全要看長時間的試驗。受這種試驗的，世界上任何民族，可說都不及我們，已得優越的證明了。這難道是僥倖的麼？不，一時一事，或者可以僥倖成功；縣歷很長的時間，經過很多的事變，決不是能彀僥倖的。然則我們的成功，確不能不歸之於我們文化的優越。我們文化的優點，到底在哪裏呢？

（一）我們的文化，最爲廓然而大公。我們是以世界大同爲主義的。我們的終極目的，在於平天下，治國只是中間的一個階段，也可說是平天下的一種手段。所以我們對於人家，總是盡誘掖提攜之責，從沒有壓迫榨取之事。人家自然願意和我們親近，都歸向我們來。

（二）我們最崇尚德化，而鄙薄以力服人。所以最注重道德倫理。政治管束的力量，雖較鬆懈，社會團結的力量，卻極堅強。所以基礎極爲穩固。

（三）從智識方面論：我們最普徧的觀念爲易，我們大家所公認爲最適當的手段是中庸。我們不論什麼人，從沒有認環境爲固定不變的，所以我們最不固執。中國固然也有守舊的人，然比起西洋教會反對科學等舉動來，就不算得什麼了。現在有種人，崇拜外國，似乎過分了些，然這亦是中國人能毅虛心的一種表現。以中國之大，而有這少數人，斷不怕因此而失掉其民族性的。有等人説："中國民族的自信力，要因此而喪失了。"這實在是杞憂。而我們的行動，大體總能毅觀察環境，設法與之相適應。

中國文化與世界的價值

我們現在所差的，只是在科學的發達上，少走了一步。然而科學，本不是什麼特殊的東西。論其起點，原是人人懂得，而其粗淺的一段，亦是個個民族，都曾有過的。所爭的，只是發達不發達罷了。爲什麼科學在西洋會發達，在中國不會發達呢？這是由於環境之異，科學的宗旨，不在於應用；科學的發達，則必須在應用的環境之中。因爲其事有用，去研究的人才多；研究的人多，發明就多了。發明既多，製造出來供給應用的器具就多。這些工具，同時又是發明的基本。而且科學發達了，供給研究用的器械才精密，資財才豐富，能够養得活多數研究的人。於是研究上的分工才精密，而其合作的效果亦大。所以中國和西洋的相差，只在其第一步。從第二步以後，則彼此的環境不同，自然不會有同一的成就了。其第一步的發達，則由歐人海外貿易興盛，輸出貨物求過於供，不得不想使用機械之故。中國却無此條件。並不是人智的優劣。至於現在，我們已有科學的需要了，然而科學還不發達，則（一）由於一切發明，都有不可重複的性質；（二）則一切研究和試驗的設備，我們也迥不如人。還是環境之異。至於我國文化的特點，説是他國民族，全無所知；或雖有之而全不足道；這種議論，也是失之於誇大的。世界各民族，進化的程序，小異而大同，所以其所遭遇的環境，亦是小異而大同。説這一個民族的文化，完全爲別一民族所無，這個決不是事實。但是環境雖然大同，仍有小異。某一民族，因其環境之異，而其文化，在某一方面特別發達，這個也是有的。我們這最古最大的民族，在長時期中，經歷的事變，可以算得很多了，其文化有特別發達之處，足以裨益他民族，自然是事實。只此，我國的文化，對於世界就有很大的價值了。

【習題】

（一）試述文化的定義。

（二）中國文化的優點如何？

（三）中國在近代，較諸西洋人，爲什麼會落後？其落後的原因安在？和民智的優劣，有關係否？

（四）中國文化對於世界的貢獻如何？

第四章　國際現勢下之我國地位

列強帝國侵略之目標

現在的世界上，有兩大勢力：一種是歐洲工業革命以後，逐漸發達而成的帝國主義。一種是新興的蘇俄共產主義。帝國主義，是要向外侵略的。他是騎虎之勢不得下。美洲被門羅主義封鎖了；南洋和非洲，占據分割盡了；列強共同的目標，遂集注在遠東。共產主義，自然和帝國主義不同。然而他要想和帝國主義作正面的衝突，就得挑起世界革命。

國際間之結合

遠交近攻，合小攻大，此四字見《漢書·晁錯傳》。既已處於列國並立之世，自不能超然獨立。爲着利害的關係，總不能不有所結合。一方面有所結合，他方面，自然形成敵對的局勢了。在歐戰以前，英、美、法、德、俄、日對於遠東，本來都有勢力的。歐戰以後，德國在海外的勢力，業經剗除盡了。俄國也不問外事。法國雖然戰勝，亦疲乏已極；而且中歐的局勢，很爲嚴重，也覺得無暇他顧。只有英國，海外的屬地最多；在遠東的勢力，本來也最雄厚。美國則瀕臨太平洋，對岸的利害，和他也有密切的關係的，所以都不肯放棄。日本，本來立國東洋，就更不必説了。"雖鞭之長，不及馬腹"，何況在歐洲多事，世界不景氣之際？這正是他進取的好機會。這就是最近局勢的所由形成。

我國於國際間之地位

人類能達到大同的地位，彼此講信修睦，没有詐虞争奪，這自然是很好的。但是此等理想，離現在的形勢還遠，現在世界和平之局，所以得不破裂，

全靠勢力的均衡；均衡一破，就危險百出了。而某一地方的情勢，尤其要靠該
地方的主人翁，能殼卓然自立，不致慢藏誨盜，以啓戎心。遠東的主人翁，是
誰？這自然是中國了。世界大戰，有人説：如其第二次要爆發，一定要在太平
洋的。所以中國今日，實在關係世界的安危，自身的安危，更不必説了。處此
局勢之下，軟弱固不可；虛憍之氣，也無所用之的。要在沈機觀變，洞察四圍
的情勢，以謀沈著的應付。合著孔子所説的話：“臨事而懼，好謀而成。”見《論
語·述而篇》。

【習題】

（一）現在世界上，有怎樣兩種勢力？

（二）爲什麽列强的目標，會聚集在太平洋？

（三）歐戰前後，遠東形勢的變遷如何？

（四）試略述我國在國際間的地位，及其應付的方法。

初級中學適用　本國史補充讀本

原書出版説明：自從抗戰勝利以後，我們所讀的歷史課本，還只叙到勝利以前爲止，即或涉及戰事，亦是很不完全。但最近十年來，實在是我們抗戰建國過程中，一個極艱苦而又極偉大的時代，在歷史上就是一個極重要的時代，我們怎能不加以一番詳細的檢討？本書所記叙的，便是關於我國自抗戰以來的一切史實，凡初中二、三年級學生，均可作爲歷史課的補充讀本來研讀。

前　言

　　中學生書局出版的《初中標準教本 本國史》及修訂版的《初中教本 本國史》的現代史部分，原寫到"九一八"事變。抗戰勝利後，應出版社的要求，呂先生又撰寫了一本《初級中學適用 本國史補充讀本》，也由上海中學生書局出版(一九四六年五月出版)。《初級中學適用 本國史補充讀本》設有八小節，自"九一八"事變一直寫到抗戰勝利後，幷附有習題四十六則，用作教學上的參考。中學生書局對此書的介紹是："自從抗戰勝利以後，我們所讀的歷史課本還只敘到(抗戰)勝利以前爲止，即或涉及戰事，亦是很不完全。但最近十年來實在是我們抗戰建國過程中一個艱苦而又極偉大的時代，我們怎能不加以一番詳細的檢討。本書所記敘的便是關於我國自抗戰以來的一切史實。凡初中二、三年級學生均可作爲歷史課的補充讀本來研讀。"①

　　《初級中學適用 本國史補充讀本》曾改名爲《中國近百年史補編》，收入上海古籍出版社出版的"呂思勉文集"《中國近代史八種》②(二〇〇八年八月出版，有删節)。本次將它收入《呂思勉全集》重印出版，我們按中學生書局的初版本重新作了校對，原書的章節注，現都改爲文中夾註，删節處加省略號；又訂正誤植、錯字外，其他如行文遣句、概念術語、人名地名等，均未作改動。

李永圻　張耕華

二〇一四年八月

----

　　①　呂思勉：《初級中學適用 本國史補充讀本》，中學生書局一九四六年五月版，封底。
　　②　即呂先生的《中國近代史講義》、《中國近世史前篇》、《中國近百年史概說》、《中國近百年史補編》、《中國近代文化史補編》、《日俄戰爭》、《國恥小史》和《中國近代史表解》八種著述的合刊。

目　　録

第一節　抗戰和建國

　　抗戰勝利了，我們所讀的歷史，却還大都只叙到勝利以前；即或涉及戰事，亦是很不完全的。最近十年來，實在是我們抗戰、建國，一個極艱苦而亦極偉大的時代，在歷史上，就是一個極重要的時代，我們怎好不加以一番檢討呢？

　　說起抗戰、建國來，我們先就要問：這四個字，爲什麼會連在一起？我們是世界上第一等的大國，且其立國之古，並世諸國無與比倫；難道我們建國的工作，還沒有完成麼？不，國家是隨着時代而進步的，從歷史上說，我們的建國工作，早就成功了；但論現代强國的資格，却還有所不足。這所以近百年來，內憂外患，更起迭乘，馴至國將不國，非建國無以抗戰，却又非抗戰不能建國了。

　　講起近百年來中國所以衰弱的總根源，自不能不歸咎於資本帝國主義的興起，因爲資本主義者，要保持其企業所得的利潤，於是要霸佔市場，又要尋求廉價的原料產地，且利用低廉而從順的勞動力，於是競欲佔據殖民地；其一片地方，而爲許多國家競事剝削的，則成爲次殖民地。殖民地，次殖民地，固然坐受其侵略而無可如何，然各强國之間，分贓是不會均勻的，當其利益勉强可以調和之時，則互相勾結，以殖民地、次殖民地爲其剝削的對象；到不能調和時，則各以國家爲其所利用的工具，而戰禍就不可免了。中國是世界上最古的大國，徒以近數百年來落後了一步之故，遂淪於次殖民地的地位。……我國的現狀如此，尚安有現代國家的資格？安得不急起直追，從事於建國？然要建國，則必爲蓄意侵略者所不喜，他必用種種的手段來阻撓，阻撓無效，就要妄動干戈，那我們非能抗戰，又將何以建國呢？

　　阻撓我們建國的是誰呢？那大家都不問而知其爲日本了。日本爲什麼要阻撓我們的建國工作呢？他和我們，同立國於東洋，不久以前，還和我們同是被侵略者。自甲午之戰以來，他雖漸躋於强國之林，畢竟在東方還是勢成

443

孤立的,正該和我們互相提攜,爲什麼反要向我們侵略呢? 須知各國各有其國情。日本是緊接着封建時代的。他的政權,全操於軍閥之手。新興的資本主義,不能將他打倒,却和他互相勾結。資本主義是要向外侵略的,軍閥也是要向外侵略的,他們互相提攜,就成爲帝國主義中最狂妄的一個角色了。現代的戰爭,規模大了,非地大、人多、物博,是不足以言戰的。日本乃係島國,先天貧乏,他妄欲争霸世界,就不得不先圖併吞中國。這所以近數十年來,日本之所以齮齕我者,無所不至,而中國欲圖建國,就決不能不和日本一戰了。

第二節 "九一八"之役

日本的侵略政策，本來有南進、北進兩派。南進是向南洋羣島發展，北進則伸足大陸。南進還是島地，不足以饜其野心，於是北進之論得勝。他要侵入大陸，朝鮮和我國的東北，自然是最近便，又最空虛的一角了。於是自甲午以來，即以朝鮮爲橋梁，步步向中國侵入。

皇姑屯之役，日本人把張作霖炸死了，滿意可爲所欲爲，不意反因此促成了中國的統一。這一次的舉動，未免弄巧成拙了。好侵略的日本人，自不甘就此罷休，於是乎醞釀了幾年，卒有"九一八"之變。

民國二十年(一九三一)九月十八日，日人自將南滿鐵路炸毀了一段，誣爲中國人所爲，其駐軍遂向瀋陽進攻。中國當此時，兵力萬不能和日本相敵，一與交戰，日本必有許多淆亂是非的説法。中國以爲如此則事態更將擴大，如其不與抵抗，日本人究不能無端佔領了他國的土地，乃命守軍退出。而不知日本人的强橫，更不要什麼藉口。瀋陽的砲聲既作，其在長春和安東的駐軍，亦同時發動。不數日間，遼、吉兩省要地，多爲所陷。

日本此種舉動，其爲違反《國聯盟約》、《九國公約》、《非戰公約》，是無待於言的。中國既無力抵抗，乃訴之於國際聯盟。國聯知事態嚴重，立即通知美國，而令日本兵退還鐵路沿綫之地。日人不聽，且發兵北陷黑龍江，西陷我在錦州的遼寧行署。二十一年(一九三二)一月二十八日，又在上海和我們挑釁。我駐紮上海的十九路軍，奮起抵抗。日人屢戰皆北，增兵數次，至三月一日，才得在瀏河登陸。我軍乃退守第二道防綫。這一役，我以孤軍抗戰，而屢摧强敵。國際觀察者都説，儻在同一條件之下作戰，勝利當屬華軍。中國兵力的未可輕視，於此可見了。然戰事當通盤籌畫，通論中國的兵力和日本相差甚遠，所以政府在此時，未肯輕於言戰。以英、法、美的調停，於五月五日，簽訂了停戰協定，暫時就局部之事，作一結束。當上海作戰時，日人又派其兵艦至首都附近游弋，且遣其飛機至後方偵察，以圖威脅我政府。我政府知道，日本的軍人是怎麼瘋狂的舉動都做得出來的，爲便於行使職權計，乃於一月三十日遷都洛陽，在其地召集國難會議，至十二月一日乃遷回。我國長期抵抗的決心，於此可見端倪了。然日人曾不覺悟。

當日人在東三省進攻時，其浪人又在天津引起騷亂，乘亂挾亡清舊主溥儀而去。二十一年（一九三二）三月，遂以之在長春建立僞滿洲國。

國聯因心力不齊，不能按照盟約施行制裁，乃派調查團東來。至是年十月初，才發表其報告書。報告書的要點：（一）日本的軍事行動，不能認爲合法的自衛。（二）僞滿洲國的建立，不能認爲出於民意。（三）又説東北的居民，三十人中的二十八，係屬漢人，其地當爲中國無疑。可謂義正辭嚴了。然又創議設立特殊制度，以治理東北。此點自非中國所能接受，所以我政府聲明：對於報告書，不能完全同意。然只是不同意其一部分而已，日人則完全置諸不顧。二十二年（一九三三）二月，國聯非常大會通過報告書，決議不承認僞國，依據報告書之言，另覓解決辦法。日人遂於三月間退出國聯。美國則早經聲明：不承認日人在東北用非法手段所造成的事實。海盜的行爲，在國際間，到底不能變爲合法的舉動了。

日本的侵略，還不止此。其軍隊，又於二十二年（一九三三）初，侵入山海關。又北攻熱河，三月一日陷之。且進犯灤東。我國因此時還不能用兵力抵抗，又忍痛於是年五月三十一日，和他成立《塘沽協定》。我軍撤至延慶、昌平、通縣、香河以西，日軍退至長城沿綫，而將其間作爲非武裝區域。至二十四年（一九三五），日人遂策動漢奸，於其地設立所謂冀東防共政府。日兵又侵入察北，於二十五年（一九三六），策動漢奸，在張北設立僞蒙古政府。其秋，又發兵進攻綏遠。我兵奮勇抵禦，日兵大敗而還。

日本在此時，雖到處發動侵略，然亦自知國力有限，久與中國作戰，必將因消耗過甚而陷於窘境，失其對於世界虛聲恫喝的資格，乃發動其誘降之策，提出所謂三原則者，要以此爲交涉的基本。即（一）中、日親善，（二）共同防共，（三）經濟合作。要講中、日親善，便要取締抗日行動，且須承認僞滿洲國，大銷沈我國的民氣。要講共同防共，日本就將以此爲口實，駐兵於中國，以威脅蘇聯。要講經濟合作，則更須舉中國的人力、資源，供其運用，……這不但使中國陷於滅亡，而且還要引起世界的戰禍，我國如何能承認他？於是日人雖屢以爲言，我政府則始終堅決拒絕。日人欲圖侵略，就只得孤注一擲，訴諸武力了。

第三節　“七七”及“八一三”之役

我國爲什麼不痛痛快快,逕和日本抵抗呢？ 那就是第一節中所說:立國於現代,要有現代國家的資格的,而我國則相差甚遠。以兵力論:現代陸軍力量的强弱,是要看其配備的,我國陸軍的配備,在二十六年(一九三七)抗戰開始時,只和義和團亂時的日本陸軍相等,落後了三十七年。海軍則簡直沒有,而日本却是世界上一個大海軍國。雖其艦隊依照海軍公約,與英、美爲五·五·三之比,然日本是很爲詭譎的,安知其不曾祕密造艦？ 即使艦隊之數多寡不敵,然其所據之地北起庫頁,西至臺灣,歐戰以後,德國在太平洋中赤道以北諸島嶼託其代管,日人又經營之爲軍事根據地,其形勢是很爲完固的,英、美要擊破他,也並不容易。兵凶戰危,這如何可以輕動呢？ 所以我國當橫逆之來,總是極端忍耐,然我國亦非毫無豫備,其中最重要的,便是二十四年(一九三五)十一月的改行法幣,在財政上先築立了一個抗戰的基礎。其尤有關於大局的,則爲政治上各黨派的合作。攘外必先安內,這是沒有疑義的。然以中國情勢的複雜,各黨派的政見安能沒有異同？ 異同之極,遂致演成兵爭了。這便是十八年(一九二九)以後的國、共戰爭。兩黨劇烈爭持之地,在於江西。其地雖入政府軍之手,然共產黨……乃經湖南、兩廣、貴州、四川、西康,而卒達於西北,在陝、甘、寧三省之間,建立其根據地。然“兄弟鬩於牆,外禦其侮”,國、共兩黨,抗敵、建國的宗旨,原是一樣的。所以共產黨到達西北後,即宣言願在共同抗敵的條件下,和政府合作。……二十五年(一九三六)十二月,蔣委員長巡行到西安,爲駐紮其地的軍隊所劫持,共產黨却力主釋放。兩黨的合作,至此告成,抗敵的戰綫,亦即於此成立了。

我國是個愛好和平的國家,所以抗敵的體制,雖已建立,然仍不願輕啓釁端。日人雖步步進逼,蔣委員長仍宣言:“和平未至絕望時期,決不放棄和平;犧牲未至最後關頭,亦不輕言犧牲。”其愛好和平之心,當爲天下所共見了。然日人仍不覺悟。二十六年(一九三七)七月,日兵在河北的,軼出條約上允許外國駐兵的區域,在蘆溝橋演習,妄言失一士兵,欲入宛平搜查,爲我駐軍所拒,遂於七日向我兵攻擊。此時日人欲併吞中國之心,業已昭然若揭。蔣委員長在廬山召集會議,宣稱抵抗的時期已至。且誥誡國人説:"一經開戰,惟有抵抗到底,中途妥協,即是滅亡。"各黨各派,一致宣言擁護政府。共產黨亦取消紅軍名義,由政府將其軍隊改編爲第八路軍。後改爲十八集團軍。神聖的戰事,於是開始了。

日人自知其國力的有限,所最希冀的,乃是我國不大抵抗,即行屈服。所以當平、津陷落後,仍稱爲地方事件,宣布其不擴大方針,冀誘我國言和。我國不爲所動。日人焦躁,八月十三日,又在上海挑起釁端。於是全面戰爭的形勢,無可避免。日人的希望,仍由日人自己把他打消了。上海戰事既作,我軍奮勇抵抗,日軍傷亡甚大,屢次增加兵力,直至十月杪,我軍才退守第二道防綫。上海戰事,我軍的傷亡,亦是很重的。敵我兵力懸殊,本無在海口作陣地戰之理。政府所以決心出此者,則亦有故。自鴉片戰爭以來,我國對外,屢戰皆北,政府尤懦弱無能,全國上下,無形中造成了一種自卑畏怯的心理,對於我國軍隊能毅對外作戰,政府對外能毅堅强抵抗,幾乎都失掉了信心了。上海戰役,雖因兵力懸殊,終於撤退,然在平夷無險之地,支持了頗爲長久的時間,中間克捷的戰報不少。將士作戰的忠勇,政府抗敵的堅决,都爲天下所共見,全國抗戰到底的决心,却於此建立了。此其得失,是不能從物質上衡量的。

上海之兵既撤,自此以西可守之地甚少,我政府乃决意遷都重慶,而於十二月十三日撤離南京。日兵入城,大肆殺掠。"南京暴行"的結果,至今調查還未十分完竣,然其罪惡,則已彰彰於世人之耳目而不可掩了。日人妄想於此時可以誘我言和,乃託德國公使出爲試探,爲我國所拒絕。日人的泥足,自此就不能自拔了。

當南方劇戰之時,日人在北方,又發兵侵入察哈爾,自此侵入晉北。八路軍大敗之於平型關。然因其兵力之優越,終於自井陘侵入晉東。晉北我軍亦撤退。太原於是失守。其據河北之兵,又南下山東,侵入濟南、泰安。首都之守既撤,我在東方防衛之兵,集中於徐州,中樞則在武漢。以敵我兵力之懸殊,此等地方自難久守,我軍之逐步抵抗,不過是消耗戰略而已。日人圖自山東進攻徐州,二十七年(一九三八)四月,在台兒莊地方,被我打得大敗。日軍直退回濟南,再從正面及豫東、皖北,三路進攻,至五月十九日,我徐州的守兵,遂不得不撤退。日人更自此向西。其據河南之兵,亦自信陽南下,與之呼應。後以艦隊溯江而上，連陷安慶、九江，其海軍又攻陷廣州。十月二十五日，我軍隊自武漢撤退。日人滿謂武漢不守，必可消滅我的抵抗力，然我軍民都先期撤出，生產工具亦都逐漸遷移，日人入武漢，亦僅得空城而已。

武漢撤退後，蔣委員長在衡山召集軍事會議，決將若干軍隊留置於敵人的後方，與當地民衆聯合，發動游擊戰，以困擾敵人。再在前綫之地，分配軍隊，與之相持。敵人雖在我國佔據若干大城市，維持若干條通路，然只是點、綫的佔領而已，廣大的地域仍在我軍手中。我國此等戰略，謂之"以空間換時間"。日人"速戰速決"的企圖，至此乃爲我所粉碎，不得不宣布長期作戰，看似勝利，實則戰局的主動，反在中國了。

第四節　東西戰事的匯合

　　牽一髮而全身動，列國並立之世，利害總是互相關涉的，何況我國，以東方最大之國，而爲反帝國主義的戰爭？其關係世界大局，自無待言，而日寇的進攻，要隨着世界大局的變動而變動，也無待於言了。

　　當第一次世界大戰以前，在東方有勢力的，本有英、美、法、德、俄、日六國。戰後，蘇俄的國情變了，德國海外屬地全失，法國亦疲憊已甚，在太平洋上角逐的，只是英、美、日三國。英、美的目的，只在保持經濟上的利益，中國而能強盛，無寧是其所歡迎的。只有日本意存吞併，與中國實處你死我活的地位。德、意兩國，雖和東方直接關繫已少，然其在西方，意欲掀起戰禍，實與日本聲勢相倚。中、日戰事之作，英、美、蘇三國，自然是同情於我國的。然因日、德、意之互相勾結亦不能不受到牽掣。英國屬地散處最廣，防護極難，所以對日的態度，極爲頓弱。日人攫奪我海關，二十七年（一九三八）五月間，英國竟和他成立諒解了。美國是不受什麼牽掣的，然其國中所謂孤立派者，聲勢很盛，對於歐洲之事，尚且主張概不過問，何況亞洲？所以其總統羅斯福氏雖極欲對日加以制裁，竟并禁運軍火而亦不能辦到。蘇聯則因國境聯接，牽掣尤多。二十四年（一九三五），即被迫將中東鐵路賣給僞國。中、日戰事起後，蘇聯雖於二十七年（一九三八）與我訂立互不侵犯條約，在滿、蒙邊境上，衝突之事尤多，然亦止於自衛而已，並不能爲更進一步的制裁。我國的對日作戰，除在道義上得到主持正義之國的支持外，物質上的援助且極少，何論軍事？我國此時的作戰，實在是以落後的軍備，和優勢數倍的強國相拒的，其艱苦可謂至極。然其勇敢的精神，強毅的意志，亦與天下以共見了。

　　日本在國際上既和德、意聲勢相倚，其行動自不能不互相配合。二十七年（一九三八）五月，德、意成立軍事同盟。明年一月，德國遂勸日本加入，欲發動世界大戰。日本爲中國所牽制，力有不足，猶豫不敢答應，乃於二月間佔領我國的海南島，對英、法作一威脅。我蔣委員長即指出：這是日本南進的先聲。然英、美等國仍不能有明確的舉動。此時歐洲的情勢更形緊張。日人乃於六月間壓迫法人，封鎖滇越鐵路；並壓迫英人，於七月間將滇緬公路封鎖三個月。英、法和蘇聯，本可共同制伏德國，然其秉政者對於蘇聯都不能無疑忌。三國間的商談終至失敗。德人乘機和蘇聯成立不侵犯協定，九月間，歐戰遂作。日人和德、意，本來是以防共互相標榜的，至是，日、德的盟約未成，德人反和蘇聯互相諒解，日人不免大喫一驚，乃宣言不介入歐戰，以安民心，而向我國大舉進攻，冀以解決戰局，拔出泥足。十月中，以大兵進攻長沙，大敗。日人對我國的看法，是以為抗戰的基礎，全立於外援之上，設或外援斷絕，抗戰即要崩潰的。這時候，運輸之路，自然仍多藉西南沿海，乃又以大兵攻入欽州，西陷邕寧，以加強對我的封鎖。

　　少數動搖分子，認賊作父，各民族中都是有的，而在我國，却不意其出於號稱黨國元老的汪兆銘。兆銘久蓄異志，二十七年（一九三八）十二月，自陪都祕密逃至越南的河內，和日本人私立協定，說兩國全面和平之日，日人即開始撤兵，於兩年之內撤完。然則兆銘雖降日，仍不能停止兵事，足見其所謂和平者為虛言，日人得兆銘之降，也絲毫無濟於事了。而兆銘恬不知恥，又鼓動其黨，推舉之為偽國民政府主席。於二十九年（一九四〇）三月三十日，竊據南京，謬稱還都。至十一月間，竟與日人訂立條約，且與日、滿共同發表宣言，其無恥，可謂達於極點了。

　　這時候，日本的泥足陷入愈深，其焦躁乃愈甚。是年五月間，乃大舉攻陷宜昌、沙市，以冀威脅我陪都。是時德國在歐洲，凶燄正盛。丹麥、挪威、荷蘭、比利時，相繼陷沒，法國亦崩潰。日人乃乘機侵入越南，法人為所迫，與之訂立協定。九月，日和德、意訂立協定。三十年（一九四一），蘇聯因西方形勢日急，四月間亦與日人訂立中立協定。及六月而德、蘇戰作。德人是時，又要日本進攻蘇聯，而日人仍欲先解決對我國的戰事。九月間，大舉進攻長沙，又大敗。日人是時，窮困已甚，頗覬覦南方的資源。而窺見英、美的防備，都不甚充足，以為可以投機，遂於十二月七日，偷襲美國的珍珠港，八日，竟對英、美宣戰。

第五節　戰爭的勝利

　　侵略和反侵略的陣綫，是逐漸分明的。自中、日開戰以來，德、意兩國對於我早有種種不友好的舉動，然我仍與以容忍。三十年（一九四一）七月間，德、意都承認了僞政府，我乃與之絶交。至日本向英、美宣戰，侵略及反侵略的陣綫業已大明，我乃亦對日、德、意宣戰。三十一年（一九四二）一月一日，反侵略諸國在華盛頓發表共同宣言，聲明非打倒侵略國不止。正義之氣，於此大伸了。

　　然要達到反侵略的目的，則仍非大爲努力不可。東方在此時，不獨中國軍備落後，即英、美等國，亦大有文恬武嬉的樣子。所以日兵一動，上海租界即被佔據。香港、九龍，繼之陷落。此後數月間，麻六甲、新加坡、菲律賓、爪哇、婆羅洲、蘇門答臘，先後被其侵入。日人遂欲進攻緬甸以絶我最後通海之路。三十一年（一九四二）三月，日兵攻陷仰光。五月，又陷蠻得勒。遂進犯滇邊的龍陵、騰衝。雖經我奮勇堵擊，然滇緬公路遂爲所斷，只靠飛機經印度補給。我國抗戰的艱苦，至此可謂達於極點了。然在中國戰場上，日人仍被我牽制而不得不留駐着數十百萬的大軍。

　　日人發動太平洋戰爭之後，仍想解決我國的問題，以便抽調兵力，用諸南洋。故於三十一年（一九四二）之初，又發動大兵，進攻長沙。然其結果，仍遭敗退。美國在華的空軍，本屬其駐印度的空軍管轄。及是，鑒於轉移戰局，必藉空軍之力，而欲以空軍轟炸日本，必藉中國大陸作基地，乃改組其在華的空軍，使之獨立，並代我國訓練空軍。我國乃在浙東修築了許多空軍基地。日人爲先發制人起見，乃於是年夏、秋間，攻陷金華、衢州等地，並侵略浙贛路沿綫。又因我各地駐軍不斷向其襲擊，乃於是年（一九四二）六月間，大舉進攻太行山區。是年杪及三十二年（一九四三）一月，進攻大別山區。二月及六月，兩攻沙市、荆江。四、五月間，再攻太行山區。又於二月佔據廣州灣，八月佔據三都澳，以防美國潛艇在我沿海活動，且加强對我的封鎖。十二月，又大舉進犯湘西,攻陷常德,然不久即敗退。日人是時,雖到處狼奔豕突,終不能達到抽調兵力用諸南洋的目的。我國牽制敵寇的功效,於此可見了。

這時期,盟軍在西方的局勢,卻逐漸有利。當德、蘇初開戰時,蘇聯因準備不如德人的充足,失地頗多。三十一年(一九四二)秋,德軍進攻史太林格勒時,形勢最爲危急。蘇聯奮勇守禦,一面籌備反攻。三十二年(一九四三)二月,德軍之圍攻者爲蘇軍反包圍所殲,損失甚巨。先是,英、美軍在西、北非登陸。法人在海外組織軍隊以圖恢復者,亦與之俱。至是年五月間,而北非全入其手,控制着整個地中海,既可進攻意國,又可貫通西亞,以接濟蘇聯,戰局的形勢大變了。九月,意大利不支,遂降。十月中,蘇聯驅逐德人,盡復舊疆。十一月,蔣委員長與美總統羅斯福、英首相邱吉爾在開羅會議。議決令日人無條件投降;臺灣及東三省,都歸還我國;朝鮮回復獨立;第一次大戰後委日代治的太平洋中諸島嶼收回;日本的疆土,以其本州、四國、九州、北海道及附近若干小島爲限。結束戰局的計畫,於此決定了。

太平洋中的反攻,全藉美國海軍之力。自日人侵據南洋諸島後,英國因海軍之力不暇兼顧,遂將澳洲的防禦委諸美國。三十三年(一九四四)春,美軍發動反攻。一由所羅門羣島、新幾內亞而北,一自中太平洋而西。自二月至七月,馬紹爾、塞班、關島等要地,先後克復。兩路會師於菲律賓。三十四年(一九四五)二月,取馬尼剌,進攻琉球。六月,取之,兵鋒遂迫近日本。

當日人在太平洋敗績之時,其陸軍在中國大陸上的,仍拚死作最後的掙扎。原來我國因軍備落後,不得盟國重武器的接濟,雖可牽制日軍,然要將其驅出中國,收復失地,是不可能的。不但如此,敵人以重兵進攻一地點,我們要守衛不失,也是很難的。這是我國的戰略,所以不得不以空間換取時間。敵人亦知此理,所以拚命要斷我海外接濟之路。而我國的戰略,亦即和他針鋒相對。當美海軍進攻菲律賓時,我亦發動向緬甸的反攻,日人自然要圖牽制。且是時太平洋上制海之權,已全落入盟國之手。日人又希冀在中國大陸上,打通一條路,以連接中南半島。又要防美國飛機,以中國大陸爲根據,向其轟炸。又要防美國海軍,在中國沿海覓地上陸,與中國反攻的陸軍相呼應。三十三年(一九四四),乃發動其"死物狂"。將其所謂關東軍的,調一部入內地。四月,攻陷鄭縣。五月,西陷洛陽。同時南下許昌,其湖北地方的駐軍,則北上而與之會合於駐馬店。在東南,則於六月至九月間,再犯衢州及溫、處。並調大軍深入,於六月攻陷長沙。八月陷衡陽,十月陷桂林。又侵入黔省,攻陷獨山。十二月,爲我軍擊敗,其攻勢至此乃停頓。在湘西蠢動的,一時攻陷常德；在廣東蠢動的，於三十四年（一九四五）一月，攻陷韶關，北犯南雄、贛州；亦均無能爲。我軍謹守戰略，卒於是年一月間，將緬北克復，經緬甸至印度的公路再通。三月，英軍攻下仰光，戰局的形勢大變了。

此時歐洲戰局：英、美軍在法國西南境登陸，又自意國北部，及荷蘭、比利時境，三面進攻。蘇軍則攻德東境。四月二十二日，柏林陷落。五月七日，德人降。同盟諸國的兵力，遂得集合之以對日。

我國反攻的整備，亦於此時完成。當緬甸初戰不利時，我國軍隊曾有退入錫蘭訓練的。後來美國又在西南助我訓練軍隊。這都是我國最精銳的軍隊，有新式的配備，用諸緬北而大獲勝利的。及是逐漸調回，配置於雲南及廣西。陝西方面，本有較精銳的軍隊，此時亦有調至西南的，又將全國各軍隊，編制成西北、東南兩路，以統一指揮。東北一隅，國軍實力較弱，然第十八集團軍，在河北、山東，都建有敵後根據地，且與東北三省及熱河的義軍相聯絡。空軍根據地，西北在四川、陝、甘，東南在福建，整個反攻的準備，於此完成。五月，日人自寶慶犯芷江，爲我新式配備的軍隊所痛剿，大敗而退。七月，我軍復桂林。反攻於是開始。

第六節　敵寇的降伏

　　當美國在太平洋反攻勝利之後，日人失敗的命運，業已無可挽回。此時盟國的計劃，乃在逕行進攻日本；抑在中國沿岸登陸，與中國內地反攻之兵配合，將日兵逐出大陸。當時的意見，大約以爲日本本國崩潰，則其在大陸的駐兵亦必瓦解，所以注重於進攻日本。然其在大陸的駐兵，亦必同時加以打擊，故又有臺灣以東太平洋中的戰事，由美海軍任之；臺灣以西中國沿岸的戰事，由英海軍任之之說。東北三省，被日人竊據的久了，日人在其地經營工業有年，太平洋戰事起，日本本國的工業，且有爲避轟炸而遷至其地的，不惟爲日本經濟所倚賴，亦且爲其武器供給之所。日兵在中國內地戰敗後，衆皆逆料其必退入東北負嵎。故當時美國軍事學家臆測，又有與日本精銳陸軍相遇，將在中國東北之說。然三十四年（一九四五）二月間，羅斯福、邱吉爾和史太林在雅爾達會議，早就決定歐洲戰事結束後，蘇聯向日本作戰，助我收復東北失地。天羅地網，四面布置完密，侵略國至此，早已無幸逃苟免之路了。

　　當美國在太平洋反攻時，其空軍又屢向日本轟炸。至三十四年（一九四五）初，日本的工業，已瀕於崩潰。其和南洋的交通，幾於完全斷絕。房屋被毀的二百餘萬所，無家可歸者逾千萬人。勞力奇缺。罷工、暴動之事，時有所聞。海軍已不成軍。陸軍雖尚有六百萬，戰鬥力亦已減弱。且一旦攻擊開始，美軍必先將其交通之路炸斷，使其本土畫成數區，再行各個擊破，斷不會任其聚集一處，佔數量上的優勢的。所以日人是時，敗北的局勢，已斷無挽回之望。日人乃欲將千島及庫頁島南部割給蘇聯，而託其向英、美緩頰，保全其在大陸的權益，此寧非夢囈？

　　時羅斯福已卒，杜魯門代爲美國總統。七月，與史太林、邱吉爾會於柏林西南的波茨坦行宮。二十六日，中、英、美三國自此發出宣言，勸日本無條件投降。宣言中申明實施開羅會議的條件：懲辦戰爭罪犯；摧毀日本足以武裝軍隊的工業；鏟除其反動勢力，而扶翼其民主勢力。爲此之故，盟國的軍隊須佔領日本之地，至達到目的方行撤退。日人仍負固不服。八月六日，美人投新發明的原子炸彈於廣島。九日，又投諸長崎。蘇聯亦於是日對日宣戰。日人知無可挣扎，乃於十日接受中、英、美的宣言，惟要求保存其天皇。盟軍由美國代表中、英、蘇答覆。申明日本天皇及其政府的統治權力，當置於盟軍最高統帥之下；日本政府的最後形式，當依其人民自由表示的意思決定。日人也接受了。美國乃以其海軍將領麥克沃塞爲最高統帥，於九月二日，與中、英、蘇、澳、加拿大、法國、荷蘭、紐西蘭九國，在東京灣美艦上受日之降。其在我國的軍隊，則由我最高統帥蔣中正委陸軍總司令何應欽爲代表，於九日，代表英、美、蘇三國，在南京受日之降。中國戰區，包括臺灣及越南北緯十六度以北之地，而東北三省除外。蘇軍自宣戰後，即攻入朝鮮及僞滿。僞滿國主溥儀出走，八月二十二日，在瀋陽爲蘇軍所俘，僞滿亡。二十日，日關東軍皆降於蘇。整個的戰事，至此勝利結束。

第七節　實施憲政和中蘇交涉

抗戰勝利了，建國的工作，却有待於努力的還很大。

孫中山先生的建國計畫，本分爲軍政、訓政、憲政三個時期。軍政時期，由黨取得政權；訓政時期，代國民行使；至憲政時期，乃還諸國民，而憲政的實行，則以地方自治的完成爲斷。後來輿論多主提早實施憲政。二十五年（一九三六），國民政府乃擬定《憲法草案》，制定國民代表大會《組織法》及《選舉法》，并選出代表，期於二十六年（一九三七）十一月十二日召集。未及期而戰事作。二十七年（一九三八）四月，國民黨臨時全國代表大會，議決在實施憲政以前，先設立國民參政會，以爲代表民意的機關。然輿論並不以此爲已足。三十二年（一九四三），國民黨中央全體會議議決：於戰事結束後一年，召集國民大會，頒布憲法。三十四年（一九四五）元旦，蔣主席宣示：本年内如軍事形勢許可，決於十一月十二日召集國民大會。而共產黨及民主同盟等政黨，對於《憲法草案》，未能同意；對於國民大會代表，則謂其選出業已十年，未能代表民意；且對於大會的《組織法》及《選舉法》，亦有異辭。其所要求者，則爲在憲政實施之前，先成立一個包括一切民主成分的聯合政府。共產黨自西安事變以來，雖與政府合作抗敵，然其軍隊僅名義上屬於政府，其所據之地，及其在敵後所建立的根據地，即所謂解放區者，亦皆自有其政權。政府屢與商談，欲求一統一的辦法，未能有成。及日寇投降，共產黨又因受降問題，與政府發生爭執。説到此，則又宜先叙述東北之事。

當三十四年（一九四五）二月間，羅斯福、邱吉爾與史太林會議於雅爾達，曾訂立協定。當時祕密，至三十五年（一九四六）二月十一日乃宣布。蘇聯擔任於擊敗德國兩三個月之後，對日本宣戰，而英、法承認蘇聯：（一）收回庫頁島南部，佔據千島羣島；（二）恢復帝俄在東三省的權利；（三）對於外蒙古的現狀，加以保存。（二）（三）兩項，皆關涉中國，羅斯福允採取措施，徵得蔣主席同意。及八月十四日，我國遂與蘇聯訂立《友好同盟條約》。蘇聯對日作戰。戰後共同防止其再事侵略，一方受日攻擊，他方當與以援助、支持。蘇聯別以照會，申明東三省爲中國的一部，承認其領土及行政的完整。新疆自三十三年（一九四四）以來，哈薩克族與政府軍隊有衝突之事，蘇聯對此，申明無干涉中國内政之意。中國則以照會聲明：外蒙人民，屢次表示願望獨立，對日戰事終止後，如其公民投票證實此項願望，中國當與以承認。別立三協定：（一）合中東及日人所謂南滿鐵路者，改名爲中國長春鐵路，由中、蘇兩國共同所有，共同經營；（二）以大連爲自由港，指定碼頭、倉庫等設備，租與蘇聯；（三）旅順爲純粹海軍根據地，僅由中、蘇兩國使用，其防護則由中國政府委託蘇聯政府爲之。此三協定，其期限皆爲三十年。別立協定，規定蘇軍進入東北後與中國所派行政人員的關係。並以記録表示勝利後蘇軍撤退的日期。東北既下，中國遂改其地爲九省二市，派員前往接收。此時關於受降問題，政府和共產黨之間，既有爭執，派往東北接收的人員及軍隊，亦未能順利進行。政府軍與共產黨軍，在多處發生衝突。形勢極爲緊張。蔣主席乃電邀共產黨主席毛澤東至重慶，舉行協議。決議結束訓政，實行憲政。在實行以前，先邀請各黨各派及社會賢達，開一政治協商會議。共產黨軍隊改編之法，則由軍政部、軍令部、十八集團軍各派一人協議。於國慶日發表聲明。全國聞之，無不歡欣鼓舞。然爾後情勢仍未好轉。而我國是時，不徒東北係藉蘇聯之力恢復，即内地受降、遣俘，亦藉美國軍隊協助。美總統杜魯門發表聲明謂：“國内事務，雖應由各國民自行處理，然本世紀來的情勢，顯示任何一地不克保持和平，全世界的和平立受威脅。因此，美國及所有聯合國家，咸認中國應取和平協商方法，調整内部爭議。”外交上的形勢，亦很緊張了。

此時美國總統派特使馬歇爾氏來華，乃於政治協商會議之外，別立一三人小組會議，由馬歇爾及政府、共產黨代表各一人組織之。議決停止衝突，恢復交通，解除日軍武裝，遣送歸國之事，而設軍事調處執行部以執行之。政治協商會議，亦賡續開會議決：依去年國民政府命令，國民代表大會於三十五年（一九四六）五月五日召開，從前選出的代表仍然有效，而增加東北、臺灣、各黨各派及社會賢達各新代表。其權，限於制定憲法。《憲法草案》，則別設審議委員會，加以修改，以備國民大會的採擇。憲法制定後，行使憲法的機關，限於六個月内召集。在憲政實施之前，先修改《國民政府組織法》，增加委員名額，以容納國民黨外之人。又制定《和平建國綱領》，以爲實施憲政前施政的準繩。《綱領》中明定：遵守三民主義，在蔣主席領導之下，團結合作，政治民主化，軍隊國家化，各黨派都平等、合法，保障人民自由，縮編軍隊。自軍事調處執行部成立之後，各地衝突已漸次停止，交通亦漸次恢復，遣俘之事亦在加速進行之中。惟政治協商會議議決各項，尚未能悉數實施。東九省蘇軍，於四月中撤退，政府接收工作，僅及瀋陽，自此以北，軍隊亦仍有衝突。國府已於五月五日還都。一切問題，尚在繼續商談之中。爲國民的，很希望其能順利完成，使建國的工作，得以急起直追的精神赴之了。

至於外蒙則於三十四年（一九四五）十月二十日起，舉行公民投票，多數主張獨立，政府業經予以承認。此事似乎喪失領土，然在歷史上，如外蒙等地的隸屬，本來徒有其名。自前清末年以來，因政治的不善，外蒙和中央政府糾紛迄未解除。逮爲白俄所陷，其國的國民黨起而加以驅逐，實際上遂成獨立。兩族間糾紛多的，必一度分離，乃能掃除舊有的葛藤，重建良好合作的基礎，正不必徇名而忘實了。

第八節　目前的情形和未來的展望

抗戰八年,幸獲勝利,善後之計,自然刻不容緩,善後之計,莫如兵、財,而二者又互相關聯着。

當抗戰之際,我國軍隊,數達五六百萬。此固足表示我國國力的雄厚,然在現代,兵器改變了戰術,工業的發展,決定了兵器。非有新式的配備,是斷不足以言戰的。我國在抗戰時期,將士非不忠勇,然正式的打擊敵軍,收復失土,必有待於緬北戰役以後,即其明證。所以目前之務,必須減縮軍額,而求其配備的完全,訓練的精到。好在整編的方案,在三人小組會議中,業已議有辦法。當戰爭未結束時,美國擬助我訓練有新式配備的軍隊三十九師,至勝利來臨之日,成者已達十九師,現在仍擬訓練完成。海、空軍亦由美國協助,在建立擴充之中。如能完成,我國的兵力,就可以煥然改觀,而擔負起保障世界和平的責任來了。

至於經濟情形,則以我國抗敵之久和戰區之廣,所受的創傷自然是很深的,但亦有可以樂觀之處。我國經濟的發展,本來偏在沿江沿海一帶,此次抗戰,根據却建立在內地。新式工業,有一部分遷移到後方。舊式的工業,亦以合作社等方法經營,而漸見發展。從今以後,當可逐漸矯正偏枯之弊了。東北及臺灣,被敵人佔據得很久。抗戰以來,敵人在華北設立振興公司,在華中設立開發公司,所經營的事業頗多,且多能利用現代的經營方法。現在被我繳獲,亦於我國的經濟進步有裨。我國現在的急務,在於工業化。所謂工業化,就是利用現代機械之力,而不再限於從前的人力、畜力等。這包括一切生產事業,並非專指狹義的工業而言。關於這一端,我們自希望得到經濟上先進之國的援助,而其進步乃快。在"九一八"以前,我國即有全國經濟委員會的設立。由國際聯盟,與我以技術上的合作。當時敵人曾宣言反對,可見其與我國的前途關係之大。抗戰勝利之後,我國又設立最高經濟委員會,從事於決定計畫,製作方案,以利用全國的資源。外國的資本和技術,即將於此等計劃方案之下與我合作。我國的形勢,和美國最相像。地形的平坦不如美,而複雜則勝之。人力的充裕,則遠超過美國創建之時。現在所可利用的資本及技術,亦遠非美國創建時所能比擬。美國自創建至興盛,不過數十年,我國的繁盛,苟能善自爲之,亦必可立而待了。

外交上的情勢,亦在好轉之中。國民政府雖努力於不平等條約的廢除,然因爲國勢所限,實未能推行盡利,如關稅雖云自主,卒受日本的壓迫,訂定了名爲互惠而實則有利於彼的稅率;領事裁判權的撤銷,更因"九一八"之變而未能實行;即其明證。太平洋戰爭起後,我國和盟邦的關係密切了,侵略主義的不合理,各國亦更有覺悟。英、美二國,乃於三十二年(一九四三)一月十一日,同時與我訂立新約。將領事裁判、沿海及內河航行、得在我境內駐兵及租界等非法的權利,概行取消。此後和我訂立新約的,又有多國,都本於平等互惠的原則。不平等條約,到此才真算取消了。

國際大局,在戰後亦現出光明。當三十年(一九四一)八月,英、美兩國,業經宣布了《大西洋憲章》。太平洋戰爭發動後,更覺有擴充其範圍的必要。三十三年(一九四四)八月,我與英、美會議於美京附近的鄧巴頓,始討論《聯合國憲章》。三十四年(一九四五)二月,克里米會議中,又談及國際安全當設保障。四月,聯合國全體在舊金山開會。六月十六日,遂通過《聯合國憲章》。截至現在已加入的有英、美、蘇、澳洲聯邦、比利時、加拿大、哥斯達黎加、古巴、捷克斯拉夫、多明尼加、薩爾瓦多、希臘、危地馬拉、海地、閔都拉斯、印度、盧森堡、荷蘭、紐西蘭、尼加拉瓜、挪威、巴拿馬、波蘭、南非聯邦、南斯拉夫、法、丹麥、墨西哥、菲律賓、阿比西尼亞、伊拉克、巴西、玻利維亞、伊朗、冰島、哥倫比亞、利比里亞、智利、厄瓜多爾、埃及、巴拉圭、秘魯、烏拉圭、委內瑞拉、土耳其、沙特阿剌伯、烏克蘭、黎巴嫩、白俄羅斯、阿根廷、叙利亞,合中國共五十二國。聯合國機構,大會而外,有安全保障理事會,以常任理事國五,即我與英、美、蘇、法,及選任的非常任理事國六組成。國際糾紛,和解乏術,即得運用外交和經濟制裁。並得要求所屬的軍事參謀委員會,對侵略國採取行動。而軍事參謀委員會,則得運用加盟諸國的陸、海、空軍。其維持國際的和平,較諸國際聯盟,力量要強得多了。又有經濟及社會理事會,以調劑各國間食糧、貨幣、投資、勞工等問題。有國際信託統治委員會,以統治(一) 舊國聯委任統治,(二) 新自敵國分離,(三) 會員國自動託治之地。雖其辦法還有些和國聯的委任統治相像,然其統治須顧及被統治之國的利益,且須受其他國家的監察,也進步得多了。此外列國互助的組織,又有善後救濟總署,以三十二年(一九四三)設立於美國,我國亦設有分署。是年布里敦森林會議,又訂定《國際復興開發銀行》、《國際貨幣基金》兩協定。前者以供給長期間的資金,後者以穩定各國間的貨幣。真利必存於兩利,第一次世界大戰後,不及二十年而大戰又作,法西斯主義的擾亂,固爲其一因,而各國在經濟上缺乏調劑,競以關稅壁壘,匯兌傾銷等政策,互相爭鬥,實亦爲其重要的原因。這次戰後,列國能注意及此，未始非一綫的曙光。我國爲五強之一，其責任自然也相當重大了。

中國在國際間地位的改善，及其前途無限的希望，實緣其艱苦的奮鬥有以致之。論者或以此次的勝利，中國並未能用兵力將敵人驅逐出境，疑其實係倚賴盟國之力，這是錯誤的。競爭的勝負，本非專決之於軍事；即以軍事論，我國亦已經盡了很大的力量。三十四年(一九四五)國慶日，美國的軍事評論家曾撰文以賀我，他說："中國的崛起，當歸功於其保持民族自由的決心，及其人民與軍隊的精神。二年前，遠東的局勢爲聯合國陣綫中最黑暗的一面。在蘇聯保守中立之時，聯合國的援助，幾乎完全隔絕。日本有大批的新式戰具，中國則缺乏重兵器及貨車、鐵路車輛等。英、美兵工廠雖有上述物資，然只有一條脆弱的、長五百英里、由阿薩密自空中越喜馬拉雅山至雲南高原的生命綫，僅能運少數汽油、炸彈及子彈，以供給空軍分隊，對於中國迫切需要的戰具，則無法盡量供給。然在此時期內，中國的精神絕不少餒。當時中國的情形，許多人認爲絕望，易以他國處此，必早已崩潰，而中國人毫不失望。此種精神，證明中國爲聯合國主義的堡壘。假若中國崩潰，則日本可任意吸取中國的資源，而大增實力；歐洲戰事結束後，英、美軍雖可調攻日本，日本軍閥亦可移至中國，繼續抵抗。果爾，盟軍所付的代價，將不堪設想。而中國並未崩潰，以其最後的力量，努力抗戰，絕不稍懈。中國的英勇，誠將留爲人類歷史上的勝蹟。中國對於結束戰爭的貢獻，將爲其歷史上最光榮的一頁。"見三十四年(一九四五)十月十五日上海《青年日報》載美國新聞處華盛頓十三日電。外人之稱道我者如此，我們亦不該妄自菲薄了。但抗戰的勝利，只奠定了建國的基礎，建國的前途，須待努力之處還很多，我們正不可不格外奮勉哩！

習　題

（一）中國的積弱，和資本帝國主義的關係如何？

（二）何謂殖民地、次殖民地？

（三）何以非抗戰不能建國？又何以要一面抗戰，一面建國？

（四）日本何以要圖併吞中國？

（五）日本南進、北進的策略如何？

（六）何謂九一八之變？　當時中國爲什麼不抵抗？　國際聯盟對於此事件的措置如何？　試述國聯調查團報告書的要點。　中國對這報告書，爲什麼不能完全同意？

（七）僞滿洲國如何成立？

（八）何謂《塘沽協定》？

（九）冀東防共政府及僞蒙古政府如何成立？

（十）日本人提出的三原則如何？其用意何在？

（十一）戰前中、日兩國兵力的比較如何？

（十二）試述國共兩黨分離及合作的經過。

（十三）中、日戰事如何發動？

（十四）何謂消耗戰？　何謂游擊戰？　中國在上海，爲什麼要和日人作陣地戰？

（十五）何謂以空間換時間？　日本人爲什麼希望速戰速決？

（十六）何謂南京暴行？

（十七）第一次大戰後，在太平洋上有勢力的，共有幾國？

（十八）試略述太平洋戰爭以前我國獨力抗日的情形。

（十九）日人對我的戰略，爲什麼注重於封鎖？

（二十）試略述汪兆銘叛國之事。

（二一）日本何以不加入歐戰？

(二二）我國何時和德、意絕交？　何時對日、德、意宣戰？

(二三）太平洋戰争初期的情形如何？

(二四）日人如何侵犯滇邊？

(二五）太平洋戰時我國牽制日寇的功績如何？

(二六）試述歐洲戰局的轉變。

(二七）開羅會議中如何處置日本？

(二八）試述美國在太平洋上對日的反攻。

(二九）我國爲什麼寧任日本侵入湘桂，而必要以全力反攻緬甸？

(三十）試述我國反攻的整備和開始。

(三一）日本在降伏前的情形如何？

(三二）波茨坦宣言的內容如何？　日人接受時有何保留條件？　盟國對他如何答覆？

(三三）日本投降時中國戰區的範圍如何？

(三四）僞滿如何滅亡？

(三五）何謂聯合政府？

(三六）雅爾達會議的經過如何？

(三七）《中蘇友好同盟條約》的內容如何？　另有怎樣三個協定？　三協定的期限如何？

(三八）何謂政治協商會議？

(三九）何謂整編？　我國的軍隊，爲什麼急須整編？

(四十）我國戰後經濟的希望如何？

(四一）何謂工業化？

(四二）最高經濟委員會的職務如何？

(四三）不平等條約，何時始眞正取消？

(四四）試述聯合國重要的機構。

(四五）聯合國保障和平之力，何以該較國際聯盟爲强？

(四六）國際復興銀行及貨幣基金設置的目的如何？

更新初級中學教科書　本國史

前　言

　　《更新初級中學教科書　本國史》也是吕思勉先生依照教育部修正課程標準編寫的一部中學歷史教科書，一九三七年七月通過教育部之審定，同年同月由商務印書館初版發行，次月重印到第十七版。與中學生書局出版的《初中標準教本　本國史》相比，《更新初級中學教科書　本國史》更爲簡明，篇幅也縮小一半。全書分四册，設五編，第一至第四篇分述古代史、近代史和現代史，第五篇爲綜論；全書起始於我國的遠古社會，止於二十世紀三十年代的日本侵佔東北及政府新稅則的改革。先生在"編輯者言"中寫道："初中學生讀歷史，實在只要知道一個輪廓，過求詳細，反要連輪廓而喪失掉的。"所以"凡是不必要的材料，我都盡力删除；不必要的人名地名等，尤其是概不闌入"。先生又說："書中所定的細目，我自以爲是頗費斟酌的，部定的課程標準，自然不能改動；斟酌改良，全在這細目中。"爲了便於學生的學習，在每章之後又設有"習題"和"注釋及參考"，每册的目録之後附有一份《教學進度表》。

　　此次我們將《更新初級中學教科書　本國史》收入《吕思勉全集》重印出版，按原書重新做了整理校訂，除了訂正刊誤、錯字之外，其他如行文遣句，概念術語、人名地名等，均未作改動。原書的"注釋及參考"，大都改爲文中注；不能改的，仍置於章節之后。"習題"也照原書置於每章之後。《教學進度表》現僅存第二、第三、四册，也按原樣刊印。原書插圖甚多，除個别圖片因印製模糊不能重印外，其餘均按原圖刊印在相關的課文内。

李永圻　張耕華

二〇一四年八月

編　輯　者　言

　　大凡編纂教科書，總是找對於那一門學問，略有研究的人。而人們的性質，對於素所研究的學問，往往易覺其重要，易覺其容易。這樣又不可不知，那樣又不可不知；這樣又不難了解，那樣又不難了解；於是材料愈聚愈多，學生的消化力，可就不勝其任了。不能了解，即使記得，亦有何益？況且總是要忘掉的。而勉強記憶，以及過於努力，強求了解，實於真正的了解有害。

　　初中學生讀歷史，實在只要知道一個輪廓，過求詳細，反要連輪廓而喪失掉的。古人説：對馬的認識，在牝牡驪黃之外的。這似乎是句笑話，其實確有至理。我們現在問：有一條河，其下流是以定期泛濫的，因此遺下很肥沃的土地，爲世界上最古文明的源泉。這是什麼河？在什麼國裏？不常讀書的人，或者倉猝之間，竟記不起尼羅埃及的名字。然而只要這個人，是受過教育；他所受教育，不是白受的；總記得這條河是在非洲的北部，決不會誤以爲在歐洲在亞洲，而河流與文明的關係，與最古文明的關係，他也還是了解的。如此，這個人的書，就算是沒有白讀。反之，在科舉式的考試下讀書，竟可以尼羅埃及等名詞，背得爛熟，而這一條河，在歷史上，在地理上，有何等關係；因而與人有什麼關係；竟茫然不知。有時或者會照書上所説的，默寫、背誦出來，而於這句話的内容，其實並沒有了解。這種教育，就算白受了。然而勉強注入的材料太多，其結果必至於此。

　　這一部書，頗想力矯此弊，凡是不必要的材料，我都盡力删除；不必要的人名，地名等，尤其是概不闌入。譬如江蘇教育廳所定的進度表，《隋唐之社會與教育》一課，中有《唐代道教之改革》一條，我覺其不必要，從北魏寇謙之以後，對於道教，就不再敍述了。又如《近代史》敍清代的學術，我只説明考據是怎樣一種學問，有什麼用處，清代考據家的名字，我一個也沒有列入，這在以博聞強識爲讀書，以讀書爲學問的人看起來，或者竟是笑話。然而

468

既不懂得他們的學問，知道了戴震、惠棟、段玉裁、余簫客等名字，有什麽用處呢？——有種人名，舉出幾個，是不要緊的。譬如李白、杜甫，因爲學生很容易讀到他們幾首詩。又如顏真卿、柳公權，則或者曾用他的字做過範本。

有等學生，天分高超的，或者以教科書所舉爲不足。然而就是天分低的學生，亦決不會以教科書所舉爲已足的，教科書原不過是教授的中心而已，不過寧可簡單些。以此爲中心，讓他自己去泛覽。不要把教授的材料，堆積得太多了，以致埋頭誦讀尚來不及，更無餘力，泛覽他書。因爲凡自以餘力泛覽的書，大抵是興趣所在，容易了解，自然也容易記憶。

以上是我編輯這部書宗旨的所在，以下還有幾條凡例：

（一）這一部書中所定的細目，我自以爲是頗費斟酌的。但我對於初中歷史教授，是没有經驗的。究竟適用與否，亦不敢自信。海内的教育家，如肯賜教正，最所歡迎。部定的課程標準，自然不能改動；斟酌改良，全在這細目中也。

（二）進度的遲速，自然不能十分刻定的。我每一册前，都附列一張進度表，以備教師諸君參考，并求教正。進度表每學期以十六星期計，末一學期，只十二星期，以備騰出時間，將全書溫習。

（三）每章之後，附有習題。百分之九十幾，都以啓發思想，引導其了解相當的理論，並和別一科互相聯絡爲主，都不責記憶的。然我自信：對於此等問題，如能了解，歷史上的事實，決不至於茫然不憶。我很希望學校教師，甚而至於官廳會考，出題都以了解爲主，勿責記憶，我所列的問題中，有一小部分，是要學生根據親身的經驗作答案的，這是所以將本書與事實，聯結爲一，引導他使知書中所記載，就是社會上的某種事實。此法尤可隨時隨地，廣爲利用。

（四）注釋及參考一項中，所舉的參考書有兩種：一種是本文所依據，該知道其出處的，列之以備查檢，但不查檢亦無妨。一種是以備學生參考的。其中專備某一事件參考的，即於該處正文之下，附注一、二、三、四……數字，應參考之書，即在後文一、二、三、四……項下舉出，不再與注釋分別。其供給全章參考的，則附於注釋及參考一項之末。參考書能舉出篇名、章、節或葉數的，都經舉出。其不能的，則但列書名。間有卷帙較多的，則或聯合幾人分看，或自己泛濫大概，只好希望教師隨時指導的了。

（五）凡地名，可免用古地名的，均即用今地名。其不能，或用今地名反不清楚的，——如行政區畫，——則仍用古地名，而於附注中詳其今地。外國人地名，亦於注釋項下，附列原文。

（六）凡圖表，都是與書不重複的。這是所以養成學生閱讀圖表的能力。

目　　錄

第一編　上古史

第一章　太古之傳說

傳 説 的 價 值

　　地球的有人類,已經幾十萬年了;人類的有歷史,卻不過幾千年。因爲歷史,是要有了文字,才會有的。没有文字以前,就只得憑向來的傳説,加以幼稚的思想,把他附會聯貫起來了。然而傳説雖然幼稚,其中總也包含著些思想和事實。現在科學發達了,歷史不完備的地方,可以借別種科學來補足。如地球如何生成? 生成之後,有何變化? 可以借助於地文學和地質學。地球上什麼時代有生物? 又什麼時代才有人類? 有了人類之後,又是如何進化的? 可以借助於古生物學和人類學。如此,歷史的年代,就漸漸的延長了。根據著這種眼光,來看古代的傳説,我們就愈覺得有味。

進化的三時期

　　人是會使用工具的,研究人類學的人,就把他所用的工具,來分別他進化的時代,最初所使用的,大抵是天然的石塊,雖然略加改造,離天然的形狀,總還是很近的。這個唤做"始石器時代。"後來進步了,便會把天然的石塊,改造成自己所要用的樣子,唤做"舊石器時代。"再後,并能造的狠精緻了;這個,唤做"新石器時代。"石器時代所用的鎚、刀、鏃等物,看似粗劣,卻幫助人類做成了許多東西;而且在對動物的鬥争上,很是有利。用火,也是人類的最大發明。有了火,人就可以得光明,得温暖;也可以做防衛和攻擊的手段。而其關係尤大的,則是易於將東西改造,譬如天然露出的金屬,給人類取得的,就可以把他打成器具。就是和土混雜的,亦可借火的力量,把土燒掉了取出來。如此,就漸漸的先進於用銅,後進於用鐵了。人類進化的步驟,大略如此。

中國舊新石器時代之石器
在河南澠池縣仰韶村發見。發現歷史,可參考衞聚賢《中國考古
小史》四十四頁(商務印書館本)。

三 皇 的 傳 説

中國古代,較確實的傳説,是和火的發見同時的。古代傳説,開天闢地的叫做盤古。此係秦漢間的傳説,見任昉《述異記》及徐整《三五歷篇》,係據《繹史》卷一《開闢原始》篇

轉引。其次有所謂三皇，三皇五帝異説甚多，本書三皇之説，係據《尚書大傳》；五帝之説，係據《史記·五帝本紀》。欲知其詳，可參看拙撰《白話本國史》第一編第二章（商務印書館本）。三皇第一個是燧人氏，便是發明取火的法子的。第二個是伏羲氏，他製造網罟，教人民打獵、捕魚。第三個是神農氏，就要教人民種田了。

【習題】

（一）何謂史前時代？其時代既在史前，我們何以會知道？

（二）如何根據人類所用的工具，把他的進化，分做三個時代？爲什麽用銅優於用石，用鐵又優於用銅？

第二章　中華民族之建國

蒐集漁獵畜牧農耕四時代

人所以維持其生命的，最緊要的便是食，而取得食物的方法，亦隨時代而不同。最初只是到處游行，遇見可喫的東西，就取來喫，這個喚做蒐集時代。進步些，能和動物鬥爭，則入於漁獵時代。一定的地面上，可供漁獵的動物，是有限的，有時候還不能漁獵；所以在這時代的人，常常挨着饑餓。於是在草原之地的，進化而爲畜牧；在山林川澤之地的，就進化而爲農耕。

國 家 的 起 源

國家不是最初就有的；是社會發展到一定的階段，才建立起來的。蒐集時代，不必說了。就漁獵時代，文明程度，也嫌太低，而且因受食物的制限，所團結的人，亦覺得太少。游牧時代，團結的人固然多了；文明程度，也固然較高了；畢竟是逐水草而居，和一定土地的關係不密切。農耕社會，則又內部太覺平和，分不出治者和被治者的階級來。古代的農業公產部落，內部的關係，是很平和的。孔子所謂大同，大概就指的這個時代。可參看拙撰《大同釋義》(見《文化建設雜誌》第一卷第九、第十兩期)。所以往往不能形成國家。國家最普通的起源，是畜牧和農耕兩種部落的結合。原來畜牧民族，性喜侵略，往往把農耕民族征服。而農耕民族，安土重遷，寧願納貢表示服從，而不願意逃走。游牧民族，就始而徵收其貢品；繼并遷居其部落之內，代操其治理之權，形成治者和被治者的關係，國家就於此成立了。

這是政治學家的成說，返觀我國的古史，似乎也是符合的。

中華民族的起源

地球上的人類，其初該是同出一源的。因爲環境的不同，影響到容貌上，而分爲許多種族；又因文化的不同，而分爲許多民族。中國大陸，在古代是有許多民族，雜居其間的。而在黃河流域的華族。中華民族的起源地，說者各有不同，但以從中亞細亞遷來逐漸到黃河流域之說，比較近是。自從民國十年以來，北平西南的周口店，發見一種猿人遺骨，稱爲北京人，又名中國猿人，推算年代，當在五十萬年至百萬年左右。似乎中華民族的祖先，就發源於中國本土。或者極古時候已由中亞遷來了。就是後來稱爲漢族的，文明程度最高。漢族在太古時代，似乎分爲兩支：一支在河南的，是燧人、伏羲、神農，從漁獵進化到農耕。普通以伏羲爲游牧時代的酋長，乃因"羲"又作"犧"，"伏"又作"庖"，因而生出"馴伏犧牲"，"取犧牲以充庖廚"等曲說。這是不對的。伏羲二字，乃"下伏而化之"之義，見《尚書大傳》。一支在河北的，則以畜牧爲業，這就是黃帝之族。《史記·五帝本紀》說："黃帝遷徙往來無常處，以師(人衆)兵(軍械、師兵、猶言武裝的徒衆)。爲營衛。"所以知其爲游牧民族。當神農氏的末年，兩族曾起過一次衝突，就是所謂阪泉、涿鹿之戰。據《史記·五帝本紀》說：神農氏這時候衰弱了，諸侯互相攻擊，神農氏不能征討，諸侯之中，蚩尤氏最爲暴虐。黃帝和蚩尤戰於涿鹿，把他擒殺。又和炎帝戰於阪泉，三戰然後得勝。諸侯乃共尊黃帝爲天子。其結果，黃帝之族得利。從此以後做共主的，就都是黃帝的子孫。雖然古代的天子，未必有多大權力，然而共主的統緒，相承不斷，我國建國，就此放下基礎了。

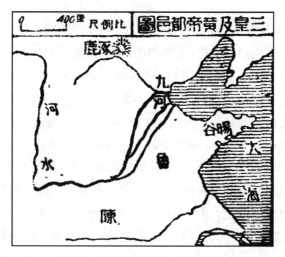

燧人氏，出暘谷(今山東半島之地)，分九河(今黃河下流)。
伏羲氏，都陳(今河南淮陽縣)。
神農氏，都陳，徙魯(今山東曲阜縣)。
黃帝邑於涿鹿之阿(涿鹿、山名，在今河北涿縣。阪泉，當在涿鹿附近)。

五帝系圖

（一）黄帝 \begin{cases} △——△——(三)帝嚳——(四)帝堯 \\ △——(二)帝顓頊——\begin{cases} △——△——△——△——△——(五)帝舜 \\ △——禹 \end{cases} \end{cases}

【習題】

（一）爲什麽社會進化，可依其取得食物的方法而分等級？

（二）試略述最普通的國家起源之説。世界上先有國家，還是先有社會？現在有無國家的社會否？國家將來能否消滅？

（三）中國民族，在河南的進化到農耕，在河北的卻以畜牧爲業，和地勢有無關係？

（四）何謂共主？

第三章　唐虞夏商之政教

唐虞時代的情形

立國是要有兩種力量的：一種是文化，一種是武力。古代炎、黃二族，論文化，似乎炎族較優，論武力，似乎黃族較强。兩族合幷之後，中華民族，就可以發揚其光輝了。炎、黃二族，大約本來是很接近的，所以同化很爲容易。黃帝還以游牧爲業，到唐堯時候，就已經改事農耕了。何以見得呢？因爲《書經》第一篇《堯典》，是記載堯時候的事情的。其中載堯命羲、和四子，分駐四方，推步日、月、星辰，製成曆法，以教導農民。可見其時對農業，已經很重視了。所以這時代的政教也很有可觀。

堯舜的禪讓

堯、舜的禪讓，禹的治水，都是給後世的人心以很大的影響的。據《書經》上説：堯在位七十年，因年老，倦於政事，要想傳位給當時管理四方諸侯的官，喚做四岳的，四岳不敢承允。這時候，虞舜尚在民間，因其有德行，衆人共舉他。堯乃舉舜，試之以政事。後來就使他攝政，傳以天子之位。堯死後，舜讓避堯的兒子。諸侯都歸向舜，舜才即天子位。後來用同樣的手續，傳位於夏禹，禹即位之後，也是豫定將王位傳給益的。而禹之子啓賢，天下都歸心他，啓遂即天子位，而唐虞時代的"官天下"——禪讓制度，就一變爲"家天下"——世襲制度。

禹 的 治 水

當堯的時候，天下有洪水之患。舜攝政，舉禹，叫他去治水。禹乃先巡行

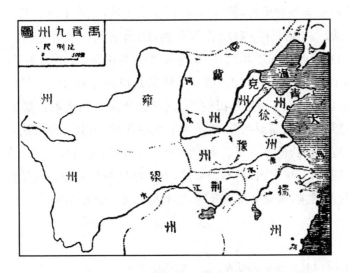

各處，看定了地勢；然後用疏濬之法，導小水使入大水，大水使入海。當時獨流入海的，是江、淮、河、濟四條水，謂之"四瀆"，爲諸水之宗。

唐 虞 的 政 教

當禹治水的時候，益、稷兩人，都是他的輔佐。益把山澤之地，放火焚燒，禽獸都逃匿了。棄乃教民稼穡，契做司徒的官，又繼之以教化。契封於商，便是商朝的祖宗；棄封於邰，便是周朝的祖宗。商，今陝西商縣。邰，今陝西武功縣。

夏 商 的 興 亡

夏啓即王位之後，傳子太康。因淫佚，爲有窮國君羿所篡。後來羿又爲其臣寒浞所殺。并滅夏朝的王相。相的兒子少康，才滅浞，號稱中興。堯、舜、禹三代，本來都是建都在太原的。少康復國之後，則似乎建都在河南，所以到夏桀時，其都城卻在陽城了。今河南登封縣。夏代共傳十七主，約四百年，而爲商所滅。商湯滅夏後，建都在河南的偃師。其地稱爲殷，所以又稱殷朝。後來屢次遷都，亦都在黃河兩岸，共傳三十一世，約六百四十多年，至紂，爲周武王所滅。

夏 商 的 政 教

夏、商兩代，可考見的事情，還不很多。論其大略，則古書多說"夏尚忠，商尚質。"可見其時的風俗，很爲樸實；而生活程度，也還不高。又孔子説："禹盡力於溝洫。"可見其時，對於農田水利，頗爲講究。然而夏朝的税法喚做"貢"，是取幾年收穫的平均數，以定每年應納的税額，豐年不能多，凶年不能少。這個卻遠不如商朝的"助"法了。助法是把田分爲公私。只借人民的氣力，助耕公田，而不再税其私田的，這個就是所謂井田之制。從前論税法的人，都説他最好。又商湯死後，他的孫子太甲在位，因其不守成法，宰相伊尹，曾把他放逐在桐的地方三年。太甲悔過，才把他迎接回來。而據孔子説：則商代新君即位，三年之內，是不管事的，百官都聽命於宰相。可見商代相權頗重，又商代的君主，多是兄終弟及的，亦和周朝傳子之法不同。

【習題】

（一）何以見得炎、黃兩族，本來很爲接近？

（二）何以堯時發明曆法，就知道其時注重農業？

（三）禪讓之説，你以爲是可信的？還是可疑的？

（四）禹的治水，是用什麼法子？和現在築堤之法，同異如何？

（五）《禹貢》九州，包括現在的幾省？

（六）爲什麼益要把山澤之地，放火焚燒？燒了，與農業有何關係？

（七）貢法爲什麼不如助法？

（八）爲什麼古代的相權大，後世的相權小？相權還是大的好？還是小的好？還是二者各有利弊？

第四章 上古之文化與社會

食 的 進 化

中國的進化,大約自三皇以來。其初所喫的東西,是草木之實,鳥獸之肉;見《禮記·禮運》。和水中的蜯蛤等類。見《韓非子·五蠹》。後來進化了,漸漸的知道喫各種植物,這個喚做"疏食"。疏食二字古有兩義:(一)其初因菜類較穀類爲粗疏,所以對於穀食,而稱穀以外的植物爲疏食;(二)後來亦稱粗的穀類爲疏食,更後乃以疏食專指粗的穀類,而別造蔬字,以爲菜食之名。此處的疏食二字,是依第一義指穀以外的植物的,穀以外的植物,後世的人,不用爲主食品,古人則不然,《管子·八觀篇》説:"萬家以下,則就山澤;萬家以上,則去山澤;"可見當時,靠疏食還能養活許多人口。從疏食再進一步,就會穀食了,古書上説神農嘗百草,因而發明了醫學,這正是疏食時代的事。

衣 的 進 化

衣服:最初所着的,是鳥獸的羽皮;或者把植物的葉子編起來,着在身上;這個喚做皮服和卉服。皮服、卉服的名詞都見《書經·禹貢》。後來發明了利用植物的纖維,才會用麻。相傳黃帝的元妃嫘祖,是發明養蠶的。見徐光啓《農政全書》引《淮南蠶經》。從此以後,又會用絲做衣料了。裁製的方法:最初只是用一塊皮,遮蔽下體的前面,這個就是所謂韍。連後面也遮蔽起來,就是所謂裳了。著在上身的喚做衣。有一種,把衣裳連在一塊的,喚做"深衣"。有袴管的:短的喚做褌,長的喚做袴。除童子外,沒有以短衣和袴爲外服的。天子、諸侯、大夫、士等,朝服、祭服,都是衣裳分開的,平時則著深衣,庶人則逕以深衣爲禮服。深衣是用白布做成的,不染色。古代服,是講布的精粗的,不講顏色,平民穿的衣裳,都是本色,所以稱平民爲白衣;就是貴族,在平時著的,也是白衣。戴在頭上的,最尊重的喚做冕。次之是弁。通常所戴的是冠。這冠和帶,是古人看得最重要的,所以中國人總自稱爲冠帶之國,庶人亦用一塊巾裹着頭髮。脚上穿的喚做襪,以外又有履。冬天是皮的,夏天是葛的。又有綁腿,喚做"行縢",亦喚做"邪幅"。

韍,後來着在裳外,以爲裝飾。據鄭玄説,是漁獵時代,只知道遮蔽下體前面時的衣服。

冕,上有木板,前面用線穿著珠玉垂下來,謂之旒。天子的冕有十二旒;諸侯以下,遞減兩旒,至三旒爲止。兩旁又有綫棉做的丸,垂到耳邊謂之纊。這該是野蠻時代的裝飾,流傳下來的。

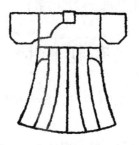

深衣的裳,分爲六幅;裳的下端和上端,爲三與二之比,所以無須打襉。其餘的裳,都是不分幅而打襉無數,謂之"襞績。"

住 的 進 化

居住:最初有兩種:一種住在樹上,喚作巢居;一種在地上掘一個窟窿,人住在裏頭,喚做穴居。進步些,能在地面做起一個土堆來,像現在的墳一般,則喚做"復"。見《詩經·緜疏》。從巢居進化到會把樹木砍伐下來,照自己的意思,搭成架子;從穴居進化到會版築,先在兩面立了木版,牆要築到多少厚,木版的距離就是多少寬,把土填在版中間,然後築堅他。在這架子的四面,築起牆來;上面蓋着茅或瓦,就成功所謂宮室了。宮室的發明,據《易經·繫辭傳》上説,是在黄帝、堯、舜的時候。這時候,還發明了棺槨,而且會"重門擊柝,以禦暴客"。

行　的　進　化

當人住在山林中的時候,是只有人走出來的小路的,這個古人唤作蹊徑。這時候,遇見小的水,就逕在水裏走過去,唤作"徒涉";大的水,就没有法子了。後來住到平地上,路寬廣了,也平坦了,就可以利用牛馬,於是又發明了車,而且也發明了船。這等進化,據説也在黄帝、堯、舜時候。

工　具　的　進　化

和黄帝打仗的蚩尤,古書上都説他是"造兵的人"。"兵",就是現在所謂兵器,古人是用銅做的。大約是炎、黄之間所發明。從周朝到漢朝,大概兵器是用銅,農器是用鐵。《易經·繫辭傳》上説:神農作耒耜,黄帝作弓矢,都是用木的。這時候的箭,大約是用石鏃的。大約金屬雖然發明,還没有能殼廣爲利用。到了商代,纔爲金石并用時期,已有精巧的銅器,如鐘鼎之類留傳後世。相傳紂王曾作玉杯象箸,亦足徵那時進化之程度了。

宗教和哲學思想

以上所説的,是物質方面的進化。至於精神文明,則古人所篤信的爲宗教,而哲學思想,亦就伏羲畫八卦,該是古代所崇拜的八個神。大禹時代,又有五行之説。五行,大約是古人所認爲萬物的原質的。借其相生相剋,來説明萬物的變化。

五行相生
木—火—土—金—水
五行相剋
木—土—水—火—金

文 字 的 發 明

古書上多數説倉頡是造字的人，也有説他是古代帝王的，也有説是黃帝史官的。這都不確，因爲文字本是迫於需要，衆人合力，慢慢創造出來的，古代人民，結繩記事，後來纔有書契，爲文字之始。最初多屬象形文字，如日字象日，月字象月，魚字象魚，鳥字象鳥。文化漸近，文字也漸多。遂有指事、會意、諧聲、假借、轉注五項以次出現，和象形稱爲“六書”。六書，除象形外。指事是直指其事，如上、下二字，人在一上爲上，人在一下爲下。會意是體會字的意義，如武、信二字，止戈爲武，人言爲信。諧聲是半形半聲，如江、河二字，水旁爲形，工可爲聲。轉注是可以展轉互注的字，如考可訓老，老亦可訓考。假借是一字兩用，如令爲命令，又爲司令，又訓賢良。長爲長短，又爲長官，又訓優長。

古 代 的 氏 族

人類最初的團結，是靠着血統的。當夫婦之倫未立時，人本來只知道母親，不知道父親是誰。後來夫婦之倫，雖然漸漸確立了。然而這時候，男子都是在外面，從事於戰爭打獵等事情。在後方看守器物，撫育兒童等事，都是婦女擔任的。所以這時候的家，完全是女子所有。論血統，也是以女子爲主。這就是社會學家所謂女系氏族。中國的姓，最初就是代表女系的。馴伏動物，大概從來就是男子的事情。所以到牧畜時代，生産漸漸以男子爲中心。農業雖説是女了發明的，農業爲女子所發明，是現在社會學家之説，求之古書，也是有證據的，如古人祭祀時，男子所進的祭品是動物，女子所進的是菜果之類。初次相見所送的贄，男子是羔、雉等類，女子卻是榛、栗之類。到要開闢山林的時代，也就轉入男子手中了。於是女子漸處於從屬的地位，姓也改而代表男系。

部 落 和 民 族

人是生來會合羣的，所以其團結，並不以血統爲限。文化漸次進步，住居相近的人，就漸漸的聯合起來了，這就是所謂部落。一部落之中，語言，風俗、信仰等，自然都相同。就是接近的部落，也會漸漸同化的。此等文化相同的人，就成爲一個民族。

工商業的興起

使人分裂爭逐的是政治,把人連結起來的,是文化和經濟。在古代,各個部落,大概都是自給自足的,後來交通漸漸的便利了,人的慾望,也漸漸的增加了,就發生交易的事情。最初的交易,只是以物易物;没有定期定地的。交易漸漸的繁盛了,就會約定時間和地方,像現在的市集一般。《易經》上說:神農氏日中爲市,就是這個道理。這時候,貨幣也漸漸發生了,用作貨幣之物:大約漁獵民族是貝,游牧民族是皮,農耕民族是粟、帛。金屬,因其便於收藏,易於分割,漸漸的爲各種人民所愛用,就發生古代的錢刀。最初所交換的,大概都是天産品。因爲這時候,用具粗劣,人人都會自造的。亦或一民族中,因原料的出産,或技藝的精良,所製造的東西,是別一個部落所没有,或雖有而不及他好,這種製造品也會出現於市場之上。商業的刺戟,是可以促進產業分化的;如此,各部落中,亦就慢慢的發生所謂工業家了。

【習題】

（一）人爲什麼要從肉食進化到疏食? 再從疏食進化到穀食?

（二）古人的衣服,和現在的中裝,同異如何? 和現在的西裝,同異又如何?

（三）爲什麼從前的人,稱建築爲土木之工?

（四）巢居,穴居,怎樣會變成宮室? 試述其進化的途徑。

（五）古人交通所利用的,是什麼一種力?

（六）我國在什麼時候,從用鐵進於用銅?

（七）以五行生剋説明萬物變化,可信否? 是智信,還是迷信? 此等見解在古代算迷信否?

（八）怎見得文字不是一個人所造? 現在有造字的人否?

（九）如其在女系時代,你姓誰的姓?

（十）爲什麼古代的家庭,屬於女子?

（十一）人有血統、地域,兩種團結的法子,試述之。

（十二）何謂民族？

【參考】

本章可參看陶孟和《社會進化史》。

第五章　周之建國及其政教

周朝的建國

夏、商以前，史事可考的較少，周朝就不然了。這一則因爲年代較近，所傳的書籍較多；二則因爲周朝的文化，更爲進步之故。周朝從后稷、棄受封以來，似乎頗受外族的壓迫，但他始終能彀保持農業社會的文明。到周太王（古公亶父）以後，就强大起來了。文王時，三分天下有其二，但還"以服事殷"。到武王，才合諸侯於孟津，黃河的渡口，在今河南孟津縣。把紂滅掉。這時候，周朝對東方權力，還不甚充足。所以仍把紂的地方，封其子武庚；而武王派三個兄弟去監視他。管叔、蔡叔、霍叔，分處紂的畿內，合稱"三監"。武王死後，子成王年幼，武王兄弟周公旦攝政，武庚和三監都造反。淮夷、徐戎，亦都響應。淮夷，在淮水流域。徐國，在今安徽泗縣。周公東征，把武庚和三監滅掉。又使他的兒子魯公伯禽，周公封於魯，没有就國，叫兒子伯禽去的。打破淮夷、徐戎。經營洛邑爲東都。周朝的王業，到此就大定了。

西周的興亡

周公平定東方之後，制禮作樂，歸政於成王。周朝文明的進步，大約就在這時候。成王和他的兒子康王兩代，算是西周的盛世。康王的兒子昭王，南征不返，這一次，似乎是伐楚而敗的。這一次實在伐楚而敗，以致淹死在漢水裏的；這時候的楚國，在今河南丹、淅二水的會口；可參看拙撰《白話本國史》第一編第四章第五節。王室就開始衰微了。昭王子穆王，喜歡遊玩。現在有一部書，喚做《穆天子傳》，是記周穆王西游的事情的。據這一部書，當時穆王的遊蹤，要到亞洲的中部和西部，這是決不可信的。這部書是南北朝時代出現的，一定是漢朝既通西域以後的僞品。穆王西遊的事，見於《史記·秦本紀》、《趙世家》，都没有說出所游的地方來，以理度之，一定不能甚遠；不過在今陝、甘境上罷了。徐偃王乘機作亂。這一

489

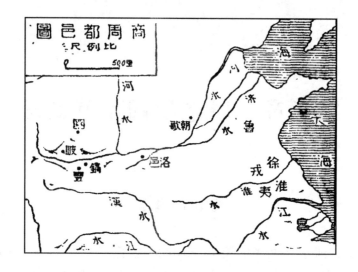

周后稷棄封於邰，後世失其地，竄於戎狄之間。至公劉，居於豳（今陝西邠縣），復修后稷之業，九傳主太王，爲狄人所逼，徙岐山下（今陝西岐山縣）。文王居豐，武王居鎬（皆在今陝西鄠縣）。紂都朝歌，今河南淇縣。洛邑，今河南洛陽縣。

次，卻靠楚國幫忙打定。五傳至厲王，因暴虐，爲國人所驅逐。卿士周公、召公當國行政，謂之共和。周初周公旦、召公奭的後人，世爲周朝的卿士。厲王死在外邊，才立其子宣王。宣王號稱中興。然其子幽王，又因寵愛褒姒之故，把申后和太子都廢掉，申國，在今河南南陽縣。申侯就和犬戎伐周，把幽王在驪山下殺死。驪山，在今陝西臨潼縣。太子宜臼即位，東遷洛邑，是爲周平王。從此以後，史家就改稱他爲東周了，西周共十二主，二百六十多年。

周朝的封建制度

西周是封建制度的全盛時代。古代的部落，彼此的關係，是很少的。後來漸相往來，就有互相攻擊的事。戰敗的國，對於戰勝的國，就要表示服從，盡朝貢等禮節。這是封建政體的第一步。再進一步，就要把他的舊君廢掉，改封自己的同姓、親戚、功臣等了。西周時所封的國，這三種人狠多。可見當時的王室，權力頗爲強大。當時不但國外，就天子、諸侯、國內的卿、大夫，也是各有封地的。國和家，雖有大小尊卑之異，性質並無不同。內諸侯雖說不世襲，事實上也有世襲的。

内諸侯	外諸侯封地	
三　公	公　侯	方百里
卿	伯	方七十里
大　夫	子　男	方五十里
元　士	附　庸	不及五十里

周 朝 的 官 制

周朝的内官，據漢時講經學的今文家説：今文、古文是漢朝人講經學的兩個大派別。今文家先出，因爲他們的經書，都是用當時通行的文字寫的，所以稱爲今文；古文家晚出，他們自己説，曾得到古本的書籍，都是用古字寫的。所以謂之古文今文家，對於經的解釋，有許多不同的地方。又有種書，是古文家有，而今文家不相信的（如《周禮》和《左傳》便是）。有種書，是今文家有，而古文家不相信的（如《春秋》《公羊傳》便是）。其問題很爲麻煩，我們現在不講經學，對於他們兩派的説法，無所偏主，只用史學上的眼光，分別去取，或者並存其説罷了。可參看本書《中古史》的第四章。有三公、九卿、二十七大夫，八十一元士。三公之職：爲司馬、司徒、司空。據古文家説：則三公、三孤，都是坐而論道的。政事均六卿所管。前者是漢朝相制所本。後者是隋以後六部之制所本。地方制度，也有兩種：一種是今文家説，和井田制度相合；一種則和軍制相應。大概古代的人民有兩種：一種是要當兵的；一種雖亦會當兵，卻不用作正式的軍隊；所以有這兩種區別。這是原於古代的人民，有征服和被征服兩階級，拙撰《白話本國史》第一編第八章第五節，第九章第一節，可以參看。

$$
\text{三公}\begin{cases}\text{太師}\\\text{太傅}\\\text{太保}\end{cases}\quad\text{三孤}\begin{cases}\text{少師}\\\text{少傅}\\\text{少保}\end{cases}\quad\text{六卿}\begin{cases}\text{天官冢宰（吏部）}\\\text{地官司徒（户部）}\\\text{春官宗伯（禮部）}\\\text{夏官司馬（兵部）}\\\text{秋官司寇（刑部）}\\\text{冬官司空（工部）}\end{cases}
$$

周朝的學校選舉制度

封建時代，有貴族平民的等級，從大夫以上，都是貴族做的。士以下才用選舉。這是清朝時候俞正燮先生的説法，可參看《白話本國史》第一編第八章第四節。選舉的法子，據《周禮》説：從卿大夫以下的官，都有考察人民"德"、"行"、"藝"的責任。

每三年，舉行"大比"一次，調查戶口和馬牛車輦等數目。就在這時候，舉出賢者、能者來。這就是所謂"鄉舉里選"。據《王制》、《孟子》說：則古代城鄉，都有學校。在城裏的，三代都名爲學；在鄉間的，則或喚做校，或喚做序，或喚做庠。各鄉舉出好人來，把他升送到司徒，司徒把他送到學裏。在學優秀的，管理學校的大樂正，再把他進之於王。歸司馬量才任用。在學的時候，鄉間舉上來的人，和王太子、王子、公卿、大夫、士的嫡子，都是同學的，只論年歲長幼，不分身分尊卑。

《尚書大傳》

鄰	八　家
朋	三　鄰
里	三　朋
邑	五　里
都	十　邑
師	十　都
州	十二師

《周禮》

比（鄰）	五　家	比長（鄰長）
閭（里）	五比（五鄰）	閭胥（里宰）
族（鄨）	四閭（四里）	族師（鄨長）
黨（鄙）	五族（五鄨）	黨正（鄙師）
州（縣）	五黨（五鄙）	州長（縣正）
鄉（遂）	五州（五縣）	鄉大夫（遂大夫）

周 朝 的 賦 税

私	私	私
私	公	私
私	私	私

井田圖

賦稅兩字，在現代意義相同。在古代，則稅是指現在的田賦，賦是出兵車和馬牛等軍用品，及當兵的人。周朝的稅法名爲"徹"。就是使八家共耕其中的公田。按其收穫量，取其十分之一，就是田賦之征。此外尚有力役之征，如令人民築城，修道路是。還有布縷之征，即令人民納絹布若干。據《禮記·王制》説：人民服力役，每年該以三日爲限。商業是只收他的地租錢而不收税。關亦只是盤查而不收税。所謂"市廛而不税，關譏而不征"。這句話見在《禮記·王制》和《孟子·公孫丑上篇》。廛是居住的區域，就是後世所謂宅地。

周朝的兵制

軍隊的編制，以五人爲單位。今文家説：師就是軍；天子六師，方伯二師，諸侯一師。見《公羊傳》隱公五年何休《注》。古文家説：五師爲軍；王六軍，大國三軍，次國二軍，小國一軍。見《周禮·夏官》。大約今文家所説，是較古的制度；古文家所説，是較晚的制度。當時的軍隊，是用車兵和徒兵組成的，還没有用馬隊。中國交通和軍事上，都是到戰國時代，才漸用騎；以前多是用車，這是因爲這時候，漢族專居平地，山地都爲夷狄所據，尚未開拓之故，可參看顧炎武《日知録·騎、驛》兩條。

伍	五人
兩	五伍
卒	四兩
旅	五卒
師	五旅
軍	五師

周朝的刑法

古代的五刑，據説是始於三苗的。三苗國君姜姓，爲蚩尤之後。周穆王時候，還是用這五刑。又制定一種贖罪之法，見於《書經》的《吕刑》篇。但實際出於五刑以外的酷刑，亦在所不免。《左傳》昭公六年，鄭國鑄刑書，晉國的大夫叔向寫信給鄭國的宰相子産，反對他。信中説："夏有亂政而作《禹刑》，商有亂政而作《湯刑》，周有亂政，而作《九刑》。"可見夏朝時候，就有成文法了。鑄刑書，就是公布刑法，叔向還加以反對，可見春秋時代，公布刑法的還不多。成文法大概很早的時代就有了。但在西周以前是不公布的。

五刑 ⎨ 墨 劓 腓 宫 大辟

周朝的教化

以上所説，是周朝政治的大略。至於教化，則在封建時代，大概是守舊的。一切舉動，都要謹守相沿的軌範。這個就是所謂禮。雖説“禮不下庶人”。見《禮記·曲禮上篇》。不過行起禮來，不能像貴族的完備，如其違反相沿的習慣，還是要受制裁的，所以説“出於禮者入於刑”。禮是生活的軌範。生活變了，軌範就不得不變。然而當時的所謂禮，卻未必能如此。人就有貌爲敷衍，而心實不然的，這個就是所謂“文勝”。古書上多説“周尚文”，又説“周末文勝”，我們看這兩句話，就知道封建時代的風俗要不能保持了。

【習題】

（一）西周的根據地，在什麽地方？東周的根據地，在什麽地方？當周公營洛邑時，周朝的形勢如何？

（二）共和行政，還是貴族的權力大？還是人民會自治？

（三）封建制度，是怎樣逐漸進步的？

（四）試述周朝六官之制。

（五）古代的人民，爲什麽一部分當兵？一部分不當兵？

（六）試述《周禮·王制》所説古代的兩種選舉制度。

（七）試述“貢”、“助”、“徹”三法的異同。

（八）古代的工商業有稅否？

（九）何以見得今文家所説的兵制較早？古文家所説的較晚？

（十）何謂五刑？

（十一）何謂成文法？

（十二）古代的法律爲什麽不公布？法律還是公布的好？還是不公布的好？

（十三）爲什麽禮要隨着時代改變？

第六章　春秋與戰國

春秋時列國的爭霸

　　東周以後,王室衰微,不能號令天下,而諸侯爭霸之局起。霸主是原於古代的"方伯"。伯字是長的意思,霸字是同音假借字。在古代,天子本可命令一個諸侯,做某一方面的若干諸侯之長,如周文王在紂時做西伯,就是西方諸侯之長;齊太公在周朝初年,管理東方的五侯九伯。這個就是所謂"方伯",春秋時代,則純用兵力爭奪。強的國,諸侯都服從他,天子亦就命令他做霸主。大抵西周以前,小國多,有一個強國出來,列國都會服從他,如此,便是三代以前的"王"。東周以後,大國多了,雖有強國,不容易達到這個地位,就不能想做"王",而只爭做霸主了。春秋時代,晉、楚、齊、秦號稱四大國。吳、越是到末期才強盛的。四大國中,晉、楚兩國,爭霸的時期最久。

春秋大事表	
公元紀年	事　　實
前六七九	齊桓公創霸。
前六四三	齊桓公死,國亂,宋襄公繼起圖霸。
前六三八	宋襄公爲楚所敗。
前六三二	晉文公敗楚,稱霸。
前六二四	秦穆公霸西戎。
前五九七	楚莊王敗晉稱霸。
前五六二	晉悼公與楚爭鄭,得勝,稱復霸。
前五四六	宋向戍爲弭兵之盟,晉、楚的兵爭遂息。
前五〇六	吳伐楚,破其都城,楚以秦援得復國。
前四七三	越滅吳。

　　中國歷史的有確實紀年,是起於共和元年的,就是公元前八四一年。至七七一年而西周亡,從七七○年起爲東周,至二二一年而秦併天下,又歷五百四十九年。其中從七二二年起,至四八一年止,共二百四十二年,稱爲春秋時代。自此以後,爲戰國時代,表中的四七三年,實已是戰國的初期了。因其距春秋還不甚遠,而吳、越相争。大部分係春秋時代的事,所以破例列入表內。春秋之義,因孔子採魯國史作《春秋》一書,每年繫時以記事,故以爲名。戰國乃因其時七國戰争不止而爲名。

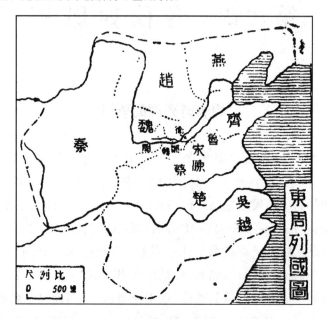

戰國的互相吞併

　　戰國時代,情形又不同了。前此較小的國,這時候多已滅亡,否亦衰微已甚,不能在大國間做個緩衝,而諸大國則地益廣,兵益多,遂成爲互相吞并之局。這時候,晉分趙、韓、魏,而河北的燕漸强,合齊、秦、楚爲七大國。七國之中,又以秦爲最强。因爲(一)由地勢險固,易守難攻。(二)且秦國民風,最爲樸實勇敢。(三)而秦孝公又用商鞅,定變法之令,强迫全國的人民都盡力於農,秦遂成爲最富的國家。諸侯之勢,本已不能敵秦,還要互相攻戰,"合縱"、"連衡"之局,都不能持久,遂次第爲秦所滅。秦滅六國用兵的經過,可參看《白話本國史》第一編第五章第二節。

春秋大國	齊	晉		秦	楚	吳	越	
戰國七雄	齊	趙	韓	魏	秦	楚	越	燕

春秋次國	魯	衛	宋	鄭	陳	蔡

異民族的同化

　　東周時代,大國都在沿邊,這是什麼道理呢? 原來當時的二等國,如魯、衛、宋、鄭、陳、蔡等,所居的都是古代中原之地,習於苟安,所以其民漸流於弱;晉、楚、齊、秦、吳、越等國,都居於邊地,卻以競爭磨礪而强。而且邊陲之地,都是曠廢的,易於開拓,所以幅員也廣大了。然則當時的異族,又是怎樣呢? 古代和漢族雜居在黃河流域的是獫狁,春秋時,分爲赤狄、白狄。赤狄在河南、河北、山西,都滅於晉;白狄在河北的滅於晉,陝西的滅於秦。羌人在陝、甘境上的滅於秦。嘉陵江流域的巴,岷江流域的蜀,戰國時亦爲秦所滅。長江中流的民族,古稱九黎,屬於三苗之國,周以後,其他爲楚國所開拓淮水流域的淮夷、徐戎,亦服楚。山東半島的萊夷,則滅於齊。閩粵斷髮文身的民族,古稱爲越,吳,越先世,都是和此族人雜居的,越滅後,其王族還散布沿海一帶,做他們的君長。而楚王族

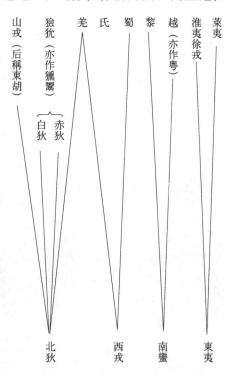

莊蹻,又泝牂牁江而上,直打到現在的雲南省城,就是當時所謂滇國。趙武靈王胡服騎射,開闢了現在的大同,燕國則排斥東胡,開闢了現在的遼熱。總而言之:到秦滅六國時,黃河、長江兩流域和遼、熱兩省,都已入中國的版圖了。

【習題】

　　(一)什麼叫霸主,霸與王有何區別?

　　(二)春秋戰國時的大國,那幾國在黃河流域? 那幾國在長江流域? 長江上游中游下游流域,那一處最爲强盛?

　　(三)戰國的秦國獨强的原因如何?

（四）商君的政策如何？

（五）在邊陲之國，爲什麼會强？又爲什麼會大？

（六）試畫一張古代民族分布圖。

（七）東北是什麼時代入中國的版圖的，離現在約有多少年？

第七章　周代之社會概況

封建時代的社會組織

周朝是一個社會組織劇烈變遷的時候。爲什麼呢？古代的社會，大抵是自給自足的。其時經濟的基礎是農業，農人所種的田都是公家的，用公平的方法分配工人所做的器具，是供給衆人用的，由公衆養活他。古代公産社會裏，本有這一種人，到封建時代，就成爲工官。商人是代表本部落，到別部落去交換的，盈虧和他本身無關。所以這時候的人，無甚貧富之差。只有有土的封君，可以徵收租税，還可以使人民服勞役，是比較富裕的。這是封建的全盛時代。

商業資本的興起

到商業興起後，社會的組織，就要逐漸變遷了。此時各部落的生活，實已互相倚賴，從前要多造的東西，這時候可以不造，而向人家換得，該少造的東西，卻可以多造，去和人家交換。從前職業的分配，就不再合理，就要逐漸破壞了。向來平均分配的田，因人口增加，感覺不足，於是用爲經界的阡陌、溝洫，逐漸被人開墾。田間的陸地，總稱爲阡陌，亦就是往來的道路。水路總稱爲溝洫。把這些地方，開墾做田，總稱爲"開阡陌"。世人誤以爲開阡陌是商鞅所做的事，這是錯的。開阡陌是人口增多，土地不足時自然的趨勢，商鞅不過承認他罷了。可參看《白話本國史》第一編第九章第三節。田的分配，就不能公平，没田種的，願意出報酬，借人家的田種；只有壞田的人，也願意出報酬，種人家的好田，就發生所謂田租。國家對於農田所徵收的，古代謂之"税"，漢時謂之"田租"，宋以後謂之"賦"。有領土權的私人，徵收佃農的，歷代亦稱爲田租，又稱地租。土地不曾私有時，只有國家所收的爲田税，所以税額減輕，農民就受實惠；私家所收的地租發生後就不然了。田以外的土地，總稱爲山澤。從前本來公有，遵守一定的規則，大家可以使用。如《孟子·梁惠王上篇》所説的"數罟不入汙池，斧斤以時入山林。"至此，亦落入私人手

499

中。如《史記・貨殖列傳》所載，因種樹畜牧、開礦、煮鹽致富的人，就是占據山澤之地的。工業也變做私人營利的事業了。商人則買賤賣貴，更可以得大利。人民的貧富，就漸漸不均。富者的勢力，逐漸增大，雖封君也無如之何了。何況這時候的貴族，還在互相兼并，"破國亡家者相隨屬"呢？這是商業資本擡頭，封建勢力，逐漸沒落的時代。東周之世，這種趨勢，正在加速度的演變中。

等 級 的 破 壞

封建時代，人是要講究身分的。飲食、衣服、宮室、車馬，各有等級，絲毫不能僭越。商業資本既興，此種等級，就不能維持了。前此貴族對於平民，是有很大的勢力的；至此亦逐漸喪失，而代之以富人對於窮人的權力。甚至貴族的本身，也不能不俯首乞憐於他們。總而言之：從前的富和貴，貧和賤，是合一的，這時候，富的人，實際上就受社會尊貴，窮的人就被賤視。雖然在法律上的地位，富與貴，貧與賤，都得一樣受法律的制裁，確只是具文而已。

宗 法 的 破 壞

古代平民的家庭，本止五口、八口，貴族則多係聚族而居。在父權伸張的情勢下，就發達而成宗法。宗法是崇奉一個男子做始祖，他的繼承條件，第一個是嫡，第二個是長，嫡長子代表始祖，是爲大宗宗子。以後代代如此繼承。嫡長子之外，其餘的兒子，都別爲小宗。小宗宗子，可以管轄五世以內的親族，就是從自己高祖分支下來的人。大宗宗子，則凡同出於始祖的人，都要受他管轄。所以古代的貴族，團結的力量極厚，然而此等制度，做宗子的，必須爲有土之君才行。因爲如此，才能養活其族人；否則各自謀生，就要散而之四方了。所以宗法是要和封建並行的。封建制度，既然日漸破壞，宗法也就逐漸沒落，都變做五口、八口的小家庭了。五口、八口之家，是"一夫上父母，下妻子"。這是財產私有之世，相生相養，天然的一個團結。至於合數百口而成一大家族，則是交易未盛，每一個大家族，即爲自給自足的生產團體，有以致之。交易盛行之後，此等家庭團體，自然不能存在了。普通的議論，都説中國人是大家族，這是錯的。中國此等大家族，除非内地經濟極落後的地方，還有存在；以中國之大論起來，實在不算得什麼，較之歐洲人，只多上父母一代。宗法制度，可參看《白話本國史》第一編第八章第一節。

【習題】

（一）封建時代的經濟情形如何？爲什麽商業興盛，會把封建時代的社會組織破壞？

（二）何謂"開阡陌"？

（三）根據於土地，所有權的田租，如何興起？

（四）何謂山澤？

（五）何以封建時代，富與貴合一？商業資本時代，富與貴分離？平民在封建社會中，與在商業資本社會中，孰爲有利？

（六）宗法是父系制？還是母系制？宗法的繼承法，與殷代的繼承法，同異如何？

（七）爲什麽宗法要與封建並行？

（八）在宗法制度下，婦女的地位如何？

第八章　春秋戰國之學術思想

學術思想發達的原因

春秋戰國時代，社會組織，雖然日益變壞，學術思想則確是大有進步。第一：在封建時代，學術爲貴族所專有。到社會組織變遷，人民有餘力能彀研究學術的人就多了。第二：貴族既多失其地位，一變而爲平民。於是在官之學，變爲私家自由研究的學問。私人的教育，大爲興盛。第三：其時世變日亟，想借學術以救世的人甚多。而貴族腐敗，賢君往往要登庸有才能的人，士人就有以立談而致卿相的，因此想借學術以弋取富貴的人，亦就不少。合這幾種原因，學術思想，就大爲興盛了。

孔　子

春秋、戰國的學術派別是很複雜的。我們現在揀幾家最重要的來講講。在當時的人物中，最受後世崇拜的是孔子。孔子的學術，就是所謂儒家之學。他的特色，在能就人倫日用之間，示人以不可須臾離的道理。他的哲學思想，最高的是"易"和"中庸"。易是發明宇宙萬有，無時不在變動之中；所以我們做事該時時觀察環境，定一個最適當的應付方法，那就是所謂"中庸"了。他對於政治和社會的理想，也是狠高遠的。他所想望的境界是"大同"，而其終極的目的，在於治國平天下。至於修身齊家，是達這目的的基本工夫。

先　秦　諸　子

孔子被後世的人尊爲聖人，他所做的書，和後人記他的言行，或記錄闡發

孔子問禮於老子

他的道理的書,亦被尊爲經。《詩》、《書》、《禮》(儀禮)、《樂》、《易》、《春秋》,據儒家説:都是孔子所刪定的,謂之六經,其中《樂》是沒有書本的,所以又稱五經。解釋經的書,漢人謂之"傳",記載故事的,漢人謂之"記";如《禮記》、《春秋公羊傳》、《左氏傳》、《穀梁傳》就是。《孝經》、《論語》漢人亦稱爲傳。孟子本是儒家的子書。《爾雅》是儒家的辭典。《周禮》,漢朝的今文家是不信他的,但是這許多,後世也總稱爲經。《大學》、《中庸》,本是《禮記》裏的兩篇。宋朝的朱子,把他摘出來,合《論語》、《孟子》,稱爲四書。其餘諸家則都稱爲子。諸子中重要的有老子。他的見解,是以爲後世的社會太壞了,想返到古代的淳樸。他又主張天道是循環的;剛强的人,終必摧折;所以主張守柔。又有莊子,鑒於宇宙的廣大和變化無窮,主張齊萬物、一生死。老子和莊子的學術,都稱爲道家。墨家之學,是墨翟所創。他是主張節儉的。又反對當時用兵的人攻擊人家,他卻極善於守禦。主張用整齊嚴肅的法律,去訓練人民的是法家。最著名的人物是商鞅和韓非,當時列國,用這一派人物的,多能收富國强兵之效。還有申不害,做過韓國的宰相;李克,亦作李悝,做過魏國的宰相;吳起雖然是兵家,他的治國,也很近於法家的,曾做過楚國的宰相;一時都收富强之效。此外講用兵的法子的有兵家。講外交的法子的有縱橫家。講農學的有農家。講醫學的有醫經、經方兩家。見《漢書·藝文志》。前者是鍼灸一派,後者是方劑一派。以古代宗教上的迷信做根據,而研求哲理的,則有陰陽家等。先秦諸子之學,是各守專門,各有特色的。後世著書自成一家言,被收入子部的也不少,縱有獨見,仍不如先秦諸子了。

【習題】

(一) 古代的學術,爲什麼爲貴族所專有?

(二) 試作短文一篇,説明"易"和"中庸"的意義。

（三）試述經、子之别。

（四）以剛强而摧折柔弱而勝利的事，你能觳舉其實例否？ 既然終能勝利，爲什麼還稱他爲柔弱？

（五）墨子既然主張非攻，何以他自己又善於守禦？

（六）法家之學，何以能收富國、强兵之效？

【參考】

本章可參看江恒源《孔子》，陳柱《老子與莊子》，錢穆《墨子》，孫毓修《蘇秦》（均商務印書館本）。

第九章　本　期　結　論

上古史的性質

從上古到戰國，是我國從部落進於封建，從封建進於統一的時代。自此以前，我國還分立爲許多國；自此以後，就合爲一大國了。這是講中國史的人天然的一個段落。

上古史的年代

上古史年代，雖然大部分都不確實。然依普通記算：夏朝大約四百年，商朝六百年，周朝八百年，已經有二千年了。此項計算之法，見於《漢書·律歷志》，係根據古書中所載的干支及日食等天象，用曆法推算的，雖不能密合，卻不致如傳說等的年代，相差很遠。再上推至黃帝元年甲子，則在民國紀元前四千六百零八年了。如依齊召南《歷代帝王年表》黃帝元年甲寅，則當在民國紀元前四千六百十八年。秦朝統一天下，在民國紀元前二千一百三十二年，那麼，我國開化的時代，就該在民國紀元前五千年左右，在公元前三千年左右了。

民族的同化和疆域的開拓

上古期中，最當注意的，是異民族的同化，和疆域的開拓。中國現在，所以能做世界上有數的大國；而人口的衆多，且爲世界各國之冠；實在是這個時代，建立下來的根基。而這兩者，實在還是一件事。

文化的進步

民族是以文化爲特徵的。住居中國的民族，照第六章所述，大的也有許多,然都先後同化於我,就可見得我族文化的獨優了。什麽叫文化呢? 依廣義的解釋,除天然現象之外,一切都該包括於文化之中。合以前各章所述的社會組織,政治制度,學術思想,以及衣、食、住、行等的進化而觀之,就可見得我族文化的大略了。

社會組織的變遷

社會的組織,也是隨時代而有變遷的。大抵人當生活艱難的時候,總是合力去對付自然的。到生活略爲寬裕些,就不免有人要剝削他人了。人的剝削人,有兩種法子:一種是靠武力,一種是靠財力。靠武力,就釀成各民族各部落間的鬥爭,戰勝的役使戰敗的人,而成立封建制度。靠財力,則人和人,當交易之時,總想損人利己,本是大家互相剝削的行爲了。這都是人類在進化的途中,發生出來的病態。中國古代的哲人,對於社會的病態,都是很注意,想要設法糾正他的。只這一點,也是我國文化的光輝。

【習題】

(一)周、秦爲什麽是中國歷史一個自然的段落?

(二)從中國有傳説的時代起,到周末,較之從秦朝到現在,其時間孰長?

(三)民族的同化,和疆域的拓展,爲什麽就是一件事?

(四)爲什麽文化劣的民族要同化於文化優的民族? 試就生活上舉出一兩個實例。

(五)如何是人對自然的鬥爭? 如何是人對人的鬥爭? 人對人鬥爭,要將其對自然鬥爭的力量減弱否? 試舉其實例,如何能將人對人的鬥爭消滅,使其專對自然鬥爭?

【參考】

本章可參看拙撰《白話本國史》第一編第二章。

第二編　中古史

第一章　秦代之統一與疆土之拓展

秦始皇的政策

　　公元前二二一年，秦王政盡滅六國，統一全國。他自稱爲始皇帝。有人勸他封建子弟，他不聽。而把全國分做三十六郡，秦王政二十六年，自稱始皇帝，後世則稱二世，三世。是年，分全國爲三十六郡，郡名詳見《史記・秦始皇本記》裴駰《集解》。但近人王國維曾加以考訂，糾正錯誤。始皇後因增置燕齊地六郡爲四十二郡，後又取百越增置六郡爲四十八郡，蓋皆用六爲數。並見王著《觀堂集林・三十六郡考》。每郡各置“守”、“尉”、“監”三個官。守，漢時稱爲太守；尉，稱爲都尉；監，在秦朝是派御史去做的，謂之監御史，漢朝則由丞相派史去做。分全國爲十二州，謂之州刺史。又把全國的兵器，都聚到他的都城咸陽，今陝西咸陽縣。鑄了十二個銅人，和別種器具。又要統一全國的思想，除醫藥、卜筮、種樹的書外，只許博士官有書。博士是太常屬官。太常是管禮儀的，博士在秦漢時，都是用學者做的，當時說“官”，譬如現在說“公署”。民間的書籍，一概燒掉。史官也只許存留秦國的歷史。

秦時疆土的拓展

　　他又發兵，把今兩廣、安南、福建地方打平，置爲南海、桂林、象郡、閩中四郡。派趙佗率兵五十萬戍守五嶺，大庾、騎田、都龐、萌渚、越城皆在兩廣，與江西、湖南交界之地。這時候北方的游牧民族，以匈奴爲最強。據著現在的河套。河套在秦漢時稱河南，唐以後謂之河曲，明以來才稱河套。秦始皇派蒙恬去把他趕掉，將戰國時秦、趙、燕三國的長城聯接起來，以爲北邊的防線。秦朝的長城，大略沿陰山東行，經過熱、遼兩省的北部，東端要到現在的朝鮮境內；和現在的長城，路線幾全然不同，現在的長城，大概是明朝所造，關於長城的始末，可參看王國良《中國長城沿革考》(商務印書館本)。

秦 朝 的 滅 亡

秦始皇的治國内，規模是頗爲闊大的。可惜他嚴刑峻法，又極其奢侈。打破六國之後，都把他們的宮室，在關中仿造一所，後來又自造一所阿房宮，又在驪山見《上古史》第五章。自營葬地，都窮極壯麗。還要相信方士的話，派他們到蓬萊去求神仙。他自己又要到處游行，借此鎮壓全國。前二一〇年，秦始皇出遊，死在現在的河北省裏。他的長子扶蘇，因諫止他坑儒，被他謫罰出去，到蒙恬處做監軍。古代的太子，照習慣是不帶兵的。派他去監軍，就是表示不立他做太子的意思。小兒子胡亥，這時候跟隨着他。宦者趙高，替胡亥游説丞相李斯，假造始皇的詔書，把扶蘇、蒙恬都殺掉。胡亥即位，是爲二世皇帝。信趙高的話，把李斯殺掉，政治更亂。秦始皇死的明年，戍卒陳勝，在今安徽地方起兵。於是反者紛紛而起。六國後人，一時俱立。秦朝派兵出去征討，初時頗獲勝利，後來楚懷王戰國時，楚國有個懷王，和齊國聯盟。上了秦國人的當，和齊國絕交。秦人趁勢把他打敗，後來秦國人又誘他去會盟，要求他割地，懷王不聽，秦國人就把他扣留起來，死在秦國，楚國人很哀憐他。此時楚國將家項氏，在吳國的舊地起兵，有人勸他立楚懷王的後人，以收拾楚國的民心。項氏聽了他，即以懷王的諡法，爲其生時的稱號。派項籍北救趙，新興的趙國被圍在鉅鹿，現在河北的平鄉縣。劉邦西入關。項籍大破秦兵於鉅鹿。劉邦也乘秦朝内亂，二世爲趙高所弑，趙高又被新立的子嬰所殺，從武關入秦，在今陝西商縣之東。這是從河南南陽進陝西的路。子嬰只得投降。秦朝就此滅亡，時在前二〇九年。

楚 漢 的 分 争

秦朝的滅亡，也可以説是封建政禮的一個反動。於是六國之後，和亡秦有功的人，都自立爲王。當時兵力最强的是項籍，所以封地的支配，實際是由他決定。他自立爲西楚霸王，銅山一帶，戰國時也是楚國的地方，當時稱爲西楚，霸王的霸，就是霸諸侯的霸，當時所封的人都稱王，項籍是諸王之長，所以稱爲霸王。建都在現在的銅山縣。劉邦則封於漢中，稱爲漢王。分封才定，山東、河北方面，已有不滿現狀起來反抗的人，項籍出兵征討。漢王乘機，打定關中。合好幾國的兵，直打進楚國的都城。被項籍還兵打破。漢王乃堅守滎陽、成皋一帶。滎陽，今河南滎澤縣，這是黃河的一個渡口，守此，楚兵就不能渡河而北。成皋，今河南汜水縣，其西境就是虎牢關，守此，楚兵就不能向西。有蕭何留守關中，替他補充軍隊和糧饟。而派韓信打定山西、河北,繞出山東,彭越又在楚國後方搗亂。於是楚國兵少食盡,乃和漢約以鴻溝中分全國。當時的一條運河,從今河南省城附近東南流,和淮、泗兩水通連。約定,項籍東歸,漢王背約追擊他。項籍走到烏江,大江的渡口,在今安徽和縣南。自刎而死。漢王遂即皇帝位,是爲漢高祖。時在前二〇二年。秦亡後,全國紛爭了五年,又統一了。

【習題】

(一)秦始皇不聽人家的勸,封建子弟,是對的? 還是錯的? 和秦朝的滅亡有無關係?

(二)秦朝的銷兵,和現在的禁藏軍火,同異如何?

(三)秦朝的焚書,和後世的禁止銷毀書籍,有何異同?

(四)秦始皇所開拓的,是現在的什麼地方?

(五)秦朝的長城,和現在的長城,路線同異如何?

(六)秦朝滅亡的原因,究竟在那裏?

【參考】

本章秦始皇帝的事情,可參看何炳松《秦始皇帝》。楚漢戰爭的事情,可參看拙撰《白話本國史》第二編第二章第二節。

第二章　兩漢之政治概況

漢初的政治

　　漢高祖即帝位後，把功臣中功勞大的，都封做王，小的封做侯，然異姓封王的，不久都滅亡，都大封子弟和同姓爲王。高祖死後，兒子惠帝懦弱，高祖的皇后呂氏專權。惠帝死後，呂后就臨朝稱制，又封諸呂爲王。呂后死後，大臣共討諸呂，迎立高祖的庶子文帝。漢初，承全國大亂之後，專務休養生息。文帝在位。尤其恭敬節儉，他的兒子景帝，也能謹守他的政策。所以當武帝初年——就是漢朝開國後約七十年的時候，國內頗爲富庶。漢初的大封同姓，原是爲防制異姓的，但是到後來，同姓諸王，倒成爲政治上的一個問題了。景帝時，吳楚七國，到底起兵造反，給漢朝打平，於是把諸侯治理百姓和補用官吏的權柄一齊剝奪。這時列國規模，與他郡縣相差不遠。武帝時從主父偃

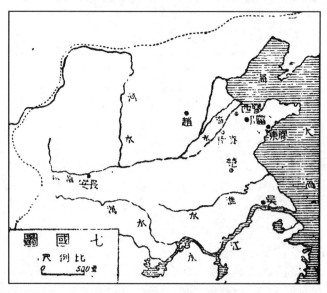

的弱藩之策,又命諸侯將自己的地方,分封子弟,於是諸侯都變做小國。諸侯只得衣食租稅,不許就國。漢初的封建,就名存實亡,而郡縣制度就逐漸推到全國了。

武帝的文治武功

漢武帝是個雄材大略的人,他對外國用兵,替中國開拓了不少疆土,其事都見下章,他在内治上,也有幾件著名的事情。第一,他置五經博士,是國家設立太學之始。當時僅就固有的官吏中,揀其有學問的,替他招致弟子;既未營建校舍,亦未設立教官。博士本非學校教師,但後來設立太學後,教師未曾别立名目,即以博士爲名。第二,他命郡國選舉孝廉,是科舉制度的先聲。此時未有考試之法,但唐以後的科舉制度,是從此制變化而成的,參看下册第一章。第三,他又聽董仲舒的話,重用治儒家之學的人,於是春秋、戰國時各學派之中,儒家之學,就歸於一尊了。可惜他性好奢侈。既要開疆拓土,又要營宫室,求神仙;還要出去巡游。財政不足,就用了許多言利之臣,以致民愁盜起,國内幾致大亂。幸而晚年悔過,能戮與民休息。昭宣兩代,政治也都算清明,才算危而復安。

前漢的滅亡

漢朝離宗法社會近,很看重宗室和外戚。元帝以後,政權入於外戚王氏之手,王氏中又出了一個大人物,漢遂爲其所篡。這個人就是王莽。王莽以公元九年篡漢,改國號爲新,他是鑒於漢時社會貧富的不均,要想實行社會政策的,他的魄力,可以算是很偉大。惜乎行之不得其法,弄得舉國騷然,新莽亦終至滅亡。

後漢的興起

後漢光武皇帝,是前漢的宗室,他以新莽之未起兵,和湖北地方的羣盜連合,當時軍中先有漢朝的宗室劉玄,號爲更始將軍,大家立他做皇帝。大破莽兵於昆陽。今河南葉縣。漢兵分路入關,關中羣盜亦起,王莽爲亂兵所殺。更始移都長安,爲羣盜所制,政治紊亂。關東流寇赤眉入關,更始遂敗亡。光武先别爲一軍,出定河北。後來把赤眉打破;割據或擾亂一方的人,亦都打平。建都在洛陽，所以史家亦稱爲東漢。

後漢的亂亡

　　光武、明、章三帝算是後漢的治世，和帝以後君主每多幼稚，母后臨朝，外戚專權。皇帝長大了，因滿朝都是他的黨羽，只得和宦官謀誅滅他，結果宦官又因之專權。在這兩種惡勢力互相消長之下，國政日趨不振。到桓、靈二帝的時代而達於極點。靈帝死後，子少帝年幼，太后的哥哥何進當國，要想誅滅宦官，而太后不肯。何進乃召外兵進京，以脅迫太后，宦官大懼，把何進殺掉。何進的官屬，遂舉兵大殺宦官。正在紛亂之際，涼州將董卓帶兵入京，政權遂盡入其手。董卓把少帝廢掉，立其弟獻帝。行爲又極暴虐。東方州郡，起兵攻擊他。董卓乃脅迫獻帝，遷都長安。東方的兵，都紛紛自占地盤，不能追擊。旋漢朝的宰相王允，和董卓的部將呂布合謀，把董卓殺掉。而卓將李催、郭汜，又起兵爲卓報讎，攻陷長安。獻帝爲其所制，久之，乃得逃到洛陽。因地方殘破已甚，召曹操的兵入衞。從此大權歸於曹操，漢帝只剩得一個空名了。

漢朝政治制度的劣點

　　漢朝的政治制度，有兩個劣點，是引起三國以後的分裂和戰亂的：（一）秦漢時代，外官本分郡縣兩級，郡就直接隸轄中央。一郡的地方只有後世一府這麼大，邊郡也有很大的，然地廣人稀，文化經濟都落後，依舊沒有實力。其勢不足以反抗中央，所以柳宗元説：“漢朝有叛國而無叛郡。”見其所著《封建論》。後漢靈帝時，黃巾賊張角造反，雖然旋即打定，然而餘黨擾亂的很多，乃將向來專司監察的州刺史，改爲州牧，變成了地方行政官吏，一州地方，有現在一兩省大；又值紀綱廢弛之際，州牧遂多據地自專；郡太守和有兵權的人，亦都紛紛割據，遂成爲分裂之局。漢武帝置十三州部，每州置一刺史以督察郡國，司隸校尉爲中央官吏，督察京畿，不在十三州部之列。後漢併朔方於并州，改交趾爲交州，合司隸校尉部仍爲十三州，漢末又改刺史爲州牧，威權愈重。（二）秦漢承戰國之後，其兵制尚有徵兵制度的意味。百姓到二十三歲，都隸名兵籍，歸各郡的都尉。講肄課試，到五十六歲，才得免除，漢初用兵，還都由郡國調發的。武帝以後，因用兵多了，免得騷擾平民，乃多派“罪人”。亦有並不是罪人的，如賈人、贅壻都是，不過取其不是普通農民而已。贅壻大抵是沒有田産的人。本章末節所論，可參看拙撰《白話本國史》第二編第八章第一、第四兩節。出兵打仗謂之“謫

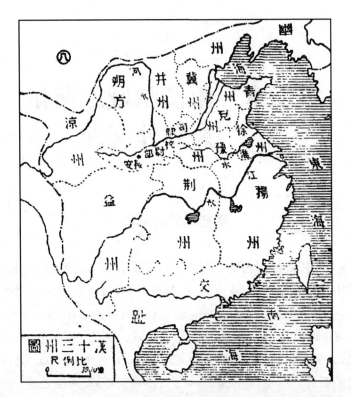

發"。雖然於人民有益,卻是人民因此和當兵漸漸的生疏了。後漢光武因圖減省起見,把都尉裁掉,民兵亦因之而廢,此時被中國征服的異族多入居塞內,漸漸用他當兵。如當武帝時,外族內附而用以爲騎者,就置有越騎校尉等。宣帝時調羌騎衛金城。這都是借外族內附而用以當兵的例子。遂至異族強而本族弱,造成五胡亂華之禍。

【習題】

（一）秦亡後的分封,算是封建第一次反動,其第二次反動,在於何時? 至何時而消滅?

（二）爲什麼宗法社會,要看重宗室和外戚? 重用宗室和外戚的結果如何?

（三）漢武帝的內政有那幾件,是關係重要的?

（四）漢武帝的爲人,有那幾點,和秦始皇相像? 有那幾點不同?

（五）前漢亡於外戚,後漢亡於什麼?

（六）何謂有"叛國而無叛郡"?

（七）秦漢兵制的變遷如何? 用異族當兵的利弊如何?

第三章　兩漢疆域之開拓
與對外交通

漢初域外的形勢

　　秦、漢是我國疆域開拓的時代。秦始皇開其端，而漢武帝成其功。漢初匈奴以陰山爲根據地，東擊破東胡，西擊破月氏，後又征服漠北諸小民族，和西域三十六國。歷史上所謂西域，有廣狹兩義，此處是初時狹義的西域，專指天山南路，後來自此以西的地方，亦都稱爲西域。月氏先逃到伊犁河流域。又爲烏孫所攻。逃到阿母河流域，征服大夏，就是西史的巴克特利亞。Bactria，即今之阿富汗國境。其西安息，則是西史的帕提亞。Parthia，即今之伊朗國境。更西條支，乃敍里亞之地。當公元前四世紀之末，中國戰國時候，馬其頓亞歷山大王，征服亞洲西部，死後其部將據敍利亞（Syria）自立，是爲條支，後其東方，又分裂爲帕提亞（Parthia）、巴克特利亞（Bactlia）兩國，即中國所謂安息及大夏。再向西，就是羅馬帝國，當時所謂大秦了。大秦一名犂軒，見《後漢書·西域傳》。當時或係專指敍利亞。近人張星烺謂係羅馬帝國在東方的領土爲大秦。參看《東西交通史料匯篇》卷一頁八《古代中國與歐洲之交通》一文。從安息向東南則到印度，從前謂之天竺，亦謂之身毒。從遼東向東，半島的北部爲朝鮮，南部爲三韓。馬韓，弁韓，辰韓。再渡海而東，就是現在的日本，當時稱爲倭人。以上是域外的形勢。而秦時已隸版圖的閩、廣、安南，此時亦自立爲南越、閩越兩國。南越是秦朝的尉，據兩廣安南之地自立的。閩越是春秋時越國的子孫，滅秦有功的。漢朝封爲閩越王，在今福建、閩侯縣，還有一個，封於浙江的永嘉縣的，爲東甌王，因爲閩越所攻擊，自請舉國內徙江、淮間。雲貴兩省秦時略有交通，漢時復絕。自此往西北，在四川和陝甘兩境上的異族，當時總稱爲西南夷。再向西，便是青海境內的羌人了。在大通河流域，當時謂之湟水。

漢　平　匈　奴

　　秦末，中國大亂，匈奴又入據河套。漢高祖自將去打他，被圍於平城。今山

514

西大同縣。後來用劉敬的計策，把宗室女嫁給他的單于，和他講和。是爲中國以公主下嫁，與外國結和親之始。武帝初想約月氏共攻匈奴，派張騫往使，因月氏無意報讎，不得要領；後來才決意自行出兵攻擊，先把他逐出漠南。又屢次派兵到漠北去打他，匈奴自此衰弱，到宣帝時又有內亂，其呼韓邪單于，遂入朝於漢。郅支單于逃到西域，爲漢人發西域兵攻殺。

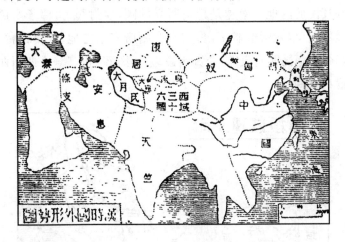

漢 通 西 域

當張騫使月氏時，今甘肅西北境，尚屬匈奴。張騫在大夏，見今四川臨邛縣的竹枝，問他們：“從那裏來的？”他們說：“從身毒買來。”張騫因此，想到從四川西南出，一定可通西域。漢朝就因此通西南夷。然通西域的路，依舊沒有走通。卻好匈奴的王，守今甘肅西北境的來降，漢朝以其地爲郡縣。西域的路，自此開通。漢朝曾出兵遠征大宛。又把公主嫁給烏孫，和他共攻匈奴。宣帝時，在今新疆省的中部，設立西域都護，保護天山南北兩條通路。西域三十六國都屬都護管理。

漢 平 朝 鮮

朝鮮在戰國時，屬於燕國。秦末，燕人衛滿率衆避難，逃到朝鮮，自立爲王。漢朝興起，約爲外臣，傳子及孫，引誘漢朝逃人，南方辰國（即三韓之辰韓）要入朝，又被阻住。武帝因命將征討，平定朝鮮，置爲郡縣。

漢平兩越及西南夷

　　秦立閩中郡，不久便廢。漢興，封越君（百越酋長）爲閩越王，到武帝時，閩越和東甌（今浙江永嘉）常相攻，東甌自請遷居內地，武帝依從。並派兵滅閩越，也遷其民於內地。南越是趙佗所立的國，漢封爲王，傳子及孫，其相呂嘉殺王，發兵造反，武帝遣將平定，盡有今兩廣安南之地，置爲郡縣。武帝又平定滇國（今雲南昆明）、夜郎（今貴州遵義）、邛、筰、冉、駹（今四川西境）諸西南夷，也置爲郡縣。

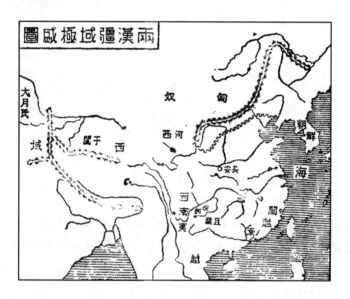

後漢的武功

　　王莽時，中國大亂，匈奴和西域都背叛。後漢光武時，匈奴又因內亂，分爲南北。南單于降漢，入居中國塞內。公元八九、九一兩年，和帝命竇憲大出兵以攻北匈奴，北匈奴逃到西域，後來轉輾入於歐洲。當東胡爲匈奴所破時，其餘衆分爲烏桓、鮮卑兩族。漢武帝時，招致烏桓，居今遼、熱境上，助中國捍禦匈奴，鮮卑在其北方，北匈奴亡後，其地遂爲鮮卑所據。明帝末年，班超帶着三十六個人，出使西域，攻殺匈奴的使者，説降諸國。明帝死後，漢朝無意經營西域，召他回來。而西域諸國，多有留著他不肯放的。班超亦願意立功，遂留居西域。即發服從諸國的兵，把不服諸國攻下。這真是古今罕有的奇功了。

漢時的海上交通

漢時，海路交通，亦已極發達，從廣東的合浦入海，能通行到印度洋沿岸。
《漢書·地理志》說：中國當時的航路，到黃支爲止。黃支，據近來人考據，
說是印度的建志補羅（Kanohipuia）。西域商船，也有聚集於安南
的東京灣的。中國的絲，在歐洲最爲著名，與黃金同重
同價。羅馬人久想和中國人通商，但終爲條支人所隔。
班超平定西域後，派部將甘英到羅馬去，亦爲條支人所
阻。直到一六六年，大秦王安敦，以年代考之，該是 Mareus
Aurelius Antoninus，生於一二一，沒於一八○年。才遣使從日南徼
外，漢郡名，在今安南之境。獻象牙、犀角、玳瑁，這是歷史上
記載中歐有國交之始。至於民間的交往，那自然久在其
前了。倭人在前漢時，有百餘國到樂浪郡來獻見。公元
五七年，乃有直達中央的。光武帝賜以"漢委奴國王"之
印。這顆印，現在已在日本的筑前發現了。

倭奴印

【習題】

（一）何以說秦漢時疆域的開拓，是秦始皇開其端，而漢武帝成其功？

（二）匈奴何時降漢？何時反叛？何時又降漢？

（三）漢朝爲什麼想從四川去通西域？從四川、雲南向西，可通西域否？

（四）何謂都護？

（五）閩、廣、雲、貴，何時入中國版圖？

（六）漢朝對東北的威力如何？

【參考】

本章可參看拙撰《白話本國史》第二編上第四章及第七章第二節。孫毓
修《班超》。

第四章　兩漢之學術與宗教

漢 代 的 崇 儒

　　春秋戰國之世,諸子百家之學,本是立於平等地位的,漢初還是如此。從武帝以後,儒家在學校、選舉兩方面,都占了優勢。見前章。別一家就不能和他競爭了,這也有個原由。學術的趨向,是要適應環境的。戰國時,列國競爭劇烈,整飭政治,訓練人民,最爲緊要,所以法家之學見用。漢初需要休養生息,所以從高、惠時蕭何、曹參做宰相,以至文、景時代,都謹守着道家清靜無爲的政策。到武帝時,海內業已富庶了;武帝又是好大喜功的人;要講改正制度,興起教化,那自然儒家之學,就會應運抬頭了。

文 字 的 變 遷

　　漢時儒家之學,就是所謂經學。經學有今古文之分。講到這個問題,又要先曉得文字的變遷。中國的文字,從發明以後,一直到春秋戰國時代,遞有演變,今已不盡可考,但所用的總是圓筆,這種字,後世稱爲篆書。篆者傳也,傳其物理,施之無窮。見《法書考》。秦時,行政上使用文字較多,向來的寫手不彀用,乃叫徒隸幫着寫,徒隸是不會寫字的,畫在上面就算,於是圓筆變爲方筆,這種字人家稱爲隸書,雖然寫得不好,因其簡便,反而通行了。以上所說是筆畫形狀的改變,字體的構造,隨時代而不同,自然也是有的。一時不覺得,積久之後,就大相懸殊了。

漢 代 的 經 學

　　古人的讀書,多數是用口輾轉傳授的,不必都有本子,但是傳之久了,總

三體石經(一八九四年在洛陽出土)

有人把他寫出來,所用的,自然是當時通行的文字。漢初講經的人,雖然亦有派別,大體無甚出入。到前漢末年,劉歆劉歆,字子駿,前二三七年被王莽所殺。等人,才説魯共王曾破壞孔子的舊宅,得到許多古書。此外,自然還有從別一方面來的,都藏在漢朝的祕府裏。他們以此爲據,説前此傳經的人,經文有缺誤之處,久而久之,相信這一派説法的人,對於經文的解釋,也就和前此的人,有不同的地方了。人家因稱這一派爲"古文"而稱前一派爲"今文"。漢時,國家所立的五經博士,都是今文之學。前漢末年,曾立過幾家古文,後漢時復廢。但在後漢時代,私家教授,古文之學,頗爲盛行。古文家雖説比今文家多得了些古書,然都無傳於後。文字異同之處,只多無關緊要。重要的,倒是經説的異同,今古文的短長,我們不講經學,無須去評論他。從大體上説,則漢人去古近,對於古代的事情,知道得總要多些;所以漢人的經説,無論今古文,都爲後人所寶貴。

漢 代 的 史 學

史學在漢朝，亦頗發達。前代的歷史材料，都是零零碎碎的。漢武帝時，司馬遷才把他採集起來，做成功一部《史記》。後漢時班固又用其體例，專述前漢一朝的事情，謂之《漢書》，後世所謂正史，都是沿用這一種體例的。

漢 代 的 文 學

文學的發達，韻文較散文爲早，春秋戰國是散文發達的時代，至西漢而達於極點，東漢以後，句調求其整齊，字面求其美麗，漸漸的開出駢文的風氣了。詩在古代，都是可以合樂的，五經中的《詩經》，就是如此，《詩經》大體是四言，漢時變爲五言，漸漸的不能合樂了。漢武帝曾採集各地方的民歌，立了一個機關，謂之"樂府"，叫精於音律的人，替他定了譜，會做文章的人，按譜填詞，詩中就又開出樂府一體。

道 教 的 起 源

中國古代宗教上崇拜的對象很多，用理論把他分起類來，則爲天神、地祇、人鬼、物魅四種。名見《周禮·春官》。列國分立時代，交通不甚發達，所以其勢力都只限於一地方。秦、漢之世，此等懂得"祠竈"的，以及燕、齊之間，講究神仙的，都稱爲方士。講祠竈的，亦或稱爲巫。當時的社會，迷信的空氣很濃厚。所以像秦皇、漢武等雄主，也很相信他。後漢末年，有張角創太平道。借着符水治病，聚集徒黨造反。又有張陵，自稱在四川山中學道，創五斗米道。學道的人，都出斗米，所以講之五斗米道，本篇文字變遷和古文經發見的始末，可參看拙撰《中國文字變遷考》第三章。張角、張魯等，雖然不久滅亡，然而此等迷信的流傳，迄不能絕，遂成爲後來道教的根原。

佛 教 的 輸 入

佛教的輸入，舊説以爲在公元六七年，是漢明帝派人到西域去請來的，其實不然，佛教輸入問題，可參看梁啓超《飲冰室文集佛教之初輸入》。因爲明帝的哥哥楚王英，已經相信佛教了。佛（釋迦）在世的時代，大略和孔子相差不遠。孔子生於公元前五五一年，當周靈王二十一年；釋迦生於公元前五五七年，當周靈王十五年。又孔子没於公元前四七九年，當周敬王四十一年；釋迦没於公元前四七八年，當周敬王四十二年。故二人完全同時。佛没後，其教北行至大月氏，南行至錫蘭。中國同西域和南洋交通後，這兩條路上，都有輸入的可能。到底是什麽年代，從什麽地方輸入的？則現在還難確答。後漢時，佛教在社會上，漸漸的流行了。但只是宗教上的迷信，還不大講到他的哲理。

【習題】

　　（一）爲什麽漢朝要獨尊儒學？

　　（二）篆隸的區別何在？

　　（三）何謂今古文？今古文重要的分別，在於經文？還是在於經説？

　　（四）漢朝人的經説，爲什麽爲後人所寶貴？

　　（五）漢朝有兩部著名的歷史，名目叫做什麽？是什麽人做的？

　　（六）前後漢的文體，有何異同？

　　（七）古詩和樂府，有何區別？

　　（八）創五斗米道的，是什麽人？

　　（九）佛教是什麽時候輸入的？

第五章　兩漢之社會概況

漢代社會情形

漢代是一個封建勢力崩潰未盡，商業資本愈益擡頭的時代。當時的富豪，可分兩種：其一是大地主，包括（一）田連阡陌，（二）和擅山澤之利的人；其二是實業家，包括（一）大工，（二）和大商。當時的工業家，大概自營販賣，所以混稱爲商人；但照理論分析起來，實在包括工業家在內，如煮鹽和製造鐵器便是。貧民則“常衣牛馬之衣，食犬彘之食”，董仲舒的話，見《漢書·食貨志》。很爲可憐。

漢朝救濟政策

漢朝救濟政策：（一）是法律上重農抑商。如不許賈人衣絲、乘車，和市井的子孫不得學習爲吏之類。（二）是減輕田租，漢初十五而稅一；文帝曾將田租全行豁免；景帝以後，復收半額，計三十而稅一，可謂輕極了。這兩種辦法，是受鼂錯《貴農重粟之論》的影響很大的。但是法律上的抑制，並不能減削他們經濟上的勢力，而當時私家收租，要十取其五；公家的田稅無論如何減輕，也總無補於事了。

當時學者的議論

學者的議論，分爲兩派：（一）法家。是注重節制資本的。武帝時，桑弘羊曾行其策，把鹽、鐵和酒，都收歸官營；又想出“均輸”、“平準”兩法，官自販賣物品。然官營事業，都極腐敗，徒然破壞富豪，貧民仍未見其實惠，而且反受其害。當時官辦事業，腐敗的情形，可參看《鹽鐵論·水旱篇》。（二）儒家。注重於平均地權，激烈的要恢復井田制度，緩和的，也想替有田的人立一個最大的期限，謂之"限民名田"。二者都成爲空論,沒有能實行。

王莽的變法

到王莽出來,才綜合儒、法兩家的議論。(一)把天下的田,改名王田,不許賣買。一人有田超出百畝的,責令分給九族、鄉黨。(二)重要的實業,收歸官營。(三)揀幾處大都市,立司市之官,令其求得各物的平價;有用而滯消的東西,照本錢買進,到物價昂貴時,則照平價賣出。(四)經營各種事業的人,都要按其所得收稅,由當時新設的泉府,將來借給貧民。王莽的變法,規模可謂很闊大,計畫也可以說很周詳。然而行之不得其法,不但不能建設起一種新秩序來,反把舊秩序破壞了。於是天下大亂,王莽亦隨之滅亡。從此以後,就再沒有敢說根本改革的人了。

漢朝的士氣和武風

漢朝的風氣,是接近於封建時代的,而戰國以來的任俠心理,仍然在民衆間憧憬著。所以中流社會中人,慷慨激發的很多。如張騫、班超等人物,在後世是很少的。不過兩漢比較起來,東漢似較西漢爲厚,一般儒生尊尚氣節,雖導源於王莽的僭漢,而光武、明、章諸帝,表章節義,敦厲名實,其影響委實不小。後漢桓、靈二帝時,宦官專權,親黨徧布州郡。諸名士列官內外的,或直言指斥,或盡法懲治,宦官乃誣爲黨人,加以禁錮,後來又加以逮治。諸名士很多慷慨就戮的,其有逃亡的,所至之處無不"破家相容",這就是黨錮之禍。這種風氣,在社會上竟醸成一種清議的特殊勢力,而以後魏晉的清談之風,則又是這種勢力的反響。

【習題】

(一)漢朝的社會,還是繼續春秋戰國的? 還是另一種狀況?

(二)漢時的富豪,是那幾種人?

(三)漢朝對社會貧富不均,用什麼法子救正? 爲什麼無效?

(四)當時學者的議論如何? 怎見得王莽的政策,是兼采儒、法兩家的?

(五)王莽的改革,爲什麼反以召亂?

(六)舊秩序不破壞,新秩序不得建設;舊秩序破壞了,新秩序卻未必定能建設。要如何才能減少破壞的害,而多收建設的利？破壞能完全避免否？

（七）爲什麽封建時代的人,性質要慷慨些？這種性質,比較資本主義時代的人爲優爲劣？

【參考】

本章的參考,可參見拙撰《白話本國史》第二編上第六章。

第六章　三國之分裂與晉之統一

後 漢 的 分 裂

後漢從黃巾之禍起，再加以董卓的擾亂，各處州郡，紛紛割據，就成爲不可收拾的局面了。當時地最廣，兵最强的，割據幽、并、青、冀四州袁紹。而呂布在徐州，袁術在揚州，亦有相當的兵力。曹操是割據兗州的。後來漢獻帝召他入衞，他因洛陽殘破，把獻帝遷都到許昌，成爲"挾天子以令諸侯"之勢。劉備在徐州，和呂布競爭失敗了，投奔曹操。曹操表薦他做豫州牧。和他合力，把呂布、袁術打平。劉備和獻帝的近臣合謀，要想裏應外合，推翻曹操，曹操把他打敗，劉備逃到荆州，投奔劉表。曹操南征荆州，劉表恰巧死了，他的兒子，把襄陽投降曹操，劉備逃到夏口，漢水的下流，古時亦稱夏水，所以漢水入江的口子，稱爲夏口。和在江東的孫權合力，當時袁術只占揚州的北部，揚州的南部，都是孫權的哥哥孫策打定的。把曹操在赤壁打敗。山名，在湖北嘉魚縣。劉備就將荆州全行恢復，又西取益州，國內就成爲三分之局了。

三 國 的 鼎 立

當劉備西取益州時，孫權想奪荆州，劉備乃將荆州和他平分。後來曹操平定漢中，劉備又把他奪取。因命守荆州的關羽，出兵北伐，孫權乘機襲取荆州，關羽敗死。曹操死後，兒子曹丕，於二二〇年，篡漢自立，國號魏，劉備和孫權於次年亦相繼稱帝，劉備國號漢，史稱蜀漢，孫權國號吳。劉備出兵攻吳，爲陸遜所敗，慚忿而死，託孤於諸葛亮。諸葛亮是個絕世奇才，把區區的益州，治理得很好，國富兵强，屢次出兵伐魏，惜乎天不假年，大功未成，死在軍中，蜀漢自此就漸漸的不振了。吳則本來是自守的時候居多。

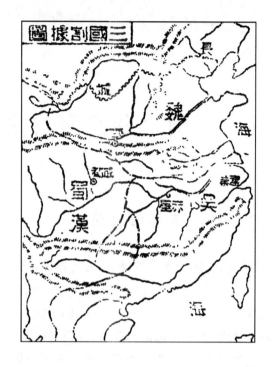

晉朝的統一

魏文帝曹丕篡漢後，傳子明帝，性極奢侈，魏朝的政治，就此紊亂了。明帝死後，嗣主年幼，大權落入武官司馬懿之手。司馬懿和他的兒子司馬師、司馬昭，前後相繼執掌魏國的政柄。司馬昭時，乘蜀漢衰弱把他滅掉。他的兒子司馬炎，就篡魏自立，是爲晉武帝。於二八〇年滅吳，全國就又統一了。從董卓入洛陽至此，共計九十二年。

【習題】

（一）後漢分裂的原因何在？

（二）假使赤壁之戰，曹操勝利了，當時的事勢將如何？

（三）三國的地方，那一國最大？那一國最小？吳國的地方，照地圖上看並不小，爲什麼實力不能敵魏？蜀的地方最小，何以諸葛亮能屢次北伐？

【參考】

本章可參看拙撰《白話本國史》第二編中第一章，和孫毓修《諸葛亮》（商務印書館本）。

第七章　中華民族之新融合

兩晉南北朝總説

晉朝統一後，不久而五胡亂華，東晉立國南方，北方自立的，共有十六國。後來北方再并於後魏，南方則傳宋、齊、梁、陳四代，是爲南北朝。從西晉到南北朝，統一只有三十七年，晉武帝雖於公元二六五年篡魏即位，而於公元二八〇年始滅吳，統一全國，故從二八〇年，推算至三一六年，只有三十七年。分裂倒有二百七十二年。這個長期的分裂，其大原因，是兩漢時代，所接觸的異族太多，一時不及同化，政治上又措置不善之故。經這一次擾亂之後，中華民族卻又融合了許多新分子了。晉初五胡分布的形勢是：匈奴、羯在山西；羯是匈奴的別種，因其居於羯室得名。羯室，在今山西遼縣。氐、羌在陝、甘；鮮卑在今遼熱、察、綏，以至寧夏、甘肅之境。匈奴劉淵乘晉朝內亂，自立爲帝，滅西晉，史稱前趙，爲後趙石勒所滅。石勒是羯族，據中原大部分，後併於前燕。前燕慕容氏是鮮卑族，據有遼東、遼西、河北地方，遼東爲太守公孫度所據，其子淵，爲魏所滅。後爲氐苻堅所滅，是爲前秦。苻堅吞併北方，又想滅晉，晉兵抵抗，苻堅大敗於淝水（在今安徽壽縣），遂爲羌姚萇所滅，史稱後秦。東晉劉裕北伐，滅後秦。淝水戰後，鮮卑慕容氏復起，

西晉，公元紀年二六五至三一六。
東晉，公元紀年三一七至四一九。
南北朝，公元紀年四二〇至五八九。

一據山東爲南燕，一據河北爲後燕，一據關中爲西燕。又有鮮卑拓跋氏起於綏遠，據平城（今山西大同），史稱後魏，滅後燕，和在熱河的北燕、南燕，爲東晉所滅。在甘肅的有前涼、後涼、南涼、北涼、西涼、西秦，先後興起，最後僅餘

西秦、北涼二國，又有在陝北的夏國，夏滅西秦。夏和北涼，都爲後魏所滅。還有據四川的成國，爲東晉所滅。東晉爲劉裕所篡，國號宋，和後魏對峙，爲南北朝。

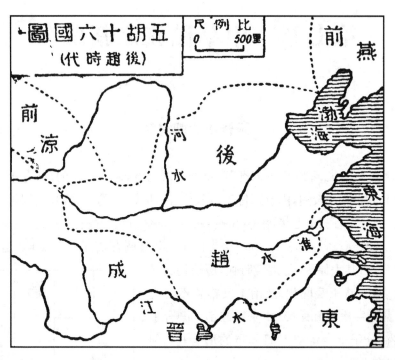

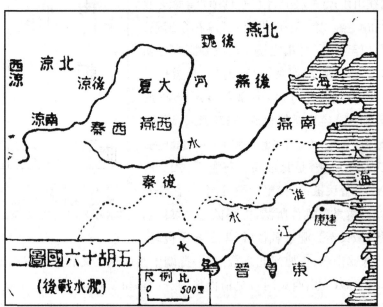

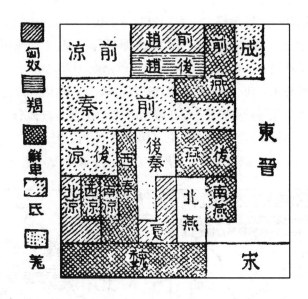

南北朝的大略

　　南北朝初年,南朝的疆域還不小,然宋文帝北伐不勝,魏太武帝反自將南下,直抵江邊,遂成北强南弱之勢。歷宋、齊兩朝,迄不能振作。到梁武帝時,南朝頗爲太平,而北朝從孝文帝南遷以來,風俗漸趨奢侈。留守北邊的將士,因待遇不及南遷的人,也心懷不平。這時候,魏明帝在位,太后胡氏專權,政

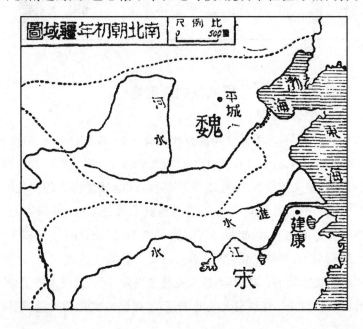

治大亂，北邊和中原，亂事蜂起。秀容川的尒朱氏，_{秀容川，在平城之北。尒朱氏是北方部落的酋長，受封於此的。}起兵定亂，又因暴虐，爲高歡所滅。魏主靠着關中的宇文泰以抵禦高歡；高歡亦別立一君，魏遂分東、西。高歡死後，其將侯景來降。梁武帝想乘機恢復河南，然亦未成功。侯景反在境內造反。都城被陷，梁武帝憂憤而死，元帝立國江陵，遣陳霸先等打平侯景。而江陵爲西魏所陷，元帝被害，陳霸先立其幼子於江東，旋篡位，是爲陳武帝。北方，東、西魏爲高氏、宇文氏所篡，是爲齊、周。後來齊滅於周，周又爲外戚楊堅所篡，是爲隋文帝，南下滅陳，統一南北。

異民族的新融合

從東晉到南北朝，北方始終爲異族所占據。_{北齊說是渤海高氏，渤海是漢郡名，爲今河北東南境，然高歡久居北方，早和鮮卑同化了。宇文氏亦是鮮卑。}異族的酋長也有驕淫暴虐，十足現出野蠻人的性質的；也有平平穩穩，頗能接受漢人的文化的。其中最熱心摹倣漢人的要算魏孝文帝。他因爲要求漢化之故，不顧阻力，從平城遷都到洛陽。遷都之後，禁胡服，禁胡語，易姓名，還強迫鮮卑人和漢人結婚。從大體上論起來，五胡的文化，都較漢人爲低。其同化於漢人，自是當然的結果。惟當時異族割據的，多用其本族人或其他異族爲兵，用漢人的很少，所以漢人在政治上很難翻身。直到南北朝的末年，才靠民族文化的力量，把他們全行同化。所以在這個時代，我們的政治，是衰敗的；民族的潛勢力，卻是優越的。

【習題】

（一）從三國到南北朝，統一的時代，共有幾年？分裂的時代，共有幾年？這時代中分裂的原因何在？

（二）十六國是否都爲五胡民族所建？

（三）十六國中，和大局較有關係的是那幾國？

（四）十六國中，根據四川的是什麼國？根據甘肅的是什麼國？

（五）關係東晉的興亡的，是那一次戰役？

（六）晉末宋初，南北的境界何如？梁、陳之間又如何？

（七）試略述北魏的盛衰。

（八）五胡中最歡迎中國文化的是什麼人？他的辦法如何？

（九）兩晉南北朝時，北方在政治上受異族統治，其原因安在？後來漢族能恢復，其原因又何在？

【參考】

本章可參看拙撰《白話本國史》第二編中第二、第三兩章。當時民族的關繫，拙撰《中國民族演進史》第六、第七兩章，可以參看（亞細亞書局本）。

第八章　兩晉南北朝之
文化與社會

玄 學 和 佛 學

　　兩晉南北朝，以政治論，雖然衰敗；以學術思想論，倒也很有特色的。漢時儒學盛行，儒學都喜歡注古，就不免有"泥古"之弊，因此激起思想上的反響。三國中葉，_{魏廢帝正始年間，正始，自二四〇到二四八。}北方就有喜歡講哲學的風氣，他們在儒家的書中，注重《易經》；在道家的書中，則取《老子》《莊子》，很熱心的互相講論。他們這種講論，謂之"清談"，所講論的學問，謂之"玄學"，很有許多高妙的見解。因此又和佛教的哲學相接近。佛教有大、小乘之分，大乘的哲學，比小乘更爲高妙，初期盛行的，都是小乘，到五世紀初年，大乘經典，才漸漸流行，士大夫相信他的也不少。

中外文化的和合

　　因爲和異族接觸的多了，本族的文化，就因之而起變遷。這時候，論建築則有寺、塔；論圖畫則有佛畫；論雕刻則有佛像。_{現在河南洛陽伊闕，山西大同武州山的佛像，都是後魏時所刻。}都是從印度來的，而音樂從西域輸入的亦不少。衣服的式樣，本有南北兩派，南派是寬博的，北派是窄小的。_{可參看林惠祥《文化人類學》第三篇第六章九十九頁（商務印書館本）。}中國的衣服，本近南派，到這時代，衣裳和深衣漸漸的沒有人著了。遂用從前襯在裏面的袍衫做外服，而便服則多著裙襦；韡也漸漸的通行。再進一步，就要以袴褶爲外服了。_{參看《上古史》第四章古人穿在外面的短衣，襯在裏面的反有長衣。單夾的叫衫，裝緜的叫袍。韡是北族之物，中國所沒有的。褶是一種較短的外服。袴褶服既不着裙，亦不着袍衫，遂以袴爲外服，隋、唐時，天子親征，中外戒嚴就着他，其源也是起於南北朝。}古人都是席地而坐，就坐在牀上，也是跪坐的。這時代則漸用

“胡牀”,垂脚而坐。這些,都可以説是受北族的影響。

道教的成立

因爲佛教輸入,而道教也隨之而形成。道教的根源,是古代的方士和神巫,已見第四章。玄學盛行以後,他襲取老、莊的哲理;佛教盛行以後,他又摹倣他,造作經典,裝塑神像;宗教的條件,漸漸具備。五世紀初年,嵩山道士寇謙之,自稱遇見老子,叫他改正張陵的僞法,後來又説老子的玄孫李譜文,命他統治嵩山周圍百萬方里的土地。北魏太武帝相信他,把他迎進京城,築壇傳教。從此以後,道教就算做一種大宗教,和儒、釋並稱了。

文學的美術

這一期的文學,就是所謂駢文。雖然不切實用,卻也很爲美麗。中國的字,因其構造的繁複,亦成爲美術之一。隸書原起,本是爲求應用的,後來也變成美術品,當時的人別稱爲八分書。其專供應用的,則成爲現在的正書。八分書筆畫之末,有向上之勢,謂之“挑法”。隸書的筆畫,都是禿的,現在的正書,乃對於行、草之名,實在就是隸書。所以從前人善寫正書的,歷史上往往説他善隸書。現在多以八分書爲隸書,正書另是一種,實在錯了。本章文字的變遷,可參看拙撰《中國文字變遷考》第四、第五章。然正書和求快捷的行草,亦都成爲美術。這時期中,最工於書法的,爲晉朝的王羲之,後人推爲“古今之冠”。見《晉書》本傳。

門閥的興起

文化的發達如此,爲什麼政治上會弄得這樣糟呢? 這個不能不歸咎於社會的不好。從秦朝以後,古代的封建制度,在政治上雖已消滅,貴族在法律上,雖已失其地位;然其在社會上的地位,是不容易一時消滅的。漢朝用人,不論門第,所以他們在政治上不占勢力。三國時,魏因其尚書陳羣的建請,採行九品中正的制度,於各州置大中正,各郡置中正,令其品評當地的人物分爲九等,而尚書憑以選用,中正的評論,只講門第,不論好壞,有所謂"上品無寒門,下品無世族"的說話。世家大族在政治上就占了便宜。加以五胡亂華,中原人物,流離遷徙,他們到了一處新地方,還要標明舊時的郡望,以表示尊貴;如王氏標明爲琅邪的王,崔氏標明爲博陵的崔之類,因爲別地方的王姓、崔姓,門第未必都是好的。本問題可考看拙撰《白話本國史》第二編下第三章第七節。流俗也就尊重着他,他們在政治上既占優勢,生活自然要寬裕些,養成一種優游暇豫,不肯做事情的習慣,反自以爲高尚。讀書人不必説了,就做官的也是如此,所以後來的人,稱此爲"清談誤國"。然而當時,這一班人,倒是處於重要的地位的,這就當時的政治,所以腐敗的一個大原因。

【習題】

（一）玄學興起的原因爲何?

（二）爲什麼玄學會和佛學接近?

（三）中國的美術,所受外國的影響如何?

（四）袍衫、裙襦、袴褶之服,較之古代的裝束,熟爲便利?

（五）垂脚而坐,較之跪坐,孰爲適宜於衞生?

（六）道教和春秋戰國時的道家之學,有何關係?

（七）駢文爲什麼不適用?

（八）中國的字,爲什麼會成爲美術?

（九）分書和正書的區別如何?

（十）兩晉,南北朝的門閥,是怎樣起原的? 其利弊如何?

第二冊進度表

第一星期
- （中古史）第九章　隋唐的概說／隋唐的治亂／隋唐的興亡
- 第十章　隋唐的興起／隋唐的域外形勢

第二星期
- （又）　隋朝的武功／唐初的武功／武功／唐玄宗時的對外交通
- 第十一章　隋唐的政治概觀／隋唐的官制

第三星期
- （又）　隋唐的選舉制度／隋唐的兵制
- 隋唐的法律／隋唐的賦稅

第四星期
- 第十二章　隋唐初年的富庶／南方文化經濟的發達／商業的發達
- （又）　隋唐的學術／隋唐的文藝

第五星期
- （又）　隋唐的宗教／第十三章／中國文化東被／朝鮮和日本的文化
- （又）　隋唐時代的中日交際／渤海的興起

第六星期
- 第十四章　安史之亂／藩鎮的跋扈
- （又）　宦官的專權／唐朝的分裂／五代的紛亂

第七星期
- 第十五章　宋代社會情形／王安石的變法／新舊的紛爭
- （又）　周世宗的雄略和宋朝的統一／宋朝的積弱／宋朝積弱的原因

第八星期
- 第十六章　宋遼的關係／宋夏的關係／金朝的興起
- （又）　宋朝的南渡／南宋和金朝的和戰

第九星期
- （又）　宋代的文學／宋朝士大夫的風氣
- 第十七章　宋代的理學／宋代的經史之學

第十星期
- （又）　宋代社會狀況／印刷術的發達
- 第十八章　蒙古的興起／金朝的南遷／成吉思汗的西征

第十一星期
- （又）　夏金的滅亡／蒙古對東西南三方面的用兵／宋朝的滅亡
- （又）　蒙古的分裂／元朝的衰亡／明太祖的恢復

第十二星期
- 第十九章　鐵器和蠶絲／羅盤針火藥／印刷術／馬哥孛羅
- 第二十章　成祖的北遷／明初的武功／土木之變／明中葉的內憂外患

第十三星期
- （又）　神宗之怠荒／東林黨人及三大案／流寇之禍／明人之黨鬥
- 第二十一章　中華民族近代的發展

第十四星期
- （又）　明代民族的拓殖／鄭和的出使
- （又）　明代南洋的拓殖／華人在南洋的政治勢力／拓殖勢力的成績

第十五星期
- 第二十二章　元明時代的學術思想／元明時代的文藝
- （又）　元明時代的社會經濟／從宋到明貨幣的變遷

第十六星期
- （又）　元明時代的等級制度／元明時輸入的宗教
- 第二十四章　本期的民族鬥爭／本期的文化
- （又）　本期的經濟和政治／本期的社會組織

第九章 隋之統一與唐之繼起

隋唐的概説

公元五八九年，隋滅陳，統一全國，從此到七五四年，即安禄山造反的前一年，共一百七十二年；雖然有盛有衰，有治有亂，然從大體上説來，總算是治平盛强之世。安禄山反後，唐朝就入於衰亡時期了。

隋朝的治亂

隋文帝是很勤政愛民的。當他在位時，有善政也有秕政，而尤以偏聽皇后獨孤氏的話，立煬帝爲太子，這椿事最爲失策。煬帝即位之後，驕奢異常。隋朝是建都在長安的，他却以洛陽爲東都，開了一條運河，從黃河通到淮水裏，接連現在淮南運河。又開通了現在的江南運河。他坐着龍船往來於洛陽、江都之間。雖然開運河是利交通的事，然工程太大，一時民力不及，還要如此恣意巡游，自然國家元氣要大傷了。他又巡幸北邊。招致塞外諸異族，發大兵三次征伐高句麗；就弄得民窮財盡，亂者蜂起。

隋唐的興亡

隋末發亂的：在北方，以河北的竇建德，河南的李密、王世充爲最强，南方的蕭銑，據江陵，地盤最大。長江下流，亦有好幾個據地爭衡的，後來都給杜伏威所并。太原留守李淵，因拒突厥不利怕獲罪，聽他次子世民的話起兵，先取關中，以爲根據地，旋平河西隴右。劉武周根據馬邑，馬邑，今山西馬邑縣。南侵并州,亦給唐王李淵父子打敗。公元六一八年,李淵即帝位於長安,是爲唐高祖。同年,李密爲王世充所破,投降唐朝,旋又借名出關,要想自主,被唐朝伏兵擊殺。世民伐王世充,竇建德來救,世民分兵往禦,一戰而禽。王世充也就投降。又遣兵打定蕭銑,杜伏威亦來降,其餘割據一地方的,雖然很多,都不曾費什麼兵力。隋朝平陳後,共三十年而亡;隋亡後不過五六年,國內又平定了。

唐初到開元的治亂

唐高祖起兵後九年,傳位於世民,是爲太宗。太宗是個賢明英武的君主,任用房玄齡、杜如晦爲宰相,時人號爲"房謀杜斷"。又有魏徵,能直言諫諍,他多聽從。所以在位時,政治清明,國內太平,武功亦盛。世稱"貞觀之治"。太宗在位二十三年,死後,子高宗繼立。初年遵守太宗的遺規,政治亦頗好。後來寵信武后,任其干預政事,治蹟遂衰。高宗死後,武后廢其子中宗而立睿宗。旋又廢之自稱皇帝,改國號爲周。武后自高宗時判決奏事,至稱帝,先後五十年,年八十二,才因老病,被宰相結連衛兵,脅迫他退位,而使中宗復位。武后也算得一個奇才。惜乎專圖擴張權勢,濫施爵祿,以收買人心。又用嚴刑峻法,以圖遏止反抗,受害的人很多。

唐太宗

外患亦亟,國威幾乎墜地。中宗復位後,寵愛皇后韋氏,任其所爲。韋后也想學武后的樣子,而才具不及,中宗爲其所弑。睿宗的兒子隆基,起兵定亂,奉睿宗即位,不久就傳位於隆基,是爲玄宗。中宗時,政界汙濁的情形,較武后時更甚。直到玄宗出來,任用賢相姚崇、宋璟、張九齡,姚能治事,宋爲人方正,張亦能直言。竭力整頓,政治才復見清明,世稱"開元之治"。玄宗在沿邊設立節度使,加重其兵權,鎮服四裔,唐朝又見興盛。然邊兵既重,而玄宗在位歲久,又寵信楊貴妃,怠於政事;開元以後,就變成天寶之亂了。

【習題】

（一）從隋初到唐玄宗開元年間,經過幾次治亂。

（二）隋朝和秦朝比較同異如何?

（三）隋煬帝的開運河，算是好事情？還算壞事情？

（四）隋末羣雄，最強大的，是那幾個？

（五）唐太宗和漢文帝比較，同異如何？和漢武帝比較，同異又如何？

（六）何謂"武章之亂"？

【參考】

本章可參看拙撰《白話本國史》第二編下第一章第一、第七兩節。

第十章　隋唐之武功與對外交通

隋唐時域外的形勢

　　隋、唐是武功昌盛的時代，要說這時代的武功，先得把當時域外的形勢，作一個鳥瞰。北族從鮮卑侵入中原後，繼其後的爲鐵勒。鮮卑的分部柔然，利用他和北魏相抗。南北朝末年，柔然衰了，爲起於阿爾泰山的突厥所滅，周、齊分爭，怕突厥和敵人連合，都很敷衍他。突厥因此益驕。西域諸國，兩晉時代，國交上無甚關係，只有前秦時代，曾遣呂光征服西域諸國，然未及旋師，苻堅已在淝水戰敗；呂光自立爲後涼國，亦不久即亡。然其人來到中國的很多，商業上的往還亦很盛。當時稱西域人爲胡，歷史上所謂胡人的，大都是西域人。甘肅省西北部，始終是中國和西域互市的地方。尤其是佛教，從西域輸入的不少。南北朝時，大月氏已被印度笈多朝所滅，嚈噠繼興。嚈噠二字，就是月氏的轉音。自大月氏滅亡後，月氏餘種，仍留在吐火羅（古之大夏，今之阿富汗的巴克特里亞地方），又乘印度之衰而復起。且侵入印度。及爲突厥所破後，印度烏萇王滅之。後來嚈噠又爲突厥所破，從天山北路向西，直抵歐洲，中間包括巴爾哈什湖、鹹海、裏海區域都服屬於突厥。在朝鮮半島上，當西漢末年，漢族的威力，漸漸失墜。其地的土著民族，自立爲高句麗、百濟、新羅三國。到三國時代，漢族的威力，漸漸失墜。東晉時，前燕侵入中原後，遼東空虛，遂爲高句麗所占，對中國頗爲桀驁。百濟也和他聯合，共攻新羅，新羅卻是倚賴中國的。熱河境內爲鮮卑遺族奚、契丹所據。吉、黑兩省：松花江、烏蘇里江流域，是靺鞨所據；黑龍江流域，是蒙古人的祖先室韋所據。青海境內，和四川的北部，是前燕慕容廆的庶兄——吐谷渾在西晉時侵入的，並征服其地的羌人。雅魯藏布江流域，有印度阿利安人侵入，爲吐蕃之祖。《唐書》所說吐蕃的起原，是傳聞之辭，不足爲據。此說係西藏人自述之辭，該可信些。參看拙撰《中國民族史》第十二章。

隋 朝 的 武 功

隋文帝得天下後，用外交手段離間突厥的大可汗及其主西方的可汗，突厥由是分爲東西，東突厥給隋朝征服。西突厥至煬帝時亦來朝。煬帝曾發兵侵掠吐谷渾，在青海附近，設立四郡，又招致西域諸國，前來朝貢。戍守和供帳，所費不貲。又發大兵親征高句麗，被高句麗打敗。再發大兵往征，到第三次，才得高句麗請降的虛名。而天下騷動，內亂遂起了。

唐 初 的 武 功

隋末大亂，突厥復强，羣雄在北邊的，都稱臣奉貢。唐高祖亦曲意和他聯絡，惟突厥侵寇仍不絕。太宗即位後，於六三〇年，遣李靖把他滅掉。西北諸君長，共上太宗“天可汗”之尊號。鐵勒諸部中有薛延陀，繼居漠北，又被太宗遣李世勣滅掉。回紇再居其地，就很恭順中國了。對於西域：太宗曾征服天山南路諸國，西突厥則到六五七年，才被高宗遣蘇定方滅掉，中國的屬地，就直達波斯。今伊朗。東北諸族，奚、契丹、靺鞨、室韋等，亦都來朝貢。西南則吐番盛强，侵犯四川西邊。太宗發兵把他打敗。旋許其請和，把宗女文成公主嫁給他。公主好佛，吐蕃開始接受漢化，信仰佛教。其時北印度的烏萇國强盛。唐僧玄奘前往遊學，對他盛稱太宗威武，烏萇王就遣使來朝，太宗命王玄策往使，適烏萇王死，權臣篡國，發兵拒玄策。玄策發吐蕃、泥婆羅的兵，現在尼泊爾之地。把他殺敗，禽送闕下，這是中國兵威，對西南所至最遠的一次。只有

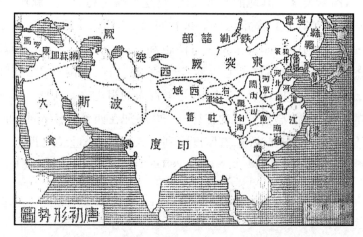

高句麗,太宗自將往討,仍未能得利,直到高宗時,才遣蘇定方滅百濟,遣李勣_{避太宗諱,去世字。}滅高句麗。日本派兵來救百濟,被劉仁軌同新羅王大敗之白村江口,_{在朝鮮全羅道。}這些征服和來降的國或部落,唐朝都就其地設立都督府、州,即以其君長爲都督、刺史,聽其自治,是爲羈縻府、州。唐朝另就邊要地方設立"都護府",或"都督府",駐兵防衛,加以管理。

唐玄宗時的武功

唐朝的武功,到高宗時而達於極盛。然吐蕃的猖獗,亦起於此時,青海和西域兩方面,都很受其擾害;突厥遺族,亦時有反側。到武后時,突厥竟復有唐初的疆域,契丹也叛變過一次,河北大受蹂躪。玄宗即位後,才把吐蕃打退,恢復黃河上游之地,東突厥亦於七四四年再爲中國所滅,從此不能復振了。

隋唐的對外交通

對外的交通,可分水陸兩路說。陸路:在隋朝時候,通西域的路共有三條,(一)自天山北路出黑海與裏海間抵歐洲。(二)出葱嶺到波斯。(三)出葱嶺到北印度。唐時,又加(四)從安南經雲南、緬甸到印度的一條路。(五)從這條路上,還可分支達柬埔寨,和海路銜接。海路:歐洲和中國是久有交通的。據阿拉伯人的紀載:公元一世紀後半,西亞細亞的商船就達後印度半島。第三世紀,中國商人,漸次西航,由廣州達檳榔嶼,四世紀到錫蘭。五世紀到亞丁。終至在波斯和美索不達米亞,獨占商權。當時的獅子國_{今錫蘭}。實爲世界商業的中心。中國人、印度人、馬來人、波斯人、猶太人等諸民族經商者,都薈萃於此。直到七世紀末,阿剌伯人才代之而興。_{據梁啓超《世界史上廣東之位置》。}故在八世紀初期,因他們直航中國,其時廣州、杭州、泉州諸地,又成爲東亞的貿易中心。然則盛唐之世,正是中國和阿剌伯海權交替的時代了。南洋羣島,隋唐時代,來朝貢的亦頗多。隋煬帝曾一度用兵於流求,那就是現在的臺灣_{見《北史·流求國傳》,又《隋書》已有流求之名。該書云:"自鼆鼊嶼一日便至。"則當指今之臺灣。又《元史》云:"流求在南海之東,漳泉興福四州界內,澎湖諸島與流求相對,天氣清明時望之,隱約如煙如霧。"可知元明前,猶指臺灣爲流求。}了。

隋唐對外交通圖

【習題】

（一）試將隋、唐時域外重要的國，列爲一表。

（二）突厥較之匈奴，大小如何？

（三）突厥爲什麼容易分裂？

（四）西藏相信佛教，起於什麼時候？

（五）從三國到唐初，中國對於東北的權力，伸縮如何？

（六）唐朝的武力，在什麼時候中衰，什麼時候復盛？

（七）唐朝對於征服屬地，用什麼方法管理？

【參考】

本章可參看拙撰《白話本國史》第二編下第一章第二至第六節，第二章第
一至第五節，及孫毓修《玄奘》（商務印書館本）。

第十一章 隋唐之政治與學術

隋唐政治概觀

　　隋、唐的政治制度，是承襲魏、晉、南北朝的。西漢的政治制度，沿襲秦朝；秦朝的制度，雖爲古今官制上的一大變局，也有多少從列國遺留下來的成分在內。所以從東漢以後，就漸起變遷。魏、晉、南北朝，都是承着這個趨勢的。隋、唐時代，乃因既成的事實，而加以整理。

隋 唐 的 官 制

　　秦、漢時代，相權頗重。到東漢則漸移於尚書。曹魏時又移於中書。劉宋時又移於侍中。隋唐時代，乃以中書、門下、尚書三省爲相職。<small>侍中爲門下省的長官。</small>中書和皇帝面議辦法，門下省加以審查，由尚書省行下去。尚書分吏、戶、禮、兵、刑、工六部，統轄諸司，各爲全國所職掌的最高行政機關。各機關分立，處事雖極精詳，不免嫌其遲滯，所以後來，三省長官，不大除人，但就他官，加一個"同中書門下平章事"等名目，其人就算宰相。實際上，中書門下兩省，亦是先行合議的，並非事後逐件審查。御史一官，其初該是幫皇帝看文書的。看文書要審查其辦法的合不合，所以後來變爲彈劾之官。在隋、唐時亦很有威權。外官：從漢末州郡握兵後，中央的權力，總不甚完全。<small>參看上冊本編第二章、第七章。</small>兩晉以後，喜歡僑置州郡，<small>譬如現在遼寧省，爲日本强佔，遼寧省的人有逃到河北的，就在河北省裏設一個遼寧省，就是所謂"僑置"。這是由於當時的政治，還未完全脫離屬人主義的原故。</small>州的疆域，就漸次縮小；後來竟至與郡相等。隋、唐時乃并爲一級。於其上設置觀察等使，仍爲監察之官。秦、漢時，縣大率方百里。每十里爲一鄉。每鄉都有"三老"管教化；"嗇夫"管收稅，聽訟；"游徼"管巡查，禁止盜賊，這些都是自治職。實際上，縣令等於古代一國之君，一切民政，要他直接辦理，是來不及的，全靠這種自治職，能殼實心辦事，政治才得推動。漢朝此等自治職，地位還很高；也真有相當的權力，能殼辦事。魏、晉以後，此等規模，卻漸漸廢墜了。這是中國政治，所以廢弛的一個大原因。

隋唐的選舉制度

學校，只有在西漢時代，真是學問的重心。因爲其時社會的程度還低，研究學問的人，究竟不多，學者求師和求書都難，所以各地方的人，真有到京城裏去求學的。據趙翼《陔餘叢考》卷十六《兩漢時受學者皆赴京師》條，但東漢時代，私人講學已盛，趙氏之說，實在只可指西漢。東漢以後，情形就漸漸的變了。三國以後，則學校有名無實，不過是貴族或讀書人的一條獵官的捷路，而人才的拔取，就移到科舉。科舉的前身是漢朝的郡國選舉，是不加考試的。於是請託、運動等弊端百出。後漢以後，考試的法子，就漸次興起，然都不是常行的。直到唐代，而其法才大備。唐朝的法子，是會應試的人，先向地方官報告；地方官加以考試，擇取合格的，送進京城；由禮部再加考試，這是舉士，稱爲“鄉貢”。“鄉貢”以外，別有制舉，由帝王親自主試，甄拔非常的人才。又舉士與舉官不同，前者不過得到一種國家承認的出身，後者纔能由國家授以官祿，是由吏部主試的。關於舉士所設的科目甚多，常行的爲明經、進士兩科。明經試經書，只重記誦。進士試詩、賦，更不切實用。有考試的好法子，而所考的都是無用的東西，卻是可惜了。

隋 唐 的 兵 制

隋、唐的兵制，是很爲有名的，就是所謂府兵。府兵之制是起於北周的，到唐朝而更爲完備。其制：於重要的去處，設立折衝府，有折衝都尉以下許多武官；百姓名隸兵籍的，都屬於折衝府，以農隙教練，有事時徵集，命將統率出征；事罷歸來，依舊各歸其府。這一種制度，沒有養兵之費，不過隸名兵籍的，也要“蠲其租調”。而可以得多兵之用；兵無屯聚之患，亦不至無家可歸，難於遣散；確自有其優點。借乎承平既久，有名無實。到玄宗時，連皇帝的衛兵，都調不出來，而要改用募兵了。

隋 唐 的 法 律

中國的法律，是定於晉、唐兩朝的；刑法則定於隋朝。秦朝所用的法律，

是戰國時魏國宰相李悝所編的《法經》,共只六章,_{李悝所作《法經》,共六篇:曰《盜法》、}
_{《賊法》、《囚法》、《捕法》、《雜法》及《具法》是。}不敷應用,漢時乃逐漸增加。專制時代,命
令是和法律有同等效力的;成案則當時名爲"比";亦可引用,條文既已繁多,
編纂又極錯亂,奸吏遂得上下其手,漢時屢有編纂之議,始終未能成功。晉
初,才編成一部有條理的《晉律》,此法歷代相沿。《唐律》也是以《晉律》爲本
的。唐以後編纂法律的,有金、明、清三朝。都以《唐律》爲本,《清律》又沿襲
《明律》。所以中國從采用西洋法律以前,歷代的法律,可以説根本上是相同
的。至於刑法:則古代本稱"傷及身體"爲刑,和"死"爲對稱。因爲死亦是傷
害身體的,所以又稱死爲"大刑"。拘禁及罰作等,皆不稱爲刑。儒家説:古代
風俗淳樸,用不着刑罰,只要有一種辦法,叫犯罪的人,覺得羞恥就敷了。如
犯死罪的人,叫他穿一件無領的衣裳就是。這種辦法,儒家稱爲"象刑",因又
稱傷及身體的爲"肉刑"。漢文帝曾把肉刑廢掉。死刑之外,只留髡、笞兩種。
然笞法實際多至死亡;"髡法則又僅剔其毛髮",不足以資懲創,所以刑罰輕
重,很難得其平。_{此説根據馬端臨《文獻通考·刑考序》。}周、齊時,徒、流之法,才漸次
興起。到隋時,乃定以笞、杖、徒、流、死爲五刑,各分等級,從此以後,也就歷
代相沿了。

隋唐的賦税

當兩漢時代,儒家鑒於地權的不平均,也有想恢復井田的,也有想限民名
田的,已見上册本編第五章。後來此兩法都沒有能實行,乃又有一種議論,説
井田之制,宜於大亂之後,人口減少,土田無主時推行。晉武帝平吳之後,乃
定一種户調式。因男女、老幼,以定授田的多少。户調式定後,國內不久就亂
了,究竟推行至如何程度,現已無從稽考。北魏孝文帝定均田令,授田之法,
也和晉朝相同,又舉出露田和桑田的區別。露田是受之於官,也要還給官的,
桑田則許其私有。唐時,將官授的名"口分田",私有的名"世業田",世業田以
二十畝爲限。多的,可以出賣,而不得賣其應有之數;不足的可以買進,亦不
得超過定限。田多,足以計口分授的謂之"寬鄉";不敷的謂之"狹鄉"。狹鄉
受田,較寬鄉減半。肯從狹鄉遷到寬鄉,是有補助的。_{許其賣口分田,就是以賣價補}
_{助其遷移費的意思。}其取於人民的:則農田所出的穀物謂之"租"。爲公家服役謂
之"庸"。隨其地之所產出絲、麻及其織品謂之"調"。這就是有名的租庸調
法。此法的用意,誠然很好,但不易嚴密執行;後來,官吏管理逐漸懈弛,加以

豪强的兼并，天災兵亂的相繼，到唐朝中葉，册籍既壞，人民多逃亡，租庸調舊制，遂不能行。德宗時，楊炎爲宰相，以公元七八〇年改行兩稅法。凡人民，只就現居其地的立爲簿籍，不問年紀大小，但以貧富定納稅的多少。分夏秋兩季徵收。這兩稅法從那時行起，上下稱便，歷五代而至宋明，頗能繼租庸調之廢而適應需要。

隋 唐 的 學 術

從魏、晉以後，講經學的人，漸漸流於繁瑣。只注意於一事一物的考證，而於大義反非所問。南北朝以後尤甚。唐朝的啖助，講《春秋》才不拘三傳，而自以其意求之於經。三傳，謂《左氏》、《公羊》、《穀梁》，都是解釋《春秋經》的。道、佛兩

教，從魏晉以後，逐漸興盛，幾乎要奪儒家思想之席。唐朝的韓愈，做了一篇《原道》，對於佛老，力加排斥。這都是宋朝學術思想的先驅。講史學：則（一）唐朝人蒐輯當時史料，編纂當代歷史的風氣頗盛。關於這一個問題，可以把拙撰《史通評》外篇第二做參考，頁七五至八七（商務印書館本）。（二）中國歷代，每後一朝興起，必修前一代的歷史。現在所謂正史，大抵是如此修成的。從南北朝以前，都是一個人獨力修纂，就官纂的也是如此，可參看《史通·古今正史篇》。唐朝才開“合衆纂修”之局。雖然見解的高超，體例的畫一，不如私人所修的，教

李白

材卻收集得多了。（三）前此作史的人，不大講史法。到唐朝則有劉知幾著《史通》，對於這一個問題，專門加以研究。（四）又有杜佑著《通典》，專記歷代的制度，也是開宋朝史學興盛的先聲的。

隋 唐 的 文 藝

魏、晉、南北朝時，駢文愈做愈趨於靡麗，太不切實用了，於是反對的聲浪漸起，尤以周、隋兩朝爲甚，然習慣既久，一時變不過來。直到唐朝，韓愈、柳宗元，才做成一種新式的文學。他們這種文字，是不學東漢以後，而以西漢以

前爲法的,所以自稱爲"古文"。又或稱爲"散文"。而對於四六對仗稱爲"駢文"。從此以後,就駢散分途,各適其用。詩在唐朝,算是極盛的。古代文字,不分四聲。梁、陳以後,才漸漸講求,於是詩和文都生出律體。<small>不論詩文,調平仄的,都可以稱爲律。</small>詩的律體,是到唐朝而大成的。又詩的根本,是從歌謠而來,所以多長於"比"、"興",含蓄不露,到唐朝人才特長於"賦",<small>"賦"、"比"、"興"是做詩的三種法子,見在《詩經》第一首的《序》裏。"興"是因此而及彼,如見名花而思美人。"比"是以此喻彼,如以名花比美人。"賦"是實寫,如描寫名花或美人的艷麗。</small>其中最著名的,如杜甫的詩,描寫天寶亂離的情形,十分詳盡,後人至稱爲"詩史"。白居易《新樂府》,描寫當時社會上、政治上種種黑暗的狀況,也是很能鼓動人的。中國古代的音樂,漢以後漸漸失傳,已見上冊本編第五章。卻是魏、晉以後,漢武帝時的新聲,又漸漸失傳了。只有一部分,還保存於南朝。北朝則從外國輸入的音樂,流行特盛。隋時,稱南朝的舊樂,從外國輸入的爲燕樂。新樂日盛,而舊樂漸漸式微。根據此等音樂的聲調所做成的作品,謂之詞。唐朝人開其端,至五代而漸盛。通俗的文藝,是到宋以後才盛行的,然其端亦開於唐朝。唐人有所謂"變文",係將故事演變而成,如《大舜至孝》、《目連救母》之類;又有所謂"俗文",則是將佛經翻成通俗文字的;這是後來平話的起原,又有佛曲及勸世詩,亦爲後世寶卷、彈詞之祖。書法:在南北朝時,南人是擅長真書和行、草的,北碑則猶存分、隸古意。隋碑結構嚴正,而筆畫漸趨妍麗,已能兼兩派之長。唐人擅長書法的尤多,如歐、虞、顏、柳等,<small>歐陽詢、虞世南、顏真卿、柳公權。</small>至今寫字的人,還奉爲模範。南北朝時,山水畫漸漸興起,到唐朝而更盛。其中王維的畫,專取清微淡遠,李思訓的畫,則注重着色,鉤研成趣。所以李王二人又爲後世山水畫"南北宗"之祖。人物畫,亦因受佛畫和雕刻的影響,較之古代的畫風,更形工巧。

【習題】

（一）試述自漢到唐相職的變遷。

（二）試述自漢到唐地方制度的變遷。

（三）爲什麼民政不能靠縣令辦,而要靠自治職? 試就眼前的事情,舉幾件實例。

（四）漢代的郡國選舉,和唐代的科舉制度有何異點?

（五）唐代科舉制度的劣點何在?

（六）府兵的制度,可以稱爲民兵否?

（七）試述中國歷代法律的變遷。

（八）隋代的五刑,和古代的五刑,同異如何?

（九）有人説:"租爲田税,庸爲身税,調爲家税,"這話對否?

（十）唐朝授田之法,爲什麽會破壞?

（十一）流於煩瑣的經學,爲什麽無用?

（十二）韓愈的《原道》,你讀過否? 試再看一遍,察其用意所在。

（十三）當代的史事,是否當留意搜輯? 研究歷史,是否要合衆人之力? 研究別種學問如何? 爲什麽作史要講史法? 政治制度和歷史的關係如何?

（十四）試舉一個散文較駢文易於達意的實例。

（十五）怎樣叫律詩? 怎樣叫古詩?

（十六）你看見過杜甫,白居易詩没有? 如其没有,試去找幾首看看。

（十七）詞和詩,形式上的區别如何?

（十八）唐朝人的碑帖,你看見過幾種?

（十九）山水畫同人物畫,孰爲有趣? 青緑山水和墨筆山水的區别如何?

【參考】

本章可參考拙撰《白話本國史》第二編第三章第一至第五節。

第十二章　隋唐之社會與宗教

隋唐初年的富庶

　　經過三國到南北朝長期的戰亂而復見統一，國内太平，兵革不作，自然社會要欣欣向榮了。果然，在隋文帝時，雖然統一未久，國内已見富庶的氣象，雖經隋末的喪亂，然到唐太宗初年，又有"行千里者不齎糧，斷死刑歲僅三十九人"的盛況了。見《唐書·食貨志》。

南方文化經濟的發達

　　中國文化和富庶的重心，兩漢時代，還是在北方的，三國以後，北方經過長期的戰亂，南方雖亦有戰事，究竟平安得多。又自五胡亂華以來，北方人紛紛南遷，學術、技藝等，都隨之而輸入南方。南方的文化和富庶就大形發達，駸駸駕於北方之上。漢時建都長安，漕轉關東之粟，到唐時，漕運卻要仰給於江、淮了。唐朝的漕運，是跟着水的漲落走的，二月裏發揚州。四月裏自淮入汴。六、七月到黃河口。八、九月入洛水。中間有一節，水運不通，陸運以入於渭，直達長安。

商 業 的 發 達

　　承平時代，商業本來容易興盛。當時江、淮的商船，大的載重至八九千石，駕舟的至數百人，歲一往來，其利甚大。見《唐語林補遺》。北至河、洛，南至閩、越，亦有不少商船。唐朝劉晏說的話，見《舊唐書》卷九十四。九世紀中葉，政府用兵安南，艱於運饟，有人獻議，從長江下流用船運往，這是中國歷史上紀載從海路運糧之始。說據顧炎武《日知錄》。然商人的運輸貨物，必已遠在其前了。海路對外國的貿易，也極興盛。已見前一章。陸路自隋時已置互市監，管理西域的互

549

市。唐時，又在廣州設市舶司，以管理海路的貿易。飲茶之習，起於三國時。見《三國‧吳志‧韋曜傳》。南北朝以前，還只行於南方，隋、唐之世，漸漸普及全國。唐中葉以後，國家既收茶稅，回紇也驅馬市茶。見《唐書‧陸羽傳》。又中國從前所謂糖，只有穀物製的。唐太宗時，才從北印度的摩揭它，輸入造蔗糖的法子。見《唐書》本傳。這又是因商業興盛，而影響到農、工業上了。唐朝陶瓷業亦最盛，尤以昌南鎮的瓷，名聞全國。其後漸次發達，乃成名動全球之景德鎮瓷器。見吳仁敬等《中國陶瓷史》（商務印書館中國文化史叢書本）。

隋唐時的宗教

因為中外交通的繁盛，外國宗教，多有輸入中國的。波斯的拜火教，從北周時輸入，謂之胡天，後來又造了一個祆字。唐時，波斯為大食所滅，拜火教徒，在西方頗受壓迫，因此東來的更多。基督教即景教，為波斯人阿羅本所輸入。公元六三五年到長安，太宗許其造寺，後來改稱大秦。又有摩尼教，武后時初來中國，其教為回紇人所信，唐中葉後，回紇人來的多了，摩尼教又隨之而入，偏於江、淮諸州。景教名義，因耶穌生時，明星出現，碑文有"景宿告祥"之語。祆字係從示從天，讀他煙切。Mezdeisme 為波斯國教，立善惡二元，以光明代表淨和善，黑暗代表穢和惡，所以崇拜火及太陽。摩尼教 Manicheismo 原出火教，亦行於波斯。景教是基督教中的聶斯脫利安派 Nestorians，因創異說為同教徒所驅逐的。阿羅本 Olopen 係波斯人，從波斯來，所以初建寺時，名為波斯寺。祆教、景教、摩尼教，當時的人，謂之"三夷寺"。唐朝因為自己姓李，道教所崇奉的老子也姓李，尊為玄元皇帝，奉《道德經》為羣經之首，特置"道舉"，考取所舉之人，在政治上很受優待，然尚不足與佛教爭衡，三夷寺更無論了。

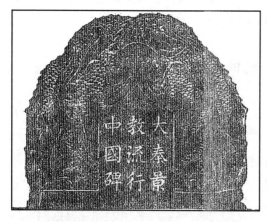

大秦景教流行中國碑，七八一年立，明末在西安出土。

但是回教亦於唐時輸入，有隆隆直上氣象。僧尼既不耕而食，不織而衣，還要據有很大的田產，眾多的奴婢；這都是財政和經濟上損失，自然要引起反響，所以當八四五年武宗乘回紇的衰亡，就把他和三夷寺一同禁絕了。武宗死後，佛教旋即恢復，然（一）出世的議論，既漸為一般人所懷疑。（二）信仰的人多了，不能再講高深的教理，於是各宗皆衰，只有不立文字的禪宗，和專門念佛的净土宗，净土宗的念佛，有"觀"、"想"、"持名"三法。"觀"，如觀看佛像，"想"，如想像佛像，"持名"，就是口宣佛號，係使人心有所主，不致散亂的法子。現在所謂念佛，卻只知道"持名"一端了。還流行著，佛教到這時候，在哲理上漸漸失其地位，而要有別種新哲學起而代之了。

【習題】

（一）爲什麼大亂之後，驟見平定，社會容易富庶？

（二）假使没有五胡之亂，南北方文化經濟的情形當如何？

（三）爲什麼承平之世，商業易於發達？

（四）中國商業的發達，和水道交通的關係如何？

（五）茶在何時成爲輸出品？

（六）糖和營業的關係如何？

（七）爲什麼祆教、基督教、摩尼教等，在中國不能如佛教的盛行？

（八）試述佛教盛極而衰的原因，分政治上、經濟上、學術上三方面言之。

【參考】

本章可參看馮承鈞《景教碑考》、《沙畹摩尼教流行中國考》（馮承鈞譯），均商務印書館本。

第十三章　中國文化之東被

中國文化東被的原因

中國是世界上文明發源之地；他的文化，是對各方面都有傳播的；而對東方的成蹟，尤其良好。這是爲什麼呢？因爲"水性使人通，山性使人塞"。中國古代文化的重心，在黃河下流，而從山東半島航行向遼東，尤其便利，所以在先秦時代，東北已成爲中國的殖民地了。説本日本鳥居龍藏《滿蒙古蹟考》，此書大可一看，尤其重要的，是第三十三章(陳念木譯，商務印書館本)。又傅斯年等合著的《東北史綱》第一卷亦可看(商務印書館寄售)。從遼東再向東南拓展，就成爲朝鮮的文明；再渡海，就達到日本。

朝鮮和日本的文化

古代的朝鮮，本來就是箕子之後；箕子時的朝鮮國，現在不能知其在何處。大約是逐漸東北遷的。到燕開遼東郡時，朝鮮必已在半島了。漢時，半島北部，又是中國的郡縣；所以其文化，竟和中國一樣；只是語言没有能穀同化罷了。朝鮮、安南，沐浴中國的文化都極深，始終没有完全同化，就是因爲語言未能同化之故。可見語言爲民族最重要的條件，愛護民族的人，決不可輕棄自己的語言。日本和半島交通，在半島隸屬中國時已然，見上册《中古史》第三章。高句麗、百濟、新羅自立後，也還繼續主從關係，而和百濟的往來，尤其密切。中國的文字、儒學、佛學，都是從百濟輸入日本的，而當喪亂之際，東北和半島的漢人，避難出海的亦不少，中國的文化和生産技術，如養蠶、建築、釀造等，亦即隨此等人而傳入日本。

隋唐時代的中日交際

日本當三國時，其女主卑彌呼，曾遣使來朝，受封爲親魏倭王。東晉南北朝時，又數次遣使和南朝交通。其表文多自稱倭王，再加一個都督某某等國諸軍事、安東將軍的稱號，中國亦就照他的自稱封授他。此等事，日本的學者，都不認爲其王室所爲。他們所承認的，則自公元六〇八年小野妹子的使隋始。這一次，已帶着學生和僧人來。唐時，日本更專置"遣唐使"，從公元六三〇到八九四年，前後共計十九次。據日本木宮泰彥《中日交通史》（陳捷譯，商務印書館本）。日本自東晉以來，向與百濟交通，由百濟輸入中國文化。東晉時，百濟博士王仁携《論語》和《千字文》至日本，爲日本有文字之始。唐時，日本留華學生，如吉備真備與日僧空海等創"平假名"與"片假名"，爲日本拼音文字，此皆中國文化東被，影響最大的。至於政治風俗，都模倣中國了。

渤 海 的 興 起

高句麗滅後，餘衆北走，據地自立。此事在公元六九六年，即武后萬歲通天元年。反叛的人，《舊唐書》說是高麗別種大祚榮。《新唐書》則名乞乞仲象，而祚榮爲其子。又説他是"粟末靺鞨附高麗者"。案舊時史籍所用"種"字或"種姓"字，都與姓氏、氏族相當，卻與民族無涉。甲民族中人，歸附乙民族後，往往稱爲乙民族之別種。粟末靺鞨，是歸附高句麗很久的，故《舊唐書》有高麗別種之稱；論其民族，自系靺鞨。至乞乞仲象，亦當有其人，而《舊唐書》漏未敍及。《新唐書》下文但稱爲仲象，則乞乞當係其姓，後來祚榮姓大，有人疑其係據中國文義自造的。唐封爲渤海王。遂建國，時在公元七一二年，唐睿宗先天元年。其疆域包括現在的吉、黑兩省，和清朝咸豐年間，割給俄國的地方；還有朝鮮半島的一部。一切制度，亦都以中國爲模範，和日本、高麗、都曾通過使節，直到九二七年，才爲契丹所滅，前後共二百十五年。雖暫受契丹的羈絆，然其民族所開化，則已不可遏抑了。

【習題】

（一）東北是什麼民族的殖民地？

（二）中國文化東被的路線如何？

（三）試述隋、唐以前中日的國交。

（四）吉、黑兩省，是什麼時候開化的？

（五）熱河在對東北的交通上，佔何等位置。

第十四章　唐之衰亡與
五代之紛亂

安　史　之　亂

　　唐朝的兵威，雖然和漢朝一樣盛，卻有一點不同。漢朝的征伐，所用的多是漢兵，唐朝卻多用蕃兵、蕃將。其初邊庭没有重兵，玄宗爲要對付吐蕃、突厥、奚、契丹，西北兩邊，兵力才重，而安禄山又以胡人而兼范陽、平盧兩鎮節度使，就醸成"天寶之亂"。安禄山的造反，事在七五五年，兵一動而河北、河南相繼陷没，潼關不守，玄宗逃四川。留太子討賊，太子即位於靈武，是爲肅宗。安禄山是没有謀略的，所以唐朝得任用郭子儀，再借用回紇等國的兵，把兩京收復，時安禄山已爲其子所殺，唐兵圍之於相州，今河南安陽縣。勢已垂下，而禄山之將史思明，降而復叛，就從范陽南下，殺敗唐兵，再陷洛陽，唐朝又任用李光弼，和他相持，到七六一年，史思明又爲其子所殺，才算把他打平。安、史亂後，河西、隴右，河西，今甘肅省黄河以西之地，餘爲隴右。都給吐蕃攻陷，回紇驕橫異常，雲南的南詔國，又時有侵寇，藩鎮徧於内地，中央行政的權力，不甚完整，唐朝的局面，就很難收拾了。

藩 鎮 的 跋 扈

　　藩鎮爲患最甚的，是安、史餘黨，直到德宗時，才加以討伐。其時平盧、天雄、成德三鎮，連合拒命，盧龍本恭順朝廷，後亦加入爲亂，德宗發涇原兵東討，路過京城，因賞薄作亂，奉朱泚爲主，德宗逃到奉天，今陝西武功縣。又逃到漢中，因兵力不敷，只得赦其餘諸鎮，專把朱泚打平。憲宗時，淮西尤爲跋扈，憲宗用宰相裴度，堅持用兵，到底把他攻下，河北三鎮，盧龍、成德、天雄。亦一時降服。然憲宗死後，旋即背叛，終唐之世，不能再取了。河北三鎮以外，其餘諸鎮也時有背叛的,就不叛的,也總不免有些專橫。而節度使實亦多爲其兵所制,因爲他們的得位,多是由軍士擁戴的,軍士旣驕橫又有野心的人,要從中利用,所以當時的節度使,也是岌岌不能自保的,弄成"地擅於將,將擅於兵"的局勢了。

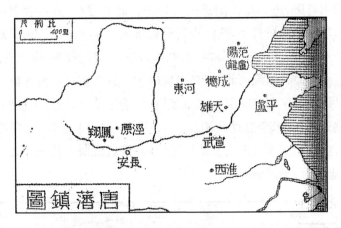

范陽軍,即盧龍軍,治幽州,今河北北平縣。
平盧軍,治營州,今熱河朝陽縣,後治青州,今山東臨淄縣。
成德軍,治恒州,今河北正定縣。
天雄軍,治魏州,今河北大名縣。
淮西軍,治蔡州,今河南汝南縣。
宣武軍,治汴州,今河南開封縣。
河東軍,治幷州,今山西太原縣。
鳳翔軍,治鳳翔府,今陝西鳳翔縣。
涇原軍,治涇州,今甘肅涇川縣。

宦官的專權

藩鎮旣跋扈於外,宦官又專權於內。唐朝有一種禁軍,是開國時的兵士,無家可歸的,給他渭水北岸的閒田耕種,子孫世襲,做皇帝的護衛。安、史亂後,本在青海地方的神策軍,入駐京畿,也就算禁軍。唐德宗回鑾後,把"神策軍"交給宦官統帶,宦官因此干與政事,歷代的君主多由宦官擁立,順宗、文宗想要除掉他們,始終不能成功。

唐朝的分裂

八七四年,黃巢創亂,從山東經河南、湖北、江西、浙江、福建,直打到廣東。再從廣東打回河南，攻陷潼關。僖宗逃到四川。各處的藩鎮，多坐視不救；來的亦不肯向前。先是西突厥別部，有支住在新疆巴里坤湖附近的，名爲沙陀突厥，初和吐蕃勾結，後來吐蕃又疑心他，乃歸降唐朝，唐朝揀他的精銳，編成沙陀軍，駐紮在山西北部，其酋長李克用_{沙陀酋長姓朱邪氏，李是唐朝的賜姓。}造反，給盧龍軍打敗，逃到陰山附近的韃靼中。此時無法，只得赦李克用的罪，召他回來，居然把黃巢打平，然河東從此就落入沙陀手裏了。黃巢亂後，唐朝的命令，全然不行，藩鎮互相爭鬪，其初本以李克用爲最强，後來宣武的朱全忠，盡併河南、山東，威服河北，李克用也弱了。其時宦官依舊專權，關內的節度使，全是他們的黨羽。昭宗的宰相崔胤，結連朱全忠，想除掉他們。宦官迫脅昭宗，逃到鳳翔，朱全忠進兵圍攻，經一年多，鳳翔不能守，乃奉昭宗出城，於是大殺宦官，昭宗亦被朱全忠劫遷到洛陽，旋殺之而立其子。九〇七年，唐遂爲朱全忠所篡，是爲梁太祖。

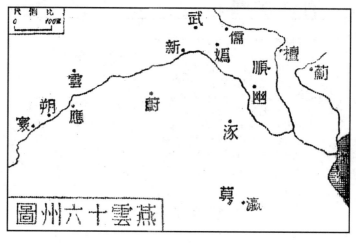

幽	北平	薊	薊縣	瀛	河間	莫	肅寧	涿	涿縣
檀	密雲	順	順義	新	涿鹿	媯	懷來	儒	延慶
武	宣化	雲	大同	應	應縣	寰	馬邑	朔	朔縣
蔚	蔚縣								

五代的紛亂

此時北方梁、晉兩國對立。南方分爲吳、吳越、閩、楚、南漢、前蜀六國。梁太祖死後，末帝幼弱，爲後唐莊宗所滅。莊宗又滅掉前蜀，旋爲明宗所篡，明宗女壻石敬瑭鎮守河東。明宗死後，養子廢帝，要把他移到山東。敬瑭造

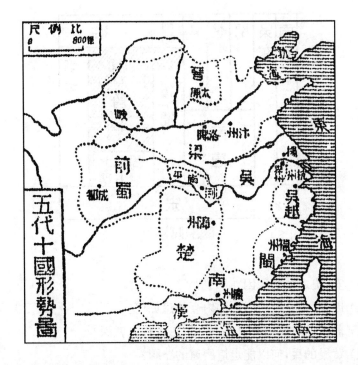

反,割燕、雲十六州,以求救於遼。遼兵南下,廢帝敗死。遼人册敬瑭爲晉帝,是爲晉高祖。高祖事遼甚謹,死後其姪出帝,和遼開釁。九四七年,爲遼人所執,遼太宗入大梁。旋因中國人不服,北還。太原留守劉知遠入大梁,是爲後漢高祖。僅四年,而爲周所篡。

周世宗的雄略和宋朝的統一

五代中,唐、晉、漢三朝,都是沙陀人,到後周,漢人才又恢復。其時吳已爲南唐所篡,又吞并閩、楚,和後蜀都有窺伺中原之意,都要和遼人連結,北漢更其是專倚賴遼人的。周太祖的兒子世宗先把國內整頓好,又把這三國都打敗,然後出兵伐遼。把瀛、莫、涿三州恢復。進攻幽州。惜乎天不假年,在軍中遇疾,未幾就死了。嗣子幼弱,遂爲宋太祖所篡。時公元九六○年。宋太祖承周世宗之後,國內業已富强。其割據諸國,大都亂弱。乃先將南平、後蜀、南漢滅掉。旋又滅掉南唐。太宗即位後,吳越納土歸降,公元九七九年,出兵滅掉北漢,全國就統一了。

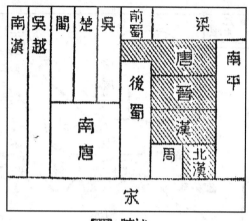

【習題】

（一）安、史之亂的原因在那裏？

（二）因安、史之亂所引起的内憂外患如何？

（三）藩鎮的跋扈，和宦官的專權，二者爲患孰深？

（四）黄巢的兵，何以能走這麼遠的路線？

（五）何謂沙陀突厥？

（六）唐朝的命令，到什麼時候才全然不行？

（七）五代中，那三代是沙陀人？

（八）燕、雲十六州的形勢如何？燕、雲十六州失掉後，北方還有什麼險可守？你試查查地理看。

（九）燕、雲十六州，曾否恢復一部分。

（十）五代是怎樣統一的？

【參考】

本章可參看拙撰《白話本國史》第三編上第二、第三章。孫毓修《郭子儀》（商務印書館本）。

第十五章　宋之統一與變法

宋　朝　的　積　弱

　　中國雖然統一了，燕、雲未復，總是一個很大的創傷。所以宋太宗滅北漢後，就進兵伐遼，不幸打得大敗。後來又北伐一次，亦不得利，遼人卻屢次南侵，到真宗時，遂成澶淵之盟，宋朝出歲幣，和遼國講和。遼主稱宋爲兄。宋給遼歲幣銀十萬兩，絹二十萬匹。此事在一〇〇四年。真宗死後，仁宗繼立，西夏又造反。前後用兵十年，宋朝亦總不得利。一〇四四年，亦以歲賜成和。銀絹共二十五萬兩匹。

宋朝積弱的原因

　　宋朝的積弱如此，卻是爲什麼呢？原來宋朝承晚唐、五代之後，不得不屬行中央集權政策。宋太祖既於燕會之際，諷示宿衛諸將，令其解除兵權，各州武臣出缺的，又都代以文臣。州、刺史、縣令，都不除人，命京朝官出知。"知"是差遣的名詞，本官不除人。設轉運使於各路，以經理財賦。諸州的兵，強壯的都送進京，升爲"禁軍"；留州的謂之"廂軍"，是無甚戰鬥力的。重要去處，卻命禁軍輪班前往守衛謂之"番戍"。"番"字，就是唐、宋時候的"班"字。如此，藩鎮跋扈之弊，自然沒有了。然而後來，兵數日增，而戰鬥力反日減。中國歷代的取民，本是以田租、口稅爲正宗的。唐中葉以後，因地方爲藩鎮所專，國用不足，乃收鹽、茶等稅以給用。還有藩鎮所興的苛稅和商稅等，宋朝雖盡力減免，因爲

宋太祖

養兵之故,亦未能全行除掉。仁宗以後,兵數超過百萬,既不能對外作戰,卻又不敢說裁,遂成爲"竭天下之財,以養無用之兵"的局面了。

宋代社會情形

論到社會的情形,宋時也是很惡劣的。晚唐、五代之世,暴政誅求,豪强兼併,地權不平均,農民飽受高利貸的剥削;而其時役法又特壞。古代的役,係築城郭、修道路等事,至於在官署中典守府庫,供奔走使令等役,則其事非人人所能爲,本不能按户"簽差",而且要支給報酬的。晚唐以後,乃將此事責之人民,調查其丁口的多少,貲産的厚薄以定所謂"户等",而隨時派他當差。有幾種重、難的差使,當着的人,總要因賠累而至於破産的。這是當時人民最苦的事。

王安石的變法

仁宗之後,經英宗以至神宗,用王安石爲宰相,厲行新法,新法中重要的是:(一)把常平、廣惠倉的錢穀,春耕時借貸給農民,到秋收後,加息隨賦税交還,謂之"青苗錢"。(二)又令人民當差的出"免役錢",不當差的出"助役錢",把這錢來雇人充役,這叫"差役法"。(三)"市易法",市中滯銷的貨物,由官收買,或與官物交换。又借官錢於商人,令納息。(四)"均輸法",凡糴買税斂、上供之物,皆得徙貴就賤,用近易遠,以便利商人。(五)王安石是主張民兵的。他於大裁冗兵之後,又主保甲法。先令保丁警備盜賊,後來教保長以武藝;令其轉教保丁。(六)"保馬法",凡民間願養馬者,每户一匹,以官馬給之,或付官價使自購。死病要補償。這法多致賠累,最爲病民。(七)他又是主張養士的。乃於太學立外、内、上三舍,令學生以次而升。升到上舍的,可不經禮部試,逕賜之以進士第。(八)至於科舉,則因當時風氣,只看重進士一科,所以把"諸科"都裁掉,進士以外,各種科目,總稱諸科。獨存進士;而廢詩賦,改試策、論、經義。

保	五家	保長
大保	五十家	大保長
都保	五百家	都保 正副

新舊的紛爭

王安石的新法,用意是很好的。但行之不得其宜,以致有名無實,或者反致騷擾,自然也不能免。在朝諸臣,紛紛反對,遂分爲新、舊兩黨。神宗始終行新法没有變。神宗死後,哲宗年幼,太皇太后高氏臨朝,用司馬光爲相,把新法全行廢掉,新黨全排斥。但是舊黨又分蜀、朔、洛三大黨,蜀黨推蘇軾,朔黨推劉摯,洛黨推程頤,爲其黨首領。各黨互相攻訐,紛鬧意見,授新黨以間隙。太皇太后死後,哲宗復行新法,謂之"紹述"。用新黨,貶逐舊黨。哲宗死後,徽宗即位,初説要調和新舊,旋又傾向新法。然而所用的,是一個奸佞的蔡京,徽宗既奢侈無度,蔡京又妄作妄爲,政治弄得糊糊一團;反要聯合金人,希冀恢復燕、雲,遂至召北狩之禍。

【習題】

（一）宋初對遼夏的關係如何?

（二）宋太祖中央集權的政策如何?

（三）試述北宋中葉兵、財兩政的情形。

（四）宋代的役法,是怎樣的?

（五）青苗法的用意如何?

（六）出免役錢,較之當差負擔孰爲平均?

（七）宋時的保甲,性質如何? 是警政? 還是軍政?

（八）最病民的新法是什麼?

（九）科舉分設多科,較之單設一科孰爲合理? 策、論、經義,較之詩賦孰爲有用?

（十）宋朝新、舊法的興廢如何?

【參考】

本章可參看孫毓修《司馬光》,柯昌頤《王安石評傳》(商務印書館本)。

第十六章　遼夏金之興起
　　　　　與對宋之關係

宋 遼 的 關 係

遼是鮮卑民族，在今熱河省內西遼河上流。其衆分爲八部。唐朝末年，幽州守將暴虐，人民多逃亡出塞，遼太祖耶律阿保機，將其招致，又計幷八部爲一。當九世紀中葉，回紇爲黠戛斯所破，逃奔西域。漠南北無其强部，零碎的部落，都給他征服，屬地西至河西，北至克魯倫河，又東北吞滅了渤海，直屬於遼的人民，謂之部族。多數以畜牧爲業，舉國皆兵，所以兵多而且强。太宗時，得了燕、雲十六州之地，國勢更盛。周世宗時，遼穆宗在位，沈湎於酒，國勢中衰，所以世宗得乘機恢復關南。瓦橋關，在今河北雄縣，周世宗復瀛、莫後置此關，與遼分界。聖宗時，爲遼全盛時代。澶淵之盟，即成於此時。聖宗死後，興宗繼立，遣使來求關南之地。宋仁宗增加歲幣，將和局維持。銀、絹各增十萬兩、匹。興宗死後，遼也漸漸的衰了。

宋 夏 的 關 係

西夏是党項部落，唐時歸化中國的。其酋長拓跋思恭因平黃巢有功賜姓李，拓跋氏是鮮卑姓，大約是鮮卑人党項中做酋長的。爲唐定難節度使。唐朝從中葉後，河西、隴右，陷於吐蕃，回紇衰亡未幾，吐蕃亦內亂，中國乘機，把其地恢復。然實力不大及得到。從五代以來，西北一隅遂陷於半獨立的狀態。宋初，定難節度使李繼捧以銀、夏、綏、宥四州來降，銀州即今陝西米脂縣，夏州即今橫山縣，綏州今綏德諸縣，宥州今鄂爾多斯右翼前旗。其弟繼遷叛去。宋人征討不克，繼遷之孫元昊，於公元一〇三八年，竟僭號稱帝。和宋交兵十年，亦以歲賜成和議。神宗時，要想經略西北，聽布衣王韶《平戎三策》的話，先把甘肅南部和青海的蕃族

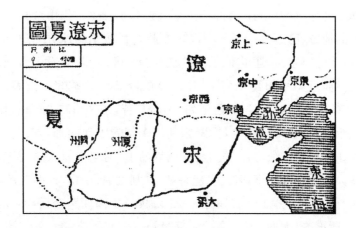

征服，開闢其地爲熙河路。然後來進兵攻夏，夏人潰黃河以灌營，不利。哲宗時，又與夏開釁，諸路同時進兵，占地築砦。夏人不能支持，請遼代爲求和，宋人因顧慮對遼的關係，討伐亦就未能澈底。

金朝的興起

金朝的部落，是隋、唐時的黑水靺鞨，在今松花江流域，其王室的始祖，則來自高麗，名喚函普。《金史》上沒有說他的姓。渤海盛強時，靺鞨部落，都服屬於他。五代時遼滅渤海，黑水靺鞨也歸附於遼。入遼籍的謂之熟女真，不繫籍的謂之生女真。生女真程度甚低，後來函普入，從高麗遷入完顏部，娶其部中之女，其子孫遂以完顏爲姓。遼人用他做生女真部族節度使，他們教導生女真，漸次開化，會造房子，會種田，會利用車輿。外借遼人的聲威，內靠自己的兵力和手腕，把吉林和朝鮮北境的生女真，次第征服。遼朝末主天祚帝，是很荒淫的，他一味喜歡打獵，年年派人到生女真去求名鷹，騷擾得很利害。生女真有個酋長叫吳雅束，生子阿骨打有大志，乘遼衰，乃於公元一一一四年叛遼，明年即帝位，國號金，是爲金太祖。

宋朝的南渡

當金人攻遼得利時，宋朝派人去要求他"克遼之後，把石晉所割的地方，交還中國"，金太祖約宋夾攻，所得的地方，即爲己有。這是金、宋開始發生外交關係。而宋人進兵不能克，南京遼時共分五京，見前圖。上京，今熱河林西縣；中京，今熱河平泉縣;東京,今遼寧遼陽縣;西京,今山西大同縣;南京,即今之北平。仍由金兵攻下,此時金人所得的地方,已經太多了。所以仍有將石晉所割的地方交還,但是已有一班漢奸,替他出主意,阻止他了。於是營、平、灤三州,非石晉所割的地方,就不肯還。而且將平州建爲南京,派遼朝的降將張毅駐守。又盡俘燕民而去,只還宋朝一個空城,人民流離道路,不勝其苦,過平州時,求張毅做主。張毅就據城叛金,給金朝打敗了,投降宋朝。宋朝受了他的降,宋、金就因此開釁。宋朝此時兵力腐敗,金兵從燕、雲長驅南下,河東尚有太原固守,河北竟毫無阻當。金兵直抵汴京,宋人不能解圍,許割太原、中山、河間三鎮講和。太原,今山西陽曲縣。中山,今河北定縣。河間,今河北河間縣。旋因西路金兵,亦來索賠,宋人不與,兵釁再開,太原亦陷,金兵兩路都會。汴京不守,徽、欽二帝,遂都北狩。此時徽宗傳位於欽宗,爲太上皇。這事在公元一一二七年,史稱爲“靖康之難”。

南宋和金朝的和戰

　　二帝北狩後,高宗即位於南京,此爲宋之南京,今河南商丘縣。初用主戰的李綱做宰相。旋又變更宗旨,將他罷斥。宗澤招降羣盜,固守汴京,請他回鑾,不聽。李綱請他暫駐南陽,又不聽。而逃到揚州,又逃到杭州。揚州,今江蘇江都縣。杭州,今浙江杭縣。金人盡取河南、陝西。兀朮又渡江追擊高宗,高宗從明州逃入海。明州,今浙江鄞縣。金朝這時候亦“士馬疲敝,糧儲未豐”。兀朮的話。兀朮北歸

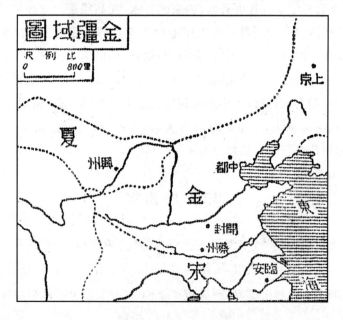

以後，不再主張進兵，乃將河南、陝西之地，封宋降臣劉豫，希冀得以休息。而劉豫動了野心，屢次入寇，給宋朝打敗了，又要求救於金，金人見仍不免於麻煩，乃又將他廢掉。此時宋高宗用秦檜做宰相，秦檜被俘在北時，和金朝的宗室撻懶有交情，而撻懶在金朝，頗有權力，秦檜乃遣使往北，請其將河南、陝西之地，還給宋朝，撻懶已應允了。不意兀朮回京，事情中變，撻懶被殺，兀朮再興兵南下。宋劉錡在順昌，岳飛在郾城，順昌，今安徽阜陽縣。郾城，今河南郾城縣。都獲勝利；吳璘亦從四川出兵，收復陝西州郡，而高宗、秦檜、堅決主和；召還諸將，放棄河南、陝西，稱臣以求和於金，是爲宋、金第一次和議。金海陵庶人立，從上京遷都於燕，又遷都於汴。舉大兵南伐，因其淫虐不道，兵才起而後方已擁立世宗。海陵急於渡江，被虞允文在采石磯打敗。在今安徽當塗縣北。改走揚州，爲其下所殺。此時宋高宗亦傳位於孝宗。孝宗是主張恢復的，出兵北伐，亦不利。一一六五年，第二次和議復成。第三次則宋寧宗時，宰相韓侂胄，出兵北伐，累戰不利。宋朝政局變動，殺韓侂胄，函首畀金以成和，時爲一二〇八年，當金章宗之世。和議成後未幾，蒙古的兵，亦就到金朝塞外了。

一一四一年，宋稱臣	歲幣銀絹各二十五萬兩匹
一一六五年，宋主稱金主爲叔父	銀絹各二十萬兩匹
一二〇八年，宋主稱金主爲伯父	銀絹各三十萬兩匹

【習題】

（一）遼人強盛的原因何在？

（二）遼的中衰，在什麼時候？遼的全盛，在什麼時候？

（三）從唐末到宋初，中國對西北的實力如何？

（四）女真人是怎樣開化的？

（五）金朝不統一生女真，能興起否？

（六）遼朝滅亡的原因如何？

（七）試述宋、金啓釁的原因。

（八）試述宋、金和戰的始末。

【參考】

本章可參看拙撰《白話本國史》第二編中第四、第五章，第三編下第一章。

第十七章　宋之學術思想與社會概況

宋 代 的 理 學

宋朝的學術思想，在中國歷史上，是很有其地位的。尤其理學是宋朝特有的學術思想，其發達之原因有四：（一）自唐季以來，就有書院的創立，當時老師宿儒，在院內聚徒講學，號稱山長。到了宋朝，書院更加興起，最著的有四大書院，即湖南的嶽麓，江西的白鹿，河南的應天和嵩陽。定章程，招俊秀，講誦問難，學問因之大進。（二）宋儒之輩出，是欲以中興儒家之說，而斥佛教之出世與道教之荒誕。這可以說是中國思想對印度思想的反動，也可以說是中國思想和印度思想的調和。原來佛教的哲學，確是很高尚的，然在中國的學術是以政治和倫理爲立腳點的，看起來，就未免偏於消極了。這所以

朱熹

宋五子
- 周敦頤　道州（今湖南道縣）人。他家鄉有一條水，名爲濂溪；後來他居住在江西廬山蓮花峯下，其地亦有一條水，他爲紀念故鄉起見，即名之曰濂溪；學者因稱他爲濂溪先生。（濂）
- 程　顥　洛陽人。（洛）
- 程　頤　（顥弟）
- 張　載　郿縣橫渠鎮人。（關）
- 朱　熹　婺源人，居福建。（閩）

有宋朝人的"闢佛"，宋儒雖然兼闢佛、老，實在是闢佛的話，居其多數。而其學問講到精微

之處,實已兼包佛學之長。(三)當時印刻之業興,購書讀書,都比從前便易,學術可以普及,亦爲思想界之大助。(四)五代以來,士風掃地,名節蕩然,宋代諸儒既注重倫理道德,故多致力於修身格物之學,希聖希賢。宋學巨子,就是周、程、張、朱。北宋時又有邵雍算是別派,南宋時有陸九淵,則是和朱熹對峙的。他們明理的方法,可以分爲朱、陸兩派。朱子之學,是原本於小程子的。主張"即事物而求其理",陸子則主張先發本人之明,然後細細理會去。邵雍是研究數理的,他以爲天地萬物,根本上只是一體。質的變化,就是量的變化。所以想就數理上推求宇宙的原理、原則。這本是一種哲學。後世卜、筮、星、相等迷信之事,都假託他,可謂去題萬里了。

宋代的經史之學

宋儒對於經學,是自以其意,推求聖人之意,不拘守前人之說的。雖或流於武斷,然應該據理推斷之處,其立說自勝前人。史學:大家很多。司馬光的《資治通鑑》,鄭樵的《通志》,馬端臨的《文獻通考》,都是綜貫古今的名作。袁樞因《通鑑》作《紀事本末》,又爲史家創一新體。此外蒐輯當代歷史的也很多。考證前代史籍,訂正其錯誤的人也不少。

宋 代 的 文 藝

古文雖興於唐代,其盛行卻是在宋代的。普通所謂唐、宋八大家,宋朝人實占其六。宋朝人的駢文,也是很生動流走的,謂之"宋四六"。詩:該以江西派黃庭堅爲宋人的代表。宋人詩是徑直言情的,雖不如唐人的含蓄,詩境卻比唐人恢廓了。詞以宋朝爲極盛,北宋之晏殊、周邦彥,南宋之辛棄疾、姜夔,都是名家。還有後世的平話,也是起原於宋人,像《宣和遺事》等類皆是的。

宋朝士大夫的風氣

宋朝人的學問是要講究躬行實踐的,所以其立身行己,都有可觀。他們大多數,知道治化的根本,在於社會。還能制定鄉約,或冠、昏、喪、祭的禮節等,行之於地方,以求化民善俗,這確是他們的長處。但是他們不知道社會的變遷,所執意要推行的,往往是不合時宜的古禮,亦且古代社會等級之制甚嚴，在後世已經平等些了，他們因泥古之故，并此也要回復，就未免冷酷而不近人情，這又是他們的短處。他們論事，大抵要合乎理想，而不甚肯遷就事實。論人，大抵要辨別其心術，而不甚肯拘泥於形迹。這固然有徹底的好處，然亦有時，因此而流於迂闊；又或苛責君子，使無容身之地，而小人反得逍遙事外。他們大概好爭意氣，因此容易結成黨派。所以宋朝士風，概論起來：初宋則喜黨爭；中宋多習苟安；晚宋則力崇名節。如陸秀夫、張世傑、文天祥、謝枋得等，均爲宋之季世，作掉尾之一大活動，這就是宋代士風的特徵了。

宋代社會狀況

宋代的社會狀況，始終是很黯淡的。但也未嘗没有畸形的發達。地權的不平均，農民受高利貸的剝削，始終未能救正。南渡以後，貴戚勢家，聚於江、浙一隅，更其變本加厲。近代江、浙田賦的獨重，就是導原於這時候私家收租的苛刻的。南宋末年，宰相賈似道，把私家的田，租額重的，硬收買做公田，即以私租爲官租。元時，江、浙的田畝，收租還是重的。明太祖平張士誠後，又把私家的租額，就算做國家的稅額，從此以後，雖屢經減少，浙西的租稅，較之別處還獨重。其時國土既蹙，又承喪亂之後，用兵則有兵費，講和又有歲幣，國用浩大，苛稅繁興。如"和糴"和"預買"，中國從前，國家立於私人的地位，和人民做交易，謂之和。買米的謂之和糴，買其餘一切東西，謂之和市或和買，雇人做工，或租用人家的東西（如舟、車之類），謂之和雇，宋朝變爲賦稅的和買是布帛，其中先付價後取物的，謂之預買。本來都是賣買，後來都變成租稅了。還有經總制錢，"板帳錢"、"月椿錢"等，都是把許多無名苛斂，聚集起來的。所以當時的人民，實在非常之困苦。但是困苦的仍舊困苦，奢侈的還是奢侈。所以在一方面，社會反而顯出繁榮的狀況。譬如歷代的都市，都是禁止夜市的，唐朝還是如此。唐朝兩京諸市，日中擊鼓三百以會衆，日入前七刻，擊鉦三百而散，見《唐書·百官志》兩京諸市署令。宋朝卻不然了。其時臨安各種賣買，幾於都有夜市。不但應用之品，就供享樂消耗的也很多。宋朝商市情形，見宋人所撰《東京夢華錄》、《武林舊事》等書。海外貿易，宋朝較之唐朝，也更形發達。杭州、嘉興、寧波、泉州、廣州、青島等處，都曾設過市舶司。除抽稅外，香藥、犀、象等品，由官專賣，利息也很豐。總而言之：農民困苦，而商業資本活躍，歷代本是一律的，然在宋朝，則此等現象，似乎更甚了。

印刷術的發達

工業中，印刷術的發達，對於文化的傳播，有極密切的關係。中國古代，要傳之永久的文字，就把他刻在金石上。這是以供人觀覽爲目的，意不在於印刷。五九〇年，隋文帝勑天下廢像遺經，悉令雕版，才可稱爲印刷術之始。然隋、唐時還不盛行，直到九三二年，後唐宰相馮道，請令國子監將九經雕板印賣，宋初又續刻諸史，從此以後，官、私、商賈，刻書的才漸多。十一世紀中葉，畢昇又發明了活字版，得書的難易，較之從前，不可以道里計；書籍流傳於後的，也就迥非唐以前所可比了。可參看孫毓修《中國雕板源流考》(商務印書館本)。

【習題】

（一）爲什麽佛教的思想中國人以爲消極？怎樣説宋學已兼采佛學之長？

（二）朱、陸宗旨不同之處安在？

（三）質的變化，就是量的變化，試就現代科學，加以證明。

（四）宋代的經學，爲什麽和漢、唐不同，而會自成一派？

（五）宋朝史學中，有幾部通貫古今的名著？

（六）我們現在的歷史教科書，是什麽體裁？

（七）唐、宋詩的不同，試就你自己所知的，舉幾個例。

（八）宋朝人的風氣有什麽長處？又有什麽短處？

（九）試述現代江、浙田賦獨重的起原。

（十）爲什麽宋朝國蹙民貧，商業依舊會發達？

（十一）試繪《宋代通商口岸圖》。

（十二）試述我國印刷術演進的情形。

【參考】

本章可參看賈豐臻《宋學》，林科棻《宋儒與佛教》，周予同《朱熹》，拙撰《宋代文學》(均商務印書館本)。

第十八章　元代之武功

蒙古的興起

一二一〇年，蒙古侵金而塞外的軒然大波起。蒙古是從什麼地方來的呢？蒙古在唐時稱爲室韋，地在額爾古訥河南，後來西徙到敖嫩河_{敖嫩河亦名斡難河，今名鄂諾河，爲黑龍江之北源。}上源。他大約曾和韃靼人混合，所以又自稱韃靼。金朝滅遼後，金的勢力，不大及得到北方。他只從河套地方起，造一道邊牆，東北迆，達到女真舊地，並使汪古部守備邊患。塞北諸民族遂紛紛自相爭鬪。十二世紀後半，蒙古族的偉人奇渥温帖木真出，把漠南北諸部落次第征服，聲威直達畏兀兒。一二〇六年，諸部共上他以成吉思汗的尊號，這就是元太祖。

金朝的南遷

金朝當世宗時代，從上京遷到燕，又從燕遷到汴京。把女真人搬進中原來，以鎮壓漢人，奪了漢人的田地，給他們耕種。而女真人一家百口，隴無一苗，都將田給漢人承種收租。因爲生活的優裕，尚武的性質，反而消失了。蒙古兵一到，金兵大敗。河北、河東都受蹂躪，宣宗只得棄中都遷都開封。

成吉思汗的西征

唐中葉以後，葱嶺以西，多被大食國所征服，後來大食的威權衰了，他東方的鎮將，也很多據地自立的。遼朝滅亡時，其宗室耶律大石，率衆西走，立國於西方，是爲西遼。和花剌子模，_{Khordsm 在波斯東北部，爲突厥族所據地，後滅塞爾柱克突厥，盡得波斯地，旋又取得阿富汗全境，《元史》又稱爲西域國。}並稱西方大國。成吉思汗

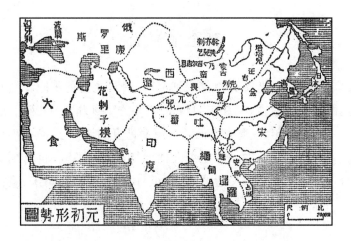

塔塔兒，就是韃靼的異譯，和蔑兒乞都是蒙古的讎部。克烈，其初是蒙古的興部，後來才翻臉給蒙古滅掉的，乃蠻是當時漠北的大部，汪古是替金朝守邊疆投降蒙古，把他引進去的，斡亦剌，就是明朝的瓦剌，吉爾吉思就是唐朝時候滅掉回紇的點戛斯，畏兀兒，即回紇異譯。

侵金時，乃蠻餘孽，逃到西遼，和花剌子模裏應外合篡了西遼的王位。蔑兒乞餘孽，也出入蒙古邊界，要想乘虛報讎。成吉思汗乃北歸，遣將把這兩國打平，蒙古疆域就和花剌子模直接。因花剌子模鎮將，殺掉西行的蒙古商隊，成吉思汗大怒，就起大兵西征。花剌子模王不敢抵禦，想聽他飽掠颺去，遂被逼逃入裏海島中而死。成吉思汗盡定其地，又追擊其王子，渡過印度河，想從西藏東歸，因道路難行；又聞西夏背叛；乃仍從原路而還，別將則打敗欽察、俄羅斯的聯軍，欽察亦作乞卜察兀(Kiptchacs)。這事在一二一九到二二年。因爲蒙古大兵都在西方，金人乃得暫時支柱。

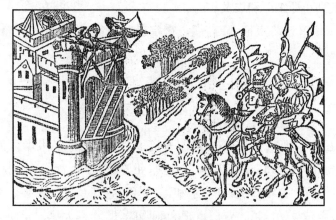

成吉思汗攻西夏受傷圖

夏 金 的 滅 亡

金宣宗南遷後,仍把女真戶都遷到河南,倚爲主力的軍隊。然女真終於不能復振,既要抵禦蒙古,又和宋、夏都開了兵釁,國力更形疲敝。成吉思汗東歸後,於一二二七年,伐夏未克而死。遺命把夏國滅掉了,然後發喪。太宗立,遣弟拖雷,闖入宋境,從漢中走湖北西北境,以入河南。自己則從孟縣渡河,兩路合攻汴京。金哀宗又遷於蔡州,至一二三四年,而爲宋、蒙古的聯軍所滅。

蒙古對東西南三方面的用兵

這時候,宋朝理宗在位,史彌遠、賈似道相繼爲相,國勢衰微。滅金之後,卻想恢復三京,謂東、西、南三京。北宋時,以開封爲東京,洛陽爲西京,歸德爲南京,大名爲北京。以致和蒙古開了兵釁。川、楚、江淮,地都淪陷。幸而蒙古從太宗到憲宗的初年,還繼續出兵西征。所以宋朝還未即受滅亡之禍。

西征之次第,是太宗遣姪拔都率兵五十萬,定欽察,進攻俄羅斯,這時俄國分做數十國,蒙古兵來,或降服、或破滅,蒙古兵遂陷莫斯科。更西侵波蘭及匈牙利,大破北歐的聯軍,兵鋒直到奧地利的都城維也納,和意大利的威尼斯,全歐震恐。因得太宗病沒的信,蒙古軍纔退去。及至憲宗即位,又遣弟旭烈兀西征,先剿平裏海南山中的木剌夷,進攻大食,屠都城報達,報達,亦作八吉打。威勢直到小亞細亞和埃及。

其間太宗又遣將東征,降高麗。憲宗遣將南征,從青海入吐蕃,滅大理。就是唐朝的南詔。

宋 朝 的 滅 亡

一二五九年,四方大略都被蒙古平定了。蒙古憲宗乃大舉入四川,使弟忽必烈攻湖北;因合州守將王堅善守,憲宗死於城下。現在四川的合川縣。忽必烈急顧北歸,而賈似道不知道,遣使求和,許稱臣,畫江爲界。忽必烈北歸自立,建國號爲元,是爲元世祖。賈似道把和議隱瞞掉,詐稱大捷。元使來的,都被他拘執起來。由是和議遂絕。此時元人因北方藩王叛亂,還未能專力對宋,所以宋朝又得偷安了幾年。公元一二六八年，忽必烈遣阿朮，力攻襄陽。襄陽堅守五年，到底於一二七三年陷落。明年，元兵遂大舉入建康，繼進陷臨安，恭帝北狩。宋臣如張世傑、陸秀夫、文天祥等，又立其弟益王於福州，益王死後，又立其弟衛王，輾轉遷徙到崖山。<small>在廣東新會縣南海中。</small>一二七九年，爲元人所滅，宋亡。

建　立　大　帝　國

元朝在世祖時，其疆域跨有亞洲大部份，和歐洲東北部。世祖更遣將南征安南、緬甸。攻爪畦，虜其王。惟東征日本，因遇颶風以致失利。

這時，元帝直接統轄金、宋兩朝和高麗、吐蕃、大理諸國的地方。此外有四大汗國：一曰欽察汗國，爲太祖長子朮赤封地，其子拔都繼之，統轄俄羅斯和裏海、鹹海以北之地。二曰窩闊台汗國，乃太宗之後，統轄金山<small>阿爾泰山。</small>以北乃蠻故地。三曰察合台汗國，太祖子察合台封地，統轄葱嶺東西，西遼花剌子模故地。四曰伊兒汗國，乃憲宗子旭烈兀封地，統轄裏海、鹹海以南大食故地。於是蒙古建立空前的大帝國。

蒙　古　的　分　裂

從太祖稱汗以來，到世祖滅宋，不過七十餘年，遂建立大帝國，然太祖身死未幾，內部分裂之機已肇。原來蒙古的大汗，是要由宗王大臣等公推的。太宗之立，由於太祖的遺命，所以不曾有異議。太宗死後，他的後人，就和拖

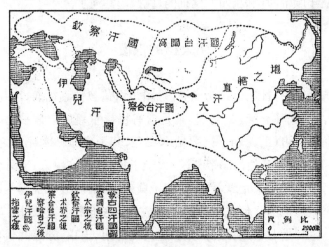

雷的後人爭位，定宗得立，旋短命而死。憲宗被推，太宗後人謀叛，被憲宗誅
戮，宗室中遂勢成水火。憲宗死後，世祖不待推戴，逕行自立。阿里不哥舉兵
反抗，被世祖打敗。而海都自立於西方，欽察、察合台兩汗國，都附和他。蒙
古大帝國，就從此分裂了。

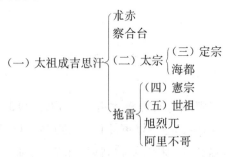

元 朝 的 衰 亡

元帝把國內分做"蒙古人"、"色目人"、"漢人"、"南人"四等，蒙古人是元朝同
族，色目人是西域各地人，漢人是契丹、女真和中國北方人，南人是中國南方人。一切權利，都不
平等，如各官署都要用蒙古人做長官，漢人、南人，只可做副貳。在路、府、州、縣之上設立行
省，以圖控制。邊陲和緊要的地方都封了藩王。黃河流域，都用蒙古兵和諸
部族兵駐守。他們的用人，是功臣、親戚的後裔，諸王、公主的私人，雜然並
進。設官專詳於戶、工兩部。他們優待喇嘛僧和西域商人，聽其馳驛，要漢人
供應。元世祖時，曾兩次用兵於日本，又屢次發兵征安南，占城和緬甸喪師甚
多。從世祖以後，繼承之際，沒一代不是爭奪。這如何好治理中國呢？所以
到一三三三年順帝即位後，四方反抗的，就風起雲湧了。

明太祖的恢復

元末革命軍中，首先出兵北伐的，是潁州白蓮教徒劉福通，可見白蓮教傳
到後來，雖然漸失其意義，其初起，確是含有民族主義的。惜乎這時候，有個
察罕帖木兒，起兵幫助元朝。察罕帖木兒死，其子庫庫帖木兒繼之。劉福通
北伐的兵，給他打敗。然而順帝荒淫，太子干涉，朝臣和軍人，又分黨相爭，終
於不能支持。明太祖朱元璋，是初從郭子興起兵鳳陽，後來別爲一軍，渡江據
今南京以爲根據地的。他先把湖北的陳友諒、蘇州張士誠滅掉。其餘諸雄，
亦均懾服。一三六七年，乘元朝內亂，遣兵從河南、山東，分道北伐，兩路兵會

於德縣,北扼直沽。明年,順帝遂棄北平而去,元亡。

【習題】

　　（一）蒙古的根據地,在什麼地方?

　　（二）金朝衰弱的原因如何?

　　（三）蒙古西征時,葱嶺以西,有什麼大國?

　　（四）蒙古西征的兵,西北打到何處? 西南打到何處?

　　（五）蒙古對東、西、南三方,征服了些什麼國?

　　（六）宋朝滅亡的事實如何?

　　（七）蒙古大帝國如何分裂?

　　（八）試列舉元朝衰亡的原因。

　　（九）試述明太祖恢復中國的始末。

【參考】

　　本章可參看拙撰《白話本國史》第三篇下,第二至第四章,及馮承鈞《成吉思汗傳》(商務印書館本)。

第十九章　中國文化之西漸

鐵 器 和 蠶 絲

中國文化的西漸，由來已久，據《漢書·西域傳》上說：當時西域的人，本來不知道用鐵的，還是中國人教導他，這事怕已在紀元之前了。到六世紀中葉，中國的蠶種，又由波斯人傳到歐洲。當時波斯僧侶有布教於中國境內者，得到蠶卵，藏在空杖裏，獻給羅馬帝君士坦丁，遂產出希臘的絹絲，大概是從天山南路的和闐傳出的。後來西西里(Sicily)與東羅馬戰，得到很多希臘人做俘虜。逐漸把養蠶的法子，傳入西西里，次第由此再傳入意大利和法蘭西諸國。

羅盤針火藥印刷術

唐中葉以後，中國和大食的交通極其頻繁，而西洋近代的三大發明，遂都經大食人之手，由中國傳入歐洲。所謂三大發明，是羅盤針、火藥、印刷術。歐洲和大食方面，關於羅盤針的記載，最早在十二三世紀間；中國則在公元一一一九年，朱彧著《萍洲可談》，已經說廣州的商人，能利用羅盤針航海了。朱彧的話，是得之於其父親在廣州，還在十一世紀之末。見桑原隲藏《唐宋元時代中西通商史》本文二《考證》三十一，頁九二至九五(商務印書館本)。火藥，西洋發明的年代有兩說：一說在公元一二四二年，一說在公元一三五四年頃。見一九二九年版《大英百科全書》。中國則在公元一〇四二年，宋朝曾公亮等奉敕所撰的《武經總要》，已載有火藥的製法了。《武經總要》，商務印書館《四庫全書珍本》。此處所引，見卷十二，頁六十五。後來南宋與金人戰於采石磯，虞允文以火藥製爲"霹靂礮"，這是中國用火藥之始。而西洋戰爭用火藥，尚在一三四〇年左右。至於印刷術，活字版實始於宋仁宗時代，明初已改用銅活字。歐洲人能利用，事在公元一四三八年，纔知道用金屬的活字。按《西史》所載，公元一四二三年有 Harlem 地方的人 Lawrence Johnson

Coaster 創木版印刻。到一四三八年德人 Johann Gutenberg 始發明活字版，鑄銅爲字，後又經 Peter Sehöffer 改良活字鑄造，遍行歐洲。較之我國先後相去，更不可以道里計。所以西人都承認，這三種事物，是從中國經大食人之手，傳到西方去的。還有和印刷術有關的造紙，亦係由中國傳往。據說：在第三世紀時代，就已傳布到樓蘭。據瑞典人斯文赫定最近西北考察所得的結果。當公元七五一年，玄宗天寶十年，唐鎮將高仙芝因和大食爭石國，今俄屬塔什汗。戰敗於怛羅斯城，中有中國造紙工人，均被大食俘虜。大食人就利用他，在中亞、波斯、大食、埃及等處，先後設廠造紙。到十二世紀，就輸入歐洲了。見向達《中外交通小史》第五章（商務印書館本）。有了羅盤針，海船才能橫絕大洋，以前離海岸不能甚遠。這是歐洲人近代，足跡徧及全世界的原因。有了火藥，才有近代的軍機，戰事的情形才大變，不但打倒封建政體，使歐洲支離破碎的局面，煥然改觀，并可向外發展了。至於印刷術，則無論在研究學術，以及教育方面，關係都極重要。所以說：這三者，實在是西洋近代文明的根源。

馬 哥 孛 羅

元朝興起以後，東西交通，格外興盛，元朝的用人是不拘種族、宗教的，所以西域人仕於其朝的很多。商人教士的往來，亦都很盛，其中最著名的，則有意大利的馬哥孛羅，Marco Polo。可參看《中外交通小史》第八章，及張星烺《馬哥孛羅》（商務印書館本）。元世祖時，在中國做官，在中國前後共二十年。回去之後，著了一部《遊記》，爲歐洲人知道中國情形之始。

馬哥孛羅

【習題】

（一）使用鐵器的教導，對於西域人，該有多大益處？

（二）何謂三大發明？

（三）歐洲人知道中國情形，起於何時？

第二十章　明之内政與外交

成 祖 的 北 遷

明太祖勤於政事，又能釐定制度；治國的規模，亦頗弘遠。惟私心過重，封建諸子四十餘人，又因猜忌之故，開國功臣，盡遭殺戮。太祖太子早死，孫建文帝立，太祖子燕王棣，起兵北平，把南京攻陷，建文帝不知所終，燕王自立，是爲成祖，遷都北平。

明 初 的 武 功

明朝的兵威，以成祖時爲最盛，然邊防的規模，實在也是成祖時壞掉的。元順帝棄大都後，他的後裔，漸次退卻到外蒙古，有好幾代都遇弒，蒙古大汗統緒遂絕，繼立的改稱韃靼可汗。此時韃靼衰弱，而瓦剌和熱河東北的兀良哈強盛，兀良哈，清朝譯作烏梁海。都給成祖擊破，吉、黑兩省的女真，亦都服屬，設立羈縻衞所。最遠的奴兒干都司在黑龍江口，海中的庫頁島，亦來朝貢。安南從宋太祖開寶元年，公元九六八年獨立，成祖乘其内亂，把他滅掉，改設交趾布政使司，和内地一樣。又遣鄭和下西洋，航路直達非洲東岸，國威可謂極盛了。但成祖把大寧棄給兀良哈，宣宗時，開平衞遂因勢孤内徙。開平，就是現在的多倫縣。元始祖即位於此，建爲上都。明初於此設衞，宣宗時内徙獨石。大寧在今熱河省赤峯、承德之間。安南則因官吏行政不善，宦官奉使的又暴橫，叛亂不絕，宣宗遂亦放棄，其地重屬中國，只有十九年。一四〇九至一四二七。

土 木 之 變

明朝的重用宦官，也是起於成祖時候的，而設"東廠"，使司偵緝事務，貽害尤烈。宣宗死後,英宗年幼,寵信太監王振。瓦剌酋長也先入寇,王振挾帝親征。至大同,知兵勢不敵,還師,爲敵兵追及於土木堡,在今察哈爾懷來縣西。英宗北狩。幸得于謙,扶立其弟景帝,固守京城。也先攻城不克,侵邊又不利,乃奉英宗回國。怨恨于謙的人,乘景帝臥病,以兵闖入宮中,奉英宗復位,是爲"奪門之變",于謙被殺。

明中葉的內憂外患

英宗復位後,傳子憲宗,政治都不見良好,憲宗死後,孝宗即位,較爲清明。孝宗死,武宗繼之,耽於游戲,始而信任太監劉瑾,聽其專權妄爲,後又寵幸武官江彬,引導他各處去游玩。人心震動,畿南盜起,寧王宸濠,又在江西造反,幾至大亂。武宗死後,世宗繼立。世宗在明朝皇帝中,駕馭宦官是最嚴的。然因相信神仙,怠於政事,一任宰相嚴嵩蒙蔽,國事遂至大壞。先是元太祖後裔達延汗,又統一蒙古,留其幼子居漠北,是爲喀爾喀部,達延汗與其孫徙牧近長城附近,是爲察哈爾部。其次子俺答居歸化城,爲土默特部。十六世紀中葉,俺答爲邊患最深。又從明初以來,就有所謂倭寇,因其時日本內亂不止,失敗的武士和浪人,遂爲寇於海外。明世宗時最爲猖獗,沿海各省,大被其患。世宗歿,二傳至神宗,年幼,宰相張居正當國,政治頗見振作。倭寇亦被良將戚繼光、俞大猷等剿平。其時俺答受喇嘛教感化,不復爲邊患,而察哈爾部轉熾。居正用戚繼光、李成梁以守薊、遼,東北邊亦得安静。然居正死後,神宗旋復怠荒,任用宦官,借開鑛爲名,到處騷擾索詐,又派他們到各省去做稅使,窮鄉僻壤,米鹽瑣屑無一得免。日本從開國以後,歷代都和蝦夷爲敵。八世紀末,遂置征夷大將軍,以守衛東北,後來政權遂入其手,是爲幕府。屢起爭奪,幕府的權柄,又旁落於手下的將士,各據封土,全國分裂。神宗時,

明封秀吉誥命

豐臣秀吉起而把他打定。因念亂源終未盡絶，想把他們犧牲到國外去，就起兵侵朝鮮。朝鮮李氏，因承平既久，兵備廢弛。日兵至，不能禦，其王逃到義州。神宗發大兵去救援他，初戰勝利，旋因輕進中伏致敗。於是"封貢"議起，封秀吉爲日本國王。秀吉不受，又發兵侵朝鮮。明兵和他相持，迄無勝算。直到秀吉死後，日本兵才退回。這一役，明朝損失無算。

【習題】

（一）明初爲患的北族共有幾族？再統一蒙古的是什麽人？

（二）試參考地理書，作一篇《大寧、開平形勢説》。

（三）何謂偵緝事務？

（四）漢、唐、明三朝，宦官之禍，孰爲最烈？

（五）倭寇的起源爲何？

【參考】

本章可參看日本箭内亙《兀良哈及韃靼考》（陳捷譯，商務印書館本）。

第二十一章　明之衰亡與奮鬥

神宗之怠荒

明神宗時，日兵退出朝鮮之後，建州酋長奴爾哈赤，早已起來，自稱後金汗。神宗貪樂荒怠，有二十多年未坐過朝，每遇官職有缺，也不去補授，朝臣互相參劾，也置之不理，內政腐敗已極，於是有三大案出來。

東林黨及三大案

當時有朝臣顧憲成，在東林書院顧憲成是江蘇無錫人，東林書院就在無錫。講學，友朋很盛，時常議論朝政得失，批評執政賢否，時人稱其徒爲東林黨。神宗晚年，有男子張差持梃入太子宮被獲，東林黨人說有人主使，謀危太子，非東林黨人以爲不過是瘋漢，並無政治意義。這是所謂"梃擊案"。神宗死後，子光宗繼位，得疾，服宰相所薦醫生的紅丸，無效而死。東林黨人以爲是弒君，非東林黨人以爲與藥無干，這是所謂"紅丸案"。光宗死後，其子熹宗嗣位，光宗妾李選侍佔住乾清宮，被東林黨人勒令移出，非東林黨以爲不應上逼母妃。這是所謂"移宮案"。兩黨藉這三大案爲題，攻爭不息。非東林黨人和宦官魏忠賢相結，把東林黨著名的人下獄拷死，直到熹宗死，其弟思宗繼位，纔治魏忠賢及其同黨的罪，但國政已不堪設想了。

流寇之禍

思宗在位年間，外則滿洲格外猖獗，佔據遼東，進犯京城。內則流寇大起，到處焚殺，流寇首領李自成破了京城，思宗自縊死。滿洲乘機入山海關，逐去李自成，入北京稱帝。

明人之奮鬥

　　滿洲入關後，明人奉福王即帝位於南京。滿兵南下，屠揚州，殺督師史可法，史可法是河南祥符人，殉難後求屍不得，葬衣冠於揚州梅花嶺。渡江入南京，虜福王北去。明人又立唐王於福州，同時明人又有奉魯王稱監國於紹興，魯、唐二王不睦，後唐王竟被滿兵所殺。明人又立桂王於廣東，竭力抵抗滿兵，歷十餘年，西南諸地桂王爲明末帝，年號永曆，故亦稱永曆帝。他初立時，尚有兩廣雲貴之地。盡失，逃奔緬甸，被緬人獻出縊死。明將鄭成功鄭成功，福建南安人，唐王賜姓朱，時稱爲國姓爺。桂王封爲延平郡王，授招討大將軍。仍堅守臺灣，直到清康熙帝時，纔把臺灣鄭氏滅掉。明室雖然已亡，這民族奮鬥的精神，爲前代所沒有。

【習題】
　　（一）貪樂荒怠，是否爲明朝衰亡的原因。
　　（二）東林黨人的行爲，是否可取？
　　（三）挺擊、紅丸、移宮三大案，值得爭論麼？
　　（四）若無流寇之禍，明朝可以不亡否？
　　（五）明人的奮鬥，雖不能救亡，但對於將來，有無影響？

【參考】
　　本章可參考《歷代通鑑輯覽》第一百十二卷至一百二十卷，及蕭一山《清代通史》上卷第十一、十二、十三、十四章。

第二十二章　中華民族的拓殖

中華民族近代的發展

中國民族，拓殖的能力，本來是很偉大的。尤其近代，對於東北和南方的拓殖，更爲值得紀念的事情。

歷 代 的 南 進

南洋一帶，氣候炎熱，物産豐饒，本來是最適宜於拓殖的地方。中國人民，移殖其地，也由來很久了。據阿剌伯人的紀載：九四三年頃，就有多數華人，在蘇門答臘，從事種植。大約是避黃巢之亂前去的。宋時，正南諸國，以三佛齊<small>三佛齊即今之浡淋邦（Palembang），在蘇門答臘東部，爲其都會。南北朝稱干陀利，唐稱室利佛逝，宋稱三佛齊，明改稱舊港。</small>爲最強。東南諸國，以闍婆<small>闍婆即今之爪哇，唐宋均稱闍婆，明概作瓜哇，當係爪哇之訛。</small>爲最強。而三佛齊已有中國文字，闍婆屋宇，亦和中國

蒙古戰艦

583

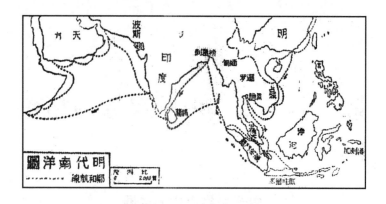

相同。可見華人移殖的，必已不少。元時稱爪哇爲新邨，三佛齊爲舊港。又可見華人移殖的次第了。

鄭 和 的 出 使

中國歷代政府，對於南方，都不甚注意，只有元、明兩朝，是個例外。元世祖定中國後，遣使招致南洋諸國。因爪哇拒命，曾經用過一次兵，其事在一二九二年。明初交通外國，還承襲元代的規模。太監鄭和，奉成祖之命，出使西洋。從一四〇五到一四三三年，前後奉使凡七次。鄭和的出使，是帶著水兵走的。所至加以宣諭，服從的賞賜金帛，不服的就威之以兵，曾經三擒番長。後來出使的人，沒有一個不稱道他的名字，以誇耀諸番的。

鄭和出使船

明代南洋的拓殖

　　明代馬來半島、爪哇、蘇門答臘、呂宋、滿剌加、浡泥都有多數華人移殖，從事開發。如爪哇的新邨，本來是荒涼之地，後來中國人流寓，聚集至千餘家，遂成爲富庶之區。諸番舶多往互市，又如馬來半島的錫礦，實在是華人發見的；其漁業，亦從華人移殖之後，才大形進步。現在半島的錫鑛，還有百分的六十四，屬於華人；西岸的漁業，亦全在華人手中；可以爲證。這都是指固定居民而經營農礦等事業的，其往來各島間的商業操之於華人，那更不待論了。

華人在南洋的政治勢力

　　當時華人在海外，握有政治勢力的也很多。譬如梁道明在三佛齊，閩、粵軍民，渡海從之者數千家，雄視一方。明成祖遣使招致，道明即隨使來朝。以副頭目施進卿代領其衆。其時又有個陳祖儀，在舊港做頭目，專刧往來客人。鄭和遣人招諭，祖儀卻潛謀襲擊，進卿告知鄭和，把他禽獲，就在舊港設立宣慰司，用進卿爲使；進卿死後，還傳女施二姐；則中國竟在南洋施行土司制度了。此類在南洋有勢力的華人還很多。西人東來以後，也還有能和他們奮鬭的。

拓 殖 的 成 績

　　綜觀華人拓殖的成績，實可説在世界諸民族之上，不論寒冷和炎熱的氣候，我們都能耐得住，這一點，尤爲特出。所以不論南進北進，成績都是好的。現在雖因國力不足，暫居他人羈軛之下。然其他的民族，既然多數是中國人，則論民族自決主義，其地的主權，自然應屬之於我，這一點，是任何人不能不承認的，只要我國民，能穀爲長期間的奮鬭就是了。

【習題】

　　（一）中國近代拓殖的成蹟，共有幾方面？

　　（二）南洋一帶，適宜於拓殖之點安在？

（三）怎見得中國人於炎熱之外，還能兼耐寒冷的氣候？

（四）中國在南洋一帶拓殖勢力，既然很强，爲什麽到現在反没有實力呢？

【參考】

本章根據劉繼宣、束世澂《中華民族拓殖南洋史》（南務印書館本）。又梁啓超《鄭和集》、《中國殖民八大偉人傳》，亦可以供參考。

第二十三章　元明之文化與社會狀況

元明時代的學術思想

　　元、明時代的學術思想，是承宋朝而漸變的。理學本興起於北方，然到南宋時北方反而絕跡了。元兵下湖北，得儒者趙復，北方的學者，多奉以爲師。程、朱之學，乃復行於北。直到十五六世紀間，王守仁出，而學風才一變。王守仁的宗旨，是以人心的靈明爲"知"，這個知，是生來就有的，無待於學，所以謂之"良知"。良知是能毃知是知非的，只有昏蔽，不會喪失。人只要時時磨礪他，使他晶瑩，遵照他的命令做就得了。這個便喚做"致良知"。這是何等簡易直捷的方法。理學家的流弊，在於空疏；王學既行，更加以"猖狂妄行"之弊；人心就要窮而思返了。加以明朝末年，内政腐敗，外敵憑陵；所以顧炎武、黃宗羲等大儒出，學風又有轉變。顧先生做《日知錄》，說："有亡國，有亡天下。國之興亡，肉食者謀之；天下興亡，匹夫之賤，與有責焉。"他所謂"國"，就是現在所謂王朝；所謂"天下"，就是所謂國家，這是給民族主義以何等的意識。黃先生

王守仁

《明夷待訪錄》，對於君主政體，痛下攻擊，也是專制時代的人所不能言，不敢言的。此外，他們關於根本問題的議論還極多。而他們讀書又極博，一洗前此空疏之弊，又爲清朝的考據學，導其先路。

元明時代的文藝

顧炎武

文藝，大體也承宋人之風。其最有特色的，是戲曲同平話。古代俳優、歌舞、百戲，各爲一事。優伶專以打諢、取笑爲主。歌舞不演故事。扮演只百戲中間有。南北朝以來，才漸有以扮演兼歌舞的，然辭句和動作，仍不合所扮的人的身份。元朝的南北曲，才合三者爲一，造成現在的舊劇。宋朝人的説話，就是現在所謂説書，説書的人，是各有其底本的；後來把這底本略加塗飾，就成爲現在的平話。現在通稱爲小説。然小説的名目，包括很廣，平話只可算其中的一種。再進一步，就可專爲閲讀而著作了。此等文字，從元明以後，日趨興盛，實爲現代平民讀物的大宗。

元明時代的社會階級

元朝在中國時，民族間不平等的待遇頗多。其尤爲暴虐的，則是行軍之際，以俘虜爲奴婢。這本是很不合理的，而元朝諸將，還要把降民詐稱俘虜，漢人入奴籍的就更多。見趙翼《廿二史劄記・元初諸將多掠人爲私户》條。直到明朝，此等蓄奴的風氣，還不能免；而明時紳權特重，士大夫居鄉的，都非常暴橫，也是元時異族壓制，遺留下來的惡習。

元時輸入的宗教

元時外國的宗教，輸入的也頗多。然最尊重的爲喇嘛教，元世祖奉八思巴爲帝師，爲西藏宗教興起之開始。但那時尚屬紅教，到明成祖時，宗喀巴創立黃教，傳授達賴、班禪二喇嘛，青海、西藏、西康、蒙古，次第信從，遂有今日之盛了。基督教當元世祖時，許在北平設立教堂，但信他的也多是蒙古人，所以元亡而遂絶。只有回教在這時代，是呈相當的盛況，而元亡以後，亦還能保其相當的地位的。原來元朝所用的色目人，以西域人爲最多，西域人大概是回教徒,他們多數和居住在天山南路的畏吾兒人同族,所以傳播較爲容易。他們的保守其宗教,又比別種教徒,來得堅固些。現在西北、西南,回族徧布,各地方亦都有回教信徒,實在是開始於元代的。

元明時代的社會經濟

這時代的社會經濟,是頗爲可憐的。顧炎武《日知録》説:"天下州之爲唐舊治者,其城郭必皆寬廣,街道必皆正直;廨舍之爲唐舊創者,其基址必皆宏敞;宋以下所置,時彌近者制彌陋。"可見這時代,建設的大概情形,實在有些退化了。這一由於地方的款項,多提歸中央。一由於北方遭外族長期佔據的結果。武力的不競,真是一件可怕的事呀!但是在這時代,也有一件事情,值得紀念的,那就是木棉之利的普及於全國。宋以前,木棉的種植,只限於交、廣一帶。宋末,才漸漸移殖到江南。有一個黃道婆,從崖州到松江,教人民以紡織之法,從此以後,木棉就衣被蒼生了。山東運河的開成,也算這時代一件大事。

從宋到明幣制的變遷

中國的幣制自漢以前,本來金、銅並行戰國時已有用金的法子。譬如孟子之齊,齊餽兼金一百而不受,於宋餽七十鎰而受,於薛餽五十鎰而受。秦人散金行間以圖六國,可爲戰國用金之證。後來秦併中國,制幣爲二,黃金以鎰計,銅錢重半兩。是爲漢以前金銅並用之證。其時銅錢價貴,黃金除豪商、貴族外,人民是不很有的。後來貿易發達,銅錢增多,價格漸跌;黃金卻因佛教輸入,寫經、塑像,銷耗甚多,漸漸的減少了。乃於銅錢之外,兼用布帛。布帛是不能久藏的,且亦嫌其笨重,北宋時,四川乃發生紙幣,謂之"交子",交子是貨物交換媒介的意思。先是唐憲宗時代,已有一種"飛錢"制的發生。宋代官商,都感到旅行帶多數的錢,累重不便,私自爲券,是爲"交子"。由富人主持其事,擔任兌現。行之久,富人窮了,付不出現來,爭訟繁興,乃改由公家發行。宋、金、元、明四代都用他。宋人謂之"交子"、"會子"、"關子",金、元、明都稱"鈔"。因歷代都不免於濫發,價格都跌落到不能維持,明朝宣宗時候,就把他收回燒毀,不再行用了。紙幣既跌到不能行使,銅錢又已絕跡,人民乃不得已而用銀。其事起於金朝末年,事在金哀宗正大年間。正大,自公元一二二四至一二三一。銀的初起,是因銅錢被紙幣驅逐淨盡,用來代銅錢,以便小額交換的;不是因銅錢價格大低,而兼用銀子的。到

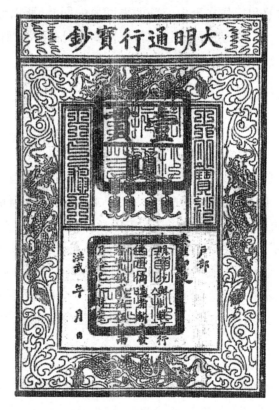

明鈔

明朝廢鈔票後，就賦稅也漸次收銀了，然只是用私量的法子行使，始終没有鑄造。和銅錢，亦聽其各以本身的價格漲落，始終没有釐定主輔的關係或比價。

【習題】

（一）王守仁爲什麽和陸九淵並稱爲陸、王？

（二）理學家爲什麽會有空疏之弊？王學爲什麽會有"猖狂妄行之弊?"

（三）試解釋顧炎武"天下興亡，匹夫有責"這話的意思。試翻閱《明夷待訪録·原君、原臣》兩篇，察其大意何在。

（四）現在的舊劇，其中包含幾種藝術？

（五）現在的平話，是如何進化來的？

（六）戰爭和奴隸制度，有怎樣的關係？

（七）現在回教徧布西北、西南，起於何時？

（八）爲什麼各州縣的建築物的好壞，可以看得出社會的經濟狀況？

（九）木棉普及全國，有何等利益？

（十）假使宋、金、元、明四代，管理得宜，中國能早進於使用紙幣否？

【參考】

本章可參看錢穆《王守仁》，謝國楨《顧寧人學譜》、《黃梨州學譜》，日本箭内互《元代蒙漢色目待遇考》（陳捷、陳清泉譯），均商務印書館本。

第二十四章 本期結論

本期的民族鬥爭

從秦始皇統一起，到明末止，爲時約近二千年。這二千年中，我國獨立爲東亞的一個大國；四周諸國，文化程度，皆出我之下；此種情勢，始終沒有變更。國際上最劇烈的，就是對北族的民族鬥爭，我國盛強時，則能把他們征服；衰亂時，就不免反受其害；如漢之後有五胡，隋、唐之後有遼、金、元是。

本 期 的 文 化

文化：在本期中，也大有變遷。第一步，是諸子百家之學，均居次要，而儒家處於獨尊的地位。第二步，是印度哲學輸入，在思想界占重要的地位。第三步，便是儒、釋思想調和，而發生一種新哲學了。以宗教論：則固有的崇拜對象，集合而成道教，和專講人倫日用的儒教，出世的佛教，鼎峙而稱三教。其餘外國的宗教，輸入的也還不少，但不占重要的位置。

本期的經濟和社會組織

論經濟狀況，在本期之中，商業資本，始終是最活躍的。因爲從統一以後，各地方的聯結，已經密切，各地方的人，已經非互相倚賴不能生存了。雖然偏僻之處，保存其自給自足的狀況的，也不是沒有，然在全國中，是不占重要的地位的。從商業資本再進一步，就可達到工業資本了，然必銷路暢旺，工價高昂，感到人力的不足，才會想到利用機器。中國幅員廣大，而勞力低廉，只要擴充銷路，就有利可圖了。正不必要想到節省勞力，以謀減輕成本，所以幾千年來，大家不向使用機器上著想；即有聰明的人，偶爾想到，也不會被利用，而不久就失傳了。這是中國人不能進於工業資本的原因。社會組織當封建制度初崩潰時，人心上還覺得很不慣，要想回復他。經過王莽的擾亂，也就無人再敢提及，習而安之了。

本期的政治

本期的政治，始終是采取放任主義的，所以一切事情，不免廢弛，這也有個不得已的原因：因爲國太大了，人民參與政治，其勢無從實行，中國民權遺迹，都在古代；後世國家擴大之後，就沒有了。這並非理論上以爲不該有，只是限於事實，無從行使。政府監督之力，有所不及。多所興作，往往反致民累，結果釀成政治上的一種"惰性"。既集大權於君主一身，其勢不得不圖控制之便，於是治民之官日少，治官之官日多，顧炎武語，見《日知錄》。如地方自治廢弛；漢於郡縣之上，又加州牧，元於路府之上，再加行省都是。尤以亂世爲甚，一個控制不住，就成尾大不掉之勢，如後漢和唐代的末年就是。這個喚做"外重"。然反之，中央政府的權力太大，沒有人能裁制他，則淫昏之君，甚至於奸佞之臣，以及宦官女謁等，又皆能爲所欲爲，民被其毒。總而言之：專制君主，本不是良好的政體，這二千年來，政治上的受其弊，也可以說是很深了。

【習題】

（一）試將本期中各重要的民族，列爲一表。

（二）儒、釋、道三教，何以能同時並行，不相衝突？他們是否各有其所占的領域？他們宗旨相同之處爲何？

（三）爲什麼各地方的人，生活互相倚賴，商業就要興盛？有無別種方法，可以替代商業？

（四）中國的政治，爲什麼要取放任主義？放任主義，有好處否？現在如要改行干涉主義，如何才可免去流弊？

（五）何謂外重、內重？拿一二件事實證明。

第三冊進度表

星期	章名	內容	續（又）
第一星期	（近世史第一章）	新航路的發見 中西相互的關係	（又）教士的東來 科學的輸入
第二星期	第二章 清朝的起原	明朝的滅亡 清朝的入關	（又）明朝的滅亡 三藩的滅亡 臺灣鄭氏
第三星期	第三章 清初的政治		（又）蒙回藏的平定
第四星期		（又）西南諸國的平定 第四章 滿蒙的同化	（又）回藏的開拓 西南的開拓
第五星期	第五章 中俄交涉	廣東通商交涉	（又）傳教的情形 清中葉的內政
第六星期	第六章 鴉片的輸入	林則徐的禁煙 中英的開戰	（又）南京條約 南京條約的善後
第七星期	第七章 民族主義的流傳	太平軍的起事 太平天國的興亡	（又）北方的捻亂 西北西南的回亂
第八星期		第八章 廣東交涉的糾紛 英法聯軍的東來 天津北京條約	（又）中俄畫界交涉 中俄伊犁交涉
第九星期	第九章 越南衰亂 中法戰爭和越南的喪失		（又）緬甸和暹羅的喪失 哲孟雄不丹的喪失 西南的危機
第十星期	第十章 朝鮮盛衰 日本的交涉 中日初期的交涉 日本的復伺朝鮮 中日戰爭		（又）馬關條約 中日戰後 日力的壓迫
第十一星期	第十一章 新機的漸起 咸同光的朝局		（又）戊戌維新及政變 新及政變後的情形 第十二章 義和團的起源
第十二星期		第十三章 俄國占據東三省 日俄戰爭 日俄和議	（又）義和團的擾亂 及聯軍入京 南省的互保 辛丑和約 亂後的形勢
第十三星期	日俄戰後東北的形勢 中國的移民		
第十四星期	第十四章 清代的官制		（又）清代的選舉 清代的兵制 清代的刑法
第十五星期	第十五章 學風的轉變 清代考據學 清代的義理 辭章之學		（又）清代的社會狀況 第十六章 閉關時代的經濟狀況
第十六星期		第十六章 五口通商後的經濟狀況 清末的經濟狀況	（又）清末的賦稅 清末的憲政運動
第十七星期		第十七章 環境的變動 適應的困難	

第三編　近世史

第一章　中西交通之漸盛與西學之輸入

新航路的發見

從蒙古西征以後，土耳其人被迫，立國於小亞細亞，後來漸次强盛，侵入歐洲，至十五世紀，而地中海東岸，和黑海沿岸之地，盡爲所據，對於歐人東行的，異常苛稅爲難。歐人乃想另找一條路，以達東方。其結果，就有兩條新航路發見。新航路發見以後，葡萄牙人首先東來，一五一六年到廣東。至一五三五年，遂租得澳門爲根據地。西班牙、荷蘭、英吉利等，相繼東來。向中國通商，都受葡人阻礙。西班牙人乃佔據菲律賓，開闢馬尼剌；荷人則佔據蘇門答臘、爪哇、滿剌加、臺灣；南洋非復鄭和航行時的南洋了。英國和法國，在印度競爭，而英人較爲得勢。

中西相互的關係

近代中西相互的關係，和中古時代不同。中古時代，往來的不過商人；國家除偶通使命外，無甚深切的關係。近代則不然，西洋各國，都要盡力向海外發展了。中國對於遠方人，素取懷柔主義。通商爲兩利之事，向爲歷代所歡迎。惟（一）西人航海的，都是冒險的青年，未免有不規則的舉動。（二）又

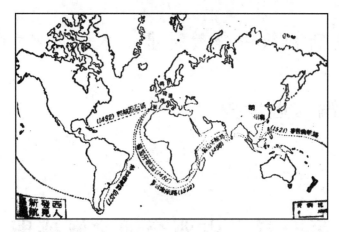

中國歷代，對於海寇，都是疑忌的。明朝人經過倭寇之患，疑忌更甚。西人船堅砲利，《明史·外國傳》説："荷蘭所恃，惟巨舟大礮，舟長三十丈，廣六丈，礮有銅有鐵，巨鐵礮長二丈，發之可洞裂石城，震數十里，世所稱'紅夷礮'即其製也。"案中國初得到的礮，叫"佛郎機"，後來所得的叫"紅夷"。清朝的時候諱"夷"字，改稱爲"紅衣"，並封他爲"紅衣大將軍"，"佛郎機"是中國人稱葡萄牙、西班牙人之辭。稱荷蘭爲"紅夷"，亦曰"紅毛番"。也足以引起華人戒懼之心。（三）加以宗教的傳播有些格不相入，中西相互之間，就未免形成隔閡了。

教 士 的 東 來

基督教傳布於中國，唐、元時代，即已有之，但對中國社會，沒有發生什麼深切的影響。近代西洋宗教改革，舊教在歐陸，漸次失勢，想傳播於海外。西人東來的時候，就有教士跟著同來。教士中首先到中國的利瑪竇，Matteo Ricci。事在一五八〇年。他先到廣東肇慶，學習華文、華語，改着華裝。然後到韶州，設立天主堂，繼到南京，後往北京廣結當時的士大夫。並向神宗獻方物。神宗許其在北京建立天主堂。時在一六〇〇年。士大夫很多和他往來，然亦有攻擊他的。至一六一〇年，遂遭禁止。教士都逐回澳門。直到滿明啓釁，明朝需用大砲，召他們監製，教禁纔無形解除。

科 學 的 輸 入

近代西人的發明，足以補我們之所不及的，是科學，所以科學的輸入，實

徐光啟　利瑪竇

在是一件大事。科學，最初是由教士之手輸入的。中國人也很歡迎他，初期精通西學的人，如徐光啟、李之藻等，他們的相信西教，自然還是因科學引起的。科學首先被中國人採用的，爲天文、曆法、地理、數學、砲術、醫學等，湯若望東來後，Jodnnes Adam Scholl von Bell。徐光啟便薦他參與修曆的事。到明朝末年才修成。未及頒行，而清朝人入關。湯若望上書自陳。清朝就用其所定的曆法，謂之時憲曆。湯若望亦被任爲欽天監監正。清世祖死後，習舊曆法的楊光先，上書攻擊。湯若望等一時得罪。但到後來，畢竟因舊曆法的不准，仍黜楊光先而用南懷仁。Ferdinandus Verbiest。清聖祖是最留心於格物之學的。他所任用的西教士亦很多。但是，這時候中國人對於科學，究竟還未能認識其真價值。所以楊光先攻擊西教士，就說"其製器精者，其兵械亦精"，疑心他的將來要成大患，就是清聖祖，也說："千百年後，中國必受西洋各國之害。"楊光先的話，見其所著的《不得已書》。清聖祖的話，見其《御製文集》，後來同治年間，反對新法的大學士倭仁奏議中曾引之。當時各種科學書，差不多都有譯著，但不受人注意。可見當時對於科學，還只知道應用一方面，而沒有知道他的真價值啊！

【習題】

（一）近代新航路的發現，其動機在那裏？對於中國有什麼影響？

（二）近代中西互相疑忌的根原安在？

（三）爲什麼製砲和曆法容易被中國人採用？

【參考】

本章可參看劉麟生《哥倫布》，劉虎如《麥哲倫》，德禮賢《中國天主教傳教史》，均商務印書館本。

第二章　清代之勃興

清朝的起原

　　清朝的祖宗，就是明朝的建州衛指揮使，名猛哥帖木兒，清朝人自己説：“他的祖宗，是天女吞朱果而生，姓愛新覺羅，名布庫里雍順，這全是有意造作的話，不足爲據。地在朝鮮會寧府河谷，後爲七姓野人所殺。子董山，弟凡察，分爲左、右二衞，遷居佟家江流域。董山因桀驁，爲明所誅戮，於是左衞衰而右衞强。明李成梁守遼東時，右衞酋長阿台背叛。滿洲部人尼堪外蘭，引李成梁的兵，把他圍困，阿台是左衞酋長叫場的孫塔，他失的女壻。叫場，《清實録》作覺昌安，追謚景祖。他失，《清實

努爾哈赤

《録》作塔克世,追謚顯祖。叫塲、他失入城,勸他投降,阿台不聽。城破,叫塲、他失亦被殺。他失的兒子,便是清太祖努爾哈赤。向明朝呼寃,明朝仍給以官職。此時努爾哈赤勢甚微弱。後來

海西衞—扈倫部
建州衞 { 滿洲部
　　　　長白山部
野人衞—東海部

漸次强盛,滅掉尼堪外蘭,征服滿洲和長白山兩部,并俘掠東海部,以增加人衆,遂犯扈倫,滅哈達。哈達、葉赫是明人稱爲"南關"與"北關"的。哈達即亡,明人乃遣兵助守葉赫。

明 朝 的 戰 爭

一六一六年,努爾哈赤叛明,明人派大兵二十萬,分四路東征,三路皆敗,清兵遂滅葉赫。進陷遼、瀋,清太祖從新賓_{清時稱興京}遷都到遼陽,又遷都瀋陽。明朝因調度乖方,遼西又多殘破,擬盡撤守備入關,而袁崇煥誓以死守寧遠,清太祖攻之,大敗,受傷而死。太宗立,先征服朝鮮,回兵攻寧遠、錦州又大敗,太宗乃擊破察哈爾部,從喜峯口入寇。袁崇煥亦發兵入援,明思宗中太宗反間之計,把袁崇煥殺掉,錦州遂不能守。然山海關仍迄然爲重鎮,清兵雖從長城各口深入,蹂躪河北、山東,到底不敢久留。

清 朝 的 入 關

明朝的流寇,起於一六二八年,因剿辦不得其法,到處入關流竄,遂成不可收拾之勢。後來分爲兩大股:張獻忠入川;李自成在陝西僭位,東陷山西,分兵犯北京,思宗自縊而死,時爲一六四四年。先一年,清太宗亦死了,子世祖立,年方六歲。叔父多爾袞攝政,聞北京危急,勒兵於關外以伺隙,恰有守將吳三桂,因李自成掠其愛妾,開關降清,清人和他合兵,把李自成打敗。自成逃回陝西,清世祖遂入北京。

明 朝 的 滅 亡

　　明人立福王於南京,荒淫無度,朝臣還要互爭黨見,諸將又不和。清兵攻陝西,李自成走死湖北,清兵遂移攻江南,揚州失陷,督師史可法殉國。福王北狩,清兵直打到杭州,乃北歸。清朝初入關時,不意中國的抵抗力,如此薄弱,所發檄文,還承認福王的自立,雖下薙髮之令,亦旋即取消。至此,乃又下令強迫薙髮易服,以摧挫中國人的民族性,人心大憤,江南民兵蜂起,然不久即失敗。清兵進陷閩、浙,明朝在寧波監國的魯王,逃走舟山,後來舟山失陷,乃到廈門依鄭成功。在福州正位的唐王殉國,清兵遂陷廣東。明人又立桂王於廣西。清朝又遣吳三桂入川,張獻忠敗死。然川南、川東,都附明桂王。李自成餘黨在湖南,亦受招撫,助明抗清,江西、廣東,亦都反正,合雲南、貴州共有七省之地,但殘破之餘,到底敵不過新興的氣燄。至一六

史可法

五一年,各地相繼失陷,桂王窮居南寧,遣使到貴州,求助於張獻忠餘黨孫可望,可望遣李定國等分路出兵,殺敗吳三桂,恢復四川,并攻破桂林,把明將降清的孔有德誅戮。清朝對西南,兵力本不毅進取,這時候,頗想維持現狀,而桂王因孫可望跋扈,求助於李定國,定國派人迎王入滇,可望攻之,大敗,轉而降清。明降臣洪承疇守湖南,因請清兵大舉。李定國力戰不勝,乃奉桂王入緬甸,吳三桂又發大兵出邊脅迫,緬人乃奉桂王入三桂軍,爲其所害,時在一六六二年,明朝至此滅亡。

三 藩 的 滅 亡

　　明朝既滅亡,清朝乃封降將三人,以守南方之地,是爲"三藩"。一六七三年,因撤藩令下,吳三桂首先舉兵。耿,尚二藩,亦都響應。貴州、廣西、四川、湖南,先後陷落。聲勢頗張,然三桂年老,不能用棄滇北上之計,徒和清兵相持於湖南、江西,兵勢遂漸促。耿、尚二藩,又轉而降清,三桂死後,其孫遂於

一六八一年,爲清所滅。

$$
三藩 \begin{cases} 雲南 & 平西王 & 吳三桂 \\ 廣東 & 平南王 & 尚可喜——之信 \\ 福建 & 靖南王 & 耿仲明——繼茂——精忠 \end{cases}
$$

臺灣鄭氏

鄭成功

然而天南片土,還保存着漢族的衣冠,這便是臺灣鄭氏。先是清兵破福建,實由明朝叛臣鄭芝龍,暗中輸款,芝龍的兒子鄭成功獨不肯,據金門、厦門,和清朝相抗。清攻桂王時,成功大舉入長江直薄南京,因勢孤退出,旋從荷蘭人手裏,奪取臺灣,以爲根據地。成功死後,子經繼立。三藩平後,清朝頗想同他講和,而鄭氏的降將不肯。鄭經卒後,國有內亂,一六八三年,遂爲清人所滅。

【習題】

(一)清朝和金朝,是不是同族?

(二)清朝初甚微弱,明朝對付他失策在那裏?

(三)山海關的形勢如何?

(四)若無吳三桂等一班降將效勞,清朝能否占據中國?

(五)前代漢族失敗時,都據長江流域,和異族相抗,何以近代獨能根據西南?西南逐漸與大局有關係的原因何在?

(六)臺灣之地,亦足以自立一國否。

【參考】

本章可參看孟森《清朝前紀》(商務印書館本)。日本稻葉君山《清朝全史》,述清初的地方,亦可參看(但壽譯,中華書局本)。

第三章　清初之政治及武功

清 初 的 政 治

　　清朝初入關時，屠殺是很利害的。圈占民地，以給旗人，貽害亦很烈。但其政治，確較明末爲整飭。聖祖在位歲久，勤於政事。世宗雖然殘忍，亦頗嚴明，與民休養生息，便又現出富庶的景象了。高宗雖然奢侈，表面上也還能維持著這個盛況，所以從一六八一年三藩平定起，到一七九五，即乾隆的末年，總算是清朝的治世。清初，漢人雖因流寇的騷擾，軍人的專擅作倀，精疲力盡，不得不屈服於異族羈軛之下，然而反抗的心理，總是不能沒有的。但滿族爲收拾人心起見，亦頗知用牢籠政策以爲緩和。所以聖祖、高宗時，曾兩開博學鴻詞科；又網羅儒臣，編纂書籍。編纂書籍以聖祖、高宗時爲最多，聖祖時之《古今圖書集成》一萬卷，高宗時之《四庫全書》三萬六千餘冊，尤爲最大編著。文字之獄，如聖祖時，莊廷鑨《明史》案，戴名世《南山集》案，皆至滅家。世宗、高宗時，因詩文字句有毀謗嫌疑而起大獄者更衆。餘見下章。一面又大興文字之獄，把明人著述，涉及滿洲事實的，都加以銷燬；以摧挫士氣。禁止滿、漢通婚；滿人不得學漢人風俗。滿兵駐防各省的，亦和漢人分城而居；并把滿、蒙封鎖起來，不許漢人移殖。這許多，都是金、元人所想不到，而亦不敢行的。

清聖祖

蒙回藏的平定

　　清朝的武功，是頗有可觀的。這也並不是滿洲人有什麼力量，還不過是利用中國的國力罷了。清朝當入關前，漠南蒙古，即已爲其所征服。漠北蒙古，則不過每年送他一匹白駝，八匹白馬，清朝謂之"九白之貢"。還無甚深切的關係。此時蒙古信喇嘛教，已漸流於弱；而天山北路的衛拉特漸强。西藏人所信的喇嘛教，係唐中葉後，由印度傳入的。其後專炫幻術，頗多流弊。十五世紀，宗喀巴生於西寧，乃改良教義，另創新派。他的信徒，都着黄衣冠，和舊派的紅衣冠區別。世因稱舊派爲紅教，新派爲黄教。黄教推行日廣，至十六世紀

$$
\text{衛拉特}\begin{cases}\text{和碩特（迪化）}\\ \text{準噶爾（伊犁）}\\ \text{杜爾伯特（塔城）}\\ \text{土爾扈特（額爾齊斯河）}\end{cases}
$$

中，遂普及青海和蒙古。其時俺答征服青海，留兩個兒子據守。他這兩個兒子，先相信了喇嘛教，因而感化到俺答。黄教教規，不許娶妻。教中尊宿，都以呼畢勒罕，再生的意思。據他們説：教中的尊宿，來去都可以自由，死前即預知將來託生何所的。可以依着他的指示，去找這地方新生的孩子。找到了，用種種方法試他，決定他是再來人，就把他迎接回去，施以特別的教養；達到一定年齡，就可以承襲其地位和職務。如其没有豫示託生之所，也有用占卜的方法決定的。主持教務。宗喀巴兩大弟子達賴和班禪，都住在拉薩；其第三大弟子哲卜尊丹巴，則住居庫倫；而後藏拉達克的藏巴汗，仍爲紅教護法。十七世紀中，西藏第巴桑結，第巴，官名，達賴喇嘛只管教務，政務是另行設官管理的，第巴即其中之一。招和碩特固始汗入藏，攻殺藏巴汗，奉班禪居日喀則，固始汗留子達延汗在西藏，而自己徙牧青海。桑結又招準噶爾噶爾丹入藏，把達延汗攻殺。於是準噶爾統一四衛拉

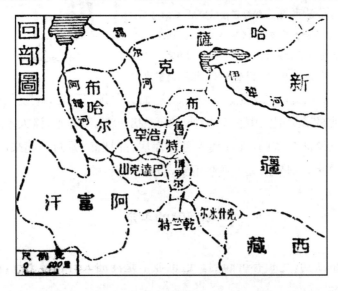

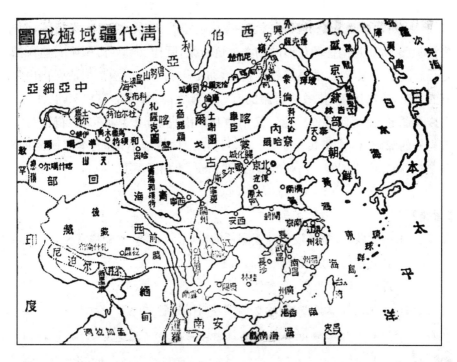

特,勢大張,遂徙牧阿爾泰山,突發兵襲外蒙古,喀爾喀三汗,外蒙喀爾喀,有汗號
的,共有三人:一土謝圖汗,一車臣汗,一扎薩克圖汗。清世宗時,扎薩克圖汗所屬郡王策凌,曾自練精
兵,把準噶爾打敗。清朝乃使之獨立,是爲三音諾顏汗。喀爾喀自此以後,就有四汗了。都復走漠
南,時在一六八九年。清聖祖爲之出兵,擊破準噶爾,噶爾丹因舊地爲其兄子
所據,窮蹙自殺,喀爾喀還治漠北。聖祖死,和碩特謀叛,亦給世宗打平。高
宗時,準部內亂,又乘機把他征服。天山南路,從元朝以來回教盛行,回教教
主後裔,居於喀什噶爾,甚得人民尊信。準噶爾強時,曾將其酋長兄弟兩人,
拘質於伊犁,清平準部後放歸。二人却據天山南路,和清朝相抗,又給高宗打
平,時爲一七五九年。於是蔥嶺以西諸回部,亦都來朝,是爲清朝武功最盛
之世。

西南諸國的平定

安南從脫離中國自立後,南并占城,國勢頗盛。其西鄰的暹與羅斛,則明
初合并爲一國,受封於中國,爲邏羅國王。更西,在半島的西部,元、明兩代,
還大都是中國的土司。其後中國實力不能及,而緬甸及自立爲國。十八世紀
後半,緬甸強盛,吞併邏羅,又侵犯雲南,清高宗出兵討伐,不勝。安南當明

末，其王黎氏，曾爲其臣莫氏所篡，後藉其臣鄭氏、阮氏之力，才得復國，而頗薄待阮氏，阮氏遂南據順化形同獨立。這時候，阮氏又爲西山的阮文迪所滅，是爲新阮。并滅黎氏，清高宗討伐新阮，亦不得利。然兩國都怕清朝再出兵。華人鄭昭，流寓邏羅，曾做過邏羅的官。邏羅亡時，鄭昭罷職在家，後來亦起兵恢復邏羅，將緬甸驅逐。緬甸又怕他和中國夾攻，亦都請和朝貢於清。西藏邊外的廓爾喀，曾舉兵犯藏，給清朝打敗。哲孟雄不丹，則本是西藏的屬部，這三國亦都來朝貢。清朝的疆域，就和漢、唐相頡頏了。

【習題】

（一）前代蒙藏，本來沒有什麼關係的，到近代，爲什麼關係甚密。

（二）試述清朝平定蒙、回、藏的始末。

（三）近代後印度半島，有幾個大國？

（四）西藏邊外，屬於中國的三個國，叫什麼名字？

【參考】

本章可參看拙撰《白話本國史》第四編上第六章。李翊灼《西藏佛教史》（中華書局本），馮承鈞《史地叢考續編·越南歷朝世系》，王又申譯《暹羅現代史》（均商務印書館本）。

第四章　中華民族之擴大

滿蒙的同化

中華民族的擴大，本已不止一次，而到近代，則其成績尤爲顯著。其在北方，因蒙古受了喇嘛教的感化，滿洲人又入據中原，三百年來，北境均平安無事，遂成爲拓殖的好機會。清朝對於漢人，猜忌是很深的，山海關以外，都不許漢人移殖；即蒙古亦然。清朝的奉天將軍，每到年終，要奏報本年並無漢人私行出關，直到光緒年間，還是如此。真可發一大噱。蒙古從前漢人前往經商，是要領有票據的。居住不准滿一年。且不許在蒙古造屋。然此等無謂的禁令，敵不過漢人自然膨脹的力量。所以從清朝入關後，山東人民，渡海前往東三省的，依舊不少。從海口沿官道深入，漸次分布於內地。就是因犯罪遣戍到黑龍江的人，也有在那裏成家立業的。咸、同亂後，漢人更出長城，移殖到蒙古東部，又由此而入吉、黑。清朝明知禁令之無益，亦就默認其解除。而此時外患漸亟，并覺得東三省有充實的必要，就更有官自開放，招人前往墾殖的事情了。遼東西久爲中國郡縣；就吉、黑兩省，也很適宜於農耕；所以這三省，拓殖的成績，最爲優良。滿語、滿文幾於不復存在。一切風俗，亦和內地無異。據最近的調查，三省的居民，十五分的十四，都是漢人。這都是前人辛苦經營的成績呀！次之就要算內蒙了。

回藏的開拓

新疆方面，漢人移殖的較少；西藏、青海更少。然這兩方面，靠了宗教的力量，實在同化了許多複雜的民族。回族在現在，只是一個宗教上的名詞。所謂漢回，除信仰回教以外，其餘一切，與漢人無異。就是別種民族，如纏回等，亦因其信仰回教，而風俗漸趨於同一了。青藏方面亦然，以該地方地勢的崎嶇，民族的複雜，非藉喇嘛教的力量，斷不能像現在的大略趨於一致的。西

洋各國因爭教而致分裂，我們則信仰自由，各種宗教，互相尊重，因此而收到
團結聯合的效果，這真是民族的"度量相越"了。

西 南 的 開 拓

　　西南方面，歷代的開拓，亦是到近代才竟其全功的。湖南和貴州的東部，
屬於洞庭流系，爲苗族的根據地。其中惟湘江流域，開拓最早。澧、沅、資三
水流域，則是從隋唐到清朝，逐漸開闢的。貴州於一四一三年列爲布政司，明
成祖永樂十一年。其東南部的苗疆，則到清朝雍正年間强制執行"改土歸流"的政
策"改土歸流"爲雍正四年雲南巡撫兼總督鄂爾泰奏請用此策以平苗疆。所謂改土歸流，就是改土司
爲流官的意思。才算成功。廣西一省，明代用兵最多。雍正改流時，開闢亦不少。
雲南當明時，還全省都是土官，就正印是流官，亦必以土官爲之副。後來逐漸
改流，亦是到清朝雍正年間大定的。四川西北境的大小金川，清乾隆時，抗命
最烈。前後用兵五年，糜餉七千萬，然後平定。一時雖然勞費，却也獲長治久
安之功。總而言之：西南一帶，現在只是地利有待於開闢，以民族論，可説是
沒有問題了。

【習題】

　　（一）政治上的禁令，爲什麼抑不住民族的自然膨脹？
　　（二）漢族近代，對於同化異民族，在那一方面，成績最爲優良？其原因
安在？
　　（三）宗教能使民族分裂，亦能使民族聯合，試舉其例。
　　（四）西南的開拓，爲什麼成功較遲？

【參考】

　　本章可參看拙撰《白話本國史》第四編下第四章第四節，及《中國民族演
進史》第七至第十章（亞細亞書局本）。

第五章　清初之外交與中葉之政治

中 俄 交 涉

　　西人的東來，遠在明朝中葉，其時除廣東一隅外，以全國論，可謂不曾受到什麼影響，到清朝就不然了。最初在國交上發生關係的，就要數到中、俄的劃界交涉。蒙古西征以後，俄人本隸屬於其所分封的欽察汗。到十五世紀，俄人漸強，而欽察汗後裔，互相爭鬥，俄人遂脫蒙古羈絆而自立。其時可薩克族，Kossack 即哈薩克(Kazak)的音譌，此種人自亞入歐，住在俄羅斯南部草原。歸附俄人，替他向東侵略西伯利亞。清朝入關時，俄人的遠征隊，已達到黑龍江邊。在江外造了尼布楚、雅克薩兩城。此等遠征隊，專事剽掠，黑龍江流域的居民大爲不安。清聖祖屢次致書俄將，請其約束，都無效。一六八五年，乃命黑龍江都統出兵，攻毀雅克薩城。俄人又修理駐守，清兵亦再進兵圍攻。會聖祖前託荷蘭商人致書俄皇，此時得其覆書，請先解圍，然後兩國各派使臣，會商疆界。聖祖乃將圍兵撤退，公元一六八九年，兩國使臣，相會於尼布楚，中國使臣爲索額圖，俄使爲費耀多羅(Feodor A. Golovin)。俄人要求劃黑龍江爲界，中國則要求以外興安嶺爲界。彼此相持，勢將決裂，此時俄人在東方的兵力，還不彀和中國爲敵。俄使護從的兵，也較中國使臣爲單薄。乃照中國的意思，西以額爾古訥河；東自格爾必齊河以東；以外興安嶺爲界。嶺南諸川，流入黑龍江的，都屬中國，是爲《尼布楚條約》。約定後，在北京設俄羅斯館，許俄國派學生到中國來，學習滿、漢文字，後又許俄商三年到北京貿易一次，免其稅項。《尼布楚條約》定後未幾，而準噶爾之事起，外蒙全歸向中國，於是又發生蒙俄界務問題。此事於公元一七二七年，訂《恰克圖條約》解決。自沙賓達巴哈以東，都行訂定。就是現在的蒙、俄疆界。中、俄界約，惟這一段，訂定後沒有變動。以恰克圖爲通商地點。到高宗時，就停北京貿易，專在恰克圖。

廣東通商交涉

　　廣東方面的通商，中國人認澳門爲各國居留之地，而事實上，爲葡人所把持，各國都感不便，而以英國爲尤甚。臺灣鄭氏滅亡後，清朝曾開四處海口通商，然事實上，各國貿易，皆在廣州。此時廣東的對外貿易，爲公行所專，外人頗受剝削，公行，亦稱洋行（其時的洋行，是由華人設立的。五口通商以後，才由外人設立而雇用中國人做買辦），和内地的牙行一般，因與外洋商人往來，故稱洋行，最著的爲十三洋行。當時外商營業的居所，名爲商館（Factory），限定只得與公行交易，税項由他估定，還有官吏所收的"規禮"，公行所抽的"行用"，亦要一并加上，行用初時頗輕，後來逐漸加重到好幾倍。英人住在廣州商館裏，受種種拘束，尤不自由。如不准攜眷；不准坐轎；出外游玩，限於逢三、八日等。英人乃於公元一七九二、一八一六兩年，兩次派遣使臣到中國來，要求改良通商章程，都不得結果。公元一七九二年，英使爲馬甘尼（Earl of Macartney，近譯亦作馬戛爾尼）。公元一八一六年所派爲阿姆哈司（Amherst）。前一次，適值高宗八旬萬壽，中國人强指其爲祝壽來的，賞以禮物筵宴，於其所要求的事，則賜給英吉利國王敕諭兩道，一概駁斥不准。後一次因國書衣裝落後，仁宗召見，英使以疾辭，仁宗疑其傲慢，將其押解回廣東。先是英國在中國的貿易，亦爲東印度公司所專。公元一八三四年，乃將其專利權取消。公司的代理人，中國謂之"大班"，

一八六五年清朝所開四海口

粤海關	澳　門
閩海關	漳　州
浙海關	寧　波
江海關	雲台山

英國派貿易監督官前來，中國官吏，仍當他是大班，不肯和他平等交際，後來英人又改派義律爲領事，Captain Elliot，此爲甲必丹義律。後來鴉片戰争時，合伯麥 Bremed 統兵前來的，爲加至義律，近譯亦作爲喬治義律（George Elliot）。和中國交涉，亦不得要領，義律乃報告本國政府，說要得中國平等待遇，非用兵力不可，兩國的戰機，就潛伏了。

傳 教 的 情 形

　　利瑪寶等初來傳教時，一切順從中國的風俗，拜孔子，拜祖宗，都在所不禁，他們的解釋説："中國人拜孔子，是敬仰其人格；拜祖宗，是報恩的意思；都没有求福免禍之見，不能算崇拜偶像。"後來别派教士，有向教皇攻擊他的。教皇遣使到中國來禁止。清

聖祖大怒，將其使逐歸澳門，命葡萄牙人拘禁。教皇所派使 Tonrmon，舊譯作多羅，新譯作鐸羅。被葡人監察甚嚴，憂憤而死。然教皇仍不肯將其禁令取消，於是在華傳教的教士不能再容忍中國人的風俗，彼此隔礙就漸深。到一七一七年，清朝就禁止天主教傳布。教士除在京效力的外，一概逐歸澳門。後因澳門地小不能容，許居廣州天主堂，而禁止出外行走。各地方的天主堂，都改爲公廨。

清中葉的內政

　　清朝的勢力，在表面上，到乾隆時爲極盛，然而盛極必衰，其危機也就潛伏於這時候的。高宗是一個好大喜功的人，他件件事情，都要摹做聖祖，而沒有他的聰明勤力，凡事都喜歡裝飾表面。又好奢侈，六次南巡，沿途供帳，所費甚巨。中歲後任用和珅，貪贓枉法，爲古今所無，官吏都不得不賄賂他，於是上司誅求下屬，下屬剝削百姓，吏治大壞，社會就騷然不安了。一七九五年，高宗傳位於仁宗。明年，白蓮教徒，就以"官逼民反"爲詞，起事於湖北，蔓延四川、河南、陝西、甘肅等省。攻剿十年，才算全平。同時，東南有"艇盜"，閩、浙、廣東，大受其害。到公元一八〇九年才平定。而一八一三年，北方又有天理教之變。教首李文成、林清，至結連內監，襲入宮禁，其黨亦叛於山東、河南。

清高宗

宣宗時，回疆又有張格爾之變。張格爾，就是天山南路教主的後裔，清平天山南路時，逃到浩罕去的。至是借其兵入寇，陷南路數城。這許多叛變，雖然都經戡定。然而人心搖動的情形，就可以見得了。清朝的財政，是當康熙時代，就有餘蓄的。乾隆最盛時，曾達七千餘萬兩，嘉慶以後，內外多故，就開始患貧。至於兵力，則當吳三桂起事時，滿兵已不足用。"綠營"亦徒有其名，川楚教匪的勘定，實在是得力於鄉勇的。以如此腐敗的政治，而要當西人方興之燄，自然要敗壞決裂了。

【習題】

　　（一）西伯利亞的地方，在歷代都沒有關係的，爲什麼到近代，會成爲北方的一個大威脅？

（二）廣東對外的通商，彼此隔閡，其癥結在那裏？

（三）設使天主教士，始終守利瑪竇遺法。中國人對西教的見解當如何？

（四）清朝的衰機，是開始於什麽時代的？

（五）試歷數清中葉的内亂。

（六）清朝中葉。財政和兵力的情形如何？

【參考】

本章可參看日本稻葉君山《清朝全史》，但燾譯，中華書局本。

第六章 鴉片戰爭

鴉片的輸入

鴉片戰爭,是中西正式衝突的開始。這是積了種種的障礙,到此爆發的;所謂禁煙,倒不過是一個導火線。鴉片在唐德宗貞元時,已由大食商人輸入中國。宋初所修《開寶本草》,也有其名。開寶,宋太祖年號,公元九六八至九七五。但是從前只作藥用。明末,煙草輸入,吸食的人漸多,其中有一種,是以鴉片和煙草同熬的,謂之鴉片煙。那時代吸煙草也有禁令,後來就解除了。鴉片煙則迄未弛禁,然吸者亦不絕。明神宗萬曆年間,鴉片初由葡萄牙人輸入,每年不過幾千箱。十八世紀中葉,英人獨占印度,印度的恒河流域,是鴉片產地,輸入遂逐漸增多,後來竟近三萬箱。那時候的中西貿易,輸出以絲、茶為大宗,輸入以呢、布、鐘表為大宗,出入本略可相抵。鴉片輸入激增後,進出口不能平衡,乃不得不將現銀輸出。銀是清朝時候用作貨幣的,既然銀條外流,內地銀荒日甚,於是銀價上漲,貨值日跌。經濟界頗受影響。當時賦稅都係收錢,換成銀兩解上去,錢賤銀貴,徵收的官吏,就要賠累。鹽商賣鹽交課亦然。而吸煙的人,志氣頹唐,身體衰弱,尤為民族一大危機。於是禁煙之議起。

林則徐的禁煙

一八三八年,宣宗將禁煙問題,命臣下詳議,多數主張嚴禁。湖廣總督林則徐,奏語尤為激烈。則徐有"煙不禁絕,國日貧,民日弱,數十年後,豈惟無可籌之餉,抑且無可用之兵"諸警語。宣宗即命他到廣東去查辦。明年,則徐迫令英人繳出鴉片二萬另

林則徐

613

二百八十三箱，每箱一百二十斤。把他悉數燒燬。下令各國商船：進口的要具"夾帶鴉片，船貨没官，人即正法"的甘結。各國都照具了，獨有英國不肯。義律命英商退往澳門，則徐斷其接濟。義律遂以兵船封鎖廣州，然未得政府的允許，究不能和中國開戰，乃又請他國斡旋願具"夾帶鴉片，船貨充公"的結，但請刪"人即正法"四字，則徐亦不許。

中 英 的 開 戰

公元一八四〇年，英國國會通過了用兵。於是英人派兵二萬餘前來，攻擊廣東沿海，不克。改攻厦門，旋亦棄去。北陷舟山，又到大沽投英國首相致中國的信。信中提出六項要求。其時督撫怕多事，宣宗遂派琦善在廣東查辦，林則徐時已授爲兩廣總督，革職，遣戍新疆。琦善既至，和英人磋議。英人要求割讓香港，琦善不敢許。英人就進兵攻陷海口砲台。琦善不得已，允許了他。清朝聞英人進兵，大怒，將琦善革職，另派大臣督兵進剿。英國亦嫌交涉頓弱，撤去舊員，改換新將。第一次帶兵來的，已見有上章注七，①後來所換的爲璞鼎查Pottinger。清兵到廣東，進攻不勝，英兵至，再陷厦門、舟山，進破寧波、乍浦。又撤兵入長江，陷上海、鎮江，直逼南京，清朝無可如何，乃派耆英等和英人議和，訂立《南京條約》。

南 京 條 約

《南京條約》，大致是照英國人的要求訂定的。其中重要的條款是：
（一）開廣州、厦門、福州、寧波、上海五口通商。准英商攜眷居住，英國派領事駐紮。（二）割讓香港。（三）償還煙價六百萬元。商欠三百萬元，并賠軍費一千二百萬元。（四）英人得與華人任意交易，無庸拘定行商。（五）進出口稅則，秉公議定。英貨既完進口稅後，由中國商人，運入内地，只可照原稅酌加幾成。（六）中、英官吏，以平等的禮節往來。這是專爲打破前此口岸任意開閉，英人在陸上無根據地，稅額繁苛，不許英官和中國平行之局的。

---

①　即本册第六一〇頁第二十二至二十三行注。

南京條約的善後

《南京條約》,訂明英兵佔據定海和鼓浪嶼,俟賠款交清,五口開放後,方行撤退。中國乃派耆英往廣東,與英人籌議善後問題。此時問題的癥結,爲廣東的英領事要入城,而華人固執一七九三年"西洋各國商人不得擅入省城"的上諭,加以拒絶。民氣既不能壓抑,英人又無可通融,耆英深以爲苦。一八四六年,五口都已開放,賠款亦已付清,耆英請英人撤兵,英人又要求他訂立舟山羣島不得割讓他國之約,而耆英亦要求英人,將入城問題,延緩兩年,英人也答應了。耆英遂急求内調而去,留下一個紛擾的根株。中、英條約定後,各國都相繼東來,美、法、瑞典都和我國立有條約。惟俄人要在海路通商,仍給中國拒絶。

【習題】

（一）爲什麽説鴉片戰爭,燒煙只是一個誘因?

（二）鴉片是怎樣輸入的? 如何成爲吸食的嗜好品?

（三）林則徐禁煙的手段,是否失之激烈?

（四）中國當時對付英國失策在那裏?

（五）設使當時中國,正值歷代所謂盛强之時,能否始終拒絶英人?

（六）試舉《南京條約》重要的條件。

【參考】

本章可參看武堉幹《鴉片戰爭史》,商務印書館本。

第七章 太平天國

民族主義的勃興

當明室滅亡之時,有志於革命的人,見事無可爲,乃想將民族主義的根苗,流傳後代,於是有會黨的組織。見鄒魯《中國國民黨史稿》第一篇第一章。在粵江流域的爲三合會,在長江流域的爲哥老會,都以反清復明爲口號。從桂王敗亡,臺灣破滅以後,看似漢族全被征服,其實革命種子,仍潛伏於社會之中。嘉、道以後,内亂時起,外患迭乘;清朝的威望,掃地以盡;革命的種子,就有萌芽的機會了。

太平軍的起事

太平天國天王洪秀全,廣東花縣人。生於一八一二年,恰在民國紀元之前百年。他少有大志,爲要運動下級社會,不得不借助於宗教,廣東和外人接觸早,對於基督教,認識較多。他乃採取其説,自創一教,稱爲上帝教。自稱天父的次子,稱基督爲天兄。和同縣馮雲山,到廣西桂平、武宣一帶傳布。這一帶地方的人民,風氣樸實,性質勇敢,信他的人很多。恰好廣西大饑,盗匪徧地。人民辦團練自衛,土著與客民,又相齟齬,他就乘機,以一八五〇年,起事於桂平的金田邨。

太平天國的興亡

洪秀全起事之後,襲據永安,建號爲太平天國,自稱天王。同起諸人都封王,東王楊秀清,南王馮雲山,西王蕭朝貴,北王韋昌輝,翼王石達開。清將向榮,把大兵圍困他,太平軍突圍而出,入湖南,出岳州,下武漢,沿江東下,直抵

南京,稱其地爲天京。時在一八五三年。向
榮率大兵,隨太平軍之後,至天京城外孝陵
衛紮營,是爲"江南大營"。清朝又派琦善一
支兵,屯駐防揚州,是爲"江北大營"。太平
軍殊不在意。並派林鳳祥、李開芳率兵出安
徽北伐,胡以晃、賴文英沿江西上。後來北
伐的兵,因勢孤,從河南、山西、入直隸,退據
山東,給清兵消滅。西上的,却攻下安慶、九
江、再取武漢,甚爲得勢。此時清朝綠營、旗
兵、都毫無用處,而曾國藩在湖南練成湘軍,
成爲太平軍的勁敵。一出來,就攻陷武漢,
進陷九江。派兵從水陸兩路,進取安徽。先

洪秀全

是太平軍中又有內訌。楊秀清專權,天王使韋昌輝把他殺掉,旋又使秀清餘
黨,殺掉昌輝。石達開別爲一軍,剽掠湖南、兩廣,後來給清軍消滅於四川。
馮雲山、蕭朝貴先已戰死。天王深居簡出,不親政事,太平天國中,遂現出中
樞無主的景象。軍紀日壞,將士的暮氣亦日深,幸得英王陳玉成,破湘軍於三
河集,忠王李秀成,派兵分擾贛、浙,擊破江
南大營,進取蘇松,太平軍的氣勢又一振。
然而大厦非一木所能支,清朝以曾國藩督兩
江,指揮諸將,國藩分兵定贛、浙。又遣李鴻
章募淮軍,以攻蘇、松,湘軍以全力下安慶,
水陸兩軍,沿江東下,天京遂於一八六四年
失陷。天王先服毒殉國,子福瑱,殉國於江
西,餘黨亦先後敗滅。太平天國共計十五
年;勢力所到之地,達十六省;内地十八省,只有
陝、甘兩省未到。事雖無成,亦可以算得壯烈了。

曾國藩

太平天國事變的影響

太平天國的興亡,雖不過十五年間,但其影響卻不小。政制社會的改革:
太平信奉基督教理,謂人皆上帝子女,故稱男皆曰兄弟,女皆曰姊妹,一律平
等。改新曆,行公田,禁止賣娼蓄妾。排斥釋道,廢廟宇偶像,重定儒書,此爲

不能抓住民心之處。上海爲外人居留地,上海響應太平時,外人宣言中立,租界行政權漸歸外人,爲公共租界之起原。經此事變後,滿漢畛域消除。漢大臣多任內外大官,得有勢力,清室大權,漸漸推移。

北方的捻亂

太平天國同時,北方又有捻黨。那是無甚主義的,不過只算是流寇。捻黨初橫行於河南、山東、安徽三省之間。太平天國既亡,餘黨和他相合,聲勢驟盛。清朝派僧格林沁去打他,敗死於曹州。乃改派曾國藩,國藩創"長圍圈制"之法,於運河、賈魯河沿岸築長牆,到底給他突破,分爲東、西兩股,東捻首領任柱、賴文光入蘇、魯,西捻首領張總愚走陝西。李鴻章代曾國藩,倒守運河,把東捻逼到海邊平定。左宗棠剿西捻,西捻回竄直隸,李鴻章和他合力,把捻黨包圍在黃、運、徒駭河三河之間打平。這事在一八六七、六八兩年。

西北西南的回亂

同時西北、西南,又有回亂。雲南回民杜文秀,以一八五五年據大理,盡占迤西一帶,迤東也有起而創亂的。到一八七二年,才給岑毓英用回將馬如龍打平。西北回亂,起於一八六二年,直到捻匪定後,左宗棠方才回兵剿辦,其時陝、甘幾全成匪區,天山南北路,亦爲浩罕將阿古柏帕夏所據,阿古柏是浩罕的將,浩罕使他隨着張格爾的兒子東來的。後來張格爾的兒子,爲其所廢。此時天山北路,先有回酋妥得璘起兵,進取南路。又有漢人徐學功,起兵自衛,阿古柏和徐學功聯合,攻破妥得璘。徐學功亦內附。於是天山南北路爲俄所據外,餘盡入其手。想在其地建立一個回教國。英、俄、土耳其都和他通使,英人怕俄人南下,危及印度,尤其要扶助他。左宗棠先平定陝、甘,英人仍爲阿古柏求封冊。朝議因用兵勞費,也有主張封他的,宗棠力持不可,於一八七五年進兵,至一八七八年,把南北路都平定,然伊犁先已爲俄人所佔,到底釀成重大的交涉。

【習題】

(一)明朝滅亡後,民族主義怎樣流傳?

(二)在政治上,怎樣能把祕密組織,變成公開競爭?

（三）太平天國滅亡的原因在哪裏？

（四）設使明朝亦用圈制之法，能將流寇削平否？

（五）試述回亂蔓延的區域。

【參考】

本章可參看日本平山周《中國祕密社會史》，王鍾麒《太平天國革命史》。均商務印書館本。

第八章　英法聯軍與中俄交涉

廣東交涉的糾紛

公元一八五八和一八六〇年，南方內亂正熾，北方又有英法聯軍和中、俄交涉，遂使外力的侵入，更深一層。先是耆英去後，徐廣縉爲兩廣總督，葉名琛爲巡撫，兩個人，都是有些虛憍之氣的。時粵人自辦團練，要想抵抗外人。英人要求入城，徐廣縉自己到他船上去阻止，英國人想把他扣留起來。團丁同時齊集兩岸，呼聲震天。英人怕肇大禍，乃將徐廣縉放還。并另訂《廣東通商專約》，把不入城列入約中。事聞，清朝大加獎勵，廣東人更形得意。後來徐廣縉去職，葉名琛代爲總督，對於外人，更持傲慢不理的態度。然實不知外情，亦無實力防備。一八五六年，中國水師，在掛英國旗的亞羅號船上，搜捕海盜。當時香港政府許華船向其註冊，這一隻船，實在是註冊業已滿期的，英人藉口中國搜捕海盜之際，侮辱其國旗，向葉名琛索還所拘捕的人，葉名琛即行送還，英人又不受，說要解決入城問題，遂逕行進攻省城，以爲迫脅。英領事巴夏禮，Harry parkes。借此啓釁，攻陷省城。然並無本國政府的命令，旋又退出，又因印度士兵起了叛變，而粵人以爲英人懼戰易與，燒燬各國商館，反成爲巴夏禮請本國政府用兵的口實。

英法聯軍的東來

此時英想聯絡法、俄、美一致行動，而美、俄都祇願改訂商約；法則因拿破崙第三野心難戢，適逢廣西西林縣，又殺掉一個法國教士，法國亦想借此示威。於是四國各派使臣，英、法則以軍隊相隨，攻陷廣州，把葉名琛虜去，後來死在印度。英、法兵又北上，陷大沽砲臺。清朝不得已，派大臣在天津，和英、法、美三國，各訂條約，是爲一八五八年的《天津條約》。明年，英、法使臣來換約，中國方在大沽口修理防務，命其改走北塘，不聽，強行闖入，爲中國兵擊敗,逃到上海。又明年,英、法兵再至,攻陷大沽,清朝再派親王講和。而親王誤信人言,説英人暗藏兵器,要想在會場上"刼我"。軍官僧格林沁,竟把巴夏禮捉起,送往北京刑部牢裏監禁。英、法兵進攻,清兵大敗,文宗逃往熱河,英、法兵脅開京城,把《圓明園》燒燬,才由文宗之弟恭親王奕訢,和兩國另訂條約,是爲一八六〇年的《北京條約》。

天津北京條約

天津、北京兩條約,包含(一) 賠款(英千二百萬兩,法六百萬兩)外,(二) 許外國派使駐紥北京,是爲中國中央政府和外人直接交涉之始。(三) 沿海添開口岸,並及長江。於是内河航行權,就與人共之了。《天津英約》,沿海關牛莊、登州、臺灣、潮州、瓊州,沿江自漢口而下,開放三口(後開漢口、九江、鎮江)。《法約》多淡水、江寧而無牛莊。《北京英約》又增開天津。(四) 領事裁判權。 (五) 關稅協定。 (六) 傳教。前此僅以上諭解禁,許在海口設教堂,至此則明認外人到内地去傳教,并可租買土地,建造房屋了。領事裁判、關稅、傳教各協定,均在道光江寧、咸豐天津各條約中。道光二十二年(公元一八四二年)《寧約》第十款,議定英貨納稅例,咸豐八年(公元一八五八年)《津約》第二十六款,定貨物每值百兩稅五兩,又是年《中英通商善後章程》第一項,定稅則未載之貨,估價值百抽五。以上皆關於關稅者也。《津約》第十六款,英人犯事,歸英懲辦。但道光二十四年《中法條約》第二十七款,業已規定有領事裁判權。此關於法權者也。天津《英約》第八款即爲保教。天津《法約》第十款,法人可以購地建禮拜堂、書院、學堂。第十三款,保護天主教士、教民,並在内地傳教。此關於傳教者也。

中俄劃界交涉

自《尼布楚條約》訂立以來,俄人對於東方,仍逐漸侵占;中國則以爲邊荒之地,不甚注意經營;黑龍江以北之地,遂多爲俄所據。一八五〇年,俄人要求新疆通商。中國許開伊犁和塔城。一八五七年,又在天津訂立條約,許其在海口通商。當時中國本不許俄國在海口通商。此時想借俄國的力量,牽制英、法,所以許其海口通商,和他訂約,反在英、法、美之前。然俄人要求變更《尼布楚條約》,則中國仍加堅拒。一八五八年,俄人乘中國多事,迫脅黑龍江將軍奕山,訂立《瑷琿條約》,盡割黑龍江以北之地,而將烏蘇里江以東,作爲兩國共管。一八六〇年的英、法和議,俄使曾居間調停,事後又借此要功,迫中國再訂《北京條約》。將烏蘇里江以東,亦作爲割讓。西北疆界,從沙賓達巴哈以西,都規定大概,訂明另行派員會勘。新疆再開喀什噶爾,又許俄人從恰克圖經庫倫、張家口到京,零星貨物亦得發賣。旋又訂立《通商章程》，陸路稅則，較海口三分減一。兩國邊界百里內，都爲無稅區域。此條看似彼此一律，但中、俄接界之處，都是中國境內繁盛，而俄國荒涼，所以中國實在是喫虧的。此事可參看拙撰《白話本國史》第四編第一章第六節。蒙古設官之處，都准俄人前往貿易。諸約不但東北割地，廣大可驚；就蒙古、新疆，也幾於藩籬盡撤了。

中俄伊犁交涉

《北京條約》定後，西北邊界，是逐段派員會勘的，又都略有損失，而伊犁將軍所屬，界約并未及訂成而回亂作，伊犁爲俄所據。中國向其詰問，俄人説"亂定即還"。及亂定再向追索，則又要求償還代守的兵費。中國派崇厚往俄，崇厚是不懂事的，僅收回伊犁空城，而喪失的權利，廣大無限。中國將崇厚下獄，中、俄幾至決裂。後乃彼此讓步，派曾紀澤往俄重議，將伊犁南境要隘，多索回了些。原約蒙古、新疆都爲無稅區域，新約僅新疆暫不納稅。原約許俄人在多處設領，新約僅肅州、土魯番兩處。而將蒙古貿易，擴充至不設官之處。此約定於一八八一年。明年，中國遂改新疆爲行省。

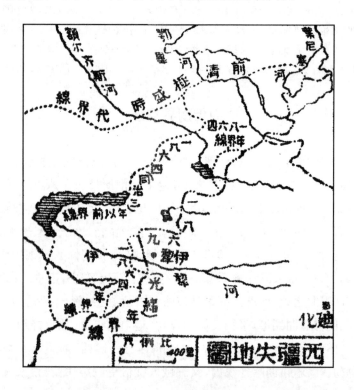

【習題】

（一）徐廣縉、葉名琛外交失敗的根源安在？

（二）廣東當時，民氣頗盛，爲什麼終無成功？

（三）巴夏禮擅攻廣州，英、法二使强航白河，我國該用什麼法子對付？

（四）《天津、北京兩約》所損失的權利，較《南京條約》如何？

（五）中國失掉東北之地，根本上的失策在那裏？

（六）《北京條約》，俄人對於蒙、新的權利如何？

（七）設使回亂定後，中國將索回伊犁之事擱起，繼續進行勘界，可否？

第九章　中法戰爭和西南藩屬的喪失

越南的衰亂

藩屬就是我的屬國，而又可以做我的藩籬的意思，藩屬淪亡，內地就要危險了。安南舊阮，自給新阮滅掉後，遁居海島。因法教士的介紹，求援於法；又借助於暹羅，將新阮滅掉。立國順化，受封於中國，爲越南國王。當越南求援於法時，曾和法國立有草約，許事成之後，割化南島爲賂，後來草約沒有簽字，約中所載的義務，法國亦沒有履行；越南亦就沒有割地，這自然是不錯的，但是與法交涉之間，殊多膠轕，南部遂爲法國所占，這事還在中國訂立《天津條約》之時。後來太平天國滅亡，餘黨又逃入越南北部，舊阮初興，對於北部，實力本來顧不到，至此遂更形混亂。

中法戰爭和越南喪失

當雲南回亂時，中國曾託法商購運軍火，法人因此知航行紅河，可通雲南，又想侵占越南北部。越人聯合太平軍餘黨劉義，後來內附，改名劉永福，所領軍號黑旗軍。把他打敗。中國亦命雲南、廣西出兵，法人乃設計攻順化，脅越南立被保護之約。中國提出抗議，法國置諸不理。時中國兵出雲南、廣西的都不利，乃由李鴻章在天津，與法使訂約。中國承認法、越條約，而法允不索兵費，旋因撤兵期誤會，兩軍衝突，法國又要求償金。中、法遂開戰，時在一八八五年。法兵襲擊馬江，破壞我國的海軍。又陷澎湖、基隆，封鎖寧波、海口，然我陸軍出雲南、廣西的都勝利，臺灣淡水堅守，法軍亦不能下。是時法新敗於德，元氣未復；戰既不利，興論譁然，主戰的內閣，因之而倒。儻使我更堅持，或者條件還可有利些，然我國亦未能利用機會，仍放棄越南成和，不過法人沒有要索賠款罷了。

緬甸和暹羅的喪失

英國和緬甸，是久有衝突的。一八二六年，就割其阿剌干和地那悉林；一八五一年，又割白古。緬人自此沒有南出的海口，屢圖恢復，終無成功。法、越交涉緊急之時，法人又誘緬甸立密約，許代監禁其爭位的王族，而緬甸人則割地以爲報酬，英人大驚，趁中法交戰之時，發兵把緬甸滅掉。法人既并越南，藉口暹羅湄公河左岸之地，曾屬越南，向其索取，暹人不能拒。英人和法協議，以湄公河爲兩國勢力範圍界限，湄南河流域爲中立之地。暹羅因兩國的均勢，得以幸存，然亦不是我的屬國了。

哲孟雄不丹的喪失

西藏南邊之國，亦久爲英人所覬覦，當公元一八一六年時，廓爾喀因受英國迫脅，曾求救於中國，清仁宗茫然不省。見《東華錄》嘉慶二十一年。廓爾喀言受披楞壓迫，披楞即不列顛的異譯。仁宗降諭說："爾國來稟之意，不過要求天朝幫助，天朝於邊外部落，彼此相爭，從無發兵偏助一國之事。爾國與披楞，或和或戰，即或竟投誠披楞，天朝總置不問。但屆至貢期，仍當按例進貢。儻至期不來，即當發兵進剿。"真可謂昏憒胡塗，而又顏之厚了。廓爾喀遂兼附於英，不過終清之世，仍守其五年一貢之例而已。哲孟雄則當公元一八三九年時，英人即租得其大吉嶺之地，後來又取得其鐵路敷設之權；自此西藏的藩籬就漸撤。不丹於公元一八六五年，爲英軍所敗，乞和。到公元一八九〇年，中國和英人訂結《藏印條約》，承認哲孟雄歸英保護。公元一九一〇年，不丹亦夷爲英的保護國，西南的藩屬，就幾於全失了。

西　南　的　危　機

藩屬既已喪失，本國的形勢，就漸行赤露。《法越條約》，中國許開邊界兩處通商，後來廣西開了龍州，雲南開了蒙自、河口。先是英人要求派員入藏探測，中國不能拒，允許了他，而其所派之員，行至騰衝邊界被殺，英人指爲大員主使，交涉幾至決裂，於是有公元一八七六年的《芝罘條約》。在西江沿岸，開放商埠，并許英人航行西江，而派員入藏一節，仍訂入約中。直到公

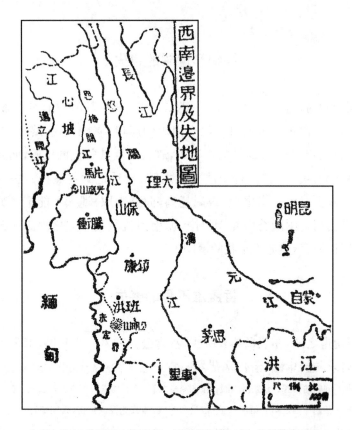

尖高山以上，皆兩國未定之界。民國紀年前二年，英兵進佔片馬，
十八年，又進佔江心坡，二十三年，又侵佔班洪，現在由國民政府派
出勘界委員與英會勘。

元一八八六年，中國訂約，承認緬甸屬英，才將他取消。其中緬界約，則直到
一八九四年方訂立。仍僅規定北緯二十五度三十五分以南，自此以北，疆界
迄未勘定，遂爲英兵侵占片馬、江心坡、班洪等地的張本。又此約訂明孟連、
江洪不得割讓，而一八九五年的《商務界務專條》，却把江洪之地，割讓了一
部分給法國，并許越南鐵路，接展至中國。於是英人向我詰責。一八九七
年，又立《中緬條約》附款，許緬甸鐵路，和雲南鐵路相接。西南的形勢，就更
形危急了。

【習題】

（一）使越南不求助於法，是否能免亡國之禍？

（二）使中國當日，遽行出兵，占據越南北部，代爲保守，形勢將如何？

（三）中、法之戰，使中國再行堅持，可得到怎樣的結果？

（四）法占越南，英占緬甸，設使中國硬不承認，則如之何？

（五）試述緬、越亡國後，雲南、廣西的形勢。

（六）試述《芝罘條約》的始末。

【參考】

本章可參看傅運森《外族侵略中國史》，商務印書館本。

第十章　中日戰爭與外力之壓迫

朝鮮日本的盛衰

日本千年以來，幕府專權，國土分裂，本在亂極思治的時候，因西洋各國，強迫通商，激起國人"尊王攘夷"之論，幕府倒，封建廢，借王權的力量以維新，就是所謂"明治維新"，正當清同治七年，由此而漸進於憲政政制的正軌。

中日初期的交涉

日本和中國訂約，事在一八七一年，當時因我國與西洋各國，都是全國開放的，對於日本則僅限於通商口岸，所以我國和日本所訂的約，也和西洋各國有異：（一）領事裁判權，彼此都有。（二）關稅都照稅則完納；要稅則所無的，才值百抽五。（三）亦無所謂傳教。這是日本人很不滿意的。這一年有琉球諸人遭風飄到臺灣，爲生番所殺。琉球是兩屬於中、日之間的，中國卻並不知道，日本向我詰問，我國說："琉球是我藩屬，琉球人被殺，與你何涉？"又說："生番是化外之民，不能負責。"日本遂自行發兵到臺灣去攻生番。我國亦調兵渡海，日人頗爲膽怯，乃由中國給死者家屬以撫卹；並償還其修路、造屋之費而罷。但日人覬覦琉球，有加無已。公元一八七九年，日本就把琉球滅掉。我國和他交涉，始終無效。

日本的窺伺朝鮮

公元一八七六年，日本和朝鮮訂約，認朝鮮爲自主國，後來清廷發覺，纔命朝鮮又和美、英、法、德次第訂約，均申明爲我屬國，然《日約》未能追改。公元一八八二年，朝鮮國王李熙的本生父昰應，和王妃閔氏爭權，作亂。中國派兵代爲勘定，自此中國兵就留駐朝鮮京城。公元一八八四年，朝鮮黨人作亂，又爲我國所鎭定。明年,日本遣使來,和我訂約:彼此都撤兵,如欲派兵,必須互相知照。中、日對朝鮮,就立於同等地位了。

中 日 戰 爭

一八九四年,朝鮮東南部又有亂事,求救於我,我國派兵前往,未至而亂已平。日本亦派兵雲集京畿,我國要求他撤退,日本不聽。又擊沈我國運兵的輪船,兩國遂開戰。我國陸軍敗於平壤,海軍敗於大東溝,日兵遂渡鴨綠江逼摩天嶺,別一軍進旅順,營口、海城亦相繼陷落。其海軍又北陷威海衛,南陷澎湖,中國不得已派李鴻章到日本議和。

馬 關 條 約

和議初開時,日人的要求很爲苛酷,旋因李鴻章爲刺客所傷,各國輿論譁然,日人才許停戰。旋議定條約:(一)中國認朝鮮獨立。(二)賠款二萬萬兩。(三)割遼東半島和臺灣、澎湖。(四)照歐、美現行約章,和日人改訂商約,這是日本求之多年而不得的。而(五)開放長江上流的沙市、重慶和運河沿岸的蘇州、杭州。(六)日人得在通商口岸,從事製造,貨品課稅及租棧,得享有一切豁免優權。則又是歐美各國,所求之而未能得的了。約既定,俄、德、法勸告日本,勿割遼東,日人乃增索賠款三千萬兩,而將遼東還我。臺灣人自立民主國,和日本抵抗,到底因勢孤援絕,爲日人所滅。

中日戰後外力的壓迫

中日戰後，中國的積弱，暴露於天下，而外力的壓迫，遂紛紛而起。俄人以干涉還遼之故，於公元一八九六年，誘我與訂《密約》，許其築造東省鐵路。次年德國人強占膠州灣，迫我訂租借九十九年的條約，並得膠濟、膠沂濟鐵路的敷設權，及開采沿鐵路線三十里內的礦山。同年俄人又租借旅順、大連灣，以二十五年爲期，並得從東省鐵路，添築一支線，達於旅、大。英國則藉口均勢，於公元一八九八年，租借威海衛，租期與旅、大相同。又租借九龍半島，租期和膠州灣相同。同年法國亦租借廣州灣，租期和膠州灣相同。而法於兩廣、雲南，日於福建，英於長江流域各省，又都要求我不得割讓他國。這就是外人所謂"勢力範圍"，各於其中，攘奪築路、開礦的權利；瓜分之論，一時大熾。美國在中國，是沒有什麼特殊權利的。其國務卿海約翰，John Hay 或譯赫伊。乃照會英、法、德、意、俄、日六國，提出"門戶開放，領土保全"主義，這就是所謂"均勢"。照會的條件有三：一、各國對於中國已得的權利，彼此不相干涉。二、各國勢力範圍內各港，對於別國的商品，都遵照中國現行海關稅率課稅，由中國徵收。三、各國勢力範圍內各港，對他國船舶，所課入口稅，不得較其本國的船舶爲高；鐵路運費亦然，這是所以保存各國對我國條約上的權利。要條約有效力，必須領土不變更，所以既談門戶開放，必然連帶及於領土保全。從此以後，我國的局勢，就隨着外人瓜分和均勢的議論，而忽鬆忽緊了。

【習題】

（一）日本和朝鮮本來的國勢，比較如何？

（二）中、日初期條約，和中國對歐、美的條約，有何異點？

（三）日本爲什麼處心積慮，要想侵掠朝鮮？

（四）試述中、日戰事的大略。

（五）試述《馬關條約》的重要條款。

（六）中、日戰後外力的壓迫如何？

（七）何謂勢力範圍？

（八）何謂均勢？

【參考】

本章可參看王鍾麒《中日戰争》，商務印書館本。

第十一章　維新運動之始末

維 新 的 醞 釀

維新運動，是適應環境的要求而生的。當鴉片戰爭時代，舉國上下，幾於茫然不知世界的情勢，一味爲盲目的排外，就到英法聯軍時，也還是如此。中國新機的開發，是從湘、淮軍中一班人物起的。他們任事久，經驗多了；又目擊西人兵力的強盛；當太平軍陷蘇州時，清朝官吏，避居上海，初募印度人防守，由西人統帶；後乃改募華兵，仍由洋將訓練統率，是爲常勝軍。英人戈登（Gordon）率之隨淮軍作戰。所以湘、淮軍諸將，實在是和西人共過事的。知道故步自封，不能自立於今日的世界，才漸次趨向於改革。然他們的改革，直接的是軍事；間接的是製造和交通，還不外乎爲軍事起見。如改練洋操；購鐵甲船；設製造局，造船廠，築鐵路，設電報等。這種改革，自然還是不彀應付的，再進一步，就要想把全國的政事，澈底改革一下了。這便是維新運動的動機。

咸同光的朝局

然而以當時的朝局論，則是很難望其振作的。前清文宗末年，宗室中載垣、端華、肅順三個人，頗爲專權。文宗死於熱河，穆宗立，年幼，三人等自稱贊襄政務大臣。穆宗生母慈禧太后，和恭親王奕訢密謀，於回京之日，把他們三個人殺掉，慈禧太后和文宗的皇后慈安太后同時垂簾聽政；而實權全在慈禧太后。鈕鈷祿氏，徽號慈安，謚孝貞，當時謂之母后皇太后。葉赫那拉氏，徽號慈禧，謚孝欽，當時謂之聖母皇太后。俗以其所居稱鈕鈷祿氏爲東宮皇太后，葉赫那拉氏爲西宮皇太后；簡稱東太后、西太后。這時候，滿人腐敗，已達極點，肅順是主張任用漢人的，慈禧亦能守其政策，所以湘、淮軍諸將得以效力於外，把內難削平。然自此以後，慈禧就驕奢起來了，而其性質又甚專權。穆宗死，無子，強立德宗，年方四歲。清朝當高宗時，曾定立嗣不能踰越世次之例，穆宗無子，本該在其姪輩中選立，而德宗的母親，是慈禧太后的妹妹，所以慈禧獨斷立他。慈禧太后和慈安太后再臨朝。慈安死，慈禧更無忌憚。德宗大婚親政後，依舊事事要干預，德宗是頗有志於改革的，而爲其所制，志不得行，就釀成戊戌政變之禍了。

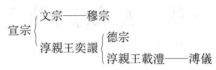

宣宗 {
　文宗──穆宗
　淳親王奕譞 {
　　德宗
　　淳親王載灃──溥儀
}
}

清德宗

慈禧太后

戊戌維新及政變

中日之戰，中國以大國而敗於小國；而且割地賠款，創巨痛深；於是人心奮發，風氣漸變。康有爲設强學會於北京，雖然被封禁了，其弟子梁启超，又設《時務報》於上海，鼓吹變法，風行一時。康有爲是很早就上書請變法的。其中有一次得達，德宗深以爲然。公元一八九八年夏，德宗就擢用有爲等。下詔定國是，勵行新法。這一年，是戊戌，自四月至八月中，變法之會相繼詔示。守舊大臣，羣訴於慈禧太后，請其阻止。后乃自頤和園回宮，說康有爲等要謀圍頤和園，不利於他，復行垂簾聽政。康有爲、梁启超走海外。有爲弟廣仁等都被殺，時人謂之"六君子"。六君子，是康廣仁、楊深秀、楊銳、林旭、劉光第、譚嗣同。德宗自是被幽於南海的瀛臺，一切新政，盡行推翻，是爲"戊戌政變"。

康有爲　　　　　　　　梁啓超

政變後的情形

　　新政雖然推翻，人心却不能復舊了。太后深惡康有爲、梁啓超，要想拘捕他，而外人以其爲國事犯，加以保護。太后要想廢掉德宗，立端郡王載漪之子溥儁爲大阿哥以覘人心。而各國公使，表示反對。太后説德宗有病，則海外華僑，和上海新黨，都電請聖安，以表示擁戴。太后要拿辦他們，又不能得。於是新舊乖迕，内外猜疑，義和團的事變，乘之而起；而立憲革命的氣勢，亦漸次旺盛了。

【習題】

　　（一）中國的新機是怎樣逐漸開發的？

　　（二）慈禧太后和晚清的政局，關繫如何？

　　（三）維新運動，對於中國，有什麼影響？

　　（四）日本維新竟成功，我國維新就失敗，道理在那裏？

【參考】

　　本章可參看梁啓超《戊戌政變記》及《康南海傳》。

第十二章　八國聯軍之役

義和團的起原

義和團是八卦教中的一派，和白蓮教同源的。自西人東來傳教，中國積受欺陵，人心未免忿恨；而教民，倚勢橫行，教士又加以庇護，辭訟不得其平，尤爲人民切膚之痛。一般社會心理，以爲西洋人所長，惟在鎗砲；土著齊心，即可將少數客籍打退；這種觀念，亦與日俱深。加以平話、戲劇、荒誕不經的教育，遂有練神拳可禦鎗砲的怪說。而民間的祕密團體，本以反清復明爲宗旨的，亦就一變而爲扶清滅洋了。

義和團

義和團的擾亂及聯軍入京

義和團盛於一九〇〇年，其初起於山東。巡撫袁世凱痛加剿辦，其衆遂流入直隷。此時中樞大臣，還有極其迂謬，全不曉事的。親貴中又有想廢德宗而立溥儁的人，利於亂中行事。見惲毓鼎《崇陵傳信録》，中華書局《中國近百年資料》本。慈禧太后因洋人庇護康、梁，亦生仇恨，乃亦加以獎勵，其衆遂大盛，京、津之間，到處設壇練拳。折鐵路、毀電線；燒教堂，殺教士；甚至見著洋服和用洋貨的人，都加以殺戮。秩序大亂。而德國公使和日本書記官都被戕。德使克林德（Ketteler），日書記官杉山彬。後議和條約中，定派親王大臣赴德、日，表示惋惜之意。迂謬的親貴大臣，又令駐京的甘軍，合著他去攻公使館，幸有暗中令甘軍緩攻的，使館才得不破。親貴又僞造西人的要求條件，激怒太后，對各國同時宣戰；而不知英、美、德、法、奧、意、俄、日八國的聯軍已到，大沽先已失陷了。與各國宣戰的上諭，在庚子五月二十五日，大沽口的失陷，在二十一日。當時的拳民，亦有相當的勇氣。當聯軍未來之前，英國提督西摩(Seymour)帶着各國海軍陸戰隊，進京援救，爲義和團所阻。孫中山《三民主義民權第五講》載西摩的話，説："當時義和團的勇氣，如果他們所用，是新式鎗礮，聯軍一定全軍覆没。他們總是用大刀肉體，和聯軍相搏，雖然傷亡枕藉，還是前仆後繼，其勇鋭之氣，再令人驚奇佩服。"然既無訓練，又專恃血肉之軀，自不足以當大敵。聯軍一到，就都潰散了。專靠一個聶士成，力戰抗敵，到底因衆寡不敵陣亡，聯軍進逼，德宗及太后走太原，旋又走西安。聯軍的兵鋒，東到山海關，西到保定。

東南的互保和東三省失陷

儻使當時外省的督撫，亦像中央政府一般，輕舉妄動，則戰禍的蔓延，勢必及於全國。幸而東南各督撫，不奉亂命，和各國領事立互保之約，當時兩江總督爲劉坤一，兩廣爲李鴻章，湖廣爲張之洞。三人會商，飭上海道和各國領事立約：租界歸各國保護，內地歸各督撫保護。閩浙總督許應騤、山東巡撫袁世凱，亦取一致態度。然黑龍江省，遵奉僞諭，攻入俄境，俄人從旅順和阿穆爾省兩路出兵，攻陷三省要地。挾奉天將軍，以號令所屬，三省遂幾同淪陷。

辛　丑　和　約

京城既陷，清朝乃再派李鴻章和各國講和。各國要挾清朝，懲辦排外的親貴大臣，然後開議，議未竟而李鴻章死，代以王文韶。明年，和約成。其中要點：(一)劃定使館區域專由外人管理，禁止華人居住。(二)拆毀大沽口及從北京到海口路上的砲臺。(三)許各國駐兵於一定地點，以保護北京到海口的交通。(四)賠款四萬五千萬兩。年息四釐，分三十九年還清。還要按市價易成金款，於是按其實，就連九萬萬都不止了。

李鴻章

亂後的形勢

　　和議定後，太后和德宗還京，實權仍在太后之手。排外失敗，一變而爲媚外，時時和各公使夫人等相聯絡，那更可笑了。撞下滔天大禍，貽累國民，未免有點説不過去。知道輿論主張維新，乃又僞行新政，以爲掩飾之計，又誰不能窺其虛僞？人民到此，對清朝就絕望，而立憲的議論，革命的氣勢，就要日盛一日了。

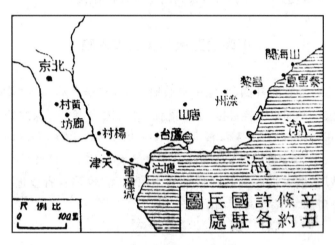

辛丑條約許各國駐兵處圖

【習題】

　　（一）義和團的發生如何？

　　（二）當時利用義和團的人，心理如何？

　　（三）當時東南督撫，不奉僞命，和各國立互保之約，其是非得失如何？

　　（四）試舉《辛丑和約》的要點。

　　（五）義和團亂後的情形如何？

【參考】

　　本章可參看陳捷《義和團運動史》。

第十三章　日俄戰爭與東北移民

俄國占據東三省

當各國和約，在京開議時，俄人藉口東三省事件有特別關係，要求另議，於是向中國肆行要挾；而各國又警告中國不得和俄國另立密約；中國乃處於左右爲難的地位，後來各國和約，大致磋商就緒，俄人迫於公議，乃和中國訂約，分三期撤兵。從庚子年九月十五起，每半年爲一期，第一期撤盛京以西南的兵，第二期撤奉天省裏其餘地方和吉林省的兵。第三期撤黑龍江的兵。第一期照辦了。第二期就不但未撤，反有增加；第三期更不必説了。

日　俄　戰　爭

俄國强佔東三省，是各國都不願意的，而尤其不願意的，自然是日本。日本這時，國力還非俄國之敵。一九〇二年，日、英訂結同盟，以共同對敵俄國南侵。然尚未敢貿然和俄國開釁，乃向俄國提出"滿、韓交換"的辦法，而俄人對於東三省，絲毫不容日本過問；對於朝鮮，亦不肯放棄。日人迫於無可如何，一九〇四年，就和俄國開戰。中國反宣告中立，劃遼河以東爲戰區。日本當宣戰之前，業已襲敗俄艦於旅順及仁川。俄艦均蟄伏不能活動，日人遂得縱橫海上。於是日人以第一軍渡鴨綠江，逼摩天嶺。第二軍攻金州，第三軍攻旅順。後來又組織第四軍，和一、二兩軍相合，攻下遼陽。俄國精鋭的兵，多在西方，運輸較難。因西伯利亞鐵路甚長，又係單軌，運輸需時日。而海路又因英日同盟關係，俄艦只能繞好望角來，所以迂緩。遼陽陷後，西方的精鋭才漸集，反攻不克，而爲時已迫冬季，乃彼此休戰，而日人於其間，以全力攻下旅順。明年，日軍三十四萬，俄軍四十三萬，大戰七日，俄兵敗退。日兵陷奉天，北據開原、鐵嶺。俄人調波羅的海艦隊東來，又被日人在對馬海峽襲擊。乃由美國調停，在該國的朴資茅斯島議和。

日　俄　和　議

此時日本兵力、財力，都很竭蹶，求和的心，反較俄人爲切。所以和約的條件，日本是吃虧的。俄人僅（一）放棄朝鮮；（二）將旅順、大連灣轉租與日本；（三）東省鐵路支線，自長春以南，亦割歸日本；（四）並割庫頁島的南半；而賠款則絲毫未得。當日、俄議和時，中國曾聲明："關涉中國的條件，不得中國承認，不能有效。"就《日俄條約》，也説（二）、（三）兩條，要得中國承認的。然而事實上何能不承認？於是由中國和日本訂結《會議東三省事宜協約》。除承認（二）、（三）兩項外；并開放商埠多處；鳳凰城、遼陽、新民、鐵嶺、通江子、法庫門、長春、吉林、哈爾賓、寧古塔、三姓、齊齊哈爾、海拉爾、愛琿、滿洲里。又許日人將軍用的安奉鐵路，改築爲普通鐵路。

日俄戰後東北的形勢

日、俄戰後，日本將所得東省鐵路的支線，改名南滿洲鐵路。並將所得租

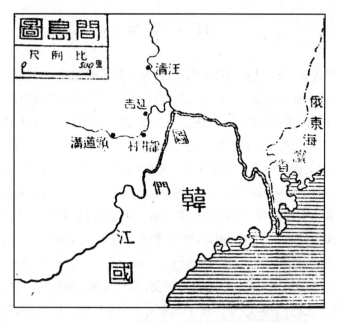

中、韓向以圖們江爲界。江北延吉縣境，韓民多有越墾的，名其地曰間島，日、俄戰後，韓國歸日保護，日人指爲韓地，派駐理事官，再三交涉，至一九〇九年，乃以其地歸我，而我國開延吉等四處爲商埠。

借地,改稱關東州,爲關東都督府。中國要借英款建造新法鐵路;又想借英、美款項,建造錦愛鐵路,都遭日本反對。日本却又獲得新奉和吉長線兩路的建造權。後來又要求將吉長延長到朝鮮的會寧,稱爲吉會鐵路。吉林延吉廳,有韓人越墾,稱其地爲間島。日人即指爲韓地,派官駐紮,經再三交涉,然後撤去。美人提議"滿洲鐵路中立"。其辦法:係由各國共同借款與中國,將東三省鐵路贖回;在借款未還清時,禁止政治上、軍事上的使用。日、俄二國,共同反對。旋訂《新協約》,聲明"維持滿洲現狀,現狀被迫時,兩國得互相商議"。於是變爲日南俄北,分割勢力範圍,不准他國插足的形勢了。

中　國　的　移　民

中國亦知東三省形勢的危急。公元一九〇七年,將其地改建爲行省,努力於開荒拓墾事宜,并開拓到蒙古東部。遼河、洮兒河流域,新設縣治不少。吉、黑兩省,亦漸見繁盛。據近來的調查:十九世紀末年,東三省只有人口七百萬;一九一一年,增至一千八百萬;一九三一年,增至三千萬。現在東三省的居民,十五個人中,有十四個是漢人。二十一年國際聯盟調查團《報告書》的話。

【習題】

（一）東三省在日、俄戰爭前；與戰爭後，形勢的同異若何？

（二）日、俄戰爭，日人得英人的助力幾何？

（三）日俄戰爭，日本得什麼國的助力？其助力又在那裏？倘使中國當時，亦有如俄國的抵抗力，中、日戰爭的結果當如何？

（四）試述日、俄和議的條件。

（五）關東分三省，不分兩省，何以會有南北滿的名詞？

（六）何謂滿鐵中立？

（七）日俄戰後，兩國對於東三省的態度如何？

（八）試述日、俄戰後，中國對於東三省的措施如何？

【參考】

本章可參看拙撰《日俄戰爭》，王勤堉《滿洲問題》，均商務印書館本。

第十四章　清代之政治制度與末年之憲政運動

清代之官制

　　清朝的官制,是大體沿襲明朝,而又加以改變的。明太祖廢宰相,天子自領六部,後世殿、閣學士,遂漸握宰相的實權,謂之內閣,清朝亦以內閣爲相職。惟雍正時,因對西北用兵,特設軍機處,後來就沒有裁撤。重要的奏章,都直達軍機處,廷寄亦由軍機處發出;事後才知照內閣,在實際上,是軍機處親而內閣疏了。六部之外,清朝又有理藩院,以管理蒙、回、藏的事情,名爲院,設官亦與六部相同。六部長官,都滿、漢並置。咸豐末年,因天津、北京兩條約,設總理各國事務衙門,委派王大臣任其職。前代的御史臺,明代稱爲都察院,有左、右都、副御史,和監察御史,又有巡按御史,代天子巡守。清朝沒有巡按御史。右都、副御史,爲總督、巡撫的兼銜。外官:明時廢元行省,改設布政、按察兩司,而區域則略沿元代行省之舊。清朝於兩司之上設督撫。兩司的官,分駐在外面的,就是所謂道,又若自成爲一級,於是(一)督撫,(二)司,(三)道,(四)府,(五)縣,幾乎成爲五級了。中國官治的最下一級喚做縣,從秦朝到現在沒有改。縣以上的一級喚郡,郡以上的一級喚做州,隋、唐時把州郡并爲一級。唐於州郡之上設道。宋改道爲路,又把大郡升爲府,府州之名,遂相錯雜。元於行省之下置路府軍州。明清於道之下,只有府州,州分兩級,領縣的爲直隸州,與府同級。不領縣的爲散州,與縣同級。同知、通判,另有駐地的,清朝謂之廳。亦有散廳和直隸廳的區別。直隸廳除四川叙永廳外,沒有領縣的。區域大則行政不易細密;而上級官的威權,自然加增,下級官受其抑壓,格外不易展布;這是清代官制極壞之處。奉天省,清朝視爲陪京,於其地設府尹及戶、禮、兵、刑、工五部。還有錦州一府,是沿襲未廢的。此外就只有將軍、副都統等治兵之官了。蒙、回、藏之地,也只以將軍、副都統、辦事大臣等駐防的官駐紮。中法戰後,曾改臺灣爲行省。後來失掉,新疆、關東,後來亦都改省制。惟蒙、藏、青海始終沒有改省。

清朝的科舉

　　學校、科舉合一，是明朝的一個特色，而清朝也沿襲他。明制：各府、縣都設學，京城則設國子監。府、縣學生，升入國子監的，謂之監生。監生和府、縣學生，都可以應科舉。科舉隔三年一開，先在本省考試，中式的謂之舉人。進京，由禮部考試，中式的再加殿試；謂之進士。監生，除應科舉中式外，亦可有入仕之途，不過差一些，府、縣學生却沒有；而非學生也不能應科舉。所以《明史》說：明制是"學校儲才，以待科舉"的。清朝的制度，和明朝大致相同。所考的四書義，體裁是要逐段相對的，"謂之八股"。不是一句句對，而是一段段對的。最正規的格式，是分做八段四對（但其前後仍有不對的起結），所以謂之八股。其體式，爲明太祖和劉基所創。五經義，和策、論等，都不重視，只要沒有違犯格式的地方就算了。所考的東西雖多，其實只注重八股。而八股到後來，另成爲一種文字，就連四書都不懂，也是可以做的。這是從前科舉之士，學識淺陋的原因。戊戌維新時，曾廢八股，改試論、策、經義。政變後復舊。辛丑回鑾後又改。後遂廢科舉，專行學校教育。

清朝的兵制

　　清朝的兵制，入關以前有八旗，初止正黃，正白，正紅，正藍。後有鑲黃，鑲白，鑲紅，鑲藍，共八旗。這時候，漢人、蒙古人，都和滿人合在一塊編制。後來分出，稱爲蒙古八旗，漢軍八旗，合滿洲八旗，實在有二十四旗了。入關以後，收編的漢兵，謂之綠營。乾隆以前，大概出征用八旗，平內亂用綠營。嘉慶以後，八旗、綠營，都不足用，於是有勇營。湘、淮軍亦稱勇營。咸同以後，才有改練洋操的。末年又要採行徵兵制度，就各州縣挑選有身家的壯丁，入伍訓練，爲常備兵。三年退爲續備，又三年退爲後備，共九年，而脫軍籍。現在的一師，當時謂之一鎮，想練陸軍三十六鎮，沒有練成，就滅亡了。水軍：本有內河、外海兩種。承平既久，都有名無實。曾國藩練長江水師，和太平軍角逐，當時稱爲精銳。然講到新式的戰爭，還是無用的。咸同以後，乃購買鐵甲船，又設造船廠，水師學堂，創造新式海軍。法、日戰爭，兩次喪敗；港灣又都給外國租借去；就幾於不能成軍了。

清 朝 的 刑 法

中國歷代的法律,都是大體相沿的,已見《中古史》第十一章。法律僅規定大概,實用之時,不能不參考判例,這個歷代都是如此。清朝將兩者合編一處稱爲《律例》。例是隨時修纂的,把新的添進去,舊的删除。刑法亦歷代相沿,惟明朝有所謂充軍,係將犯罪的人,勒令當兵,實爲最不合理的制度。清朝既不靠這法子取兵,却也沿襲其制,清朝的充軍,實際上是較重的流刑。那就更爲荒謬了。通商以後,外人藉口中國法律不完備,刑罰殘酷,於是有領事裁判權。清末,想將此權收回,仍將刑法加以修改。答、杖改爲罰金,徒、流改爲工作。預備立憲時,又改大理寺爲大理院,以爲最高審判機關,其下分設高等、地方、初等三級審判廳,檢察廳,亦未能實行。

清 朝 的 賦 税

明初,定"黄册"、"魚鱗册"之法。黄册載各户人口及當差丁數,所有田地之數,據之以定賦役。魚鱗册記土田字號、地形、地昧,及其屬於何人,以便田地有所稽考,其法頗爲精詳。但到後來,兩種册子,都失實了。人户丁口,及其所有田地之數,都不能得實,賦役就不能平均。歷代的田賦,徵收是有定額的。加賦還是有定限的。浮收是事實問題。派人民當差,或折收實物、貨幣,則係量出爲入,徵收的數目和次數,都没有一定。所以役的病民,更甚於賦。役的負擔,是兼論人丁和資産的。人的貧富不均,以丁的多少,定負擔的輕重,本非公平之法。況且調查不易得實,資産除田地外,亦是不易調查的。於是徵收之法,漸變爲計算一年需用之數,并作一次徵收,謂之"一條鞭"。負擔之法,名爲專論丁糧,實則不查其丁,但就有糧的人,硬派他負擔丁税,謂之"丁隨糧行"。丁税既不按人丁徵收,所以各地方略有定額,並不會隨人口而增加的,清朝的免收新生人丁丁税,實在是落得慷慨。許多無識的人,相信他真是仁政,那就上他的當了。實際上,變爲加田税而免其役了。所以到公元一七一二年時,清聖祖便下詔説:此後新生人丁,不再收賦,丁賦之數,即以該年爲準。如此,新丁不收賦,舊丁是要死亡的,現有的丁税,不久就要無法徵收了。所以世宗以後,就將丁銀攤入地糧,加田賦而免丁税,是賦税上自然的趨勢,歷代都是照此方向進行的,至此而達於成功。"地丁"是全國農民的負擔。此外江、浙、兩湖、安徽、江西、河南、山東八省,又有"漕糧。"初徵本色，後來亦改徵折色。地丁、漕糧而外，重要的，要算關、鹽兩稅。關分新、舊。舊關是明朝因爲收爲畝鈔而設的，後來就沒有撤廢，所以又稱"鈔關"。新關是和外國通商之後，設立於水陸各口的。鹽法，由有引的鹽商承銷，鹽多引少，臨時招商承銷的，謂之"票鹽"。各有一定區域，謂之"引地"。引地是看水陸運道，計行銷之便而定的，每一區域中所銷的鹽數，則視其地的人口多少而定，兩者都不能沒有變更，而引地引額，却不能隨之而變，於是官鹽貴而私銷盛了。"釐金"起於太平軍興以後，設卡多而徵收的方法不一律，更爲惡稅。釐金是欽差幫辦軍務雷以諴在江北創行的。沿途設卡，凡商人貨物過境的，照物價抽收幾釐，故名釐金。嗣後各省仿行，至民國國民政府成立後，始行裁撤。

清末的憲政運動

　　清朝的政治制度，大體都是沿襲前代的，只好處閉關獨立之世，不足以應付新局面。至於實際的政治，則當咸、同之間，清朝實已不能自立，全靠一班漢人，幫他的忙，才能削平內亂，號稱"中興"。這一班中興將帥，本也是應付舊局面則有餘，應付新局面則不足的；而清朝的中央政府，又極腐敗；如此，國事自然要日趨於敗壞了。戊戌維新，是清朝一個振興的機會，不但未能有成，反因此而引起義和團之亂，人民對清政府就絕望，而立憲、革命的運動就日盛。立憲之論，起於拳亂以後。到日、俄戰爭，日以立憲政體而勝，俄以專制政體而敗，就更替主張立憲的人，增加了一種口實。清朝鑒於民氣之盛，也就假意敷衍。於公元一九〇六年，下預備立憲之詔。公元一九〇八年，又定以九年，爲實行之期。這一年冬天，德宗和孝欽后，先後死了，溥儀繼立。其父載灃攝政。一班親貴握權，朝政更形腐敗，人民多請願即行立憲。清朝勉强許將預備期限，縮短三年。再有請願的，就都遭驅逐。又因鐵路國有之事，和人民大起衝突，革命軍乘機而起，清朝就要入於末運了。

【習題】

　　（一）清朝的相職如何？管理藩屬的官，喚做什麼？

　　（二）前代的御史臺，清朝喚作什麼名字？

　　（三）明時行省之制已廢，爲什麼地方行政區域，大家還稱他爲省？清朝的外官，實際共有幾級？

　　（四）對於本部十八省而外，清朝的官制如何？

（五）何謂學校科舉合一？

（六）清代的讀書人，爲什麼會固陋？

（七）何謂八旗、綠營、勇營？

（八）清朝的律，爲什麼稱爲律例？

（九）何謂充軍？

（十）試述黃册，魚麟册之制？

（十一）何謂一條鞭？

（十二）何謂丁隨糧行？

（十三）清朝免收丁稅，算得仁政否？

（十四）何謂常關、新關？

（十五）人家稱清代的鹽法爲“商專賣，”是什麼理由？

（十六）試略述清末的憲政運動。

【參考】

本章可參看陳安仁《中國近代政治史》，商務印書館本。

第十五章　清代之文化與社會狀況

學 風 的 轉 變

明末諸儒的學術，本有兩方面：一是經世致用，一是讀書考古。清朝處於異族專制之下，有許多社會上、政治上的問題，都不敢談；而且從宋到明，士大夫喜歡鬧意氣，爭黨見，這時候，也有些動極思靜了；於是經世致用之學，漸即銷沉，而專發達了讀書考古的一派。

清 代 的 考 據 學

清朝所謂考據之學，是以經學爲中心的。因爲要讀經，所以要留意古代的訓詁名物、典章制度。古代不明白的事，經他們考據明白的很多。他們要求正確的古書，所以盡力於辨僞，盡力於校勘，盡力於輯佚，業經亡失、錯誤、竄亂的古書，經他們整理好的亦不少。他們的大本營雖在經，然用這一種精密的手段，應用於子、史等書，成績也是很好的。清朝對於經學，是宗漢而祧宋的，所以其學亦稱爲"漢學"。但是漢學之中，仍有區別。清初如顧炎武等，還是兼採漢、宋，擇善而從的，不過偏重於漢罷了。專以發揮漢人之説爲主的，在乾、嘉兩朝，實爲漢學極盛時代。惠棟、戴震、錢大昕，爲此時巨子。嘉慶年間，開始有人從漢學中，分別"今文"、"古文"之説，道、咸以後，主張今文，排斥古文的風氣漸盛。漢朝的今文家，本是主張經世致用的，所以清學到末期，經世致用的精神，也就有些復活了。

清 代 的 義 理 辭 章 之 學

宋學在清代，也仍保守其相當的分野。人們對於講考據的人，而稱其學爲義理之學；至於做文章的人，則稱爲辭章之學；儼然成爲學術界上的三大派別。義理和辭章之學，聲光都遠不如考據之盛，這是風氣使然。以古文著名的桐城派，創於方苞，成於姚鼐，都是安徽桐城縣人。主張義理、考據、辭章三者不可缺一，立論頗爲持平。以他自己的立場論，則在漢、宋之間，是偏於宋的；而其所長，則尤在辭章。在宋時，浙東一派學術，本是注重史學的。此風經明、清兩代，還能保存。會稽章學誠，史學上的見解，尤稱卓絕。和現代的新史學，相通之處頗多。清代的學術界，可以說是理性發達，感情沈寂的時代，所以其文藝，和歷代比較起來，無甚特色。桐城派號稱古文正宗，不過是學的唐、宋人，此外也不過或學周、秦，或學漢、魏；詩亦是如此，非學唐，即學宋。詞則中葉的常州派，嫌元、明的輕佻成薄，而要學唐、五代、宋；書法則鄧完白、包世臣嫌歷代相傳的帖，漸漸失真，而要取法北碑；都有復古的傾向；然亦不過摹仿古人罷了。

清代的社會狀況

因爲清代是一個動極思靜的時代，所以其風氣，是比較沈悶的。清朝的管彤曾說："明之時，大臣專權；今則閣、部、督、撫，率不過奉行詔命。明之時，言官爭競；今則給事，御史，皆不得大有論列。明之時，士多講學；今則聚徒結社者，渺焉無聞。明之時，士持清議；今則一使事科舉，而場屋策士之文，及時政者皆不錄。見管彤撰《擬言風俗書》。把明、清風氣，兩兩比較，可謂窮形盡相了。清朝到後來，所以始終沒有慷慨激昂，以國事爲己任的人，以致建立不出一個中堅社會來，實由於此。此等風氣，實在到現在，還是受其弊的。以上是指士大夫說。至於人民，則歷朝開國之初，大抵當大亂之後，風氣總要勤儉樸實些。一再傳後，生活漸覺寬裕，貧富的不均，亦即隨之而甚。明清時代，各省還有"賤民"，在最低階級，爲"良民"所不齒的。如山西的"樂籍"，廣東的"蜑戶"，浙江的"丐戶"，清朝曾免去樂籍、丐戶，使爲良民。但如蜑戶等，雖經解放，仍舊守其故俗。

【習題】

（一）明末經世致用的學術，到清朝而沈寂，道咸以後卻又有復活的趨向，和時勢有無關係？

（二）試述考據之學的優點。

（三）清朝的士氣如何？

【參考】

本章可參看梁啓超《清代學術概論》，商務印書館本。

第十六章　清代之經濟狀況

閉關時代之經濟狀況

中國的經濟狀況，清朝是一個大轉變的時期。鴉片戰爭以前，外人雖已來華通商，然輸出入的數目並不大；輸入的也不是什麼必需品；所以當這時代，中國實在還保守其閉關獨立之舊。此時的農人，是各安耕耨。他們的收入並不大，然而他們的支出，也是很節省的。工業：除較困難的，要從師學習，獨立而成爲一藝外，其餘大都是家庭副業。出品並不甚多，行銷的區域，也不很遠。天產品亦係如此。所以當時的商人，除鹽商由國家保護其專利，獲利最厚外，只有典當、錢莊、票號等，資本較大，獲利較豐。此外，亦不過較之農工，贏利略多，生活略見寬裕而已，並沒有什麼可以致大富的人。總之，生產方法不改變，社會的經濟情形，是不會大變的。

五口通商後的經濟狀況

到五口通商以後，情形就大變了，外國的貨物，源源輸入，家庭工業和手工業，逐漸爲其所破壞，又收買我國的原料而去。於是中國的農人，也有爲外國的製造家而生產的，經濟上彼此的聯結，就漸漸密切了。資本主義，是除掉低廉的原料以外，還要求低廉的勞力的；而勞力也總是向工資高的地方而移動。於是華工紛紛出洋謀生，遂成爲外國的資本和商品輸入，而中國的勞力輸出的現象，其初是很受外國歡迎的，後來又爲其工人所妬，到處遭遇禁阻，於是中國人謀生的路更窄了。排斥華工，起於美國，其事在一八七九年，後來南洋亦有繼起的。

清末的經濟狀況

資本主義，發達到一定的地步，是要將資本輸出的。既要將資本輸出，就要謀其所輸出的資本的安全；就不免要干涉後進國的政治。於是資本主義，和傳統的武力主義相結合，而成爲帝國主義了。我國一通商，而沿海和內河的航權，即隨之而俱去。（一）航業遂成爲外人投資的中心。（二）又外國的銀行，分設於通商口岸，亦能操縱我的金融。《天津條約》定時，實際上，外船早在沿海自由航行了。至中日戰後，則（三）通商口岸，既得設廠；（四）又得投資於我國的路礦；（五）而各種借款，又多含有政治意味；於是我國的輕工業、重工業，都受到外力的壓迫；就是政治，也不免要受其牽制了。我國對於新式事業，雖亦略有興辦。然如製造局和船政局，只是爲軍事起見。開平煤礦，大權旁落於英人。漢冶萍煤鐵礦廠，因欠外債而深受日人的束縛。一個招商局，既不足和外輪競爭，鐵路又多借外債。官私所辦的紡織事業，亦因資本微末，技術幼稚，不能和外廠競爭，遏止外貨的輸入。再加以屢次戰敗，賠款之額，超過全年收入數倍，清朝光緒年間，全國的歲入，是七千萬兩。所以中、日之戰的賠款，是當時歲入的三倍。庚子賠款四萬五千萬兩，易成金款，實際上要加倍，那就十倍不止了。中國的借外債，是起於左宗棠征新疆時的。然自中日之戰以前，所借甚少，且都隨即還清。非借外債，無以資挹注；而借外債則既要負擔利息、折扣，還要負擔鎊虧。國際收支，遂日趨於逆勢，除掉華僑匯歸的款項外，非靠外人投資，不能彌補；而外國資本，就競以我國爲尾閭了。

【習題】

（一）清代的經濟狀況，該以什麼時代，畫一個新舊的分界？

（二）中國的農村如何和世界經濟，發生聯繫？

（三）爲什麼外國資本，中國勢力，會成功一種對流的現象？

（四）帝國主義，是如何發生的？爲什麼前代不會有帝國主義？

（五）壓迫我國民族工業，不得發展的，是那幾件事？

（六）何謂國際收支？

【參考】

本章可參看陳恭祿《中國近代史》頁一〇至一六，又二一〇至二一七，又三二〇至三二六，又三九五至三九九（商務印書館本）。

第十七章　本　期　結　論

環 境 的 變 動

本期是中國歷史起一個大變動的時代。從清室滅亡之日，追溯西人東來之初，爲時約四百年。這四百年中的變動，比上一期的二千年，還要來得利害；而尤以五口通商後的七十年爲劇烈。在這七十年以前，內而政治、風俗，外而對外的方針和手段，都還是前一期的舊觀。到這七十年之中，就大變了，向來以天朝自居的，至此不得不紆尊降貴，和外國講平等的交際。向來以爲中國的學問，是盡善盡美的，至此而有許多地方，不能應付。對外則屢戰屢敗，而莫知其由。看了外國人所製的東西，只是覺得奇巧，而也莫名其妙。當鴉片戰爭之後，外力初突破閉關的局面時，真有這種惶惑無主之概。

適 應 的 困 難

所以這七十年中的失敗，總而言之，可以說是環境驟變，而我國民族，還未能與之適應。譬如對外，中國向來是以不勤遠略爲宗旨的。因爲從前既無殖民政策，除攻勢的防禦外，勤遠略確是勞民傷財。然而外力侵削之秋，還牢守這種主義，藩屬就要喪失，邊疆也要危險了。又如經濟，中國向來是以節儉爲訓條，安貧爲美德的。在機械沒有發明，生產能力有個定限的時代，自然也只得如此。然當外國貨物源源輸入，人民貪其"價廉物美"不得不買的時候，就非此等空言，所能抵拒外貨，遏止"入超"了。諸如此類，不一而足。總而言之：是環境變動劇烈，而我們的見解，一時來不及轉變。見解的轉變，本來要有相當的時間，七十年的時間不算長；以中國之大，舊文化根底的深厚，受了幾十年的刺激，居然能有維新運動、立憲運動，甚至於革命運動，去求適應，也並不能算慢。不過方面太多了，不容易對付，所以到如今，還在艱難困苦之中奮鬥。

【習題】

（一）本期中那種發展，是照舊方向走的？那種現象，是新發生的？試舉一兩個實例。

（二）何謂適應環境？爲什麼變化到適應，必須經過相當的時間？試將別種科學和歷史，互相證明。

【參考】

本章可參看陳恭禄《中國近代史》頁九〇，九一又一二一又二四〇至二四六，又二五三至二五九，又二九一至二九四。

第四冊進度表

星期	內容
第一星期	（現代史）第一章 革命的醞釀 孫中山先生 （又）同盟會成立 當時海內外的情勢 同盟會的革命運動
第二星期	第二章 清末的形勢 革命軍的起事 中華民國成立 清朝的滅亡 （又）臨時政府北遷 第三章 俄蒙外交
第三星期	（又）英藏交涉 善後大借款 第四章 二次革命 帝制運動和護國軍
第四星期	（又）復辟之變 護法之役 （又）北方的混戰 南方的變亂
第五星期	第五章 二十一條的要求 （又）巴黎和會 華盛頓會議
第六星期	（又）山東問題的解決 德與俄三國新約 第六章 國民黨的改組 江浙直奉之戰及段政府
第七星期	（又）國民革命軍的北伐 第七章 訓政的工作和憲政的預備 條約的改訂
第八星期	（又）關稅自主的交涉 撤消領判權的交涉 租借地和租界的收回 （又）東北的事變
第九星期	第八章 最近的經濟狀況 最近的社會狀況 （又）最近的文化
第十星期	第九章 現代史的性質 民族主義的成績 民權主義的成績 民生主義的成績 成績的總批評 （綜論）第一章 歷史與人類生活 民生為社會進化的重心 社會進化是歷史的重心
第十一星期	（又）從怎樣生活到該怎樣生活 第二章 中華民族的形成 中華民族前途的希望
第十二星期	第三章 中國文化的演進 中西文化的比較 第四章 國際的現勢 吾國的地位 復興運動

第四編　現代史

第一章　孫中山先生與革命運動

革 命 的 醞 釀

中國革命的醞釀，潛藏得是很久的。滿清入關以後，漢人看似爲其所壓伏，實則革命的種子迄未嘗絕。讀《近世史》第七章，已可知道了。從西人東來以後，國人懍於民族的危機，愈見深切，因而發生許多反清的舉動；至於“民貴君輕”之論，“不患寡而患不均”之說，民爲貴，社稷次之，君爲輕”。見《孟子·盡心下篇》。“不患寡而患不均”。見《論語·季氏》。孔孟早發之於二千年以前，所以西洋的民主政體、社會學說，我們均極易契合。民族、民權、民生主義，在人人心坎中，久已潛伏着了。不過沒有適宜的環境，不能發榮滋長出來；沒有領袖的指導，其運動也不易入於正軌罷了。

孫中山先生

孫 中 山 先 生

孫中山先生，廣東香山縣人。現在改爲中山縣，就是因紀念孫先生改名的。名文，字

孫中山先生倫敦蒙難之室

逸仙，中山是他的自號。他生於公元一八六六年，就是前清同治五年。他少有大志，懷抱民族、民權思想。公元一八八五年，中法戰事起，先生鑒於政府的腐敗，就決定顛覆清廷，創建民國的宗旨。公元一八九二年，在澳門創立興中會，由少數的同志，聯結會黨，運動當地防營，以爲革命的準備。會黨雖以反清爲宗旨，團結實甚散漫，當地駐軍的思想更是腐舊不堪，所以成效很少。公元一八九五年，先生在廣州謀起義，因運輸軍火事洩，不克。先生乃經檀香山赴美洲，和其地的會黨連絡，太平天國滅亡後，餘黨逃亡海外的很多，檀香山、美洲一帶更盛。又赴歐洲。此時清朝已知先生爲革命首領，其駐英公使，把先生計誘到使館裏，拘禁起來，想解送回國；先生感動了使館裏的侍役，把消息洩漏出去，英國輿論大譁，先生乃得釋放。此即所謂倫敦蒙難。先生在歐洲數年，考察其國勢民情，覺得單講民族、民權，還不能"進世界於大同，畀斯民以樂利"，乃重加民生主義一說。合民族、民權、民生而完成其三民主義。

同盟會成立

義和團亂起，先生分遣同志，謀襲廣州、惠州，都不克。此時風氣漸開，出洋留學的人漸多,尤羣聚於日本;其中也頗有懷抱革命思想的。一九〇五年,先生乃親赴日本,改興中會爲同盟會。入會的人,很爲踴躍。革命團體,到此才有中流以上的人士參加。有了這輩人參加,則可以文字運動;主義的傳布,更易迅速而普徧;而且指揮組織,也都有人才了。所以先生說:"到這時候,我才相信革命事業,可以及身看見其成功。"

廣州黃花岡七十二烈士墓

當時海內外的情勢

先是康有爲從出亡後,就在海外組織保皇黨,以推翻慈禧太后,使德宗重攬大權爲目的。此時乃改而主張君主立憲,和同盟會爲對立的機關。海內的立憲運動,已見《近代史》第十四章。然革命運動,氣勢亦頗盛;其以筆舌鼓吹的,則有章炳麟著《訄書》,鄒容著《革命軍》,都因此下獄,鄒容竟死在獄中。謀以實力解決的,則有劉道一等的起事於萍、醴,劉道一亦是同盟會會員,但這一次舉義,卻不是同盟會發動的。清朝調蘇、贛、湘、鄂四省的兵,才把他打平;又有安徽候補道徐錫麟槍殺巡撫恩銘,據軍械局謀起事,事雖無成,清朝已爲之膽落了。

同盟會的革命運動

同盟會的革命運動,最壯烈的,要算一九〇九年的河口之役,和一九一一年黃花岡之役。前一役初起事於欽州,因軍械不足,退入越邊,再從越邊進兵,大敗清軍於河口,直迫蒙自,因無援而退。後一役則運動廣東的新軍,謀在廣州起事,而黨人組織敢死隊,以爲之領導。因事機洩漏,未能按照預定的計劃行事。黨人攻督署,事後覓得屍體,叢葬於黃花岡的七十二人,海內外聞訊震動。這時候,各地方的人心,日益傾向革命,新軍也多有受運動的。清室越發瀕於危亡。

【習題】

(一) 試述中國革命的根原。

(二) 孫中山先生的三民主義是怎樣完成的?

(三) 孫中山先生的革命,初期所利用的是什麼人? 到什麼時候,纔有中流以上人士參加?

(四) 當時孫中山先生而外,主張立憲的是什麼人? 主張革命的是什麼人?

(五) 辛亥革命以前,重要的起義,共有幾次?

【參考】

本章可參看趙景源《孫中山》,商務印書館本。

第二章　辛亥革命與中華民國之成立

清末的形勢

　　清朝從德宗和慈禧太后死後，格外失其重心。一九一一年，説是預備立憲組織責任內閣，而閣員十三人，當時內閣總、協理外，有外務、民政、陸軍、海軍、度支、學法、農工商、郵傳、理藩十部，及軍諮府。內閣總理慶親王奕劻，是清末宗室中久握政權的。滿族居其九；九人之中，皇族又居其五。人民稱爲"御用內閣"，不合立憲精神，請願改組，遭清廷拒絶。又以鐵路國有之事，與人民大起爭執。其時國民鑒於外人攘奪我國的路權，實寓有瓜分危機，羣謀收回自辦。川漢、粵漢，都組有公司。粵漢鐵路，清末本借美國合興公司的款項建築，因該公司逾期未曾興工，乃廢約收回自辦。而清廷忽將鐵路幹線，都收歸國有。人民起而爭執，川省尤烈。清朝的四川總督，一味用高壓手段，將代表拘押，羣衆驅逐。省城人民，聚衆請求釋放；外縣人民，亦有續至的；彼竟縱兵殘殺。清朝還要派滿員端方，帶兵入川查辦，人心大憤。

革命軍的起事

　　此時革命黨人，鑒於屢次起事，都在邊陲之地，不能震動全局，乃謀易地起義，武漢的新軍，業已運動成熟，定於是年舊曆中秋起事，旋改遲十日，未及期而事洩，清廷的湖廣總督瑞澂，大肆搜殺。黨人乃於十九日，即陽曆的十月十日，起義於武昌。革命軍既起，清

黎元洪

657

朝的官吏,都逃走。革命軍推黎元洪爲中華民國軍政府鄂軍都督,收復漢口、漢陽。照會各國領事,各國都認我爲交戰團體。按國際公法,列國承認一國革命軍,既爲"交戰團體"(Belligerency),即爲爾後承認爲合法的革命政府之先聲,關係甚重。清廷聞變大震,即派陸軍大臣蔭昌,率近畿陸軍南下。這"近畿陸軍",原來是袁世凱在直隸時所練。辛丑和議定後,袁世凱任直隸總督,練新兵,共成六鎮,後來第一、第三、第五、第六四鎮,改歸陸軍部直轄,稱爲近畿陸軍。世凱後入軍機,溥儀立後,罷居彰德。蔭昌無威望,不能指揮。清廷不得已,起用袁世凱督軍。攻陷漢口、漢陽,然各省次第反正;停泊九江、鎮江的海軍亦響應。清廷以袁世凱爲内閣總理,載灃旋罷攝政職,大權全入世凱之手。乃由英領事斡旋,兩軍停戰,在上海議和。

武昌軍政府

中華民國成立

是年陽歷十二月,孫中山先生從海外歸國。二十九日,十七省代表,江蘇、安徽、江西、浙江、福建、湖北、湖南、廣東、廣西、四川、雲南、河南、山東、山西、陝西、直隸、奉天。公舉先生爲中華民國臨時大總統。通電改用陽歷,以其後三日,爲中華民國元年元月元日,中山先生,即於是日在南京就職。中華民國於是成立。

清朝的滅亡

先是上海和議,議決開國民會議,解決國體問題。至是,清朝的代表,以

孫中山先生就職後告祭明孝陵

和議失敗，電清政府辭職。和議由袁世凱和中華民國的代表，直接電商。孫中山先生提出"如袁世凱贊成共和，則自己辭職，推薦袁世凱爲臨時大總統"的條件。袁世凱也接受了。其時清朝以吳禄貞爲山西巡撫。禄貞屯兵石家莊，截留清朝運赴前敵的軍火，雖然給清朝遣人暗殺，然滿人中最持排漢主義的良弼，也給革命黨人炸死。灤州的軍隊，既表示贊成共和；前敵將領，又有要帶隊回京，向親貴剖陳利害的。清朝乃授權袁世凱，和民國議定皇室和滿、蒙、回、藏優待條件，於二月十二日退位。從一六二二年明桂王被弒，清朝佔據中國，共二百五十年而滅亡。

臨時政府北遷

清朝既亡，孫中山先生即向參議院辭職，並推薦袁世凱。參議院即舉袁爲臨時大總統，派人歡迎其南下就職。袁氏不欲南來，故意暗唆兵變，不能離開，乃許臨時政府移設北京。參議院亦隨之而北遷。當民軍起義之後，各省都督府，曾派出代表，組織聯合會議，議決《臨時政府組織大綱》。參議院即是據此而設立的。至此，乃由參議院將《臨時政府組織大綱》修改爲《臨時約法》，并制定《國會組織法》、《參衆兩院選舉法》，據以選舉、召集，於二年四月八日開會。

【習題】

（一）爲什麼以前的起義，不能震動中原，到辛亥革命就不然？

（二）鐵路國有，是否是極壞的政策？爲什麼會因此而引起革命？

（三）辛亥革命，爲什麼各處響應得這麼快？

（四）辛亥革命，可算得澈底解決否？試使當時不和北方妥協，竟用兵力征伐到底，其利害得失，較之當日如何？

【參考】

本章可參看陳功甫《中國革命史》。

第三章　民國初年之外交

俄　蒙　外　交

　　講起民國初年的外交來，是很可痛心的，那便是俄蒙、英藏交涉，和大借款的成立。當民國紀元之前兩年，日、俄訂立新協約。據說別有密約，俄國承認日本併吞韓國，日本承認俄國在蒙、新方面的舉動。果然，韓國於這一年爲日本所併；而俄國於明年，亦就對清朝提出蒙、新方面的要求，並以最後通牒相脅迫。約未及訂，而革命軍起，清朝就更無暇及此了。清朝對於藩屬，向來是取放任主義的，其末年，忽要試行干涉，而行之不得其法，遂至激起藩屬的反對。因俄國的慫恿，遂乘辛亥革命的時候，公然宣告獨立，驅逐駐蒙大臣，稱大蒙古帝國日光皇帝。俄人和他訂約許代他保守自治，而別訂《商務專條》，攫取農工商業，和交通、通信上廣大的權利。民國成立，興論頗有主張征蒙的，這自然是空話，如何辦得到？仍由政府以外交方式，和俄人磋商，到二年，才訂成所謂《聲明文件》。俄國承認中國對外蒙古的宗主權，中國承認外蒙古的自治權。所謂自治，就是中國不設官、不駐兵、不殖民。其範圍，則以前清庫倫辦事大臣、烏里雅蘇台將軍、科布多參贊大臣的轄境爲限。四年，根據此旨，訂成《中俄蒙條約》。其呼倫貝爾，亦因俄人的要求，改爲特別區域。中，俄訂有條件：呼倫貝爾的收入，全作地方經費。軍隊只能以本地人組織；如有變亂，中國派兵代定，須知照俄國；並須事定即撤。中國人在呼倫貝爾僅有借地權。

英　藏　交　涉

　　中國的開放西藏，起於公元一八九〇年的《藏印條約》。是約把當印藏交通要衝的哲孟雄認爲英的保護國。三年後（公元一八九三年）又訂《藏印續約》，強闢亞東關爲商埠。而藏人不肯實行，俄人乘機染指，藏俄日親。會

達賴

日俄戰起，英遂於一九〇四年進兵侵入拉薩。達賴喇嘛逃奔庫倫，英人迫班禪立約：（一）開放江孜、噶大克。（二）非經英國許可，不得許他國派官和駐兵。（三）土地、道路，及其餘財產，不得讓與及抵押於外國或外國人。中英交涉再三，終因俄、德、美、意四國反對，於公元一九〇六年，再締《修訂藏印條約》，承認前《藏印條約》爲附約。只認中國對西藏有宗主權。其時清廷因駐藏大臣爲藏人所戕害，以趙爾豐爲川滇邊務大臣，將川邊土司改流。又派聯豫爲駐藏大臣。聯豫和達賴不協，電調川兵入藏。達賴逃奔印度，自此，反和英國人一起了。革命軍起，藏人驅逐華兵。達賴回藏，宣告獨立，藏番並進攻川邊，川、滇出兵恢復，英人又提出抗議。中國不得已，停止進兵。三年，中、英、藏三方代表，會議於印度的西摩拉，訂成草約：英國承認中國對西藏的宗主權，中國承認外藏的自治權。所謂内外藏的界限，則將紅藍線畫於所附的地圖上，中國對此項界線，不肯承認，此問題遂至今爲懸案。

班禪

善 後 大 借 款

　　當前清末年，中國曾向英、美、法、德"四國銀行團"，訂借改革幣制和東三省興業借款，以各省新課鹽稅，和東三省菸酒生産、消費稅爲抵押。這是因爲日、俄兩國，在東北的勢力，太膨脹了，所以想引進別國的經濟，去抵制他們的。因革命軍興，其約遂未成立。民國既成，四國怕排除日、俄，畢竟不妥，又勸誘他們加入。日、俄提出借款不得用之滿、蒙的條件，四國銀行不許，交涉幾次，乃決定將此問題，改由外交解決。而"六國銀行團"遂以成立。對我提出的借款條件，極爲苛酷，頗有干涉我國財政之嫌。美國政府不以爲然，令該國的銀行退出，於是六國團又變爲五國。民國二年，二次革命將起，袁世凱急於需款，遂以關、鹽餘的全數爲抵押，向"五國銀行團"借得英金二千五百萬鎊。以四十七年爲期，於北京鹽務署設稽核所，用洋人爲會辦；各産鹽地方設稽核分所，用洋人爲協理。鹽款非經總會辦會同簽字，不得提用。其用途則於審計處設外債稽核室，以司稽核。是爲"善後大借款"。本來興業的借款，變爲政治借款；本來想借英、美、法、德抵制日、俄的，變爲五國聯合以對我了。

【習題】

（一）處於現在的世界，對藩屬若取放任政策，則不能保護其安全；若取干涉政策，又要激起反抗；應用何法爲宜？

（二）試述中、俄《聲明文件》外蒙所謂自治權的解釋。

（三）達賴喇嘛始而反對英國，連商埠都不肯開，後來反同英國人一氣，當此情勢轉變之中，清朝該用何種手段對付？

（四）爲什麼英、美、法、德四國銀行團，要勸誘日、俄兩國加入？

（五）日、俄爲什麼不許將借款用在滿、蒙？

【參考】

本章可參看王勤琚《蒙古問題》、《西藏問題》。

第四章　軍閥政治與內戰

二 次 革 命

袁世凱本不是真心贊成共和的，所以推翻清室，無非想帝制自爲，所以才被舉爲總統，而反動的迹象，就逐漸顯著。孫中山先生知道政治一時不會上軌道，主張革命黨人，都退居在野的地位，而當時的黨人，不能服從首領的命令。同盟會改組爲國民黨，由祕密的革命團體，變爲公開的政黨；和接近政府的進步黨對峙。因組織內閣及外交問題，和政府屢有齟齬。二年，國民黨理事前農林總長宋教仁，在上海車站遇刺。搜查證據，和國務院祕書有關。民黨益憤激。時安徽、江西、廣東三省的都督，尚係民黨，袁世凱乃將其免職。於是民黨起討袁軍於湖口，安徽、湖南、福建、廣東、上海、南京，先後響應，袁世凱早有布置，民黨不久即失敗。是爲二次革命，亦稱贛寧之役。

袁世凱

帝制運動和護國軍

照《臨時約法》規定，憲法由國會制定，大總統選舉法，係憲法的一部分。二次革命之後，國會議先選總統，後制憲法。乃將大總統選舉法提出，先行制定，據以選舉。袁世凱遂被舉爲大總統。袁世凱被舉之後，即解散國民黨，取消國民黨議員和候補人的資格。國會因之不足法定人數，袁世凱遂將其解散。并解散省議會，停辦地方自治。旋開約法會議，將《臨時約法》修改爲《中華民國約法》，衆稱此爲《新約法》，而《臨時約法》爲《舊約法》。將責任内閣制改爲總統

蔡鍔

制。又設參政院，命其代行立法院職權。四年，北京有人發起籌安會，説是從學理上研究君主、民主，孰爲適宜。通電各省軍民長官，派員參與。旋有自稱公民團的，請願於參政院，要求變更國體。參政院建議，開國民會議解決。其結果，全體贊成君主立憲；并委託參政院，推戴袁世凱爲皇帝。袁世凱即下令允許。而前雲南都督蔡鍔，起護國軍於雲南，通電宣布袁世凱政府僞造民意證據，率兵入四川。袁世凱派兵拒戰，不利。貴州、兩廣、浙江、四川、湖南，先後響應。山東、陝西亦有反對帝制的兵。袁世凱不得已，於五年三月，下令將帝制取消。要求護國軍停戰。護國軍要求袁世凱退位；并通電，恭承副總統黎元洪爲大總統。彼此相持不決。六月，袁世凱病殁，一場帝制風波，才算了結。

復 辟 之 變

袁世凱既病殁，黎元洪入京繼任，恢復《臨時約法》和國會，國會再開。六年春，歐戰已歷三載。德國因形勢不利，宣布無限制潛艇戰争。我國提出抗議，不聽，遂與德絶交。更謀對德宣戰。國務總理段祺瑞，主持甚力；而黎總統懷疑。《對德宣戰案》，提出於衆議院，有自稱公民團的，包圍議院，要求必須通過；閣員又有辭職的。衆議院説："閣員零落不全，宣戰案應俟政府改組後再議。"時段祺瑞召集各督軍、都統，在京開軍事會議。各督軍、都統，分呈總統、總理：指摘議員所定《憲法草案》不合，要求不能改正，即行解散。旋赴徐州開會。黎總統下令免段祺瑞職。各省紛紛多和中央脱離關係。黎總統令安徽督軍張勳入京，共商國是。張勳帶兵到天津，要求黎總統解散國會，然後入京，七月一日，突擁廢帝溥儀復辟。黎總統避入日本使館，下令由副總統馮國璋代行職務，以段祺瑞爲國務總理。段祺瑞誓師馬廠，以十二日克復京城。

護 法 之 役

　　京城既復，黎總統通電辭職。馮副總統入京，代行職務。當時國會解散時，廣東、廣西即宣告軍民政務，暫行自主；重大政務，逕行秉承元首；不受非法內閣干涉。及復辟之變既平，北方又有人主張：「民國業經中斷，當做元年之例，召集參議院。」不肯恢復國會。於是兩廣、雲、貴，和海軍第一艦隊，宣言擁護《約法》。國會開非常會議於廣州。議決《軍政府組織大綱》：「在《臨時約法》未恢復以前，以大元帥任行政權。」選舉孫中山先生爲大元帥。至七年，復將《組織大綱》修改：「設政務總裁。組織政務會議；以各部長爲政務員，組織政務院，贊襄政務會議，行使軍政府的行政權。」舉孫中山先生等七人爲總裁，推岑春煊爲主席。北方則召集參議院，修改《大總統選舉法》，選舉徐世昌爲大總統，於七年七月十日就職。先是南北兩軍，嘗衝突於湖南之境，及徐世昌就職後，下令停戰議和，在上海開和平會議。至八年五月而決裂。

北 方 的 混 戰

　　九年，北方駐防衡陽的第三師長吳佩孚，撤防北上。先是北政府於六年八月，布告對德、奧宣戰，以段祺瑞爲參戰督辦，編練「參戰軍」。歐戰停後改爲「邊防軍」，仍以段祺瑞爲督辦。至是，段祺瑞改邊防軍爲「定國軍」。兩軍衝突於近畿。定國軍敗。段祺瑞辭職。是爲皖直之戰。皖直戰後，曹錕爲直魯豫巡閱使，吳佩孚爲副使。王占元爲兩湖巡閱使，張作霖爲東三省巡閱使，兼蒙疆經略使，節制熱、察、綏邊區。十年，湖南的兵攻入湖北，吳佩孚將其打退，因代王占元爲兩湖巡閱使。十一年奉軍駐關內的，和直軍衝突，奉軍敗退出關。是爲直奉之戰。直奉戰後，東三省宣布獨立，徐世昌辭職，曹錕等請黎元洪復位，取銷六年解散國會之令，國會在北京再開。十二年，北京軍警，包圍總統府索餉，黎元洪走天津。十月，曹錕當選爲總統。

陳炯明的叛變

　　先是陳炯明以粵軍駐紮於福建的漳、泉。九年，軍政府主席總裁及廣東督軍，通電取消軍政府及自主。時中山先生在上海，通電否認。命炯明率軍回粵,中山先生亦赴廣州,重開國會。十年,國會議決《中華民國政府組織大綱》,選舉中山先生爲總統。於五月五日就職。這一年,粵軍平定廣西。中山先生設大本營於桂林,籌備北伐。明年,大本營移設韶關。因陳炯明懷異心,不接濟軍用,免陳官職。炯明走惠州,使其部下包圍總統府,實行叛變。中山先生避難軍艦,旋復到上海,陳炯明再入廣州。這一年冬天,在廣西的滇軍和桂軍討陳,粵軍亦有響應的。陳炯明再走惠州。明年,中山先生回粵,以大元帥名義,主持軍政事務。

【習題】

（一）孫中山先生知道政治不上軌道,爲什麼反要退居在野的地位?

（二）何謂《舊約法》、《新約法》? 護法之役所護的,是那一種約法?

（三）試舉政客利用政治問題,以作政爭之例?

（四）試述袁世凱死後,南北政府的更迭。

（五）何謂皖直、直奉之戰?

【參考】

本章可參看拙撰《白話本國史》第五編第一章第二、三、四節;第四章;第五章第一至第五節。

第五章　歐戰後之外交

二十一條的要求

歐戰起於民國三年，至八年而告終。當歐戰之初，我國宣告中立。日本則藉口與英同盟，派軍攻陷青島。日軍的攻青島，是從龍口上陸的。我國不得已，劃龍口和膠州灣接近的一帶爲戰區。日軍又越出範圍，佔據膠濟鐵路全線；並據青島海關。事後我國要求撤去，日本竟於民國四年一月十八日，對我提出五號二十一條的要求，二十一條的要求，分爲五號。第一號：（一）承認日後日、德政府協定德國在山東權利、利益讓與的處分。（二）山東並其沿海土地及各島嶼，不得租借割讓。（三）許日本建造由煙台或龍口接連膠濟的鐵路。（四）自開山東各主要城市爲商埠。應開地方，另行協定。第二號：（一）旅順、大連灣、南滿、安奉兩鐵路的租借期限，均展至九十九年。（二）日人在南滿，得商租需用地畝，以三十年爲限。（三）日人得在南滿居住、往來、經營工商業。（四）日人得在南滿開礦。（五）南滿、東蒙許他國人建造鐵路，或向他國人借款建造鐵路，及各項課稅，向他國人抵借款項，均須先得日本同意。（六）南滿、東蒙聘用政治、財政、軍事、警察各顧問、教習，必須先向日政府商議。（七）從速改訂吉長鐵路借款合同。第三號：（一）漢冶萍公司附近礦山，未經該公司同意，不得准公司以外的人開採。第四號：（一）中國沿岸沿港灣及島嶼，概不得租借割讓。第五號：（一）中國政府，聘用日本人爲政治、財政、軍事顧問。（二）日人在内地設立病院、寺院、學校，許其有土地所有權。（三）必要地方的警察，作爲中、日合辦，或聘用多數日本人。（四）由日本採辦所需半數以上的軍械，或在中國設合辦的軍械廠，聘用日本技師，并採買日本材料。（五）接連武昌與九江、南昌的鐵路，及南昌、杭州間，南昌、潮州間鐵路的建造權，許與日本。（六）福建籌辦路礦，整理海口（船廠在内），如需用外資，先向日本商議。（七）允許日人在中國傳教。其最後通牒，將第五號中，除關於福建業行協定外，餘撤回，俟後日再行協議。並以最後通牒相脅迫。我國不得已，於五月九日，覆牒承認，旋訂約二十五條。然日兵在膠濟路的，仍未撤退。六年，又在青島設行政署，並在濟南、濰縣設分署。七年，我國駐日公使，和日本訂立《濟順高徐借款預備契約》，附以照會，許膠濟路所屬確定後，由中日合辦。日本乃允將膠濟路軍隊，除留一部分於濟南外，餘均撤至青島，並允將所設行政署撤廢，我國覆文中，有"欣然同意"字樣，遂爲巴黎和會失敗的一大原因。

巴 黎 和 會

　　八年一月，歐戰各國，開和會於巴黎。當我國參加歐戰時，日本怕中國因參戰而與協約國親切，不利於彼繼承德國在山東的權利之故，所以和英、法、俄、意訂密約，以四國承認上項權利，爲日本許中國參戰的交換條件。至此，我國要求膠州灣由德國直接交還，日本則主張由德國交給他，再由他還我。因英、法已受密約拘束；我國的主張，遂至失敗。消息傳至北京，人心大憤，於是有"五四運動"。五號二十一條要求，係由陸徵祥、曹汝霖與日本公使磋商；後由陸徵祥與日使訂立條約；"欣然同意"的覆文，則由駐日公使章宗祥送交，故當時北京專門以上學校學生罷課，要求罷免曹、陸、章三人。(曹、章及前駐日公使陸宗輿)他處學校繼之，商店亦罷市，政府乃於六月十日，將三人免職。(時曹爲交通部長，章爲駐日公使，陸爲造幣廠總裁。)我國要求對《和約》中山東條件，加以保留，不許；要求不因簽字故，妨害將來的提請重議，不許。我國遂未簽字於《對德和約》。後來由大總統以命令布告對德戰爭終止。對於《奧約》，則仍簽字的。當議和之初，美國總統威爾遜氏，Woodrow Wilson。曾提出和平條件十四條，各國都認爲議和的基本條件，其中有組織國際聯合會一條。後來《國際聯合會規約》，經各國同意，插入《和約》中，作爲《和約》的一部，我國曾對《奧約》簽字，故仍爲國際聯合會的一員。

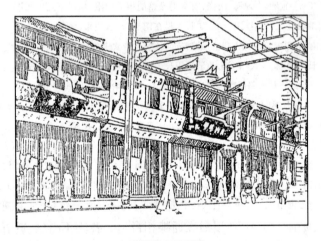

五四運動上海罷市

華 盛 頓 會 議

　　十年，美國召集會議於華盛頓。與會的有中、英、法、意、荷、比、葡、日等國。會中所議，一爲遠東問題，一爲限制軍備問題。遠東問題，成立《九國公約》，承認羅德氏四原則。時我國代表，提出大綱十條，美代表羅德氏（Elihu Root）綜括爲此四原則。又訂《九國間中國關稅條約》，許開關稅會議。會議後由段政府召集，見第七章。我國要求取消領事裁判權，各國亦許派員調查。會議後由段政府召集，見第七章。又

羅德氏四原則 {
　尊重中國的主權獨立，和領土及行政的完整。
　給中國以完全無礙的機會，以發展維持穩固的政府。
　確立並維持工商業機會均等的原則。
　不得利用現狀，攫取特殊權利，並不得獎許有害友邦安全的舉動。
}

要求收回租借地，則英於威海衛，法於廣州灣，均聲明願交還；惟英於九龍，日於旅順、大連灣則均不肯放棄；《五號二十一條案》，亦經我國提出，日本準備取消第五號，並允交還青島，由中國贖回膠濟鐵路。限制軍備問題爲成立《海軍協定》，限制英、美、日的主力艦，爲五·五·三比率，其滿期，在一九三六年底。又由英、美、日、法四國訂一協約，互認四國在太平洋所佔島嶼、領土、屬地之地位。英日同盟，即因此約而取消。

山東問題的解決

當《巴黎和約》簽字後，日本認爲膠州灣問題，業經解決，即照會我國，要求辦理交收事宜。我國輿論，主張提出國際聯合會。政府遂拒絕日人，未與直接交涉。華盛頓會議既開，乃由英、美調停，在會外交涉。英、美都派員旁聽，其結果：膠濟路由我發國庫券贖回，以十五年爲期。膠州灣由我國宣告開放。至二十一條問題，則由兩院通過無效案。十二年，由政府照會日本，聲明廢棄。

德奧俄三國新約

歐戰以後，我國對德、奧、俄三國所訂條約，都是平等的。但俄約的權利，我國仍未能享受。德約在十年，奧約在十一年，都將關稅協定領事裁判等不平等的條文取消，俄約則最遲延。先是俄國自六年革命以後，爲各國所封鎖，深願得一國與之親交，曾於八年九年，兩次宣言，願放棄舊俄政府，用侵略手段，在中國所取得的一切權利。中國因與協約國取一致態度，未能與俄進行交涉。外蒙從歐戰以後，即失所倚賴；俄國革命以後，更備受騷擾。八年，乃

籲請取消自治。呼倫貝爾的特別區域,亦隨之而取消。九年十一月,白俄軍陷庫倫,我國未能收復。至十一年,乃爲赤俄所陷。外蒙先已在恰克圖設有政府,至此,遂移於庫倫,推活佛爲皇帝。後來活佛死,外蒙就不再立君了。其《中俄解決懸案大綱》,則直到十三年才成立。協定:(一)俄國放棄帝俄時代所得的特許和特權。(二)取消領事裁判權(三)和關稅協定。(四)東省鐵路許我贖回。(五)承認外蒙古爲我國領土的一部分。協定簽字後一個月,開會解決贖回東省鐵路,外蒙撤兵問題。然此會遲至十四年八月始開,又因東三省獨立,一切事無從議起。俄人乃別和奉天訂成《奉俄協定》,而中央對俄的交涉,始終未有結果。

【習題】

(一)當英、日攻青島之時,我國勸告德國,將青島交還我國,英國能滿意否? 日本能滿意否?

(二)我國不急求日本撤兵,及取消所施民政,索性留待後來作總解決,其結果是否能較佳?

(三)何謂祕密外交? 試從本章中找出一個例子來。在國際公法上成立一條:"凡一切祕密外交,都作爲無效,"好否?

(四)何謂五四運動?

(五)我國不簽字於《對德和約》,意義若何?

(六)我國以何種手續,取得國際聯合會一員的資格?

(七)試述羅德氏四原則。

(八)羅德氏四原則,和門户開放主義,是否相合?

(九)據《海軍協定》,英、美、日的海軍比例如何?

(十)山東問題,是怎樣解決的? 膠濟路的贖回,該在那一年?

(十一)我國對德、奧、俄三國的條約如何?

(十二)爲什麼我國對俄約的權利,依舊未能享受?

【參考】

本章可參看唐慶增《中美外交史》,陳博文《中日外交史》,均商務印書館本。

第六章　國民革命之經過

國民黨的改組

二次革命失敗後,孫中山先生又組織中華革命黨,以三年七月成立。其本部設於日本的東京,以掃除專制政治,建設真正民國爲目的。袁世凱死後,本部移於上海。八年,改爲中國國民黨。十二年,中山先生決定"以國民造黨,以黨建國,以黨治國,然後還之國民"之義,乃將國民黨改組。十三年一月,開第一次全國代表大會。發表《宣言書》及《建國大綱》。會中推中山先生爲總理。並議決將大元帥府,改組爲國民政府。

江浙直奉之戰及段政府

是年九月,江浙、直奉戰爭復起,南方亦出兵北伐。孫傳芳自閩入浙,浙軍敗退,而馮玉祥、胡景翼、孫岳在北方組織國民軍,入北京。吳佩孚自海道南下,經長江至湖北,入豫南。奉軍入關,並南據江蘇。馮玉祥、張作霖共推段祺瑞爲臨時執政。段祺瑞邀孫中山先生北上,共商大計。中山先生主開國民會議,解決時局。議未能行。當時段執政亦擬先召集善後會議,以解決時局糾紛;次召集國民代表會議,以解決根本問題。孫中山以其兩會議,人民團體,無一得與,故不贊成。中山所主張的國民會議,係現代實業團體、商會、教育會、大學、各省學生聯合會、工會、農會、政黨及反對曹、吳各軍組成。十四年三月十二日,中山先生卒於北京。段執政以張作霖爲東北邊防督辦,馮玉祥爲西北邊防督辦。後又以馮玉

段祺瑞

祥督甘肅。直隸、山東、江蘇、安徽的督理，當時裁督軍，管理各省軍務的，都稱"督理某省軍務善後事宜"。亦均奉軍中人。是年十月，孫傳芳自浙江入江蘇。江蘇、安徽的奉軍均退走，吳佩孚亦起兵於湖北，攻奉軍於山東。馮玉祥與奉軍戰於直隸。駐關內的奉軍郭松齡，又回軍出關，因中途受阻礙敗死於巨流河。直隸的奉軍走山東，和山東的奉軍，合組爲直魯聯軍。吳佩孚旋與奉軍合攻馮玉祥。十五年三月，馮軍退出北京，段執政走天津，直、奉二軍，又合攻馮軍於南口。馮軍退向西北。

國民革民軍的北伐

國民政府以十四年討平東江，又平定廣東全省，廣西亦來歸附。乃組國民革命軍，十五年，以蔣中正爲總司令，出兵北伐。時湖南軍隊，有歸附國民政府的，亦有仍附北政府的。國民革命軍先入湖南，擊走其地的北軍，遂入湖北，敗北軍於汀泗橋，克武、漢。左軍下荆、沙。右軍入江西。至十一月而江西畢定。留守東江的兵，亦定福建。國民革命軍乃以湖南、湖北的兵入河南；命福建的兵入浙江；在江西的兵，分爲江左、江右兩軍，沿江東下。十六年二月，江左、江右兩軍，和入浙江的軍，會於南京。時馮玉祥亦自甘肅經陝西出潼關。五月，與入河南的兵，會於開封。這時候，國民革命軍的兵勢，已極順利，而清黨事起，北伐因之停頓。直軍曾以其間，攻占揚州、浦口，並渡江據龍潭，爲國民革命軍所擊退。十七年一月，蔣中正再起爲北伐軍總司令。四月，連下兗州、泰安，五月一日，入濟南，三日，慘案作，日軍據濟南。日人於十六年，即以保僑爲名，運兵到山東，後因北伐停頓撤退，此時又調兵到濟南。五月三日，和我無端開釁，將我徒手軍民殺死無數，並闖交涉公署，殺死交涉員蔡公時，我軍爲避免枝節起見，大部退出濟南，只留一團駐守，日兵又用大砲攻城。初十

蔣中正

日，我軍奉命退出。十一日，日兵遂入城占據。并將津浦路截斷。膠濟路沿線二十里內的行政機關，亦均被占據。直至十八年三月間，纔定議撤兵，至六月間，纔實行撤退。我軍乃繞道德縣北伐。六月三日，張作霖出關，四日，至皇姑屯遇炸，至十二月而東三省通電服從國民政府，北伐之事，至此告成。

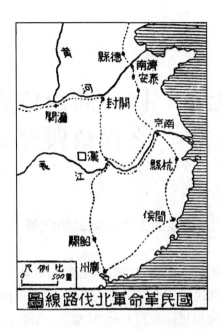

【習題】

　(一) 試述二次革命以後,孫中山組織黨的始末。

　(二) 何謂"以國民造黨,以黨建國,以黨治國,然後還之國民?"

　(三) 國民政府,係何時議決改組?

　(四) 何謂江浙、直奉之戰? 其結果如何?

　(五) 段祺瑞爲執政後,北方的形勢如何?

　(六) 國民軍北伐以前,北方有何戰事?

　(七) 試略述國民軍北伐的經過。

　(八) 何謂五三慘案?

　(九) 何以張作霖被炸後,東三省即服從國民政府?

【參考】

　本章可參看陳功甫《中國革命史》,商務印書館本。

第七章　國民政府成立後之內政與外交

訓政的工作和憲政的預備

中山先生的革命方略，係軍政、訓政、憲政三時期。軍政時期，由黨取得政權。訓政時期，代國民行使政權。憲政時期，則還政權於國民。在訓政時期中，代人民行使政權的爲國民黨；行使治權的，爲國民政府。國民政府，以十四年在廣東組織成立。十六年四月，遷都南京。先是國民黨改組時，共產黨員曾申明以個人資格加入。然其後仍圖在國民黨中，擴充其黨勢，於是南京政府有清黨之舉。寧、漢之間，遂呈分裂之勢。至是年七月中，武漢方面亦清黨，才再合一。北伐於十七年完成。然十八、十九兩年，兩湖、兩廣，和河南、山東，仍有戰事；黨務亦有糾紛；幸皆漸告平定。《國民政府組織法》，係十七年制定。五院的組織，逐漸告成。二十年，又制定《訓政時期約法》。依《建國大綱》所定的程序，是要縣的自治完成，省的憲政才開始，全國中有過半數的省，開始自治時，才得召集國民大會，議決憲法選舉政府。然近年亦有主張提早召集國民大會的。二十四年，第五次全國代表大會宣言：「國民大會，儘二十五年年內召集。」旋經第五屆第一次中央全體委員會議決：「《憲法草案》，於是年五月五日公布，國民大會，於十一月十二日開會。」

條　約　的　改　訂

廢除不平等條約，爲國民黨重要的政綱。國民政府奠都南京後，即發出此項宣言。十七年，又照會各國，擬定改訂的辦法三條。舊約期滿的，當然廢除重訂。未滿期的，以相當手續，解除重訂。已滿期而未訂新約的，另定臨時辦法。嗣後改訂的，已有許多國。至於公約，我國參加的亦很多，尤以十七年所簽訂的《非戰公約》爲重要。此約初發起於美、法二國間，後來擴大之而及於全世界，約中訂明各締約國所起糾紛，不問其原因及性質如何，概不得用和平以外的方法解決，批准的共有五十餘國，日本亦是其中之一。

國民政府所訂條約	
十七年	比利時，意大利，丹麥，葡萄牙，西班牙
十八年	波蘭，希臘
十九年	捷克，法蘭西（《越南通商專約》）
二十三年	土耳其

關稅自主的交涉

我國關稅改革之議，起於《辛丑和約》後和英、美、日、葡等國所訂的商約。因賠款太重之故，許我於裁釐後，加抽入口稅至百分之一二‧五，出口稅百分之七‧五；並得加收出產、消場、出廠三稅，以爲裁釐的抵補。後來裁釐延未實行，加稅亦遂成空話。華盛頓會議，我國提出關稅自主案。然《九國間中國關稅條約》，仍只許開一會議，籌畫實行《中英商約》而已；其後此會由段政府於十四年召集。我國又提出關稅自主。各國承認其原則，許我國定稅率，於十八年一月一日施行，而我國政府宣告於同日裁釐。國民政府首與美國訂立《關稅條約》，申明前此各約中，關涉關稅的條文作廢，應用自主的原則，後來德、那、荷、英、瑞、法六國的關稅條約，先後訂成。比、意、丹、葡、西五國的商約，亦有相同的規定。政府乃於十八年二月，將段政府所定七級稅則，實際得各國承認的，先行公布。二十年一月，裁釐告成，乃廢七級稅，另行制定稅則。關稅自主，在形式上就算完全實現了。但是實際運用的毫無障礙，還是要看外交上全局的形勢啊！我國初廢七級稅時，所訂稅則，最得保護本國產業之意。其時惟中日間有關稅協定，日貨進口，課稅有極輕的。二十二年五月，因關稅協定，業經期滿，乃加以訂正。然二十三年七月間所頒布的新稅則，反失掉保護之意，這就是受外交別一方面的牽掣呀！

撤消領判權的交涉

撤消領判權的交涉，亦是起於辛丑後的商約的，外人許俟我法律和司法制度改良後實行。華盛頓會議，我國將此案提出，各國允派員調查後再議。

其後此會亦由段政府於十五年召集。調查的結果，仍以緩議爲言。國民政府所訂條約，意、丹、葡、西均定十九年一月一日放棄，比約規定另訂詳細辦法。各詳細辦法，尚未訂定，而各國有過半數放棄，則比亦照辦。五約均附有（一）內地雜居，和（二）彼此僑民捐稅，不得有異於他國的條件。此案因東北事變，迄今未能施行。惟墨西哥於十八年十一月，自動申明將領判權放棄。二十六年，開第六屆三中全會，中委張繼、覃振等提議，談判撤廢領判權，已由國府飭主管機關照議進行。

租借地和租界的收回

租借地在華會中，英於威海衛，法於廣州灣，均聲明放棄，後來威海衛於十九年四月間交還，廣州灣則法人尚在觀望。租界：德、奧、俄在天津、漢口的租界，業因條約改訂而收回。當十四年五月間，上海日人所設棉織廠停工，工人要求復工，日人遽開槍將工人槍殺，學生因此游行演講，爲公共租界捕房所拘捕；羣衆要求釋放，捕房又開槍轟擊，死傷多人。此即所謂"五卅慘案"。并延及漢口、重慶，及廣州的沙基等處。民氣大爲激昂。國民軍到達長江流域，英人乃將九江、漢口租界交還，後來比於天津，英於鎮江、廈門，亦自動將租界放棄。

我國現存租界表					
上海	公共,法	重慶	日	芝罘	公共
蘇州	日	廣州	英,法	天津	英,法,日
杭州	日	福州	日	營口	英,日
漢口	法,日	廈門	日	瀋陽	日
沙市	日	鼓浪嶼	公共	安東	日

東 北 的 事 變

外交中最可痛心的，爲東北的事變。十八年七月，我國因撤換東省鐵路職員，和俄國起有糾紛，俄軍侵犯吉、黑，旋將東路回復舊狀，而兩國的邦交，則至二十一年十二月才恢復。民國二十年九月十八日，日兵占據東三省，二十一年一月，又和我國在上海開釁，至五月間，才成立《停戰協定》。明年三月，日軍陷熱河，侵犯長城一帶，亦到五月末，成立《塘沽協定》，戰事才終止。二十三年三月，日人遂擁立溥儀於長春。此項交涉，直到現在還未了結。

【習題】

（一）中山先生的革命方略，何以要分軍政、訓政、憲政三時期？

（二）試述關稅自主的經過。

（三）何以說："關稅雖然自主，實際運用，還要看外交全局形勢？"

（四）試述撤消領判權的經過。撤消領判權，爲什麼迄今未能實行？

（五）何謂五卅慘案？

（六）試約集同志，大家合力，搜集材料，做一篇東北事變記，保存着。

【參考】

本章可參看吳昆吾《不平等條約概論》，商務印書館本。

第八章　最近之文化經濟與
社會狀況

最近的經濟狀況

　　誰都知道：現代國家的盛衰強弱，是以經濟爲其根本的。我國最近的經濟，卻是怎樣呢？我國因生産方法落後，以致備受帝國主義的剝削，這已非一朝一夕之故了。可是到近二十餘年來，而此等情勢，更爲惡劣。近二十餘年，因爲內戰不息，以致一切實業都走不上振興的路；而舊有的反更遭破壞。歐戰時代，日本、美國，都因此大獲其利，我國則仍未能挽回入超的頹勢。歐戰以後，反而備受各國傾銷之害；而尤以一九二九年世界大恐慌爆發後爲甚。農業：因兵燹的破壞；水旱的頻仍；租稅的苛重；出口的農産品，既因世界恐慌而減少；外國的農産品，反要侵奪我們的市場；遂至全國的農村，都淪於破産的景象。工業：舊有的既遭破壞，新興的，必備受外國及外人在我國境內所經營的工業壓迫，不論輕工業、重工業，都陷於困苦掙扎之中。我國現在的輕工業：紡織事業，受日本的傾擠甚甚；捲菸製造，受英國英美煙公司的傾擠最甚。煤，日本人所開撫順煤礦，名爲合辦而實在是日人所獨佔。英國人所開開灤煤礦行銷最暢，也是大權屬於英人。我國人自開的煤礦，反不容易和他們競爭。生鐵的出産，像大冶鐵礦等差不多全和日資有關係；而且我國鐵的儲量，有百分之七十五在遼寧，又有百分之九在察哈爾，這是我國前途最嚴重的問題呀！沿海航業，外國船舶，有百分之九十強；長江中亦超過百分之六十。鐵路既多欠外債，航空亦係和外國合辦，中國航空公司，是中、德合辦，德資居三分之一。凡外力所及的通商口岸都有較便利的交通連結着，而內地則直到最近，才開闢公路，而國貨亦漸次興起。並且國民政府，於十八年，自動取消釐金，收回關稅自主權，是對外亦有進步了。

680

$$重要輸入品\begin{cases} 米，麥，麵粉，砂糖，海産。 \\ 紗布，人造絲，毛織品。 \\ 藥品。 \\ 捲菸。 \\ 木材。 \\ 煤油。 \\ 五金，機械。 \\ 紙張。 \end{cases}$$

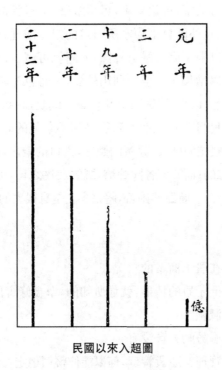

民國以來入超圖

最近的經濟政策

中山先生的民生主義，是包含平均地權、節制資本兩大中心問題。而節制資本之中，又包含節制私人資本，和發展國家資本兩義。平均地權一項，近來政府對土地有強制徵收，或實行徵收地價，也算一端。對於佃農，定了二五減租之法。此案係十五年國民黨所提出。原意謂減百分之二十五。其後各地解釋，頗有歧異。有地方，先將農産物減去百分之二十五，再將所餘的七十五，由業主佃戶平分。有地方，先將收穫量平分，即業主佃戶各得百分之五十，再從業主所得的五十分中，減去其二十五。浙江是照前法行的。其餘各地方減租之事，實在並没有普徧實行。近來又設立農民銀行，提倡合作事業，希冀農困的漸舒。節制資本，一時也談不到，因爲現在正是苦於無資本呢！不過

681

全國勞動大會，十一年在廣州業已召開，後來又開過兩次。十六年國民革命軍北伐，達到長江流域時，各地方的工會，風起雲湧，組織最盛。後來因其不能盡上軌道，又逐漸加以整理。關於勞動的法規，亦已頒布多種。其重要的，爲工會、工廠、工廠檢查、勞資爭議處理、團結協約等法。政府并提倡國民經濟建設運動，於二十年，設立全國經濟委員會。各省設分會，研究救濟農村，發達商工，改良物産。實行興水利，開公路，整理棉業茶業，建築穀倉，已有成效。又於二十四年十一月四日，頒布法幣政策，現銀集中，專用紙幣，不但貨幣數量的伸縮可以自由，幣價易於穩定；而且外匯專由國家所指定的銀行辦理，則某種貨物，我們要限制其進口的，就可以限制商人購買外匯，入超就可減少；而國幣價值，不至較外幣爲高，輸出又可以增加了。至於利用外資，一時也還不易著手。但是二十年全國經濟委員會設立以來，業經國際聯合會行政院，許我技術合作，連年委派專家來華，業已幫助我們不少。世界各國，在這不景氣的局面下，其困苦都是和我們一樣的；而我國疆域的廣大，天産的豐富，人口的衆多，國民性質的勤儉，在世界上都是數一數二的；而又值各國經濟，既經發達之後，可以利用其最新的技術，防止其已有的流弊；一時雖然困苦，將來實在是有很大的希望的啊！

【習題】

（一）試略述現在農工商業的狀況。

（二）現在社會上矛盾的情形，就你所知的，舉幾條實例出來。

（三）何謂二五減租？

（四）我國曾開過勞動大會沒有？

（五）何謂通貨管理？通貨管理，何以能使幣價穩定？在通貨管理之下，如何購買外匯？

（六）我國爲什麼要和外國技術合作？

（七）怎見得現在社會的不安，全是一個文化轉變的問題？

（八）科學方法，和常人思想不同之處，試舉其實例。

（九）怎樣纔算得民治主義？試就眼前的事情，舉一個實例。

（十）爲什麼民治主義，一定要教育普及？

（十一）埋頭研究學問，怎會於國事有益？

【參考】

本章可參看《中國經濟現勢講話》，申報月刊社叢書第八種。

第九章　本　期　結　論

現代史的性質

自西力東侵以來，中國歷史，就發生一個大變局，這是誰都知道的了。可是其中又當分爲兩期：自五口通商以來，爲我國飽受外國壓迫的時代。從革命運動發生以來，則爲我國受外力壓迫而起反應的時代。我們革命的成績，是怎樣呢？我們試自己檢查檢查看。

民族主義的成績

從近代以來，中國的民族主義，受着兩重的壓迫：一是清朝的專制，一是列強的侵略。從辛亥革命以來，專制的壓迫，可算是擺脫掉了。至於列強的壓迫，則現今仍在掙扎苦鬥之中。從前清末年，我們就是靠着列強的均勢以偷安的。民國初年，還是這個趨勢。可是四國團變爲五國團，已經有些協以謀我的現象了。歐戰以後，更并這最小限度的均勢，而亦不能維持。於是有"五九"的國恥。一時外交上的形勢，緊張到極度。華盛頓會議時代，似乎要寬弛些。從世界大恐慌爆發以來，列強都無暇他顧，而最近形勢的嚴重，又遠過於"五九"時代了。民族的危機，是沒有人能觳援助我們的，只有靠我們自己奮鬥呀！

民權主義的成績

中國行專制政體數千年，辛亥革命，幾於兵不血刃，不過百日，就給我們推翻；以後雖有帝制、復辟等反動，亦都不崇朝而敗。軍閥的混戰，凡不得民心的，亦無不以失敗終；這真是民意的發揮，算得世界革命史上的奇蹟了。但是我國的民權，在消極方面，雖已能充分發揮，在積極方面，即進而運用四權，參與國事，則還正在訓練期中，凡我國民，都不可以不勉。

民生主義的成績

民生主義，在將來是可以發生驚人的成績的。因爲我們可以利用資本主義的長處，而避掉他的短處了。可是現在，我們還正在艱苦奮鬪之中。我們當這內憂外患交迫，天災人禍迭乘的時候，我們還能毅很堅苦的維持其生活，我們的一切事業，實際仍在進行。對外的不平等條約，當以關稅協定爲最甚，我們在短時間內，居然將其解除。技術合作，也已在開始。我們看似困苦，實已走上光明的路了。

成績的總批評

我國的全面積，大於歐洲；我國的人口，居世界四分之一；愈是進化的社會，其內部的情形，就愈複雜，短時間如何整理得來？ 古語說的好："大器晚成。"正惟晚成，才成其爲大器。況且區區二十餘年的時間，在歷史上論起來，算得什麼？ 我們回顧已往的成績，我們要自壯，不要自餒。

【習題】

（一）試將中國革命以來所獲得的成績，根據本編列爲一表。

（二）何以見得大器晚成？ 試根據科學，就所知的，作一個證明。

（三）自信力與虛憍之氣是如何區別的？ 我國民現在，怎樣算有自信力？ 怎樣算是虛憍之氣？

【參考】

本章可參看黃尊生《中國問題之綜合的研究》，啓明書社本，天津大公報館代售。

第五編　綜論

第一章　歷史與人類生活之關係

歷史與人類生活

歷史是記載社會進化現象的，而社會的進化，不外乎人類生活的轉變。所以孫中山先生說："民生爲社會進化的重心，社會進化，爲歷史的重心。"

民生爲社會進化的重心

人類從用石進化到用銅、用鐵，從採拾食物，進化到漁獵、畜牧、農耕，再從農耕進化到工商時代。人類由家族而成民族，由部落而成國家，種種組織，都離不開社會。一言以蔽之：是人類要求生存，纔有種種進化，而且離開社會，就不能彀生存。

社會進化是歷史的重心

封建時代，列國分立，秦始皇把他統一。漢武帝更開拓疆土，東南到海，西過葱嶺，北過大漠。唐初武功，稱雄東亞。明朝派三保太監鄭和徧歷南洋、印度洋，直到非洲東岸。中國聲名從此很遠。但須知那時的中國社會，大有進步，纔能在歷史上顯著光榮。所以社會進化，爲歷史的重心；有進步的國民，纔能使社會進化。

從怎樣生活的到該怎樣生活

從前的人，以爲歷史不過記載偉人的事跡，與大多數國民無干。殊不知有怎樣的社會,纔能有怎樣的人物。孔子若非生於周代文化最盛之時,豈能成爲博學的大聖人,爲儒教之祖。如來若不生於印度,或者那時印度文化不發達,豈能創立一種偉大的宗教,傳布到中國來? 所以偉人只是時代的產物。固然,偉人的能力,超過常人數十百倍,不是社會進化,已經達到一定的階段,偉人亦是無可成其偉的。偉人只是時代的結晶。了解了該時代的社會,就什麼都了解了。舊見解的紕繆,在於不知道古今社會的變遷。他們總以爲古今的社會,是一樣的;一切不同的事,只是幾個特殊的人做出來,倒像不同的人,在同一舞臺上做不同的戲一般。如此,就要摹做古人,演成時代的錯誤。從西力東侵以來,我們這種錯誤,不知道鬧過多少次。你們試想想看: 從你們有知識以來,社會上的現象,有什麼改變沒有? 你們或者年紀小;或者生在偏僻地方,覺不着什麼;試問問年紀大的人,據他們的經驗,社會上的現象,有什麼改變沒有? 喫的東西,價格騰貴麼? 衣服的式樣變換麼? 住的房子怎樣? 交通的器具和路線怎樣? 人情風俗又怎樣? 這許多,固然是一事一物之微;一個人所看見的,也只是社會的一小部分;然而社會全體的變動,就是一事一物之積;就部分,就可以推想出全體來。社會是變了。社會是時時刻刻在變的,拘守老法子,是不對的。該走什麼路呢? 社會爲什麼要變,必有其所以然之故。看清這所以然之故,應付的方法,就出來了。所以然之故是要從事實上看出來的,所以史學是社會學的根柢。

【習題】

（一）到底是時勢造英雄,還是英雄造時勢?

（二）試舉幾個時代錯誤的實例。

（三）明白了原理,應付的方法,就自然明白,試舉幾個實例。

【參考】

本章可參看何炳松《歷史研究法》,商務印書館本。

第二章　中華民族之逐漸
形成與前途

中華民族的形成

　　中華民族,是怎樣形成的? 我們試追溯到歷史上。我們最初,只是黃河流域的一個民族。我們進而將其他民族同化。我們再進而開拓長江流域,我們再進而開拓遼、熱、察、綏。我們再進而開拓粵江流域。中華民國大一統的規模,就於此確立。自此以後,爲我所同化的:北有匈奴、鮮卑、突厥;東北有女真、蒙古;西北有深目高鼻的西胡;西南有氐、羌、笛、猺、猓玀等高地民族。每經一次同化作用,我們的疆域就擴張一步。我們的文化,亦時時兼收異族之長。我們喫西方來的瓜,我們着南方來的棉。我們會坐胡牀。我們會玩胡

新疆纏回即歷史上之西胡

687

琴和羌笛。我們也崇拜從西方來的胡天。我們吸收、融化了這些,而仍不失其爲我。天下只有能兼容并蓄,是偉大的;只有能兼容并包,而仍不喪失其自己的,是偉大的。誠然,中華民族是偉大的。

中華民族前途的希望

中華民族,已往的事跡,留於歷史上的,已顯著光榮。但在將來,更有很大的希望。爲什麼呢? 凡是一國的興亡,全視國民的强弱,國民能振奮則强,倘墮落就弱。像古代的羅馬大帝國,强盛的時候,全部歐洲,和非洲北部,亞洲西部,都在其統轄之下。只因羅馬人民,因强盛而奢侈、放縱,貪佚樂,怕當兵,養成懶惰的社會,外族交侵,羅馬大帝國從此瓦解而滅亡。自古以來,文化最早曾經强盛的民族,因國民墮落而衰亡的,不知其數。我中國有五千年的文化歷史,國民向以勤儉耐勞著稱,又有孔子諸聖賢著書立説,勸導國民,力戒貪樂懶惰,要奮發有爲,崇道德,求知識。如此則國民元氣常新,已往歷史上的强盛,可以復見了。

【習題】

（一）如何算能取他人之所長,而又不失其爲我?

（二）怎樣説:世界上有許多文化不同的民族,反是於世界進化,有裨益的?

【參考】

本章可參看拙撰《中國民族演進史》第一,又第八至第十章,亞細亞書局本。

第三章　中國文化之演進及其未來

中國文化的演進

中國的文化，是怎樣演進的呢？中國古代的文化，是以農業社會的文化，爲其根柢的。其對內對外，都極和平。這就是孔子所謂大同世界。同時，我們因立國大陸，對四圍民族的鬥爭，極其劇烈，所以我民族又發達了武德，看古人多少慷慨激昂的舉動，就可以知道。同時，我國因所處環境的優良，和我國民族天才的卓越，又發達了高深的學術。至周秦之際，諸子百家，爭奇競秀，而達於極點。這是我國固有的文化。秦、漢以後，我國和異族接觸更多。異族的文化有能毂裨益我們的，我們也都把他吸收着。其中關係最大的，尤其要推印度，從南北朝到隋、唐，正是我國努力吸收印度文化的時代。到宋朝以後，我國的舊文化，就要和印度輸入的文化相調和，而別生一種新文化了。宋學的精微奧妙之處，確能吸收佛學之長，而其切於民生日用，則仍不失我國固有文化的特色。

中西文化的比較

我國現在的文化，比起西洋來，似乎自愧弗如了。然而西洋文化之所長，只是自然科學的發達；他們現在的社會科學，固然也極精深，然而都是自然科學發達了，借用其研究方法的。所以說到根本，西洋近來的發達，還是受科學之賜。而自然科學的發達，乃是特殊的環境使然，並不是在先天上，他們有什麼特長。這話怎說呢？科學在粗淺之處，是世界上任何民族，都懂得的；所爭的，只是發達與不發達。歐洲的海岸線，是很曲折的，因此他們長於航海，海外的貿易就興盛。輸出之物，求過於供，就不得不想到用機器代人力。機器的使用廣了，自然研究的人多，研究的人多，發明就多了。所以我們現在，似乎比西洋人落後了許多，而推其相

689

異之由,實在只差得初的一步。迎頭趕上,決不是難事。

【習題】

（一）怎見得中西的文化,將來一定要因接觸而至於融合?

（二）没有偏狹的國家主義和民族主義,於競爭上,還是有利的? 還是不利的?

（三）怎樣是倫紀的維繫? 怎樣是政治的團結?

（四）怎見得西人長於科學,不是他們民族的天才?

【參考】

本章可參看梁啓超《中國之武士道》序。張其昀《中國民族志》第八章,商務印書館本。

第四章　國際現勢下吾國之
　　　　地位與復興運動

國際的現勢

從西力東侵以後，我國就從閉關獨立的局勢，進而爲國際的一員。國際的情勢，是時有變遷的，現在卻是怎樣？西力的東侵，是從海陸兩路來的。從海路來的，是英、美、德、法等國；從陸路來的是俄國。十九世紀之末，日本新興，其勢力亦及於大陸。在我國，遂成爲三方交迫的局勢。古人説：遠交近攻，那自然愈切近之國，其關係愈深了。歐戰以前，英、美、德、俄、日在東洋都是有勢力的。歐戰以後，德國海外的屬地，喪失净盡，在東洋可説已無關繫。法國和東洋的關係，比較也是淺的。現在盡力對付歐陸諸問題，也無暇過問東洋了。只有英國，本是掌握世界海權的；在中國的權利亦較多，所以不肯放手；美國濱臨太平洋；日本立國東方；俄國雖本國在歐洲，而在亞洲的屬地，亦極廣大，所以在東方，遂成爲這四國争霸之局。

吾國的地位

我國本是東亞的主人翁，可是因國勢陵夷，全立於被動的地位，而有時，尤不免有左右做人難之苦。在現今的國際情勢之下，説是那一國真得了那一國的扶助，是不會有這事情的。不論講均勢，説瓜分，都不過是爲自己打算。國際間的正義公道，雖不能説全然没有，可是没有實力的制裁，也就等於一句空話。何況瓜分固然危險，恃均勢以自存，也不是立國之道；何況瓜分還可以變爲獨占呢？

復 興 運 動

但是要想自立自强，必先振起民族的精神。所以我國現在的復興運動，正是切要之圖。像新生活運動，政府正竭力推行，人民也踴躍從事。他若識字運動，是望全國人民，都受教育，增高道德和知識。去毒運動，是望人民勿再嗜好毒品，將百餘年有害身體和精神的煙毒，永遠禁絶。衛生運動，是望人民注意清潔預防疾疫。至於在學校中的學生，尤當曉得如何修養本身及服務社會的意義，因爲教育之目的，在造就有實學有實用之人才，養成勞動服務之精神，與實際工作之能力。在校能勉力及此，他日出校，服務工作，必更有非常之成就。所以建設國家與復興民族之大業，全要有學問有能力的學生去擔任了。

【習題】

（一）試略述近代至現代國際情勢的變遷。

（二）試略述現在國際的情勢。

（三）何謂權衡緩急輕重以定策？

（四）復興運動的意義。

【參考】

本章可參看方樂天《太平洋大勢》，商務印書館本。